JIANNING YEARBOOK

2017／总第七卷

建宁年鉴

建 宁 县 人 民 政 府 主 办

建宁县地方志编纂委员会办公室 编

方志出版社
Publishing House of Local Records

图书在版编目（C I P）数据

建宁年鉴. 2017 / 建宁县地方志编纂委员会办公室
编. --北京 : 方志出版社，2018.1
ISBN 978-7-5144-2927-5

Ⅰ. ①建… Ⅱ. ①建… Ⅲ. ①建宁县 — 2017 — 年鉴
Ⅳ. ①Z525.74

中国版本图书馆 CIP 数据核字（2018）第014684号

建宁年鉴（2017）

编　　者：建宁县地方志编纂委员会办公室
责任编辑：宁　芳
出 版 人：冀祥德
出 版 者：方志出版社
地址　北京市朝阳区潘家园东里9号（国家方志馆4层）
邮编　100021
网址　http://www.fzph.org
发　　行：方志出版社发行中心
电话（010）67110500
经　　销：各地新华书店
印　　刷：福建二新华印刷有限公司
开　　本：889×1194　　1 / 16
印　　张：27
字　　数：649千字
版　　次：2018年1月第1版　　2018年1月第1次印刷
印　　数：001~700册
ISBN 978-7-5144-2927-5　　定价：120.00元

编辑说明

Bianji shuoming

一、《建宁年鉴(2017)》是在中共建宁县委领导下，由建宁县人民政府主办，县地方志编纂委员会办公室承编，反映建宁历史年轮的大型资料性综合地情丛书。

二、《建宁年鉴(2017)》编纂工作是以马克思主义、毛泽东思想、邓小平理论、“三个代表”重要思想、科学发展观、习近平新时代中国特色社会主义思想为指导，力求全面、系统、翔实地记载2016年度建宁县经济社会发展的历史进程，突出时代特征和地方特色，为续志积累资料长编，为领导决策提供依据，为中外人士了解和研究建宁提供信息，录史存真，宣传建宁，服务社会。

三、本年鉴记述时间从2016年1月1日至12月31日，为保持重要资料和信息的完整性，对个别条目、图片及附录的时限作适当延伸。文中凡简称“省”“全省”均指福建省，“市”“全市”均指三明市，“县”“全县”均指建宁县。

四、本年鉴内容设政务图片、特载、大事记、专记、县情总貌；主体部分以各类事业条目和各乡(镇)、场条目为撰稿内容。卷末设人物·名录·荣誉榜、附录、索引，全书约64.9万字。

五、《建宁年鉴(2017)》是建宁县第七卷综合年鉴。本年鉴的体例采用条目体，分类目、分目、条目3个层次编撰，使用规范语体文记述，文字、标点符号、计量单位均以国家现行规范为准。全书设35个类目、211个分目、974个条目。条目标题统一用黑体加“【】”表示。

六、本年鉴所刊内容资料，除少数转载外，主要由全县党政机关、人民团体、企事业单位提供，并经各撰稿单位领导审核、确认，国民经济和社会发展综合性数据以县统计局《统计年鉴》公布的数据为准，有关部门的资料数据，由主管部门提供。

七、《建宁年鉴(2017)》的编纂工作，自始至终得到县委、县政府的关怀重视，各撰稿单位及其撰稿人的大力支持与配合，在此表示谢忱。本年鉴的疏漏之处，欢迎各界人士提出宝贵意见，使《建宁年鉴》越办越好。

建宁县地方志编纂委员会办公室

2017年11月

宁化县
省
宁
化
县
西
山
明
溪
县
客坊
黄埠
伊家
均口镇
安远镇
水茜镇
河龙
夏坊
大龙
枫溪
G1517莆炎高速
S205
S306
东风水库
沙坪水库
岩岭水库
图例
省级行政中心
设区市行政中心
县级行政中心
乡、镇政府
开发区
村委会
自然村
省级行政区域界
设区市行政区域界
县级行政区域界
乡、镇行政区域界
高速及枢纽、出入口
在建高速
高速连接线
铁路及车站
规划在建铁路
S205 省道及编号
县道
快速路
其他道路
河流
水库
旅游景点
山峰
隘口
审图号：闽S[2017]133号
比例尺：1:230 000
福建省制图院 编制
（注：本图行政区域界线系根据最新勘界成果资料编绘。）

建宁县政区图
建宁县位置图
建宁县
南平市
宁德市
三明市
福州市
田市
岩市
泉州市
漳州市
厦　市
江
西
省
江
武
夷
山
泰
邵武市
德胜镇
西城
樟溪
傅坊
潭湖水库
昌福铁路
S0311浦建高速
S306
S205
水埠水库
兰陂水库
溪源
黄坊
里心镇
溪口镇
濉溪镇
均口
客坊
大田
建宁县北站
建宁南站
建宁经济开发区
桃梨观赏园
中央苏区反"围剿"纪念园

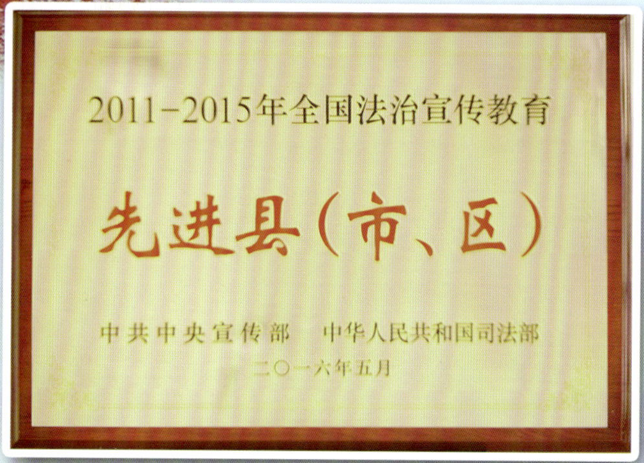
2011-2015年全国法治宣传教育
先进县（市、区）
中共中央宣传部　中华人民共和国司法部
二〇一六年五月

授予　建宁县
双拥模范县
中共福建省委
福建省人民政府
福建省军区
二〇一七年七月

授予：福建闽江源国家级自然保护区
中国森林体验基地
中国林业产业联合会森林休闲体验分会
2016年9月24日

福建闽江源国家级自然保护区
中国森林氧吧
《森林与人类》杂志
2016年10月

中国工农红军万岁

2016年10月13日，时任福建省省长于伟国（前左）到建宁县调研

（陈晓星 摄）

2016年7月13日，省人大副主任陈伦（左一）在建宁县上坪古村调研

（陈晓星 摄）

2016年7月5日，省军区司令员熊安东（中）到建宁县客坊乡调研，三明市委书记杜源生（右一）陪同调研

（陈晓星 摄）

2016年5月12日，中国烟叶公司副总经理刘建利（左前一）到建宁调研烟叶灾情并指导救灾

（陈晓星 摄）

2016年4月6日，省环保厅厅长朱华（中）到源榕生物科技有限公司调研

（陈晓星 摄）

2016年11月16日，省监狱管理局党委书记、局长李杰鹏（中）到建宁县慰问贫困户

（陈晓星 摄）

2016年8月15日，省国税局何大状纪检组长（左二）一行到建宁局办税大厅调研金税三期工作运行情况

（县国税局提供）

2016年12月7日，市委书记杜源生（左二）率全市拉练检查组到建宁调研

（王华耀 摄）

2016年6月30日，建宁县庆祝中国共产党成立95周年大会现场　（陈晓星　摄）

2016年7月26日，中国共产党建宁县第十二次代表大会在县宣传文化中心开幕　（陈晓星　摄）

2016年12月20—22日，建宁县第十七届人民代表大会第一次会议在县宣传文化中心召开

（陈晓星　摄）

2016年12月18—21日，政协第十届建宁县委员会第一次会议在县宣传文化中心召开

（陈晓星　摄）

2016年10月13日，全省网格化监管工作现场推进会在建宁县召开

（黄平柳 摄）

2016年7月7—8日，莆炎高速公路尤溪至建宁段工可行业审查咨询评估工作现场踏勘调研会在建宁召开

（县交通局提供）

2016年11月11日，建宁县“两学一做”学习教育知识竞赛活动现场

（黄平柳 摄）

2016年12月5日，建宁县工商联合会（总商会）第十二次会员代表大会召开

（陈晓星 摄）

2016年10月8日，“春蕾助学·澳柯玛圆梦”福建捐赠仪式，在建宁县城关小学举行

（县教育局提供）

2016年2月16日，建宁县“春风行动”企业用工现场招聘会

（黄建松 摄）

福建兴辉食品有限公司厂房 （县发改局提供）

建宁县种业科技中心大楼（县发改局提供）

建宁县互联网与“三农”讲座（县农业局提供）

建设中的里心九华山水库施工现场（县发改局提供）

明一国际生态高新科技园开工奠基典礼（明一国际集团提供）

高标准农田濉溪镇高峰段护岸建设工程
（县发改局提供）

溪口镇枫源村上庄防洪护岸修建
（县发改局提供）

溪口镇枫源村火田组机耕道建设
（县发改局提供）

黄埠乡桂阳村山洪沟治理工程
（县发改局提供）

伊家乡新街防洪堤
（县发改局提供）

2016年6月13日，省道306线黄舟坊段“白改黑”路面改造工程
（县交通局提供）

濉溪镇河东社区“5 · 8”洪水现场（陈晓星 摄）

濉溪镇坑井农田被淹（濉溪镇提供）

溪口镇和平村船厂下民房被淹（陈晓星 摄）

均口镇修竹村苦竹山耕地被淹（均口镇提供）

均口镇通往明溪县省道被坠石阻断（均口镇提供）

客坊乡严田村店下防洪堤被洪水冲毁（客坊乡提供）

洪灾后，建宁烟农开展灾后自救及恢复生产
（赖李振 摄）

“5 · 8”洪灾中，奋战在一线抢险救灾的民兵
（陈晓星 摄）

建宁县西门莲塘一角
（县发改局提供）

建设中的建宁县健身馆、图书馆
（县发改局提供）

新落成的建宁县公安消防大队（县发改局提供）

建宁县伊家乡卫生院医技大楼（县发改局提供）

建宁县濉溪镇水南村农民文化中心　（县发改局提供）

2016年8月，建宁县实验幼儿园新园竣工并交付使用
（县发改局提供）

建设中的建宁县伊家中学新教学楼
（县发改局提供）

2016年7月15日，“为荷而来”世界瑜伽大赛在建宁修竹荷苑举行　（县旅游局提供）

2016年7月，东山公园慢道工程建设竣工
（县发改局提供）

2016年7月31日，“花海骑行——追美建宁”2016中国·建宁国际自行车公开赛
（县旅游局提供）

2016年8月19日，建宁县第二实验小学揭牌仪式
（陈晓星　摄）

2016年10月23日，建宁县举办纪念中国工农红军长征胜利80周年文艺晚会（县文化馆提供）

2016年7月15日，建宁县在修竹荷苑举办“为荷而来”文艺晚会　（县文化馆提供）

2016年10月23日，三明市“半台戏”公共文化配送建宁专场文艺晚会　（县文化馆提供）

三明学院大学生艺术团文化惠民专题巡演（建宁专场）　（县文化馆提供）

建宁县“红土地”乡村广场舞交流展示
（县文化馆提供）

2016年4月28日，建宁县举办警校共建文艺汇演
（县文化馆提供）

建宁县地方志工作领导小组

组　长：郑剑波　县委书记
副组长：陈显卿　县委副书记、县政府县长
　　　　吴国根　县人大常委会主任
　　　　陈海涛　县政协主席
　　　　许家源　县委副书记
　　　　阴晓萍　县委常委、宣传部部长
　　　　沙陈龙　县政府副县长
成　员：邱树青　县委办主任
　　　　黄文峰　县人大办主任
　　　　黄允健　县政府办副主任
　　　　杨培光　县政协办主任
　　　　邱　欢　县人武部政工科科长
　　　　何升高　县纪委副书记、监察局局长
　　　　熊居才　县委组织部副部长
　　　　邹金良　县委宣传部副部长
　　　　范毓刚　县委政法委副书记、县综治办主任
　　　　陈忠奋　县党史办主任
　　　　邱玖园　县发改局局长
　　　　罗辉武　县经信局局长
　　　　姜景魁　县人力资源和社会保障局局长
　　　　陈克明　县公务员局局长
　　　　丁　升　县教育局局长
　　　　郑　文　县财政局局长
　　　　邓万明　县住建局局长

揭重阳　县农业局局长

吴建清　县林业局局长

刘中宏　县文体广电出版局局长

陈可辉　县民政局局长

张党恩　县档案局局长

吴良森　县卫计局局长

艾炳隆　县统计局局长

谢建中　县商务局局长

邱文辉　人行建宁县中心支行行长

郑建华　县国家保密局局长

肖建泰　县方志办主任

领导小组办公室设在县方志办，肖建泰兼任办公室主任

建宁县地方志编纂委员会办公室

《建宁年鉴》编辑部

主　编：肖建泰

编　辑：艾玲朝　罗瑞忠　黄日辉

摄　影：陈晓星

排　版：吴富炫

地　址：福建省建宁县濉溪镇民主街12号

邮　编：354500

电子信箱：jnxzb3982707@163.com

总 目

目录

特　载

大事记(2016)

专　记

县情总貌

中共建宁县委员会

建宁县人民代表大会

建宁县人民政府

政协建宁县委员会

纪检与监察

社会团体

军　事

法 治

国土资源·环境保护

城乡建设管理

旅 游

农业·农村工作

林业与闽江源自然保护区

工 业

非公经济·建宁经济开发区

交通·运输

邮政·通信

商贸流通·对外经贸

财政·税务

银行·保险

综合经济管理

市场监督管理

教育·科技

文化·卫生·体育

机构编制与人事管理

人力资源和社会保障

民政·民族·宗教

乡镇·农场

人物·名录·荣誉榜

附 录

索 引

县委工作报告

——在中国共产党建宁县第十二次代表大会上的报告

中共建宁县委书记 郑剑波

(2016 年 7 月 26 日)

一、经济社会持续发展,福源建宁建设加快推进的五年

县第十一次党代会以来的五年,是建宁攻坚克难、奋起直追的五年。五年来,我们牢牢把握中央和省市支持老区苏区加快发展的重大机遇,围绕“生态立县、农业强县、园区壮县、三产活县、文旅旺县”发展战略和打造闽赣省际生态产业集聚区发展定位,深入实施“2111”行动计划,统筹推进经济、政治、文化、社会、生态文明和党的建设,圆满完成了县党代会确定的主要目标任务,为“十三五”乃至更长时期发展奠定了坚实基础。

过去五年,经济加速发展、综合实力较快提升。“十二五”期间主要经济指标实现较快增长,2015 年完成地区生产总值 80.1 亿元、公共财政总收入 3.8 亿元、地方公共财政收入 2.8 亿元,年均分别增长 10.6%、19.2%、21.2%。新兴产业蓬勃发展,闽赣省际电商产业园建成投入使用,我县被列为全国电子商务进农村综合示范县、全国农村产业融合发展试点示范县、福建省全域旅游试点县和十大新兴旅游县,中央苏区反“围剿”纪念园、闽江源生态旅游区获评国家 AAAA 级旅游景区,旅游总收入增长 7 倍。“五子”(1)产业加快发展,“中国莲业第一股”——文鑫莲业在“新三板”上市,建成中国建莲文化馆,建宁通心白莲入选福建首届“十佳地理标志商标”和全国农业标准化示范区建设 20 年成果展;建宁被列为“国家级杂交水稻种子生产基地”,“建宁水稻种子”成为全国唯一水稻种子地理证明商标。

过去五年,交通瓶颈大突破、基础设施大变化。建宁人民圆了高速梦、动车梦,累计完成交通投资 45 亿元,是“十一五”的 20 倍,公路通车总里程突破 1300 公里,向莆铁路和建泰高速建成通车,浦梅铁路建宁至冠豸山段动工建设,莆炎高速建宁段即将开工,吉安至建宁铁路和建宁至连城高速公路列入规划研究项目。能源保障能力得到提升,新建扩建 110 千伏变电站 2 座,全县变电容量是“十一五”末的 2.2 倍。平台基础日益完善,累计投入 8.8 亿元实施土地整理、水利设施等项目,农机作业综合机械化水平达 71.2%、居全省前列,获评全国国土资源节约集约模范县、全国“平安农机”示范县;省级经济开发区、闽赣省际物流园等平台配套设施更加健全,为经济发展提供了有力支撑。

过去五年,改革创新有新招、开放开发有新成效。机制创新不断突破,“党员 110 服务零距离”为全市唯一获评全国基层党建创新优秀案例，在全市率先推行党风廉政建设社会评价机制，开展“四转四争”“三挂三帮”[(2)]活动，城乡网格化服务管理、产业扶贫等工作走在全市前列。创新基础不断夯实，新增文鑫莲业博士后工作站，两个种子院士工作站入驻种子产业园。创新创业环境不断优化，简化审批流程，实行“马上就办”，“十二五”期间新增企业826家、个体工商户3163户。对外开放交流不断深化，新增外贸出口企业28家，成功举办了第十届“海峡诗会”、全国县域电商联盟峰会、中国建莲文化旅游嘉年华等重大活动，建宁荣登“全国百佳深呼吸小城榜”，对外美誉度和影响力显著提升。

过去五年，城乡统筹加快推进、人民群众获得感大大增强。群众收入稳步提升，2015年城镇和农村居民人均可支配收入分别达到22318元、11722元，年均分别增长8.7%、13.2%；城乡居民个人存款由2010年15.8亿元增加到2015年30.4亿元，实现翻番。城乡建设统筹推进，户籍人口城镇化率达40%，比“十一五”末提高13个百分点，建成美丽乡村30个，获评省级森林县城、园林县城。精准扶贫有为有效，制定《推进精准扶贫打赢脱贫攻坚战2016—2020年实施方案》，出台了产业扶贫、金融扶贫、易地搬迁等7个配套扶持政策，2014年以来已脱贫5134人。民生保障更加有力，低保、医保、社保持续扩面提标，建成保障性住房1225套，新建改建乡镇卫生院7020平方米、村卫生所88个，城关中学、西门新市场、城关至火车站快速通道、档案馆等一批重大民生项目建成投入使用。城乡教育优质均衡发展，累计投入9亿元，是“十一五”的2.4倍，被评为“国家义务教育基本均衡县”。国家公共文化服务体系示范区建设有序推进，上坪村入选首批中国传统村落名录，岩上村、罗源村、笔架村入选首批省级传统村落名录。法治建宁建设扎实推进，综治考评连续四年居全市前列，被评为2011—2015年全国法治宣传教育先进县、全省平安先进县。生态文明建设成效明显，国家级生态县创建通过技术评估，森林覆盖率由2010年的65.6%提高至2015年的76.1%。

过去五年，全面从严治党、党的建设举措更加有力。深化作风建设，严格执行中央八项规定精神，扎实开展党的群众路线教育实践活动和“三严三实”专题教育，推动了作风建设常态化、长效化。重视加强领导班子和干部队伍建设，修订完善了《中共建宁县委常委会工作规则》，建立了定期听取人大、政府、政协、法院、检察院党组工作汇报制度，促进了各套班子职能作用进一步发挥；制定了《科级干部效能建设管理考核办法》《激励干部干事创业整治“为官不为”暂行办法》等一系列制度，激发了干部队伍活力。深化基层党建工作，培育了农村党员“信誉管理”、历任村主干实绩功德榜等典型经验。认真落实党风廉政建设党委主体责任和纪委监督责任，按照“五抓五看”[(3)]工作要求，明确了县党政班子成员落实党风廉政建设责任分工，建立了由县委常委带队检查乡镇党风廉政建设责任制等制度。五年来，共效能问责干部153名，纪检监察机关立案查处违纪案件233件，给予党纪处分205人、移送司法机关30人。

五年的成就鼓舞人心、催人奋进。这些成绩的取得，是中央和省市正确领导、历届县委接力奋斗的结果，是全县各级党组织、全体党员和广大干部群众团结奋进的结果，是各人民团体、社会各界人士、对口帮扶单位、驻军部队、武警官兵和离退休老同志大力支持、积极参与的结果。在此，我代表中共建宁县第十一届委员会，向所有关心、支持、参与建宁改革发展的同志们、朋友们，表示衷心的感谢，并致以崇高的敬意！

在肯定成绩的同时，我们也清醒地看到，我县经济社会发展中还存在诸多困难和问题，主要表现在：经济总量小、财政收支平衡难度大，拉动发展的大项目、好项目、税性项目少，发展后劲不足；产业结构不合理、“五子”产业链条不长、核心竞争力不强、产品附加值不高；城镇化进程相对滞后，脱贫脱帽任务艰巨，基本公共服务水平与人民群众的期待仍有差距；新常态下干部队伍的能力和水平有待进一步加强，少数干部还存在不作为、慢作为、乱作为、为政不廉等问题。对这些问题，我们必须高度重视，采取有力措施加以解决。

五年的发展历程，让我们深感建宁是一块充满生机和活力的热土。只要我们积极作为、奋起直追，就一定能后发赶超、绿色崛起，实现全面建成小康社会的奋斗目标。回顾五年来的实践，我们进一步深化了后发地区加快发展规律的认识，积累了一些宝贵经验。

一是必须坚持解放思想、更新理念，找准正确发展路子。就是要从落后的思维定式和思想观念中解放出来，以思想的大解放营造发展大气场，用好发展机遇、破解发展难题，落实“创新、协调、绿色、开放、共享”发展理念，持续创优生态环境、创特生态产业、创造生态财富，走出一条经济社会发展与生态环境保护共赢之路，实现更高质量、更有效益、更可持续的发展。

二是必须坚持集聚集中、加快突破，切实增强县域经济实力。就是要坚持有所为、有所不为，下决心整合资源促进创新要素向园区集中、优势产业向园区集聚、扶持政策向园区集成，持续在扶龙头、铸链条、促集聚上下功夫，推动产业集群集聚发展，进一步凸显特色和优势，不断增强县域经济整体实力。

三是必须坚持担当尽责、破解难题，提升驾驭复杂局面的能力。就是党员干部特别是领导干部不仅要有干事创业、担当作为的情怀和品质，更要有攻坚拔寨、闯关夺隘的勇气和能力，在矛盾面前敢抓敢管、敢于碰硬，在困难面前不躲不绕、敢于直面，用一以贯之的韧劲、一抓到底的狠劲，确保每一项工作任务都落到实处、抓出实效。

四是必须坚持实干兴业、善于运作，为后发赶超奠定坚实基础。就是要强化机遇意识、竞争意识、份额意识，深入研究上级政策导向，挖掘政策潜力，争取政策支持，抓好政策转化和项目衔接，有针对性地做好项目策划、包装、储备和争取，把各项政策机遇转化为实实在在的项目，从而获得更多发展话语权，在激烈的竞争中赢得主动。

五是必须坚持民生优先、惠民利民，让人民群众有更多获得感。就是要坚持以人民为中心的发展思想，以保障和改善民生为重点，从群众最关心、最迫切、最需要解决的问题入手，真心实意做好事、办实事、解难事，赢得人民群众的真心拥护和广泛支持，形成风清气正、人和业兴的良好局面。

以上五个方面，既是过去工作实践的深刻体会，也是未来发展需要遵循的重要原则，必须长期坚持、不断完善。

二、以新理念引领新发展，在更高起点上加快建设闽赣省际生态产业集聚区

今后五年，是实施精准扶贫脱贫、全面建成小康社会的攻坚期；是建宁加快后发赶超、绿色崛起的关键期。综观大势，我们既面临新常态下宏观环境复杂多变、区域竞争加剧等困难和挑战，也迎来中央和省市支持老区苏区加快发展的历史机遇。总体而言，我们面临的机遇前所未有，遇到的挑战也前所未有，但机遇大于挑战、希望大于困难。我们既要有“慢不得”的忧患意识，更要有“等不起”的机遇意识，科学把握发展规律，敏锐把握发展大势，努力迈出后发赶超、绿色崛起的更大步伐。

今后五年工作的总体要求是：高举中国特色社会主义伟大旗帜，全面贯彻党的十八大和十八届三中、四中、五中全会精神，以马克思列宁主义、毛泽东思想、邓小平理论、“三个代表”重要思想、科学发展观为指导，深入贯彻落实习近平总书记系列重要讲话精神和对福建工作的重要指示，坚持“四个全面”战略布局，贯彻“创新、协调、绿色、开放、共享”发展理念，围绕“再上新台阶、建设新福建”的工作要求和“念好发展经、画好山水画”的工作主题，按照打造闽赣省际生态产业集聚区的发展定位，以脱贫脱帽为工作总揽，致力创优生态环境、创特生态产业、创造生态财富，发力供给侧结构性改革，推动生态、农业、红色三大比较优势更好地转化为现实发展优势，加快后发赶超、绿色崛起，走出一条生产生活生态共赢的新路，统筹推进经济建设、政治建设、文化建设、社会建设、生态文明建设和党的建设，如期全面建成小康社会，推动经济社会发展再上新台阶。

今后五年奋斗目标是：

——**综合实力不断增强。**到2020年，力争地区生产总值达到128亿元、年均增长9%左右，保持略高于全省、全市平均水平的增长，提前实现地区生产总值和城乡居民人均收入比2010年翻一番的目标。转型发展取得突破，经济结构更加优化，闽赣省际生态产业集聚区建设取得重大进展，全县经济综合实力、文化软实力和可持续发展能力显著增强。

——**城乡发展更趋协调。**统筹推进城区与乡镇均衡发展，加大美丽乡村建设投入力度，提升乡村教育、医疗等基本公共服务水平，农村与城镇发展差距逐步缩小，户籍人口城镇化率进一步提高，城乡区域一体化发展迈上新台阶。

——**改革开放纵深推进。**重点领域改革和关键环节改革取得明显成效，形成一批全省、全市，乃至全国的亮点典型；大众创业、万众创新的政策体系更加健全、平台更加完善，新产品、新业态、新商业模式蓬勃发展。供给侧改革继续深化，对内对外开放的广度深度不断拓展，广大群众享受到更多改革开放红利。

——**人民生活更加富足。**城乡居民收入保持较快增长，住房、文化、体育等公共服务体系更加健全，人民群众生活质量不断改善，贫困人口全部脱贫，全县实现脱贫脱帽。人民群众思想道德素质、科学文化素质和健康素质逐步提高，法治建宁建设全面推进，社会大局保持和谐稳定。

——**生态优势持续提升。**单位生产总值能耗、主要污染物排放总量控制在市下达指标内，土地、水等资源要素利用效率进一步提高，经济增长、人口布局和资源环境承载力日趋协调。生态文明制度体系更加完善，森林覆盖率达到80%以上，生态环境质量保持全省领先。

——**党的建设全面加强。**全面从严治党，党员干部理想信念更加坚定，各级领导班子、干部队伍、人才队伍建设稳步推进，党组织的创造力、凝聚力、战斗力进一步增强。党风政风进一步好转，党群干群关系更加密切，以完善惩防体系为重点的反腐倡廉建设取得新成效。

实现上述目标，必须突出抓好以下几个方面工作：

（一）聚焦全产业链打造，发力构建现代特色产业体系

面对经济发展新常态，我们要坚定不移打好产业转型升级和供给侧结构性改革“组合拳”，一手抓传统产业改造提升，一手抓新兴产业培育发展，推动全县经济扩量提质。

着力特色做大，创建农业可持续发展试验示范区。围绕农业供给侧结构性改革，加快转变农业发展方式，保持农业稳定发展和农民持续增收，走出一条产出高效、产品安全、资源节约、环境友好的农业现代化道路。以建设全国农村产业融合发展试点示范县为契机，大力发展绿色生态、精细高效、观光休闲等特色现代农业，促进农业生产与农产品加工销售、旅游休闲及其他服务业有机融合，延长农业产业链、提升价值链，拓宽“互联网+农产品营销”“批发市场+农户”“定制农业”等新型产业化组织方式，催生新业态，拓展新功能，形成农业接二连三融合发展格局。进一步做好土地确权工作，规范引导农村土地经营权有序流转，促进土地经营权向新型农业经营主体集中、农业优势资源向农业园区集中，推动农业规模化产业化经营，培育一批新型职业农民和专业大户、家庭农场、农民专业合作社等经营主体，发展壮大一批农业龙头企业，实现种养加、产加销一体化发展。落实食品安全战略，提升“三品一标”(4)产品比重，提高产品质量安全检测能力，完善农产品质量安全追溯体系，争创省级农产品质量安全县和食品安全社会共治示范县。

着力优势做足，打造一批竞争力强的主导产业。围绕“基地建设标准化、种子生产产业化、生产全程机械化、管理手段信息化、制种农民职业化”目标，发力打造“中国稻谷”，培育种业龙头企业，争创自主种子品牌，实现种子全产业链发展。推广建莲标准化种植，建设一批生态型、观光型种植基地，形成集生产、体验、休闲、科普、观光为一体的建莲产业；大力推进建莲产品高值化开发利用，完善建莲线上线下购物平台，延展建莲全产业链，建成全国性建莲产品交易集散中心。推进“两桃一梨”、乳制品、笋制品等精深加工，促进特色食品加工产业集中集聚，建成全省最大的特色果业生产加工示范基地。抓紧新上源容生物液态产品生产线，延展无患子种苗培育、种植及系列产品开发全产业链，加快“新三板”上市，形成全国最大的生物质能源基地。发挥铙纸集团产业基础和品牌优势，加快“两化”融合，降低生产成本，引导企业通过技术改造、兼并重组、市场开拓、链条延伸等方式，提升市场竞争能力。加大困难企业帮扶力度，支持有前景的企业加快发展。

着力业态融合，加快推进新兴产业发展。按照“全域景区化、产品特色化、营销精准化、服务优质化”的要求，整合生态、农业、红色等旅游资源，实施客坊红色旧址、上坪古村书香水村等一批重点项目，开发汽车露营、山地自行车赛等现代旅游产品，将农耕文化、美丽乡村、生态文明、现代农业和创业创新融为一体，加速旅游要素配套升级，打造集农业观光、红色体验、休闲度假、文化创意等为一体的全国知名乡村旅游目的地，闽江源生态旅游区争创国家AAAAA级旅游景区，推动旅游产业从观光游向观光休闲度假游并重转变，力争至2020年末接待游客达300万人次，年均增幅25%以上。培育壮大“互联网+”经济，推动移动互联网、物联网与传统产业结合，加快发展新产业、新业态、新模式，形成新的产业增长点。加快电子商务等生产性服务业和健康养老等生活性服务业发展，围绕电子商务进农村综合示范县建设，完善公路港物流配套设施，推动生产性服务业向专业化和价值链高端延伸，到2020年，全县网络零售额突破20亿元，农产品电商交易额达15亿元；鼓励多元市场主体举办健康养老服务机构，大力发展医疗和康复护理、居家养老等服务业态，推动生活性服务业向精细和高品质转变。

着力集聚发展，建设一批功能配套辐射力强的产业平台。提升经济开发区经营管理水平，创新园区融资方式，盘活园区存量资产，提高投资效率和产出水平，建成“基础配套、要素聚集、结构合理、产城联动”的生态产业示范园区。加快国家级种子产业园、种业院士工作站、种子管理服务中心、种子质量监督检测中心、种业信息服务中心等平台建设，引进一批种子企业设立总部或分公司，推动禾丰种业在“新三板”上市，建成全国杂交水稻制种基地“育繁推”一体化示范县。实施电子商务“5585”计划，发挥京东特色馆等线上线下平台集聚辐射作用，提升闽赣省际电商产业园数据汇集、平台运营、职业培训、创新创业等综合功能，将电商产业园建成电子商务产业集聚中心、闽赣物流仓储配送中心、现代服务业发展中心、农产品网货中心、农产品电子商务供应链管理中心，到2020年跻身全省县域电子商务第一方阵，成为全国优秀县域电子商务园区。

（二）厚植绿色优势，打造生态文明建设建宁样板

作为闽江源头和全省重要生态屏障，建宁最大的价值在生态，最大的潜力在生态，最大的责任也在生态。我们一定要倍加珍惜、精心呵护，守住"天蓝、地绿、山青、水净"的底线，打好生态牌，做足生态文章，闯出一条生态文明先行示范区建设的新路。

构建科学的空间开发格局。落实国家和省主体功能区规划，积极争取国家重点生态功能区补偿，推进国家重点生态功能区建设，构建生态产业集聚区、生态文明体制创新实验区、生态文明建设先导示范区。根据主体功能区划分定位，合理确定乡镇产业结构、开发强度、生态环境保护等要求，统筹推进城乡、土地利用、生态环境保护等空间规划"多规合一"，促进生产空间集约高效、生活空间宜居适度、生态空间山清水秀，力争国家级生态县尽早获得命名。

强化生态建设和环境保护。划定生态保护红线，实施山水林田湖生态保护和修复工程，全面禁止天然林商业性采伐，强化重点流域和地质灾害点综合治理，严格控制毁林新开果园，切实保护生态脆弱区和敏感区的生态环境。优化树种、林分结构，在公路、铁路沿线建成连片兼具水源涵养和生态观赏风景林，提高森林资源质量，确保森林覆盖率保持全省前列。推行产业准入负面清单，加快发展生态旅游、生态农业、林下经济、节能环保等新兴绿色产业，促进绿色循环低碳发展。强化污染治理，重点抓好节能降耗，防治工业污染、畜禽养殖污染、农业面源污染。强化"河长制"，持续开展沿河沿溪垃圾乱倒、非法采砂整治。积极探索垃圾处理新模式，加强污水、垃圾处理设施和管网配套建设，提高县污水处理厂运行管理效率，实现乡镇污水处理设施全覆盖，确保交界断面水质达标。

加强生态文明制度建设。围绕生态文明先行示范区建设，积极探索生态公益林管护、资源有偿使用、生态补偿等机制，总结完善生态重点村禁柴改燃经验，推进重点生态区位商品林赎买、碳汇交易等试点；完善乡镇差异化考核评价制度，提高环境损害、生态效益等指标在评价体系中的权重，落实生态保护财力转移支付、资金分配与生态环境保护成效相挂钩制度，逐步构建系统完备、科学规范、运行高效的生态文明制度。实行环境保护"党政同责、一岗双责"，落实领导干部任期生态文明建设责任、自然资源资产离任审计和生态环境损害责任终身追究等制度，对重大生态责任事故实行一票否决。加大宣传教育力度，使生态文明建设成为广大群众的思想和行动自觉。

（三）实施精准扶贫，坚决打赢脱贫脱帽攻坚战

脱贫攻坚，重点在精准、关键在落实。我们要举全县之力抓好这个第一民生工程，确保贫困户脱贫不掉队、贫困乡村脱帽不拖后腿。

落实大扶贫工作机制。按照1998年习总书记在闽工作期间来建宁调研时提出的"建立健全形式多样的政府与社会相结合的有效扶贫机制"要求，广泛动员和凝聚社会力量参与扶贫，形成政府、市场、社会互为支撑，专项扶贫、行业扶贫、社会扶贫"三位一体"的大扶贫格局。深化与省直部门、对口帮扶地区合作，加大扶贫项目对接实施，进一步增强扶贫"造血"功能。继续实行部门定点挂包帮扶贫困村、干部结对帮扶贫困户，确保每个贫困村都有帮扶单位，每个贫困户都有帮扶责任人。鼓励引导社会组织、新型农业经营主体和个人,以捐赠救助、带动就业等方式参与扶贫;鼓励有条件的企业通过“公司+基地”“公司+贫困户” 等形式支持贫困村、贫困户发展产业、改善生产生活条件。

积极探索具有建宁特色的扶贫路径。用好中央和省、市有关产业扶贫、金融扶贫、低保兜底、医疗救助等扶持政策和我县“1+N”帮扶政策,按照“一个龙头出水”的办法,整合部门资源、资金等要素,采取农工助力、电商助销、社会助推等方式,做到产业送项目,就业送岗位,兴业送技术、送服务,促进贫困户脱贫。创新金融服务,通过股份合作、入股分红等方式带动村财和贫困户增收。扎实推进易地搬迁扶贫,结合土地增减挂钩政策,扶持偏远山区、地灾点的农户搬迁建房,改善居住条件,引导贫困群众实现“家门口就业”。同时加大因病、因学、因灾等城镇和农村返贫人员帮扶力度,将无业可扶、无力脱贫的人口全部纳入最低生活保障范围,筑牢社会保障兜底网。

严格扶贫工作考核。落实党政一把手负总责的扶贫开发工作责任制,将扶贫开发工作作为乡镇和部门年度绩效考评的一项重要内容,严格执行脱贫攻坚工作年度报告和督察问责制度,实行逐村核查、逐户核对,对未按计划完成年度减贫任务的乡镇党政主要领导和县直有关部门主要负责人进行约谈,同时把扶贫工作与干部年度考核、提拔使用相挂钩,做到不脱贫不脱钩、不脱帽不脱责,确保到 2018 年国定扶贫标准线和省定扶贫标准线下的所有农村贫困人口全部脱贫,再经过两年巩固提升,到 2020 年与全省同步实现全面建成小康社会目标。

(四)围绕“清新花乡·福源建宁”,做精做优美丽城乡

增强全域融合发展理念,充分融入绿色生态、养生养心、怡情康体等核心要义,做靓“清新花乡·福源建宁”城市品牌形象,走出一条具有建宁特色的新型城镇化路子。

提升城市品质,打造福源建宁。注重山水环境养心,依托闽江源国家级自然保护区、国家公园、国家级生态县的绿色生态环境,发挥森林茂密、空气清新的生态优势,打造静心安养的游憩养心地。注重山乡运动养生,提升“花海跑”、“花海骑行”等运动品牌,重点策划登金铙山、高山滑雪、丛林穿越、漂流等山地运动,以及田园运动会、采摘、农事体验等乡村运动,打造一流的运动养生地。注重悠闲生活怡情,以建设慢城、慢游地为目标,抓好公园、绿地、广场等节点的衔接,建成分布合理、相互通联的绿道、慢道系统,打造可尽情享受慢生活情趣、原生态生活的休闲地。注重生态食品康体,以乡土农家食品为主,建设一批生态食材乡村和食材基地,培育发展健康餐饮,把建宁打造成有机生态食品城。注重功能配套提质,加快推进管道燃气、安全生态水系等项目,抓好城区重要节点公共停车场建设,补齐功能短板;创新城市管理方式,重视大数据技术运用,加快信息建宁、智慧建宁建设,发挥“街长制”作用,提高城市数字化、精细化管理服务水平。

塑造全景空间,建设清新花乡。通过全景空间营造,全时产品开发,全产业链融合,构筑全景县域,实施“文化旅游、产业互动、全域集成、国家公园、精品乡村、区域联动”六位一体战略,重点在“两高”(高速公路、高铁)和公路沿线、景区景点、特色小镇、村庄实施赏花地建设,打造一批集现代农业、田园风光、生态旅游、农事体验相融合的赏花基地。按照“一村一品、一村一景”错位互补与协同发展的思路,因村制宜打造一批具有建宁特色的产业发展型、旅游休闲型、传统村落型、自然生态型、历史文化型精品村和样板村。突出修竹莲文化主题公园、高峰香溪花谷、枫元百花乡村主题公园等田园花海的示范带动作用，以点串线，带动片区组团发展，最终形成“一季一特色、一乡(镇)一品牌”的全域赏花新格局，建成全省最美赏花地。

挖掘文化内涵，彰显人文新境界。传承和提升建宁特色文化，在城乡建设过程中融入更多文化元素和文化基因。发扬建莲传统文化，挖掘莲荷寓意的和谐、高洁、合力、合作以及宗教等文化内涵，在公共设施上突出建莲文化元素的外观艺术性，在文旅结合上突出建莲文化的地域独特性，将建莲文化植入瑜伽、骑行等现代生活理念，努力把建宁打造成为世界瑜伽圣地、最美清新骑行目的地。发扬江源传统文化，以闽江源拜水溯源为主线，通过生态科普、探险寻源等活动，感悟源头神圣、体验净水惬意，提升建宁在江源文化中的影响力。加强国防教育，发扬红色传统文化，大力保护和修缮红色革命旧址，传承宜黄戏、傩舞等传统民俗，加强非物质文化遗产、历史文化名村、传统村落等保护，促进老区苏区精神与时代精神相交融、优秀传统文化与现代文明相结合，进一步提升城镇文化魅力和群众人文素养。

(五)深化改革创新，增强后发赶超动力和活力

加快发展活力在改革创新，动力在扩大开放。我们要以更大的力度推动改革向纵深发展、开放向更高水平提升，最大限度激发社会活力和赶超动力。

深化重点领域和关键环节改革。认真落实中央和省市各项改革部署，着力推动改革任务落地见效，以改革破解难题、激发活力。持续推进具有建宁特色的农村金改等试点，努力形成可复制可推广的改革经验。积极探索行政审批、生态文明建设、农村新型组织再造等体制机制改革，加快行政服务中心标准化建设，全面实行“一站受理”“一窗办理”，落实“五证合一、一照一码”(5)和不动产登记等制度，形成公平高效的市场环境、山清水秀的生态环境、互利共赢的开放环境、和谐稳定的社会环境。

创新运作方式，全力推进项目建设。通过引进、争取、合作，高起点谋划和建设一批项目，增强发展后劲，做大县域经济总量。抓住国家和省上扩大有效投资机遇，积极争取交通水利、能源环保、社会事业等国家投资包项目，大力争取国家专项建设基金和各类政策扶持资金，为项目建设提供资金保障。深化“三维”(6)项目对接，持续开展产业链招商、以商招商，努力把项目拓展成基地、把产品延伸成产业链、把企业壮大成园区。提升国投、城投等国有公司的投资能力和水平，鼓励国有公司参与经营性项目建设，带动一批重大项目开工投产。积极破解资金瓶颈，研究策划一批 PPP 项目，吸引真正有实力的私营企业、民营资本到我县投资兴建项目，促进项目建设接续推进。

加快推进大众创业万众创新。积极争取“双创示范”和项目资金政策支持，依托闽赣省际电商产业园、经济开发区，建设众创、众包、众扶、众筹等创业创新公共平台，为广大创新创业者提供低成本、便利化的工作、社交空间和资源共享空间。加快推进科技企业孵化中心建设，设立科研创业基金，支持龙头企业与高校、科研院所共建成果转化基地或技术研究中心。鼓励大学生和乡贤回乡创业，落实自主创业税费减免、资金补贴等扶持政策，支持举办创业沙龙、创业训练营、创新创业大赛等活动，形成政府激励创业、社会支持创业、劳动者勇于创业的良好环境。

积极参与对外开放交流合作。主动对接和融入自贸试验区、“海丝”核心区等开放平台，加强与省际边界县交流合作，进一步拓展开放发展新空间。构建开放大通道，推动建泰高速与济广高速互联互通，浦梅铁路建宁至冠豸山段、莆炎高速建成通车，继续推进吉(安)建(宁)铁路、建(宁)连(城)高速公路项目前期工作,不断提升省际区域性交通枢纽功能。利用各类招商平台,发挥异地商会桥梁纽带作用,加大宣传推介力度,进一步提升建宁的知名度和美誉度。通过共建产业园、旅游合作等方式,建立山海协作、区域合作长效机制,实现优势互补、共赢发展。

强化人才支撑引领。落实省人才强县试点县实施意见,积极探索人才工作机制,滚动管理优秀人才库,完善人才引进、使用、评价、激励等政策,帮助人才解决好住房、子女就学、薪酬福利等问题,促进优秀人才脱颖而出、发挥作用。拓宽人才培养渠道,发挥县莲科所、种业院士工作站、企业博士后工作站等平台聚才育才作用,坚持引进紧缺急需人才与用好本地人才并重,大力培养一批实用型技术人才,为加快发展提供人才保障和智力支撑。

(六)紧扣共建共享,着力增进群众民生福祉

带领人民创造幸福生活,是我们党的奋斗目标。我们要把改善民生作为一切工作的出发点和落脚点,以工作的敬业度换取群众的满意度,以干部的"辛苦指数"换取群众的"幸福指数"。

完善社会保障体系,逐步提高社会保障水平。按照全覆盖、保基本、多层次、可持续的方针,以基本养老、基本医疗、最低生活保障等为重点,不断扩大社会保障覆盖面,提高社会保障标准。以住有所居为目标,完善保障性住房分配、管理、退出机制,构建满足多元化需求的住房保障体系。加快社会福利中心建设,探索建立农村留守儿童、妇女、老年人等困难群众关爱服务体系。统筹推进助残、救孤、济困等福利事业,培育发展慈善组织,鼓励支持社会各界参与慈善事业。

加快发展社会事业,促进基本公共服务均等化。优先发展教育,优化教育布局,全面改善农村义务教育薄弱学校基本办学条件,加快发展学前教育,实施城区小学扩容工程,新建一所九年一贯制学校;基本普及高中阶段教育,做特做专职业教育,推进教育信息化建设,加强师资队伍建设,争创教育强县。深化"诚信计生·幸福家庭"创建工作,全面落实两孩政策;推进医药卫生体制改革,坚持公立医院公益属性,探索建立现代医院管理制度,构建符合医疗卫生行业特点的人事薪酬制度,完善覆盖城乡居民的基本医疗卫生服务体系。

加强和创新社会治理,保持和谐稳定的社会局面。进一步完善党委领导、政府主导、社会协同、公众参与、法治保障的社会治理体制,以"平安建宁"建设为载体,以"三化一龙头"(7)为抓手,构建全民共建共享的社会治理格局。深入实施"七五"普法,推动领导干部带头尊法、学法、守法、用法,引导全民自觉守法、遇事找法、解决问题靠法。落实安全生产"党政同责、一岗双责、失职追责"制度,不断提升安全生产水平。深化精神文明创建活动,传立优秀家训家风,健全守信激励、失信惩戒制度。加强宣传文化阵地建设管理使用,健全传播正能量的网络舆情引导机制,不断巩固壮大主流思想舆论。

三、落实从严治党新要求,为全面建成小康社会提供坚强保障

办好中国的事情,关键在党。我们要坚持全面从严治党,深入推进党风廉政建设,形成风清气正的政治生态,为福源建宁建设提供坚强有力的政治保证。

突出理论武装,坚定党员干部理想信念。广泛开展创建学习型党组织、争做学习型党员、学习型干部活动,加强和改进党委(党组)中心组学习,坚持领导干部讲党课等制度,推动理论武装入脑入心。坚持以增强党性为核心,按照"三严三实"要求,围绕"四讲四有"标准,在全体党员中深入开展"两学一做"学习教育,引导广大党员增强政治意识、大局意识、核心意识、看齐意识。弘扬理论联系实际学风，引导党员紧扣经济发展新常态、五大发展理念，结合县情实际，加强调查研究，努力做到学以致用、知行合一。突出制度建设，进一步凝聚工作合力。充分发挥党委总揽全局、协调各方的领导核心作用，着力把方向、管全局、抓大事，确保党的路线、方针、政策得到全面贯彻落实。支持人大、政府、政协履行职能，支持法院、检察院依法独立行使审判权、检察权，形成科学高效的领导机制、工作机制。进一步强化自身建设，坚持民主集中制，不断完善议事规则和决策程序，推进决策科学化、民主化。加强和改进党对群团工作的领导，做好新经济组织和新社会组织人员、党外知识分子等工作，打响"同心圆"工作品牌，坚持党管武装，加强老干部工作，形成建设福源建宁的强大合力。

突出能力提升，培养造就高素质领导班子和干部队伍。加强新形势下领导班子能力建设，加大干部教育培训力度，不断提高领导干部促进经济发展、社会管理和应对突发事件等能力。积极探索干部人事制度改革，采取日常考核和年度考核相结合、常规工作考核和专项工作考核相结合等办法，落实好《激励干部干事创业整治"为官不为"暂行办法》，促进干部能上能下。坚持德才兼备、以德为先用人标准，注重在基层和项目一线考察选拔干部，重视培养选拔女干部、党外干部，切实把工作有思路、有激情、有贡献的干部选拔到领导岗位。

突出创先争优，加强服务型基层党组织建设。大力实施"党建富民强村"工程，整顿软弱涣散基层党组织；加强社会组织党的建设和非公企业党建工作，扩大党的组织覆盖和工作覆盖。严格党内政治生活，突出抓好"三会一课"(8)、民主评议党员等制度落实，加强流动党员服务管理，疏通党员出口，深化"党员110服务零距离"、党员"信誉管理"等活动，把基层党组织建设成为推动发展、服务群众、凝聚人心、促进和谐的坚强战斗堡垒。

突出惩防并举，深入推进反腐倡廉工作。落实党风廉政建设主体责任和监督责任，建立县委巡察制度，推动全面从严治党向基层延伸。综合运用监督执纪"四种形态"(9)，把纪律和规矩挺在前面，构建不敢腐、不能腐、不想腐的有效机制，减少腐败存量，遏制腐败增量。严格落实中央八项规定精神，深入贯彻《中国共产党廉洁自律准则》《中国共产党纪律处分条例》《中国共产党问责条例》等党内法规，发挥中央苏区反"围剿"纪念园、修竹"莲廉"文化主题公园、上坪"廉孝"农民公园等廉政教育阵地作用，引导广大干部尤其是党员领导干部筑牢拒腐防变的思想道德防线。加强政风行风建设，加大治庸治懒力度，紧盯扶贫惠农、水利建设、土地征收、工程项目分包转包、农村集体"三资"(10)管理等重点领域，坚决纠正损害群众利益的不正之风。坚持依规依纪办案，严肃查处违纪违法案件，为推进后发赶超、绿色崛起提供有力的纪律保证。

同志们，宏伟蓝图催人奋进，跨越发展时不我待。让我们更加紧密地团结在以习近平同志为总书记的党中央周围，在省市的正确领导下，团结带领全县共产党员和广大干部群众，以更加开阔的视野、更加昂扬的斗志、更加扎实的作风，进一步解放思想、开拓创新、锐意进取，为全面建成惠及全县人民的小康社会，实现中华民族伟大复兴的中国梦而努力奋斗！

政府工作报告

——2016年12月20日在建宁县第十七届人民代表大会第一次会议上

建宁县人民政府代县长 陈显卿

一、过去五年工作回顾

五年来，面对复杂多变的宏观环境和持续下行的经济压力，县政府在县委的正确领导下，在县人大的法律监督和县政协的民主监督下，围绕打造闽赣省际生态产业集聚区发展定位，着力稳增长、调结构、促改革、惠民生、保稳定，顺利完成县十六届人大一次会议确定的各项目标任务。2012年以来，年均实现地区生产总值增长9.5%；地方公共财政收入增长14.2%；农林牧渔业总产值增长4.2%；规模以上工业增加值增长11.7%；全社会固定资产投资增长23.6%；城镇、农村居民人均可支配收入分别增长7.5%、11.4%。一些重点领域和重大项目取得可喜突破：

——2013年再次获评省县域经济发展“十佳县”。被列为国家级杂交水稻种子生产基地县、国家粮食产能县、国家农业综合标准化示范县、全国国土资源节约集约模范县、全国电子商务进农村综合示范县、国家级农村产业融合发展试点示范县、全国“平安农机”示范县。

——向莆铁路、建泰高速、建(宁)广(昌)高速建成通车，公路通车总里程突破1300公里。浦梅铁路建宁至冠豸山段全面开工，莆炎高速即将动工，建宁至长汀高速公路列入规划。

——文鑫莲业、闽江源绿田在“新三板”上市，明一国际生态高新科技园开工建设。建宁通心白莲入选福建首届“十佳地理标志商标”和全国农业标准化示范区建设20年成果展。“建宁水稻种子”成为全国唯一水稻种子地理标志证明商标。

——中央苏区反“围剿”纪念园、闽江源生态旅游区获评国家AAAA级旅游景区。成功举办第十届“海峡诗会”、全国县域电商联盟峰会、福建首届“花海跑”、中国建莲文化旅游嘉年华系列活动。

——通过国家级生态县验收，成功入选全国全域旅游示范区创建单位、全国“百佳深呼吸小城榜”，获评全国森林旅游示范县、“中国森林氧吧”“中国森林体验基地”。

五年来，主要工作和成效是：

(一)突出转型升级、优化结构，发展步伐坚定有力。农业提档升级。“五子”产业加快发展，国家级种子产业园快速推进，现代种业“育繁推”一体化体系逐步形成。完善“万亩带、千亩片、百亩点”莲子种植布局，建莲全产业链打造初显成效。改造果园12万亩，生态化管理水平进一步提升。积极发展新型农业经营主体，培育县级以上产业化龙头企业40家、各类农民专业合作社346家，农机综合化水平达73.3%。加快农田水利设施建设，五年累计投资6.34亿元。工业提质增量。高档特种纸、特色农产品深加工、无患子精深加工等产业快速壮大。2016年末，全县规模以上工业企业达120家，实现规模以上工业总产值124亿元、工业固定资产投资60亿元，较2012年分别增长79.9%、109.2%。服务业提速增效。2016年游客接待量预计可突破100万人次、旅游总收入达9.1亿元，较2012年分别实现翻番；电子商务加快发展，建成闽赣省际电商产业园，培育电商企业100家，实现电商交易额9.27亿元；中行建宁支行、刺桐红村镇银行入驻营业，金融机构存贷款增幅保持稳中有进，不良贷款率始终控制在低位水平。

(二)推进改革开放、创新创业，发展活力竞相迸发。改革创新持续突破。稳步推进农村、林业、金融等重点领域改革，完成土地、林地流转14.85万亩，建立村级融资担保基金2家。开展“四转四争”“三挂三帮”活动，培育形成城乡网格化服务管理、闽赣农机植保合作联社等一批创新品牌。科技实力持续增强。实施市级以上科技项目30项，认定高新技术企业2家，省创新型企业6家，省级小巨人、领军企业4家，组建省级工程技术中心2家，新增文鑫莲业博士后工作站，两个院士工作站入驻种子产业园。品牌影响力不断扩大，新增省著名商标5件，申请专利630件，获授权500件。对外开放持续深化。成立厦门建宁商会和福州建宁商会。实施建商回归工程，强化重点区域、重点领域招商，共引进项目230个，总投资119亿元，客方实际到资70亿元。

(三)注重城乡统筹、配套完善，人居环境大幅改善。城市功能日趋完善。完成城市总体规划修编，同步推进老城区改造与新区建设，城区面积扩大至4.96平方公里。完成溪口街、黄舟坊至河南路“白改黑”，新建改建城市道路21公里、供水管网13.5公里、排水(污)管网25.6公里，新建城区防洪堤6.7公里。完成垃圾填埋场二期扩建，新建压缩式垃圾中转站5座。城市品位显著提升。有序推进“一河两岸”(11)、入城口、东山公园等重要节点景观提升，建成朝阳门楼等一批地标建筑，开发富贵世家、江源水都豪庭等一批精品小区。加强城市管理，建成数字城管平台。强化“两违”综合治理，累计拆违79.6万平方米。农村面貌焕然一新。31个村完成环境综合整治，建成44个美丽乡村，修竹村、高峰村入选福建2016新版最美乡村大全。推进农村基础设施建设，解决6万人安全饮水问题，新改扩建农村公路152.9公里，出县、通乡、通行政村公路全面硬化。

(四)坚持绿色发展、严守红线，生态优势更加凸显。生态建设成果丰硕。完成闽江源国家级自然保护区功能区划调整和王坪栋饮用水源保护区调整，集中式饮用水源水质达标率100%。完成水土流失治理9067公顷，累计造林绿化8333.33公顷，森林覆盖率提高至76.1%。开展生态细胞工程建设，80个村获市级以上生态村命名。环境整治措施有力。深化“河长制”，建成智慧河长管理平台。开展木材加工企业、扬尘粉尘、黄标车等专项整治，推进辖区水流域、工业、农业面源、畜禽养殖等污染治理，关停污染企业6家、中小木材加工企业16家。节能减排扎实推进。落实有序用电和节能降耗措施，完成循环经济项目57项，实现万元GDP能耗下降14.6%。严格减排总量控制，实施重点减排项目17个。

(五)致力共建共享、富民利民，幸福指数不断提升。社会保障逐步健全。低保、医保、社保等持续扩面提标，建成保障性住房2330套，城镇登记失业率控制在3%以下。强化扶贫攻坚，2014年来已实现脱贫7554人。社会事业繁荣发展。大力实施为民办实事项目，城关中学、城关幼儿园、县医院门诊综合楼、新西门市场、档案馆等民生工程建成投入使用。城区学校布局调整顺利实施，获评“国家义务教育基本均衡县”。深化医药卫生体制改革，城乡基本公共卫生服务水平显著提升。创建国家公共文化服务体系示范区通过验收，上坪村列入首批中国传统村落名录，笔架村、罗源村、岩上村列入首批省级传统村落名录。社会秩序和谐稳定。深入开展平安建设，加强和创新社会治理，综治考评连续四年居全市前列，获评省“平安先进县”。强化安全生产隐患排查治理，安全生产形势持续好转。

(六)着力转变职能、依法治县，行政效能显著增强。行政改革纵深推进。完成政府职能转变和机构改革任务。深化“放管服”改革，完成县乡两级权责清单编制，全面取消非行政许可审批，精简县级审批事项125项，精简率达37%。民主法制更加健全。共办理人大代表建议359件、政协委员提案428件，满意和基本满意率达98%。顺利通过省“六五”普法验收，在全市率先建成青少年法制教育基地和法治主题公园，获评2011—2015年全国法治宣传教育先进县。机关作风明显改善。扎实开展党的群众路线教育实践活动、“三严三实”专题教育和“两学一做”学习教育，坚持党风廉政建设“一岗双责”，严格落实中央八项规定精神，开展“为官不为”“慵懒散拖”等专项治理，政府执行力、公信力明显增强。

此外，扎实推进国防教育和国防动员工作，不断提升民兵预备役建设水平。支持工会、共青团、妇女儿童等各项事业发展，统计、人防、档案、供销、水文、气象、地方志、防震减灾、外事侨务、民族宗教、老龄老干、优抚安置、市场监督、住房公积金管理等工作取得新成效。

各位代表，过去五年的成绩来之不易，这是我们不断解放思想、开拓创新的结果，是县委正确领导、人大依法监督、政协积极参政议政的结果，是全县人民团结奋斗、激情创业的结果。在此，我代表县人民政府，向为全县经济社会发展付出辛勤劳动的全县人民，向给予政府大力支持和有效监督的人大代表和政协委员、离退休老同志、社会各界人士，向为建宁发展做出积极贡献的省市属单位、驻军部队、武警官兵、公安干警，向所有关心、支持建宁改革发展的同志们、朋友们表示衷心感谢和崇高敬意！

在看到成绩的同时，我们也清醒认识到存在的困难和问题，主要表现在：经济总量不大，产业层次较低，核心竞争力不强；招商引资难度大，大项目、好项目不多，财政收支矛盾依然突出；城镇化水平不高，公共服务和社会保障体系不够健全；精细化社会管理水平不高；政府自身建设和服务发展的能力有待加强等等。我们要高度重视，在今后的工作中努力加以改进。

二、新一届政府总体要求和目标任务

新一届政府任期的五年，是我县加快脱贫攻坚、全面建成小康社会的决胜期，是经济社会发展方式深刻变革的转型期，也是建宁大有可为的重要战略机遇期，特别是浦梅铁路、莆炎高速动工建设，建宁的区位优势和竞争力将进一步提升，为今后五年的发展拓展了空间，增添了动力。

今后五年工作的指导思想：高举中国特色社会主义伟大旗帜，以邓小平理论、“三个代表”重要思想、科学发展观为指导，全面贯彻中共十八大和十八届三中、四中、五中、六中全会精神，深入贯彻落实习近平总书记系列重要讲话和对福建工作的重要指示精神，围绕“五位一体”总体布局和“四个全面”战略布局，牢固树立和落实五大发展理念，主动融入全省“再上新台阶、建设新福建”和全市“建设更富活力更具实力更有竞争力的新三明”发展大局，贯彻落实县第十二次党代会部署要求，按照闽赣省际生态产业集聚区的发展定位，以脱贫脱帽为工作总揽，发力供给侧结构性改革，推动生态、农业、红色三大比较优势更好地转化为现实发展优势，加快后发赶超、绿色崛起，走出一条生产生活生态共赢的新路，如期全面建成小康社会，推动经济社会发展再上新台阶。

今后五年的奋斗目标和总体思路：保持经济平稳快速增长势头，力争五年后全县地区生产总值突破131亿元，年均增长9%左右；地方公共财政收入年均增长7%左右，五年后达到4.2亿元；全社会固定资产投资年均增长18%左右，城乡居民人均可支配收入年均增长9%左右。着重把握五个方面：

——推动创新发展，提高质量效益。把创新作为推动发展的第一动力，强化企业自主创新主体地位，大力推进大众创业万众创新。完善人才引进、使用、评价、激励等机制，坚持引进、留住紧缺人才与用好本地人才并重，为创新型建宁建设提供有力的人才保障和智力支持。围绕供给侧结构性改革，加快构建建宁特色产业体系。推进杂交水稻“育繁推”一体化发展,全力打造“中国稻谷”。加快建莲全产业链打造,建成全国性建莲产品交易集散中心。推进“两桃一梨”、乳制品、笋制品等精深加工,促进特色食品加工产业集中集聚，建成全省最大的特色农产品生产加工示范基地。推进国家全域旅游示范区、电子商务进农村综合示范县建设,加快无患子、特种纸等优势产业和互联网经济、风力发电、康复养老等新兴产业发展。推进具有建宁特色的改革试点,深化行政审批、社会治理创新、农村新型组织再造等重点领域改革，努力形成全省乃至全国可复制推广的改革经验。

——推动协调发展,提升城乡魅力。坚持规划引领,按照“美丽特色生态城”建设定位,实施新一轮县城总体规划和土地利用规划修编,完善各类专项规划和控制性详细规划。加快县城建设步伐,大力实施“北连东进南拓”战略,拉大城市框架,到 2021 年,城区建成面积扩至 6.5 平方公里。重点推进西门、下坊、河东等片区旧城改造,加快闽江源路、荷花东路沿线、塔下板块、建宁北站等片区开发,启动建宁南站板块、高沙洲板块规划建设;完善城市路网、公共停车场、管道燃气、排水排污等配套基础设施,启动第二水源地建设。创新城市管理，加快信息建宁、智慧县城建设。加速新型城镇化进程,推进农村人口向城镇集聚，打造一批具有较强人口吸附力、产业承载力的中心集镇和特色小镇,城镇化率达 50%以上。持续推进美丽乡村建设,着力创建一批具有建宁特色的产业发展型、旅游休闲型、传统村落型、自然生态型、历史文化型精品村和样板村。

——推动绿色发展,创建生态文明。牢固树立“绿水青山就是金山银山”理念,推进国家重点生态功能区建设,构建生态产业集聚区、生态文明体制创新试验区、生态文明建设先导示范区。严守生态红线,强化重点生态敏感区、脆弱区保护，突出抓好以水源地湿地和森林生态系统保护、环境综合整治、土地节约集约利用等为重点的生态建设。加强造林绿化，加快城乡绿道、绿地、绿化景观建设,确保森林覆盖率保持省市前列。强化地质灾害防治,深入开展水土流失综合治理。加快乡村污水垃圾处理设施建设,推进乡(镇)和村(居)污水垃圾无害化处理全覆盖。实施濉溪、台田溪等水流域生态治理,确保省控交界断面水质达Ⅱ类标准以上。推行产业准入负面清单,大力发展低碳循环经济,严格控制单位 GDP 能耗和主要污染物排放总量。

——推动开放发展,促进合作共赢。深度融入“海丝核心区”和“福建自贸区”建设,加强与沿海发达县、省际边界县交流合作,拓展开放发展新空间。构建开放大通道,推动浦梅铁路建宁至冠豸山段、莆炎高速建成通车,继续推进建宁至长汀高速公路项目前期，积极对接争取吉武温铁路,不断提升省际区域性交通枢纽功能。加大招商引资力度，营造良好招商环境，构建“亲”“清”新型政商关系[12]。加快转变对外经济发展方式,积极融入“一带一路”战略,坚持“走出去”和“引进来”相结合,完善山海协作机制,承接沿海发达地区产业转移,实现优势互补、合作共赢。

——推动共享发展,增进人民福祉。将脱贫攻坚作为第一民生工程，探索建宁精准扶贫新路子，力争 2017 年完成国定扶贫标准贫困人口的脱贫任务,巩固一年后,确保到 2018 年国定对象全部脱贫；力争 2019 年完成省定扶贫标准贫困人口的脱贫任务,巩固一年后,确保到 2020 年实现省定对象全部脱贫。以基本养老、基本医疗、最低生活保障、社会救助等为重点,不断扩大社会保障覆盖面,提高社会保障标准。巩固“国家义务教育基本均衡县”创建成果,改善农村义务教育薄弱学校基本办学条件，实施城区扩容工程,规划新建一所幼儿园和小学。加快发展学前教育,基本普及高中阶段教育,做特做专职业教育,建设教育强县。推进医药卫生体制改革，完善覆盖城乡居民的基本医疗卫生服务体系，完成县医院整体搬迁。规划建设集城市规划展示馆、科技馆、博物馆等于一体的综合性展馆，加快构建惠及全民的公共文化服务体系。创新社会治理，全面推进“七五普法”，加快建设法治建宁。

三、2017年主要工作

2017年是新一届政府的履新之年。我们要按照市委、市政府和县委的部署要求，把握政策利好，抢抓发展机遇，顺势而为，乘势而上，推动经济社会发展再上新台阶。明年经济社会发展的主要预期目标是：地区生产总值增长9%；农林牧渔业总产值增长4.5%；规模以上工业增加值增长10%；全社会固定资产投资增长19%；社会消费品零售总额增长16%；实际利用外资（验资口径）增长10%；出口总值增长10%；地方公共财政收入增长5%；城镇居民人均可支配收入增长9%；农村居民人均可支配收入增长10%；城镇登记失业率控制在3.2%以内。重点做好七个方面工作：

（一）致力脱贫脱帽，持续精准发力，坚决打赢脱贫攻坚战

凝聚合力真扶贫。坚持“县领导挂乡（镇）、县直单位挂村、干部（主体）包户”三级挂包机制。大力实施“五抓五送”[13]，推动社会力量参与扶贫，帮助贫困村、贫困户发展生产、改善条件，加快构建政府、市场、社会互为支撑，专项扶贫、行业扶贫、社会扶贫“三位一体”的大扶贫格局。深化与省直部门、对口帮扶地区合作，积极争取更多支持。2017年确保实现贫困村摘帽20个，贫困人口脱贫2000人，其中国定标准贫困对象全部脱贫。

精准施策扶真贫。用好中央、省、市扶贫政策和我县“1+N”系列帮扶政策[14]，增强“N+1”帮扶实效。突出产业扶贫，扎实推进“七大扶贫产业”，打造“一乡一业”“一村一品”。注重就业扶贫，大力实施“雨露计划”和“春潮行动”，帮助贫困群众“家门口就业”。持续推进易地扶贫搬迁，全面完成集中安置区建设和造福工程异地搬迁任务。强化“兜底式”扶贫，重点实施健康扶贫工程，加大医疗救助力度，遏制和减少因病致贫和因病返贫现象。强化贫困（空壳）村扶持，盘活村集体资产资源，大力实施村财增收项目，增强村级“造血”功能。

创新机制促脱贫。推广“公司+贫困村+基地+贫困户”模式，大力实施种子、莲子等重点产业整村推进。推广“合作社+银行+贫困户”和“公司+银行+贫困户”模式，用好小额信贷扶贫政策，着力解决扶贫对象发展资金瓶颈问题。探索资产收益扶贫机制，扩大量化折股试点范围。复制推广闽赣省际农机植保综合服务中心抱团脱贫、文鑫公司“村企合作、产业扶贫、精准到户”等扶贫模式，形成示范效应。

（二）推进供给侧改革，加快转型升级，打造建宁产业升级版

做强特色农业，构筑发展新高地。稳定粮食播种面积1.54万公顷、杂交水稻种子8667公顷、建莲3333公顷、水果8000公顷、烟叶7.9万担、食用菌4000万袋，走绿色生态、精细高效的农业现代化道路。加快国家级种子产业园、省级农民创业莲子示范基地、欧洲风情生态创意产业园、世代生态牧业休闲基地等建设，提高农业规模化、产业化水平。用好全国农村产业融合发展试点示范县政策，探索“互联网+建莲产业”“批发市场+农户”等新型产业化经营模式，推动农业“接二连三”[15]融合发展。强化农业“五新”[16]推广，严控农药、化肥用量，建立健全农产品质量安全可追溯体系。加快粮食产能区、高标准农田、旧村复垦等农业基础设施建设，大力推进农业机械化作业，提高农机综合化水平。积极争创国家农业可持续发展试验示范区。

提振工业经济，培育发展新动能。主动对接“中国制造2025”，实施新一轮省、市重点企业技改项目，推动特种纸、食品加工等传统产业开展机器换工和“数控一代”智能化生产，大力推进“两化”[17]融合示范应用。完善开发区基础设施，优化园区功能布局，重点实施明一国际生态高新科技园、源容无患子液态生产线、兴辉食品果汁饮料加工、同越管件制冷配件等36个产业转型项目。积极培育工业新增长点，加快节能环保、新能源、新材料、生物医药等新兴产业发展，全年新增规上工业企业10家以上。深化“三挂三帮”活动，用好产业发展专项资金和企业应急周转资金，积极对接“降低实体经济企业成本行动”，开展“手拉手”市场开拓活动，促进企业稳定发展。鼓励企业兼并重组，妥善处置“僵尸企业”。推动禾丰种业等企业上市。

壮大旅游产业，增创发展新优势。以创建国家全域旅游示范区为目标，加快闽江源生态旅游区、枫元百花乡村主题公园、修竹荷苑、香溪花谷等景区提升改造，推进坪上梯田莲海、鸳鸯湖、梅花垇等赏花地建设，全力打造“四季赏花”经济。大力发展红色旅游，进一步提升中央苏区反“围剿”纪念园，加快西门莲塘、客坊水尾红军村等开发。实施“旅游+”计划，推动闽江源绿田、明一国际等旅游观光工厂提升。深入挖掘旅游文化内涵，加快闽江源头拜水溯源、上坪书香水村等建设。强化旅游营销，唱响“为荷而来”文化旅游品牌，开展“福源建宁·乐享森林”嘉年华系列活动，开发花海骑行、山乡田园自驾等旅游产品。启动旅游集散中心建设，加快民宿、农家乐发展，补齐景区交通、旅游标识等短板，强化旅游从业人员培训，全面提升旅游服务软硬实力，实现2017年游客接待量、旅游收入快速增长。

提升现代服务业，构建发展新格局。发挥电子商务进农村示范引领作用，落实“5585”规划，提升电子商务信息汇集、物流配套、平台运营、创新创业功能。完善闽赣省际电子商务产业园功能，推动农产品网货中心运营。加快仓配一体化中心建设，整合邮政、供销社、快递等资源，完善县、乡、村三级物流仓储配送体系。提升公路港、生产资料配送中心等主体功能，推进闽赣冷链物流、和民冷链物流等建设，积极引进壮大一批物流龙头企业，加快构建现代物流产业体系。大力发展现代商贸业，启动江滨西路美食一条街建设，新增限额以上商贸企业3家。落实房地产去库存政策，加快南方国际、尚和国际等历史遗留房地产矛盾化解，稳健推进新房地产开发，促进房地产市场健康发展。

（三）狠抓项目建设，扩大投资规模，不断增强经济发展后劲

大力度推进项目建设。扎实推进“五个一批”重点项目建设，完成年度投资46亿元以上。突出重大基础设施建设，加快浦梅铁路建宁至冠豸山段建设，开工新建莆炎高速、福新至长吉公路，确保均伊公路、城关至报国寺公路建成通车。加快九华山水库、闽江上游金溪流域建宁防洪工程等建设，力争220KV输变电工程、国电投风力发电、城区天然气管道等项目开工。积极推进基础通讯网、互联网、广电网三网合一。

多领域开展项目招商。精准对接国家、省市投资导向和扶持重点，积极策划争取交通水利、能源环保、社会事业等投资项目，重点抓好国家专项建设基金项目的争取实施。依托“6·18”“9·8”“11·6”等招商平台，大力开展产业链招商、以商招商，积极组织食品加工、旅游等产业专场招商，力争引入超亿元项目1个以上。强化“三维”对接，加强与省属企业合作，推动签约项目落地实施。发挥建宁异地商会作用，实施建商回归工程，引导资金、技术、项目和企业回归。全方位保障项目要素。加快用地征迁，积极向上争取用地指标，盘活存量土地，为项目落地创造条件。强化重点项目信贷支持，鼓励金融产品创新，大力推广园区企业按揭贷款业务，做大信贷规模。加强金融风险防控，年末不良贷款率控制在3%以内。鼓励多元化融资，积极推行PPP、EPC等运营模式。支持城投、国投、林投、旅游公司等国有资本参与经营性项目投资。优化审批服务，精简审批环节，推广并联审批、容缺后补审批、网上审批，切实提高行政审批效率。

（四）深化改革开放，实施创新驱动，持续释

放发展红利

深化改革激活力。推进农村综合改革,大力培育农民专业合作社、家庭农场等新型农业经营主体。全面落实农村土地承包经营权、宅基地和集体建设用地使用权确权登记颁证工作。支持土地适度规模经营,年内新增土地、林地流转面积1200公顷。进一步深化林业改革,扩大林权抵押贷款规模,启动碳汇交易试点。推进金融体制改革,加快设立村级、行业融资担保基金。推进财税体制改革,完善国库集中收付运行机制,深化县级预决算公开,规范地方政府债务管理。

创新创业增动力。用好全国小微企业创业创新城市示范等政策,加快培育众创空间和企业孵化器。鼓励企业技术创新,争创品牌,增强企业自主创新能力。加强产学研合作,新增省级新型研发机构1家以上。实施人才强县战略,发挥博士后工作站、院士工作站等平台作用,畅通引才引智渠道,推进人才集聚。

开放合作挖潜力。积极承接自贸区外溢效应,加大铙纸、绿田、文鑫、龙威等出口企业扶持力度,引导企业优化出口产品结构,拓展海外市场,大力发展跨境电子商务。加强与省际边界县合作,积极搭建交流合作平台。强化山海协作,推进与台江区等沿海发达地区开展多领域合作共建。

(五)做精做美城乡,提高建管水准,建设生态宜居家园

加强基础建设,打造精品城镇。加快闽江源路至建宁南站、江滨西路延伸、荷塘北路等路网建设,完成建莲南路"白改黑"工程,建成河东、汽车城等公共停车场,完善公交网络体系。启动应急备用水源建设,推进老城区中山路、民主街等雨污分流及供水管网改造,实施容驷河段、悬索桥至溪口方向污水管网延伸工程。持续推进宜居环境建设,突出抓好东山公园、"一河两岸"、三个入城口等景观改造和夜景工程提升,打造文脉清晰、风格协调的特色精致小城。加快里心、均口中心镇和武调新集镇建设,积极争创特色小镇。

注重精细管理,提升城市形象。启动智慧县城建设,发挥"数字城管"作用,以网格化推动城市精细化管理。加强社区建设和小区物业管理,启动"街长制""楼长制"试点,探索城区停车收费管理模式。开展城区夜市、占道经营、载客三轮车、交通拥堵等专项整治,着力解决城市管理顽疾。继续保持"两违"治理高压态势,确保减存量、零增长。

坚持因地制宜,打造美丽乡村。深入实施"千村整治、百村示范"工程,巩固陈家、枫元等美丽乡村建设成果,抓紧推进新一轮美丽乡村规划建设,努力打造"一村一品、一村一景"。加强农村环境综合整治,建立健全长效管理机制。完善农村基础设施,突出抓好农村路网提升,推进农网升级改造,加快7个乡(镇)污水处理厂建设,进一步改善农村生产生活条件。

推进生态建设,筑牢绿色屏障。巩固国家级生态县创建成果,加快生态文明先行示范区建设,争取闽江生态流域补偿资金,创建国家湿地公园。推进"两带一区"建设,落实"三个必造",实施封山育林和重点生态区位商品林赎买,推广禁柴改燃。加强水土保持,强化耕地保护和节约集约用地。深化"河长制",加强饮用水源地保护,推进安全生态水系建设。推动节能行动,持续加强餐饮业油烟排放等治理,提高环保公交车等节能型车辆使用比例,改善大气环境质量。加强环保能力建设,健全环保综合执法体制,严厉打击破坏生态的违法行为。

(六)改善民本民生,着力补齐短板,提升人民群众获得感

健全保障体系,让群众更暖心。突出抓好高校毕业生、农村富余劳动力、下岗职工、就业困难人员等重点群体就业。扩大社会保险征缴覆盖面,全面落实全民参保。加强社会救助,完善失地农民保障制度和城乡医疗救助制度,稳步提高城乡低保、农村五保户补助标准,落实抚恤定补标准自然增长机制。抓好保障性安居工程。发展社会福利、慈善和残疾人事业,做好老龄和关心下一代工作,切实维护和保障妇女、儿童合法权益。

优化公共服务,让群众更舒心。巩固提升“县域义务教育基本均衡发展”成果,继续推进城区扩容、农村薄弱校改造、教师周转房等工程。重点加快建宁一中图书馆、职业中学运动场和体艺楼等建设,建成新实验幼儿园并投入使用,开工新建第二实验幼儿园,规划建设一所城区小学。深化公立医院改革和乡(镇)卫生院第二轮改革,坚持“三医联动”[18],落实分级诊疗、双向转诊制度。规划启动县医院整体搬迁,加快县康复养生服务中心、社区医养结合卫生服务站建设,探索医养结合新路子。坚持计划生育基本国策,实施全面两孩政策,改革完善计划生育服务管理。大力发展文化、体育、广播电视事业,巩固提升国家公共文化服务体系示范区创建成果,建成健身馆暨图书馆、中影万星影城。加强精神文明建设,创建省级文明县城。扎实推进第三次全国农业普查和第二次全国地名普查工作。抓好统计、档案、地方志、水文、气象、防震减灾等工作。

创新社会治理,让群众更安心。深化平安建宁建设,推进市级“平安乡(镇)”和行政村(社区)网格化服务管理全覆盖,确保社会安定稳定。健全社会稳定风险评估机制,加强矛盾纠纷排查化解,依法处理信访事项。落实安全生产“党政同责、一岗双责、失职追责”工作机制,建立安全生产工作巡查制度,深化重点领域安全生产专项治理,推进安全生产标准化建设。强化食品药品安全监管,完善从田头到餐桌全程管控体系。加强应急处置能力建设,抓好地质灾害防治和避灾点建设,提高防灾减灾水平。密切与工商联、无党派人士的联系与协商,支持工会、共青团、妇联等群团组织发挥更大作用,做好外事侨务、民族宗教工作。深化双拥共建,加强国防动员、国防后备力量和人民防空建设,推进军民深度融合发展。

(七)加强自身建设,提效争先创优,建设人民满意政府

强化服务创新,提升行政效能。深化“四转四争”活动,强化责任担当,勇于攻坚克难。全面推行“四下基层”和“一线工作法”,落实“马上就办”,切实帮助基层、企业和群众解决实际问题。深化行政服务标准化建设,完成行政服务中心整体搬迁。加强机关效能建设,坚决纠正不作为、慢作为和“庸懒散拖”等问题。加强目标绩效管理,健全完善重大事项办结、分工协作、督查推进、考评问责等工作机制,促进政府工作高效运转。

坚持依法行政,推进科学决策。严格依法行政,自觉接受人大法律监督、政协民主监督和社会舆论监督,办理好人大建议和政协提案。坚持民主集中制,主动听取社会各界意见建议,发挥专家咨询和集体讨论作用,提高决策科学化、民主化、法治化水平。深化政务公开,推进政务信息、财政预算、政府采购等领域信息公开,提高政府工作透明度。

严守纪律规矩,加强廉洁建设。坚持全面从严治党,严格遵守和执行《关于新形势下党内政治生活的若干准则》和《中国共产党党内监督条例》,把廉洁从政贯穿政府工作各个环节。严格落实中央八项规定精神,加强政府投资工程、政府采购、扶贫资金等重点领域的审计和监察,从严查处违纪违法案件,打造为民、务实、清廉政府。

各位代表,站在新的发展起点,我们信心满怀。让我们更加紧密地团结在以习近平同志为核心的党中央周围,在县委的正确领导下,团结和依靠全县人民,开拓创新,扎实进取,不忘初心,继续前进,为全面建成惠及全县人民的小康社会而努力奋斗!

特载注释：

(1)“五子”：莲子、梨子、桃子、种子、无患子。

(2)“四转四争”：转机制争进度、转方式争效益、转作风争突破、转态势争贡献。“三挂三帮”：领导挂点企业，帮助企业排忧解难。部门挂钩企业，帮助企业谋发展。干部挂职企业，帮助企业提供全程服务。

(3)“五抓五看”：2015 年 3 月，省委书记尤权在福州市开展落实党风廉政建设责任制情况检查时，提出了落实主体责任：看有没有抓加强教育，看有没有抓制度建设，看有没有抓“一把手”，看有没有抓查处，看有没有抓部署、检查、落实的“五抓五看”要求。

(4)“三品一标”：无公害农产品、绿色食品、有机农产品和农产品地理标志统称“三品一标”。“三品一标”是政府主导的安全优质农产品公共品牌，是当前和今后一个时期农产品生产消费的主导产品。纵观“三品一标”发展历程，虽有其各自产生的背景和发展基础，但都是农业发展进入新阶段的战略选择，是传统农业向现代农业转变的重要标志。

(5)“五证合一、一照一码”：在全面实施工商营业执照、组织机构代码证、税务登记证“三证合一”登记制度改革的基础上，再整合社会保险登记证和统计登记证，实现“五证合一、一照一码”，是继续深化商事制度改革、优化营商环境、推动大众创业万众创新的重要举措。全面实行“一套材料、一表登记、一窗受理”的工作模式，申请人办理企业注册登记时只需填写“一张表格”，向“一个窗口”提交“一套材料”。登记部门直接核发加载统一社会信用代码的营业执照，相关信息在全国企业信用信息公示系统公示。

(6)“三维”：中央企业、港澳台侨外资企业、民营企业项目。

(7)“三化一龙头”：即“立体化防控、多元化调解、网格化服务，以落实综治责任为龙头”。

(8)“三会一课”：是指定期召开支部党员大会、支部委员会、党小组会，按时上好党课。“三会一课”制度是党基层支部长期坚持的重要制度，也是健全党的组织生活，严格党员管理，加强党员教育的重要制度。

(9)“四种形态”：第一种：党内关系要正常化，批评和自我批评要经常开展，让咬耳扯袖、红脸出汗成为常态。第二种：党纪轻处分和组织处理要成为大多数。第三种：对严重违纪的重处分、作出重大职务调整应当是少数。第四种：而严重违纪涉嫌违法立案审查的只能是极极少数。

(10)“三资”：是指农村集体的资金、资产、资源。

(11)“一河两岸”：濉溪河，及濉溪河两岸。

(12)构建“亲”“清”新型政商关系：习近平指出，新型政商关系，概括起来说就是“亲”“清”两个字。对领导干部而言，所谓“亲”，就是要坦荡真诚同民营企业接触交往，特别是在民营企业遇到困难和问题情况下更要积极作为、靠前服务，对非公有制经济人士多关注、多谈心、多引导，帮助解决实际困难。所谓“清”，就是同民营企业家的关系要清白、纯洁，不能有贪心私心，不能以权谋私，不能搞权钱交易。对民营企业家而言，所谓“亲”，就是积极主动同各级党委和政府及部门多沟通多交流，讲真话，说实情，建诤言，满腔热情支持地方发展。所谓“清”，就是要洁身自好、走正道，做到遵纪守法办企业、光明正大搞经营。

(13)“五抓五送”活动：即打好精准扶贫攻坚战，以抓增收送项目、抓就业送岗位、抓扶智送技术、抓兜底送保障、抓挂钩送温暖“五抓五送”为载体，推广产业带动扶贫、量化折股、抱团脱贫、村企共建、整村推进产业扶贫等模式。

(14)“1+N”系列帮扶政策：1 即《建宁县推进精准扶贫打赢脱贫攻坚战 2016-2020 年实

施方案》。N即《建宁县产业扶贫实施办法》《建宁县金融扶贫实施办法》《建宁县社会力量扶贫实施办法》《建宁县新型农业经营主体扶贫实施办法》《建宁县农村低保兜底和医疗救助工作实施办法》《建宁县造福工程及易地扶贫搬迁实施办法》《建宁县贫困(空壳)村脱贫攻坚实施办法》。

(15)农业"接二连三":接工业(二产)连电子商贸服务业、旅游业、休闲农业等(三产)。

(16)农业"五新":新品种、新技术、新农药、新化肥、新机具。

(17)"两化融合":两化融合是信息化和工业化的高层次的深度结合,是指以信息化带动工业化、以工业化促进信息化,走新型工业化道路;两化融合的核心就是信息化支撑,追求可持续发展模式。

(18)"三医联动":三医联动就是医保体制改革、卫生体制改革与药品流通体制改革联动,三医联动新定义——医保、医药、医疗。

2016年新建城市公共停车场 (陈晓星 摄)

2016年建宁县十大新闻

一、绿田、文鑫成功登陆“新三板”，建宁县“新三板”上市企业居全市之首。

入选理由：2月，文鑫莲业于“新三板”成功做市交易，挂牌价每股4元，股票总股数5960万股，企业市值近2.4亿元。12月，绿田公司登陆“新三板”。目前，“新三板”的企业，全市仅六家，建宁莲企占两家。

二、建宁入选国家全域旅游创建示范区名单，全域旅游结硕果。

入选理由：3月，福建省确定了12个县市为首批全省全域旅游试点县，建宁县榜上有名。11月，国家旅游局公布全国238家第二批“国家全域旅游示范区”创建名单，建宁县成功入选。

三、建宁打响“为荷而来”文化旅游品牌，系列活动新闻多次登上央视荧屏。

入选理由：3月，福建首届“花海跑”在建宁县桃梨观赏园拉开序幕。7月，2016“为荷而来”中国建莲文化旅游嘉年华系列活动精彩纷呈。这些活动影响广泛，相关新闻报道多次在中央电视台新闻联播、新闻频道、经济频道等多个频道和栏目播出。

四、建宁列入国家农村产业融合发展试点示范县，现代农业发展呈现新局面。

入选理由：6月，建宁被列入国家农村产业融合发展试点示范县。7月，“建宁水稻种子”成为国家地理标志证明商标，这是全国唯一的水稻种子地理证明商标。“互联网+建莲”产业列入福建首批“互联网+”区域化链条化试点。

五、建宁县被评为全国“六五”普法先进县，城乡网格化管理成为全省示范典型。

入选理由：6月，第八次全国法治宣传教育工作会议召开，建宁县被中宣部、司法部、全国普法办表彰为全国“六五”普法先进县，三明市仅建宁县获此殊荣。城乡网格化管理、多网合一工作经验被省上表扬并召开现场会推广。

六、建宁通过国家级生态县考核验收，生态建设与保护获多项殊荣。

入选理由：9月，建宁荣获“全国森林旅游示范县”称号，10月，建宁县闽江源国家级自然保护区被评为第二批“中国森林氧吧”，10月，通过国家生态县考核验收，并按程序报环境保护部审批。4月和11月，城市空气质量居全省县级城市第一，其他月份均位居全省县级城市前列。

七、《乡约》栏目走进建宁，央视播出多个在建宁录制的节目。

入选理由：12月，中央七套《乡约》栏目走进建宁，在县体育中心搭建舞台，录制节目。7月，中央电视台法治频道在建宁拍摄《长征谍报战》。3月，中央电视台科教频道播出在建宁拍摄的《乱石中的村落》，5月，科教频道《地理中国》栏目播出《奇居之地·建宁谜案》，揭秘建宁县伊家乡万人逃窠之谜。

八、明一国际高新生态科技园动工建设，总投资可达10亿元。

入选理由：该项目是改革开放以来，建宁县最大的投资项目。项目占地417亩，总投资10

亿元。将新建2.5万吨乳粉产能的乳制品智能工厂，新建奶牛生态养殖基地666.67公顷，项目投产后将成为旅游观光工厂和观光牧场，并成为福建省最大的婴幼儿营养品生产基地。

九、建宁荣登"2016中国最具投资潜力特色魅力示范县"榜单。

入选理由：由世界著名品牌大会第10届年会公布了《2016中国最具投资潜力特色魅力示范县200强名单》，福建共有11个县上榜，三明仅建宁县上榜。世界著名品牌大会是全球最具国际影响力的国际品牌会议之一。

十、建连铁路开工建设，莆炎高速公路福建尤溪至建宁段工可获批，建宁有望成为闽西北交通枢纽。

入选理由：12月，建宁至连城冠豸山铁路建宁段开工建设。作为我县的第二条铁路，浦梅铁路在建宁境内全长47.29公里，总投资35亿元，设计行车速度每小时160公里；建广高速公路通车；全省单个投资额最大高速公路的项目——莆炎高速公路福建尤溪至建宁段工可报告获国家发改委审查通过，全长216公里，其中新建里程189公里，估算总投资221.7亿元。

（县委宣传部供稿）

2016年11月11日，"两学一做"学习教育知识竞赛颁奖（黄平柳 摄）

大事记(2016)

编辑:肖建泰

1 月

1 日上午,举行元旦升国旗仪式,县副处以上领导参加。

6 日,由国家督学、安徽省教育厅原总督学李明阳率领国家督导检查组成员郑万学、刘志斌、祝晓飞在省教育厅调研员何光辉、市教育局副局长邱伟的陪同下,对建宁县创建“全国义务教育发展基本均衡县”进行评估认定,县领导潘闽生、许家源、吴碧英出席汇报会并参加相关评估活动。

7 日, 省总工会副主席郭立新在市总工副主席李伸安陪同下赴建宁县慰问困难企业、困难劳模和职工。

18—21 日上午, 建宁县第十六届人民代表大会第五次会议和政协建宁县第九届委员会第五次会议在县宣传文化中心召开, 县处级领导出席或列席了“两会”。

19 日下午,省人大常委会副主任陈伦带领省妇联主席吴洪芹和省人大办副主任李鸣、环城工委副主任阮学智等一行, 在市人大常委会副主任洪明德,县领导郑剑波陪同下,到濉溪镇长吉村、黄坊乡武调村慰问困难群众。

20 日上午,建宁县组织收看全省农村贫困人口精准再识别工作视频会。

20 日下午,市委常委、市纪委书记游宇飞带领市考核组到县考核落实 2015 年党风廉政建设责任制情况,并召开民主测评会。县领导郑剑波、吴江潮分别汇报了落实党委主体责任和纪委监督责任情况,县副处级以上领导参加。

21 日,经县委批准设立中共建宁县总工会党组。

23 日,市长杜源生深入里心镇检查指导防寒防冻工作, 县领导郑剑波、潘闽生、吴江潮陪同。

2 月

11 日上午,建宁县举办“建商”回乡创业座谈暨招商推介会,县委书记郑剑波致辞,副县长余传贵主持,县领导廖鲁言、吴江潮出席。

16 日下午,召开全县扶贫开发攻坚誓师大会,传达贯彻中央和省、市扶贫开发工作会议精神, 安排部署 2016 年和今后一个时期全县扶贫开发工作,向各乡(镇)颁发脱贫攻坚责任书,县委书记郑剑波讲话,县长潘闽生主持,黄埠、伊家、客坊、均口 4 个乡(镇)党委书记作表态发言,县副处级以上领导出席。

17 日,建宁县 2015 年度奖教奖学金颁奖仪式暨 2016 年高考动员大会在县宣传文化中心举行,县领导许家源、揭留耕、吴碧英、张萍娥出席颁奖仪式,县教育局有关负责人、获奖学校及个人代表、建宁一中高三全体师生等 800 余人参加会议,共发放奖教奖学金 52.4 万元。

19 日下午,省委组织部部务委员何国辉一行,在市委常委、组织部部长陈炎标,县领导郑剑波、赵圣宏陪同下,到闽赣省际(建宁)电子商务产业园、源容生物科技公司、绿田公司等地，调研公务员队伍建设和非公企业党组织建设情况，并召开了座谈会。

3 月

4 日，在第 54 个学雷锋纪念日到来之际，团县委组织开展“学习雷锋、青年先行”志愿服务系列活动，来自公安团委、林业团委、卫生团委、三中团委、县公安消防大队的 50 多名青年志愿者参加此次活动。

7 日下午，举行建宁县与京东集团签约仪式，县领导郑剑波、陈海涛、许家源、王和平、杨宗群出席。

9 日，省政府副省长、省公安厅厅长王惠敏一行，在市政府副市长、市公安局局长潘东升，县领导郑剑波、潘闽生，县公安局局长黄志敏、政委江新光陪同下，先后到县公安局单身民警周转房、110 指挥中心、中央苏区反“围剿”纪念园、均口派出所等地调研指导工作。

11 日，武夷山国家级自然保护区管理局长、书记杨佑生一行 6 人到闽江源自然保护区就保护区野外巡护、科技管理和科普教育等方面进行考察交流。

17 日上午，县委书记郑剑波会见台湾高雄市观光局局长许传盛、台湾上趣智业艺术团队一行。

22 日晚上，“清新花乡·福源建宁” 摄影采风开镜仪式暨市摄影家协会五届二次常务理事会议在建宁县举行，省摄影家协会名誉顾问黄作文，市摄影家协会名誉主席陈幼辉，市摄影家协会主席杨为春，县领导郑剑波、许家源、郭颖出席开镜仪式。

27 日上午，“悠然三明四季行”建宁花海跑暨“万紫千红看花海”赏花季启动仪式在枫元桃梨观赏园举行，省摄影家协会会长张宇，省旅游局市场处处长肖绍平，市旅游局党组书记廖荣华，县领导郑剑波、许家源、郭颖，闽江源管理局领导陈炳云、余贵龙等出席启动仪式。

29 日，市委常委、组织部部长陈炎标先后深入濉溪镇高峰村、溪口镇欧洲风情创意农业产业园、溪源乡上坪村等地，调研农村基层党建和乡村旅游工作。

31 日下午，泰宁县委书记张元明一行到县考察乡村旅游和电商产业发展情况。

4 月

6 日，省环保厅厅长朱华、副厅长杨荣郎一行，在市政府副市长纪熙全，县领导郑剑波、潘闽生、余传贵陪同下，先后到建宁县鑫锦宏养殖场、源榕生物科技有限公司、网格化管理中心等地，调研环境网格化管理及小流域治理情况。

7 日下午，举办“践行三严三实要求、争做合格党员，构建风清气正的政治生态”专题党课，县委书记郑剑波主讲，县长潘闽生主持，县副处级以上领导参加。

13 日下午，县委召开处级领导干部会议，县委书记郑剑波主持并讲话，县委原副书记、组织部部长赵圣宏，新任县委副书记陈显卿、县委常委陈华伟先后发言，县副处级以上领导参加。

20—21 日，财政部预算评审中心调研组一行 4 人进驻建宁县，对建宁县农机购补政策实施情况进行为期 2 天的实地调研和重点绩效评价。

26 日上午，县委书记郑剑波主持召开学习贯彻中共十八届五中全会精神专题轮训暨县委理论中心组学习会，并作了辅导报告；市委党校原常务副校长汪震国作了题为《学习“四个全面”战略布局的几点体会》辅导报告，县委理论学习中心组成员参加。

是月，闽江源自然保护区管理局办公楼一楼综合展厅建成并投入使用。展厅共分为四个单元：保护区全貌微缩沙盘、管理成效展示图、视屏浏览器、荣誉墙。全方位立体化展示闽江源国家级自然保护区的资源分布与管理成效。

5 月

1 日，建宁县营改增首日发票开具成功。

4 日，建宁县青年创业协会成立大会在县政府五楼四号会议室举行，县委常委、组织部部长陈华伟，县政府副县长吴碧英，以及来自建宁县各行业创业青年代表近 80 余人，出席成立大会。

同日，团县委在县政府五楼四号会议室举行以“激昂青春 梦想飞扬”为主题的纪念五四运动 97 周年系列活动。基层团干部代表、优秀青年志愿者、大学生志愿者等 50 余人参加活动。

4—5 日，省扶贫“两会”会长叶继革一行，先后到福建文鑫莲业股份公司、濉溪镇大元村、闽赣省际电商产业园、闽赣省际农机植保综合服务中心，实地调研村企共建扶贫、新兴产业扶贫和社会化服务扶贫工作，并召开座谈会，市政府副市长林守钦，市扶贫开发协会会长吴俊慰，县领导郑剑波、廖鲁言、陈显卿分别陪同调研或参加座谈会。

4—5 日，省审计厅厅长姜榕兴一行，先后到中央苏区反“围剿”纪念园、闽赣省际电商产业园、县经济开发区、体育中心等地实地调研指导工作，并召开了座谈会。

8 日晚上，召开全县防汛工作紧急视频会，县委书记郑剑波主持会议并讲话，市委常委、政法委书记纪熙全，市政协副主席伍成康到会指导，县领导潘闽生、吴国根、林文春、林金明、谢忠喜、沙陈龙、吴碧英、陈华秀、黄志敏参加会议。

9 日上午 市委常委、政法委书记纪熙全、市政协副主席伍成康一行，在县委书记郑剑波陪同下，先后到客坊乡张溪村、客坊村、黄埠乡黄埠村检查指导防汛救灾工作，并在黄埠乡召开座谈会，听取受灾情况以及抗灾救灾工作汇

2016 年“5·8”洪灾官常上村水毁耕地 （均口镇提供）

报，县领导陈海涛、林文春、王和平、郑中飞分别参加。

10日，省委常委、纪委书记倪岳峰带领省委、省政府防汛工作督查组一行，在市委常委、纪委书记游宇飞，县领导郑剑波、吴江潮陪同下先后到客坊乡张溪村、客坊村，黄埠乡友兰村进行防汛救灾工作督查，并在县防汛指挥部召开防汛抗灾工作汇报会。

12日，福建省林业厅厅长陈则生到闽江源自然保护区实地考察"5·8"洪灾受灾情况。

18—19日上午，市人大常委会主任徐铮一行，在县领导郑剑波、陈海涛陪同下，到特色食品产业园、禾丰种业"育繁推一体化"龙头企业、天一沥青混凝土公司、枫源百花乡村主题公园、西门莲塘、闽赣省际电商产业园、文鑫莲业、全民健身馆暨图书馆、荷苑幼儿园和法治主题公园实地调研。

20日，建宁县妇联举办"母亲健康1+1"募捐公益活动启动仪式，共募集善款72686.3元，用于救助"两癌"贫困妇女。

6月

2—3日，省委组织部常务副部长袁毅一行，在市委常委、组织部部长陈炎标，县领导郑剑波、陈华伟陪同下，先后到中央苏区反"围剿"纪念园、修竹荷苑调研。

14日晚上，召开县防汛工作汇报会，县委书记郑剑波汇报建宁县防汛工作情况，国家防汛抗旱总指挥部办公室副主任万海斌、省水利厅副厅级纪检监察员陈振华、市水利局局长章新华到会指导，县领导潘闽生、林金明、沙陈龙、黄志敏参加。

15日，国家防汛抗旱总指挥部办公室副主任万海斌带领防汛工作督查组一行，先后到濉溪镇斗埕村、溪口镇溪口村、伊家乡东风水库等地，检查乡村防汛预警、地灾点群众转移安置、水库防汛备汛工作，并召开了座谈会，听取受灾情况以及抗灾救灾工作汇报，县领导郑剑波、许家源、陈华伟、林金明、沙陈龙、吴碧英、黄志敏分别陪同督查或参加座谈会。

22日，召开主题为"坚定理想信念，增强四种意识"的"两学一做"学习教育第一个专题学习会，县委书记郑剑波主持会议并讲话，陈海涛、廖鲁言、吴国根、王德福、王和平、郑中飞、余贵龙分别作了重点发言，县副处级以上领导参加。

27日下午，县领导郑剑波、陈显卿赴三明参加县(市、区)党政主要领导集体谈话。

28日晚上，县委书记郑剑波主持召开县委常委(扩大)会议，市委常委、组织部部长陈炎标代表市委讲话，市委组织部部务会成员、副处级组织员黄斌江宣布建宁县政府主要领导调整决定，潘闽生、陈显卿、陈海涛、廖鲁言分别发言，县副处级以上领导参加会议。

29日下午，县委书记郑剑波到桐源村、枫源村开展"七一"党员慰问活动，并受中组部委托慰问了老党员谢若川。

30日上午，召开建宁县庆祝中国共产党成立95周年大会，县委书记郑剑波讲话，县委副书记、县长候选人陈显卿主持会议，县委常委、组织部部长陈华伟宣读表彰决定，并对优秀共产党员、优秀党务工作者和先进基层党组织进行表彰，县副处级以上领导，原任副处级以上职务的离退休老干部参加。

7月

1日上午，为纪念建党95周年暨红军长征胜利80周年，弘扬长征精神，引导广大团员青年追红色记忆、寻红色足迹、承红色精神，让红色基因代代传，建宁团县委联合建宁县委宣传部、教育局、党史研究室举办了纪念建党 95 周年暨红军长征胜利 80 周年“红色基因”我们传承——建宁人与长征”主题演讲活动。

5 日，省委常委、省军区司令员熊安东一行，在市长杜源生，市委常委、军分区政委陈龙德，县领导郑剑波、陈显卿、林金明分别陪同下，深入客坊乡水尾村调研精准扶贫和革命遗址保护工作。

7—8 日，莆炎高速公路尤溪至建宁段工可咨询评估现场会在建宁县召开，省交通运输厅副厅长陈培健、副市长肖明光到会指导，县领导郑剑波、陈显卿、谢忠喜分别陪同察看现场或参加会议。

7—8 日，以“党校姓党和党性教育理论武装”为主题的三明市党校教育研究会 2016 年年会在建宁县委党校举行。

9 日，市人大常委会副主任王庆到县指导防抗台风工作。

12—13 日，省人大常委会副主任陈伦一行，先后深入黄坊乡武调村，均口镇隆下村、修竹村，濉溪镇大元村坪上，溪源乡上坪村，就精准扶贫和古村落保护等工作进行调研，并召开座谈会，县领导郑剑波、陈显卿、陈海涛、陈华伟分别陪同调研或参加会议。

15 日上午，“为荷而来”2016 首届中国建莲文化旅游嘉年华开幕式暨世瑜会启动仪式在建宁县修竹莲文化主题公园千亩莲田花海举行，省旅游局副局长郑维荣，副市长张元明，市政协副主席、旅游局局长陈欣，世瑜会秘书长王瑞才，世界瑜伽大师莫汗、西瓦·帕萨德、王媛及县副处级以上领导参加。

15—18 日，建宁县首届美食娱乐嘉年华活动启动仪式在县体育中心举行，通过品美食、展特产等主题活动，挖掘、提升、打造建宁县高品位、有特色的美食文化名片。

24 日，建莲文化嘉年华之桃梨采摘季活动，在里心镇花果山隆重举行。

26 日下午，中国共产党建宁县第十二次代表大会在县宣传文化中心开幕，县领导郑剑波、邓军安分别代表中国共产党建宁县第十一届委员会和中国共产党建宁县第十一届纪律检查委员会向大会作报告。

26 日晚，县委书记郑剑波会见在县出席三明市首届微商大会的新农人联合会会长毕慧芳等嘉宾代表，介绍建宁县电商发展情况，县领导陈显卿、许家源、王和平参加。

26 日，省农机鉴定推广总站站长刘新一行在市农机化管理中心领导陪同下，对建宁县水稻生产全程机械化示范基地建设项目进行督导检查。

28 日，召开中国共产党建宁县第十二届委员会第一次全体会议，会议选举郑剑波、陈显卿、许家源、钱超、王楠、陈华伟、余传贵、邓军安、林大茂、阴晓萍、林金明为中共建宁县第十二届委员会常务委员会委员，郑剑波当选为县委书记，陈显卿、许家源当选为县委副书记。

同日，召开中共建宁县纪委十二届一次全体会议，会议选举产生建宁县十二届纪委常委、书记、副书记。

31 日，举办“追 FUN·中国自行车俱乐部联赛暨 2016 中国·建宁国际自行车公开赛”，省体育局局长徐正国，副市长肖明光，省户外运动协会会长王建华，市体育局局长张清水，县领导郑剑波、陈显卿、陈海涛、廖鲁言、吴国根、许家源、阴晓萍、谢忠喜、吴碧英、孙元玲出席开幕式。

8 月

2 日，省人大常委会副主任彭锦清带领省

人大调研组，先后深入均口镇修竹、隆下、龙头等村调研指导扶贫开发工作，并召开汇报座谈会。

6日，新西兰皇家科学院首席科学家、新西兰安发国际控股集团董事局主席高益槐一行到泓鑫食品、冠瑞食品、建莲文化主题公园、溪口镇高圳村林下经济示范基地参观考察，并与建宁县进行了项目对接座谈，县领导郑剑波、陈显卿、许家源分别陪同考察或参加座谈会。

8日，明一国际生态高新科技园开工奠基仪式在县工业园区举行。

10—11日，县委书记郑剑波带队前往宁德市安发(福建)科技有限公司考察对接项目，双方进行了会谈，并达成项目合作共识。

19日，建宁县第二实验小学举行揭牌仪式，县委常委、宣传部部长阴晓萍、县教育局副局长姜松南为学校揭牌。

26—28日，第三届海峡两岸生态保育暨自然保护区建设管理交流会在闽江源国家级自然保护区举行。台湾金门"国家公园"、玉山"国家公园"、台湾"国家公园"学会和省内13个国家级自然保护区、厦门大学、福建农科院农业生态研究所、福州市环境科学研究院等共65人参加会议。

9 月

5日，县委、县政府召开"庆祝2016年教师节暨表彰大会"。县委副书记、代县长陈显卿参加会议并讲话，县领导阴晓萍、吴碧英、陈华秀、孙元玲以及县直有关部门负责人、全县中小学校(园)长、先进教师和退休教师代表、县教育局股室以上干部参加会议。

10日，中国林业产业联合会评定福建省建宁县为2016年度全国森林旅游示范县（由闽江源自然保护区组织申报)；评定福建闽江源国家级自然保护区为2016年"中国森林体验基地"。

11日，"2016年建宁县教师节书画展暨中小学生书法大赛"在县实验小学举办。

12日下午，市委常委、常务副市长黄建波一行，在县领导郑剑波、陈显卿、林大茂陪同下，先后到明一国际生态高新科技园、国家级杂交水稻种子产业园、特色食品产业园、源容生物科技有限公司、文鑫莲业有限公司等地，调研指导重点项目建设工作。

13日上午，举行县委巡察工作领导小组办公室揭牌仪式，正式设立建宁县委巡察工作领导小组办公室，机构规格正科级，设立县委组一组、二组，核定行政编制7名。县领导郑剑波、陈显卿、陈华伟、邓军安参加。

19日，建宁县妇联召开乡(镇)妇联换届工作暨"巾帼脱贫攻坚行动"动员会。

23日，市委常委、组织部部长陈炎标一行先后到均口镇隆下村、黄坊乡武调村调研指导农村基层党建工作。

30日上午，举行烈士公祭活动，县副处级以上领导及全县各单位负责人参加。

10 月

1日上午，举行庆国庆升国旗仪式，县副处级以上领导参加。

8日，"春蕾助学·澳柯玛圆梦"公益助学捐赠仪式在建宁县均口镇中心小学举行，为85名贫困女童发放97200元爱心助学金。

12日下午，省农业厅副厅长伍斌在县领导郑剑波、陈显卿、沙陈龙陪同下，先后到枫源闽赣农机中心、葡萄采摘园等地调研。

13日，省长于伟国在市委书记杜源生、代

市长余红胜，县领导郑剑波、陈显卿陪同下，到建宁县瞻仰毛泽东、朱德同志旧居、红一方面军领导机关旧址和考察中央苏区反“围剿”纪念馆，并与老红军后代亲切座谈。随后前往枫源闽赣农机中心、县莲乡农机专业合作社和葡萄采摘园实地调研精准扶贫工作。

同日，福建省委原书记陈明义在代县长陈显卿和县委常委、组织部部长陈华伟陪同下，到客坊中心小学视察指导。

同日，省环保厅厅长朱华、市政府党组成员程鹏鹰一起参加省环保厅在建宁召开的全省环保网格化管理现场会。

同日，国家林业局速丰办副主任石敏一行，在县领导王楠陪同下，考察建宁县林业工作。

同日，县总工会第十四届八次全委会议选举县委常委、统战部部长钱超为县总工会第十四届委员会主席，余水明为县总工会第十四届委员会兼职副主席。

19日，国家林业局林产工业规划设计院总工程师于宁楼等一行，在县领导王楠陪同下，到均口镇勘查国家湿地公园选址工作。

同日，建宁县顺利通过国家环保部组织的创建国家生态示范县考核验收。

20日上午，举办“纪念长征胜利80周年·莲乡清风”廉政书画展，省纪委原副书记、福建国风书画研究院院长左允廿一行到县进行廉政书画现场创作评奖，现场创作廉政书画作品240多幅。县副处级以上领导参加。

22—23日，县教育局举办第二届教工运动会。本届教工运动会设篮球、汽排球、乒乓球、羽毛球四个竞赛项目，全县各级各类学校350多名教师参加比赛，共产生单项奖24个，团体奖6个。

11 月

3日下午，代县长陈显卿主持召开建宁县浦梅铁路(建宁段)征迁动员大会，县领导林大茂、谢忠喜、连云进参加。

4日，农发行福建省分行行长王铁民一行来县对接项目，县领导陈显卿、黄立辉陪同。

16日下午，召开2016年度最美人物表彰会暨创建2015—2017年度省级文明县城培训会，市委文明办主任张建林，县领导郑剑波、陈显卿、许家源、阴晓萍、何志高、陈华秀、孙元玲出席会议，并为10位“建宁最美人物”和10位“建宁最美人物”提名奖获得者颁奖。

17日上午，市委副书记黄建平、市政协副主席阎伟强一行在县领导郑剑波、陈显卿、许家源、陈华伟、沙陈龙陪同下到枫源村调研精准扶贫工作。

17日下午至18日上午，省军区政治部主任李弘一行，在三明市军分区司令员林耀明、政治部副主任徐林森陪同下，到建宁县调研扶贫开发、双拥共建工作，县领导陈显卿、许家源、林金明分别陪同调研或出席汇报会。

21日，市委宣讲团到县宣讲中共十八届六中全会精神，市委宣讲团成员、市社科联主席蔡建境作宣讲报告，县副处级以上领导参加。

26日，代县长陈显卿会见阿里巴巴农村事业部总经理倪利民等一行。

12 月

1日，全省行业性专业性人民调解工作现场会在建宁县召开，省司法厅党委委员、副厅长俞建春出席会议并讲话，省综治办巡视员陈勇，省企联人民调解委员会执行主任谭论应，三明市人民政府副市长、公安局局长陈育煌，市综治办常务副主任刘尔法，市司法局局长黄国城，县领导陈显卿参加。

3日，建宁县妇联联合县文联举办首届“展书画艺术，唤爱心精神”书画义卖活动，筹集善款30650元。

5日，建宁县工商业联合会（总商会）第十二次会员代表大会召开，县领导郑剑波、陈显卿、陈海涛、廖鲁言、钱超、黄友台出席会议。

7—8日，市委书记杜源生带领市委、市政府工作检查组，先后到闽赣省际（建宁）电子商务产业园、禾丰种业育繁推一体化、特色食品产业园等项目点进行工作检查，市领导徐铮、黄建平、王刚、游宇飞、林斌、肖华鑫、张文珍和建宁、泰宁、将乐、沙县、尤溪、梅列等县（区）党政正职及市直有关部门负责人参加。

12—13日上午，省人大常委会副主任陈伦一行，在市人大常委会副主任王庆陪同下，参加闽江源建设发展有限公司揭牌仪式，随后到溪口镇杨林村察看精准扶贫工作，慰问贫困户，并主持召开省直部门下派干部座谈会和建宁县扶贫工作汇报会，郑剑波、陈显卿、吴国根、许家源、陈华伟、沙陈龙分别陪同或参加汇报座谈会。

14日下午，省水利厅厅长赖军一行，在市政府副市长肖华鑫，县领导郑剑波、陈显卿、沙陈龙陪同下，先后到城乡网格化管理中心、雷钵岭电站、闽江上游金溪流域防洪三期工程斗埕助家井堤段等地进行调研。

19—22日，建宁县召开县第十七届人民代表大会第一次会议和政协第十届建宁县委员会第一次会议。

21日，央视七套相亲交友类大型户外访谈节目——《乡约》在建宁县体育场举行。

26—28日，县领导郑剑波、林大茂赴北京参加绿田股份有限公司在北京市西城区金阳大厦举行的全国中小板企业（新三板）挂牌仪式。

28日上午，市委常委、三明市军分区政委陈龙德到建宁县检查党风廉政建设责任制落实情况，并召开座谈会。

2016年5月1日，建宁国税局营改增首日发票开具成功（县国税局提供）

厚植闽江源头绿色优势 打造生态建设建宁样板

中共建宁县委书记 郑剑波

（2016 年 11 月）

中央决定在福建设立全国第一个生态文明试验区，批准《国家生态文明试验区（福建）实施方案》，为地处闽江源头的建宁带来重大机遇和发展空间。作为全省重要生态屏障，建宁县坚持生态立县发展战略，致力创优生态环境、创特生态产业、创造生态财富，着力在生态建设、绿色发展、机制创新等方面先行先试、示范引领，生态环境质量保持全省领先，国家级生态县创建通过考核验收，闯出了一条经济发展与生态文明相辅相成、相得益彰的新路。

一、致力坚守生态底线，建设闽江源头生态屏障守护地

突出绿色底色，强化重点治理，让青山常在、绿水长流、空气常优。**一是注重理念当先。**按照“面向全国做试点、着眼全省起示范”的定位，坚决执行“三严”（严控畜禽规模养殖、严控小水电开发、严控森林采伐指标）、“四限”（限制河道采砂、限制使用化肥、限制使用催长素、限制矿产开发）、“六禁”（禁用含磷日用品、禁用化学除草剂、禁油烟污水直排、禁焚烧秸秆、禁止黄标车上路、禁止薪柴交易），着力全县覆盖、全力推进，让绿色发展理念深深植根于广大干部群众中。**二是注重规划引领。**以主体功能区规划为基础，实行生态环境保护、城乡建设、土地利用和园区产业发展等“多规合一”。在县城规划中，优化土地利用，重视空间预留，突出河道水网、公园绿地、沿河景观等设计，实现“山环城、林漫城、水绕城”的总体格局，形成闽江源头水乡特色小城风格；在乡村规划中，突出田园风光、文化底蕴，努力打造独具特色的精品文化村、生态宜居村。同时，根据自然禀赋、发展现状和承载能力，将县域划分为生态保护涵养区、生态食材供应区、生态产业集聚区，明确了各类主体功能区的发展定位、目标方向和开发管制原则，进一步强化了县域生态安全格局，保留了绿色生态本底，也预留了更多生态空间。**三是注重“绿量”当家。**设立闽江源头生态保护补偿基金，对重点生态区位商品林进行赎买，开展碳汇交易试点，全面加强 67 万亩生态公益林管护，划定并严守“林地和森林”红线，开展清理整顿木材加工企业专项行动，近年来共关停木材加工企业 15 家。生态公益林采取乡聘、站管、村监督、县统筹

管护模式,对重点生态功能区全域实施禁柴改燃,区内农民每户发放500元的炊具补贴和每年一次的720元燃料补助,对其他地区域实行节柴改燃,减少林木消耗。鼓励承包人或农户营造阔叶树种混交林,每亩造林补助500元,促进生态公益林集中连片和林木蓄积量的稳步增长。目前,全县森林覆盖率达76.56%,居全省前列,获评国家森林公园、省级森林县城、省级园林县城。**四是注重水质清净为本。**强化河岸生态保护和饮用水水源地保护,在县域内主要河流实行县、乡、村三级"河长制",设立小流域村级管理员,将小流域治理各项目标任务落实到了"最后一公里"。在闽江源头、与泰宁县交界断面等关键节点设立高清监控探头,对河流水质进行实时监控,实现了水清、河畅、岸绿、生态。全县集中式饮用水源地水质各项指标均达到Ⅱ类标准,水源水质100%达标。**五是注重大气清新为重。**大力实施大气污染防治行动计划,在重要节点设立空气自动监测站,强化面源污染治理和移动源污染防治,加大建筑工地和城市道路及交通运输扬尘治理力度,城区公交车、出租车逐步更换为新能源和清洁能源,确保空气质量持续保持全省前列,空气质量优良天数比例达100%,近两年连续入闱全国"百佳深呼吸小城榜",闽江源国家级自然保护区获评中国森林体验基地、"中国森林氧吧"。**六是注重土壤质优为佳。**坚持预防为主、保护优先、风险管控,突出重点区域、行业和污染物防治,分类别、分用途、分阶段实施水土流失治理。在耕地、林地等布设土壤环境监测基础点位,在蔬菜基地、果园、茶园等集中区布设土壤环境监测风险点位,推广家杂肥、生物肥与测土配方施肥技术,鼓励秸秆、人畜粪便沼化还田,大力开展作物病虫害生物、物理防治工作,动态掌握重点区域土壤质量状况并在农业信息网公布土壤养分及施肥建议。每年实施测土配方施肥约40万亩次,实现全覆盖。同时将城区和城区周边乡镇、交通沿线现有易被占用的优质耕地优先划为永久基本农田,并落地到户、上图入库,确保面积不减少、土壤环境质量不下降。

二、致力提升生态产业,建设闽江源头绿色发展先行地

绿色产业是绿色崛起的支撑,近年来,建宁县围绕打造闽赣省际生态产业集聚区,积极做好生态产业文章,坚持生态产业化、产业生态化,力促绿色产业成为新经济增长点,真正把绿水青山变为金山银山,实现生态与经济同频共振。**一是打造绿色有机农产品示范基地。**以绿色生态产业标准化建设、"三品一标"推广、绿色生态品牌创建等为抓手,不断扩大有机、绿色和无公害等农产品种植基地,丰富黄花梨、黄桃、猕猴桃、笋干等产品种类、提升农产品质量,逐步打造全省乃至全国重要绿色农业基地。目前,全县主要农产品中有机、绿色及无公害产品种植面积比重达63.7%,"三品一标"认证产品有43个,"建宁通心白莲"被评为"中国十佳区域公用品牌""建宁水稻种子"成为全国唯一的水稻种子地理证明商标。**二是打造生态工业示范基地。**集中规划建设面积15.27平方公里的省级经济开发区,形成了"一带、两区、三组团"的产业空间布局,各组团之间以河流、山体或绿化隔离带间隔,每个组团具有良好的近山和亲水性。在项目策划、引进、审批上一律提高绿色门槛,严格执行"三停"(停批污染项目、关停污染企业、叫停污染行为)。近年来全县共拒绝引进高污染、高耗能企业38家,淘汰低效竹木加工或污染企业22家。2012—2015年单位GDP能源消耗年均下降4.36%,规模以上工业企业万元增加值能耗年均下降26.09%,规模以上工业企业单位产值能耗年均下降26.45%。另一方面,积极扶持和培育特色食品加工、无患子深加工等重点产业,打造若干个产值超20亿元的产业，文鑫莲业、绿田食品两家建莲加工企业先后在“新三板”上市，全县已初步形成了绿色食品加工、新材料、生物质能源等绿色工业体系。**三是打造国家全域旅游示范县。**突出“清新花乡·福源建宁”品牌形象，以桃花、梨花、杜鹃花、金针花、荷花“五朵金花”为媒介，全面推行“景县合一·全域建宁”旅游发展模式，形成了红色苏区、绿色生态、田园风光三大旅游品牌，通过全景空间营造、全时产品开发、全产业链融合，全域品牌整合，争创国家级全域旅游示范县。目前已获评全国森林旅游示范县，被列入全省“十大新兴旅游县”之一、全省全域旅游试点县，游客接待数和旅游收入年均增长20%以上。**四是打造“新零售”经济示范县。**依托“互联网+”产业发展，推动线上线下和现代物流快速融合，建成闽赣省际电商产业园和O2O电商示范街区，被评为全国电子商务进农村综合示范县。目前已建立村淘、“村村乐”等村级服务站点76个，电商企业76余家，电商从业人员4600多人。2016年1—10月，全县实现电商交易额8.27亿元、增长97.96%，网络零售额5.33亿元、增长131.56%。同时加快发展现代物流业，重点加快建设适应现代流通和消费需求的冷冻、冷藏、保鲜等冷链物流设施，正在打造省际区域性物流仓储配送中心和农产品网货中心。

三、致力创新生态监管，建设闽江源头环境治理示范地

完善环境保护监管机制、创新农村环境治理机制、健全环境资源司法保护机制，不断构建监管统一、执法严明、多方参与的环境治理体系。**一是实现环境网格监管全覆盖。**率先在全省建立环境监管网格运行平台，设立生态环境保护指挥中心，运用“生态通”APP、电子监控等形式，逐步将网格细化延伸到自然村，实行网格内环保“五定”机制（对网格内所有污染源实行定区域、定人员、定职责、定任务、定奖惩），确保网格边界清晰、责任主体明确、目标任务具体、考核评价客观，推动环保精细化、精准化监管，打通监管“最后一公里”，构建县、乡、村环保网格监管体系，实现污染源“一网打尽”。同时上级网格与下级网格之间层层签订责任状，明确工作任务和奖惩措施，对失职渎职、未履行或不认真履行环保监管职责，或对执法推诿扯皮的，依法依纪实施问责。省环保厅在建宁召开现场会进行了推广。**二是推行环境治理新模式。**在卫生保洁方面，结合美丽乡村建设，按照“清扫社会化、清运市场化、管理制度化”要求，建立了三种长效保洁模式：**市场运作型**，主要是针对集镇所在地、景区沿线重点村，由县财政按人均25元标准预算卫生保洁经费，实行有偿服务，实现“村收集、乡转运、县处理”的城乡一体化垃圾处理。**自我约束型**，对地处偏远、住户分散的村，采取村规民约和“三包”责任状的形式建立卫生保洁机制，村民理事会定期督促检查。**民办公助型**，主要是住户集中、村财较好的村，采取每月户出资、村补助的方式聘请管护人员，对垃圾每日收集、定期处理。在农村污水垃圾处理、农业面源治理等方面，积极引进第三方治理，实现城乡污水设施全覆盖，同时采取激励做法，对按规定回收、上交废弃农资及包装物的农资经营者和农户给予奖励，有效改变了农村环境卫生保洁难的问题，农村生活环境得到显著改善。**三是健全完善生态执法司法联动机制。**组建生态综合执法机构，集中行使水利、国土、林业、安监等部门生态领域的行政处罚权，对全县河流、矿山、重点企业、主要污染源等开展轮片巡查，建立污染源管控台账，跟踪督查；检察院设立生态环境检察科，负责对环境违法案件进行审查，决定是否逮捕或起诉，并负责查处生态环境领域职务犯罪案件；法院加强生态环境审判职能，加大对生态执法中遇到的疑难问题的法律指导，联合开展生态法制宣传，妥善化解各类生态资源纠纷，保持严打环境违法行为高压态势。自2014年以来，共审查起诉非法占用林地12人次，促成涉案人员进行补植复绿8公顷，并督促各村清理被侵占集体林地144.27公顷，收回林地44公顷。

四、致力强化生态导向，建设闽江源头生态评价实践地

树立鲜明导向，以绿色发展理念的转变引领发展方式和群众生活方式的转变，以绿色差异化评价机制激发干部干事创业的热情，努力构建反映资源消耗、环境损害和生态效益的生态文明绩效考核评价体系。**一是推动建立经济社会发展生态综合效益评价体系。**充分发挥生态资源优势，积极争取生态流域、生态公益林等各类补偿和转移支付，根据资源节约、资源利用、环境保护等落实情况，加大重点区域、关键节点的生态建设投入，促进生态效益最大化。推动生态产业集聚，重点发展旅游休闲、现代特色农业、绿色食品加工、康体养老等生态产业，大力发展金线莲、铁皮石斛等林下经济，提升绿色GDP比重。扩大生态红利辐射，在全县美丽乡村建设中同步推进改水、改厕、改圈、改建沼气池，培养村民绿色节能消费习惯，9个乡镇全部被评为国家级生态乡镇，80个村获市级以上生态村命名，2015年共发放生态补偿金1449万元；扶持农户开发特色民宿、森林人家、采摘园等旅游产品，目前已有9个列入全国乡村旅游扶贫重点村，让百姓享受到更多的生态红利。**二是实行绿色差异化的考核评价机制。**制定出台《建宁县党政领导干部年度差异化工作考评方案》，针对不同的功能区，科学制定包括共性指标和个性指标在内的差异化考核内容，实行不同的绩效评价体系和政策导向，加大环境损害、生态效益等指标权重，对基础较好、交通便利的乡镇，重点考核现代农业示范发展、美丽乡村建设和乡村旅游融合发展、新型小城镇建设和党建富民强村工作；对生态条件较好、位置相对偏远的乡镇重点考核高山有机绿色种养、家庭农场和林场培育机制创新、生态和红色乡村旅游结合工作，使各个乡镇都能根据自身发展基础和资源条件优势走出新常态下的新路子。通过建立体现不同乡镇、部门特点和生态文明要求，各有侧重、各具特色的县乡党政领导干部差异化考评机制，引导广大干部牢固树立“绿色政绩观”。**三是建立生态建设党政同责、失职追责的领导机制。**认真落实领导干部自然资源资产离任审计等制度，建立生态文明建设协调推进工作机制，对生态文明建设任务进行细化分工，明确责任清单，按照“显性责任即时惩戒、隐性责任终身追究”的原则，对贯彻落实生态文明建设的决策部署不力，致使本乡镇生态环境和资源问题突出或者任期内生态环境状况明显恶化；在生态环境和资源保护协作方面推诿扯皮，不担当、不作为，造成严重后果等情形，追究乡镇党政主要领导和部门负责人责任。对指使、授意或者放任分管部门批准不符合主体功能区定位的建设项目或者对分管部门违反生态环境法律法规行为监管失察、制止不力等情形，追究有关领导班子成员责任，真正做到权责一致、实现追责对象全覆盖。

建宁县“5·8”洪涝灾害专记

中共建宁县委　建宁县人民政府

(2016年5月10日)

2016年5月7-8日，受低层切变和西南急流共同影响，建宁县普降暴雨到大暴雨，形成特大洪涝灾害，给全县社会经济和人民财产造成重大损失。在省、市委和政府的亲切关怀下，县委、县政府积极组织全县人民全力以赴做好抗洪抢险救灾和生产自救工作，把灾害损失减少到最低限度。现将有关情况汇报如下：

一、灾情的主要特点

一是近期雨水多。2016年来，建宁县出现频繁降雨天气，4月份降雨天数达23天，城区降雨总量325.6毫米，比常年同期平均降雨量多73.3毫米。连续降雨造成河流水位抬升，土壤含水量饱和，防御暴雨洪水的能力下降。

二是短时降雨强。7日20时至8日20时，24小时内全县33个气象站，共有28个站降雨量超过100毫米，22个站降雨量超过200毫米，其中以伊家站283.6毫米为全省最大。特别是7日22时至8日3时，短时强降雨非常明显，6小时过程雨量有28个站超过50毫米，其中城关119.3毫米、里心116毫米、黄埠146.8毫米、客坊135.9毫米、伊家137.5毫米。造成各乡镇多处溜方、塌方，通往客坊、伊家、黄埠3个乡镇道路中断，客坊、伊家、黄埠集镇和全县30多村断水断电。

三是洪水来势猛。持续集中的暴雨、大暴雨、局地特大暴雨，造成部分小流域出现超百年一遇的特大山洪和大量的山体滑坡、泥石流等地质灾害。各溪流同时发洪，河流水位暴涨，引发了洪涝灾害。8日凌晨3点城区水位超警戒线，洪峰于9点30分通过城区，最高水位294.87米，超警戒水位3.37米。本次洪涝灾害造成城区下坊街等多处进水，河东、溪口船厂下等部分低洼地带房屋受淹最深达2米多。

四是造成损失重。9个乡镇均不同程度受灾，特别是客坊、伊家、黄埠等乡镇灾情较为严重。据初步统计，全县受灾26456人，死亡1人。需紧急安置762人，紧急生活救助418人，过渡性救助5896人，预计全县直接经济损失38800万元，其中：农业损失8500万元，烟叶损失8000万元，工矿企业损失1500万元，基础设施损失13550万元，旅游业损失3700余万元，公益设施损失1980万元，家庭财产损失1570万元。

(1)道路交通方面。毁坏公路路基4.5公里、路面4公里、挡墙1.2万立方米，桥梁全毁4座、局部毁坏8座，村组便桥冲毁100余座，涵洞全毁5道、局部毁坏6道，坍塌土石方55万立方米以上。县乡道大范围中断，通行受阻公路40余条，其中，省道S205线和S306线一度中断，现已抢通阻塞点，实现单幅通行能力。目前，多条公路因边坡塌方，山石滚落，随时有再度中断可能。道路交通累计损失4100万元。

(2)水电信方面。供水方面：冲毁净水池1口、净水设施1套、自来水管约4公里。黄埠、客坊全乡停水，黄坊、伊家等乡镇部分区域停水。黄坪栋电站处发生山体滑坡，冲毁供水水管100余米，致城区供水一度中断，现已启用备用水源供水。供电方面：全县10千伏配电线路因故障停运36条(含支线)，倒杆134基，断线28处，停电专变98台，公变563台，黄埠、客坊全乡停电,溪口、黄坊、伊家等乡镇部分区域停电,影响用户2.94万户。通信方面:因灾倒、断通讯杆62根,光缆电缆中断22公里,基站停电102个,2G、3G和4G站点断站84个,影响用户2000余户。

(3)房屋方面。因灾损坏房屋174户464间,其中严重损坏3户12间,一般损坏171户452间。全县新增地质灾害点10处,涉及20户90人。

(4)水利设施方面。损坏护岸362处19.47公里、水闸2座,损坏灌溉设施772处、水电站4座,损毁水坝83座、水渠76.52公里,造成直接经济损失9100万元。

(5)农业生产方面。冲毁农田415.07公顷,损毁机耕道路87.15公里。农作物受灾面积3053.33公顷,其中烟叶受灾1193.33公顷,绝收390.07公顷,杂交水稻制种(含秧苗)受灾946.67公顷、绝收130.6公顷,莲子793.33公顷,蔬菜133.33公顷,其他粮食作物受灾246.67公顷;水产养殖受灾180公顷,损失水产品150吨。养殖场圈舍倒塌400平方米,因灾死亡大牲畜1200头(只)、家禽5800羽。

(6)工矿企业方面。全县受灾严重工业企业28家,造成直接经济损失1377万元。其中,晶科硅业水泵房进水淹没,导致企业被迫停产。

(7)旅游业方面。部分区域出现山洪、山体滑坡,各景区、景点不同程度受损,各景区统计直接经济损失达3700余万元。其中,闽江源生态旅游区经济损失约2800余万元,城关至景区新修公路临时便道坍塌,进景区的道路交通受阻;景区内道路塌方30余处,路基掏空12处,防撞墙、交通指示牌、安防及供水供电设施损毁严重,并造成97名游客滞留闽江源生态旅游区。目前,经救援,游客已全部安全撤离。

(8)社会事业方面:受灾学校5所,其中伊家幼儿园进水约1米,幼儿学具用具被淹。部分乡镇医疗用房受损,一批药品、医疗器械遭损。文体广电设施受灾严重,累计损失855万元,其中,等比山微波站高山台部分设施设备遭雷击损毁,进站道路路面损坏20余处,共计损失650万元。均口、伊家、黄埠等4座粮库围墙、挡墙等设施受损。

二、抗洪救灾情况

建宁县防汛抗灾工作得到市领导的高度关注,杜市长、余红胜常务副市长等市领导多次打电话询问汛情,市领导纪熙全、伍成康赶到建宁县指导防汛抗灾工作。在防汛抗灾中,建宁县认真按照省、市委、市政府的安排部署,坚持早动员、早部署、早准备,强化措施,扎实做好各项工作,把洪灾损失降到了最低程度。主要把握了以下四个方面工作:

一是超前部署、广泛动员。入汛以来,建宁县多次召开全县防汛工作会、县防指成员会,对防汛抗灾进行动员部署,加大防汛宣传力度,实施全民动员,做好防汛抗灾准备工作。组织人员对全县水利水电和堤防工程进行安全检查,完善了9个乡镇地质灾害防御预案;建立了以武警、民兵应急分队、乡镇村干部等为骨干的抗洪抢险队伍,储备了充分的抗灾救灾物资。根据省、市领导指示精神和雨情水情变化,在召开的县委常委(扩大)会、一季度经济形势分析会等各类会议上,都对防汛工作进行强调部署。特别是4月30日省市防汛工作会后,县委县政府进一步加强了防汛安排,在有线电视上滚动播放防汛公告,以短信形式将防汛信息发送到手机用户,千方百计把防汛信息通报到乡、到村,通报到重点工程、重点部位、重点地质灾害点的责任人,让全县上下在第一时间了解汛情。

二是科学调度、靠前指挥。7日下午,在接到省市县气象部门强降雨预警信息后,县防汛抗旱指挥部根据雨情发生情况,及时向乡镇发出暴雨警报。县委郑剑波书记接报告后,要求防汛办迅速做出部署,防患未然。同时,县防汛指挥部于凌晨2:30分启动防洪四级响应,要求乡镇进入防范准备，根据雨情变化于凌晨5点升级为三级响应。县委办、县政府办及时发布通知，要求全县各级各部门取消双休。8日早7时，县防汛抗旱指挥部召开全体成员会议，县主要领导对防灾工作做出部署，将城区划分为9个片区，成立9个应急工作组，负责片区防洪应急疏散工作。上午9:30分城区超警戒水位3.37米、接近保证水位时，拉响防洪预警报。其他县领导和县驻村工作队在第一时间奔赴第一线，驻村挂点指导抗灾救灾工作。县主要领导在第一时间分赴灾区较重的伊家、客坊、黄埠等乡镇察看灾情险情、指挥抢险救灾。

三是有序组织，责任到人。(1)转移到位。组织成立了由500多名县直机关干部、企业职工、居委会干部等组成的疏散队伍，组织低洼地带、地质灾害易发点群众转移、疏散。据统计，全县共帮助转移、疏散群众3000余人；组织成立了由200多名公安干警、消防战士、武警官兵和民兵预备役人员组成了抢险突击队伍及应急小分队，8日上午，城区河东、下坊等部分城区进水时，突击队立即出动冲锋舟，帮助转移出100多名未能及时撤离的群众。各乡镇共组织了26支920人的抢险队伍到抗灾救灾中，及时转移受灾群众，保证了群众生命财产安全。**(2)防范到位。**切实加强防汛值班，全县各级各部门严格实行24小时值班制度，干部职工24小时在岗在位，并随时保持电话畅通联系。防汛及气象、水文部门密切监测雨情、水情，加强预测预报，及时沟通会商，提前部署防御工作。水利、国土、电力、通信、交通、教育、建设、民政等指挥部成员单位按照职能分工紧急行动起来，抓好防汛工作的落实，最大限度地减轻灾害损失。针对前期摸排出的118处重点地质灾害隐患点，采取1个科级干部牵头，1支工作队驻点，进行24小时不间断排查，防止已疏散群众回迁。同时，对此次各乡(镇)、村新摸排出的10处地质灾害点，除新设立标志标识牌、建立责任制外，还对群众实行人盯人措施，防止因意外造成人员伤害。**(3)巡查到位。**强化对各防洪水利工程的值守，加强水库、堤防等防洪工程的巡查，出现险情及时排除。科学调度洪水，根据雨量科学超前调度泄洪，腾库迎峰，严禁水库超汛限水位蓄水，尤其是加强病险水库的巡查防护工作，保障水库与上下游的通信畅通，积极做好在建工程的防范工作，确保工程安全和下游群众防洪安全。同时，加强建筑工地管理，引导工人从简易厂房、公棚撤离，指导企业做好安全生产工作。

四是妥善安置、恢复生产。洪峰退后，按照省、市领导的指示精神，我们坚持一手抓防汛抗灾，一手抓生产自救，工作重心转向灾后恢复生产自救，组织县有关部门全力以赴抢修受损、受阻的道路、电力、通信、水利等设施，恢复正常的生产生活秩序。目前，已出动工程机械138辆次，投入道路抢险1280人次，8日当天3个乡镇中断道路全部抢通，目前为止，全县国省干线、县、乡道路已全部打通，通村通组道路抢通25条；组织10只电力抢修队伍共163人，开展抢修抢通，8日当天抢修恢复3个集镇通电，并准备发电机11台、发电车1台，恢复故障线路29条。全县安排首批100万救灾应急资金，紧急调运一批棉被、粮油、衣服、动物防疫消毒药品等救灾物品。目前，全县上下人心安定、社会稳定，防汛抗灾工作正在扎实有效开展。另外，各乡镇、各部门单位正按照县委、县政府的统一部署，组织开展生产自救工作，已恢复了部分的农田，尽最大努力降低灾害损失。

8日晚8时，县防汛抗旱指挥部召开全体成员会议，贯彻省、市统一部署，对防洪救灾和灾后生产自救工作作出了具体部署，要求全县各级各部门发扬连续作战的精神，坚持一手抓防灾，一手抓救灾，努力夺取防汛抗灾的全面胜利。

建宁县水稻种子产业发展现状

建宁县农技站 卢福安

摘 要:福建省建宁县是国家级杂交水稻种子生产基地县,该文回顾建宁县水稻种业发展基础与现状,提出今后的发展重点。

关键词:杂交水稻,制种,产业,现状

建宁县是福建省杂交水稻制种基地县,2013年8月被农业部认定为国家级杂交水稻种子生产基地县。目前,建宁县是全国制种面积最大的国家级杂交水稻种子生产基地县。

建宁县自1976年开始进行杂交水稻制种生产,已有40年的历史,先后经历了技术探索、技术普及和产业化发展3个发展时期。三系杂交水稻制种面积从1985年的0.13万公顷发展到2016年的1万公顷,其中早制(春制)占31%、中制(夏制)占40.8%、晚制(秋制)占28.2%。杂交水稻种子年总产量2538.3万千克、总产值达到4亿元,制种范围包括县域的5个镇4个乡82个村。全县80%农民参加杂交水稻种子生产。建宁县种业发展基础丰厚、优势明显、成效显著。本文回顾建宁县水稻种业发展基础与现状,提出今后建宁县水稻种业的发展重点。

1.建宁县水稻种业的发展基础与优势

1.1 制种自然条件优越

一是农业气象条件较好。建宁县属中亚热带海洋性季风气候,年平均气温17.1℃、无霜期287天、降雨量1840毫米,四季分明,夏秋季昼夜温差大,光照充足,农业灾害少,较适合水稻种子生产,易形成稳固的杂交水稻制种基地。二是天然隔离条件好。县域内植被保持好,森林覆盖率达77.5%,以小丘陵山地为主,是生产种子的“天然车间”。三是水资源优越。全县有13条支流,水系分布发达,水资源比较丰富,耕地占70%以上的田块是旱涝保收田,同时各支流两岸形成许多地势平坦的小盆地,其稻田土层、水源、灌溉条件均有利于建设和发展种子基地。

1.2 丰厚的产业基础

一是现代产业体系已具雏形。建宁县具有40多年的杂交水稻制种历史,制种面积和总产量均居全国县级第1名,常年制种面积0.8万公顷。现有从事杂交水稻种子生产和加工的企业42家、种子生产专业合作社24家,以及持有制种经纪执业资格证书的经纪人153人。

二是种子基地拥有技术和人才优势。建宁县有5万多人从事种子生产和加工,经过多年的生产实践摸索,掌握和积累了丰富的种子生产管理经验,保持了较高的制种积极性;培养了一批掌握制种技术和丰富管理经验的制种经纪人队伍,涌现出一批种子生产合作社、专业制种大户和制种能手。

三是制种类型丰富。目前,建宁县主要有早制(春制)、中制(夏制)、晚制(秋制)3种稻作类型,许多水稻组合,包括三系稻和两系稻均能落实适宜种植基地,满足国家对各种稻作类型的种子需求。

1.3 管理机制规范有效

建宁县种业监管基础较好，是全国第一个实行杂交水稻制种经纪人管理的地区。建宁县先后出台了《建宁县杂交水稻种子生产基地管理办法》《杂交水稻种子生产合同》,严格推行生产许可准入制度、合同规范管理制度、种子生产质量监管制度、种子企业和制种经纪人诚信管理制度，为制种产业的快速健康发展提供了保障,有效促进了种子生产与市场规范经营。

1.4 种子市场空间广阔

全国10%的杂交水稻种子来自建宁县。建宁县所产杂交水稻种子销往全国南方 16 个省，每年可供应外省区和省内其他市县杂交水稻种子 2538.0 万千克,占全县水稻制种量的 99.4%，为国家粮食安全做出了重要贡献。此外,还出口到越南等东南亚国家,成为我国杂交水稻种子的出口创汇基地。

2.建宁县水稻种业创新发展的主要成效

近年来，建宁县积极顺应现代农业发展趋势，在全国率先制定国家级杂交水稻种子生产基地建设规划,从标准化、产业化、机械化等方面推动种子产业转型发展。一是整合粮食产能、标准农田建设、农业综合开发等项目,推进高标准杂交水稻种子生产基地建设；二是充分发挥龙头企业带动作用,推动种子产业集聚发展;三是大规模、全程化推进机械化进程,建宁县农机总动力达到 15.1 万千瓦，农作物耕种收综合机械化水平达到 71.2%。

2.1 成为国家级杂交水稻种子生产基地

建宁县自 2013 年被农业部认定为国家级杂交水稻种子生产基地以来，全县水稻制种面积基本都稳定在 0.8 万公顷以上,已累计生产杂交水稻种子 3 亿千克。目前,已有湖南隆平、北京金色农华、中种农嘉集团等 67 家种子公司在建宁县取得了生产许可证，并建立稳定的制种基地。

2.2“建宁水稻种子”成为国家地理标志证明商标

2016 年“建宁水稻种子”正式成为国家地理标志证明商标。这是迄今为止全国唯一的水稻种子地理标志证明商标。地理标志证明商标的使用将进一步规范建宁县国家级种子基地的生产、经营行为,提升种子商品质量,提高“建宁水稻种子”在国内外市场的美誉度,同时有利于保护种子使用者和生产者的合法权益。

2.3 创新经营方式

制种经纪人从种子公司获得订单，把亲本种子分发给种植户,进行跟踪指导,协同种子入仓,形成了种子产前、产中、产后一条龙服务的经营模式。制种生产按照规范的委托生产合同和田间生产合同进行。

2.4 推广全程机械化

近年来建宁县开展了机耕、工厂化育秧、母本机械插秧、无人机施药、机收、烘干等全程机械化生产技术的研究与推广,破解劳动力紧缺、比较效益低、丰产稳产性不高、基地难以巩固的难题。水稻制种全程机械化技术的推广,极大地缓解了劳力紧缺的矛盾，作业效率提高 20 倍以上,平均每 667 平方米增产 5.4 千克、增收 200 元以上。目前，建宁县农机总动力达到 15.1 万千瓦,农作物耕、种、收综合机械化水平达到 71.2%,居于全省领先地位。

2.5 示范推广授粉后割父本新技术

2015 年建宁县制种面积在 0.87 万公顷以上，制种父本平均每 667 平方米按 100 千克计算,父本总产量为 1300 万千克以上。而制种所用农药次数多、用量大,造成父本的农药残留量大,影响食用安全性。为了限制父本种子流入市场，建宁县农业局和建宁县老区建设促进会于 2015 年在溪口镇、里心镇、均口镇、黄坊乡开展水稻制种授粉后即割去父本试验示范获得成功,2016年向全县推广普及。

2.6 推广烤烟房烘干种子新技术

建宁县三系稻和两系稻的制种面积大,以前种子收获时遇到阴雨天气,制种农户除了部分送到乡镇的机械烘干房外,只能薄摊在民房里,常出现沤种现象,造成种子质量不达标而被拒收,给制种户带来损失。2016年,为解决农作物晾晒问题,建宁县委、县政府出台政策,对密集烤房进行改造,每座补贴1000元,充分利用这一时期闲置的密集式烤房解决杂交水稻种子晾晒难题。建宁县有0.2万公顷烟草种植面积,分布在各乡镇村的烤烟房有数千座,建宁县农民从生产实践中发现,可将烤烟房经简单改造后用于烘干种子,但因缺乏科学的技术支撑,在烘干种子过程中常常出现各种问题,影响烘干效果和种子质量。为此,建宁县种子管理站从实际开发,开展烤烟房烘干种子技术研究,提出烤烟房改造烘干种子技术规范,出台烤烟房改造补贴政策,并在全县范围进行广泛的技术培训与推广,取得较好的效果。每个经改造后的烤房每次可烘干种子2000~2500千克,只需将温度控制在38℃左右,三天两夜的时间即可得到优质的干种子。

2.7 发展接地气的制种保险业务

建宁县2016年实施新的政策性制种保险方案,制种保险金额由2015年的每667米2800元降低到1200元,保费率由3%提高到7%,每667平方米保费84元(其中:中央和省级财政补贴保费80%、制种企业或制种户承担20%,后者实际缴交保费16.8元)。制种企业和制种户所关心的二系制种低温转育、穗上发芽和黑粉病亦列入保险范围,激发了制种企业和制种户的投保积极性。据建宁县农业局提供的数据表明,2016年建宁县制种投保面积6881公顷(已超6666.67公顷),比2015年增加了830公顷,保险理赔近1200万元,与2015年持平。建宁县种子管理站将跟踪调查政策性制种保险的效果,并进行分析评估,进一步优化制种保险方案,为制种基地建设提供有效的服务。

2.8 加强制种基地管理与发展研讨

2012年3月15日,福建省杂交水稻制种基地管理研讨会在建宁县召开。研讨会由县农业局主办,县种子管理站承办。研讨会上,多位行业领导和种子企业代表就加强杂交水稻制种基地管理的问题进行了交流探讨。研讨会的召开对加强制种基地管理起到重要的促进作用。

2015年12月30日,三明杂交水稻种业发展与创新联盟成立会议在建宁县召开。会议表决通过了《三明杂交水稻种业发展与创新联盟章程》。

2015年12月29-30日,在建宁县成功召开"福建'中国稻谷'基地建设"学术沙龙活动,实现由全国制种基地县到全国育种制种基地县的转变,充分展现了种业高科技特性,推动种业稳步发展。

2.9 建设国家级杂交水稻种子产业园

从2016年开始在建宁县建设国家级杂交水稻种子产业园,项目总投资8亿元,规划用地面积20公顷,总建筑面积13.5万平方米,产业园集种子生产、仓贮、加工、检测、培训、科研、行政管理服务于一体,打造具有全国一流水平的现代种子产业发展平台。

2.10 种子产业获中科院院士支持

2016年1月,谢华安种业院士工作站落户建宁县。谢华安种业院士工作站依托中国科学院、福建省农业科学院等科研单位,邀请中国科学院院士谢华安、中国工程院院士万建民、中国科学院院士谢联辉等14位专家进站开展研发活动,开展杂交水稻育种攻关及全程机械化制种关键技术与成套装备研发,创建数字化生物育种生产线等种业技术创新,最终将形成育繁推一体化技术体系。

2.11 加强气象服务体系建设

2016 年通过建宁县杂交水稻制种基地气象服务体系项目建设，能够准确掌握制种基地的实时气象资料,用于多部门共享。开展农田小气候的气象条件分析和对比，提供针对杂交水稻制种基地的专业气象服务，探索开展天气指数保险试点，提高杂交水稻制种产业的气象灾害防御能力,减少因气象灾害造成的损失。

3.建宁县水稻种业发展重点

一是围绕福建省实施种业创新与产业化工程,发挥建宁县特色农业产业优势,建设“中国稻谷”制种基地,做好规划和项目的策划。二是发挥建宁县生态环境优势,创新种业发展模式,提升种业发展水平。三是建设高标准杂交水稻制种基地和国家级种子产业园,提升育种科研、种子生产、种子加工装备水平。四是创新体制机制，巩固提升建宁县国家级杂交水稻制种基地在全国的重要地位,进一步提高基地规模化、标准化、机械化、集约化水平,努力把建宁县建设成为全国一流的杂交水稻种子生产示范县,为保障国家大田水稻用种安全提供有力保障。

(摘自《福建农业科技》 2017 年第二期)

2016 年 12 月 21 日,中央电视台七套《乡约》栏目走进建宁 (陈晓星 摄)

县情总貌

编辑:黄日辉

建宁县位于福建西北部闽赣边界、武夷山脉中段,地质结构形成于26亿年前。史载新石器时期已有人类定居,春秋战国时期,建宁属越国地。秦属闽中郡。汉属会稽郡冶县地。三国吴永安三年(260)置县始称绥安县,属建安郡。东晋义熙元年(405)改绥安为绥城县。南唐保大四年(946)先改为永安镇,后又易为永安场。南唐中兴元年(958),升永安场为建宁县,隶属建州。为千年古邑客家县,闽地最早设立的10个县之一。第二次国内革命战争时期为中央苏区21个县之一,毛泽东、朱德、周恩来率红一方面军总部两度进驻建宁,新中国的八位元帅曾在这里战斗生活过。改革开放以来,建宁先后被列为全国商品粮基地县、国家级杂交水稻种子生产基地县、全国南方林区重点县、国家级生态示范区、国家粮食产能县、国家农业综合标准化示范县、全国国土资源节约集约模范县、全国电子商务进农村综合示范县、国家级农村产业融合发展试点示范县、全国"平安农机"示范县、福建省全域旅游试点县、十大新兴旅游县和省定边贸重点县。是著名的"中国建莲之乡""中国黄花梨之乡""中国无患子之乡""中国梨产业龙头县"。"建宁水稻种子"成为全国唯一水稻种子地理标志证明商标。向莆铁路、建泰高速、建(宁)广(昌)高速建成通车,公路通车总里程突破1300公里。浦梅铁路建宁至冠豸山段全面开工,莆炎高速即将动工,建宁至长汀高速公路列入规划。建宁县中央苏区反"围剿"纪念园被国家国防教育办公室命名为第二批国家国防教育示范基地,是全国百家红色旅游经典景区之一,"省委党校、省行政学院教学基地",也是全国爱国主义教育示范基地、国家AAAA级景区和全国廉政教育基地。千里闽江正源头位于境内,闽江源国家级自然保护区被中国科学技术协会授予"全国科普教育基地"称号。2016年建宁县通过国家级生态县验收,成功入选全国全域旅游示范区创建单位、全国"百佳深呼吸小城榜",获评全国森林旅游示范县、"中国森林氧吧""中国森林体验基地"。

自然环境

【境域位置】位于北纬26°32′23″—27°06′19″,东经116°30′18″—117°03′49″。地处三明市西北部,也是福建省的西北部。东邻泰宁县,东南与明溪县相接,南连宁化县,西与江西省广昌县接壤,西北与江西省南丰县毗连,北与江西省黎川县连接,东北与邵武市毗邻。辖区东西最大距离54公里,南北最大距离61公里,总面积1718平方公里。其中陆地1686.86平方公里,占98.2%;水域31.14平方公里,占1.8%。县政府驻濉溪镇黄舟坊葫芦坑1号,电话区号0598,邮政编码354500。

【地形地貌】地处武夷山脉东侧中段;自北向东南走向,显条状分布的小山脉共有8条;地形以丘陵和中低山为主,山地丘陵占总面积的87.4%,平原、盆谷占12.6%。地势四周高中部呈阶梯状下降,表现为明显的层状地貌特征。县境峰峦叠嶂,有关隘26处。境内海拔千米以上山峰35座,多分布于境域四周。主要山脉为金铙山脉,位于辖区东南部。境内最高峰白石顶为金铙山脉主峰,海拔 1858 米,是福建省境内最高峰;最低处为濉溪镇的大源、器村,海拔 290 米。

(肖建泰)

【气　候】建宁县属中亚热带海洋性季风气候,又具有大陆性山地气候特征。四季分明,日照充足,降水充沛,昼夜温差大。春季气候多变,冷热无常,寒流频发,春播期常受低温冷冻侵害;夏季多局部雷阵雨;秋季晴热少雨,昼夜温差大;冬季寒冷多霜雪。冬季多偏北风,夏季多偏南风,夏季受海洋季风影响明显,冬季与江西赣南气候较为接近。多年平均气温 17.1℃。

(一)2016 年气候:年平均气温异常偏高,降水异常偏多,日照正常。全年无“倒春寒”“五月寒”天气。“23 型”秋寒出现 9 月 19 日,比常年偏迟 1 天;“20 型”秋寒出现 10 月 9 日,比常年偏迟 5 天。11 月 23—27 日持续出现寒潮天气过程,12 月 16 日出现初霜。

1.气温:2016 年平均气温 18.2℃,比常年(17.1℃)偏高 1.1℃,35℃或以上高温天数 26 天,比上年偏多 11 天。极端最高气温 38.4℃(7 月 24 日),比上年偏高 0.4℃。极端最低气温零下 8.0℃(1 月 25 日)。2016 年终霜日为 3 月 1 日,终冰日为 2 月 17 日;2015 年初霜日为 11 月 27 日,初冰日为 12 月 17 日。

2.降水:2016 年总降水量 2777.0 毫米,比常年(1840.5 毫米)偏多 936.5 毫米,降水日数 200 天。24 小时降水量≥50 毫米的暴雨天数 12 天。

汛期(5~9 月):2016 年汛期总降水量 1557.1 毫米,降水日数 80 天。

3.日照:2016 年日照时数 1368.7 小时,比常年(1521.4 小时)偏少 152.7 小时。

4.相对湿度:年相对湿度 84%。

(二)2016 年各季节气候特点

1.冬季前期(1—2 月),气温偏高,降水偏多,日照时数偏多。

平均气温 7.3℃,比常年(7.1℃)偏高 0.2℃,各月平均气温分别为 1 月 6.7℃、2 月 7.9℃,分别比常年(5.9℃)偏高 0.8℃、(8.2℃)偏低 0.3℃。极端最低气温为零下 8.0℃(1 月 25 日)。降水量 341.6 毫米,比常年(209.6 毫米)偏多 132.0 毫米(偏多 63%)。降水日数 32 天。日照时数 180.5 小时,比常年(152.1 小时)偏多 28.4 小时。

平均相对湿度 83%。1 月、2 月多结冰天气。

冬季后期(12 月)气温偏高,降水偏少,日照时数偏多。

平均气温 9.9℃,比常年(7.3℃)偏高 2.6℃。极端最低气温零下 0.8℃(16 日)。降水量 15.3 毫米,比常年(48.4 毫米)偏少 33.1 毫米(偏少 68%)。降水日数 11 天。日照时数 125.0 小时,比常年(123.2 小时)偏多 1.8 小时。

平均相对湿度 84%。

2.春季(3—5 月)气温偏高,降水偏多,日照偏多。

平均气温 17.9℃,比常年(17.0℃)偏高 0.9℃,各月平均气温为 3 月 12.1℃、4 月 19.5℃和 5 月 22.2℃,分别比常年(11.9℃、17.6℃、21.6℃)偏高 0.2℃、偏高 1.9℃、偏高 0.6℃。

降水量 1191.5 毫米,比常年(743.7 毫米)偏多 447.8 毫米。降水日数 61 天。日照时数 280.5 小时,比常年(290.9 小时)偏多 10.4 小时。平均相对湿度 85%。

3.夏季(6—8 月)气温偏高,降水量偏多,日照时数偏多。

平均气温 26.9℃,比常年(26.1℃)偏高

0.8℃。各月平均气温为6月26.2℃、7月27.4℃、8月27.2℃,分别比常年(24.7℃、27.2℃、26.5℃)偏高1.5℃、0.2℃、0.7℃。极端最高气温38.4℃(7月24日)。最高气温≥35℃的天数为26天。

降水量701.0毫米,比常年(623.2毫米)偏多77.8毫米。降水日数45天。

日照时数570.3小时,比常年(557.3小时)偏多13.0小时。

平均相对湿度80%。

4.秋季(9—11月)气温偏高,降水量偏多,日照时数偏少。

平均气温19.7℃,比常年(18.2℃)偏高1.5℃,各月平均气温为9月23.8℃、10月21.2℃、11月14.1℃,比常年(23.4℃、18.5℃、12.8℃)偏高0.4℃、偏高2.7℃、偏高1.3℃。

降水量527.6毫米,比常年(215.7毫米)偏多311.9毫米。降水日数51天。

日照时数212.4小时,比常年(397.9)偏少185.5小时。

平均相对湿度87%。

(二)2016年灾害性天气及影响

1.雪灾:全年共出现2场雪。1月21-25日,出现小雪天气过程,过程雪量为1.9毫米,积雪深度1厘米;2月1-2日、15日出现小雪天气过程,其中2日出现积雪,深度为1cm。

2. 冰雹:3月20日18:38,里心镇代家村、花排村、大南村均出现小冰雹,直径约3~5毫米,持续1~2分钟;4月15日11时08分开始,客坊乡严田村、湾坊村与黄埠乡竹薮村出现局地冰雹大风等强对流天气,致使烟叶400亩绝收,受灾800亩。

3.暴雨洪涝:全年共出现12场暴雨。5月8日出现特大暴雨天气过程,这也标志全县从5月8日起进入汛期。对农业生产造成较大损失的主要是5月8—10日及9月28—29日的强降水天气过程。5月8—10日,建宁出现特大暴雨天气过程,雨量分别为200.7毫米、52.4毫米、52.2毫米,造成全县9个乡镇26456人受灾,农作物受灾面积2850公顷,其中:成灾面积2850公顷,绝收面积202公顷,毁坏耕地面积55公顷。全县直接经济损失22580万元。因灾死亡1人。9月28—29日,建宁县出现暴雨到大暴雨,雨量分别为104.8毫米、20.7毫米,造成全县9个乡镇2372人受灾,1976人转移。农作物受灾面积595公顷。全县直接经济损失599.4万元。水利设施经济损失55万元。

(刘　星)

【水　文】2016年建宁县发生了两次超警戒水位洪水,洪水场次少。受强降雨影响,5月8日,建宁县发生了超警戒水位,水位294.87米,超警戒3.37米,洪峰流量2180立方米/秒。建宁站全年降水量2792.9毫米,日最大降雨量134.1毫米(5月7日);为县域内最大日降雨量。建宁站全年蒸发766.2毫米,最大日蒸发量5.2毫米(8月7日),最小日蒸发量0.3毫米(2月3日),最大断面平均含沙量1.77千克/立方米(5月8日),断面平均含沙量0.11千克/立方米。建宁县金溪河警戒水位291.50米,保证水位295.0米为黄海高程。

(黄华伟)

表1　　建宁县2014年至2016年历次最大洪水情况

发生时间	流量(立方米/秒)	水位(米)	年平均流量(立方米/秒)
2016年5月8日	2180	294.87	84.4
2015年7月2日	1280	292.20	59.1
2014年5月22日	1230	292.79	48.7

建宁县2014年至2016年雨水情况表

表2　　单位(毫米)

年份＼雨量＼月份	1	2	3	4	5	6	7	8	9	10	11	12	年总量
2014年	17.6	91.3	329.3	212.5	434.8	253.0	165.7	297.3	23.8	2.0	47.5	24.0	1898.8
2015年	45.3	52.0	152.7	119.3	447.9	156.4	299.8	231.1	232.6	123.3	172.6	195.1	2228.1
2016年	249.8	106.8	238.3	350.5	617.8	374.1	228.5	72.8	232.0	81.1	228.2	13.0	2792.9
2016年与前两年比较	694.3%	49.1%	-1.1%	111.3%	40.0%	82.8%	-1.8%	-72.5%	81.0%	29.5%	107.4%	-88.1%	35.4%

建宁县2016年洪水情况表

表3

时间	警戒水位(米)	保证水位(米)	出现警戒水位时间	洪峰时间	洪峰水位(米)	超警戒水位(米)	相应流量(立方米/秒)	退至警戒水位以下时间	超警戒历时(小时)
5月8日	291.5	295.0	03:06	09:00	294.87	3.37	2180	23:26	20.3
6月18日	291.5	295.0	08:20	16.30	293.23	1.73	1580	20:24	12.1

自然资源

【水资源】境内河流属闽江流域。主要溪河13条，其中濉溪及其11条支流属闽江支流富屯溪的金溪水系；发源于境内均口镇严锋山的台田溪，为宁化县水茜溪的上游支流，其源头为闽江的正源头。境内河流总长度1005.9公里，年径流总量9.26亿立方米。河流流域面积1685.7平方千米。濉溪是境内主要河流，也是金溪水系上游的主要河流。濉溪境内河道长45千米，其上游支流宁溪、澜溪于合水口回合后自南向北流经县城，然后折向东，出境后注入泰宁县金湖。濉溪境内流域面积207.3平方千米，年均流量86.3立方米/秒。其中主要支流有宁溪、澜溪、杨林溪、开山溪、黄坊溪等。

2016年建宁县地表水资源量情况表

表4　　单位：亿立方米

当年地表水资源	多年平均	与多年平均比较(±%)
26.7	18.39	45.2

【土地资源】全县农作物总播种面积4.03万公顷，2016年年末实有耕地面积1.84万公顷。其中：水田1.81万公顷，旱地0.03万公顷，有效灌溉面积1.81万公顷，旱涝保收面积1.67万公顷。

【森林资源】县境具有典型的“八山一水一分田”地貌，是南方重点林区县。2016年末，全县有林地面积13.14万公顷，其中生态公益林面积4.47万公顷，重点生态区位内商品林2.29万公顷，森林覆盖率76.56%。现有活立木蓄积量1153万立方米，毛竹立足量6012.4万根。

【矿藏及其他自然资源】境内北东向以上杉溪、嵊背、百丈隘为金、钨、钽、锡、铷、黄铁矿化构造带，长30公里，宽9公里。还派生出有微斜长石型伟晶岩脉，产钾长石、白云母、绿柱石、铌钽铁矿等。西北部分布云母片岩、石英片岩、绿泥石片岩等矿产。西部有混合花岗岩带、普遍含独居石、磷钇矿及伴生的锆英石，地质储量为

48869吨,矿床有一定规模。中部中温热液型铜、铅、锌、、银等多种金属矿点分布甚广。铌、钽、绿柱石等金属矿及钾长石、石英、云母、高岭土、瓷土、硅石、花岗岩石等非金属矿在境内广泛分布。1986年8月22日,在均口、修竹白垩系石帽山群地层中发现石膏矿层。该矿层矿体厚度40~70米、矿物以硬石膏为主,也有少量透石膏,为三明市首次发现的硬石膏矿。至2016年,境内已探明的主要金属矿有金、银、铀、铅、锌、铜、钛、铁、稀土等13种,大部分储量小,品位低;发现非金属矿有花岗岩、辉绿岩、高岭土、瓷土、石英、长石、叶腊石、页岩等13种。16个矿山当中省级发证矿山1个,市级发证矿山3个,县级发证矿山12个。现有富强石材有限公司、东方石材有限公司等各类矿产品加工企业10余家。

建置沿革与区划

【历史沿革】建宁县历史悠久,春秋战国属越国地。秦属闽中郡。汉属会稽郡冶县地。东汉建安元年(196)置建安县,属会稽郡建安县地。东汉顺帝永和六年(141)分会稽为东南二郡南部为建安都尉。三国吴景帝永安三年(260),升建安县为建安郡与会稽郡分置,并将建安郡校乡西偏地置绥安县,属建安郡,绥安县地含今建宁、泰宁、宁化等,是闽地最早设立的10个县之一,治所在今建宁县濉溪镇高沙洲。晋属建安郡,隶江州。东晋义熙元年(405),避帝(安帝)讳,改绥安为绥城,仍属建安,隶江州。隋文帝开皇九年(589),绥城并入邵武,隶泉州(今福州)。开皇十二年(592),以原绥城地并入邵武,属抚州。唐高祖武德四年(621),以邵武分出绥城故地复置绥城县(治所仍今建宁县濉城镇境内,后同),隶建州(今建瓯县)。唐贞观三年(629),绥城再次并入邵武,隶建州。唐中宗嗣圣五年(688)复置绥城县。唐肃宗乾元二年(759),又分绥城县为归化、黄连二镇,归化即今泰宁,黄连即今建宁县。唐乾符五年(878),朝廷以黄连镇人陈岩率军抵御黄巢,守土有功,赐黄连镇为义宁军,不久军废,改为永宁镇,属建州。南唐保大四年(946),永宁镇改为永安镇,次年又改为永安场。中兴元年(958),升永安场为建宁县,境域与今同。治所迁至葛藤窠今濉溪镇,属建州。北宋太平兴国五年(980),建州之邵武县地置邵武军,领邵武、光泽、归化、建宁四县。元代至元十三年(1276年),改邵武军为邵武路。明洪武元年(1368),改路为府。清沿明制,建宁县属邵武府。民国元年(1912),撤邵武府,在南平设北路观察使。民国3年(1914)改北路观察使为建安道,建宁属之。民国17年实行新制,废建安道,建宁直属福建省政府。第二次国内革命战争时期的民国20至23年,建宁建立了苏维埃政权,初属江西省苏维埃,民国22年(1933)3月,建宁溪口区(指溪源、鲇坑、楚尾、陈岭、武调等村)划归泰宁苏维埃管辖,后归还。5月建宁县划归闽赣省苏维埃。8月,建宁均口区和澜溪区的一部分划归刚成立的彭湃县苏维埃管辖。12月起为闽赣省苏维埃政府驻地。民国23年1月,建宁的溪口区(指溪源、鲇坑、楚尾、陈岭、武调等村)划归刚成立的黎南县苏维埃。是年,国民政府将建宁县划归第九行政督察专员公署(邵武)管辖。次年改隶第七专员公署(长汀)。民国29年起,改隶第二专员公署(南平),直至1950年2月11日建宁县解放。1950年至1970年6月,建宁县隶属福建省政府南平专员公署。1970年7月起,建宁县隶三明地区革命委员会。1983年4月,三明改为省辖市,建宁为市辖县。

【区划与人口】2016年,全县设濉溪、溪口、里心、均口4镇与伊家、黄坊、溪源、黄埠、客坊5乡,共9个乡级政区;辖有92个村民委员会,1个综合农场和7个社区;下设1080个村民小组,80个居民小组。截至2016年9月30日,全县期末总人口157838人,全县出生人口2066人,其中男1079人,女987人,出生性别比104.05;出生率92.64‰,出生政策符合率99.99%。城乡居民基本医疗保险参保率巩固在99.99%。年内人口死亡数923人,迁入数1250人,迁出数 1940人。

(肖建泰)

国民经济与社会发展

【概 况】2016年,全县生产总值87.55亿元,增长8.2%。第一产业增加值19.12亿元,增长4.8%;第二产业增加值43.08亿元,增长5.5%;第三产业增加值25.35亿元,增长16.0%。公共财政收入3.93亿元,增长3.1%;地方级公共财政收入3亿元,增长6%;固定资产投资112.01亿元,增长17.4%;验资口径实际利用外资1018万美元,增长8.9%;出口总值8.18亿元,增长13.7%;社会消费品零售总额21.58亿元,增长15.9%;城镇居民人均可支配收入24283元,增长8.8%;农村居民人均可支配收入12849元,增长9.6%;居民消费价格指数101.6%。

【农 业】2016年,全县农林牧渔业总产值30.39亿元,增长5.08%。其中农业总产值18.85亿元,畜牧业总产值2.24亿元,渔业总产值1.40亿元。粮食播种面积1.68万公顷,实现粮食总产10.6万吨,比增0.7%;建莲种植面积3314公顷,实现莲子总产3628吨,比增2.5%;烟叶种植面积0.32万公顷,比增2.1%;制种面积0.91万公顷(其中早制组合面积0.13万公顷、中制组合面积0.53万公顷、秋制或烟后制种组合面积0.25万公顷),比2015年的0.87万公顷增加0.04万公顷,总产商品种子2980万公斤(比2015年增产363万公斤),直接经济产值4.47亿元,种子产业可为农民直接增收7875万元。水果种植面积0.8万公顷,其中梨0.8万公顷,桃0.13万公顷,猕猴桃基地233公顷,实现水果总产12.3万吨,直接经济产值178093万元。

【林 业】2016年,全县林业总产值6.83亿元,增长8.6%;完成规模以上林业工业总产值50.3亿元。全县林下种植、养殖面积2046.66公顷,林下经济产值5.3亿元,其中发展林下种植经营面积913.33公顷,产值0.2亿元;林下养殖经营面积1133.33公顷,产值0.4亿元;林产品采集加工经营面积0.67万公顷,产值4.6亿元;森林景观利用面积0.43万公顷,产值0.1亿元。全县有林地面积13.14万公顷,其中生态公益林面积4.47万公顷,重点生态区位内商品林2.29万公顷,森林覆盖率76.56%。活立木蓄积量1153万立方米,毛竹立竹量6012.4万根。全县共完成造林绿化面积1478公顷,完成森林抚育1万公顷,封山育林面积0.27万公顷。2016年,获评“全国森林旅游示范县”“中国森林氧吧”“中国森林体验基地”。

【工 业】全县规模以上工业企业总产值125.39亿元,比增12.2%;规模以上工业增加值工业增加值30.79亿元,比增6.8%;全县规模以上工业经济效益综合指数为339.06%,较上年同期提升15.23个百分点;规模以上工业企业完成税收3232.95万元,同比增幅-8.51%;全县规模以上工业企业累

2015—2016 年建宁县商标品牌创建一览表

表 5

序号	单　位	商标	主要产品	负责人	备注
1	建宁县富强石材有限公司	(图型)	大理石、花岗石、建筑石料	彭宜波	省著商标(2015 认定)
2	建宁县亚峰魔芋专业合作社	亚峰	笋干	张碧熊	省著商标(2016 认定)
3	福建建宁日鑫菌业科技有限公司	恒珍源	31 鲜食用菌、梨、食用植物根	廖木秀	市知名商标(2016 年)
4	建宁县远光皮件厂	金好利及图	钱包、公文包、小皮夹	杨远祥	市知名商标(2015 年新增)
5	福建省建宁县大川生物菌业有限公司	高川盘龙	29 冬菇、干食用菌、笋干	刘沐奇	市知名商标(2016 年认定)
6	福建省元盛农业综合开发有限公司	元盛园	29 蔬菜罐头、干食用菌	尤建国	市知名商标(2016 年认定)
7	建宁县福胜果业有限公司	增富	31 新鲜水果、蔬菜、浆果	曾　福	市知名商标(2016 年认定)
8	建宁县种子协会	建宁水稻种子	17 谷种	吴仁晖 余添发	证明商标 2016 年

计完成产销率 100.24%，较上年同期增长 0.04%；累计完成工业出口交货值 42828.03 万元，较上年同期略有增长。全县规模以上工业企业 120 家，其中：新材料产业 4 家，食品加工产业 36 家，林产加工产业 30 家，非金属矿产业 13 家，劳动密集型及其他产业 37 家。新增规模以上工业企业 15 家。工业占 GDP 的比重达到 24.7%，拉动 GDP 增长 1.7 个百分点，工业对 GDP 的贡献率达到 21.2%。

【财政税收】2016 年，公共财政总收入完成 3.93 亿元，比上年增长 3.1%。全县地方级公共财政收入完成 3.0 亿元，比上年增收 1706 万元，增长 6.03%；公共财政总支出 14.63 亿元，比上年增长 6.7%；税收收入 17.48 亿元，同比减收 7.51%；非税收入 1.25 亿元，比增 33.31%；上划中央级收入 0.91 亿元。向上级争取到位各类补助资金 10.2 亿元。

【城市建设】城区规划面积 33 平方公里，建成区面积 7 平方公里，城镇化率 40%。县城区公共绿地面积达 63 万平方米，人均公共绿地面积 14.8 平方米，绿化覆盖面积 184 万平方米，绿化覆盖率 45%，公共绿地面积占建成区面积的 14%。重点完善县城各项专项规划和控制性详细规划，委托相关设计院开展了城市绿线划定、县域乡村建设规划、“十三五”城市基础设施、城市排水防涝等专项规划编制以及水南、濉城、溪口、斗埕、助家井、曲滩、高速出口等片区控制性详细规划。2016 年，全县安排市政建设项目 41 个，其中续建项目 6 个、新建项目 35 个，年度投资 1.65 亿元。全县新建商品房销售 494 套，面积 5.37 万平方米，销售金额 3.86 亿元；二手商品房交易 397 套，面积 4.89 万平方米，交易金额 1.46 亿元；保障性安居工程棚改房建设 77 套，完成投资 5025 万元；棚户区改造和公共租赁住房建成 160 套。

【环境保护】2016年全县水环境质量：地表水省控交接断面(金1)水质达标率保持100%；地表水水质环境功能区达标率100%；集中式饮用水源地水质达标率100%。大气环境质量状况：空气环境质量按功能区划保持在国家Ⅱ级标准以上；城区大气环境质量达到国家II级标准，2016年全年空气质量排名居福建省第6名，其中4月和11月排名全省第一名。声环境质量状况：声环境质量较好，城区以及交通干线噪声达到功能区标准要求。10月，通过国家级生态县验收，成功入选全国全域旅游示范区创建单位、全国“百佳深呼吸小城榜”。

【旅游产业】2016年，共接待游客102万人次，比增26.7%，旅游收入9.1亿元，比增24.6%。全县创建国家级品牌9个、省(市)级品牌10个，建宁县被列为国家全域旅游示范区创建单位，入选2016全国“百佳深呼吸小城榜”，荣获2016“全国森林旅游示范县”称号；修竹荷苑被评为国家AAA级旅游景区；中央苏区反“围剿”纪念园荣获全国“十一”旅游安全保障最佳景区；金铙山入选中国百佳四季游好地方口碑榜；闽江源国家级自然保护区获评“中国森林体验基地”“中国森林氧吧”；建宁旅游产业基础设施项目入选2016全国优选旅游项目名录。修竹村、高峰村入选福建2016新版最美乡村大全；上坪、枫源、黄岭等3个村成功创建省级乡村旅游特色村；闽江源绿田被评为福建旅游龙头企业；修竹大树下农家乐、高峰鑫源农家乐、林家福园农家乐、长贵农家乐等4家企业创建市级“绿野乡居”民宿。在建或续建旅游产业基础设施项目7个：闽江源生态旅游区提升改造工程、枫源百花乡村主题公园、香溪花谷、修竹荷苑、西门莲塘、中央苏区反“围剿”纪念园、闽江源头拜水溯源项目。

【交通邮电】向莆铁路经停建宁县北站列车共43趟，较2015年增加11趟。浦梅铁路建宁至冠豸山段可行性研究报告获国家发改委批复，浦梅铁路(建宁段)征地补偿安置方案已出台，各项征迁工作正按照预定部署有序推进，截至年底，红线放样交桩工作已经结束，开始施工的有斗埕拌和站、水西拌和站、隆下拌和站以及部分施工便道。莆炎高速公路前期工作正按照预定目标有序进行，2016年7月5－9日工可行业审查咨询评估工作现场踏勘调研会在建宁召开。全县公路里程1383.68公里，其中，高速公路1条43公里，国道1条64.3公里，省道2条109.4公里，县道8条98.2公里，乡道69条415.1公里，村道576条653.67公里。全县有客运企业2家，公交企业1家，出租车企业2家，旅游客运企业1家，营运客车51辆1235座次，公交汽车20辆336座次，出租汽车40辆200座次，旅游客车5辆182座次，客运总座位1953座；已开通省际线路9条，市际线路10条，县际线路9条，县境内线路16条。完成公路客运量82.48万人，客运周转量6720.06万人/公里，农村客运班车通村率97.9%。全县有一家二级客运站，一家三级客运站，一家四级客运站，三家五级客运站。全县有和兴、承辉、莲乡、光辉、乘龙5家物流企业，有货车135辆，货车总吨位1641.5吨。全县移动4G基站规模从年初的129个基站，增加到年底的225个基站，实现了全县91个行政村100% 4G信号覆盖。中国联通在建宁县共投资建设了约600公里长通信光缆，已建好2G基站90个，覆盖了所有乡镇和90%以上行政村；3G基站60个，4G基站30个，覆盖了城区和部分省道沿线。

【商务贸易】2016年，建宁县实际利用外资完成1018万美元，同比增长8.9%；出口总额

8.18亿元,同比增长13.7%。全县共引进项目80个,实到固投6.2亿元。其中6个招商组引进项目28个,确认到资1.8亿元,9各乡镇引进项目52个,确认到资4.4亿元。社会消费品零售总额完成21.58亿元,增长15.9%,增幅全市第一(其中限上企业零售额增幅22.7%,增幅全市第一)。全县发展电商企业97家(其中限额以上企业6家),电商从业人员5031人,电商交易额9.94亿元,增长97.9%;网络零售额5.98亿元,增长131.6%。

【金融保险】至12月末,金融机构本外币存款余额70.54亿元,同比增长10.6%;金融机构本外币贷款余额31.4亿元,同比增长2.2%,列全市第三;不良贷款率2.65%,比年初下降0.76个百分点,不良率为全市最低。全县机关事业单位养老保险参保单位数141家,在职参保总人数4295人,参保率达100%,基金收入7285.09万元,征缴率达100%。离退休人数1639人,基金支出6631.46万元,基金滚存结余652.7万元。企业职工养老保险参保单位数242家,参保职工人数10051人,基金征收4122.98万元,领取养老金待遇人数2678人,基金支出6736.97万元。城乡居民养老保险适合参保条件的对象有74005人,已参保人数69923人,参保率达94.48%,缴费率94.01%。领取人数20469人,发放金额1746.68万元。失地农民待遇领取389人,发放金额63.27万元。老农保参保人数12248人,完成转保或退保9697人,新老农保衔接率达79.17%。中国人寿保险股份有限公司建宁县支公司2016年实现总保费收入6110.46万元,比增26.95%;全年退保支出1371.07万元,赔付支出1904.99万元。中国财产保险股份有限公司建宁支公司保费收入2404.98万元,比增31.8%;全年赔付1617.07万元。

【教育科技】2016年,教育部授予建宁县"全国义务教育发展基本均衡县"称号。建宁县第二实验小学于2016年8月26日正式成立,秋季开始招生;城区学校"1124"布局全面完成,形成一所普高、一所职高、两所初级中学、四所小学的办学格局。全县有普通高中、职业中学、教师进修学校、特殊教育学校、九年一贯制学校各一所;初级中学7所,完全小学12所,农村小学教学点16个,幼儿园14所(其中县直属幼儿园2所,乡镇幼儿园8所,民办园4所);青少年学生校外活动中心、中小学生社会实践基地、中小学生法治教育基地各1个;教职工1459人,其中普通高中及职业高中教职工202人、初中教职工376人、小学教职工689人、特殊教育教职工13人、幼儿园教职工150人(含民办幼儿园教职工),教师进修学校教职工29人。全县中小学、幼儿园在校生19010人,其中:普高在校生1940人,职中在校生663人,初中在校生3257人,小学在校生8756人,幼儿在校生4322人,特教在校生72人。初中学龄儿童入学率达98.65%,小学学龄儿童入学率达100%,幼儿园入学率达94.55%。建宁一中高一新生招生650人,在校生1940人,毕业生609人。高考"211"工程院校录取29人,"985"工程院校录取16人,本一录取率22.00%,本科录取率70.16%。当年,申报省市科技项目4项,省星火计划立项2项,申请专利167件;由建宁县承担国家科技富民强县专项行动计划项目"建莲产业关键技术集成与示范推广"通过省科技厅组织的专家验收。

【文体广电】2016年,实施县级重点文化产业项目17个,公共文化项目建设投入经费11000万元。完成健身馆·图书馆、万星影城3D影院建设。2016年,共播出《建宁新闻》253

期,《一周新闻纵横》52期,播出各类消息1200余条。全县娱乐场所10家、民营演出团体1家(木偶剧团);包装装潢印刷品印刷企业8家、出版物发行单位4家,电影放映单位2家(含新增1家)。来自美国、澳大利亚、印度、日本、中国等8个国家和中国香港地区共810人参赛的追FUN中国自行车俱乐部联赛暨2016'中国·建宁国际自行车公开赛于7月31日在建宁举办。体育竞技比赛屡获佳绩,2016年全国青少男子举重锦标赛中,黄自辉获得52公斤级抓举第一名,挺举第一名,总成绩第一名;艾鹏强获得69公斤级(14岁以下)抓举第一名,挺举第一名,总成绩第一名;2016年全国青少女子举重分龄赛中,饶新燕获得44公斤级抓举第一名,挺举第四名,总成绩第二名;陈美玲获得48公斤级抓举第一名,挺举第一名,总成绩第一名;黄璨获得48公斤级抓举第二名,挺举第一名,总成绩第二名。2016年全国青少年田径锦标赛中,姜李韵喆获得400米跨栏第三名。

【医药卫生】2016年,全县有公立医疗卫生机构14个,其中县直医疗单位5个,乡镇卫生院9个(中心卫生院2个,一般卫生院7个),社区卫生服务中心1个,医养结合卫生服务站5个,村卫生所87个。全县卫生事业单位人员核编545人,在编人员共324人,其中卫技人员290人,卫技人员中本科学历42人(其中第一学历29人),大专学历84人,中专学历164人,高级职称28人(正高职称4人、副高职称24人),中级职称122人,初级职称115人。全县拥有病床402张,其中,县医院260张,乡镇卫生院142张。

【群众生活】2016年,城镇居民人均可支配收入24283元,增长6.8%;农村居民人均可支配收入12849元,增长9.6%;居民消费价格指数101.6%。全年民生支出11.5亿元,占财政总支出的78.4%。落实就业再就业政策,大力扶持高校毕业生和困难群体就业,城镇新增就业人数1124人,农村劳动力转移就业1792人,城镇登记失业率2.32%。扎实推进保障性安居工程,新增保障性住房77套,完成危旧房改造133户。完善市政设施,完成黄舟坊南路至河南路"白改黑"、东山公园环山步道等市政建设,加快推进城区路网、公共停车场、雨污水管网、老城区供排水系统改造扩建、垃圾中转站等城市基础设施建设。提升城市品位,推进荷花路、闽江源路等城区重要节点绿化、花化、彩化改造和"一河两岸"夜景提升。农村面貌焕然一新。按照省里"六美六好"(规划好,建筑美;卫生好,环境美;生态好,山水美;产业好,生活美;设施好,功能美;管理好,乡风美)要求,实施"千村整治、百村示范"工程,完成投资1.27亿元,推进14个省级、3个县级美丽乡村建设。完成"动车站-水南-溪口"清新花乡特色景观带绿化种植。金铙山入选中国百佳春游好地方,修竹村和高峰村入选福建新版最美乡村大全,上坪村列入首批中国传统村落名录。加快农村基础设施建设,完成农村公路硬化、升级改造23公里,扎实推进农网改造、安全饮水等工程,农民生产生活条件进一步得到改善。

(黄日辉)

中共建宁县委员会

编辑:黄日辉

综 述

2016 年,中共建宁县委在省、市委正确领导下，深入贯彻以习近平同志为核心的党中央治国理政新理念新思想新战略，围绕建设新福建、建设新三明的要求,加快打造闽赣省际生态产业集聚区,为“再上新台阶、建设新建宁”奠定了坚实基础,实现了“十三五”良好开局,市对县考核 12 项指标中,农林牧渔业总产值、地方公共财政收入等 10 项指标增幅高于全市平均水平,国家级生态县、国家级农业标准化综合示范县建设通过考核验收，被评为三明市唯一国家农村产业融合发展试点示范县,“互联网+建莲产业”列入全省首批“互联网+”区域化链条化试点，入选第二批国家全域旅游示范区创建名单,荣登“2016 中国最具投资潜力特色魅力示范县”榜单,绿田食品登陆“新三板”。

把方向、增共识,推进建宁发展再上新台阶

一是用心用情维护领导核心。召开县委常委(扩大)会议、县委全会传达贯彻中共十八届六中全会精神，举办十八届六中全会精神宣讲报告会 16 场，推动各级各部门和广大党员干部领会精神实质、把握深刻内涵,牢固树立“四个意识”,把坚决维护以习近平同志为核心的党中央权威转化为全县广大干部群众的思想自觉和行动自觉。二是统筹谋划发展思路。召开县第十二次党代会,提出了“致力脱贫脱帽、加快绿色崛起、全面建成惠及全县人民的小康社会”的工作目标和“再上新台阶、建设新建宁”中心任务。抓好省、市党代会和全会精神贯彻落实,制定出台《关于推进供给侧结构性改革总体方案(2016—2018 年)》《关于加快现代服务业提速增效三年行动计划》等一系列文件,推动建宁全面加快发展。三是从严从实开展“两学一做”。建立县委常委“两学一做”联系点制度,深入开展“三查三促”活动(查“不冷不热”问题、促服务态度转变,查“不急不忙”问题、促工作效能提升,查“不疼不痒”问题、促担当意识增强),提振党员干部干事创业精气神。同时强化问题导向,对学习教育过程中查摆出来的问题，由县委常委班子带头认领、带头整改，增强学习教育实效性。四是凝聚共识,形成发展合力。加强与县人大、政府、政协班子之间的联系沟通,坚持每周一次书记碰头会制度，调动各套班子成员积极性。加强新时期统一战线、党管武装和双拥共建等工作,进一步强化和改善对工会、共青团、妇联等人民团体的领导，充分发挥了各方面的积极作用。

抓重点、攻难点,夯基固本展现新作为

一是抓帮扶强实体。对接市里“千名干部服务千家企业”活动,继续深化“四转四争”“三挂三帮”活动,出台《建宁县产业发展专项资金管理暂行办法》，大力推动园区企业资产按揭贷款,安排 4000 万元企业应急转贷专项资金,发放应急转贷资金 2.37 亿元，帮助 45 家企业解决资金难题。打好组合拳推进房地产去库存,全年实现商品房销售面积 8.08 万平方米,增长 20.42%;销售额 4.03 亿元,增长 3.38%。

二是抓项目扩投资。成立6个重大项目工作组,每个项目组由县领导任组长,组长同时兼任对应项目招商工作领导小组负责人,全程跟进谋划、签约、开工、投产、增资五个环节,全年共策划实施"五个一批"项目232个、完成投资51.54亿元,建连铁路、明一国际生态高新科技园等一批重点项目开工,82个项目建成竣工。加强与央企、省企、厦企对接,全年共引进项目88个、总投资74.37亿元。积极向上争取资金支持,全年争取各类项目资金补助和转移支付16亿元,创历史新高。三是抓防控化风险。实行一周一碰头、半月一会商的金融风险防控协调机制,每笔重点不良贷款由一位县领导跟进化解;出台金融机构对公存款激励办法,专项用于激励化解不良贷款有成效、贷款增量贡献大的金融机构。同时持续开展"三欠"清收行动,8名涉及"三欠"的干部在考核中暂缓提职。全年不良贷款率为2.9%、不良率降低,考核全市第二。

优供给、调结构,转型升级迈出新步伐 一是巩固提升传统产业。实施新一轮技术改造专项行动计划,推动企业"机器换工"32套(台),1家企业成功申报省级智能制造示范企业。加大特种薄型纸龙头企业铙纸集团的扶持力度,成立由党政主要领导任组长和第一副组长协调领导小组,加快推进与省轻纺集团对接,双方已达成重组意向,重组工作正在有序推进。二是做强特色主导产业。加快发展"建莲+文化""建莲+旅游"等产业,闽江源绿田股份公司成为全省首批、全市唯一的莲观光工厂,福鑫万吨莲子深加工项目竣工投产,全县建莲产业产值突破20亿元。按照"五化"标准,加快推进种子产业育繁推一体化,"建宁水稻种子"评为全国唯一水稻种子地理证明商标,禾丰种业科技服务中心、仓储加工区和六三种业加工仓储物流区建成竣工,实现种业产值8亿元。特色食品加工产业集聚发展,已入驻泓鑫、冠瑞等11家特色食品加工企业,园区产值已达12亿元。无患子产业加快推进,正抓紧新上液态产品生产线,源容生物力争2017年"新三板"上市。三是发展壮大新兴产业。举办了"为荷而来"中国建莲文化旅游嘉年华等活动,荣获"全国森林旅游示范县",修竹荷苑被评为AAA级旅游景区,全年共接待游客102.6万人次、增长26.67%,旅游收入9.1亿元、增长24.6%。电商产业快速发展,已有阿里巴巴、诚晔盛世等65家电商企业,建立村淘等村级服务站点76个,全县实现电商交易额9.94亿元、增长87.6%。

真扶贫、扶真贫,脱贫攻坚取得新成效 一是突出"五抓五送"。以抓增收送项目、抓就业送岗位、抓扶智送技术、抓兜底送保障、抓挂钩送温暖为载体,全力打造种子、果蔬、烟叶等7个重点扶贫产业,通过"公司+合作社+基地+农户"等模式,确保每户贫困户至少有2个以上扶贫项目,2561个贫困人口实现脱贫。二是抓实扶贫搬迁。出台契税减免等多项优惠政策,鼓励建档立卡贫困户搬迁至城镇,建设溪口镇莲香农舍住宅小区、黄埠乡鑫埠小区等5个集中安置区,落实造福工程扶贫搬迁人数545户2326人、完成省下达任务数的145.4%。三是加大资金扶持。积极推行农村普惠金融,对信用良好的贫困户发放3万~5万额度的"闽江源普惠卡",做到一次授信、滚动使用;设立1200万元扶贫小额信贷风险担保金,采取"合作社+银行+贫困户"等模式,为贫困户或扶贫产业提供贷款担保,发放扶贫小额信贷2684万元。四是帮扶贫困村增收。每年预算400万元用于贫困村村财增收项目,采取扶贫资金量化折股、村企共建、资产资源入股等模式,增强村集体的"造血"功能。全年累计投入1099万元用于贫困村村财增收,培育了40个村财增收基地,贫困村平均每年增收3万元。

惠民生、重民利，民生福祉得到新改善 一是民生保障不断加强。大病救助、养老、医疗等社会保障持续扩面提标，建成棚改房和公租房182套、超额完成市下达任务，城关至火车站快速通道、实验小学新教学楼等一批民生工程投入使用。二是城乡建设统筹推进。绿化花化彩化荷花路、闽江源路等城区重要节点，实施黄舟坊南路至河南路"白改黑"、东山公园环山步道等一批市政项目，投入1.5亿元建设14个省级、3个县级美丽乡村。三是生态建设成效显著。实施水、大气、土壤污染防治行动计划，提升和加强"河长制"，网格化环境监管走在全省前头，闽江源国家级自然保护区获评中国森林体验基地、"中国森林氧吧"，入围2016全国"百佳深呼吸小城榜"。四是社会治理不断深化。持续深化"平安建宁"建设，开展危险物品安全监管等专项治理，强化平安边界协作机制，群众安全感率达97.75%，2016年度综治考评全市第一，被评为全国"六五"普法先进县，是全市唯一获此殊荣的县。

抓主业、聚合力，落实全面从严治党新要求 一是加强领导班子和干部队伍建设。加强县委班子自身建设，班子成员带头挂钩重点项目、重点企业、重点贫困村，带头践行"一线工作法"和"马上就办、真抓实干"作风，在全市率先出台《激励干部干事创业整治"为官不为"暂行办法》，采取日常考核、专项考察等方式，在一线考核使用干部，树立以实绩论英雄的导向。选派第二批41名领导干部赴清华大学参加领导力提升专题研修班学习，拓展干部视野，增强综合素质。二是夯实基层基础。落实党委书记抓基层党建工作述职评议制度，深化"党建富民强村"工程，完善党员领导干部党建工作联系点制度，推行"党支部+新型经营主体+贫困户"等模式，增强村级组织履职能力。采取财政支持、党费拨返等方式，加大基层经费投入力度，推广"党员110"网络服务平台，探索开展"党小组集中服务日+"，打通服务群众"最后一公里"。三是加强党风廉政建设。落实"五抓五看"要求，对落实"两个责任"不力的12名责任人进行了问责。坚持把纪律挺在前面，成立了县委巡察机构，开展了首轮巡察。把握运用监督执纪"四种形态"，全年共处置383人次。认真贯彻落实中央八项规定精神，全年共查处违反中央八项规定精神案件10起、处理19人，给予党政纪处分5人。

重要会议与活动

【县委十一届十次全体会议】 4月21日，中共建宁县第十一届委员会召开第十次全体会议，会议审议了关于召开中国共产党建宁县第十二次代表大会的有关事项。县委领导郑剑波、潘闽生、吴江潮、吴国根、许家源、明政、林文春、王德福、陈华伟出席会议。县委书记郑剑波主持会议并对关于召开中国共产党建宁县第十二次代表大会的决议(草案)作了说明。全会确定中国共产党建宁县第十二次代表大会的主要任务，明确了大会召开的时间和议程，并对代表条件、代表构成、代表名额及分配原则、代表产生办法，县委委员、候补委员及常委的名额、选举办法，县纪律检查委员会委员及常委的名额，大会筹备工作的组织领导等作了说明。全会审议通过《中国共产党建宁县第十一届委员会第十次全体会议关于召开中国共产党建宁县第十二次代表大会的决议》。中共建宁县第十一届委员会委员、候补委员参加会议，县纪委委员列席会议。

（李德庆）

【县委十一届十一次全体会议】 7月21日，中国共产党建宁县第十一届委员会召开第十一次全体会议，会议审议通过关于召开中国共产党建宁县第十二次代表大会的有关事项。本次全委会应到委员25名，实到23名，符合法定人数。县委书记郑剑波主持会议。会议通过了县第十二次党代会筹备工作情况报告；审议通过中共建宁县第十一届委员会工作报告；审议通过县第十一届纪律检查委员会工作报告；通过县第十二次党代会代表资格初审情况报告，代表资格审查委员会成员建议名单；通过县第十二次党代会列席代表建议名单，代表分团方案和团长、副团长建议名单，主席团成员和秘书长、副秘书长建议名单，大会执行主席分组建议名单，主席团常务委员建议名单，秘书处各组负责人建议名单。通过县第十二次党代会会议议程（草案），日程安排方案（草案），选举办法（草案）；通过党费收缴、使用情况的报告；通过第十二届县委委员、纪委委员候选人预备人选名单；选举确定建宁县出席三明市第九次党代会代表候选人预备人选名单。

（李德庆）

【中共建宁县委十二届代表大会】7月26日下午，中国共产党建宁县第十二次代表大会在县宣传文化中心开幕。县第十二次党代会第一次全体会议由陈显卿主持，出席县第十二次党代会代表共236名，实到233名，符合规定人数。下午3时许，县委副书记、代县长陈显卿宣布大会开幕。县委书记郑剑波代表中共建宁县第十一届委员会向大会作了题为《致力脱贫脱帽，加快绿色崛起，为全面建成惠及全县人民的小康社会而努力奋斗》的工作报告。县委常委、纪委书记邓军安代表中国共产党建宁县第十一届纪律检查委员会作工作报告。7月28日上午，县委书记郑剑波主持召开中国共产党建宁县第十二次代表大会第二次全体会议，选举产生中国共产党建宁县第十二届委员会委员29名，中国共产党建宁县第十二届纪律检查委员会委员17名。7月28日下午，县委书记郑剑波主持召开中国共产党建宁县第十二次代表大会第三次全体会议，选举产生中国共产党建宁县第十二届委员会候补委员5名、建宁县出席三明市第九次党代会代表15名（含市寄选1名）。同日下午，县委书记郑剑波主持召开中国共产党建宁县第十二次代表大会第四次全体会议，通过中国共产党建宁县第十二次代表大会关于中国共产党建宁县第十一届委员会工作报告的决议、中国共产党建宁县第十二次代表大会关于中国共产党建宁县第十一届纪律检查委员会工作报告的决议。同时举行中国共产党建宁县第十二次代表大会闭幕式，郑剑波主持并讲话。

【县委十二届一次全会】7月28日下午，县委十二届委员会召开第一次全体会议，郑剑波主持会议。会议选举郑剑波、陈显卿、许家源、钱超、王楠、陈华伟、余传贵、邓军安、林大茂、阴晓萍、林金明为中共建宁县第十二届委员会常务委员会委员。郑剑波当选为县委书记，陈显卿、许家源当选为县委副书记。本次会议应到县委委员29名，实到29名，符合规定人数。会议通过县十二届纪律检查委员会第一次全体会议选举结果的报告。县委书记郑剑波在会上讲话。

【县委十二届二次全会】9月22日，县委召开中国共产党建宁县第十二届委员会第二次全体会议，县委书记郑剑波主持会议并作报告，代县长陈显卿作有关文件说明，会议审议通过了县委县政府《关于实施创新驱动发展战略建设创新型建宁的实施意见》《中共建宁县委十二届二次全体会议决议（草案）》，讨论了《关于推进供给侧结构性改革的总体方案（2016—2018年）》。

【县委十二届三次全会】 12月9日上午，县委召开中共建宁县第十二届委员会第三次全体会议，深入学习贯彻中共十八届六中全会精神和省第十次党代会、省委十届一次全会、市委九届二次全会精神，听取和讨论县委常委会工作报告。动员全县上下更加紧密地团结在以习近平同志为核心的党中央周围，坚定不移推进全面从严治党，打造政治上的绿水青山，为“再上新台阶、建设新建宁”提供坚强保证。

【县委常委(扩大)会】 1月21日下午，县委书记郑剑波主持(下同)召开县委常委(扩大)会议，传达学习《习近平总书记在中央政治局“三严三实”专题民主生活会上的重要讲话》精神，传达贯彻全市经济工作、扶贫开发工作、生态环境保护和城市工作会议精神，传达贯彻十八届中央纪委六次全会、省纪委九届七次全会精神，传达贯彻全国全省安全生产工作会议精神，研究全县安全生产工作，通报机构编制相关事宜，研究有关干部人事工作。

4月21日上午，召开县委常委会议，传达贯彻党的新闻舆论工作座谈会和全国、全市宣传部长会议精神，传达贯彻省市“两学一做”学习教育座谈会精神，研究全县“两学一做”学习教育相关事宜，研究召开县第十二次党代会相关事宜、推荐上报省市“七一”表彰名单、《建宁县产业扶贫实施办法》等七个扶持政策（送审稿)、干部违纪处分事宜、干部人事工作。

7月19日上午，召开县委常委（扩大)会议，研究审定县第十二次党代会报告和纪委工作报告、研究关于建立县委巡察制度的方案和召开县委十一届十一次全会有关事宜，传达贯彻全市纪委书记座谈会暨巡察工作现场会精神。

8月17日上午，召开县委常委（扩大)会议，传达贯彻省委九届十六次全会和市委八届十三次全会精神及全市“大干150天,加快推进‘五个一批’项目建设活动”动员大会精神，听取上半年党风廉政建设和反腐败工作情况汇报，研究《建宁县党委(党组)落实党风廉政建设主体责任清单》和《建宁县纪委(纪检组)落实党风廉政建设监督责任清单》事宜，传达贯彻全省社会组织党的建设工作视频会、全市“两学一做”学习教育推进会暨社会组织党的建设工作座谈会、全省党校工作会议、全市维稳信访和禁毒工作会议精神。

10月8日上午，召开县委常委（扩大)会议，传达贯彻市第九次党代会和市委九届一次全会精神，专题学习《中办、国办健全落实社会治安综合治理领导责任制规定》，通报建宁县2016年重点流域生态补偿资金安排事宜，研究有关干部人事工作。

10月31日上午，召开县委常委会议，审定县人大代表候选人初步建议人选，研究《关于规范廉政谈话的实施意见(送审稿)》，通报建宁县2016年新增地方债券资金安排事宜，听取闽赣汽贸城项目有关情况汇报和县国投公司购买闽赣汽贸有限公司资产资金使用管理的调查情况汇报。

11月29日上午，召开县委常委(扩大)会议，传达贯彻省第十次党代会、省委十届一次全会和市委常委(扩大)会议精神，研究县人大、政协换届等相关事宜，通报建宁县产业发展专项资金管理暂行办法和回购亿兴大厦部分写字楼等有关事宜。

12月6日上午，召开县委常委（扩大)会议，传达贯彻全省脱贫攻坚现场推进会精神、市委九届二次全会精神和全省宗教工作会议精神，听取有关政府工作报告和计划工作报告、财政工作报告的情况汇报，研究召开县委十二届三次全体会议、三明市第十三届人民代表大会代表候选人初步建议人选名单、县政协常委和委员名单、县政协十届一次会议有关事项、加强安全生产工作以及县公务用车制度改革相关事宜，通报调整2016年县本级行政事业单位经费预算事宜。

专题会议

【县委召开“三严三实”专题民主生活会】1月11日，根据中央和省委、市委统一部署，县委常委会召开“三严三实”专题民主生活会。市委常委、军分区政委陈龙德主持会议并讲话，市纪委、市委组织部有关人员到会指导。县委书记郑剑波，县委副书记、县长潘闽生，县委副书记赵圣宏，县委常委吴江潮、吴国根、许家源、明政、林文春、王德福参加会议。会议通报了建宁县委常委会2015年度民主生活会整改措施落实情况和“三严三实”专题民主生活会初步整改方案等。

【全县扶贫开发攻坚誓师大会召开】2月16日下午，县委召开全县扶贫开发攻坚誓师大会，传达贯彻中央和省、市扶贫开发工作会议精神，安排部署2016年和今后一个时期全县扶贫开发工作，向各乡(镇)颁发脱贫攻坚责任书，县委书记郑剑波讲话，县长潘闽生主持，黄埠、伊家、客坊、均口4个乡(镇)党委书记作表态发言，县副处级以上领导出席。

【县委召开精准扶贫现场推进会】7月22日，县委书记郑剑波在文鑫莲业公司主持召开“村企合作 产业扶贫”精准扶贫现场推进会。县委常委、组织部部长陈华伟，县扶贫开发协会会长徐水泉出席会议，县相关单位负责人参加会议。会议要求，与会各有关部门要深入学习省市扶贫开发协会会议精神，加大帮扶力度，着力做好项目和政策倾斜，着力做好贫困户脱贫和村财增收工作，通力协作、密切配合、合力推进，确保文鑫公司“村企合作”精准扶贫模式发挥更大作用，取得更大成效。

【全县经济工作会议】2月16日上午，县委召开全县经济工作会议，传达贯彻省、市经济工作会议精神，回顾总结2015年经济工作，表彰2015年度完成工作责任目标先进单位和先进企业，部署2016年经济工作，县委书记郑剑波讲话，县长潘闽生作具体工作安排，赵圣宏主持，县副处级以上领导及担任过副处级以上领导职务的老同志出席。

4月27日上午，县委召开一季度经济形势分析暨“五个一批”项目督查通报会议，县委书记郑剑波主持会议并讲话，县长潘闽生通报一季度经济运行情况，安排部署了下阶段经济和项目工作，县副处级以上领导出席。

9月27日下午，县委召开党政领导化解信贷风险工作推进会，县委书记郑剑波主持会议并讲话，听取相关责任领导汇报挂包不良贷款化解工作进展情况，安排部署下阶段信贷风险化解工作。县领导陈显卿、吴国根、许家源、钱超、陈华伟、阴晓萍、何志高、沙陈龙、陈晶、孙元玲参加。

10月26日上午，县委书记郑剑波主持召开县三季度经济形势分析会并讲话，代县长陈显卿通报分析三季度经济运行情况，安排部署下阶段工作，副县长林大茂通报三季度“五个一批”项目进展情况，县交通局作表态发言，县副处级以上领导参加。

【重点项目建设现场督查会】3月8日，县委召开全县重点项目建设现场督查会，上午与会人员先后深入鑫锦宏农业生态科技示范园、枫元百花乡村主题公园、荷苑幼儿园、中影万星影城、城关至报国寺公路、三泉复合包装材料公司等项目点督查项目建设工作。下午召开重点项目建设汇报会,县委书记郑剑波主持并讲话,县长潘闽生对六个项目组提请协调解决的问题进行了统一答复,六个项目组组长汇报了各组项目建设推进情况和需要提请协调解决的问题。

【县委召开换届纪律专题学习会】 4月22日,县委召开换届纪律专题学习会,县委书记郑剑波主持,县领导郑剑波、潘闽生、陈海涛、廖鲁言、吴江潮、吴国根、许家源、明政、林文春、王德福、陈华伟参加。在集中观看了换届纪律警示教育片——《镜鉴》后,郑剑波传达中央和省、市对换届工作的有关指示,对建宁县换届纪律提出了明确要求。

【抗洪救灾专题会】 5月8日晚上,县委召开全县防汛工作紧急视频会,县委书记郑剑波主持会议并讲话,市委常委、政法委书记纪熙全,市政协副主席伍成康到会指导,县领导潘闽生、吴国根、林文春、林金明、谢忠喜、沙陈龙、吴碧英、陈华秀、黄志敏参加会议。5月9日下午,县领导郑剑波、沙陈龙参加全市防汛工作视频会议。同日晚上,召开全县防汛工作视频会,县委书记郑剑波主持会议并讲话,对防汛工作进行再动员、再部署,潘闽生、沙陈龙在主会场参会,其他县处级领导在挂包乡镇分会场参会。5月11日上午,县委书记郑剑波主持召开县委常委扩大会议,传达贯彻省委常委、纪委书记倪岳峰来建宁县督查指导防汛救灾的讲话精神,部署灾后恢复生产自救工作。6月14日晚上,召开防汛工作汇报会,县委书记郑剑波汇报建宁县防汛工作情况,国家防汛抗旱总指挥部办公室副主任万海斌、省水利厅副厅级纪检监察员陈振华、市水利局局长章新华到会指导,县领导潘闽生、林金明、沙陈龙、黄志敏参加。

调研与活动

【《准则》《条例》宣讲活动】 2016年1月18日,县委理论学习中心组举行集体学习会,邀请市监察局副局长、正处级纪检监察员薛炳贵,就新《中国共产党廉洁自律准则》《中国共产党纪律处分条例》学习进行专题辅导。县领导郑剑波、潘闽生、吴江潮、明政、林文春、王德福等县委理论学习中心组成员参加学习。学习会上,薛炳贵介绍了新准则、新条例修订的背景特点和主要内容,并在此基础上分别对两部法规进行了系统解读和专题辅导。县副处级以上领导、各乡镇党委书记、乡镇长,县直和省市属部门主要领导,县纪委监察局班子成员一起聆听讲座。

(姜科信)

【电商产业发展专题调研】 2月15日,县委书记郑剑波就建宁县电商产业发展进行专题调研,先后深入建宁县020街区规划点和闽赣省际(建宁)电子商务产业园,实地了解020街区项目规划设计和电商产业园内容充实完善进展情况,并召开座谈会,听取相关部门电商产业发展情况汇报后,县委书记郑剑波就建宁县电商产业发展提出了具体要求。县委常委、统战部部长许家源,副县长王和平陪同调研。县商务、经信、农业、建设、发改、住建和市场监督管理局等部门负责人参加调研。

(李德庆)

【走访慰问部分纳税大户】 2月18日下午,县委书记郑剑波带领财政、税务、发改、住建等部门负责人,先后走访慰问农村信用合作联社、县烟草公司、福建晟大房地产开发有限公司、福建省中木建设集团有限公司等纳税大户企业,了解企业2016年发展存在的困难和问题。县委常委、副县长明政陪同调研。

（谢长宏）

【重点项目建设进展情况调研】2月29日，县委书记郑剑波深入部分重点项目建设点，就建宁县重点项目建设进展情况进行专题调研。县领导王德福、沙陈龙、许银燕、杨宗群分别陪同调研。郑剑波先后深入中国稻种基地暨国家级种子产业园、西门红军莲塘项目、欧洲风情创意农业产业园项目建设点，实地查看项目建设进展情况，听取项目业主情况介绍，协调解决项目推进中的困难和问题。县发改、住建、农业、文广等部门和濉溪镇、溪口镇负责人分别参加调研。

（李德庆）

【精准扶贫工作调研】3月18—21日，县委书记郑剑波深入溪口、里心、黄埠、伊家调研，详细了解各乡镇当前精准扶贫各项工作开展情况，并对乡镇下一步工作提出要求。郑剑波指出，要在摸清底数的基础上，对贫困户因户施策，全程跟踪，提供一条龙服务；要用活用好政策，引导多方面力量参与帮扶；要想方设法多提供一些抗风险能力强的帮扶项目，确保贫困村脱贫摘帽。随后，郑剑波还深入华峰矿业有限公司，实地了解企业生产经营情况。

（刘雯婷　刘星伟　邱麒玲）

【“5·8”抗洪救灾】 自5月7日20时起，建宁县境内出现持续性的大暴雨天气。全县28个水文监测站降水量超过100毫米的有22个站，均口镇修竹降雨量达到208.6毫米。全县9个乡（镇）中3个乡（镇）道路无法通行，4个乡（镇）出现停水、停电情况，涉及群众2.39万户；全县多处烟田、莲田被淹，水利设施被冲毁。灾情发生后，省、市委、县委、县政府高度重视，立即部署防灾事项。

5月8日下午，县委书记郑剑波深入伊家乡视察灾情，实地指导抗灾救灾工作。5月9日上午，市委常委、政法委书记纪熙全、市政协副主席伍成康一行，在县委书记郑剑波陪同下，先后深入客坊乡张溪村、客坊村、黄埠乡黄埠村检查指导防汛救灾工作，并在黄埠乡召开座谈会，听取受灾情况以及抗灾救灾工作汇报，陈海涛、林文春、王和平、郑中飞分别参加。5月10日，省委常委、纪委书记倪岳峰带领省委、省政府防汛工作督查组一行，在市委常委、纪委书记游宇飞，县领导郑剑波、吴江潮陪同下先后深入客坊乡张溪村、客坊村，黄埠乡友兰村，开展防汛救灾工作督查，并在县防汛指挥部召开防汛抗灾工作汇报会，县领导潘闽生、陈显卿、林金明、沙陈龙、王和平、陈华秀、黄志敏参加。5月11日下午至13日，县委书记郑剑波赴省财政厅、发改委、国土厅、水利厅、民政厅等部门汇报“5·8”灾情，争取救灾项目资金支持。

（孙健清）

组织工作

【概况】2016年是实施“十三五”规划的开局之年，也是加快打造闽赣省际生态产业集聚区的关键之年。2016年，全县组织工作按照全国、全省、全市组织部长会议的部署要求，全面贯彻中共十八大和十八届三中、四中、五中、六中全会以及省、市、县委全会精神，深入学习贯彻习近平总书记系列重要讲话精神和对福建工作重要指示，紧紧围绕“五位一体”总体布局和“四个全面”战略布局，牢固树立和贯彻创新、协调、绿色、开放、共享的发展理念，以落实全面从严治党要求为主线，聚焦主业、精准施策、真抓实干，统筹抓好“搞培训、提素质，选干部、配班子，育人才、聚贤能,抓基层、打基础”各项工作,着力提高组织工作质量水平,为致力打造生态优美、农业精致、产业发达、文旅兴旺、城市靓丽的福源建宁提供坚强组织保证。截至2016年12月31日,全县共有科级干部626名,其中,妇女科级干部60名,少数民族科级干部6名;全县共有党的基层组织335个。党支部中机关事业党支部131个、村(社区)党支部99个、非公有经济组织党支部45个、新社会组织党支部5个;企事业单位、民办非企业单位专业技术人员964名。

【“两学一做”学习教育】 认真履行“两学一做”学习教育牵头部门职责,及时召开座谈会、推进会、现场会,组织开展学习教育知识竞赛,督促各级党组织深入学习党章党规和习近平总书记系列重要讲话,特别是在党的十八届六中全会上的重要讲话精神和对福建工作的重要指示,引导党员到中央苏区反“围剿”纪念园重温入党誓词,到客坊乡水尾村开展体验式教学,开展“寻学闪光点、集聚正能量”主题活动,用身边先进事迹引领社会风尚、增强发展正能量;进一步完善“党员110”网络服务平台,充分发挥“信誉党员”在精准扶贫等方面的作用,各基层党委探索“党小组集中服务日+”、驻村夜访活动等党员发挥作用的活动载体;坚持边学边改,通过开展“三查三促”工作,健全“党员110”服务体系,解决党员队伍、基层组织和群众反映强烈的突出问题。

【县乡换届选举工作】 把抓好县乡换届工作作为党的建设和组织工作的重中之重,精心组织、严格标准、规范程序、扎实推进。2016年6月上旬前,全面完成乡(镇)党委换届选举工作;7月下旬,圆满完成县委换届选举任务。在县第十二次党代会上,共选出县委委员29名、候补委员5名,县纪委委员17名;选举产生15名出席三明市第九次党代会代表。经过换届,领导班子结构得到优化,新一届乡(镇)领导班子平均年龄为39.1岁,比上届下降1.4岁;班子成员均为大专以上学历;女干部12名,占14.6%;非中共党员干部9名,占11%。同时,作为管党治党的重要职能部门,在县乡人大和县政协换届选举中,大胆地承担起牵头把关的职责,主动承担相关人选的推荐、提名、考察、协商以及选举等工作任务,为党委落实好“管方向、管人选、管选举、管纪律”要求发挥重要参谋助手作用。

【党的基层组织建设】 以抓基层、强基础为工作目标,对各领域基层党建工作进行分类研究、分类推进。围绕抓党建促脱贫的工作重点,采取优化新农村建设驻村工作队、下派县直单位干部驻村蹲点、选派贫困村党组织书记异地挂职锻炼等措施,进一步充实扶贫工作力量;坚持把发展壮大村级集体经济,作为抓党建促脱贫的攻坚任务来抓,探索“党支部+贫困户+合作社(协会)”推进村集体和贫困户增收,着力增强基层组织发展后劲。按照中组部的要求,落实基层党建7项重点任务,共排查失联党员39名;完成补交党费工作,对2008—2016年以来未按党章规定足额缴纳党费的进行补缴,共补缴党费102.8万元。整顿软弱涣散基层党组织9个。统筹推进社区、机关、学校等领域的党建工作。

【“两优一先”表彰】 结合庆祝建党95周年,推荐表彰宣传了一批近年来在各条战线上作出突出贡献和取得优异成绩的共产党员、党务工作者和先进基层党组织。将均口镇隆下村党支部、建宁县行政服务中心管理委员会主任陈丽萍推荐作为全省先进基层党组织、优秀党务工作者表彰对象;将县第一中学党总支、黄埠乡黄埠村党支部、县卫计局机关党委、溪口镇枫元村党支部,城关小学校长黄秀英、溪源乡东溪村党支部书记黄善辉、县委组织部干部科科长余义先、濉溪镇水南社区党支部书记朱菊媛推荐作为全市先进基层党组织、优秀共产党员、优秀党务工作者表彰对象。召开纪念中国共产党成立95周年暨“七一”表彰大会,对黄银茂等50名共产党员、陈海秀等30名党务工作者、濉溪镇圳头村党支部等24个基层党组织予以表彰,并分别授予“优秀共产党员”“优秀党务工作者”和“先进基层党组织”荣誉称号。

【一线干部培养选拔】以县乡领导班子换届为契机,积极探索完善“一线锻炼干部、一线考察干部、一线选用干部”的干部激励考核机制,结合市委提出“大干150天”和县委提出“三集中”工作要求,研究制定《关于强化在一线考察了解干部的实施意见(试行)》《关于在“三集中”工作中开展干部专项考核的实施意见》,先后有2名驻村第一书记、5名基层事业干部、2名大学生村官(选调生)提拔为科级干部,增强了一线干部的赶超意识。

【激励干部干事创业】严格落实中央《推进领导干部能上能下若干规定(试行)》,制定实施《建宁县激励干部干事创业整治“为官不为”暂行办法》,明确“不作为”“乱作为”“慢作为”的具体情形和政策界限,调整不适宜担任现职的领导干部3人。同时,严格区分失职与失误、敢为与乱为、负责与懈怠、为公与为私的界限,明确干部减轻问责或免予问责的12种情形,为敢于担当的干部担当,敢于负责的干部负责,切实调动广大干部干事创业的积极性。

【干部监督管理】组织全县科级领导干部按要求填报《领导干部个人有关事项报告表》,并结合乡(镇)领导班子换届工作,按照“四个凡提必”(对所有换届提名人选个人有关事项报告“凡提必核”、干部人事档案“凡提必审”、纪检监察机关意见“凡提必听”、线索具体的信访举报“凡提必查”)的要求,对调整提拔的所有考察对象进行审查,有效防止干部“带病提拔”“带病上岗”;加强经济责任审计,委托审计局对6名乡(镇)及部门负责人进行任期审计和离任审计;按期完成60名超职数配备干部的整改消化任务。

【干部教育培训方式优化】通过集中轮训、点名调训等形式,开设中共十八届五中全会精神轮训和第26期、27期科级干部理论培训班,选派41名领导干部参加在清华大学举办的第二期建宁县领导干部领导力提升专题培训班培训;围绕防汛减灾、精准扶贫、美丽乡村等内容,组织各级领导班子成员参加专题培训班学习,提升履职能力;加强山海合作,承接异地办班12个班次;严格落实学分制管理考核制度,将干部培训学时、培训期间的表现、考试成绩等情况量化学分,学分考核结果作为干部年度考核、评先评优、选拔任用的重要依据;制定下发《关于严格规范领导干部参加社会化培训有关事项的通知》,开展专项清理整顿,对领导干部参加社会培训的内容、收费等方面进行了规范。

【提升人才工作支撑能力】认真贯彻向用人主体放权、为人才松绑的要求,结合实际,研究制定了《建宁县人才强县试点工作的意见》,已通过省、市审核,并以省委组织部名义下发。着力加强人才引进工作,通过积极申报,省委组织部选派6名科技人才到县挂职。积极组织农村实用人才参加省第二批优秀人才“百人计划”评选,溪口镇半元村丁绍文评为“优秀农村实用人才”。引导和协助福建源容生物科技有限公司申报福建省第五批“百人计划”,该公司技术总管、北京林业大学教授贾黎明已通过省、市组织部审核入围答辩会。协助县禾丰种业有限公司做好升格为省级院士专家工作站的申报工作。

宣传工作

【概　况】2016 年，全县宣传思想文化工作在县委、县政府和上级宣传部门的正确领导下,坚持以中共十八大、十八届四中、五中、六中全会和习近平总书记系列重要讲话精神为指导,认真贯彻落实中央和省市宣传工作会议精神,紧紧围绕“四个全面”的战略布局,围绕县委、县政府的决策部署和中心任务,应对发展新常态、着眼新要求，积极推动全县经济和社会事业的协调健康发展，为建宁县打造闽赣省际生态产业集聚区提供了强有力的思想保证、舆论支持和文化条件。

【十八届六中全会精神学习宣传】在党的十八届六中全会召开期间，组织各级各部门收看大会盛况，会后组织开展十八届六中全会精神县委宣讲团巡回宣讲 16 场次。在县电视台、县网站开设“十八届六中全会精神宣讲”学习专栏,以鲜活的事例开展社会主义理论宣传普及活动。

【理论武装】 一是紧扣主线。把学习贯彻习近平总书记系列重要讲话精神作为主线贯穿始终,扎实开展好 “两学一做”学习教育活动。先后邀请薛炳贵、汪震国等省市专家学者，举办“两项党内法规”“习总书记“四个全面”战略布局”等 12 个专题报告会。举办理论骨干培训、科级干部、后备干部、新任村两委主干培训班 10 期。二是建好平台。办好“莲乡讲坛”,坚持开展“一把手讲党课”活动。为建宁跨越发展把脉会诊,突出“清新花乡·福源建宁”战略定位、“新兴旅游产业发展”“特色农业发展”等主题,县四套班子“一把手”以身作则,率先垂范,带头讲党课,帮助全县党员干部进一步理清发展思路,坚定发展信心。三是开展研读好书活动。把推荐好书、阅读好书作为优化中心组服务的重要抓手,每季度为中心组成员征订一本(套)理论读物,不断提升党员领导干部思想政治素养。党员领导干部带头读书带动了“书香莲乡”全民阅读活动,全县各单位纷纷建立小书吧,添置新图书,党员干部利用业余时间多读书、读好书,营造了“书香建宁”的浓厚氛围。

【宣传报道】 2016 年,以上大报、登大台、上头条为目标,加强与新华社等中央、省市级主要媒体的联系沟通，精心策划了现代农业、电子商务、旅游开发等主题的宣传,对建宁农产品、乡村旅游、生态建设等方面进行了全方位宣传报道。2016 年,在人民网、中央电视台等中央媒体刊发(播)稿件 15 条;在《福建日报》上稿 102 条,其中:好稿 32 条,头题 27 个;在《三明日报》上稿 213 条,其中:千字文 128 条,头版 110 条,头版头条 18 条;在《福建新闻联播》《三明新闻》等省、市级媒体播出建宁新闻 550 条;《福建建宁“花海跑”:做运动 赏美景》《福建建宁:插秧季热闹开场 农事体验欢乐多》《福建建宁：暴雨持续 100 多人被困》《福建三明:最低温 0℃以下,首现雾凇景观》等 11 条新闻在央视《新闻联播》《朝闻天下》《新闻直播间》《第一时间》等栏目播出。利用网站、微信、橱窗等精心组织开展《辉煌壮丽的史诗——庆祝中国共产党成立 95 周年》图片展览;举办了“庆祝建党 95 周年”主题书画创作展、“献给亲爱的党”汇报演出活动。

【文化产业发展】一是文化旅游品牌持续提升。通过加快金铙山景区、修竹荷苑、高峰香溪花谷、枫源桃梨观赏园、里心花果山庄等景区建设,建宁县初步形成了全域赏花旅游景区布局。举办 2016 年建莲文化旅游嘉年华系列活动,宣传建宁旅游资源、弘扬建莲文化,较好地打造了“清新花乡·福源建宁”“闽地之母、闽山之巅、闽水之源”“为荷而来”“穿越花海跑”“花海骑行追美建宁”等旅游文化品牌,为文化产业发展奠定了坚实的基础。二是文化产业实体不断发展壮大。做好文化实体培育,重点文化企业稳步增长。2016 年,建宁县文化产业增加值完成 3.07 亿元,比增 38.9%,增幅居全市第三;增加值占 GDP 比重 3.83%,位居全市第四。文化实体的增长,为文化产业提供了发展的动力。

(饶炳林)

统战工作

【概　况】2016 年,建宁县统战工作在县委的领导和市委统战部的指导下,认真落实县委第十二次党代会部署要求,按照闽赣省际生态产业集聚区的发展定位,以脱贫脱帽为总揽,以落实中央、省市委关于统一战线重大决策为主线,以促进政党关系、民族关系、宗教关系、海内外同胞关系、非公经济关系为着眼点,凝心聚力助发展,和衷共济促和谐,改进作风树形象,全县统一战线各领域工作取得新进展、新成效。

【维护核心意识】一是注重思想引领。把学习贯彻中共十八届六中全会精神作为统一战线重要政治任务,召开统一战线代表人士座谈会 2 场,传达贯彻会议精神。深入开展“两学一做”学习教育活动,组织统战系统干部认真学习习近平总书记重要讲话和《关于新形势下党内政治生活的若干准则》《中国共产党党内监督条例》,切实增强“四个意识”特别是核心意识、看齐意识,以高度的政治自觉,紧密团结在以习近平同志为核心的党中央周围。二是注重凝聚合力。对接省委统战部组织的宣讲活动,举行专题学习辅导报告会,传达学习中央、省委统战工作会议及《中国共产党统一战线工作条例(试行)》及省委《实施细则》;邀请省委统战部陈飞副部长作宣讲报告,县委理论学习中心组成员、各乡(镇)党委书记、乡(镇)长,党委统战委员,县直有关单位、省市属有关单位主要负责人参加学习。

【服务非公经济】开展非公有制经济人士理想信念教育实践活动,结合学习贯彻习近平总书记在参加政协十二届四次会议民建、工商联界委员联组会重要讲话精神,开展“亲清润明商、促进两健康”宣传教育活动,组织 5 场(次)教育实践活动及学习座谈会,发放宣传资料 1000 多份,引导非公有制经济人士深化“两个毫不动摇”“三个没有变”,以及“亲”“清”新型政商关系的理解和认识,进一步增强对中国特色社会主义的信念、对党和政府的信任、对企业发展的信心和对社会的信誉。应对经济下行压力,继续落实“非公企业反映问题每季专报制度”和“非公企业评议县直部门制度”,召开非公经济人士座谈会和评议会 2 场,走访非公企业 80 多家,收集意见建议 30 多条,帮助协调解决问题 16 个,营造有利于非公经济发展的良好软环境。引导非公企业瞄准“新三板”准入门槛较低、挂牌快、成本低等优势,进行资本运作,解决融资难题。2016 年 12 月 27 日,福建绿田股份有限公司在全国中小企业股份转让系统挂牌公开转让,成为本县继文鑫莲业之后又一家登陆“新三板”的非公企业。同时,继续开展“金融助推小企业”活动,依托工商联银联担保有限公司,积极为中小微企业提供融资担保,全年共为中小微企业累计担保37笔，在保余额6100余万元。根据换届工作要求，联合县纪委、组织部、公检法等14个部门开展综合评价，把好非公有制经济人士作为各级人大代表、政协委员和工商联领导班子人选的入口关。指导县工商联完成换届工作，选举81名"爱国、敬业、创新、守法、诚信、贡献"的非公经济代表人士成为新一届工商联领导班子和常执委会成员。举办《民商合同法律知识》《商标在企业管理中的运用》知识讲座，为会员企业订阅《中华工商时报》《闽商报》等刊物，帮助企业家提高自身素质和管理水平。

【服务脱贫攻坚】 引导统一战线成员把脱贫攻坚作为履职重点，认真贯彻各级关于扶贫脱贫工作的决策部署，为打赢脱贫攻坚战凝聚力量。开展"百企帮百村"精准扶贫行动，召开"民营企业参与精准扶贫行动"工作会，发放《非公企业参与精准扶贫行动倡议书》，30多家企业根据企业自身情况签订《参与精准扶贫——企业认领书》，采取不同的就业帮扶、产业帮扶等方式参与脱贫攻坚，全年带动400多户贫困户增收。下发"脱贫攻坚同心行"活动倡议书，号召全县各界党外人士通过智力帮扶、技术帮扶和结对帮扶等形式参与脱贫攻坚，先后组织开展"三下乡"活动4场次，服务群众1000多人。持续深化"同心圆3+1助学"活动，看望26名"同心圆3+1"助学帮扶对象，发放助学金24000元。部系统科级领导带头挂包帮扶贫困户，认真分析结对帮扶贫困户的致贫原因，并一对一制定切实可行的脱贫计划书，明确帮扶具体措施，所帮扶的9户贫困户，已实现脱贫7户。推动宗教慈善公益事业发展，开展"宗教慈善周"活动，筹集善款8000元。

【助推招商引资】 引导非公企业积极参与"9·8"投洽会、"11·6"林博会等重大活动，主动走出去，赴北京、福州、厦门、泉州及深圳开展交流合作，对接项目。引进总投资4000万元项目——东山御景豪庭，并完成投资2100万元。为兴辉食品就合作生产矿泉水项目进行牵线搭桥，与有关方面达成初步合作意向。推动建宁县自驾游协会与泉州市自驾游协会就两地开展自驾全域旅游开展全面合作。加强与关心、支持建宁发展的社会各界人士和乡贤的联系，先后走访厦门建宁商会、福州建宁商会和在北京、深圳、泉州创业的乡贤，积极宣传推介建宁，不断提升建宁知名度、美誉度和对外影响力。

【民主协商】 认真贯彻落实中央《关于加强社会主义协商民主建设的意见》和省委《实施意见》，协助县委、县政府做好民主协商会、通报会、座谈会有关工作。抓住县、乡政府换届和人大政协换届契机，做好党外代表人士的政治安排、实职安排。在政治安排方面，会同县委组织部拟定政协建宁县第十届委员会人事安排工作实施方案，加强同县政协党组、县委组织部的沟通协商，并广泛征求基层单位和部门的意见，推荐5名党外代表人士担任市政协十届委员，84名党外代表人士担任县政协十届委员，占县政协实有委员总数的58.33%，其中党外政协常委17名，占县政协常委实有总数的68%。在实职安排方面，1名党外干部提拔到县处级领导岗位，2名党外干部新提拔到科级岗位。加大对党外干部的培训力度，选送3名党外干部参加省、市社会主义学院培训。在建言献策方面，2016年县"两会"期间，县统战成员共提交提案、议案、建议意见74件，占总数的69.1%。

【民族与宗教】 一是推动民族团结进步。围绕"同唱团圆曲、共筑中国梦"，深入开展民族团结进步宣传活动，通过发放宣传材料、张贴横幅标语、展出宣传展板、现场咨询服务等多种形式，大力宣传党的民族政策。落实少数民族优惠政策，审核变更少数民族成份 1 人，为 12 名少数民族考生落实中考加分。帮扶少数民族社会事业发展，帮助对接项目争取资金，组织少数民族村器村两委成员到永安参观学习少数民族特色村寨建设；为器村少数民族民俗文化陈列馆项目和伊家防洪堤建设项目争取到上级建设补助资金 7 万元，并为在“5·8”洪灾中受灾严重的伊家村争取到 20 万元受灾补助款。二是促进宗教安定稳定。开展以“学习贯彻全国宗教会议精神”为主题的“宗教政策法规学习月”活动，通过以案释法的方式向宗教界人士和信教群众开展法治宣传讲座 4 场。强化宗教活动场所自身管理，与各宗教团体及合法登记的宗教活动场所签订安全工作责任书，并组织力量深入乡镇重点宗教场所进行危旧房安全大排查工作，对 9 幢存在安全隐患的场所下达立即整改通知书，目前已整改到位。协调县国土、住建、濉溪镇等有关部门，落实天主教新建教堂选址工作，县天主教爱国会正在办理规划设计等前期手续。同时，向省、市统战部门争取县天主教教堂建设资金的支持，截至年底，已争取项目建设补助资金 13 万元。主动加强与水利部门的沟通协调，为在“5·8”洪灾中受灾的报国寺，争取水渠修缮款 5 万元。指导县佛教协会顺利完成换届工作。

【信息调研】 加强与宣传部门和相关媒体的联系沟通，开展渠道多样、全面深入的宣传，用群众喜闻乐见的方式，更接地气讲好统战故事，宣介统战政策，传递统战声音。2016 年，县统战系统在省、市、县有关宣传媒介上刊发新闻稿件 20 余篇(次)，上报统战信息 200 余条，被单独或综合采用 50 余条。加大统战调研和理论研究力度，组织乡镇统战委员、统战系统单位，围绕贯彻落实中央、省、市、县委统战工作会议精神和《中国共产党统一战线条例(试行)》及省委《实施细则》，对基层发生的新情况新问题开展深度调研，完成调研文章 6 篇。

(阮承杰)

对台工作

【概 况】 2016 年，在建宁居住的台胞 15 人，建宁县台属 31 户、32 人。全年建宁县赴台探亲访友、经贸洽谈、文化交流、旅游观光人员 13 人次，台湾乡贤到建宁县寻根问祖、探亲访友、经贸洽谈、文化交流、旅游观光人员 18 人次。截止年末，全县台资(合资)企业 3 家，总投资 1361 万美元。年内，县对台工作在县委、县政府的领导和省、市台办的具体指导下，认真贯彻落实省、市对台工作会议精神，结合实际开拓进取、扎实工作，取得了显著成效。

【建台交流交往】 一是推进民间交流交往。积极帮助兴辉、应德等台企协调解决项目报批、金融服务、招工用工和台胞子女就学、就医等方面的问题。发挥台属、台胞在做台湾人民工作中的独特作用，建立常态化沟通联系机制，做好本县居民赴台探亲访友和旅游观光等有关服务工作。二是推进对台旅游合作。配合建宁县全域旅游发展战略，加大建宁对台旅游宣传推介与合作力度，争取省、市台办和旅游部门支持，持续推动闽江源保护区管理局与金门国家公园闽台两岸的生态保育合作。

【项目资金】 按照上级部署要求，对各项目资金拨付及管理使用情况进行自查，2016 年度本县乡镇交流团赴台交流共花费近 16 万元，在省、市的大力支持下，经过多方争取，上级安排到县专项补助资金6万元，其中拨付濉溪镇、里心镇各2万元用于乡镇对接团组交流经费补助，剩余2万元作为县台办工作经费，做到了专款专用并及时发放到位。

【对台经贸合作】 突出莲子、果子、种子、无患子、食用菌、笋竹等特色产业发展，充分利用“海峡论坛”“6·18”“9·8”“11·6”等活动平台，邀请台商到县考察投资。高雄观光局局长许传盛一行于3月到建宁县考察生态环境、水质状况、气候资源、养殖基地等方面情况，召开座谈会，就建宁县合作建设生态养殖项目达成初步合作意向。

【维护台商权益】 贯彻落实上级促进台资企业发展的各项政策措施，结合深入开展党的群众路线教育实践活动，组织台办干部深入所有台资企业走访、座谈，积极主动为台商、台企、台胞、台属搞好服务。当年，全县未发生损害台胞投资合法权益的案件，营造了亲商、扶商、护商的良好氛围。

（孙健清）

机关党的工作

【概　况】 2016年，县直机关党工委指导管理的机关党委共10个，直属机关党总支3个，直属机关党支部43个。2016年，县直机关共发展新党员20名（其中：工委直属6名）；收缴上交党费56.5万元，对2008—2016年以来未按党章规定足额缴纳党费的进行补缴，共补缴党费102.8万元。2016年年末，全县机关中共党员总数为2603名，比上年减少61名。

【机关思想政治工作】 以落实从严治党为主线，推进“1263”机关党建工作机制建设为抓手，开展“两学一做”学习教育。4月22日，县委召开全县“两学一做”学习教育工作动员会后，工委及时下发“两学一做”学习教育实施方案，率先在党员e家学习平台上学习、考试，为县直机关各级党组织开展“两学一做”学习教育作出了表率、提供了借鉴。确定“党员‘110’、学做在行动”为活动载体，精心设计“两学一做”学习教育折页，通过各种巡回宣讲、送教上门等方式，发放各类宣传资料7500余份，开展公益活动30余次。以竞赛形式先后两次组队参加市、县“两学一做”知识竞赛，其中工委代表队在县赛中获一等奖。把中央苏区反“围剿”纪念园建设为全县“两学一做”学习教育基地，组织党员领导干部开展“两学一做”学习教育现场教学；依托全省首个以莲为主题的廉政文化展示馆—修竹荷苑这一平台，逐步打造立体化、广角度、开放式的党员学习教育平台。围绕机关党的建设的新任务，2016年共收集到调研文章19篇，通过筛选、初评，推选3篇到市工委进行参评，其中1篇获得市机关党建暨思想政治工作理论研讨会三等奖。

【机关组织建设】 对期满到届或人事变动的支部班子进行了调整，共指导10个（总支）支部进行了换届选举，2个支部进行了增补。加强党员教育、管理和服务，增强党员队伍生机活力。组织年轻党员进行“红色基因 我们传承——建宁人与长征”演讲比赛；开展领导干部带头上党课活动，2016年机关各级党组织上党课150余堂；“七一”期间开展系列活动，县直机关1名党员受到省委表彰，2个党组织、2名党员受到市委表彰，15个党支部、35名党员受到县委表彰；县直机关各党组织带领新老党员、入党积极分子到烈士陵园、中央苏区反“围剿”纪念园参观，学习红军精神，重温入党誓词，共2300

多人次参加“主题党建日”活动；县直机关各党组织对老党员、生活困难党员进行“党内关怀”慰问，共慰问走访困难党员41名，发放慰问金3.2万元。

【“1263”机关党建活动】 在2016年的县委领导班子换届中，坚持以党组织为主导，各机关党组织认真落实选举程序，落实换届纪律要求，用良好的风气有力的保障了换届工作的顺利完成。提升党组织抓党建促履职意识，各机关支部的行政领导和党内领导实行一岗双责，深入开展“三级联创”工作。由县委制定领导干部能上能下实施方案，出台《建宁县激励干部干事创业整治“为官不为”暂行办法》，加大干部“为官不为”行为问责整治力度，增强干部队伍活力。当年，县直属支部处理违规违纪党员4名，提醒谈话1名。在开展“两学一做”学习教育过程中，工委始终把党员“110”服务活动作为建宁县机关党建工作品牌来抓，确定“党员‘110’、学做在行动”的活动主题，活动期间，机关各级党组织和党员主动帮助群众解决各类问题。其中，工委干部结对帮扶挂钩村6户贫困户，共帮扶慰问资金3600元。加强“党员e家”平台的推广和使用，通过党员“110”网络服务平台、党员“110”微信公众号，引导党员登录平台学习并参与“两学一做”知识竞赛。把机关党建列入县委、县政府年度工作考评“三优”内容之中。把日常检查部门职能工作完成情况同部门党组织抓党建促履职相结合，同检查同考评。

【机关文明创建】 组织广大党员干部开展以“访民情、聚民心”为主题的党员志愿服务活动，进基层、入社区、近群众，了解掌握他们的困难，尽可能帮助解决实际问题。组织党员志愿者开展以环境清扫整治、清理河畔垃圾、消除违章街道广告和保护山川河流等活动。深化“文明同行”志愿服务，开展文明旅游、文明交通、文明上网、绿色环保等志愿服务；广泛开展网络文明传播、网络公益活动，开展扶贫济困、扶老助残、慈善捐助、救灾助学等网络公益活动，在广大网民中传播文明、引领风尚。扎实开展文明单位、青年文明号、巾帼文明岗等创建活动，营造高效、务实的政务环境，引导机关党组织在文明创建中走在前头。全年共组织10100多人次参与创城活动。

（潘必清）

老干部工作

【概　况】 2016年，由县委老干部局宏观管理与服务的离退休干部共52人（离休干部27人，其中易地安置到外地7人；“5·12”退休干部8人，处级退休干部17人）。年内离休干部去世4人，“5·12”退休干部去世1人，新增处级以上退休干部3人。

【老干部政治待遇的落实】 坚持每月一次的老干部政治学习日和每周一次的文件传（送）阅制度，组织老干部学习上级和县委、县政府的有关文件和新出台的有关政策、学习贯彻中共十八大、十八届四中、五中、六中全会精神。县委、县政府坚持每半年一次向老干部通报工作，重要会议邀请老干部参加；坚持县处级领导干部联系老干部制度，每个县处级领导都分别联系1~2名离退休老干部，并形成文件发至各单位，做到每个离退休老干部都有领导联系，关心老干部的工作从制度上加以落实。为老干部订阅老年报刊，做到人均订“两报”，即《中国老年报》《福建老年报》，大部分单位还为老干部订阅了其他党报党刊，为老干部学习政治和了解形势、掌握政策提供条件。加强离退休干部党支部建设。

【老干部生活待遇的落实】 一是进一步健全“双高期”离休干部就医绿色通道,为老干部提供方便快捷的医疗保健服务,实行医院医生联系老干部和一年一次的老干部体检制度。10月12日,组织全县30多名离休干部到县人民医院进行健康体检。让老干部对自己的身体状况做到早知道、早预防、早治疗。二是认真贯彻落实《关于进一步加强和改进离退休干部工作的意见》(中办发〔2016〕3号)精神,切实为老干部办实事做好事。8月成立县委离退休干部工作委员会,9月申报离休干部特困家庭省级帮扶1名,每月补助服务费1500元,全年补助18000元。11月报送了4名困难离休干部2名困难离休干部遗属,发放春节慰问金6000元,让老同志们深刻体会到党和国家对他们的关心和帮助。

【老干部精神文化生活】 进一步深化“展阳光心态,看建宁变化”增添正能量活动。依托文化阵地,组织开展丰富多彩、形式多样的文体活动。2016年走进社区及农村开展文化宣传演出3场次,7个村(社区)被授予市级首批“老年人健身康乐家园”称号;开展诗书征文活动,共创作建党95周年诗词作品29首,随笔、散文8篇,书画作品20余幅;举办“不忘初心、丰碑永恒”纪念红军长征胜利80周年文艺晚会;召开康乐大讲堂、“党的十八届五中全会”专题讲座、“建宁县十三五规划”专题讲座、“互联网+“三农””为主题的电子商务专题讲座等系列座谈会。

【老干部慰问帮扶工作】 县委、县政府拨专款,用于慰问离退休干部及向生活有特殊困难的离退休干部及无工作遗偶发放困难补助。春节前夕,县委、县人大、县政府、县政协四套班子成员组成两个慰问组,由县委书记郑剑波、县长潘闽生分别带队,带领相关部门人员走访慰问安置在本县的离退休干部35人,给老同志送去温暖和关怀。组织部、老干局慰问组上门慰问了安置在三明等地的离退休老干部。

【创建省级示范老干部活动中心】 在县委、县政府的高度重视下,认真贯彻落实中央《关于进一步加强和改进离退休干部工作的意见》和省委老干部局《关于开展评选省级示范性老干部活动中心的通知》精神,以创建示范性活动中心为抓手,围绕“建设、管理、使用、创建、提升”十字方针,不断提高老干部活动中心服务管理工作水平。2016年10月,县老干部活动中心通过省委老干部局组织的“省级示范活动中心”评审。

【老年大学工作】 巩固老年大学办学成果。老年大学春季在校学员260人次,秋季在校学员230人次,有专兼职老师16人,开设有诗词、音乐、二胡、舞蹈、医疗保健、书画、摄影等13门学科,13个教学班。通过办学,老师教有成果,学员学有成效。除常规教学外,还积极参与社会文艺活动,多次组织老年大学艺术团240多人次参加下乡、斗埕开发区慰问、欢送新兵大会、广场舞比赛及县内举办的各类文艺晚会演出。努力加大资金投入,改善教学设备,强化师资力量,争创省(市)级老年大学示范校。

【召开县老年节座谈会】 为弘扬中华民族敬老、爱老、助老的传统美德,县老干局在重阳节举办2016年老年节暨祝高寿贺钻石婚座谈会。县委常委、组织部部长陈华伟代表县委、县政府向各位老领导、老同志致以节日的祝贺和亲切的问候。现场为7位寿星及1对钻石婚夫妇佩戴红花、赠送生日礼物,还组织开展了夹玻璃球、套圈等游戏活动,丰富节日生活。

(谢 琼)

精神文明建设

【**概 况**】2016年是新一届省级文明县城创建的复评之年,做好精神文明建设工作意义重大。全县精神文明建设工作以中共十八大、十八届三中、四中、五中、六中全会精神为指导,围绕县委、县政府工作大局,以培育和践行社会主义核心价值观为核心,以创建省级文明县城为重点,立足县情,贴近群众,虚功实做,为建设福源建宁提供了强大的思想基础和精神动力。

【**主题活动**】开展以"为文明点赞,为三明点赞"为主题的"十个一"系列活动。一是开展全民传唱"为文明点赞"歌曲。自3月以来,围绕创建省级文明县城,建设"清新花乡.福源建宁"的主题,广泛深入地开展了《为文明点赞》主题歌曲传唱和书法、文艺作品征集活动。5月初,开展《为文明点赞》主题歌曲进校园、进军营活动;6月24日,与供电公司、文化馆联合举办《为文明点赞》主题歌唱比赛,并组建代表队赴市比赛。二是编排广场健身舞。与县文化馆编排以文明为主题的广场健身舞,从4月起,每天晚上7点半至8点半,在绿荫广场和莲心广场两个活动点面向群众推广,吸引广大市民积极参与。三是开展养成"少用纸巾,重拾手绢"好习惯文明公益活动。号召广大市民和中小学生从身边小事做起,少用纸巾、重拾手绢,让使用手绢重新成为一种新时尚,以实际行动加入到"保护森林、保护绿色"生态文明建设中来,保护建宁森林资源,进一步提升市民的绿色环保意识和生态文明的理念。四是开通"为文明点赞"公益广告专栏。充分利用政府网站、中国建宁在线网站、电视台、微信、微博等现代媒体,开展"为文明点赞"宣传活动。7月,开始在电视台连续播出《文明礼让斑马线》和《向陋习说不.为文明点赞》倡议书,营造文明出行、和谐交通的浓厚氛围,提高市民文明意识。同时分别举办"为文明点赞"主题征文、书画竞赛、优秀童谣征集和首届职业文明风采点赞大赛等系类活动,其中3幅作品在市书法比赛中获奖。

【**创建省级文明县城**】2016年是建宁县创建新一届省级文明县城的复评之年。1月,县委、县政府2次召开创城动员大会,部署省级文明县城初评工作。3月初,印发《2016年建宁县精神文明建设工作要点》等一系列指导性文件;6月,调整"创城"工作指挥部9个工作组组成人员,进一步加强组织领导。围绕中央、省、市文明办有关部署,针对薄弱环节,明确目标任务,落实工作责任,开展"文明出行年"系列宣传活动和城区交通拥堵专项治理工作,下发《建宁县城区交通拥堵专项治理工作方案》和《建宁县"文明出行年"活动方案》等文件。发放各类创城宣传单4000份,扩大群众创城知晓率和参与率。加快城区主干道路网建设,完成黄舟坊至河南路"白改黑"改建及建莲北路"白改黑"改建规划设计;加强对城区主次干道标志标线、交通附属设施、路灯夜景工程的完善,完成水南社区沿河绿地改造;切实改善城区环境,提升城市文明形象。针对社区物业薄弱、开放式小区乱种养、乱搭盖、沿街小餐馆设施不规范、农贸市场卫生状况差等问题开展调研,督促改造提升。组织城区5个社区到梅列参观学习,以提升社区文明创建水平。11月24日,召开创建2015—2017年度省级文明县城2016年实地测评动员大会,部署落实迎评工作,之后,下发了《创建省级文明县城2016实地考察点及责任清单》。12月1日,县委书记郑剑波对全县创城实地考察点进行了走访调研。12月2日,再次召开创城实地考察点存在问题分析反馈会,进一步分析不足,明确责任,狠抓落实。之后,与县委督查室、政府督查室、效能办连续开展三期督查,对发现的问题及时通知整改落实。12月15日,迎接市委文明办江学富副调研员一行考评组对县创建省级县城工作的考评。

【开展五项教育活动】 县委文明办围绕社会主义核心价值观、"八不"行为规范宣传教育主线,积极开展五项教育活动。一是开展"送温暖,献爱心"活动。元旦春节期间,组织省级文明单位和有关乡(镇)结对单位,慰问全国、省、市"身边好人"和"道德模范",为他们送去慰问金和生活用品。1月9日上午,县委文明办联合建宁县百家惠超市举办"百家惠·惠百家"送温暖献爱心捐赠仪式。对建宁县11位历届"道德模范·身边好人"进行慰问。二是组织"身边好人""最美建宁人"等系列评选活动。2016年,向省市推荐艾美玲、尤金土、林丽华等7位"道德模范·身边好人"候选人。9月,以"道德模范宣传月"为契机,组织道德模范基层巡讲,开展道德模范和"身边好人"现场交流活动,引导人们学有榜样,见贤思齐。4月开始,在全县开展"福源建宁——最美人物"系列评选活动,发掘、宣传扎根基层最感人、最认同的建宁最美先进人物,用典型的力量激励和带动全社会做好人、扬正气、促和谐;评选活动采取组织推荐、社会推荐和个人自荐等方式,经纪检、综治、卫计、安监、税务、环保、市场监管等7个部门协审,建宁政府网站公示和评选工作领导小组评审等环节,甄选出十类49位候选人,在政府网站组织开展为期一周的网络投票;综合网络投票得分、牵头单位评分和组委会评分,最终确定"福源建宁——最美人物"10名、"福源建宁——最美人物"提名奖获得者10名。11月16日,召开建宁县2016年度最美人物表彰会暨创建2015—2017年度省级文明县城培训会,市委文明办主任张建林出席会议并做了"创城"专题培训。三是积极开展"我们的节日"主题活动。明确"我们的节日"在传承文化、凝聚民族精神方面的重要作用,清明节期间,组织城区党员、干部、学生和志愿者到革命烈士陵园参加"我们的节日·清明——缅怀先烈、继承传统"祭扫活动。端午节期间,组织复兴社区、新生社区等单位开展"粽香进军营、进社区"活动。中秋节期间,与县老年民乐队共同举办"迎中秋.为文明点赞"文娱活动。重阳节期间,组织县志愿服务组织和省、市级文明单位志愿服务队,深入社区、村镇,慰问孤寡老人和"五保"户。发挥省市级文明单位的示范作用,在全县确立了60户困难家庭,建立结对帮扶工作机制。四是深入开展"讲文明、树新风"活动。依托文明社区、文明村镇、星级文明户创建和美丽乡村建设,广泛开展优秀家风家训、"婚育新风进万家""讲文明树新风"和《村规民约》等主题教育实践活动,协调、组织、指导住建等部门制作"讲文明、树新风"系列公益广告近万平方米,印发《文明礼让斑马线》《向陋习说不·为文明点赞》和《遵守"八不"行为规范,做文明建宁人》倡议书3.5万份,引导市民自觉摒弃陈规陋习,养成健康文明的生活方式。在全县开展以"讲文明树新风"为主题的公益广告征集活动,共征集各类作品15件。五是认真开展"两学一做"学习教育活动。围绕弘扬和践行社会主义核心价值观,以"两学一做"专题学习教育为抓手,加强党纪党规学习教育,组织文明系统党员干部和各级文明单位参观中央苏区反"围剿"纪念园、革命烈士纪念陵,重温入党誓词,接受革命教育文化熏陶,提高党员干部遵章守纪、维护党组织形象的自觉性,实现"两学一做"和党风廉政建设工作的齐头并进。结合"精准扶贫"、挂包村等工作,开展"送文化、种文化"

活动,提升了基层乡村群众文化生活水平。

【文明单位创建活动】 深化群众性精神文明创建活动。充分发挥文明单位的示范带动作用,广泛开展文明村镇(社区)、文明学校、文明单位、文明家庭创建。新一届文明单位创建活动开展以来,建宁县实现两个“零突破”(国家级文明单位、省级文明村),即建宁县法院申报创建国家级文明单位,客坊乡龙溪村申报创建省级文明村。5月,完成对全县各级文明单位“四级”督查工作,对发现的问题及时梳理并督促有关单位整改到位。7月,完成2016年度县级文明单位创建申报工作。10月,协助市委文明办对全县申报创建省级文明先进的单位、村镇、学校进行考评,并召开情况通报会,督促各创建单位抓好整改落实。12月起,陆续对全县申报创建市、县级文明先进的单位、村镇、社区、学校进行考评。

【文明村镇创建活动】 结合美丽乡村建设,发挥典型带动作用。农村精神文明建设和文明村镇创建以美丽乡村建设为抓手,坚持以人为本、重在建设,培养新型农民、建设文明乡风。溪源乡上坪村以建设省级文化历史名村为契机,以孝廉文化为主题,打造“廉政文化长廊”,以图文形式,将上坪杨氏的“廉孝”故事呈现出来。客坊乡龙溪村、伊家乡陈家村、溪口镇枫元村、濉溪镇高峰村等一批美丽乡村成为文明村创建的示范典型。同时,充分挖掘刘刚中等历史名人事迹,充分利用红色资源和莲文化资源,打造特色乡村旅游景点。如均口镇修竹村依托国家级农业旅游观光示范点,充分发挥“莲文化展示馆”的作用,打造莲(廉)文化乡村旅游。通过典型示范作用,辐射带动周边村镇和农民的全面发展。

【未成年人思想道德教育】 充分发挥县未成年人思想道德建设办公室的统筹作用,密切联系县教育局、团县委、妇联、总工会、关工委、文广局和社区等部门开展好未成年人思想道德建设各项工作。一是健全未成年人工作机制。定期召开全县未成年人思想道德建设联席会议,将未成年人思想道德建设各项工作任务分解到成员单位。二是推进未成年人德育阵地建设。加强“青少年校外活动中心”“青少年校外体育活动中心”、社区“四点半学校”“乡村学校少年宫”等各类场馆阵地的规范化建设。继续落实中央苏区反“围剿”纪念园、建宁民俗馆等爱国主义教育基地和公益性文化设施免费向未成年人开放制度。4月21日,顺利通过省文明办对建宁县2012年以来的中央专项彩票公益金支持乡村学校少年宫建设项目验收工作。至年底,建宁县已有里心、溪口、黄埠、均口四个省级援建的乡村学校少年宫。三是开展送“文化”进校园活动。开展清明节“网上祭英烈”,六一“诵读经典”,七一“童心向党”等节日文化活动。结合“书香建宁”建设,推动县图书馆开展送书进校园、图书漂流、暑期快乐阅读等活动,举办“解读论语”文化知识讲座,举办三明市第二届未成年人阅读推广培训和“福源家长成长”专题讲座。此外,文化馆开展暑期少儿文艺专场会演,司法部门、交警大队、消防大队开展送法进校园、交通安全知识普及、消防演练等活动。征集乡村学校少年宫书法、绘画、手工等作品28件,遴选优秀作品送省市参评,展示出建宁县未成年人朝气蓬勃、爱国爱家、向善向上的精神风貌。

【开展志愿服务活动】 认真做好志愿者的招募、组织工作,管理好全县各级各类志愿者队伍,抓好日常志愿服务的策划、监督和引导,不断丰富社会志愿服务的形式和内容。一是突出品牌,抓好常规志愿服务。突出闽江源头生态保护,偏远山区人文关怀等特点,以县志愿者联谊会、星愿义工联、闽江公社等志愿服务组织为主干，围绕打响“保护母亲河.关爱闽江源”“同心圆 3+1”和“福源家长成长”志愿服务品牌，结合“我们的节日”“世界环境日”“宪法日”等，开展“五进社区”“文明交通行”“垃圾不落地”“关爱空巢老人、留守儿童、残障人群”“平安春运”普法宣传、文明旅游、文化下乡、社区服务、文明创建等一系列“三关爱”志愿服务活动。全年招募各类志愿者 2000 余人次，为“福源建宁”文明建设营造了良好社会氛围。二是为大型赛事和文化活动提供志愿服务。2016 年，县里组织了“悠然三明四季行·建宁花海跑”“祈福闽江源·耕读鸳鸯湖”、闽江公社“插秧季第二季”、建莲文化嘉年华系列活动、“绿色出行” 环保主题活动等综合性文体活动，县文明办、县志愿者协会积极做好各项活动的志愿服务工作，先后招募志愿者 1500 余人(次)。三是认真做好网络文明传播工作。开展网络公益活动，把帮扶助困、助老助残助学等关爱弱势群体和文明旅游、文明餐桌、文明交通等优良行为习惯融入网民日常生活，开展“网络文明我先行”活动。整合各级文明单位网络文明传播资源优势，加强网络文明传播志愿者队伍建设。从 6 月开始，分批次对各级网络文明传播志愿者和“志愿云”信息员进行培训，提高广大干部和群众文明上网意识和素质。四是开展“日行一善，为文明点赞”志愿服务活动。开展保护环境、维护秩序、文明用语、关爱老人等形式多样的志愿服务活动，进一步推动广大市民的社会道德行为养成，逐步形成“人人向善、人人崇善、人人行善”的社会新风尚。

【加强队伍建设】 一是加强学习教育。结合“两学一做”专题教育，加强干部队伍党纪、党规学习教育，提高党性水平。规范政治和业务学习制度，坚持支部每周集中学习一次，年人均完成学习心得三篇。组织开展精神文明建设理论学习和调研，每人至少完成一篇以上调研文章。二是提升机关绩效。完善内部工作机制，严格考勤管理，严格办事程序，本单位各项重大事务民主决策。争创干事创业好班子、争当干事创业好干部。圆满完成单位效能建设、文明单位创建、平安单位创建各项工作任务，年度县级“三优单位”考评获得优秀。三是抓好驻村工作。扎实推进挂包村工作，为里心镇芦田村争取道路、水利和扶贫等专项资金 7 万元。雨水汛期和抗击台风灾害期间，多次深入实地，指导开展防汛抗灾工作。扎实开展精准扶贫，科级领导干部给予帮扶对象资金每户不少于 300 元。同时，邀请致富能人、专技人员与贫困户“一对一”技能培训、传授致富经验，为贫困户争取医疗救助、申请低保，全年芦田村可脱贫 15 户 40 人。

【三明市道德模范先进事迹报告团走进建宁】 按照市委文明办统一部署安排，2016 年 08 月 24 日，三明市道德模范先进事迹报告团在建宁举行专场报告会，市委文明办副主任陈里平，县委常委、宣传部部长阴晓萍出席报告会。阴晓萍在报告会上致辞。报告会上，第二届福建省助人为乐道德模范、三明市红十字会赈济救护部部长林瑞班，沙县人民法院办公室副主任郑锦利，“福建好人”、溪口司法所调解员邱翼，“福建好人”、伊家中心小学副校长魏英宁，大学生村官刘雯婷做了精彩的报告。

(刘纪茗)

县委党校

【概　况】 中共建宁县委党校、建宁县行政学校是中共建宁县委和建宁县人民政府的直属单位，核定编制 15 人，在编在岗干教人员 12 人，内设机构有办公室、教务室、对外培训联络室和总务室。

【机构改革】1月16日，建宁县行政学校挂牌正式成立。县委党校与行政学校两位一体改变了建宁县“多头管理办班”的干部教育培训格局。为适应大规模培训干部的新常态形势，党校在科室设置和职能上作了调整，取消基层党校指导室，改设对外培训联络室，主要职能负责对接县外干部来建宁异地培训事宜。启动名师工程，着力锻造名师名课，成就一支师德师风优良、结构更加合理的高素质人才队伍。改革后的校级班子成员为：中共建宁县委党校、建宁县行政学校校长陈华伟（中共建宁县委常委、组织部部长），常务副校长兼校党支部书记陈国钊，副校长：艾运龙、何小乔。

【干部培训】当年干部培训总量有新突破，全年培训学员达4500余人次。主体班2期：第26、27期科级干部理论进修班97人次；短期培训班8期：科级干部暨村（社区）书记学习贯彻中共十八届五中全会精神轮训班5期715人次，学习贯彻中共十八届六中全会精神理论骨干培训班1期50人次，莲乡讲坛2期300人次；基地教学培训县外干部班12期：省直机关工委党校第65、66期处级干部进修班2期121人，福建省专用通信局“重走长征路”革命教育培训班1期13人，福州大学直属单位党委党员培训班1期45人，南平市建设银行支部培训班1期39人，三明市委党校中青班7期267人，明溪县委党校青干班1期61人；承办新型职业农民（种植业）培育培训班3期385人次；协助县直有关部门举办培训班15期900余人次。组织本校骨干教师外派到县委中心组、县直部门、各乡（镇）授课，开设中共十八届五中、六中全会精神、习总书记七一讲话精神及“两学一做”等专题辅导讲座41场次，参加人数1600余人次。

【党政领导干部授课】党政领导干部授课成新常态。4月26日，原三明市委党校、行政学院常务副校（院）长汪震国为“莲乡讲坛15期”作《习总书记“四个全面”战略布局》专题讲座。4月26日，中共建宁县委书记郑剑波为建宁县科级干部学习贯彻中共十八届五中全会精神轮训班第1期学员作《学习贯彻五中精神暨“两学一做”》专题辅导。11月11日，建宁县委常委、县纪委书记邓军安为第27期科级干部培训班授课《〈中国共产党问责条例〉及福建省〈实施办法〉解读》。同期，11月23日，中共建宁县委常委、组织部部长、党校校长陈华伟授课《学习践行习总书记干部观，着力锻造党和人民需要的干部》。

【教学科研】2016年科研工作有了新突破。省级课题立项1项（《建莲文化的挖掘与利用研究》获得省委党校、行政学院系统中国特色社会主义理论体系研究基地立项），完成县直部门课题3项，在省级CN刊物《经济》《社会科学》《经营者管理》发表论文各1篇。完成基地教学课题2项：《清新花香，福源建宁——浅析建宁县休闲农业与乡村旅游的发展》《说莲倡廉》；入选2016年度三明市党校教育研究会年会论文交流6篇。

（温兆熙）

党史编研

【概　况】2016年，县党史研究室围绕县委县政府和省、市党史研究室的重大工作部署，以实现党史“资政育人、服务现实”为目标，主要开展了下列四方面的工作：一是继续收集《中国共产党建宁历史第二卷(1949—1978)》基础资料，完成了1949—1966年间的部分资料收集；二是挖掘整理红色历史资源，纠正了两处主要史实错误；三是配合做好革命遗址和纪念场馆的保护开发利用工作；四是开展建党95周年和长征胜利80周年党史宣传教育活动。

【党史二卷资料收集与编纂】 确定了党史二卷1949—1966时间段即第一、第二编，各编资料收集与史稿编写责任人，明确各编负责人既负责档案资料的征集整理与电子录入，又负责在资料收集完成后的史稿初稿编写工作。与县档案馆商定调阅档案，并各自开展了档案资料的收集整理工作，共整理和录入档案资料100多万字。但因资料收集工作浩繁，数量与难度超出预期，受单位人力、物力、财力和其他因素制约，未能完成年初所确定任务，档案资料收集整理远未达到编写史稿要求。

【挖掘整理红色历史资源】 一是通过查阅各种资料，纠正了过去流传的毛泽东第三次反“围剿”动员手令和红一方面军总前委第八次会议召开地点两处主要史实错误，并及时告知纪念园修改相关解说。二是新增认定革命遗址一处即桂阳船顶隘及凉亭。三是在研究史料的基础上，撰写了《毛泽东千里回师福建路径问题》论文，明确毛泽东及红一方面军总部千里回师路径是由建宁桂阳越船顶隘进入广昌再转到瑞金，而不是从建宁经宁化、长汀等地再进入江西。四是落实省长于伟国在建宁调研关于挖掘和发挥红色历史资源价值的指示，着手整理开国将帅在建宁相关事实。

【党史宣传教育】 开展建党95周年和长征胜利80周年党史宣传教育。一是与团县委等联合举办了纪念长征胜利80周年演讲比赛。二是配合县委组织部、县委宣传部等举办“‘两学一做’暨纪念红军长征胜利80周年知识竞赛”，审定和增加了关于长征、地方党史部分的知识竞赛题目。三是配合中央、省、市、县电视台做好相关纪念宣传活动，参与中央电视台《长征谍报战》电视专题片和省、市、县电视台相关节目录制。四是协助县报道组做好建宁红色历史的平面媒体文字报道。五是协助县教育局、教师进修学校编写中小学校本红色文化教材，助力红色历史教育进课堂。

【革命遗址和纪念场馆的保护与开发】 一是积极参与县西门、水尾、桂阳红色旅游项目和革命遗址保护修复开发利用工作，参与项目论证，提供基础性资料，审核相关史实。二是协助第三批县级文物保护单位的认定工作，有15处与中央苏区历史有关的不可移动文物(革命旧址)列入第三批县级文保单位。

(陈忠奋)

建宁县人民代表大会

编辑:罗瑞忠

综 述

2016年，县人大常委会深入学习贯彻习近平总书记系列讲话精神,以开展“两学一做”学习教育为动力,紧紧围绕县工作大局,突出打造闽赣省际生态产业集聚区工作主线，认真履行宪法和法律赋予的职责，开拓创新，扎实工作,为加快推进建宁科学发展跨越发展做出积极贡献。同时县、乡两级人大代表换届选举工作顺利完成。2016年,县人大常委会召集人民代表大会会议1次,召开常委会会议7次,主任会议14次,作出决议决定15项,听取和审议“一府两院”专项工作报告11项,开展执法检查3项,组织视察调研31次,专题询问1次,满意度测评1次,较好完成了县十六届人大五次会议确定的各项任务。

推动县委重大决策部署贯彻落实 常委会牢牢把握人大工作正确政治方向，开展的重要工作,组织的重要活动,召开的重要会议,作出的重要决定,事先向县委请示报告,各项工作的总体安排、工作目标有效体现了县委要求。认真落实县委关于进一步加快产业转型升级的实施意见，主动融入“四转四争”、“三挂三帮”、“2111”行动计划,在精准扶贫、重点项目建设、城区教育布局调整、旅游经济发展、公立医院改革、城市管理建设等中心工作中有效发挥作用。用法定程序推动县委决策部署得到贯彻落实，保障县政府各项工作有效开展,先后围绕“六五普法”、黄坊乡政府驻地搬迁、省级地方政府债券转贷资金安排等重大事项作出决议。先后依法作出了《关于全面推进依法治县的决议》、《关于批准〈建宁县生态县建设规划〉的决议》和《关于批准建宁县城区学校教育资源均衡配置方案的决议》。

促进经济和社会协调发展 县人大常委会密切跟踪“十二五”规划、国民经济和社会发展计划的执行情况,听取和审议了“十二五”规划纲要实施情况中期评估报告和总体实施情况报告,就县经济稳增长、调结构、促发展作出审议意见。围绕建宁县“十三五”规划纲要编制开展一系列调研,提出科学合理的意见和建议,为编制“十三五”规划纲要提供参考。全面贯彻落实新预算法,依法将政府一般公共预算、政府性基金预算、国有资本经营预算、社会保险基金预算四本账全部纳入政府预算体系，实现了全口径预算监督。着眼“三农”工作,听取和审议了县政府关于杂交水稻制种产业发展、笋竹产业发展、智慧农业建设、国家级生态县创建、设施农业发展、农田水利基础设施建设、林业产业化发展、防汛、精准扶贫、美丽乡村建设等工作报告,推动政府以夯实农业基础、加快农村发展、促进农民增收为目标,从人力、物力、财力上向“三农”倾斜,持续提升全县特色农业、现代农业发展水平。对食品安全、法律援助和司法救助、扶贫、民政、医疗卫生体制改革、饮用水源开发与保护等工作进行了监督。围绕人民群众最关心、最关注的热点问题开展监督，对中小学生上下学乘车安全、城乡环境卫生整洁、危险物品管理、公共卫生、财税体制改革、文物保护、看守所、社区矫正、林业资源保护、旅游经济、公安交通管理等工作进行了监督,推动热点问题的解决。同时就教育布局调整、农产品质量安全、城区治堵、油烟直排等问题,通过专题询问、满意度测评等较为刚性监督方式,积极回应社会关切,有效推动了有关方面改进工作、解决问题。

顺利完成换届选举工作 完善代表建议办理工作机制,规范建议提出、建议交办、建议办理全过程。每年定期开展议案建议办理情况专题调研,听取县政府关于代表建议办理情况专项工作报告,扎实开展代表建议"督办月"、办理结果"回头看"等活动,推动办理工作由"答复满意"向"结果满意"转变。坚持党的领导、充分发扬民主与严格依法办事相统一,准确把握换届选举工作总体要求和基本原则,围绕工作重点,精心组织、周密安排,确保县乡两级人大换届选举工作依法顺利进行。突出把好代表的"政治关、素质关、结构关",严格代表候选人提名推荐、考察审查、协商确定程序,优化代表结构、提高代表素质。在换届选举工作中,严格落实不得推荐提名或继续提名为人大代表人选的"九种情形"要求,始终把纪律和规矩挺在前面,坚决维护换届纪律的严肃性,确保换届选举依法依规、风清气正。全县顺利选举产生新一届县人大代表156名、乡(镇)人大代表467名。

提高依法履职能力 2016年,召开全县性大会隆重纪念全国人民代表大会成立60周年、地方人大设立常委会35周年,组织开展形式多样的纪念活动,增强全社会对人民代表大会制度的认识,进一步坚定道路自信、理论自信、制度自信、文化自信。开展湖南衡阳破坏选举案、辽宁贿选案的警示教育,在思想上深化认识,在工作中引以为戒,切实增强做好新时期人大工作的责任感和使命感。把扎实开展党的群众路线教育实践活动、"三严三实"专题教育和"两学一做"学习教育作为重要的政治任务来抓,坚决执行中央八项规定精神,认真查摆整改存在问题,常委会组成人员及机关的作风建设得到有效提升。认真贯彻从严治党要求,强化常委会党组主体责任,推动机关党员干部以党章为根本遵循,深入贯彻廉洁自律准则、问责条例、党内监督条例等党内法规,推动党风廉政建设落到实处。制定完善了常委会议事规则、常委会主任会议议事规则、常委会组成人员守则等20余项规章制度,形成依法履职,廉洁履职的长效机制。

县人民代表大会

【县第十七届人民代表大会第一次会议】 2016年12月20日至22日,建宁县第十七届人民代表大会第一次会议在县宣传文化中心召开。会议听取和审议建宁县人民政府县长陈显卿关于建宁县人民政府工作的报告;审议关于建宁县2016年国民经济和社会发展计划执行情况与2017年国民经济和社会发展计划(草案)的报告;批准建宁县2016年国民经济和社会发展计划执行情况与2017年国民经济和社会发展计划;审议关于建宁县2016年财政预算执行情况和2017年财政预算(草案)的报告,批准建宁县2016年财政预算执行情况和2017年财政预算;听取和审议建宁县人民代表大会常务委员会主任陈海涛关于建宁县人民代表大会常务委员会工作的报告;听取和审议建宁县人民法院院长陈晶关于建宁县人民法院工作的报告;听取和审议建宁县人民检察院检察长许秀婷关于建宁县人民检察院工作的报告。

重大事项决定

【重大事项审议决定】2016年，常委会听取和审议2015年县本级财政决算的报告和2015年度县本级财政预算执行和其他财政收支情况的审计工作报告。根据县人民政府的提请，批准调整2016年财政收支预算和2016年省级地方政府债券资金安排。通过关于通过《2016年建宁县第十七届人民代表大会代表换届选举工作方案》的决定、《县人大常委会关于建宁县县乡两级人民代表大会换届选举时间的决定》以及设立县选举委员会及办公室、办事处和各乡镇选举委员会的决定。

主要活动

【依法监督】2016年，围绕建宁县"十三五"规划纲要编制开展一系列调研，提出科学合理的意见和建议，为编制"十三五"规划纲要提供参考。全面贯彻落实新预算法，依法将政府一般公共预算、政府性基金预算、国有资本经营预算、社会保险基金预算四本账全部纳入政府预算体系，实现全口径预算监督。听取和审议了2015年县本级财政决算、预算执行及其他财政收支的审计工作报告、2016年上半年财政预算执行情况报告，审查批准了2015年财政决算，切实维护预算的权威性、严肃性，提升财政管理效能。加强同级审、专业审和重点审，听取审计工作报告时，要求整改单位列席会议听取意见，对同级审进行"回头看"，监督有关部门整改到位。重点推动转型升级和城乡发展。依照国家推进城镇化的战略布局，常委会从不同角度选取监督议题，在县域城镇体系规划和县城城市总体规划修编工作、土地整治规划制定和执行情况、城市管理、土地利用总体规划执行情况等重点环节，开展各有侧重的监督。同时关注民生改善监督。常委会围绕人民群众最直接、最现实的民生问题开展监督，对食品安全、法律援助和司法救助、扶贫、民政、医疗卫生体制改革、饮用水源开发与保护等工作进行监督。围绕人民群众最关心、最关注的热点问题开展监督，对中小学生上下学乘车安全、城乡环境卫生整洁、饮用水源利用与开发、公共卫生、林业资源保护、旅游经济、公安交通管理等工作进行了监督，推动热点问题的解决。同时就教育布局调整、农产品质量安全、城区治堵、油烟直排等问题，通过专题询问、满意度测评等较为刚性监督方式，积极回应社会关切，有效推动了有关方面改进工作、解决问题。

【代表工作】坚持党的领导、充分发扬民主与严格依法办事相统一，准确把握换届选举工作总体要求和基本原则，依法组织好县乡两级人大换届选举工作，严格选举程序。突出把好代表的"政治关、素质关、结构关"，严格代表候选人提名推荐、考察审查、协商确定程序，优化代表结构、提高代表素质，保证县乡人大代表由选民直接选举产生，对人民负责，受人民监督。在换届选举工作中，始终把纪律和规矩挺在前面，坚决维护换届纪律的严肃性，确保了换届选举依法依规、风清气正。2016年县乡两级人大代表换届选举工作于2016年8月初开展工作调研，10月上旬正式启动，经组织准备、宣传发动、选民登记、提名推荐、协商确定、投票选举、代表资格审查、总结归档等八个阶段。全县顺利选举产生新一届县人大代表156名、乡(镇)人大代表467名，12月10至15日各乡镇召开了新一届人民代表大会第一次会议，12月20至22日顺利召开了县第十七届人民代表大会第一次会议。一是提高代表履职能力。重视代表履职能力提升,为代表订阅报刊、寄发学习资料,通过召开座谈会、经验交流会、举办培训班等形式,不断提高代表的履职能力。建立县代表小组活动制度、代表闭会期间活动暂行规定和代表履职情况登记制度,将代表小组活动规范化、制度化,促进代表闭会期间发挥作用。通过报刊、电视、网络等平台宣传代表履职典型事迹,为代表行使职权营造良好舆论氛围。二是拓宽代表履职渠道。实行常委会组成人员联系基层人大代表制度,定期联系基层代表,经常性邀请代表参与常委会组织的专题调研、执法检查、集中视察、列席常委会会议等活动。常委会组成人员累计走访接待代表110余人次,组织代表参加常委会各项活动70余人次,邀请代表列席常委会会议50余人次。先后安排60余名代表参与"一府两院"各类工作评议会、听证会、民主测评会和法院案件庭审等活动。持续拓宽代表履职途径,丰富代表履职内容,畅通代表反映民意渠道。三是提高建议办理质量。完善代表建议办理工作机制,规范建议提出、建议交办、建议办理全过程。每年定期开展议案建议办理情况专题调研,听取县政府关于代表建议办理情况专项工作报告,扎实开展代表建议"督办月"、办理结果"回头看"等活动,推动办理工作由"答复满意"向"结果满意"转变。5年来,代表共提出意见和建议359件,书面答复率为100%,满意率和基本满意率达98%以上,代表建议办理成果惠及更多基层人民群众。对代表提出的"关于进一步加大农村河道整治力度的建议""关于开展餐馆、酒店油烟直排治理的建议""关于解决县城街道拥堵的建议"等群众关注度高、涉及面广的建议作为重点建议进行督办,并将办理和落实情况列入满意度测评项目,取得了较好成效。

【信访工作】把处理好群众来信来访作为联系群众、了解社情民意的重要渠道。认真处理群众来信来访,共累计受理群众来信102件,来访530多人次,及时将群众来信来访反映的问题向有关部门转办、交办和督办,维护群众的合法权益和合理诉求,在化解社会矛盾、促进社会和谐中发挥了积极作用。

【考察调研执法检查】推进法治政府建设,督促县政府完善行政管理体制,深化行政审批制度改革,推行政府权力清单制度。重点对食品药品、环境资源、安全生产等领域的执法开展监督,增强政府的执行力和公信力。组织县十六届人大代表分组开展视察,对食品安全法、农产品质量安全法、职业教育法、房地产管理法、农业机械化促进法、市容环境"一例一办法"等法律法规实施情况的开展了视察检查,保障有关法律法规在全县有效贯彻实施。并就建宁县教育布局调整专题询问整改情况、林业产业发展情况、饮用水源开发利用和保护情况以及县十六届人大五次会议代表建议办理情况开展调研;对《中华人民共和国食品安全法》在全县实施情况、人大重要信访件办理情况等开展执法检查3次。

人事任免

【概　况】坚持党管干部和依法任免有机统一,使市委、县委推荐的人选经过法定程序成为县国家工作人员,全年共任免国家工作人员53名。在任免工作中,坚持对拟任人选进行严格审查,组织任前法律知识测试,安排与常委会组成人员见面并作供职发言,按照法定程序宣布任职决定并向社会公开。落实宪法宣誓制度,激励和教育国家工作人员忠于宪法、遵守宪法、维护宪法。

(廖兆祥)

建宁县第十六届常委会2016年人事任免表

表6

会 议	任	免
县十六届人大常委会第二十四次会议	1. 王楠为建宁县人民政府副县长； 2. 潘华东任建宁县人民法院副院长、审判委员会委员。	1. 免去尤佳丽的建宁县人民法院少年与家事审判庭庭长职务； 2. 免去潘华东的建宁县人民法院民事审判第二庭庭长职务； 3. 接受揭留耕辞去县十六届人大常委会副主任职务
县十六届人大常委会第二十五次会议	1. 邱春祥为建宁县国土资源局局长； 2. 邹晓英为建宁县住房和城乡规划建设局局长； 3. 丁升为建宁县教育局局长； 4. 吴跃仁为建宁县安全生产监督管理局局长； 5. 詹钟坤为建宁县民族与宗教事务局局长； 6. 黄呈伦任建宁县人大常委会环境与城乡建设委员会主任	1. 免去黄呈伦的建宁县国土资源局局长职务； 2. 免去杨建平的住房和城乡规划建设局局长职务； 3. 免去曾福星的建宁县教育局局长职务； 4. 免去鄢泽良的建宁县安全生产监督管理局局长职务； 5. 免去陈闽江的建宁县人大常委会环境与城乡建设委员会主任职务
县十六届人大常委会第二十六次会议	1. 陈显卿为建宁县人民政府副县长； 2. 陈显卿代理建宁县人民政府县长职务； 3. 陈晶为建宁县人民法院审判员、审判委员会委员、副院长； 4. 许秀婷为建宁县人民检察院检察员、检察委员会委员、副检察长； 5. 林大茂为建宁县人民政府副县长； 6. 任命黄立辉为建宁县人民政府副县长； 7. 任命江长青为建宁县公安局局长； 8. 任命孙元玲为建宁县政府办公室主任； 9. 决定由陈晶代理建宁县人民法院院长职务； 10. 由许秀婷代理建宁县人民检察院检察长职务	1. 接受潘闽生辞去建宁县人民政府县长职务； 2. 接受明政辞去建宁县人民政府副县长职务； 3. 接受余传贵辞去建宁县人民政府副县长职务； 4. 接受谢忠喜辞去建宁县人民政府副县长职务 5. 接受吴碧英辞去建宁县人民政府副县长职务； 6. 决定接受郭颖辞去建宁县人民政府副县长职务； 7. 接受郑中飞辞去建宁县人民法院院长、审判委员会委员、审判员职务； 8. 接受傅祥儒辞去建宁县人民检察院检察长、检察委员会委员、检察员职务； 9. 免去黄志敏的建宁县公安局局长职务； 10. 免去池建芳的建宁县人大常委会办公室副主任职务
县十六届人大常委会第二十七次会议	1. 任命邱树青为建宁县商务局局长； 2. 任命廖兆祥为建宁县人大常委会办公室副主任； 3. 任命林小张为建宁县人民检察院检察员； 4. 任命吴小英为建宁县人民检察院检察员	1. 免去邱宁祥的建宁县人民检察院检察委员会委员、检察员职务
县十六届人大常委会第二十八次会议		

续表6

会　议	任	免
县十六届人大常委会第二十九次会议	牛弋为建宁县人民政府副县长	1. 接受王和平辞去建宁县人民政府副县长职务的请求； 2. 免去黄镜辉的建宁县林业局局长职务； 3. 免去杨贵斌的建宁县人大常委会办公室职务； 4. 免去洪日升的建宁县人大常委会人事代表工作室主任职务； 5. 免去陈平华的建宁县人大常委会财政经济委员会主任职务； 6. 免去黄呈伦的建宁县人大常委会环境与城乡建设委员会主任职务； 7. 免去张金龙的建宁县人大常委会农村经济工作委员会主任职务
县十六届人大常委会第三十次会议	1.黄文锋为建宁县人大常委会办公室主任； 2. 杨贵斌为建宁县人大常委会人事代表工作室主任； 3. 黄必荣为建宁县人大常委会农村经济委员会主任； 4. 谢运仔为建宁县人大常委会环境与城乡建设委员会主任； 5. 黄立胜为建宁县人大常委会财政经济委员会主任； 6. 代云为建宁县人民检察院检察委员会委员	

建宁县第十六届常委会 2016 年重要议题

表7

常委会	议　题	召开时间
县十六届人大常委会第二十四次会议	1.审议《建宁县人民代表大会常务委员会关于全面推进依法治县的决议(草案)》 2.听取县人大常委会调研组关于全县饮用水源利用开发和保护情况的调研报告 3.审议县人民政府关于提请王楠任职的议案 4.审议县人民法院关于提请潘华东等职务任免的议案 5.审议揭留耕辞去县十六届人大常委会副主任职务的辞呈	2016 年 3月 25 日
县十六届人大常委会第二十五次会议	1.审议县人民政府提请职务任免的议案 2.审议县人大常委会主任会议提请职务任免的议案 3. 听取和审议县人民政府关于《城市市容和环境卫生管理条例》和《福建省城市市容和环境卫生管理条例》贯彻实施情况的报告 4.听取和审议县人民政府关于防汛工作情况的报告 5.听取和审议县人民政府关于公共卫生情况的报告 6.听取和审议县人民政府关于公安交警管理工作情况的报告 7.听取县人大常委会调研组关于县十六届五次会议代表建议办理情况的调研报告 8.审议县人民检察院关于提请许可对县十六届人大代表陈贤志采取强制措施的报告	2016 年 6月 3 日

续表 7

常委会	议　题	召开时间
县十六届人大常委会第二十六次会议	1.审议县人民政府关于提请陈显卿任职的议案 2.审议县人民政府县长潘闽生的辞呈 3.审议县人大常委会主任会议关于提请决定建宁县人民政府代理县长的议案 4.审议县人民政府明政、谢忠喜、余传贵、吴碧英、郭颖等五位副县长的辞呈 5.审议县人民法院提请任职的议案 6.审议县人民检察院提请任职的议案 7.审议县人民法院院长郑中飞的辞呈 8.审议人民检察院院长傅祥儒的辞呈 9. 听取和审议县人民政府关于 2015 年县本级财政预算执行和其他财政收支情况审计工作的报告 10.听取和审议县人民政府关于 2015 年县本级财政决算的报告 11.审议县人民政府提请任职的议案 12.审议县人民政府关于职务任免的议案 13.审议县人大常委会主任会议关于提请决定建宁县人民法院代理院长的议案 14 审议县人大常委会主任会议关于提请决定建宁县人民检察院代理检察长的议案 15. 审议县人大常委会主任会议提请免职的议案 16. 听取县人大常委会执法检查组关于《中华人民共和国食品安全法》实施情况的检查报告 17.审议县人民政府提请免职的议案	2016 年 7 月 21 日
县十六届人大常委会第二十七次会议	1.审议县人大常委会主任会议关于提请确定县、乡两级人民代表大会换届选举时间的议案 2.审议县人大常委会主任会议关于提请设立县选举委员会及办公室、办事处的议案 3.审议县人大常委会主任会议关于提请设立各乡镇选举委员会的议案 4.审议县人民检察院提请免职的议案 5.听取和审议县人民政府关于县十六届人大五次会议代表建议办理情况的报告 6.听取和审议县人民政府关于 2016 年上半年财政预算执行情况的报告 7.听取县人大常委会调研组关于我县林业产业发展情况的报告 8. 听取和审议县人民政府关于 2016 年上半年国民经济和社会发展计划执行情况的报告 9.听取县人大常委会调研组关于我县教育布局调整专题询问整改落实情况跟踪调研的报告 10.审议县人民政府提请任职的议案 11.审议县人大常委会主任会议提请任职的议案 12.审议县人民检察院提请任职的议案	2016 年 9 月 29 日下午至 9 月 30 日上午
县十六届人大常委会第二十八次会议	1.听取和审议县选举委员会关于《2016 年建宁县第十七届人民代表大会代表换届选举工作方案》 2 听取和审议县人民法院关于审判工作情况的报告 3.听取和审议县人民检察院关于生态检察工作情况的报告 4.听取县人大常委会检查组关于人大重要信访件办理情况的检查报告	2016 年 10 月 21 日

续表 7

常委会	议　题	召开时间
县十六届人大常委会第二十九次会议	1.审议县人民政府副县长王和平的辞呈 2.审议县人民政府提请牛弋任职议案 3. 对县十六届人大五次会议重点督办建议(第 3 号、36 号、67 号)办理和落实情况进行满意度测评 4. 审议关于召开建宁县第十七届人民代表大会第一次会议的决定(草案) 5. 审议关于建宁县十七届人民代表大会第一次会议列席人员安排原则的决定(草案) 6.审议县人大常委会工作报告(审议稿) 7. 审议新一届县乡人大代表正式候选人辞去县乡选举委员会组成人员职务的决定(草案) 8.审议县人民政府提请免职的议案 9.审议县人大常委会主任会议提请免职的议案	2016 年 11 月 21 日
县十六届人大常委会第三十次会议	1.听取和审议代表资格审查委员会关于县十七届人大代表的代表资格的审查报告 2.听取和审议县人民政府关于 2016 年省级地方政府债券资金安排的报告 3.听取和审议县人民政府关于提请调整 2016 年财政收支预算的报告 4.审议县人大常委会主任会议提请任职的议案 5.审议县人民检察院提请任职的议案	2016 年 12 月 9 日

2016 年 12 月 1 日,全省行业性专业性人民调解现场会在建宁召开　(县司法局提供)

建宁县人民政府

编辑:肖建泰

综 述

2016年,建宁县人民政府在市委、市政府和县委的正确领导下,在县人大和县政协的监督支持下,深入贯彻落实中共十八大和十八届三中、四中、五中、六中全会精神和习近平总书记对福建工作的重要指示精神,全面落实中央和省、市系列决策部署,围绕打造闽赣省际生态产业集聚区发展定位,扎实推进供给侧结构性改革,全力稳增长、调结构、促改革、惠民生、保稳定,实现了"十三五"良好开局。

全年,完成地区生产总值87.55亿元,增长8.2%;地方公共财政收入3亿元,增长6%;固定资产投资112.01亿元,增长17.4%;验资口径实际利用外资1018万美元,增长8.9%;社会消费品零售总额21.58亿元,增长15.9%;城镇居民人均可支配收入24283元,增长8.8%;农村居民人均可支配收入12849元,增长9.6%。

一、坚持综合施策、靶向发力,脱贫攻坚首战告捷

(一)精准管理扶真贫。围绕省、市下达脱贫目标任务,加强对贫困对象的精准管理。2016年年初,开展建档立卡"回头看"工作,确认未脱贫建档立卡贫困户1913户5454人,并按一户一档规范建档;年末,对2016年建档立卡贫困对象进行动态调整,确定2016年符合退出的脱贫对象共804户2558人,完成市下达任务数的105.7%,并从建档立卡贫困人口中销号,做到了精准识别,应进则进,应退则退。

(二)精准发力真扶贫。实行"县领导挂乡(镇)、县直单位挂村、干部(主体)包户"的三级挂包机制。开展"抓增收送项目、抓就业送岗位、抓兜底送保障、抓扶智送技术、抓挂钩送温暖"的"五抓五送"活动,鼓励支持企业、社会团体、慈善组织等社会力量参与扶贫开发,已有文鑫、海宏达等100多家新型农业经营主体和志愿者联谊会等10多家社会团体参与扶贫,形成了政府、市场、社会协同推进的扶贫格局,探索形成了闽赣省际农机植保综合服务中心抱团脱贫、里心精准农机专业合作社量化折股、文鑫公司村企共建等一批扶贫模式和扶贫经验。

(三)精准施策促脱贫。出台精准扶贫"1+N"系列扶持政策,打好脱贫攻坚组合拳。突出特色产业带动,扎实推进莲业、种业、果蔬、林业、烟叶、旅游、电商等七大扶贫产业,全面落实一村一主导产业、一户两增收项目。突出扶贫搬迁推动,新建福宁小区、鑫埠小区等5个集中安置区,落实造福工程搬迁2326人。突出金融扶持撬动,全县发放扶贫小额信贷2684万元,有效解决了616户贫困户和12个新型经营主体产业发展资金短缺问题。突出民生保障促动,加大政策性兜底和贫困户因病致贫返贫保障力度,农村低保标准提高至2652元,筹集临时救助资金100万元。全年实现贫困人口脱贫2561人,贫困村脱帽12个。

二、突出转型升级、调优结构,发展步伐坚定有力

(一)农业提档升级。落实制种面积8667公顷,创建杂交水稻制种基地20个。加快国家级种子产业园建设,完成种业科技中心主体工程,启动禾丰种子生产仓储加工等建设。“建宁水稻种子”成为全国唯一水稻种子地理证明商标,禾丰种业、华安种业2个院士工作站获“福建省院士专家工作站”授牌,现代种业“育繁推”一体化体系逐步形成。完善“万亩带、千亩片、百亩点”建莲产业布局,落实莲子种植面积3333.33公顷,建成标准化生产基地1000公顷,“建莲+文化”“建莲+旅游”“建莲+健康宜养”“建莲+互联网”产业加快发展,文鑫莲业、闽江源绿田先后在“新三板”上市,建莲全产业链打造初显成效。优化“两桃一梨”品种结构和品质,改造果园8000公顷,打造了里心花果山、欧洲风情园等一批生态果园,果园管理水平进一步提升。

(二)工业提质增量。落实省、市促进工业稳增长政策,出台《建宁县产业发展专项资金管理暂行办法》,安排企业应急转贷专项资金4000万元、工业用电奖励金100万元,大力开展“手拉手”市场开拓活动,扶持铙山纸业、闽江源绿田等龙头企业做大做强。加大帮扶力度,深化“四转四争”“三挂三帮”活动,梳理各类难题82个,已协调解决47个,发放应急转贷资金2.37亿元,帮助45家企业解决资金难题。强化动能培育,冠瑞吊瓜子产品深加工、三泉复合包装材料生产等一批项目建成并投产,兴辉食品果汁饮料、新生竹制品生产加工等项目加快推进,新增规模以上工业企业12家,完成企业技改投资41亿元。深化“两化”融合,推进“智能制造”“数控一代”等行动,完成企业“机器换工”32余套(台),成功申报省级智能制造示范企业1家。

(三)服务业提速增效。旅游持续升温。围绕打造国内知名乡村旅游目的地,加快推进枫源百花乡村主题公园、香溪花谷、修竹荷苑等景区提升改造工程,旅游基础设施PPP项目完成招投标。先后举办了花海跑、“为荷而来”中国建莲文化旅游嘉年华等活动,央视《乡约》等栏目组在县录制节目,极大提升了“清新花乡·福源建宁”的知名度、美誉度。荣获“全国森林旅游示范县”品牌,入选第二批国家全域旅游示范区创建名单,列入全省12个全域旅游试点县之一。全年共接待游客102万人次,旅游收入9.1亿元,分别增长26.7%和24.6%。电商蓬勃发展。闽赣省际电商产业园集聚功能不断提升,阿里巴巴、诚晔盛世等62家电商企业入驻,培育建宁公主、文鑫莲缘、明一宏业3家年电商交易额超1000万元企业,建成城区“020示范街区”、农产品网货中心,成功举办三明市首届微商大会。全年实现电商交易额9.94亿元,增长87.58%。

三、狠抓项目建设、扩大投资,发展后劲持续增强

(一)有力推进招商引资。创新招商方式。组建6个招商工作组和9个乡镇招商小组,充分利用“6·18”“9·8”“11·6”等招商平台,开展省、市重点平台招商、专题招商、产业链招商、以商招商等活动,全年共引进项目48个、总投资69.8亿元,客方实际到资6.2亿元。发力“三维对接”。已落实项目18个,总投资58.85亿元。其中,与省属企业对接项目9个,总投资31.1亿元。与省医药集团合作的“建宁县中药材基地”项目正推进基地建设,与省轻纺集团洽谈对接的铙纸战略重组项目已达成意向,与省建工集团合作成立了闽江源建设发展有限公司并就城乡基础设施建设项目签订了合作框架。

(二)有序推进项目建设。坚持重点项目“周碰头、月例会、季评比”制度,完善“一对一”推动、项目竞赛PK、会商协调、进度倒逼、督查考评等项目工作机制，促进了项目快落地、快推进。2016年，实施“五个一批”重点项目232个，完成投资51.54亿元。其中，浦梅铁路建宁至冠豸山段、明一国际生态高新科技园、九华山水库、闽江源矿泉水生产等37个项目新开工建设，国家水土流失小流域治理、黄舟坊至河南路“白改黑”、均伊公路、城关至报国寺公路等82个项目竣工建成或部分建成，莆炎高速、省道纵八线福新至长吉公路等前期项目进展顺利。

（三）有效推进要素保障。强化资金保障。争取国家基金项目15个，到位各类项目资金补助和转移支付资金10.2亿元，被国家发改委列为国家农村产业融合发展试点示范县，是三明市唯一入选的县。发挥对公存款激励作用，落实增贷2.1亿元。强化风险防控。成立金融风险防控工作领导小组，持续开展“三欠”清收行动，对重点不良贷款逐一跟进化解，全年共处置化解不良贷款7963万元，全县不良贷款率为2.9%，不良率防控指标位列全市第二。强化用地保障。科学合理编制土地利用计划，加大项目用地报批和征迁力度，有序推进水南邹家片、西门莲塘、建连铁路、莆炎高速公路等项目征地工作。

四、推进改革开放、创新创业，发展活力竞相迸发

（一）重点改革持续突破。深化农村综合改革，推动土地有序流转与适度规模经营，完成土地流转面积5566.67公顷。农村土地承包经营权确权登记颁证工作深入推进，入户调查、权属调查、审核公示等指标完成率均达到省、市要求。深化集体林权制度改革，完成林权流转面积966.67公顷，林权抵押贷款8013万元。深化金融体制改革，建立村级融资担保基金2家。强化改革创新，培育形成了城乡网格化服务管理、闽赣农机植保合作联社等一批创新品牌。

（二）对外开放持续深化。深化对口帮扶工作机制，与省直部门和台江区深入开展资源开发、产业扶持、人才培训、劳动力转移就业等多领域交流合作，争取到位帮扶资金1300余万元。持续发挥“两高”综合效应，动车经停建宁县北站车次和旅客接运量不断增加。落实外贸出口奖励政策，外贸出口值达7.79亿元，增长29.8%。2016年，建宁县被世界著名品牌大会评为“中国最具投资潜力特色魅力示范县200强”之一。

（三）科技实力持续增强。培育壮大科技企业，申报省、市科技项目4项，省星火计划立项2项。获批省级小巨人领军企业4家，新增高新技术企业2家。强化创新平台建设，新建众创空间、孵化器各3家，新增省级（企业）工程技术研究中心1家，禾丰种业、华安种业2个院士工作站获“福建省院士专家工作站”授牌。实施知识产权战略，全年申请专利167件，专利授权95件，品牌影响力不断扩大。

五、注重城乡统筹、配套完善，人居环境大幅改善

（一）城市功能不断提升。坚持规划引领，进一步完善县城各项专项规划和控制性详细规划。加强市政建设，完成黄舟坊南路至河南路“白改黑”、东山公园环山步道等市政项目建设，加快推进城区路网、公共停车场、雨污水管网、老城区供排水系统改造扩建、垃圾中转站等城市基础设施建设。提升城市品位，推进荷花路、闽江源路等城区重要节点绿化、花化、彩化改造和“一河两岸”夜景提升。优化城区环境，加快推进城区数字化、网格化管理，大力开展占道经营、车辆乱停放、乱设摊点、“两违”（违法建筑、违法搭盖）等专项治理，完成拆违面积36万平方米。

（二）农村面貌焕然一新。按照“六美六好”

要求,实施"千村整治、百村示范"工程,完成投资1.27亿元,推进14个省级、3个县级美丽乡村建设。完成"动车站—水南—溪口"清新花乡特色景观带绿化种植。2016年,金铙山入选中国百佳春游好地方,修竹村和高峰村入选福建新版最美乡村大全,上坪村列入首批中国传统村落名录。加快农村基础设施建设,完成农村公路硬化、升级改造23公里,扎实推进农网改造、安全饮水等工程,农民生产生活条件进一步得到改善。

(三)生态优势更加凸显。严守生态红线,落实"三严四限六禁",积极推进生态文明先行示范区建设。大力实施水、大气、土壤污染防治行动计划。深化"河长制",建立"智慧河长"平台,交界断面水质监测站和空气自动监测站投入使用,集中式饮用水源水质达标率100%。开展辖区扬尘粉尘、油烟直排、黄标车等专项治理,空气质量位居全省前列。推进节能减排,实施节能技术改造和循环经济项目10项,万元生产总值能耗下降4.25%。落实"三个必造",完成造林绿化1466.67公顷、水土流失治理3800公顷,守住4.46万公顷生态公益林红线,巩固木材经营企业清理整顿成果,实施4个村"禁柴改燃",森林覆盖率提高至76.1%。强化环境网格化管理,运用"生态通"APP、电子监控等形式,逐步将环境监管网格细化延伸到自然村,打通监管"最后一公里"。2016年,建宁县再次入选全国"百佳深呼吸小城榜""中国森林氧吧""中国森林体验基地",通过国家级生态县验收。

六、致力共建共享、富民利民,幸福指数不断提升

(一)社会保障逐步健全。抓好社保扩面征缴,企业职工养老保险、工伤保险、生育保险参保率和覆盖面有效提升。加大社会救助力度,出台《建宁县特困人员救助供养实施办法》,发放各类社会救助和救灾资金452万元。落实就业再就业政策,大力扶持高校毕业生和困难群体就业,城镇新增就业人数1124人,农村劳动力转移就业1792人,城镇登记失业率2.32%。扎实推进保障性安居工程建设,新增保障性住房77套,完成危旧房改造133户。

(二)社会事业繁荣发展。全面实施37个民生工程项目,全年民生支出11.5亿元,占财政总支出的78.4%。加快推进城乡教育均衡发展,城区学校布局调整顺利实施,实验小学新教学楼、荷苑幼儿园、伊家中心幼儿园等建成,2016年高考再创佳绩,生源外流现象逐渐好转,获评"国家义务教育基本均衡县"。深化医疗卫生体制改革,规划设立3个医养结合卫生服务站,城乡基本公共卫生服务水平显著提升。推动文化事业发展,完成健身馆·图书馆、万星影城3D影院建设,成功举办全省青少年篮球锦标赛、排球锦标赛和2016中国·建宁国际自行车公开赛等系列赛事,创建国家公共文化服务体系示范区通过验收。

(三)社会大局和谐稳定。深化"平安建宁"建设,创新社会治理方式,在全市率先建成乡村视频监控网络体系,城乡网格化服务管理工作走在全市前列。强化电信诈骗、金融风险、毒品问题、危险物品安全监管等"六个专项治理",群众安全感率达97.75%。加大矛盾纠纷排查化解力度,调解成功率达98.7%。全面落实安全生产"党政同责、一岗双责、失职追责"制度,继续开展重点行业、重点领域安全生产专项行动,强化安全生产隐患排查治理,安全生产形势持续好转。2016年度综治考评全市第一,被评为全国"六五"普法先进县,是全市唯一获此殊荣的县。

七、着力转变职能、依法治县,行政效能显著增强

(一)民主法治更加健全。坚持依法行政,按照法定权限和程序履行职责、开展工作。进一步推进民主决策，"三重一大"事项坚持由政府常务会或政府全会集体研究决定，对涉及全县经济社会发展的重大问题，提交县委常委会研究决定，全年共召开县政府常务会21次，确保在充分发扬民主的基础上科学决策。深化政府信息公开，全县政府信息公开2427条，公开及时率达100%，切实保障人民群众的知情权、参与权和监督权。自觉接受县人大及其常委会的法律监督、工作监督和县政协的民主监督，全年办理人大建议95件、政协提案79件，代表、委员满意率进一步提高。

(二)行政效能明显提升。深化"放管服"改革，完成县乡两级权责清单编制，全面取消非行政许可审批，精简县级审批事项125项，精简率达37%。加大行政效能建设力度，积极开展民主评议政风行风活动，落实《建宁县激励干部干事创业整治"为官不为"暂行办法》，大力推进"为官不为""慵懒散拖"等专项治理，着力解决"不作为、乱作为""不急不忙、不冷不热、不疼不痒"现象，进一步打造"亲""清"政务环境。

(三)廉政建设有力推进。落实政府系统党风廉政建设主体责任，按照"五抓五看"要求，形成了一级抓一级、层层抓落实的廉政建设工作机制。深入推进反腐倡廉，健全惩治和预防腐败体系，强化对项目建设、涉农资金、扶贫资金使用等重点领域、重点部门和重点环节的监管，构筑源头防腐体系。严格执行中央八项规定，重点查处公款吃喝、公车私用、违规发放津补贴等违反八项规定案件10起，"四风"案件15起，9人受党纪政纪处理，起到了有力震慑和警示教育作用。

县政府常务会议

【第一次常务会议】1月4日下午，潘闽生县长主持召开县政府常务会议，研究竣邦房地产开发有限公司申请贷款扶持有关事宜，审议《建宁县2015年国民经济和社会发展计划执行情况与2016年国民经济和社会发展计划(草案)的报告(送审稿)》《建宁县2015年财政预算执行情况和2016年财政预算草案的报告（送审稿)》和《建宁县人民政府2016年工作要点(送审稿)》。

【第二次常务会议】1月11日上午，潘闽生县长主持召开县政府常务会议，研究2016年春节期间开展"送温暖"活动安排和2015年度安全生产工作责任目标考评事宜。

【第三次常务会议】2月18日上午，潘闽生县长主持召开县政府常务会议，研究招商银行贷款资金安排、建宁县新一轮城镇基准地价修编、挂牌出让建宁县里心镇永安路61号地块国有建设用地使用权、万星影城和亿兴大厦项目房地产部分转型以及溪口镇枫源百花乡村主题公园项目建设等事宜，审议《浦梅铁路(建宁段)征地补偿安置方案》(送审稿)和《建宁县应用房地产估价技术加强存量房交易税收征管办法（送审稿)》。

【第四次常务会议】2月25日上午，县长潘闽生主持召开县政府常务会议，研究财政资金外借整改、2016年公开招聘中小学幼儿园新任教师、推荐福建省道路交通安全综合整治工作先进个人等事宜，审议《关于促进全县工业经济稳定增长若干措施(送审稿)》。

【第五次常务会议】3月14日上午，潘闽生县长主持召开县政府常务会议，研究县人大代表建议及政协委员提案分办、建宁县安全生态水系项目争取国家第四批专项建设基金和推荐三明市安全生产工作先进个人等事宜，审议《建宁县2016年财政工作要点(送审稿)》和《建宁县2016年土地整治工作实施方案(送审稿)》。

【第六次常务会议】 3月25日下午，县长潘闽生主持召开县政府常务会议，研究盘活存量资产化解金融风险和延续扶持建筑业发展政策等事宜。

【第七次常务会议】 4月14日下午，县长潘闽生主持召开县政府常务会议，研究财政外借竣邦房地产开发有限公司资金整改、竣邦房地产开发有限公司建宁商贸城项目部分转型、调整规范政府投资项目招投标、与福建省地质调查研究院开展地质工作合作、转让处置部分县国有资产、清理2011—2013年上级专项转移支付结转资金、县翔飞工业发展有限公司向闽源电力有限公司借款、国家专项建设基金使用方案、调整县级行政许可项目、回购党校学员住宿楼BOT特许经营权项目经营性资产和干部人事等事宜。

【第八次常务会议】 4月28日上午，县长潘闽生主持召开县政府常务会议，研究解决铙山纸业集团有限公司应急转贷资金事宜。

【第九次常务会议】 5月16日上午，县长潘闽生主持召开县政府常务会议，研究县经济开发区斗埕二桥至污水处理厂简易道路委托代建、浦梅铁路建宁县南站土地综合开发、县路桥公司向省开发银行贷款、邹家和吴家地块国有土地上房屋征收补偿安置方案、调整残疾人就业保障金征收标准、确定县人民防空警报试鸣日和县政府领导分工调整等事宜，审议《建宁县基本农田保护补助资金使用管理办法（送审稿)》和《建宁县村级集体经济发展专项扶持资金管理暂行办法(送审稿)》。

【第十次常务会议】 6月6日下午，县长潘闽生主持召开县政府常务会议，研究收购县农行拟批量转让委托资产包、县首批拟启动实施旅游产业基础设施PPP项目、长江经济带珍稀树种保护与发展项目申报世行贷款、设立政府投资资金节约绩效奖、财政账户往来资金处理、设立县产业发展专项资金、收购县联丰造纸有限公司所持有刺桐红村镇银行股份、建宁一中向刺桐红村镇银行新增贷款、增加公交经营性亏损补贴和收回城小北侧林业局地块（南方国际项目)使用权等事项，审议《县企业应急转贷专项资金管理暂行办法(送审稿)》和等。

【第十一次常务会议】 6月7日下午，县长潘闽生主持召开县政府常务会议，研究收购陕西国际信托股份有限公司拟处置的华阳公司林木资产暨解决华阳公司系列问题。

【第十二次常务会议】 6月13日上午，县长潘闽生主持召开县政府常务会议，研究支持福建禾丰种业有限公司申请2016年第二批国家专项建设基金、给予铙纸集团应急生产周转资金支持、推荐三明市第四次民族团结进步模范集体等事项。

【第十三次常务会议】 7月13日下午，县政府党组书记、县长候选人陈显卿主持召开县政府常务会议，研究组建县扶贫开发投融资平台、西门莲塘游客服务中心房屋租赁、开展全县第四次森林资源规划设计调查、迎接国家三类城市语言文字评估验收、县级行政审批中介服务和前置审批清理、县政府领导分工和干部人事问题等事项，审议《建宁县2016年事业单位公开招聘工作人员实施方案(送审稿)》。

【第十四次常务会议】8月19日下午，代县长陈显卿主持召开县政府常务会议，研究新建县第二实验幼儿园项目、县经济开发区建设投资有限公司向宁化农发行贷款、县级行政许可和公共服务项目调整等事宜，审议《建宁县扶贫小额信贷资金管理暂行办法(送审稿)》《省道纵八线建宁福新至长吉公路新建工程征地拆迁安置实施方案(送审稿)》《个人使用国有土地建房违法用地的处理意见(送审稿)》《建宁县乡镇政府权责清单编制工作实施方案(送审稿)》等。

【第十五次常务会议】9月4日下午，代县长陈显卿主持召开县政府常务会议，传达贯彻全省深化基层医药卫生体制综合改革现场会精神，研究解决尚和国际A区扫尾工程项目建设事宜。

【第十六次常务会议】10月7日晚上，代县长陈显卿主持召开县政府常务会议，传达全市土地例行督察问题整改推进会精神暨解读国土资源重大政策调整，研究防汛物资储备采购、2016年重点流域生态补偿资金安排、福建东南建筑工程公司建宁分公司税收奖励、工程预算评价审核职能收回县财政局、县污水处理厂污泥安全处理处置、清理在编不在岗等“吃空饷”问题、快速通道旁县交通运输局农村公路养护中心处置、回购亿兴大厦部分写字楼、县不动产登记中心人员编制、2016年度农村地籍和房屋调查确权登记经费预算、县政府与福建建工集团总公司签订战略合作框架协议等事宜，审议《建宁县抗洪抢险应急救援预案(试行)(送审稿)》和《关于深化供销合作社综合改革的实施意见(送审稿)》。

【第十七次常务会议】10月25日上午，代县长陈显卿主持召开县政府常务会议，分析2016年第三季度经济运行形势和全县“五个一批”项目推进落实情况，研究乡(镇)政府权责清单编制工作、支持县社会福利中心(光荣院)附属工程建设、调整县城污水处理费、清理近年农资综合补贴和农作物良种补贴结余、县林业建设投资公司提前归还招商银行三明分行贷款、2016年新增地方政府债券资金安排、县国投公司为福建铙山纸业集团有限公司提供担保等事宜，审议《浦梅铁路(建宁段)房屋征收补偿安置方案(送审稿)》。

【第十八次常务会议】11月11日上午，代县长陈显卿主持召开县政府常务会议，研究水南新区马房村南侧地块(建宁商贸一期)出让合同纠纷、进一步深化城乡居民医疗意外伤害补充保险、城区一级环卫道路清扫保洁购买社会服务、禁毒有关工作、增加治安巡逻队员(交通协管员)、食品药品监管网格化管理、县市政公司与福建建工集团总公司共同投资设立一家二级建筑施工企业等事宜，审议《建宁县县域卫生服务体系规划(2016—2020年)(送审稿)》《建宁县全面参保登记计划实施方案 (送审稿)》《2016年建宁县财政扶持贫困村 (空壳村)集体增收项目补助资金使用方案(送审稿)》和《建宁县2016年三明市杂交种子产业发展资金使用方案(送审稿)》。

【第十九次常务会议】11月25日下午，代县长陈显卿主持召开县政府常务会议，研究出让濉溪镇建莲北路与民主路交叉口地块国有建设用地使用权、回购亿兴大厦部分写字楼、青莲巷020示范街(二期)整治工程、乡镇(公社)老放映员历史遗留问题、2016年县本级行政事业单位经费预算调整和有关部门在审计过程中存在问题的处理意见等事宜，审议《2016年政府工作报告(送审稿)》《千县农汇电商研究院落地项目合作协议(送审稿)》和《建宁县产业发展专项资金管理暂行办法(送审稿)》。

【第二十次常务会议】12月18日上午，代县长陈显卿主持召开县政府常务会议，研究加强县文物保护、调整2016年度中央和县财政扶贫资金投资渠道、与阿里巴巴(中国)软件有限公司开展“智慧县域服务”项目合作、居家养老落地服务、县农村信用合作社2016年定向增资扩股、兑现明一集团有限公司有关优惠政策等事宜，审议《建宁县特困人员救助供养实施办法(送审稿)》《加快推进生态文明先行示范区建设实施意见(送审稿)》《建宁县乡村教师支持计划(2016-2020年)实施办法(送审稿)》和《落实乡村教师生活补助制度实施方案(送审稿)》。

【第二十一次常务会议】12月29日下午，县长陈显卿主持召开县政府常务会议，研究建宁甘家隘风电场项目征租地、申报闽江源国家湿地公园、协调解决县住建局综合业务用房、协调处置福建闽赣汽贸有限公司贷款等事宜，审议《省道纵八线建宁福新至长吉公路PPP项目实施方案(送审稿)》。

县政府办工作

【概　况】2016年，建宁县人民政府办公室围绕中心，服务大局，扎实做好综合协调、以文辅政、政务督查等工作，充分发挥参谋助手作用，为确保政府工作的高效运转和县委、县政府各项决策部署的落实提供了有力保障。全年，撰写综合文字材料70余篇、30余万字；制发政府规范性文件786件，处理各类来文1627件；编发《建宁快讯》75期，向省、市政府办报送信息428条(篇)次，被采用66条(篇)次；县政府网站采用网上各类信息2301条，公开各类信息1732条；梳理跟踪督查事项62项，办结58项；承办领导批示件167件；督办人大代表建议95件、政协委员提案79件，办结答复率100%；协调有关部门，认真做好省、市领导来县检查和重大活动的后勤保障服务工作。

【综合协调】2016年，县政府办公室建立每周县政府重要工作预安排制度，加强与县委办、县人大办、县政协办和县直各部门、各乡(镇)之间的联系、沟通和协调。按照《突发事件应对法》要求，修订、完善应急预案，做好应急值守工作。完善公务接待制度，做好服务保障工作，先后完成省市工作检查、“为荷而来”中国建莲文化旅游嘉年华、“建宁花海跑”“中国自行车俱乐部联赛暨2016中国·建宁国际自行车公开赛”、央视《乡约》栏目到县采访等重大活动的后勤接待任务。顺利完成车改工作，进一步规范公务用车使用管理，没有发现违规违纪现象。

【办文办会】2016年，县政府办公室重视加强政策研究，积极改进文风，做好以文辅政工作，先后完成了县政府工作报告、经济工作会议、省市工作检查和省市领导到县调研汇报提纲等重要文件、领导讲话稿、工作汇报等综合文字材料的撰写工作，共计70余篇、30余万字。认真落实《党政机关公文处理条例》，做好县政府及政府办规范性文件的起草、印发和公文处理工作，全年制发政府规范性文件786件，处理各类来文1627件。坚持精简、高效原则，严格会议审批制度，做好会务服务工作。

【信息服务】2016年，县政府办公室紧贴县委、县政府的中心工作，围绕改革发展稳定大局，抓住重点，突出特色，认真做好政务信息“三服务”(服务发展、服务决策、服务落实)工作，为各级领导科学决策、推动工作提供及时、有效地信息服务。年内,与县委办联合,在《建宁快讯》正刊、增刊设置了专栏专题,及时反馈全县各级各部门开展“两学一做”学习教育、脱贫攻坚、生态文明建设等方面的新进展、新情况,全年编发《建宁快讯》政务信息75期;上报信息《建宁县加快旅游产业新一轮发展》,被省政府办公厅《今日要讯》等专刊采用刊登。全年,共采编报送省、市政府办政务信息428条(篇)次,被采用66条(篇)次。

【督查工作】2016年,县政府督查室围绕县委、县政府的重大决策部署和省、市关注的重点、难点问题进行分解立项,开展督办检查,努力做到“事事有着落,件件有回音”。对“四转四争”和“三挂三帮”活动开展情况、重点项目建设、招商引资、精准扶贫等中心工作,定期进行督查;对全县烟叶、莲子种植、城区夜市烧烤摊点、黄标车整治等工作进展情况,进行专项督查;对省、市工作检查迎检项目,定期跟踪督查;对县政府常务会议及专题会议议定事项和领导批示查办件,深入现场督查;对县政府中心工作和重大决策部署实施情况,特别是“五个一批”重点项目建设情况,联合县纪委、县委组织部等单位组成督查组,强化督查检查,推动工作落实。全年,共梳理跟踪督查事项62项,办结58项;承办市委、市政府交办督办事项21项,转办承办市政府领导批示件8件,承办县政府领导批示件42件;开展专项督查督办11次,编发《督查反馈》12期、《情况通报》24期,通报下发《县长重要批示件》8期;督办人大代表建议95件、政协委员提案79件,代表建议和委员提案办结答复率100%。

【网站建设】建宁县人民政府门户网站始建于2007年。县政府高度重视网站建设,每年安排2万元作为网站日常工作经费,并将网站建设其他费用列入专项经费支出。县政府网站现有1名专职工作人员和1名临时外聘人员,负责网站管理、内容发布及子站监管等相关工作;各乡(镇)、县直部门子站,确定由办公室主任负责,并配备了专(兼)职人员,负责网站日常维护及信息收集、上报等工作。年内,县数字办根据省政府办公厅《关于做好全省政府网站普查抽查的通知》(闽政办函〔2016〕59号)要求,加大普查整改力度,做好自查自纠工作。对14个县直单位子网站进行了申请关停,将其网站内容迁移至县政府门户网站技术平台进行统一管理,并在县政府门户网站首页添加了“我为政府网站找错”监督举报平台入口。与此同时,以政府门户网站的建设与应用为基础,大力推进公共管理和社会服务的信息资源共享,提高信息共享程度和公开程度。

【电子政务】2016年,建宁县数字建设办公室(县政府办下设参公事业单位)认真学习各地优秀政府网站的好经验、好做法,围绕发挥政府网站“信息公开、网上办事、公众参与”三大功能,对县政府网站进行了栏目调整、内容补充和软硬件整改,规范内容更新、信息发布、政策解答、协同联动等工作规程,完善网站设计、页面链接、站群运维等技术规范,进一步提升网络服务功能。2016年,县政府门户网站设有动态与公告、走进建宁、信息公开、网上办事、招商引资、公众参与、专题专栏等9个主栏目,并在首页显著位置开设专栏转载国务院重要政策信息。按照政务公开要求,全年发布各类信息5353条(不含子网站),其中聚集莲乡栏目378条、政务信息栏目892条、莲乡动态栏目963条;按照政府网站“信息公开、与民交流、在线办事”便民服务要求,在县政府门户网站上公布了县政府各部门的《信息公开目录》《信息公开指南》,在首页开通了建宁县12345服务平台、咨询求助、网上调查、建言献策等通道;全年邀请相关乡(镇)、县直部门单位制作7期在线访谈节目,并在网上开展"最美人物"评选等互动活动,引起广大网友的关注和参与,充分发挥了政府网站政府信息公开的主渠道作用,推动了电子政务工作的深入开展。

外事、侨务

【概　况】2016年,建宁县人民政府外事侨务办公室根据国家外事管理、侨务工作有关法律法规和政策规定,围绕中心,主动作为,认真做好外事管理和侨务工作。全年,审核上报科级干部因公出国2人次、因公赴港1人次,帮助出口型企业办理出国(境)手续3批7人次。与此同时,配合县侨联等有关部门,组织开展了涉侨法律法规和政策宣传、侨情调查及建立资料库、扶贫济困、编纂《建宁华侨史》、建设侨捐项目信息库等工作。

【外事管理】2016年,县外侨办严肃外事纪律,加强因公出国(境)管理;着眼企业"走出去",为企业管理人员办理出国手续和多次往返港澳通行证续签提供快速便捷服务。全年,共审核上报科级干部因公出国2人次、因公赴港1人次;为企业办理APEC商务旅行卡3本,帮助福建文鑫莲业有限公司、龙威生物科技有限公司等企业办理出国(境)手续3批7人次。

【侨务工作】2016年,县外侨办转变工作作风,积极开展下访活动,加强涉侨法律法规和政策宣传,做好送政策、送医疗下乡服务等工作;配合县侨联开展侨情调查,摸清侨情基本情况,建立困难归侨、侨眷和侨企资料库;加强侨务信访工作,维护侨胞侨属的合法权益;认真落实上级有关政策,继续做好散居农村无房困难归侨户的摸底核实、困难归侨生活补助资金发放,以及困难归侨、侨眷和侨企困难职工的走访慰问和扶贫济困工作;开展《建宁华侨史》编纂工作,已完成初稿;加强侨捐项目信息库建设,已完成全县侨捐项目的收集、整理、汇总工作。

金融工作

【概　况】2016年,建宁县人民政府金融工作办公室认真贯彻落实党和国家的金融方针政策,发挥综合协调职能,会同人行、银监和银行业金融机构,强化风险防控、维护金融秩序、化解贷款难题,确保全县金融形势总体平稳。截至2016年年末,全县银行业金融机构各项存款余额68.24亿元,比年初增加6.86亿元,增长11.18%,增长率居全市第7名;各项贷款余额31.4亿元,比年初增加0.67亿元,增长2.18%,增长率为全市第5名;不良贷款余额0.91亿元,比年初下降0.14亿元,不良率为2.90%,比年初下降0.51百分点,不良率考核全市第2名。

【金融风险防控】年初,根据市政府下达指标,县委、县政府制定了将不良率控制在3%以内,不良贷款控制在8000万元以内的目标任务。成立了金融风险防控工作领导小组,由县党政主要领导任组长,县金融办、人行、银监办等部门负责人为成员。结合开展"三挂三帮"和"四转四争"活动,确定14位县领导挂钩11家重点化解风险企业或系列,明确将5家不良贷款企业或系列作为重大难题进行重点攻关。加强不良贷款监控和预警工作,对11家重点化解风险企业或系列实行"一企一策",建立县领导挂钩处置风险企业责任制和"四个一"工作机制，即"一个风险企业、一位县处级领导挂包、一个专项工作小组、一个帮扶化解方案"，逐一落实化解措施。县委8月、9月召开两次专题会议，对信贷风险防控工作进行研究部署，并完善2016年度金融工作考评办法，组织开展督查工作，切实抓好市政府《关于做好盘活存量资产化解信贷风险的指导意见》的贯彻落实。对一些重大风险，实施"一天一汇报、一周一碰头、一月一例会"制度，县主要领导每月至少召开一次会商处置会议，部署不良贷款化解和防范工作。通过努力，防控不良贷款工作取得明显成效。截止12月末，全县共处置化解不良贷款7963万元。

【金融秩序维护】 加大金融案件的处置力度。县法院制定了《建宁县人民法院关于建立和完善执行联动机制构建社会诚信体系工作的实施意见》，多次召集执行局和相关金融机构会议，商讨不良贷款案件的处置工作，将银行贷款诉讼案件列为重点处置案件，实行"快审、快判、快执"，并将不良贷款涉诉案件详列清单，明确责任人、挂钩领导和处置时限，加大力度进行处置。县公安局根据"政府主导、警银联动、多方协作、打防并重"的原则，制定下发《建宁县公安局关于全县公安机关集中打击恶意逃废债专项整治行动实施方案的通知》等文件，组织开展了逃废债专项治理。法院、公安密切配合，对银行提请协调送达难案件9件，已顺利解决5件；对银行提请协调执行难案件23件，已顺利解决18件；开展以物抵债金额2320万元；在本县主流媒体公布恶意逃废债企业及个人132件。开展清理公职人员"三欠"（即信用卡恶意透支，个人贷款、担保逾期未还）专项行动。9—10月，根据市委、市政府的部署，由县金融办牵头，组织开展了公职人员"三欠"情况调查摸底和约谈工作，县长、县纪委书记、县委组织部部长和县政府分管副县长对存在不良贷款的23名科级干部进行集体约谈，县纪委书记、县委组织部部长和县政府分管副县长对115名一般公职人员进行集中约谈。约谈后一个月内，共清收现金46笔，合计本息89.3万元，其中结清13笔，涉及本息63.2万元；通过转贷等方式转入正常5笔，涉及本息163万元；新达成还款协议36笔，合计本息286万元。

【贷款难题化解】 2016年，县金融办针对全县银行贷款权限普遍上收、自主权不足的问题，要求各银行坚决落实省政府"五不承诺"(不减少信贷规模、不釜底抽薪、不提高续贷门槛、不随意抽贷、不随意压贷)规定，鼓励银行积极向上争取更多的信贷支持；积极向银行推荐有信贷需求的重点项目和龙头企业，支持银行多放贷；指导企业精准对接信贷政策，帮助企业争取信贷支持。全年，合计增贷21040万元。与县经信局等单位密切配合，建立资金需求库，推出重点信贷项目19个，涉及资金约2.2亿元；每月至少开展一次银企对接活动，搭建政银企合作平台，实现企业与银行"一对一"无缝对接。用好政策引导工具，根据《金融机构专项对公存款激励办法》规定，县财政拿出1亿元对公存款进行统筹，激励各行增贷；县金融办与扶贫办密切协作，出台建宁县《扶贫小额信贷资金管理暂行办法》，设立1200万扶贫小额信贷风险保证金，拉动贷款6000余万元。学习沙县经验，与本县及域外多家银行达成协议，组织园区和融资担保公司开展担保、按揭贷款业务，促成县信用联社为同越管件公司成功放贷220万元，解决企业融资难和担保难的问题。

信访工作

【概　况】2016年，建宁县信访局认真贯彻落实习近平总书记关于信访工作要遵循“三到位一处理”原则的指示精神，全面推进“阳光信访、法治信访、责任信访”建设，努力做好信访工作，积极营造和谐稳定的良好社会环境。全年，全县信访总量156件846人(次)，其中：进京上访3批3人(次)；到省上访2批20人(次)；到市上访8批57人(次)；到县上访133件766人(次)；本县来信10件。全县信访工作总体态势基本平稳。2017年2月，黄雪娇被福建省人力资源和社会保障厅、福建省委省政府信访局授予“全省信访系统先进工作者”荣誉称号。

【信访责任制落实】县委、县政府将信访工作列入全县综合考评范围，层层落实信访工作责任制，并调整充实了县信访工作联席会议领导成员和各专项问题小组工作力量。县主要领导经常听取信访工作汇报，通过县委常委会“一月一议”，分析信访态势，研究解决信访工作中存在的问题。县委书记郑剑波亲自主持召开了“尚和国际”房地产企业逾期交房、“11.4”凶杀案集体访等信访维稳专题会议，县政府主要领导多次对征地拆迁、交通事故等方面的热点难点信访问题作出指示，其他领导主动接访，包案化解了14起疑难复杂信访积案。扎实开展领导干部每月定期接待群众来访活动，全年县领导共参与接待群众来访76批次387人(次)，畅通信访渠道，有效化解了一批信访突出问题。

【重点信访事项】化解信访积案。将省、市通报的以及本县可能引发群体性上访、进京上访等重点信访问题列为积案，要求各责任单位按照责任要求，抓好积案的化解和稳控工作，实行每月一汇报，每季一通报。年内，由县领导包案牵头协调，有效化解了4件省、市通报的信访积案。整治非正常上访。县联席会加强排查，将可能进京非正常上访的重点对象及重点信访事项及时通报给各责任单位，并跟踪落实措施，做好稳控化解工作。同时，加大依法处置力度，引导群众依法逐级反映诉求，全年依法处理3起4人到县政府缠访、闹访行为，有效维护了信访秩序。化解信访事项。年内，共发生1起“三跨三分离”信访事项，经县联席办、包案领导、责任单位、责任人共同做工作，成功予以化解。

【源头信访预防】注重矛盾排查。坚持“每月一排查，季度大排查，敏感时期滚动排查”制度，全年开展定期排查9次，查出各类矛盾纠纷26件次，敏感时期不定期排查出各类矛盾纠纷40件次。认真做好重点人员稳控工作，已保持连续多年重大活动期间无到市到省进京非正常上访。注重风险研判。充分发挥社会稳定风险评估中心作用，认真落实社会稳定风险评估机制，坚持从政府决策源头上预防信访问题的发生。注重“三无”创建。把开展创建“三无”乡(镇)、村活动摆上重要议事日程，作为年终考评依据，加强督促检查，促进活动开展。注重调解工作。全县共评聘平安中心户长416名，全年调解或帮助调解各类矛盾纠纷235起，调解成功228起，调解成功率为97%。3月15日，新华网以《最后一道防线如何筑牢》为题，介绍了建宁县开展平安中心户长评聘管理工作经验。

(何金发)

行政服务

【概　况】2016年，建宁县人民政府行政服务中心管理委员会大力弘扬“马上就办”精神，持续推进行政服务机制体制改革，建立健全政府信息公开工作机制，切实加强公共资源交易平台建设，为加快建设福源建宁营造了良好的政务环境。全县办理审批业务109273件，同比增长2.3%，其中网上办件1382件，网上审批系统建设居全市前列，制作、获取的政府信息总数为2543条，完成进场各类公共资源交易242宗。年内，被市文明委评为“学雷锋示范岗”，被市妇联评为“巾帼文明岗”。

【服务平台建设】 推进行政（政务）服务体系建设。根据县政府的要求，抓好新业务用房装饰装修工程建设，分别于4月21日、5月10日完成了装饰装修工程公开招投标和智能化系统及中央空调的公开招标采购工作；按照“分级管理、逐级指导”原则，突出“审批向中心集中、服务向基层延伸”，持续推进县、乡、村政务服务体系建设，新建成黄坊乡便民服务中心，全县9个乡（镇）便民服务中心窗口入驻90余人。推进县重点项目全程代办工作。年内，完成了绿森能源科技有限公司、星辉食品退城入园等项目的全程代办服务。推进网上审批系统建设。根据省、市部署，着力抓好审批服务事项信息录入、更新及人员培训等事项，与省、市网上办事大厅实现互联互通。2016年，省网上办事大厅建宁分厅行政审批事项开通比例99.6%，公共服务事项开通比例100%，居全市前列，全年网上办件1382件。

【“放管服”改革】 规范审批服务。根据上级要求，对县政府公示确认的213项县级行政审批事项、169项公共服务事项的申报材料、办事流程、办理时限、收费项目等进行梳理规范，督促全县35个审批服务部门制定《行政审批审查工作细则》，规范审批服务行为。简化办事流程。严格落实“十个凡是”的要求，清理办理本级行政审批和服务事项及相关证照所需的申报材料，全县精减各类申报材料89项，精减率10.6%，办理时限压缩54个工作日，审批环节减少27个，实行窗口即办事项186项。深化商事改革。全面推行新登记企业“三证合一”电子证照，实现企业登记注册“一套材料、一表申报、一站办结”。全县发放统一信用代码营业执照1818份、电子营业执照1491张，其中外资统一信用代码营业执照23份，电子营业执照23张。

【政府信息公开】 按照《中华人民共和国政府信息公开条例》要求，进一步健全政府信息公开工作机制，稳步推进政府信息公开工作。2016年，全县各级各部门制作、获取的政府信息总数2543条。其中：主动公开2427条，占95.4%；依申请公开56条，占2.2%；不予公开60条，占2.4%。在主动公开的2427条政府信息中，各级政府主动公开896条，各级政府部门主动公开1531条，全文电子化率达100%。全县各级各部门主动公开的政府信息类别主要包括：机构职能类信息占17.1%，政策、规范性文件类信息占16.5%，规划计划类信息占8.8%，行政许可类信息占4.3%，重大建设项目信息占3.4%，为民办实事类信息占13.4%，民政扶贫救灾社会保障就业类信息占6.5%，国土资源城乡建设环保能源类信息占7.7%，科教文体卫生类信息占6.0%，安全生产、应急管理类信息占16.3%。

【公共资源交易】 进一步整合公共资源交易机构，统一交易规则，共享平台资源，优化平台服务，加强监督管理。主要措施：一是拓展平台交易范围。根据省、市公共资源交易管理目录，积极拓展交易范围，延伸交易领域，分批有序推动其它类别公共资源交易项目进场交易，杜绝规避监管，严禁场外运作，促进公平竞争，优化市场环境。二是强化制度体系建设。完善交易服务流程和标准，指导进驻中介机构规范运作，全县窗口挂牌备案各类中介机构99家。三是推进电子交易平台建设。与市级平台对接互联，建成分类清晰、功能互补、互联互通的电子招投标系统，推进电子招投标系统异地远程评标工作，加快实现交易全流程公开透明和资源共享。2016年，全县进入中心的各类交易242宗，同比增加45.78%；交易总金额37194.45万元，同比减少8.41%。在242宗各类交易中，工程建设148宗，中标金额35420.61万元，同比减少10.77%，节支2351.33万元；政府采购87宗，中标金额1652.05万元，节支71.33万元；产权交易6宗，交易额50.19万元，增收1.32万元；土地招拍挂1宗，成交金额71.60万元。全年共增收1.32万元，节支2422.66万元。

（孔国英）

机关效能建设

【概　况】 2016年，建宁县机关效能建设领导小组办公室围绕中心，服务大局，组织开展了“比服务”活动和“抓服务、重效率”督查行动，落实“马上就办”，积极简政放权，强化效能督查，开展绩效评估，进一步加强机关效能建设。全年，共受理效能投诉件21件，办结21件，办结率100%；对12名干部进行了效能问责，其中诫勉教育10名，通报批评2名。

【“马上就办”常态化】 开展“马上就办”宣传活动，引导干部职工牢固树立“满意第一”的理念，进一步增强服务意识。完善体制机制，健全“马上就办”事项清单制、“马上就办”自查自纠制、“马上就办”公示公开制，实现“马上就办”制度化常态化。开展“四转四争”“三挂三帮”和“比服务”活动，积极为基层、企业和群众办实事、解难题，以优良的作风推动发展。推进行政服务标准化建设，完善县行政服务中心及分中心规范化管理和服务机制，推行“一站式”服务，鼓励各审批部门将部分承诺件转化为即办件。开展“抓服务、重效率”督查行动，全面实行首问负责制、服务承诺制、一次性告知制、限时制和一站式办理制，要求做到即办事项当场办结、承诺事项限时办结，严厉查纠各单位及其工作人员“庸懒散拖”等问题。

【推进简政放权】 清理行政审批事项。在承接省、市下放行政审批事项98项，保留县级行政许可项目213项、公共服务项目169项的同时，按照有关规定，不再保留非行政许可审批类别。清理县级前置审批、涉审中介服务事项。全面清理后，全县前置审批事项共有158项，行政审批涉及的中介服务项目共有49项，挂牌入驻县行政服务中心的各类中介机构共有99家。编制乡镇权责清单。各乡(镇)权责事项，经审核确认：濉溪镇200项，溪口镇194项，均口镇、里心镇各193项，黄埠乡、黄坊乡、客坊乡、溪源乡、伊家乡各188项；县直部门派驻机构权责事项共有722项。实现了县、乡(镇)两级权责清单全覆盖。

【效能监督检查】 开展“五个一批”项目督查。联合县纪委、“两办”督查室、发改局，对全县“五个一批”项目实施全程跟踪督查。全年，开展项目督查23次，通报12期。加强重点工作效能督查。以县委、县政府安排和交办的重点工作为主线，有针对性地开展专项监督检查。年内，组织开展了7次精准扶贫专项督查、4次简政放权专项督查、3 次人大建议办理情况专项督查、3 次财政资金清理情况专项督查、4 次重大会议会风会纪督查、3 次创城专项督查、10 次防灾督查、5 次河长制及农村环境卫生督查。开展群众重要投诉件核实督查。用好 3980253 效能投诉电话、12345 政务服务平台，及时受理群众投诉，认真查办投诉案件。全年，共受理效能投诉件 21 件，办结 21 件，办结率 100%。与此同时，适时开展专项行动、明察暗访，对 12 名干部进行了效能问责，其中诫勉教育 10 名，通报批评 2 名。

【政府绩效评估】 以创“三优”活动为抓手，扎实开展政府绩效评估工作。年初，根据三明市机关效能建设领导小组《关于印发 2016 年绩效管理工作方案的通知》(明效综〔2016〕2 号)精神，制定下发了《2016 年度市对县绩效管理考评工作方案》，把每一项绩效评估指标落实到具体的责任单位，明确职责，规范管理。年中，做好初评工作。年终，根据考评方案，加强组织领导，认真做好迎检工作，坚持做到采集数据翔实可靠，管理方法科学规范，确保顺利通过市对县的政府绩效评估考评。

(谢建平)

机关事务管理

【概　况】 2016 年，建宁县机关事务管理局围绕中心、搞好服务，在认真做好机关后勤保障、公共机构节能、驻村扶贫帮困等项工作的同时，按照上级的安排和部署，顺利完成了全县办公用房清理腾退工作和公务用车制度改革任务。

【机关后勤保障】 加强财务管理。本着“以收定支，量入为出，保证重点，兼顾一般”的原则，严格执行财务管理制度，做好日常经费开支、社会保险费缴纳、固定资产登记、工资核算、财务审批、票据管理等工作。优化办公环境。将档案馆及办事服务中心和原政府机关大院的绿化、保洁、安保等事项，通过招投标由中标者实行社会化管理，提升办公区的整体管理水平；加强对办公区水、电、空调、电梯和会议室音响、灯光及监控室监控设备等设施的日常检查和维护保养，确保正常、安全；实行 24 小时值班制度，健全治安防控体系，做好上访人员疏导和防火、防盗等工作。搞好后勤保障。根据县委、县政府的要求和部署，在接待方式、方法和内容等方面不断推陈出新，提升服务水平，坚持热情周到，注重勤俭节约，认真做好全县大型会议和重大接待任务的后勤保障工作。

【清退办公用房】 按照中办、国办《关于进一步做好办公用房清理整改工作的通知》(中办发〔2014〕64 号)要求，对全县领导干部办公用房进行全面摸底，对其办公地点、单位性质、单位级别、编制人数、存在问题的人员数量和面积及办公用房使用情况进行认真梳理、统计、汇总，对照国家发改委和住建部颁布的《党政机关办公用房建设标准》(发改投资〔2014〕2674 号)，认真开展办公用房清理腾退工作，督促办公用房超标单位抓好整改落实。

【公车制度改革】 根据三明市委办公室、市政府办公室印发的《三明市公务用车制度改革实施方案》(明委办发〔2016〕27 号)精神，成立县公务用车制度改革领导小组，明确各相关单位的工作职责和要求；会同县财政局、县人社局等有关部门，按照职能分工，结合县实际，制定《建宁县公务用车制度改革实施细则》；12 月 12 日，召开全县公务用车制度改革工作会议，进行动员部署。截至 12 月底，建宁县公务用车制度改革工作基本完成。市里核定全县公务用车保留编制数178辆,实际保留车辆173辆,其中机要通信、应急、调研接待等用车27辆,执法执勤用车63辆,特种专业技术用车13辆,乡(镇)公务用车18辆,平台集中管理车辆52辆(由县机关服务中心负责用车平台管理,委托福建闽通长运股份有限公司建宁分公司运营,配备相应司勤人员,为县直部门(单位)提供公务出行保障服务)。截至12月30日,全县共封存公务车辆56辆,做到应收尽收、应封尽封。

【节能创建工作】 制定下发《2016年度公共机构节约能源资源工作实施方案》,对全县公共机构节能工作进行安排部署;利用宣传栏、横幅,发放《节能小常识》,开展能源紧缺体验活动等,积极开展节能宣传周活动,提高全社会对节能工作的关注度;扎实开展节约型公共机构示范单位创建工作,提升节能成效;实行新的能耗统计制度,规范上报程序,按时上报能耗统计数字。

【扶贫帮困调研】 2016年,根据县委、县政府的部署,继续挂包溪口镇高山村。为确保扶贫工作取得实效,由局长带队,组织人员深入高山村进行调研,制定帮扶计划,开展扶贫工作。年内,筹集帮扶资金5万元,用于改善村部办公条件;春节前夕,局领导带队给高山村6户困难家庭送去慰问金共计3000元。

(邱捌圆)

2016年7月24日,建宁县里心镇花果山采摘季 (里心镇提供)

政协建宁县委员会

编辑:罗瑞忠

综 述

2016年,县政协常委会高举爱国主义、社会主义旗帜,紧紧围绕打造闽赣省际生态产业集聚区发展定位,认真履行政治协商、民主监督、参政议政职能,充分发挥协调关系、汇聚力量、建言献策、服务发展作用,为促进全县经济社会发展做出积极贡献。

维护核心,把握方向,不断增强政治共识

县政协常委会深入贯彻习近平总书记关于"懂政协、会协商、善议政"的工作要求,牢牢把握人民政协是发扬民主的平台、政治协商的平台、统一战线的平台的属性,正确认识人民政协的性质、地位、作用。充分发挥人民政协作为协商民主重要渠道和专门协商机构的作用,扎实有序推进政协协商民主建设。努力把县委的意图转化为政协组织和委员的自觉行动,确保党的路线方针政策和县委的决定、决议在政协工作中得到全面贯彻落实。同时坚持将政协工作要点报经县委同意,保证政协工作方向,与县委保持高度同频共振。充分发挥政协党组在政协工作中的领导核心作用和党员的先锋模范作用,为有效履行职能提供组织保证。

围绕中心,服务大局,扎实推进协商民主

县政协常委充分利用全会协商、专题协商、对口协商、提案协商等形式,发挥专委会履职平台作用,加强与政府职能部门的沟通联系,协商范围涉及全县经济、政治、文化、社会、生态文明建设的方方面面,提出了许多有价值的意见和建议。委员们就加强水土保持、"建莲"品牌保护、建设美丽乡村、发展物流产业、完善城区功能布局、老城区供水管网改造、"十三五"规划编制、社区建设、推进精准扶贫打赢脱贫攻坚战、农田基础设施管护、治理河道非法采砂石等专题或课题,与县直单位开展对口协商,商请部门领导通报情况,解答委员疑问,使委员在知情明政中协商建言,献计献策。并健全和完善主席会议督办重点提案、专委会对口督办、提案委协调督办、委员参与督办等制度,采取民主评议、情况通报、专项视察、协商座谈和办理工作"回头看"等方式,促进提案的办理落实。

紧扣重心,探究实情,建言献策共谋发展

调查研究是做好做实参政议政的重要基础,以《调查与献策》等形式向县委、县政府及有关部门报送10多篇调研报告。紧扣重点项目推进、主导产业培育、电子商务、城镇建设与管理等重点工作组织专题视察,听取县政府及有关部门通报情况,提出一系列建设性的意见和建议,在坚持通过有关会议、建议案、提案、委员调研视察实施民主监督的同时,选派10多名政治素质好、工作热情高、具有相关专业特长的委员,担任司法机关和政府部门监督员,参与机关及其工作的民主评议,对群众关注的热点、难点问题进行民主监督。组织委员参加各类听证会、征求意见、民主评议、行风监督、公开测评、事业单位招考等民主监督,促进了部门、行业作风的转变和服务质量的提高。

凝聚人心，团结联谊，发挥桥梁纽带作用

全面落实党的民族宗教政策，保持与民族宗教界代表人士的良好沟通，经常深入少数民族村、宗教团体调研走访，主动关心、及时反映少数民族同胞和信教群众的意见和诉求。注重政协的团结面和包容性，合理设置政协界别，努力把新的社会阶层人士和各方面的代表人士吸纳到政协组织中来；积极开展党政有关部门同政协有关界别之间、各个不同界别之间的协商交流；畅通民意诉求渠道，维护社会公平正义，引导各界群众正确认识和处理各种利益关系，加深理解，扩大共识，促进了社会各阶层的团结和谐。加强与省、市政协的联系，积极争取省、市政协的工作指导，协助做好省政协下派驻村工作，承办了省《政协天地》杂志 2015 年宣传工作会议、第八届三明市政协论坛等政协活动；加强与异地商会、在外乡贤的联系，通过走访、座谈，引导他们回乡创业支持建宁发展；加强与各地政协的联系，做好各地政协到建宁县调研考察的服务工作；同时，组织委员到外地政协学习考察，交流探讨新形势下履行政协职能的新思路、新途径，积极宣传建宁、推介建宁。加强文史资料工作。2016 年出版《中国稻种第一县》综合史料辑，有效发挥文史资料存史、资政、团结、育人作用。

体察民心，助力民生，始终坚持以人为本

围绕改善民生、维护和谐稳定，倾听群众心里话，了解群众身边事，广泛搜集社会各界意见建议，向省、市政协报送社情民意信息专报件，其中《关于对绿化造林工作的十点建议》《关于将建宁经宁化至长汀高速公路列入“十三五”规划的建议》等专报件被省政协采用，送呈省委、省政府领导阅示；《关于高峰时段增加公交车班次的建议》《关于推广黄花梨套袋技术和提升黄花梨包装质量的建议》等社情民意信息得到县委、县政府主要领导批示。积极参与工业经济、旅游开发、现代农业、社会事业、城市建设、征地拆迁、慈善事业等全县重点工作和阶段性工作，充分发挥政协联系广泛的优势，协助企业引进资金、技术和人才，及时协调解决建设中的具体问题，推动各项工作有序开展。扎实开展精准扶贫。组织帮扶部门协助村里研究精准扶贫发展规划、年度工作计划和贫困户脱贫方案，积极协调相关部门安排扶贫项目和专项资金，解决具体问题。县政协机关联系黄坊村，为贫困户制定帮扶措施，帮助村和贫困户解决生产生活中的问题，促进黄坊村精准扶贫工作顺利开展。

一体同心，固本强基，推进履职能力建设

充分发挥委员主体作用，从健全机构和完善机制着手，明确委员的职责，规范委员履职行为，制定委员学习培训、联系界别群众、履职考评等制度，适时增补委员，优化委员队伍结构。积极开展优秀委员评选活动，增强委员的积极性和主动性。加强专委会建设，充分发挥专委会的职能作用。结合实际，修订《政协建宁县委员会专门委员会通则》，进一步细化专委会的工作职责范围、权限，使专委会的工作更加明确、具体；加强专委会机构建设，结合专委会的工作职能，把政治素质高，有较强专业知识，热心于政协工作的委员选拔为专委会负责人，促进专委会工作的开展；发挥专委会上通下达的工作优势，充分调动委员的积极性，增强委员从群众中采集信息，从活动中捕捉信息，从委员提案中筛选信息的能力，主动、及时反映社情民意；结合工作职能不断增强与对口部门的联系与合作，最大限度地争取对口部门对专委会工作的配合和支持。全面推进政协机关建设，扎实开展“三严三实”专题教育和“两学一做”学习教育，切实加强政协机关思想、组织、作风、制度和党风廉政建设，确保干部忠诚、干净、担当，有效推动了政协工作作风的整体转变。以建设“委员之家、服务之家” 为目标，进一步推进政协履职制度化、规范化、程序化、信息化进程,以绩效考核为切入点,加强干部队伍管理和工作管理,不断提升机关服务水平和保障履职能力。

重要会议

【政协建宁县九届五次会议】 2016年1月17日至20日,召开政协第九届建宁县委员会第五次会议,会议审议通过了廖鲁言代表政协第九届建宁县委员会常务委员会所作的2015年常委会工作报告,许银燕代表政协第九届建宁县委员会常务委员会所作的2015年提案工作情况的报告,共有130多名委员出席会议。

【政协建宁县十届一次会议】 2016年12月18至21日,召开政协第十届建宁县委员会第一次会议,会议审议通过了杨宗群代表政协第九届建宁县委员会常务委员会所作的五年以来常委会工作报告,陈华秀代表政协第九届建宁县委员会常务委员会所作的五年以来提案工作情况的报告,共有142名委员出席会议。会议选举陈海涛为政协第十届建宁县委员会主席,杨宗群、陈华秀、陈朝利为副主席,甘宝爱等21人为常务委员。

主要活动

【参政议政】 2016年,县政协紧紧围绕县委、县政府中心工作,组织委员深入基层、深入一线开展调研活动,通过走访、座谈、察看等形式,广泛深入了解情况。全年县政协召开1次全会(即:县政协十届一次全会),政协常委会4次,主席会议12次,组织委员调研20次、视察5次、专题协商7场,形成调研视察协商报告11篇、建议案2篇,委员提交提案106件。撰写了"关于我县发展民宿经济""关于加强城区环卫管理工作""关于我县路网建设情况"3篇调研报告。围绕群众普遍关心的问题,组织委员与相关部门开展对口协商,在充分协商的基础上,撰写了"关于加强市政设施吊桥维护工作""关于加强渔业资源保护和利用""关于加强农田基础设施管护""关于增强农家书屋实效"4篇对口协商报告,为县委、政府科学决策提供了参考依据。县政协报送的《恢复低定量高档薄型特种纸出口退税政策的建议》信息被省政协作为专报件刊登。

【民主监督】 2016年,继续实行向县直有关部门推荐选派民主监督员制度。在坚持通过有关会议、建议案、提案、委员调研视察实施民主监督的同时,选派40多名政治素质好、工作热情高、具有相关专业特长的委员,担任司法机关和政府部门监督员,参与机关及其工作的民主评议,对群众关注的热点、难点问题进行民主监督。组织委员参加各类听证会、征求意见、民主评议、行风监督、公开测评、事业单位招考等民主监督,促进部门、行业作风转变和服务质量的提高。

【委员视察活动】 2016年,以政协专委会和界别为载体,紧紧围绕全县经济社会建设,坚持把专题视察作为履行民主监督职能的重要手段。新环保法的颁布实施,对环保工作提出了新的要求,为了促进新环保法的贯彻实施,组织委员对全县新环保法贯彻实施情况开展视察。针对县非物质文化遗产保护方面存在的问题,组织委员对全县非物质文化遗产保护工作开展视察;与此同时,还组织委员开展"发挥农村新型经营主体作用""全县创建小微企业创业创新基础示范工作"等方面的视察,通过视察,撰写情况报告,有针对性地提出意见、建议,有效促进相关工作的开展。相关部门高度重视,并认真采纳。

【协商民主】 在召开县政协九届五次会议期间,精心安排大会发言、分组讨论。组织委员就经济社会发展中的热点、难点问题进行大会发言。十届一次会议期间,邀请县住建局、农业局、教育局等部门在大会上作提案办理情况的报告。委员围绕政府工作报告及其他报告,与党政领导面对面开展协商讨论,在协商中增进共识、凝聚力量、形成合力。突出常委会议专题协商功能,按照“党政所思、群众所盼、政协所能”的要求,经过县委、县政府审定,把加强社区建设和推进精准扶贫列为常委会协商课题,由主席、副主席分头带队,组织委员深入部门、乡村实地调研,召开了多场座谈会,广泛听取各方面的意见和建议,在此基础上形成了“关于加强社区建设工作”“关于推进精准扶贫,打赢脱贫攻坚战”的建议案。

【提案工作】 印发《提案选题参考题目》,组织委员深入基层,广泛调研,与群众零距离接触、面对面交流,广开言路,问计于民,提案质量得到提高;县委、县政府高度重视提案办理工作,县政协主动跟进,积极构建政协领导、专委会和界别委员“三位一体”督办提案机制和“提”“办”双方互为主体、双向评议新平台;同时,采取调研视察与重点提案督办相结合的方式,确定了“关于富强石材转型升级的建议”“关于加快我县工业园区规划优化调整的建议”“关于规范小区物业管理,提升城市管理水平的建议”“关于规划建设名优农产品购物市场”等重点提案,采取主席会议成员牵头跟踪督办的方式,强化提案建议的落实,有效提升了对相关工作的监督实效。九届五次会议以来,共收到提案79件,内容涉及政治、经济、文化和社会事业等各个方面,办复率100%,满意率98.2%。

【文史工作】 协同相关部门组织政协委员开展文化、科技、卫生“三下乡”活动,深入有关乡镇第一线,广泛宣传文化、科技、卫生及法律知识,让群众足不出户就能观赏精彩的文化艺术,掌握相关的法律法规和农业科技知识。充分发挥文史资料“存史、资政、团结、育人”的作用,不断创新工作方式方法,广泛征集建国以来各方面、各行业文史资料,突出重点、选准主题、精心编辑,以杂交水稻制种基地县为载体,通过稻谷文化,南繁漫忆、奋力前行、人物春秋、跨越发展等章节的记述,完整展现了建宁杂交水稻制种从无到有,从小到大的发展历程。同时编辑出版文史专辑——《中国稻种第一县》。

【其他活动】 充分发挥统一战线组织的独特优势,以联谊交友为纽带,拓宽对外联谊渠道。加强与省、市政协的联系,积极争取省、市政协的工作指导;加强与异地商会、在外乡贤的联系,通过走访、座谈,引导他们回乡创业支持建宁发展;加强与各地政协的联系,做好各地政协来县调研考察的服务工作;同时,组织委员到外地政协学习考察,交流探讨新形势下履行政协职能的新思路、新途径,积极宣传建宁、推介建宁;积极引导委员开展扶贫济困、捐资助学、法律援助等慈善惠民活动,2016年共捐赠各项社会事业建设资金100多万元,用实际行动为贫困群众奉献爱心,为增进民生福祉尽心尽责。

(杨进龙)

纪检与监察

编辑:肖建泰

综 述

2016年,建宁县纪委、监察局以“两学一做”学习教育为契机,紧紧围绕全县工作大局,保持坚强政治定力,坚持全面从严治党依规治党,忠诚履行党章赋予的职责,聚焦监督执纪问责,持之以恒落实中央八项规定精神,着力解决群众身边的不正之风和腐败问题,坚决遏制腐败蔓延势头,建设忠诚干净担当的纪检监察队伍,组建县委巡察工作机构,并迅速启动巡察工作,扎实推进全县党风廉政建设和反腐败工作,为“再上新台阶、建设新建宁”提供坚强保证。

主要活动

【落实党风廉政建设责任制】 年内,细化“两个责任”清单,协助县委制定《建宁县各级党委(党组)落实党风廉政建设主体责任清单》,从领导班子责任、主要负责人责任和班子其他成员责任等3个方面细化了15项主体责任;制定《建宁县各级纪委(纪检组)落实党风廉政建设监督责任清单》,从协助责任落实、开展教育监督等方面细化了10项监督责任,并明确具体牵头单位、责任单位和完成时限。抓实“问题清单”整改,对市委责任制检查组和省委巡视组交办的问题清单,及时制定整改方案,建立问题整改动态台账,实时跟踪问题清单整改情况,督促问题整改落实到位。强化责任落实到位,对全县9个乡(镇)和36个县直部门单位的145名领导班子成员履职履责情况开展提醒谈话,组织乡(镇)和部分县直部门党政正职向县纪委全委会进行专题述廉,接受质询和民主评议监督,层层压实责任,促进责任落实。严格责任追究,对落实“两个责任”不力的12名责任人进行问责,其中给予党政纪处分2人,切实维护责任制工作的严肃性。

【党风政风监督】 深化落实中央八项规定精神,编印《建宁县党风廉政建设相关制度汇编手册》,明确公务接待、差旅管理、公务车辆管理等方面的规定要求。紧盯重要时间节点,采取“1+X”(纪委+监督职能部门)专项督查和明察暗访等形式严查顶风违纪行为,坚决“查处一起、通报一起、曝光一片”,释放越往后执纪越严的信号。全年共开展暗访检查20次、专项检查7次,查处违反中央八项规定精神问题10起,处理19人,其中党政纪处分5人,发出典型案例问题通报5期;查处群众身边的“四风”腐败问题5起,党政纪处分8人,移送司法机关5人。严明换届纪律,下发严肃换届纪律通知,印发换届纪律提醒卡,开展换届纪律的宣传,营造风清气正的换届环境。严把党风廉洁意见回复关,对全县党代表、换届人选等2800余人(次)进行了审查。对县乡换届拟提拔或转任的102名科级领导干部进行廉政法规测试和任前廉政谈话,着力增强新任领导干部的廉政意识。开展专项监督检查,加强对专项资金管理使用情况的监督检查,共检查扶贫项目117个、项目资金9025.252万元;检查水利项目53个,项目资金23378.8万元。督促财政、审计部门对涉农资金"最后一公里"开展专项督查,涉及资金2980.35万元。通过开展专项监督检查共发现问题线索10起,立案5起,给予党政纪处分4人;追责问责53人,其中诫勉谈话18人,党政纪处分2人。

【信访举报和案件查处】 准确运用"四种形态",制定《关于规范廉政谈话的实施意见》,按照干部管理权限,实行分级负责、逐级落实,着力推动落实第一种形态。2016年,运用监督执纪"四种形态"处置383人次,其中:谈话函询162件,轻处分和适当处理180件,重处分33件,移送司法机关8件,第一、二种形态占比89.29%,三、四种形态占比33:8。通过谈话函询确定问题线索15件,占比为9.26%。严肃纪律审查工作,全年共受理群众信访举报59件,其中业务内初信初访36件,转立案8件,成案率13.4%。新立案件65件,同比增长16.07%,自办案件45件,同比增长21.62%,移送案8件,同比增长14.29%,已结案59件,结案率90.77%。

【反腐倡廉教育】 注重廉政教育实效,举办"纪念长征胜利80周年·莲乡清风"廉政书画创作展览活动,并邀请省国风书画院院长一行到县进行廉政书画现场创作评奖,现场创作廉政书画作品240多幅。开展纪检监察信访举报宣传月、党纪法规知识竞赛、党委(党组)书记访谈、学习贯彻《中国共产党廉洁自律准则》《中国共产党纪律处分条例》和巡回巡讲等形式丰富的廉政教育活动。编制《应知应会知识》手册,印发给全县党员领导干部。创新廉政教育平台,开通县纪委监察局官方网站,网站开设廉政聚焦、要闻、宣传教育、我要举报等22个栏目,累计刊登各类信息800余条。用好"莲乡清风"微信平台,适时通报有关案情,刊载有关党章党纪知识,在重大节日和敏感时期发出预警,全年制发图文消息206期517条。开发廉政知识测试手机软件"廉政知识宝",题库中包含22部党纪法规知识测试内容。拓展廉政文化内涵,依托中央苏区"反围剿"纪念园,把红色文化融入廉政文化建设,提升廉政教育实效。挖掘莲文化的廉政元素,丰富修竹莲文化展示馆廉政文化内容,提升"莲廉"文化内涵。挖掘整理家规家训传统文化,建设溪源乡上坪村家规家训廉孝文化长廊。

【县委巡察工作】 9月13日,组建县委巡察工作机构,正式设立建宁县委巡察工作领导小组办公室,机构规格正科级,成立"一办两组"(县委巡察办、县委巡察一组、县委巡察二组),核定行政编制7人,建立了由纪检、组织、审计、财政等单位业务骨干52人组成的巡察人才库。全面启动县委首轮巡察工作,分两个巡察组,分别对里心镇开展综合巡察和对扶贫领域资金所涉及的发改、农业等13家单位以及9个乡(镇)开展了专项巡察,巡察共发现问题159个,提出立巡立改问题82条,发现问题线索20个,立案3起。

【队伍建设】 2016年,县纪委、监察局始终注重加强自身建设,坚持一手抓任务,一手抓队伍,努力提升纪检监察干部履职能力。开展"两学一做"学习教育,认真落实"三会一课"制度,制定《县纪委党支部专题学习教育实施方案》,将"两学一做"学习教育与纪委业务学习相融合,扎实推进"两学一做"学习教育深入开展。深入学习《中国共产党廉洁自律准则》《中国共产党纪律处分条例》等党内法规,举办纪检监察系统业务知识培训、举办全县纪检监察干部基本业务知识测试，以考促学，以学促用，推动纪检监察干部加强知识储备。加强内部管理，强化制度建设，修订完善议事规则、培训学习、办案纪律等机关管理制度13项。新立纪检监察干部个人事项报告、配证履岗9项内控制度机制，并编辑成《机关管理制度》口袋书，人手一册，有效规范纪检监察干部的日常行为。加强办案点规范化建设，对办案点安全隐患问题进行排查，建立问题台账，及时整改到位，着力保障办案安全。扎实做好县、乡纪委换届工作，抓住换届契机，配齐配强干部队伍，圆满完成县、乡纪委换届工作，干部队伍结构更加优化。抓实乡镇专职纪检监察干部的配备工作，各乡镇3名专职纪检干部"专编专人"于12月30日前已全部落实到位。

（林义相）

2016年12月30日，建宁县召开"六五"普法总结表彰暨"七五"普法动员部署会

（县司法局提供）

社会团体

编辑:黄日辉

总工会

【概　况】建宁县总工会下设六部一室一中心,即办公室、财务部、组织部、宣教部、女工部、法保部、经技部、职工服务中心;下辖职工学校、工人俱乐部两个事业单位。共有编制 7 人,其中行政 4 人,事业 3 人。2016 年,全县有基层工会 448 家,会员总数 19100 人;当年新建工会组织 17 家,新增会员 1083 人,其中农民工会员 1022 人。

【第十四届七次全委(扩大)会议召开】7 月 12 日上午, 建宁县总工会第十四届七次全委 (扩大)会议在县总工会四楼会议室召开,县总工会第十四届委员会委员,各乡(镇)、系统工会现任工会主席共计 40 余人参加会议, 县委副书记、总工会主席许家源出席会议并讲话。会议增补郭英等 13 人为县总工会第十四届委员会委员, 免去胡国兴等 11 人县总工会第十四届委员会委员职务, 选举杨建平为建宁县总工会第十四届委员会常务副主席。会上,新当选的常务副主席杨建平作了表态发言。许家源对过去一年的工会工作给予充分肯定, 同时对进一步做好县工会工作提出三点意见:一是要敢于担当、主动服务、力求让职工群众满意、让党委政府满意; 二是要引导更多的职工群众投身改革,推动更多的职工群众创新创业, 激发更多的职工群众勇于争先;三是服务职工要突出关爱,服务企业要突出双赢,服务社会要突出创新,不断开创建宁县工会工作新局面。

【为职工服务】一是积极开展“互联网+维权”工作。建立多元化维权工作站,联合县法院、人社局在工业园区创建了“互联网+维权”劳动争议视频调解中心, 通过视频中心开展法律知识宣传、真实案例再现,各企业职工形成学法律、懂法律,用法律的浓厚氛围;同时融入县“1+N”信访调解中心平台,借助县“1+N”信访调解的多元力量,形成劳动争议调解合力,保障职工的合法权益。二是完善以职工代表大会为基本形式的企业民主管理制度, 职代会建制率达 80%以上;2016 年全县共签订集体协议 23 份, 覆盖企业 422 家,覆盖职工 11934 人。三是建立监督检查小组,实施激励约束机制,将企业开展工资集体协商情况作为推荐 “和谐企业”“诚信企业”及省、市劳模推荐的条件,使全县企业工资集体协商稳步推进,取得了良好成效。

【为劳模服务】一是认真做好劳模的评审和推荐工作。2016 年本县有 6 名职工被评为市级劳模、1 名获得省“五一”劳动奖章。二是大力弘扬劳模精神, 积极开展劳模事迹宣传, 五一期间,联合县电视台集中宣传各条战线上劳模的先进事迹, 形成学习劳模、宣传劳模的社会氛围。三是组建和完善好“劳模工作室”,发挥劳模助岗帮扶,技术创新引领的作用,2016 年劳模助岗帮扶 221 人。

【举行省“五一”劳动奖章颁奖仪式】6月24日上午，县总工会在溪口镇五楼会议室举行省“五一”劳动奖章颁奖仪式，市总工会党组书记、常务副主席黄建锋为省“五一”劳动奖章获得者、溪口镇计生服务所所长陈奕乾颁发奖章、证书和奖金，县委常委、统战部部长、县总工会主席许家源主持颁奖仪式。颁奖仪式上，黄建锋对劳模的奉献精神及工作业绩给予了高度评价，同时要求广大干部职工以劳模为榜样，把劳模精神落实到具体工作中。

【开展职工劳动竞赛】县总工会以创建“工人先锋号”为载体，在全县广泛开展群众性经济技术创新劳动竞赛活动。立足传统产业的提升和新兴产业发展的需要，着力抓实技术培训和技能比武、竞赛。一是以电商、旅游等新兴产业为重点，组织开展电商技术培训，导游、讲解员风采大赛。二是以“五小创新”(小改革、小发明、小改造、小设计、小建设)为载体，积极开展“五小创新”竞赛，推荐选送6个项目参加2016“百万职工五小创新比赛”，有2个项目获得三等奖。三是以选树劳动标兵为抓手，联合县商务局、卫计局、旅游局等部门举办岗位练兵和技能比武大赛，培养了一批金牌师傅及工匠能手。

【为困难职工办好事实事】一是精准识别，建档立卡。通过个人申请、入户调查、基层公示、审核确定、信息填报、工会网站公示等环节建立困难职工档案。2016年建立在档困难职工160户，其中大病115人、残疾8人、重大事故5人。二是精准施策，分类帮扶。1.医疗互助、大病帮扶。县第六期职工医疗互助活动参加单位共有163个，参加活动人数7236人。全县第六期职工医疗互助补助人数260人次，补助金额349000元；大病帮扶22人，发放救助金48000元。第七期完成职工医疗参互7588人。2.助学帮扶。通过争取上级资金及社会各界爱心人士的资助，对当年录取本科院校的17名困难职工子女进行帮扶，发放助学金7.1万元。3.就业帮扶。举办适合困难职工特点和市场需求的就业专场培训，提高其就业技能，2016年共举办技能培训2期、参加人数300多人。4.精准管理，建立机制。在建立精准帮扶台账的基础上，实行动态跟踪，做到有进有出，滚动管理，确保帮扶档案信息适时更新，真实管用。

【工会组织建设】针对县大量农合组织农民工入会难的实际情况，县总工会确立了以建设农业经济合作组织工会为主题的专项工作。一是在莲业、果业、种业、笋业、菌业、农机服务业等特色产业企业中，建立农民工工会组织。二是培育示范点，选择冠瑞、华新、文鑫、天一油茶等企业作为示范，推广农业产业工会组织建设。三是因产施策，破解农民工入会难题。一方面以重点企业为引领，在新兴产业中组建工会；另一方面按照行业范围或地域相邻的原则，把人员少、规模小，暂时没有条件单独建会的非公企业建立工会联合会。2016年，建立农业合作组织工会31家，覆盖合作社63家，会员3112人，农民工会员数比上年同期增长15.2%。

【全市工会组织工作会在建宁县召开】5月28日，全市工会组织工作会议在建宁县召开，市总工会副主席李伸安，县委常委、统战部部长、县总工会主席许家源以及全市各县市、区工会主要负责人参加会议。许家源在会上致辞，他代表县委对此次会议在建宁召开表示热烈欢迎，并简要介绍建宁县的县情。李伸安在会上对全市工会组织工作进行分析总结，并对下一步工作开展提出具体要求。会议还传达贯彻省总工会会议精神，各县市区工会在会上作工作经验交流。会议期间,与会人员深入华新食品、文鑫莲业、县公安局等地了解工会工作开展情况。

(陈春辉)

共青团建宁县委

【概　况】2016年,共青团建宁县团县委有书记1名,副书记2名,基层团委21个,团工委2个,团总支5个,团支部402个,团干兼职28名。2016年获得全市共青团工作先进集体(综合考评第二名),县预防青少年违法犯罪工作获得市对县考评第一名。涌现出了16个工作成效突出的省、市先进集体,26名省、市先进个人。

【青少年思想教育】先后开展了"我们学雷锋,创造新生活""我们是共产主义接班人""红领巾相约中国梦""听党的话—做好少年""红色基因我们传承——建宁人与长征"主题演讲、"乡村中国梦"赴京素质拓展、义务植树、保护母亲河等系列主题教育活动50余场,覆盖5000余名青少年。立典型树榜样,开展"最美青春故事""向上向善好青年"等典型选树,宣传在"福源建宁"建设中涌现的青年榜样,激励广大青少年弘扬正气、奋发有为、创先争优。"五四"青年节举办"青春讲堂",组织5名青春榜样与青年面对面交流,分享奋斗故事和人生感悟。积极向上推荐帅珍珠为福建省五四奖章获得者,推荐陈健等为三明市第六届五四奖章,王华耀等5名青年为向上向善好青年,黄坊乡等4个团委为市级五四红旗团委,丁富等5名团干为市级优秀团干,曹露等7名青年为市级优秀团员。

【社会公益活动】围绕精准脱贫,广泛宣传党的各项惠农富农政策,全面实施共青团助力脱贫攻坚工程,启动"引凤计划"青年扶贫志愿行动,组建6支大学生暑期"三下乡"队伍,开展助力农村电商发展、助力脱贫攻坚等实践活动10余次。为福建首届"花海跑""为荷而来"首届中国建莲文化嘉年华、桃梨采摘季、国际自行车赛、央视《乡约》节目录制等活动征集志愿者160余名,开展义务导游、志愿服务12次,服务人数达3000余人次。

【青年创新创业】牵头成立县青年创业协会,吸引了60多名创业青年加入,创业青年陈健的"县域农产品网络销售整合"项目在省青年创新创业大赛中喜获农村电子商务组一等奖。全年新评定农村青年信用示范户73名,争取了小额低息贷款420万元,累计扶持创业青年72人,涉及青年创业项目50余个。新建海宏达生态农业、福建闽之源食用菌等青年创新创业基地3个,累计接纳见习青年100余人次,帮助20余名青年实现就业。

【农村困难青少年帮扶】以建档立卡中的农村留守儿童、残疾青少年、孤儿等贫困青少年为重点人群,结合"希望工程"、阳光助残行动、青春同行助孤行动等活动,积极整合社会各界力量,切实为困难青少年办实事、做好事、解难事。募集18万余元用于帮扶270名农村留守儿童、残疾青少年、贫困学生等弱势群体。其中:走访慰问了6名生活困难青少年,为他们送去3000元困难资助金;为12名家庭遭遇车祸的青少年向上争取交警助学金16000元;开展"希望工程"助学活动,积极争取铙山纸业、芙蓉学子、爱心企业家等助学资金,为52贫困学子积极筹措助学金11.2万元;结对帮扶贫困留守儿童117名、残疾青少年53名、孤儿30名,筹集、发放各类帮扶物资、善款共计5万余元。

【关爱青少年健康成长】成立建宁县启航青少年事务社会工作服务中心，将工作内容向青少年学习教育、家庭教育、身心健康等方面延伸。以“青少年思想法制教育、重点青少年群体服务管理、维权机制建设”为重点，召开预防青少年违法犯罪工作现场会1次，举办“让青春在禁毒中出彩”大型禁毒宣传主题活动、“远离毒品，珍爱生命”禁毒知识讲座等宣传教育活动8场次，开展“珍爱生命，谨防溺水”安全教育、法制宣传进校园活动、青少年安全防范知识讲座等青少年自护教育活动10场次。整合相关资源，着力打造基层团干、青年志愿者和专业社工3支服务队伍，形成了协调运作、整体联动的工作机制，为青少年健康成长营造了优良的社会环境。建宁县2016年预防青少年违法犯罪工作获得市对县综治考评第一名。

【从严治团】抓好团干部队伍建设。以全党开展“两学一做”学习教育为契机，在全县各级团组织中广泛开展“团干部如何健康成长”教育实践活动。组织全县100名团员青年开展手抄青春习语活动，引导广大团员青年更好地领会习近平总书记系列重要讲话精神，进一步解决团干部队伍在思想作风方面存在的问题，以作风建设的新成效推动县共青团事业创新发展。抓好服务型团组织建设。一是加强驻外团组织建设。积极与本县驻外团组织联系沟通，通过电话、微信、QQ群等方式指导驻外团工委开展达标创建活动。二是充分发挥团组织在网上舆论引导、建设清朗网络空间中的作用，引导本县广大青少年自觉在网络空间践行社会主义核心价值观，培育积极健康、向上向善的网络文化，为构建清朗网络空间贡献青春力量。

【纪念“五四”运动97周年】5月4日上午，团县委在县政府五楼四号会议室，组织开展纪念“五四”运动97周年暨五四表彰大会。县委常委、组织部部长陈华伟、副县长吴碧英出席会议。会议期间，表彰一批省、市、县优秀团组织和团员、青年；组织全体团干重温入团誓词；宣读《争做合格团员倡议书》；选出帅珍珠、黄靖文、黄梅香3位青年代表进行第五期“青春讲堂”演讲活动。全县基层团组织负责人、受表彰的先进青年集体和个人代表等80余人参加活动。本次活动以“激昂青春·梦想飞扬”为主题，组织全县28个团委(总支)集中开展了建宁县青年创业协会成立大会、“放飞五四、畅想青春”大型文艺汇演、青年运动会、青年联谊等丰富多彩的活动。

【举办“红色基因 我们传承——建宁人与长征”演讲活动】为纪念建党95周年暨红军长征胜利80周年，弘扬长征精神，引导广大团员青年追红色记忆、寻红色足迹、承红色精神，让红色基因代代传，7月1日上午，建宁团县委联合建宁县委宣传部、县教育局、党史研究室举办了纪念建党95周年暨红军长征胜利80周年“红色基因·我们传承——建宁人与长征”主题演讲活动。来自各乡(镇)团委、县直机关团委、学校团委的18位团员青年登台演讲。评出一等奖1名、二等奖2名、三等奖3名以及优秀奖3名。

(黄梅香)

妇女联合会

【概　况】2016年，建宁县妇女联合会有县直妇委会13个，乡(镇)妇联组织9个，基层妇女组织99个(其中村妇代会92个，社区妇代会7个)；县妇联有行政干部4名，兼职副主席1名，事业编制干部1名。县妇联认真贯彻落实中央关于加强和改进党的群团工作会议精神，按照省、市妇联工作部署，以“创业创新巾帼行动”“巾帼脱贫攻坚行动”“建设生态家园提升行动”“建设法治建宁巾帼行动”“巾帼圆梦行动”“家庭文明建设工程”等主题活动为抓手，全面推进妇联组织和妇联工作改革创新，把妇女工作与县经济建设紧密结合，切实履行服务妇女和维护妇女合法权益的职责。

【妇女基层组织建设】坚持党建带妇建，加强基层妇联组织建设，组织实施乡(镇)妇联换届工作。按照《中华妇女联合会章程》的规定，2016年乡(镇)妇联任职届满，县妇联对全县9个乡(镇)进行了换届培训指导，进一步创新妇联组织结构，扩大组织覆盖面。通过选聘兼职副主席等形式，把优秀女性人才资源转化为妇联工作资源，壮大基层妇联工作力量。乡(镇)妇联换届工作圆满，各乡(镇)妇联组织得到加强，配齐配强班子人员，全县9个乡(镇)，均是一正二副的配备，100%配备了兼职副主席，妇联执委增至137名，较上届增长214%，壮大了基层妇联工作力量。做好优秀“妇女之家”的培育指导工作，培育了1个市级“妇女之家”，争取到扶持项目经费0.5万元。

【县妇联执委(扩大)会议】4月10日上午，县妇联召开第十五届三次执委(扩大)会议，县妇联领导班子、各乡(镇)妇联主席及县直各妇委会主任共30人参加会议。会上，县妇联主席虞美娥传达了省妇联十一届八次、市妇联十届七次执委会议精神，总结了2015年全县妇联工作并安排部署2016年全县妇联工作。11月18日下午，建宁县妇联召开第十五届四次执委(扩大)会议，各乡(镇)妇联主席、县直各妇委会主任出席会议。会议有三项议程：一是增(替)补县妇联执委，以举手表决方式增(替)补史琳、许秋猛等6名执委；二是增补常务委员1名，以举手表决方式增补王清娥为常务委员；三是审议参加福建省妇女第十二次代表大会、三明市妇女第十一次代表大会代表。

【“巾帼创业”行动】组织全县妇女参与“大众创业、万众创新”，大力实施“巾帼创业”行动。一是积极争取政策。“巾帼扶贫小额信贷”工作扎实推进，争取省妇联扶贫贴息资金20万元，帮助妇女发展农业经济项目；培育1个省级重点巾帼示范基地，争取资金10万元。二是搭建服务平台。举办“专家快车农村行”，举办电子商务、蔬菜种植技能培训班2期，培训妇女150余人；选送数名巾帼致富能手参加省妇联在浙江大学举办的“巾帼致富种子工程”培训；评选县级巾帼创业示范基地8个。三是扎实开展巾帼脱贫攻坚行动。召开全县“巾帼脱贫攻坚行动”动员会，贯彻落实精准扶贫、精准脱贫工作部署，主动对接县精准扶贫工作机制，找准巾帼脱贫攻坚结合点，全力推进扶贫攻坚工作落到实处。并做好以下方面工作：精准识别到家，协助县扶贫办认真做好摸底工作，准确把握“巾帼脱贫攻坚行动”对象；技能培训到家，让贫困妇女掌握一技之长；金融扶贫到家，用好扶贫小额贷款政策，帮助贫困妇女解决脱贫资金困难。

【妇女儿童权益保障】持续开展“建设法治建宁·巾帼在行动”，坚持为党分忧、为妇女谋利。县妇联组织各乡(镇)、县直各妇委会开展反家暴法现场宣传咨询活动，为群众提供反家暴法律宣传、妇女维权指导、法律问题咨询解答、心理调适等服务，共发放反家庭暴力法宣传册子、妇女儿童权益保护法律法规、“平安家庭”创建、反邪教等宣传资料和宣传物件2000余份，接受咨询服务400多人次。积极发挥妇联信访窗口作用，充分利用“妇女之家”开展妇女维权“三制”(妇女议事制、妇女信访代理协理制、妇女帮扶互助制)工作,切实保持家庭社会的稳定,为创建和谐、平安家庭奠定了坚实的基础。全年共接待来信来访来电 23 件次,下基层接访 10 余次,解答妇女法律咨询 40 余人次。

【妇女儿童民生行动】着力民生优先,协助党委、政府解决妇女儿童最关心、最直接、最现实的利益问题,提升妇女儿童的幸福指数。实施“女性健康关爱”行动,为落实省妇联《关于开展“巾帼脱贫攻坚行动”的实施意见》,切实解决女性因患妇科重大疾病造成医疗费用不足或因患妇科重大疾病致贫、返贫等问题,为全县 1541 名女性实施女性安康保险工程,其中建档立卡贫困妇女 1011 名。开展“母亲健康 1+1”公益募捐活动,募集善款 7.3 万元;救助“两癌”贫困妇女 36 人,发放 10.9 万元救助金。大力实施“春蕾计划”,为贫困女童助力,2016 年共为 146 名贫困女童(含建档立卡贫困女童 25 名),争取了 13.82 万元助学金;为枫源村争取儿童快乐家园项目 10 万元;为溪源乡幼儿园争取省儿基会幼儿园建设资金 10 万元;为黄埠中心小学争取“爱让音乐飞”项目。

【家庭教育公益大讲堂】建宁县妇联高度重视家庭教育工作,4 月份联合县教育局邀请中华家庭教育研究院的顾晓鸣教授到建宁开展了为期 4 天的家庭教育讲师培训,培训了本土家庭教育讲师 100 余人,家庭教育讲师组建的讲师团在全县开展了 20 余场家庭教育活动。5 月 13 日上午,福建省家庭教育讲师陈仁德,走进建宁县实验小学,举行了“智慧家长六步走”的大型家庭教育公益讲座。县妇联、教育局工作人员以及 100 多名家长参加。下午,家庭教育公益大讲堂活动在溪口中心小学举行,130 多名家长参加。

【中科院徐鲜梅博士到建宁县考察】11 月 10—11 日,中国妇女发展基金会委托第三方中国社科学院徐鲜梅博士到建宁县考察 2015 年“@她创业计划玫琳凯母亲创业循环金项目”实施情况,市妇联副主席唐晓峰、发展部部长林东武陪同考察。徐鲜梅通过察看内业、实地调查、入户交流等形式对建宁县妇联 2015 年“@她创业计划玫琳凯母亲创业循环金”项目进行考察,对建宁县妇联实施母亲创业循环金项目给予充分肯定。近年来,建宁县妇联得到省、市妇联和中国妇女发展基金会的高度重视和大力支持,在建宁县实施母亲创业循环金项目,为全县 120 户贫困家庭提供资金帮扶,解决了贫困妇女就业、创业过程中的资金困难问题,促进贫困妇女增收致富。

(黄红梅)

科学技术协会

【概　况】2016 年,建宁县科学技术协会贯彻落实《全民科学素质行动计划纲要》,充分发挥党和政府联系科技工作者的桥梁和纽带作用,按照“四服务一加强”的工作定位(为经济建设服务、为提高全民科学素质服务、为科技工作者服务、为闽台科技交流合作服务,加强科协基层组织建设)和创建国家级科普先进县《工作方案》,扎实推进各项工作。当年,建宁县种业协会获得中国科协、财政部科协发普字(2016)62 号文“基层科普行动计划”奖补表彰,并获奖补资金 20 万元;福建源华林业生物科技有限公司科普示范基地(建宁)获得省科协、省财政厅闽科协发〔2016〕106 号文“基层科普行动计划”优秀项目表彰,并获奖补资金 5 万元。

【荣获省级科普示范县称号】10 月 18 日,省科协命名建宁县为全省首批2016—2020年度福建省科普示范县。10月初,省、市科协对建宁县三年来创建省级科普示范县工作整体情况作了全面的考核与评价。省科协认为,通过整合资源,联合协作,建宁形成了党政统领、科协牵头、各部门及全社会广泛参与的科普工作格局,促进了全民科学素质工作体制和机制的健全与完善,提升了公众的科学素质,为实现2020年福建省公民科学素质建设目标打下了坚实的基础。建宁县达到了全省首批省级科普示范县的要求,授予建宁县为福建省科普示范县称号。

【科普宣传】一是充分利用各种有效载体开展科普宣传活动。在建宁电视台开通“建宁科协之窗”“科普新说”栏目,向群众普及科技知识,展示建宁科学动态。与超市及机关事务管理局签订意向协议,设置科普E家平台,方便群众随时了解科普知识与最新信息。通过开展“科普日”“科技人才活动周”“三下乡”、科普讲座、科技培训等多种形式弘扬科学精神,传播科学思想,倡导科学方法,普及科学技术,为群众送去喜闻乐见、丰富多彩的科普知识。2016年发放科普挂图6期2400余张、书籍1300本、其他宣传品4000余份。二是打响“基层科普行动计划”品牌,认真抓好项目的筛选与申报工作。2016年有一家协会(县种业协会)受中国科协、财政部表彰,一个基地(无患子种植基地)受省科协、财政厅表彰,达到了“以点带面、示范带动、全面推动”的目的,有力推动了全县农村科普工作的深入开展,增强了农民的科技致富能力。三是发挥青少年科学工作室的作用,每周至少组织学生开展一次科普手工活动。为加强工作室力量,2016年投资添置了3台机器人。

【科普“七进”落到实处】科普“七进”:科普进农村、进社区、进景区、进企业、进军营、进机关、进校园,建宁县通过科普“七进”把科普工作落到实处。科普进军营,与相关专业技术部门联合,向军警传授了果树种植技术,宣传科技知识,为消防部队解决生猪疾病问题,受到军警的好评。科普进校园,组织中小学生开展科技课外活动,2016年全县中小学举办了校园科技活动7场,科普知识竞赛10场,节约能源、保护环境演讲比赛6场。县教育局获2016年省级科普日活动组织奖。组织青少年参加各类科技竞赛,获得第七届全国青少年科学影像节三等奖二项,第三十一届科技创新大赛市一等奖5项,二等奖6项、三等奖2项。2016年开展大蓬车进校园活动8次,为边远山区中小学生送去了科学知识与亲手操作科学设备的机会。科普进景区,把宣传画树立在景区各大景点,使每个游客在浏览大好河山的同时接受科普教育。科普进企业,在企业开展金桥工程,让企业顺利对接高校与专家院士,为打造科研产一体化打下了良好的基础。

【省级院士工作站建设】2016年“6·18”成功促成建宁县两家院士工作站(禾丰种业、谢华安种业有限公司)升格为省级院士工作站。引入5名院士到建宁调研,县领导带队上门向院士请教,为建宁经济发展把脉;院士们通过实地调研考察,提出了切合建宁实际的意见和建议。由建宁县禾丰种业有限公司申请提出的福建省种业研究所及由源容生物科技有限公司提出的福建省无患子研究所两家民营研究所已经省科协审核通过,有待正式批准设立。

【学(协)会管理及阵地建设】一是加强和改进县级学(协)会的管理工作。到2016年6月底,县级学(协)会都按照国务院《社团登记管理条例》要求,进行了年检。县种子协会还举行换届大会,以促进新形势下种子产业的发展。二是加强科协基层组织建设。2016年增加3个涉农协会,协会涉及建宁农业各行业,会员遍及全县各乡(镇)。中国建莲文化主题公园和香溪花谷两个基地被三明市科协、市委宣传部、市文明办批复为三明市级科普教育基地，提升了基地品位,扩大了基地的知名度。三是关心支持老科协事业发展，为了给县老科协开展工作和活动提供便利条件，建宁县科协主动携手县老科协理清工作思路，积极协助策划项目和争取上级资金支持，联合开展形式多样的科普宣传教育活动。根据工作需要,及时调整了2位副会长。四是推进农村科普阵地建设,继续抓好“一站一栏一员”建设。形成了部门配合、齐抓共管、社会参与、企业资助的良好工作格局,新建改建及修缮宣传栏15个，结合自制喷绘宣传材料及福建省科技馆科普宣传挂图，做到按要求至少每年更新六次。

【科技扶贫工作】 动员全县科技工作者参与扶贫攻坚工作，引导和支持科技人员与贫困户结对子,创办、领办、协办企业和农民合作社,开展创业式扶贫服务。加大培训力度,2016年在省级扶贫开发村举办培训班11个，招收学员371人。建立产业+企业+科技扶贫模式,扶持农业龙头企业提高科技水平，用科技做大做强自身,从而带动农民共同脱贫致富。如促成禾丰种业提升科技水平,成立院士工作站,培育新型高产优质稻种。帮助源容生物科技有限公司对接专家、院士,为企业发展提供智力支持。

(邱天泉)

社会科学界联合会

【概　况】 2016年，建宁县社会科学联合会按照年初工作计划和省、市社科联工作部署,围绕县委、县政府中心工作，积极推动社科课题研究,加大社科普及宣传力度,扎实做好社科机制和平台建设，全面提升建宁县社会科学工作的影响力。

【联席会议制度】 大力加强对全县社会科学普及工作的组织、协调、指导,建立建宁县社会科学普及工作联席会议制度，联席会议由县政府分管领导担任召集人，县委宣传部分管副部长和县社科联主要领导担任副召集人，明确了联席会议及成员单位的具体职责和分工，联席会议各成员单位之间互通信息、密切配合、相互支持,形成社科普及宣传的长效工作机制。

【社科课题研究】 认真组织做好2016年度社科课题申报、2015年度社科课题结项工作。2016年向上级社科组织选送了3个申报课题,分别是《建莲文化的挖掘与利用研究》《精准扶贫模式探析——以建宁县精准扶贫为例》《从建宁依法治县实践谈体制机制障碍破解》。开展闽学文化研究,依托党校和教育部门资源,重点开展朱熹的学生刘刚中理学思想的研究，形成了理论文章《刘刚中〈师友问答〉理学思想诠释》。加强对中国传统村落、省级历史文化名村溪源乡上坪村历史遗存的保护；与教育部门联动,在中、小学开展《朱子家训》诵读活动。

【平台建设】 联合县委宣传部、党校、县图书馆,借助和发挥莲乡讲坛、建图讲堂两个平台的作用,邀请国家和省、市知名专家、学者及县里相关领导、专家开讲授课,举办各类社科讲座、专题报告会20场,有力地推进了社科普及工作。如:县委书记郑剑波作“学习贯彻十八届五中全会精神”专题讲座;三明市委党校常务副校长、三明市行政学院常务副院长汪震国作“习总书记‘四个全面’战略布局”专题讲座;南京大学信息管理系教授、中国阅读学研究会会长、中国图书馆学会学术委员暨阅读推广委员会副主任徐雁作“花香何如书香远——经典阅读与文化传承”专题讲座。

【社科宣传】充分发挥社科联“联”的作用，汇集各方面的力量，深入开展社科普及宣传活动。一方面，积极组织开展2016年社会科学普及宣传周系列活动，组织相关单位到基层开展“社会科学在你身边”普及咨询；充分发挥省级社科普及示范基地——建宁县中央苏区反“围剿”纪念园、市级社科基地——图书馆的资源优势，开展爱国主义宣传宣讲、展览展示、阅读分享公益活动、文化惠民进校园、全民读书阅读推广等普及宣传活动；结合“两学一做”活动，组织党员干部开展红色文化教育，举办知识竞赛；邀请福建师范大学郭铁民教授到建宁作“供给侧结构性改革与经济稳增长”为主题的专题报告会；组织发动全县干部参加全省网上社会科学知识竞答活动。另一方面，通过“建宁县新闻中心微信公众号、建宁新闻网”宣传社科普及知识，联合文明办、图书馆开展“为文明点赞”“2016年“读吧·建宁”主题征文活动。加大建宁特色文化宣传，组织县莲文化研究会开展以莲为主题的历史文化的挖掘和研究，收集相关资料，撰写并发表了一篇莲文化课题研究论文；与文联合作举办“莲文化”主题征稿活动，征集文章18篇在《莲乡文艺》上刊发。

（邱熹红）

文学艺术界联合会

【概　况】建宁县文学艺术界联合会（简称县文联）下设文学、美术、书法、摄影、音乐、舞蹈、戏剧曲艺、民间文艺、诗歌朗诵、观赏石10个协会，共有县级会员427人、市级会员147人、省级会员36人、国家级会员6人。2016年，新增县级会员27人，市级会员5人，省级会员3人。贯彻落实习总书记在文艺座谈会上重要讲话精神，坚持以人民为中心的创作导向，按照“二为”方向、“双百”方针、“三贴近”原则，努力推动莲乡文艺事业发展。

【“红土地·蓝海洋”笔会在建宁举行】8月，第十七届“红土地·蓝海洋”笔会暨纪念红军长征胜利80周年省内采风活动在建宁县举行，来自浙江金华及厦门、长汀、龙岩、三明等地共50多名作家参加采风活动，县委常委、宣传部部长阴晓萍陪同参加。县文联组织当地文学骨干10余人随同参加。在高峰村，与会嘉宾共同为建宁莲乡文学创作基地——福建省特色文艺示范基地揭牌；随后，采风组一行先后到高峰古道、坪上花海考察采风。在反“围剿”纪念园，采风组一行参观了毛泽东、朱德旧居，详细听取讲解员的介绍，感受建宁县浓厚的红色文化氛围。

【文艺作品创作】为了进一步挖掘和宣传建宁独特的建莲文化，聘请知名作家创作长篇小说《建莲古事》，将建宁亮丽的历史文化元素，用文学形式表现出来。小说以建宁区域的风土人情为故事背景，主要表现建宁历史悠久的莲文化和丰富的红色文化，揭示其深厚的人文积淀和浓郁的民俗风情。小说共六卷约37万多字。小说以天宫瑶池蟠桃盛会荷花仙子敬献仙莲、仙莲种子从九宵云外降落凡尘、落在建宁金铙山小泉塘中的传说为引幕，从西门青年张际亮进士及第因诗文与曹寅相识相交赠送手抄《石头记》，写到20世纪30年代红军长征到建宁。小说已交出版社付印。组织力量编印出版《福源建宁》一书，书中既有散文家章武、楚欣、施晓宇、林如求、黄莱笙等福建名家的作品，也有三明、建宁本土作家和在建宁工作过的作家们的文章。全书分《大美濉城，诗画莲乡》《地灵人杰，卓越风采》《古韵悠悠，岁月履痕》《魅力风情，盎然古趣》《物华天宝，美食莲乡》五辑，共13万多字。在三明市举办的“为文明点赞、为三明点赞”书画展大赛中，曾月娥、江振兴、廖光平、宁民强的作品获奖；宁民强获三明市教师美术作品一等奖；张华作品入选“厦门市新春花鸟画展”“第二届福建省当代花鸟画展”“中国文联主办的海峡两岸书画作品展（厦门展）”“三明山东荷泽交流展”；代珺一、林施露、宁雨潇、李雨欣、艾子雍在“第十二届文艺出新人艺术大赛”中获得好成绩。

【廉政书画展】“七一”期间，县美协、书协联合开展庆祝中国共产党成立95周年书画笔会。10月中旬，在县体育中心举办为期8天的“纪念长征胜利80周年·莲乡清风”廉政书画展。书画展期间，福建国风书画研究院书画家们与建宁书法、美术爱好者进行笔会交流。本次书画展共展出130余件书画作品，有各种字体的书法作品，也有山水人物画，书风、画风各不相同艺术作品异彩纷呈。大家以饱满的热情缅怀先烈、歌颂辉煌历程、传承长征精神，展现出本县廉政文化建设成果。

【莲乡文艺创作基地】为满足不断发展壮大的莲乡文学创作队伍的要求，营造莲乡文学创作浓厚氛围，提高莲乡文学创作水平，多出作品、多出精品，同时吸引更多的县外、省外甚至境外名家到莲乡体验生活和创作，将金铙山下闽江正源的高峰村原小学作为莲乡文学创作基地。基地内原教学楼作为莲乡文学创作楼，创作楼共两层约120平方米，设有文学沙龙室、书法室、创作室。基地按不同文学体裁风格聘请签约作家6人，其中中国作家协会会员3人、省作家协会会员3人。年内组织知名作家开展2次“清新花乡、福源建宁”采风创作和培训讲座，组织县内文学作者开展2次文学采风创作、座谈交流，举办“县文联作文班”“莲乡文学社”，培养文学新人50人。

【为文艺创作搭建平台】整合各直属文艺家协会资源，先后调整充实书协、美协、摄协和文学协会班子，把有激情有潜力的文艺新秀充实到协会班子，增强协会凝聚力和活力。各协会每周、每月、每季、年度都有常规活动，通过常规活动促进文学艺术创作。提升《莲乡文艺》办刊编辑质量，以立足建宁，挖掘优势，创作文艺作品、文艺精品，找准建宁地方文化与现代时尚的结合点，围绕红色文化、莲文化、闽江源文化、慈航文化、宗亲客家文化，刊登文艺新人作品，完善书籍编排。《莲乡文艺》新增加莲文化、小荷初露2个专栏及2个插页介绍新会员、刊登新会员作品。组织文艺骨干走出去开展采风创作、交流研讨学习。7月下旬，邀请梅列区美协一行8人与建宁联动开展为期2天采风创作交流；8月下旬，邀请三明市书协副主席兼秘书长进行书法艺术讲座；9月上旬，邀请三明电视台台长、诗人卢辉作诗歌品读与创作。

【开展“圩日快乐行”活动】继续开展“圩日快乐行”文化下乡活动。围绕“六个一”(一场戏、一次义诊、一个展览、一堂课、一张照片、一个故事)展开文化下乡活动，丰富群众文化生活。坚持每月一次逢圩日组织文艺家深入全县各乡(镇)和城区举办群众喜闻乐见文艺服务。县音协舞协精心编排文艺节目，选调宜黄戏、木偶戏、傩舞、花灯舞、龟蚌舞等优秀地方传统艺术演好一场戏；县摄协举办“美丽莲乡摄影展”，并开展“一张照片”活动，为农村60岁以上老人和留守儿童免费照相，并现场赠送肖像照片各一张。

【"莲乡之夜"广场文艺晚会】"莲乡之夜"广场文艺活动每月定期在县体育广场开展主题活动。2016年,县音协、舞协、民文协、诗歌朗诵协会互相配合,先后开展纪念中国工农红军长征胜利80周年"忆长征·跟党走·奔小康"专场、践行"两学一做"专场、共建和谐社区专场、三明学院大学生"追忆长征精神,传承红色基因"专题巡演(建宁专场)、"弘扬长征精神,传承红色记忆"专场广场文艺晚会12场次。开展"半台戏"公共文化配送演出30余场次。

【建宁县莲文化研究会正式成立】2015年12月22日,建宁县莲文化研究会成立暨第一届会员大会正式召开,县领导赵圣宏、许家源、黄友台、吴碧英、陈华秀到会指导。县委副书记、组织部部长赵圣宏在会上讲话。他指出,莲文化研究会的成立,对进一步提升建莲知名度和品牌影响力,加快推进建莲产业发展壮大、转型升级、增加效益,推动建莲产业持续快速健康发展,具有十分重要而深远的意义。会上,选举产生了建宁县莲文化研究会第一届理事会成员和会长、副会长、秘书长、副秘书长;聘请了莲文化研究会名誉顾问、名誉会长、名誉副会长。谢木生当选为建宁县莲文化研究会第一届理事会会长。

(马鸣鸿)

工商业联合会

【概　况】2016年,建宁县工商业联合会(简称:县工商联),深入学习贯彻习近平总书记系列重要讲话特别是在中央统战工作会议、中央党的群团工作会议和全国政协十二届四次会议民建工商联界委员联组会议上的重要讲话精神,贯彻省第十次党代会精神。按照"团结、教育、引导、帮助"八字方针,高举"爱国、敬业、诚信、守法、奉献"旗帜,认真履行职能,引导广大会员及非公有制经济人士围绕经济建设中心,在建宁政治、经济、社会生活中积极发挥作用。

【思想政治引导】深化以"守法诚信、增强发展信心"为重点的非公经济人士理想信念教育。发挥商会联系非公经济人士最密切、最广泛、最直接的优势,积极开展"亲清润明商、促进两健康"等系列宣传教育活动。加大诚信文化宣传,组织学习座谈会,加深对于"两个毫不动摇""三个没有变",以及"亲""清"新型政商关系等精神的理解和认识,努力形成政府按纪律规矩办事,民企按市场规律经营的局面。引导非公有制经济人士参与政治、经济、社会生活重大问题的政治协商和发挥民主监督作用,认真履行参政议政职能,为非公有制经济发展争取良好的环境。通过非公经济人士综合评价体系,认真做好工商界代表人士的甄选和评价工作,推荐出思想政治强、参政议政能力强和有一定社会影响力的非公经济人士担任人大代表和政协委员。积极组织工商界人大代表和政协委员,着重围绕如何扩大非公有制经济规模,如何解决非公有制企业发展中的融资、环境等方面的问题,提出了富有针对性、可行性的意见和建议。

【拓宽信息渠道】年内,县工商联组建商会会员交流微信群,搭建起本地企业家沟通交流平台;创建"福建省建宁县总商会"微信公众号,该平台主要用于加强建宁县民营企业、工商联会员企业以及异地商会间的联系与沟通、交流与合作;宣传介绍工商联不同阶段工作重点、进展情况和开展的重要活动;总结推广工商联、商会工作经验、反映工作动态、学习交流工作做法;了解企业的经营情况,倾听企业的心声,帮助企业反映生产经营中融资、技术、项目、人才、管理、市场等方面供求关系信息，帮助解决制约企业发展的瓶颈；宣传省、市重要工作部署和重大政策及非公经济发展方面各类优惠政策和信息。工商联为会员企业订阅《中华工商时报》《闽商报》等刊物，不断提供各种可咨借鉴的知识信息。

【教育培训服务】组织企业家参加各类培训会、研讨会。在经济发展新常态下，深入实施“互联网+”行动计划，推进电子商务与实体经济深度融合，促进传统产业转型升级，培育形成经济发展新业态，组织企业家召开专题会议，探讨发展新思路，借力网络乘势而上，开辟电商经营新模式。年内，邀请律师事务所律师和产权代理公司负责人，为非公企业家分别开展“民商合同法律知识”和“商标在企业管理中的运用”的知识讲座。组织企业家参与各类高级研修班，加大年轻“商二代”企业家的培训，致力培养一批政治觉悟高、社会形象好、创业创新强的好苗子。更新企业主现代经营管理理念，紧紧依靠创新驱动、职工素质提升竞争力，增强可持续发展力。

【招商引资工作】大力推动建商回归。切实打好“乡情牌”“亲情牌”和“友情牌”，着力引导乡贤回乡投资兴业。抓住传统节日、商(协)会成立、年会和重大经贸活动等时间点，会同县商务局等部门开展政策宣传、联谊交流、考察洽谈、推介项目，吸引和鼓励建商回建宁投资兴业，并且多次赴异地商会开展考察交流学习活动。引导非公有制企业参与“5·18”“6·18”“9·8”等重大经贸活动，对接项目。

【商会合作交流】广泛联络厦门、深圳、福州等地建宁籍创业人士，指导筹建异地商会，不断壮大商会队伍。“9·8”投洽会期间，县代表团走访了在厦门的部分建宁籍客商企业，县委书记郑剑波、代县长陈显卿、副县长黄立辉参加走访。县代表团先后到立宇达科技有限公司、中博集团有限公司、闵宇汽车贸易有限公司，拜访企业老总，详细了解企业的生产经营情况，听取企业发展情况介绍，并分别向这三家企业介绍建宁近年来经济社会发展情况和相关优惠政策。

【精准扶贫工作】县工商联认真贯彻落实县委、县政府关于精准扶贫工作的重要讲话和会议精神，结合自身工作实际，制定《建宁县工商联2016精准扶贫行动方案》，引导企业家借势借力抢抓政策机遇，尤其是民营企业参与精准扶贫要将“扶贫济困”和“自身发展”结合起来，两手一起抓。年初，由县农办扶贫办汇总贫困户名单，乡(镇)统战委员发挥一线联系群众优势，深入贫困户了解情况，工商联联络组织民营企业，三方通力合作共同举办全县“民营企业参与精准扶贫行动”工作会，会上向与会代表发放《非公企业参与精准扶贫行动倡议书》和《参与精准扶贫——企业认领书》。共发出70多份《民营企业参与精准扶贫行动倡议书》，30多家企业根据企业自身情况签下《参与精准扶贫——企业认领书》，采取不同的帮扶方式参与扶贫攻坚行动。

【第十二次会员代表大会】12月5日，县工商联(总商会)召开第十二次会员代表大会，选举出新一届商会领导班子。本届县工商联领导班子、常委会组成人员共83名，其中：主席1名、专职副主席1名(县委统战部副部长、县工商联党组书记)、兼职副主席10名、秘书长1名、常委20名、执委50名。总人数较上届人数增长7个百分点。本届商会成员从推荐报送到经过非公经济评价体系审核通过，严格把关。推荐出的优秀非公经济代表人士年龄层次跨度更大，文化知识水平更高，产业辐射面更广，队伍中出现“创二代”“商二代”等优秀青年企业家。

【三明市首届微商代表大会在建宁召开】7月26日上午，三明市“微荷而来”首届微商代表大会在建宁县召开，市商务局副局长邓兆盛，建宁县副县长王和平出席开幕式并讲话，学者、嘉宾、知名微商企业代表、市部分微商从业代表约500余人参加会议。王和平在开幕式上致辞，他代表县委、县政府向前来参加活动的领导、嘉宾表示诚挚的欢迎，向一直以来关心支持建宁发展的各界友人表示衷心的感谢。市商务局副局长邓兆盛随后讲话，他希望与会领导、嘉宾能对三明微商的发展提出宝贵的意见和建议，欢迎各位微商经营者在三明投资创业；同时希望以本次大会为桥梁，全面加强与各位嘉宾、各界朋友的沟通联系，全力推进项目、产业、企业及产品对接，深化微商各领域的交流合作，推动三明微商健康快速发展。开幕式后，毕慧芳、冯小燕等专家还在现场同全体与会人员进行了微商创业、品牌营销等方面的经验交流与分享，并发表了个人看法与见解。

（孙琳美）

归国华侨联合会

【概　况】2016年，建宁县归国华侨联合会（简称县侨联）共有海外侨胞5132人，其中华侨2271人，华人2282人，归侨48人，侨眷628人，新出国人员32人，香港同胞57人，澳门同胞9人。

【联络联谊活动】发挥华侨联合会的部门优势，积极向海外侨胞、港澳台同胞宣传“一国两制”方针，积极支持和参与华侨、华人开展“反独促统”活动，争取和壮大维护祖国统一的爱国力量。组织本县中小学生参加世界华人小学生作文大赛，增进海内外侨界群众特别是华裔青少年的认同感。始终围绕爱国主义和中国特色社会主义的主题，进一步凝聚侨心、汇聚侨力，确保侨联工作正确的政治方向，引导侨界群众为经济社会发展和全面建成小康社会做贡献。坚持“国内国外工作并重”“新侨老侨工作并重”的工作原则，不断扩大联谊面，拓宽联谊渠道。继续深入开展“海西春雨行动”，开展“侨心工程”工作，进一步加强与台湾侨界社团、港澳侨界社团和重点人士的交往联系，增进相互理解，促进亲情乡谊，为扩大交流合作发挥应有作用。继续开展山海协作，主要以打电话、发邮件，聊QQ的方式进行沟通交流，适时向山海协作的侨联提供本县的经济发展状况及相关的投资环境、政策、项目、科技人才等信息和山区资源开发的商机。

【为侨服务】加强与港澳台企业和侨资企业建立经常性的联系走访制度，促进建宁县投资软环境的进一步改善。协助政府做好亲商、安商、扶商、富商工作，促进侨资企业发展壮大。开展委员活动日，组织委员到港资企业——绿田实业有限公司、台资企业——福建兴辉食品有限公司、侨资企业——托斯卡纳（福建）葡萄庄园有限公司走访调研，详细了解企业的运营情况、投资需求，对改善投资运营环境、政策的意见建议，协助企业做好招工、用工、办证等环节的工作，为企业提供力所能及的帮助和便利，使业主真正体会到侨联组织的温暖。为侨企上市做好服务。走访、调研侨资企业，认真听取企业负责人对有关企业情况的介绍，着重了解企业生产经营过程中面临的困难和存在的问题，积极为企业协调解决融资、征地等发展中遇到的困难和问题，营造良好的投资软环境。10月，侨企——建宁县绿田农业综合开发有限公司在深圳交易所全国中小企业股转系统上市。

【侨务普法宣传】发挥好侨联组织的职能，建立健全依法护侨机制，引导归侨侨眷依法维护自身权益，合理表达自身诉求。“六五”普法宣传教育活动和维护《中华人民共和国归侨侨眷权益保护法》相结合，建立涉侨纠纷联席会议制度，进一步完善涉侨纠纷情况通报与沟通协调、涉侨纠纷司法服务工作的机制，为广大归侨侨眷和侨企排忧解难，提供优质法律服务。归侨蔡松龙和小舅子何木贵关于房产纠纷，官司从2010年5月开始，历时6年，县侨联对这场涉侨官司给予高度重视，及时了解情况，和法院协调沟通，宣传侨法和涉侨政策，并及时向海外通报有关情况，经过多次与各方的协商调解，终于使问题得到妥善解决。2016年，开展侨法宣传活动5场次，接待侨界群众来信来访12人次，妥善处理信访件4起。对来访的人员做到热情接待并做耐心细致的释疑工作，做到件件有回复，事事有回音。深入开展面向侨界困难群众的“送温暖、献爱心”活动，全年共筹集资金1.56万元，慰问13户贫难侨，走访2名侨资企业家，看望2名老侨联工作者。配合省侨联做好“百侨百企科教扶贫助学活动”，发放“科教文体包”50个。

【开展“侨爱心365行动”】开展“侨爱心365行动”主题活动，切实关爱帮扶侨界困难群众。配合省侨联开展百侨助百村活动，通过“挂钩联系”“结对帮扶”和“侨帮侨”“一帮一”“多帮一”等助推服务，大力支持新农村建设。协助高圳村争取项目资金，完成茶口、山坑水毁工程投资20万元；高标农田项目，投资170多万元；推行“党支部(村委会)+新型经营主体”模式，建立创恒种子专业合作社，盘活村土地资源，实现村财增收。（李美兰）

残疾人联合会

【概　况】建宁县残疾人联合会内设办公室、康复股、教育就业股；下设建宁县残疾人就业服务指导中心、建宁县残疾人康复指导中心、建宁县残疾人辅助器具服务站3个事业单位。单位编制9名，其中：机关事业编制4名、事业单位编制5名。实有工作人员11人，其中：机关6人，事业单位5人。全县乡(镇)和村(社区)均成立残疾人组织，分别配备了理事长和残疾人联络员。截至2016年12月31日，全县持证残疾人总数4053人，其中重度残疾1691人。2016年6月2日建宁县人民政府出台《关于加快推进残疾人小康进程的实施意见》，从残疾人民生保障、残疾人事业发展、残疾人公共服务、发挥社会力量志愿助残等方面制定了一系列政策和措施，并明确了相关单位职责任务，确保助残的各项政策落到实处。

【残疾人最低生活保障】一是落实“两项补贴”制度。2016年，重度残疾人护理补贴提高标准，本会及时与县民政局沟通协调，做好相关的审核工作。当年，享受重度困难残疾人生活补贴1465人，补助金额77.92万元；享受重度残疾人护理补贴1415人，补助金额85.02万元。二是开展居家托养服务，减轻残疾人家庭负担。县残联对各乡(镇)通过推荐、评审、公示、审批等程序上报的重度残疾人情况，进行认真核实，做到公平、公正、公开；为74名智力、精神、肢体等重度残疾人提供居家托养服务，每人每年补助2000元。三是加大困难残疾人最低生活保障力度，2016年纳入低保残疾人679名。

【残疾人社会保险】加大残疾人养老医疗救助力度。为2094名持证残疾人缴纳个人医疗保险费25.13万元。对全县持证的重度残疾人和建档立卡的贫困残疾人参加城乡居民基本养老保险个人最低缴费部分全额资助，对非重度残疾人参加城乡居民基本养老保险，代缴不低于50%的最低标准养老保险费。实施"爱心保险"项目，为2921名残疾人购买意外伤害(死亡)保险，当年35人获理赔，理赔金额9.86万元。

【残疾人就业保障】调整残疾人就业保障金征收标准，为残疾人创业、就业、康复、教育、社会保障等项目的落实提供资金保障。认真贯彻落实省财政厅、省地方税务局、省残联、中国人民银行福州中心支行《关于印发〈福建省残疾人就业保障金征收使用管理实施办法〉的通知》文件精神，于2016年5月16日，县政府召开常务会议，研究调整建宁县残疾人就业保障金征收标准，明确相关单位职责，并建立健全残保金随工资同步增长机制。2016年，全县完成缴纳并入库残保金209.05万元，比增109.99万元。

【残疾人康复服务】邀请省、市专家到建宁县为107名残疾人提供免费康复服务，其中：白内障复明手术89例，盲人定向行走18人。为精神病患者提供康复救助111人，补助资金5.6万余元，其中精神病患者免费服药83人，精神病患者住院补助28人。实施0~6岁儿童康复救助工作，对在"心语福乐幼儿园"接受专业康复训练的29名残疾儿童实施救助，每人每月补助1200元。认真实施《三明市残疾人基本型辅助器具适配补贴办法》。组织辅具工作人员、残疾评定医生、辅具协议机构工作人员深入均口、里心两镇开展残疾人辅助器具适配服务，全年适配轮椅、助行器、拐杖以及安装假肢、矫形器等辅具130件，补贴金额6.5万元。

【残疾人就业培训】年内，举办11期残疾人实用技术培训班，参训残疾人417人次；选送2人参加市保健按摩培训。扶持残疾人创业就业47人，每人补助5000元，共补助金额23.5万元；对32名灵活就业残疾人给予社会保险补贴，补助金额6.45万元。为7户残疾人发展生产提供免息康复扶贫贷款20万元；对17户残疾人2015年农资贷款给予贴息，贴息金额2.53万元。落实扶残助学项目，资助残疾学生及贫困残疾人家庭子女33人，补助金额14.77万元，其中：残疾学生5人，贫困残疾人家庭子女28人。

【庆祝第33届国际盲人节】2016年10月10至12日，三明市盲协在建宁开展"关注盲人民生共创共享小康——热烈庆祝第33届国际盲人节"为主题的系列活动，全市各县(市、区)盲人代表等40余人参加，活动期间，成立了各县(市、区)盲协"学雷锋志愿服务队"，并举行授旗仪式；组织20多名中、高级盲人保健按摩师，为81名市民义诊和按摩保健体验；邀请省盲按中心无障碍培训部郭晓明老师，为盲人朋友开展全省首次盲用手机办公操作及生活应用培训；带领盲人代表走进建宁县中央苏区反"围剿"纪念馆，接受爱国主义思想教育。

【助残服务系列活动】9月22日上午，县残联在均口镇卫生院开展助残服务系列活动，邀请市残联陈建尧副理事长及就业、辅具相关负责人前来指导。现场开展了辅助器具评估适配、辅助器具展示、康复义诊、现场办证、政策咨询系列活动。适配了5台轮椅，9个彩票公益金项目盒式助听器，5根拐杖，共计价值9000元；展示康复床、轮椅、拐杖、助行器等辅助器具，为在场人员介绍器具的功能及使用方法；联合县医院具有评定资质的医生，现场为11名残疾群众进行残疾等级评定，办理残疾证；接受各类咨询30余人次，对涉及办证、助学、就业、白内障复明手术、精神病服药(住院)、辅助器具适配等问题进行解答。

(黄　毅)

计划生育协会

【概　况】2016年，建宁县计划生育协会有会员单位113个，其中：县协会1个，乡镇协会9个，村(居)协会99个，企业行业协会5个。建宁县计划生育协会深入开展“四联创”活动，全县有85%的村达到一流村或合格村计生协会标准；协会紧紧围绕政府提倡的“诚信计生，幸福家庭”标准，扎实开展发放计生家庭小额贴息贷款、计生家庭意外伤害保险、“幸福工程”救助贫困母亲行动、计生困难家庭“安居工程”项目、农村计生家庭“金秋助学”项目、关爱“失独家庭”开展志愿者行动、对计生家庭开展法律援助活动等项目，把生育关怀落实到各个方面。当年荣获三明市计划生育协会和中国人寿保险股份有限公司三明分公司颁发的2016年计生家庭意外伤害保险工作入户率优胜奖。

【计生保险与幸福工程】2016年，开展计生家庭意外伤害保险，投入保费72.3万元，全县共有14460户参保，38656人受益。全年开展幸福工程发放21万元，救助贫困母亲11户，发放贴息贷款2490万元，985户贫困计生家庭受益，援助计生家庭法律对象27人，奖励二女户子女考上大学107人，发放慰问金5.35万元，认真开展妇科病防治培训，为50名育龄妇女进行免费宫颈癌筛查。

【计生贫困户圆了“安居梦”】11月20日，县委常委、宣传部部长阴晓萍，县计生协会会长王登远来到计生贫困户蔡龙辉家中，为他送上省、市、县计生协会的安居工程款60000元。在蔡龙辉家，阴晓萍一行与蔡龙辉亲切交谈，详细了解他家的生产生活情况，鼓励蔡龙辉要树立信心，在党和政府的关心帮助下，争取早日脱贫过上好日子。2016年，蔡龙辉新盖了两层楼房，由于缺乏资金，后期的装修一直没有着落，有了安居工程补助款，蔡龙辉的装修难题终于解决了。全年，建宁县共有6户贫困计生户享受到省、市、县三级财政配套补助款，安居工程让他们圆了“安居梦”。

(徐尔文)

红十字会

【概　况】2016年，县红十字会认真学习贯彻新修订的《中华人民共和国红十字会法》，弘扬“人道、博爱、奉献”的红十字精神，开展人道救助、应急救护培训等工作，积极推进红十字事业。

【红十字宣传服务】充分利用建宁县电视台、县政府网站、《八闽九州红十字》《三明红十字》中国人道网等相关新闻媒体开展宣传活动，组织红十字会干部职工和志愿者专题学习研讨新修订的《中华人民共和国红十字会法》，开展红十字会法进机关、进社区、进学校普法宣讲活动。开展“5·8”红十字日主题宣传活动。组织红十字会员、志愿者，通过印发、张贴宣传材料、悬挂宣传品、设立咨询服务台等形式，在全县广泛开展红十字精神宣传和红十字知识传播，发放健康防病、防灾避险、公民急救常识、无偿献血及造血干细胞无偿捐献、短信捐款等宣传资料600余份，活动共接受群众咨询300余人次。

【关爱老人活动】 开展红十字关爱老人健康服务活动。县红十字会联合县妇幼保健院党员“110”志愿服务队和县城区社区卫生服务中心的医务人员，前往县敬老院开展爱心志愿服务活动。为敬老院67名老人进行免费健康检查，听诊把脉，测量血压，谈心聊天，为老人们讲解饮食、锻炼方面的保健知识，发放了老年人中医保健、急救常识宣传手册、高血压、糖尿病防病知识等宣传资料120余份。

【“5·8”洪灾后多方支援】 建宁“5·8”洪灾发生后，中国红十字总会、福建省红十字总会、厦门红十字会，在第一时间将灾害家庭救助箱、家庭救助包、大米、毛毯等价值24万元物资，运送到建宁县，县红十字会立即组织本会会员和志愿者将救灾物资及时准确地发放到灾民手中。三明市红十字会常务副会长刘岁美一行到县看望慰问部分受灾群众，发放救助物资。

【“红十字博爱送万家”活动】 春节前夕，为农村10户生活困难家庭，分别送去价值300多元的食用油、米等春节慰问物品，让他们感受到春节温暖和新年祝福。年终岁尾，县红十字会再次深入溪源、客坊、黄坊乡开展防寒防冻慰问活动，为农村低保、孤寡老人等家庭送去棉衣、棉被等慰问物品。资助县老体协气排球场建设。为丰富社区老人文化体育生活，本会从有限的经费中挤出1000元捐助气排球场护拦网建设，提高社区老人健康娱乐水平。联合县妇联、开展母亲健康“1+1”活动，全县各妇委会和各乡镇妇联广泛发动，筹集捐款7.1万元。并为捐款者颁发捐赠证书，募得款项全部汇到省红十字会，用于救助“两癌”妇女。

【“应急救护”活动】 开展“应急救护”进机关、进企业、进农村活动。在县源华林业生物科技有限公司开展应急救护知识普及宣传活动，并在黄坊中心小学、武调小学高年级召开展“人人学急救”主题队会，系统讲解应急救护的重要意义以及心肺复苏、创伤救护、高危急症、人工呼吸、止血、包扎、固定、搬运等专业的应急救护知识，企业主要负责人、安全管理员，学生和家长等400余人参加学习，通过培训，提高广大群众应对意外伤害的自救互救能力。

【首例造血干细胞捐献成功】 12月30日上午，建宁县首例造血干细胞捐献者熊自招载誉归来，三明市红十字会常务副会长刘岁美率秘书长吴乃霜、赈济救护部部长林瑞班一行，在副县长孙元玲的陪同下，护送其回家，为他送上鲜花和慰问金。熊自招是本县伊家中心小学的一名教师，12月29日，熊自招在福州肿瘤医院接受造血干细胞分离手术，成功为患者捐献了造血干细胞，熊自招成为建宁县第一例、三明市第10例造血干细胞捐献者。他捐献的造血干细胞，第一时间转运到北京，植入患者体内，挽救了一个生命垂危的血液病患者，保全了一个家庭。2016年，红十字会在建宁采血2次，参加献血人数775人，献血量267900毫升；造血干细胞志愿捐献采集26人。

（胡润瑛）

客家联谊会

【概　况】 建宁县客家联谊会有会员64人，理事18人，会长1人，副会长13人，秘书长1人，副秘收长5人。2016年，是“客家基本知识宣传年"，县客家联谊会根据福建省客家研究联谊会闽客联〔2016〕2号文精神，认真研究，制定出符合本县实际的客家基本知识宣传活动工作计划，并精心组织，逐项落实，取得了较为满意的成效。

【举办客家基本知识培训班】3月9日，县客家联谊会举办各乡(镇)分管领导、县直有关部门领导、本届理事会成员和顾问及退休的副处以上老同志共100余人参加的客家基本知识培训班。会长王登远和驻会代表分别在培训班上作讲座。通过培训班学习，与会代表明确客家基本知识宣传的四个内容：一是宣传客家基本知识、客家源流、客家的形成与发展；二是宣传建宁县作为纯客家县的形成和发展；三是宣传建宁在客家形成中所处的位子和发挥的作用；四是宣传客家在祖国统一大业中所发挥的作用，特别是在反"台独"势力中的作用。

【加大客家知识宣传力度】从3月底起，县客家联谊会会长王登远先后到9个乡(镇)、县委党校副科以上干部培训班、县老科协、县政府机关退休分会、县政法机关退休分会和有关乡(镇)的退休干部分会共进行20多场的巡回讲座，听众共达2000多人次。10月，由县文体广电出版局牵头，县文化馆等单位承办，举办了一场"客家基本知识"专场文艺节目演出晚会。春节期间派出专车下乡巡回宣传，让客家知识家喻户晓。县客家联谊会以省客联会客 家研究院院长林开钦的有关客家论著为主要宣讲内容编写宣讲提纲。翻印《客家七讲三字经》《中国历史上的"三乱"》和《客家基本知识答卷》等宣传资料3000余份。并对县客家联谊会理事和部分代表共30余人进行《客家基本知识》测试。

(何绍贤)

关心下一代工作委员会

【概　况】2016年，建宁县关心下一代工作委员会(简称县关工委)有基层关工委133个，其中乡(镇)9个，村(居)99个，学校20个，机关事业单位1个，民营企业4个。

【主题教育】3月23日，召开全县关工委工作会议，对县"三爱""两史"主题教育工作进行专题部署。当年，"三爱"(爱祖国、爱学习、爱劳动)"两史"(共产党史、建国史)主题教育系列活动取得较好效果。中小学开展"三爱"两史"主题教育系列活动35场，受教育人数9500余人次；农村青少年中开展"三爱""两史"主题教育系列活动20场，受教育人数2200余人次；收到中小学选送的"三爱""三节"(节水、节电、节粮)"两史"教育征文100余篇；开展"三爱""两史"教育演讲比赛12场次。11月21—22日，全市关工委开展党史、国史教育经验交流暨关爱团工作会议在建宁县召开，市关工委主任林纪承等省市县关工委有关领导近80人参加会议。县委常委、组织部部长陈华伟参加会议并致辞，县关工委主任谢冬林在会上介绍建宁县关工委开展党史、国史教育及关爱工作的经验。

【为青少年服务】强化"五失"青少年的帮教转化工作。根据省关工委《关于进一步加强关爱团建设的基本意见》的要求，对"政法一条龙"和"社会一条龙" 关爱团组织机构进行了调整充实，实行了"两龙"合一。县关爱团组织机构成员增至18人。各乡(镇)也分别聘请了3~5名退休老干部组成关爱工作小组。截至2016年年底，全县关爱团(组)队伍61人。各级关工委坚持每年开展"春节送温暖活动"，发动社会资源深入乡、村、社区走访慰问孤儿、特困生等“五失人员”共计200人,发放慰问物品、慰问金折计8万余元。县关爱团、报告团到县拘留所对失足青少年开展教育帮扶,给他们重启人生、再造自我的激励。全年共举办普法教育40场次,走访帮扶“五失”青少年70人,其中帮教失足青少年30人。4月26日,由市综治委、市关工委、市教育等组成的验收小组到建宁县检查验收,先后到溪口镇半源村、濉溪镇新生社区、均口中学等进行实地验收,验收组对县“未成年人零犯罪”活动创建工作给予了充分肯定。当年有4个村、2个社区、8所学校获得市综治委“未成年人零犯罪”学校、村(社区)命名表彰。

【帮困助学】动员社会各界开展帮困助学。县关工委多方筹措资金22.6万元,资助214名品学兼优的贫困生。其中:大学生114人,发放助学金18.7万元,中小学生100人,发放助学金3.9万元。各乡(镇)关工委加强服务帮扶贫困生的工作,乡(镇)共筹集资金9.74万元,共帮扶87名贫困生。

【培育典型示范】持续培育“讲政治、育新人、奔小康”的“种子工程”示范户。作为省关工委农村工作的联系点,建宁县关公委在巩固提升原有典型的基础上,注意培育新典型。2016年,县关工委培育“种子工程”示范户2户,乡(镇)关工委培育“种子工程”示范户23户。县关工委科技服务团9位教员,充分发挥“十佳青年”示范户的作用,与有关乡(镇)及农业、林业、科技部门共同举办农村青年实用技术培训班3期,培训青年127人。乡(镇)关工委共举办各类培训班18期,培训青年农民700多人次。协助建立农业产业基地5个。

【党建带关工委建设活动】4月1日,县委书记郑剑波主持召开县委常委会议,听取县关工委工作汇报,研究建宁县开展党建带关工委建设工作,并决定在均口镇开展建立党建带关工委建设试点工作。9月9日,中共建宁县委组织部、建宁县关心下一代工作委员会联合印发《关于做好党建带关工委建设工作的实施方案的通知》。10月18日,全县“党建带关工委建设”现场推进会在均口镇隆下村召开,县关工委班子成员及乡(镇)、县直部门有关领导40多人出席会议。均口镇党委介绍了开展建立党建带关工委建设试点工作情况,市关工委主任林纪承、县委常委、组织部部长陈华伟出席会议并分别对做好这项工作提出明确要求。党建带关工委建设活动巩固了基层关工委创“五好”活动成果,全县133个基层关工委、经过自评和验收,94个达到“五好”标准,达标率71%。

(邱红梅)

老区建设促进会

【概　况】2016年,建宁县老区建设促进会和扶贫开发协会根据中央、省、市、县对扶贫工作的部署,贯彻落实习近平总书记提出的“要坚持精准扶贫、精准脱贫,重在提高脱贫攻坚成效”指示精神,深入调查研究,坚持选好项目,深化科技扶贫;抓好精准施策,因地制宜精准扶贫。当年,县老区建设促进会和扶贫开发协会共联系帮扶贫困户43户163人,经年终由乡(镇)、村、合作社(或专业大户)及本会联合验收,对照政府脱贫标准,已有40户147人脱贫,尚有3户16人因缺劳力、缺技术、创收项目少而未脱贫。

【基层调研】根据习近平总书记提出的“决不能让苏区老区群众掉队”的指示,围绕老区村、贫困人口“不掉队”开展调研活动，建言献策。县老区建设促进会和扶贫开发协会共同选择2个专题进行调研：一是根据县委书记郑剑波的建议，对溪源乡开展村级扶贫担保融资工作的做法和经验进行调查总结。通过调查，溪源乡溪源村成立的村级扶贫担保基金，做法很好，成效显著，有效破解企业和贫困户贷款难的问题，促进产业发展，助推贫困户增收脱贫。调研后形成《建立扶贫担保基金 助推精准脱贫工作》的调研报告，县委书记郑剑波阅后作批示，并转发各乡（镇）参考。二是根据精准扶贫的工作实际，对文鑫莲业股份有限公司开展产业扶贫的情况进行调研。该公司在发展壮大企业规模效益的同时，积极承担起企业社会扶贫责任，从产业扶贫、教育扶贫、就业扶贫向精准扶贫扎实推进，取得显著成效。经过调研形成《创新促发展 扶贫见成效》的调研报告，县委书记郑剑波对该报告作出批示：“发动社会力量扶贫是精准扶贫一项有效措施，文鑫莲业情注群众真扶贫经验值得借鉴、推广。”

【老区宣传】通过多种形式宣传党中央关于扶贫工作的方针政策和习总书记关于扶贫工作的系列讲话精神，宣传各地扶贫开发工作的好经验好做法。动员更多的企业家和社会贤达参与扶贫开发，壮大社会扶贫队伍，凝聚社会扶贫正能量。一是办好《建宁苏区简讯》并积极为上级相关刊报投稿。2016年，县老区建设促进会和扶贫开发协会撰写的稿件被“滴水缘”“红土地”“中国老区建设”“三明日报”等报刊杂志刊用12篇（幅）；编辑《建宁苏区简讯》三期，印发600余份。二是开展弘扬红军长征精神系列活动。与县有关部门共同组织一场纪念红军长征胜利80周年文艺晚会，与省电视台公共频道“金秋“栏目组共同开展“三红”（红色资源、红色传统、红色基因）系列宣传报道活动。三是开展全国第三个扶贫日系列活动。出宣传专栏、专刊3期；加大树典型宣传，参加里心镇精准农机专业合作社扶贫基地揭牌仪式，该社筹措1000万元资金，吸纳7个空壳村，143户贫困户（400人）参股，公司每年固定拿出27万元利润进行分红，其中10万元为7个村增加村财收入；17万元为143户贫困户增收，每人年均分红425元。

【为老区办实事】一是为老区村办实事，帮助贫困村在饮水工程、村道修复、灾后重建等方面支持项目资金共22.4万元，为贫困村搞好基础设施建设，促进美丽乡村建设，改善群众生产生活环境。筹措帮扶资金16万元，扶持8个贫困村建设饮水工程、村道维护、桥梁建设的项目9个。二是协调做好黄仲咸教育基金的发放工作，奖励县一中100名高中生共计奖学金10万元。三是筹措帮扶资金98.92万元，其中：省扶贫开发协会帮助资金41.52万元，市扶贫开发协会帮助资金17.5万元，本会筹措资金39.9万元。四是抓好科技培训，提高贫困人口的科技水平和致富能力。举办建莲、食用菌、油茶等科学种植、管理、病虫防治等培训班11期，培训人数950人次。五是帮扶溪口镇、黄埠乡、里心镇、黄坊乡、溪源乡5个乡（镇）23户贫困户建档立卡，由老区建设促进会出资11.5万元，各乡（镇）安排干部入户帮扶，本会逐户检查、落实帮扶措施。六是由老区建设促进会筹资6.4万元，补助溪口镇高圳村和黄埠乡罗源村民生项目开发。

【特色产业做大做强】加大产业扶贫力度，做大做强特色产业，带动精准扶贫，实现精准脱贫。继续重点扶持莲子、油茶、食用菌3个特色产业的发展。莲科所培育3个高产新品种，莲产量显著提高，2016年莲高产新品种亩产接近

75 公斤；油茶已引进了长林系列和特大果红花油茶优质高产品种，产量高，效益好，2016 年全县种植 16 万亩；全县年产食用菌 4252 万袋，总产量 1.34 万吨，产值 12493 万元。

【扶持农村专业大户】大力扶持农村专业大户发展生产，带动贫困户劳动致富。为兴农食用菌专业合作社、汇奇食用菌专业合作社、锦瑞吊瓜专业合作社解决帮扶资金 5.5 万元，并通过他们带动 15 户建档立卡贫困户参与食用菌和吊瓜生产，每年每户可增加 2 万元收入。补助海宏达生态农业有限公司、六和农林开发有限公司和天一油茶专业合作社发展种植和养殖生产资金 9.5 万元，三家公司帮扶 15 户建档立卡贫困户养黑山羊、种植油茶，带动 230 户农户(含贫困户)种植油茶和在梨树上种植铁皮石斛共 1333.33 公顷。制定《建宁县杂交水稻制种授粉后适时割除父本技术示范推广实施方案》，采取"企业+制种经纪人(种子专业合作社)+农户"形式，在全县 9 个乡(镇)建立 10 个"制种母本授粉后适时割除父本"百亩示范片，示范组合有五优、C 两优、五优、陵两优等 15 个组合，示范片面积 73.33 公顷。

(陈宝发)

县退休干部协会

【概　况】建宁县退休干部协会下设 10 个分会和 10 个小组，2016 年，全县有会员 700 余名，本届理事会是 2013 年 9 月 5 日召开的第八次代表大会选举产生的，设会长 1 名，副会长 6 名，秘书长 1 名，理事 17 名。2016 年，县退休干部协会在县委、县政府领导下，在市退休干部协会和县公务员局的关心指导下，组织全县退休干部开展各种有益身心健康的多种形式的活动。

【县委、县政府对退休干部的关怀】年初，县委、县政府召开老干部通报会，县委副书记、组织部部长赵圣宏向老干部通报了 2015 年全县经济社会发展情况和 2016 年的主要工作安排，全县离退休干部、退干协会各分会长、小组长等 150 多人参加了会议。5 月中旬，新任县委常委、组织部部长陈华伟上任伊始即深入县退休干部协会调研指导工作。老年节当天召开庆祝会，陈华伟带领县老干局、公务员局、民政局、老龄办等单位主要领导到会祝贺。上半年，县政府投资近 30 万元，为老干部活动中心安装电梯，让老同志参加协会活动更加安全便捷。按照 2014 年"两办"下发的文件，下半年组织全县退休干部进行两年一次的健康体检，由县医院体检站统一安排时间，体检后由退休干部所在单位统一向县医院结算经费。

【举办知识讲座】2—3 月，举办中共十八届五中全会精神传达讲座，邀请县委党校理论教员主讲。4 月和 5 月中旬，分别召开全体会员学习会，邀请县政府副县长余传贵作建宁县"十三五"规划报告。4 月和 11 月，举办电子商务产业知识讲座，邀请县商务局副局长代文明主讲，并实地参观考察县将屯电子商务产业园。通过讲座和参观，全体会员初步了解了电子商务基本知识和本县电商产业的发展形势和前景。年内，举办老年人健康知识讲座，邀请县医院两名主治医师主讲，向老干部们讲解了老年人冬季养生知识和老年人糖尿病的防治知识。

【文艺演出】3 月 25 日，县退干协会民乐队走进复兴社区水南桥头公园开展文艺演出。4 月 29 日，县退干协会民乐队和老年大学艺术团赴县经济开发区、斗埕村，为这里的职工和村民举办庆“五一”慰问演出，为广大劳动者送上一道节日文化大餐。5月31日晚，退干协会荷韵民乐队全体队员前往泰宁县老年乐队学习交流，开展联谊活动。两县的老干部互相演唱了激情的歌曲。9月下旬，由退休干部协会、老体协、老年大学、老科协、老干局、老区办、老促会、客联会等12个涉老单位联合举办“纪念红军长征胜利80周年”文艺晚会，为老区人民继承和发扬长征精神，建设“清新花乡·福源建宁”，共创美好未来增添正能量。国庆中秋佳节期间，民乐队与县文明办联合举办“为文明点赞·中秋赏月联欢会”。10月10日，民乐队应均口镇政府邀请到均口镇举办纪念红军长征胜利80周年暨庆祝建国67周年“魅力闽江源　共筑中国梦”专场文艺晚会。

【参观考察】上半年，组织全体会员到新建的县城关中学参观学习，让老同志感受教育改革发展的新变化；组织退休干部协会分会长、小组长前往具有千年历史的古村溪源乡上坪村参观考察。下半年，在宁化县退休干部协会的大力支持下，组织协会分会长，小组长赴宁化参观学习，参观宁化石壁客家祖地，世界客属文化交流中心和北山纪念园、革命纪念馆；组织协会分会长、小组长约40余人参观福建闽江源绿田实业发展有限公司的生产活动。

【特色活动丰富晚年生活】年初，为迎接新春佳节，组织全县400多名会员，在活动中心开展迎新春游园活动，老年朋友各自参加自己喜爱的飞镖、套圈、抛球、参观图片展、书画展、猜谜及球类、棋牌类活动。4月25日，举办庆“五一”门球、气排球、乒乓球“三球”比赛，共有80余人参赛。5月中旬，召开近一年来机关事业单位新退休干部座谈会，介绍退干协会机构设置、活动场所、活动安排情况。6月中旬，举办纪念建党95周年集邮展览，全县退休干部、市、县集邮协会领导及集邮爱好者200余人参观展览，同时成立全县老年集邮协会。9月重阳节，举办2016年老年节庆祝活动。参加本次活动的有90寿星3人，80寿星17人，70寿星34人，金婚夫妇19对。各退休协会分会长、小组长参加会议，县委及有关部门领导到会祝贺并讲话，大会向寿星赠送生日蛋糕和慰问金，为金婚夫妇赠送慰问金，并合影留念。

（廖光朗）

2016年10月10日，庆祝第33个国际盲人节　（县残联提供）

军 事

编辑:黄日辉

人民武装

【概　况】2016 年，建宁县人武部坚持以党的强军目标为指导,以上级决策部署为依据,紧紧围绕“突出教育固根基,围绕任务抓训练,提升素质带队伍，针对特点严管理，正风顺气促和谐”的工作思路,聚焦中心,凝心聚力,突出重点,狠抓落实,人武部和民兵预备役建设取得新的发展进步。

【思想政治建设】县人武部党委始终坚持把思想政治建设放在首位,围绕“一个主题、一条主线”学习贯彻习主席系列重要讲话精神和十八届五中、六中全会会议精神,深刻理解国家“十三五”建设宏伟蓝图。开展“坚决服从改革大局,忠实履行职能使命”主题教育活动、党员“两学一做”教育活动,贯彻落实中央军委深化军队改革建设的一系列指示。积极发挥党委班子核心作用,按照“三型”标准认真抓好党委班子全面建设,着力提高班子凝聚力、党委领导力。抓好党章学习贯彻,认真学好新《中国共产党党章》《政治工作条例》《党委工作条例》等基本法规,不断提高开展政治工作和党内组织生活水平。在落实民主集中制上,既坚持党委统揽议大事、抓大事,又落实分工责任制。认真对照习主席提出的 10 个方面突出问题、8 种不良倾向和省军区、军分区首长指出的需要解决的八个方面问题,进行了“两学一做”专题民主生活会,逐条、全面排查单位和个人存在的问题。

【实战化训练】始终抓紧实战能力训练,稳步推进军事斗争准备。聚焦军事斗争准备这个中心,围绕战时担负的五大任务，抓好经常性基础性工作落实。深刻把握深化国防和军队改革的新要求,以“能打仗,打胜仗”为目标,聚焦工作重心,科学筹划年度军事训练内容,突出应急应战准备,确保随时做好支援保障任务;以《军事训练大纲》和《军事训练指导法》为依据,对接完成应对重大“台独”事变军事行动基本方案的修订,开展安全形势、职能使命、法规制度、战斗精神、防奸保密等 6 个战备教育。在基础训练上,突出条令条例、单兵队列、战术基础、轻武器操作等课目学习训练;在业务技能上,突出军事理论、军事技能、本职业务等内容训练;在教学手段上,深入开展军地融合按照“懂业务、会指挥、能带兵”的要求,采取“请进来教、到驻军训”的办法,聘请森林武警、防汛办、防火办、消防大队等专家到队授课,对参加集训的 120 名民兵营(连)长和民兵信息员进行业务培训;认真抓了 3 批次 165 人次民兵专业骨干训练、6 批次 480 人任务分队成建制拉动演练以及和建宁驻军、公安武警、地方行业系统抢险救灾、应急维稳联训联演;规范训练流程,落实好“九个有”(有计划、有教案课件、有备课示教、有教练员、有考核、有登记统计、有影像资料、有总结报告、有经费开支账目)。

【增强后勤保障】紧紧围绕后勤规范化建设要

求，靠制度抓落实，以管理促发展，努力提高后勤综合保障能力和保障效益。按程序要求报审并展开了营院、办公区规范化建设，根据战备、生活、办公功能区分规范设置了“五室一库”(值班室、兵器室、保密室、文印室、办公室、物资库)。认真搞好民兵预备役军事训练后勤保障需求论证，优化保障方案，集中财力物力重点保障战备训练中的急难问题，努力提高后勤服务保障效益。坚持党委集体理财，落实先报批后开支、双主官联审会签审批、物资集中采购、车辆定点维修等制度规定，分别由党委会和办公会集体研究确定开支，物资采购严格进行统计、询价、采购，真正做到“花钱看标准、开支看规定、办事讲原则”。抓好双拥共建工作，充分发挥人武部联接军地的特殊优势，既当好地方党委政府的“军事部”，又当好驻地部队的“代言人”，在军地双方树立能干事、有作为的良好形象。聚合力量扶贫帮困，针对省军区，省军区装备部及军分区挂包建宁扶贫帮建实际，人武部积极主动协调，做好沟通汇报工作。省军区继续支持客坊乡集镇供水设施改造工程资金150万元；支持水尾村红军司令部修复及配套基础设施建设资金200万元，军分区支持水尾村红军兵工厂修复100万元；协调省旅游局、民政厅等部门出台红色旅游相关扶持政策，省军区机关处级以上干部每人捐助1000元以上，6月20日在建宁举行了捐赠仪式，总计捐赠29.5万元。人武部本级拿出6万元用于民兵营连部规范化建设，挂勾客坊乡水尾村、定期组织帮扶活动，深受广大群众的好评。

【征兵工作】围绕“两保、一降、一杜绝”的总目标，从3月开始，在上级兵役机关的统一部署下，坚持早筹划早准备，从兵役登记到确定预征对象，到组织乡检和县初检复检，到最后审批定兵和新兵输送，每项工作都组织严密，尤其是在市征兵办不断增加大学生入伍比例的情况下，认真做好“五率”量化评比，走实征兵工作九个步骤，部组织新兵入营前为期3天的集中教育和适应性训练，及时调换了2名有问题的青年，圆满完成上级分配的新兵征集任务。当年的新兵中，大学生人数高出市定指标25%。

【民兵训练】坚持按纲施训，真正把战斗力标准树起来，不断创新方式手段，有效提升完成多样化军事任务能力。采取“岗位自训、集中组训、以考促训”的方法，突出加强专武干部、民兵干部、专业技术骨干等为重点对象的军事训练力度，共区分7个波次200人次；当年分别参加了省、市、县三级组织的专武干部集训和民兵干部骨干集训，骨干队伍整体素质得到较大提升。4月，组织全县专武干部、民兵营(连)长暨民兵信息员集训；5月中旬，选派2016年新调整的7名专武干部参加分区组织的“三新”专武干部集训，训练考核成绩优秀；科学筹划年度军事训练内容，突出应急应战准备，确保随时做好支援保障任务。深入开展军地融合，聘请森林武警、防汛办、防火办、消防大队等专家到队授课，大大提高了训练成效。

【应急任务】年内，县人武部先后接到4次应急任务出动，共动用民兵近800人次。1.建宁“5·8”洪灾中，组织伊家、客坊、黄埠民兵展开自救，里心、溪源、均口、黄坊出动应急队伍，做好支援救护。2.尼伯特台风来袭，县人武部集结均口、黄埠、伊家、黄坊民兵作为县机动力量进行支援救灾。3.国际自行车比赛期间，出动人员前往伊家、里心、黄埠、客坊做好安保工作。4.17号鲇鱼台风来临，集结濉溪、溪口、伊家民兵抢险救灾。在重大任务面前听招呼守规矩，发扬特别能吃苦、特别能战斗的作风，出色完成任务，为县民兵队伍树立良好形象。

【民兵整组】认真贯彻落实省军区首长提出的四项新举措，圆满完成上级赋予的24支803人整组任务，其中，应急队伍12支505人、支援队伍11支241人、储备队伍1支57人。先后3次组织全县动员潜力数据会审和任务预分数据会审，精确到一人一车，详细记录了人员联系方式、家庭住址，可征用装备的型号、车牌等，确保前期准备充分。着眼平时应急、战时应战需要，改变以往按人口比例赋予民兵组建任务的方法，重点抓好应急动员队伍的组织布局。按照“战时所需，便于机动，快速保障，可靠管用”的要求，结合地方战时主要担负的任务(保障过境、提供支援、应急处突、抢险救灾)，调整优化整组结构，重点解决民兵组织编建“不真不实”问题，实现了“结构合理，编组精实，管理规范、队伍可用”的目标。

（龚述波）

武　警

【概　况】2016年，建宁武警中队贯彻全面、进步、安全、发展的理念，落实《军队基层建设纲要》精神，继续担负建宁县看守所外围武装警戒任务、处置突发事件和抢险救灾任务，强化军事训练，促进营区文化环境建设，推动后勤工作现代化、正规化。以维护社会秩序，保障人民利益为先导，积极支持地方经济建设。

【思想政治建设】一是开展三项教育活动。中队把“改革强军”主题教育、“两学一做”学习教育和“四个崇尚”经常性思想教育作为政治教育的重中之重。以微讲堂的教学形式，鼓励战士走上讲台，以同龄人的视角谈认识理解，在自我教育的过程中加深官兵“改革为强军”的理念。在“两学一做”学习教育活动方面，中队每名党员制订个人学习计划，原文学习习主席“七一”讲话精神，撰写学习心得，围绕专题组织学习讨论，通过公开承诺活动，进一步强化每名党员的担当意识。值建党95周年之际，组织官兵到反“围剿”纪念园参观学习，举行“重温入党誓词”活动，激发战士爱国主义热情。二是开展“唱革命歌曲、讲传统故事、读励志书籍、看优秀影视、做红军传人”系列活动。每周组织官兵学一首革命歌曲、组织观看一部优秀影视，与建宁县图书馆建立图书流通点，丰富官兵阅读文化，适时组织官兵写影评、观后感，打牢思想根基。中队积极参加“双拥模范县”创建活动，邀请县文化馆为中队排练威风锣鼓特色文化节目，利用“五四”“八一”等时机，与职业中学、文化馆共同举办“绽放青春梦想”“八一双拥情”文艺晚会，节假日慰问社区老人，与老人一同进行包粽子等活动，增进军民热情。

【军事训练】坚持把军事训练作为提高部队战斗力的有效途径，以“能打仗，打胜仗”为目标。中队及时完善战备方案，落实战备制度，扎实做好战备人员编组，组织好战备演练，严密组织完成擒拿试训和快速装卸刺刀科目的观摩演示任务，中队先后推荐3名官兵参加教练员集训。充分调动官兵的训练积极性，坚持训考结合，建立训练档案，查找不足，提高官兵的训练水平。年内，加大训练场地建设的力度，投入7万余元，重点对9场4室进行建设，至12月底已完工，建设达标。

【治安维护】中队始终把执勤工作放在中心位置，针对全国两会、“6·4”“7·5”等敏感时期，派出官兵63人次，圆满完成县政府元旦升旗、两会安保、烈士公祭等临时执勤任务。年内，雨季持续时间长、台风多发，中队积极做好防汛、防抗台风各项抢险准备工作，多次组织对冲锋舟、发动机、救生器材进行检查和维护保养。并于“5·8”抗洪救援任务中,中队长谢泳彬带领9名战士,成功转移受灾群众70余人。同时开展“抓规范、打基础、治隐患、保安全”执勤安全教育整顿活动,对排查出执勤安全隐患集中治理,及时协调生产厂家,解决哨位集成箱故障率较高的问题。通过更换刀刺网、增加巡逻道护栏高度等措施,完善执勤设施,不断提升执勤安全防范综合水平。

【后勤建设】年内,中队推荐6人参加后勤业务培训,每月组织业务考核。精心调节伙食,有效改善伙食。坚持按计划开支、财务检查和账目公开制度,确保开支合理、财务安全。严格落实装备管理责任制,精心保养维护装备。中队积极与县政府联系协调,完成了中队官兵医保卡的办理,争取专项经费10余元,用于购置冲锋舟、强光手电等抢险救援物资;争取经费7万元,解决官兵伙食、医疗补助和场地建设问题,同时完善塑胶篮球场建设,为官兵营造拴心留人的环境。

【队伍建设】围绕“牢固安全底线、巩固内部关系、提升执行力、提振精气神”的工作思路,将工作重点放在全面提升中队官兵内涵素养、精细化管理水平上。全年中队吸收4人加入党组织,推荐参加各类集训培训12人,评选15人表彰奖励,研究推荐转改士官9人,官兵满意率达100%。在干部队伍中,扎实开展“四德教育”,不断强化干部遵章守纪、敢于担当意识。积极开展“爱岗尽责、遵规守纪、模范带头”活动,当年,先后涌现出戢友、费优佳、韩磊等先进典型,有力推动了士官队伍建设。

(邱云海)

人民防空

【概　况】建宁县人民防空办公室(简称县人防办)是县人民政府工作部门,承担建宁县国防动员委员会人民防空办公室的日常工作。2015年与县建设局合并,实行一个机构、两块牌子。2016年,县人防工作紧紧围绕人防建设“十三五”规划目标任务和上级人防办要求,突出“长期准备、重点建设、平战结合”方针,突出县情抓特色、群策群力求发展、依法依规抓“结建”、扎扎实实打基础,有力推进了县人防事业的又好又快发展。

【人防宣传】加大人防宣传教育力度。一是以学校、机关、企业、社区、网络为宣传阵地,以人防法、防空防灾知识宣传为主要内容,先后采取发放宣传单、上人防课、建好人防网站等形式,积极开展人防宣传,让全县群众对防空事业有了初步认识。县人防办一方面通过给业主单位解释人防政策、宣传人防法规,提高建筑业主履行人防义务的自觉性;另一方面采取多请示、多汇报,定期给领导报送人防刊物和人防信息、邀请县领导参加人防工作会等形式,不断增强各级领导的人防意识,提升了社会对人防工作的重视。二是把人防网站建设作为人防宣传工作重点加以落实,专门出台的网站建设绩效考核实施方案,做到将网站建设与其他业务工作一同布置、一同检查、一同考核、一同兑现奖惩,有力营造了全社会关心人防、热爱人防、支持人防的良好社会氛围。每年至少安排一次在线访谈,让群众更进一步了解人防知识。

【人防工程建设】建立健全各项规章制度,重点明确人防行政许可、行政处罚、行政征收范围和行政自由裁量权目录，在“结建”审批方面，严格依法办事，严格依法审批。确实加强人防“结建”审批，严格依法征收易地建设费。大力推进人防重点工程建设，2016 年投资 50 万元，为城区新装一套 CWYKII 防空防灾警报系统，警报中心站 1 个和主城区电声警报终端 5 台。

【人防队伍建设】 一是加强队伍教育管理，积极鼓励支持干部参加省、市办组织的各类培训，人防干部办事能力、社会形象得到明显提高。二是认真落实人防业务训练，在组织人防干部进行各类培训基础上，重点与县人武部协调配合抓好人防专业队组建。三是加强内部管理，严格贯彻落实中共八项规定，严肃干部纪律，制定严格的工作方案，结合实际压缩日常办公经费和公务接待开支，并实行出差、学习、培训、检查审批制度；严格车辆管理，压缩车辆费用开支。

（林升文）

2016 年 7 月 15 日，“花海骑行·追美建宁”2016 中国·建宁国际自行车公开赛　（县旅游局提供）

法 治

编辑:肖建泰

综 述

2016年,建宁县政法系统全面贯彻落实中共十八大和十八届三中、四中、五中、六中全会精神,深入贯彻落实习近平总书记系列重要讲话精神和治国理政新理念新思想新战略,紧紧围绕全县工作大局,确保全县安定稳定。持续深化“平安建宁”建设,群众安全感率达97.75%,被省综治委评为平安县。2016年度综治考评全市第一,连续五年进入全市前三名。被评为全国“六五”普法先进县,是全市唯一获此殊荣的县。

2016年,建宁县公安局共立刑事案件567起,破案324起,抓获各类刑事作案成员228人。被总工会、省安全生产监督管理局授予福建省“安康杯”竞赛先进单位称号。建宁县检察院全年受理公安机关提请批准逮捕案件37件43人,批准逮捕35件41人;受理侦查部门移送起诉案件125件157人,提起公诉118件127人;查办职务犯罪案件5件7人,为国家挽回经济损失105万余元。荣获“省级青年文明号”“市级文明行业示范点”、全市检察机关“工作业绩突出单位”、创“三优”先进单位等称号。建宁县人民法院共受理案件4088件,结案3609件。被评为“全市先进法院”。少年与家事庭被福建省青年维权活动组委会授予“青少年维权岗”荣誉称号,里心法庭被省高院评为“全省党建工作先进集体”、被共青团福建省委和省高院共同授予“青年文明号”。许爱珠被最高人民法院评为“全国党建工作先进个人”。建宁县司法局全年共调解矛盾纠纷671件,调解成功662件,履行662件,调解率100%,成功率98%,协议履行率100%,一案一补录入率96.9%;接收社区矫正人员85人,解除社区矫正人员74人;办理各类公证事项307件,义务提供法律咨询2600余次。被中华全国人民调解员协会授予人民调解工作先进单位。建宁县依法治县领导小组办公室被评为2011—2015年全市法治宣传教育先进集体。

法治政府建设

【概 况】2016年,建宁县人民政府法制办公室充分发挥职能作用,加强政府法制工作,各项工作取得新成效。全年,共审核县政府及部门重要文件文稿19件,审核县政府重大合同14件,参与处理县政府及部门信访涉法事件11件,办理信访复查申请3件,并组织开展了行政执法培训、行政执法主体资格确认和行政执法人员清理、行政执法案卷集中评查等工作。

【推进依法行政】2016年,县政府法制办围绕全面深化改革、推进依法治国战略决策,紧扣建宁经济发展大局,大力推进依法行政,加快法治政府建设,落实领导干部学法制度。将依法行政知识纳入行政执法培训内容,落实好行政执法检查年度计划、检查报告和信息公开等措施，将各种执法行为置于法律监督之下，促进公正、文明执法；加强对新颁布修改的法律法规的学习和贯彻执行，把政府各项工作纳入法治轨道，完善合法性审查机制。全年县政府法制办共审核县政府及部门重要文件文稿19件，审核县政府重大合同14件，参与处理县政府及部门具体信访涉法事件11件，确保政府决策合法合规，各项事务在法治轨道上运行。推行法律顾问制度。聘请法律顾问，邀请其参加县政府常务会、重大事项征求意见会等，充分发挥县政府法律顾问作用，使其在更多决策、更广领域中提供法律意见建议，为防范政府决策的法律风险、稳定风险发挥积极作用，为法治建宁建设和重大决策提供法律咨询服务，协助处理重大涉法事务。依法公正办理行政复议、信访复查案件。全年共受理办理信访复查申请3件。认真开展行政执法主体资格确认和行政执法人员清理工作。根据中共十八届四中全会通过的《中共中央关于全面推进依法治国若干重大问题的决定》和中共中央、国务院印发的《法治政府建设实施纲要(2015—2020年)》(中发〔2015〕36号)提出的“严格实行行政执法人员持证上岗和资格管理制度”“2016年底前，各地区各部门对行政执法人员进行一次严格清理”等要求和省、市政府相关工作部署，2016年9月至12月，开展行政执法主体资格确认和行政执法人员清理工作。县法制办对全县31个行政执法部门、9个法律法规授权执法组织以及527名行政执法人员进行1次严格审查，对24名不符合要求的人员的行政执法证件进行清理。严格重大执法行为监管。加强重点执法领域和重大执法行为的监督管理，强化对重大行政执法行为的监督，组织开展全县行政执法案卷集中评查评选、重点单位评查及案卷抽查，将对存在问题的案卷进行通报，督促行政执法部门整改。

【法制教育培训】 要求领导干部带头学法用法，认真落实领导干部学法用法制度；坚持“谁执法谁普法”原则，积极开展普法工作；开展行政执法培训，将依法行政知识纳入行政执法培训内容，加强对新颁布、修改的法律法规的学习和贯彻执行。

【审查机制健全】 健全工作机制，严格办事程序，坚持重大行政决策事项、重要文稿和重大合同、协议，实施之前必须先经政府法制部门合法性审查的制度规定，确保政府决策合法合规，各项事务在法治轨道上运行。2016年，县法制办共审核县政府及部门重要文件文稿19件，审核县政府重大合同14件。

【政府涉法事务】 充分发挥县政府法律顾问的作用，邀请其参加县政府常务会、重大事项征求意见会，为政府重大决策提供法律咨询服务，协助政府处理重大涉法事务。坚持以事实为依据，以法律为准绳，依法公正办理行政复议、信访复查案件，严把事实、法律和廉洁关。2016年，县法制办参与处理县政府及部门具体信访涉法事件11件，办理信访复查申请3件。

【资格审查管理】 9~12月，根据党的十八届四中全会通过的《中共中央关于全面推进依法治国若干重大问题的决定》和中共中央、国务院印发的《法治政府建设实施纲要(2015—2020年)》(中发〔2015〕36号)中提出的“严格实行行政执法人员持证上岗和资格管理制度”及“2016年年底前，各地区各部门对行政执法人员进行一次严格清理”等要求和省、市的具体安排部署，县法制办组织开展了对行政执法主体资格确认和对行政执法人员清理工作，对全县31个行政执法部门、9个法律法规授权执法组织以及527名行政执法人员进行了一次严格审查，对24名不符合要求人员的行政执法证件进行清理。

【行政执法监管】制定实施行政执法检查年度计划，认真落实检查报告和信息公开等措施，强化对重点执法领域和重大执法行为的监督管理，开展全县行政执法案卷集中评查评选、重点单位评查及案卷抽查工作，对存在问题的案卷进行通报，督促行政执法部门抓好整改，将各种执法行为置于法律监督之下。

（温永胜）

政法委及综治

【概　况】2016年，中共建宁县政法委员会深入学习贯彻落实中共十八大和十八届三中、四中、五中、六中全会精神和习近平总书记系列重要讲话精神以及治国理政新理念新思想新战略，紧紧围绕全县工作大局，确保全县安定稳定，没有发生突破“五个底线”的重大案（事）件，全年无现行命案，无进京非正常访。全省网格化环境监管现场推进会、全省行业性专业性人民调解工作现场会和全省铁路护路联防经验交流会在建宁县召开，建宁做法变为全省经验。被中宣部、司法部评为“2011—2015年全国法治宣传教育先进县”，是全省第三轮第二批平安县，城乡网格化服务管理平台荣获2016年腾讯全球合作伙伴大会“E治理民生奖”。综治平安建设工作取得了新突破，年度综治平安建设工作荣获全市第一名，连续五年进入全市前三名。

【综治调解与治安防控】高标准严要求落实好大调解工作体系建设。依托县综治信访维稳“1+N”联动中心，成立县社会矛盾综合调解中心，聘请专职调解员。落实基层调解工作，依托乡（镇）综治信访维稳“1+N”联动中心，建立乡（镇）调解服务中心，每个乡（镇）调解服务中心聘请1名专职调解员；依托村（社区）综治信访维稳“1+N”联动工作站，建立村（社区）调解服务站；依托城乡网格化服务管理平台，将大调解工作纳入网格化服务管理。全年共调解各类矛盾纠纷715起，调解成功706起，调解成功率为98.7%。推进社会治安防控体系建设。至2016年年底，全县高清监控探头有280路，城区主要路口、出城路口和出县路口安装高清卡口4个，主要路段建设12路智能流媒体车牌识别系统，在公共重要部位安装视频探头2800多个。初步形成了“打、防、管、控”一体化的治安动态监控体系。

【城乡网络化管理】全面深化城乡网格化服务管理规范建设工作。率先在全市探索建立建宁县城乡网格化服务中心，为正科级事业单位，2016年6月又成功将环保监测系统纳入网格化管理。健全落实党政领导综治责任制。年初认真对照年度综治（平安建设）重点工作进行责任分解，明确工作目标、牵头领导和责任单位，通过每季度召开一次政法综治工作推进会，不断推动各项重点工作的落实。半年和年终以县委、政府的名义对综治（平安建设）工作进行检查，表彰奖励工作成绩突出的乡（镇）、单位；严格依照《建宁县社会管理综合治理“一票否则”权制实施细则》，严格行使“一票否决”或“黄牌警告”。全年先后对2个因综治领导责任不落实、导致领导干部职工发生违法违纪的单位予以综治“一票否决”“黄牌警告”。

【突发事件处置机制】健全完善突发事件处置机制。通过党委、政府牵头，整合各级调解组织力量，成立了建宁县社会矛盾化解综合调处委员会，先后成功化解因征地拆迁、意外伤亡、交通事故、医患纠纷、“涉军”群体待遇、刑事案件民事补偿等引发的30余起群体性纠纷，全县没有发生影响社会和谐稳定的重大涉稳案(事)件。强化“三个重点”管控。一是强化重点部位反恐措施。扎实开展严厉打击暴力恐怖活动专项行动“深化严打年”活动，共检查反恐防范重点单位11家次，发现不安全隐患14处，下发“反恐怖防范督导检查表”4份，整改意见书3份。对流入县内的4名新疆籍重点关注人员进行全天候管控，并稳控在当地。加大应急处置力量建设，制定下发了《建宁县反恐最小作战单元应急处置工作实施意见》，成立了7支反恐应急最小作战单元。二是强化物流快递等重点领域安全管理。按照“谁主管、谁负责”和“属地管理”原则，依法落实各级各有关部门寄递安全管理职责，加强执法检查，建立和完善考核奖惩制度，对全县11家快递企业、8家物流公司逐一登记造册，纳入安全管理。三是强化重点人员稳控手段。全年未发生群体聚集、涉军群体上访事件。严格落实安全监管措施。建立了2家客运企业、5家货运企业、26辆客运车辆、75辆营运货运车辆、132名重点驾驶人的基础信息档案，坚持“点对点”管理教育，全年未发生一次死亡2人以上的重特大道路交通事故。按照消防安全“网格化”管理工作要求，“一车、一泵、两水枪、四灭火器、五战斗服、六水带”的标准已基本配齐，全年未发生有人员伤亡的火灾事故。

【平安创建成果】 持续深化提升“平安建宁”创建工作。围绕争创全省平安先进县建设和市级“平安乡(镇)”2~3个，县级“平安村(社区)”“平安校园”“平安医院”“平安企业”25%以上，“平安单位”20个的工作目标，扎实开展新一轮“平安建宁”创建活动。将“平安家庭”创建活动与“信用党员”管理、“经改示范”建设等各项重点工作有机结合，全县39026户家庭获评“平安家庭”，占全县总户数的96.1%。强化校园及周边治安综合治理。县综治办联合县教育局对全县23所中小学校(园)的综治副校长重新进行考核选拔，从法院、公安、司法行政等队伍里挑选出一批优秀的政法骨干担任综治副校长。配齐配强保安人员，全县23所中小学校(园)兼职保安人员共有77人。全县各中小学校(园)全部安装了电子监控系统和一键报警系统，有效防止了违法犯罪现象的发生。联合县教育局制定了《关于开展“法治进校园”巡讲活动的方案》，确定了开展为期三年的“法治进校园”巡讲活动，全年面向全县各中小学进行法制授课15场次，受教育人数5000余人。深化预防处置医患纠纷“五位一体”机制。成立由县法院、检察院、公安、司法、卫生等单位业务骨干组成的专家库，设立专门医患纠纷调解办公室，安排2名工作经验丰富、多年从事调解工作的退休政法系统老干部作为专职调解员，妥善处置各类医患纠纷，全年未发生重大复杂医患纠纷。

【提升社会服务水平】 推进平安中心户长评聘管理工作。全县共评聘平安中心户长416名。全年调解或帮助调解各类纠纷235起，调解成功226起，调解成功率为96.2%；向政法机关上报各类社会治安维稳信息176条，有力地维护了全县社会安定稳定。创新法治宣传新模式。县综治办成立法治服务小分队，联合县文化馆编排形式多样的“平安建宁”宣传节目，搭乘“文化下乡”“电影下乡”等活动移动直播车，将政法宣传用巡回演出、设置平安知识有奖问答与观众互动的方式，轮流进、出全县各乡（镇)、村(居)、街道，宣传“平安建宁”建设，有效提高社会治安满意率、党政领导重视率、平安建设知晓率。全年完成巡回演出27场次，覆盖全县7个乡(镇)，23个村(居)、街道。持续健全平安边界联防协作机制。在上黎村新建建宁县闽赣平安边界联动中心，通过持续深化“平安建设‘联创’、社会治安‘联防’、矛盾纠纷‘联调’、重点人口‘联管’、突出问题‘联治’、边界双方‘联谊’”等平安边界“六联”创建活动，闽赣边界地区由原来的“四多”（跨地区作案多、团伙作案多、易地藏匿多、群众纠纷多）地带变成“三无”（无重大治安案件，无民转刑案件，无突发性群体纠纷）地区，边界地区连续16年未发生影响重大的群体纠纷和严重治安问题。建立情报合成作战机制。以县公安局指挥中心为平台，以图侦为支撑，由刑侦牵头，抽调刑侦、网安、情报等骨干，招聘若干协勤，建立“5+N”多警种实体运作的情报合成作战中心，融合全球眼高清视频监控系统、流媒体、PGIS平台和公共场所无线上网管控系统等各种情报资源手段，实时对接警情案情、多警种情报联合研判、多侦查手段同步上案，转变侦查破案方式，提升打击破案效能。情报合成作战平台自6月运行以来，已抓获犯罪嫌疑人46人、在逃人员20人，破获各类刑事案件75起，摧毁盗窃团伙3个，妥善处置涉稳事件10起。

（邹　颖）

公　安

【概　况】2016年，建宁县公安局以深化公安改革为动力，以推进“四项建设”为抓手，积极践行“敏锐维稳、主动治安、实力应对”的理念，牢固树立“服务暖到心坎上、管理硬到不敢违”的社会治理思路，加快完善社会治安防控体系，全力推进公安改革和“四项建设”，强化风险防控和能力建设，有力推动社会治安持续向好，严密治安管控，推进执法规范，强化队伍管理，确保全县社会治安大局持续稳定。共立刑事案件567起，破案324起，抓获各类刑事作案成员228人。2016年，县公安局被省总工会、省安全生产监督管理局授予福建省“安康杯”竞赛先进单位称号。

【稳定治安大局】深入开展矛盾纠纷排查，预防和处置群体性苗头事件。共排查各类矛盾纠纷454起，化解452起。排查尚和国际农民工讨薪、出租车群体“维权”、尚和国际房地产业主“维权”等群体性事件苗头隐患7起，妥善处置化解7起，未发生群体性事件。加强情报信息搜集和研判工作，发布周警情分析36篇、月警情分析11篇。积极应用情报平台采集各类信息185条，向上级公安机关报送132条。强化对重点人管控工作。全县共列管国保重点人4人，能稳控在当地。列管精神障碍患者102人，全县列管重点人员在控登记率、考核率均达100%，未发现危害行为。强化对涉军群体的管控，与民政、信访、武装等有关部门密切配合，成功化解和劝阻县越战人员拟赴市政府非法上访事件1起。加强对“失独”“e租宝”、出租车等群体的调查摸底，全力做好各项稳控工作。全力做好反恐工作。

【惩治刑事犯罪】全年共立刑事案件567起，破案324起。共抓获各类刑事作案成员228人，提起公诉144人。全年共抓获逃犯57人，外地逃犯14人，历年逃犯7人。

【惩治毒品犯罪】全年共破获各类毒品刑事案件14起，移送起诉12人。查处吸毒人员95人次，责令社区戒毒人员11人，强制隔离戒毒15人，强制隔离戒毒执行率100%；破获2起市级目标网络涉毒案件，抓获历年上网逃犯3人。

【惩治经济领域犯罪】全年共立经济犯罪案件

13起，其中透支型信用卡诈骗案8起，伪卡类信用卡诈骗案2起，合同诈骗、非法经营、职务侵占案各1起。共破案10起，挽回损失20余万元。抓获各类犯罪嫌疑人10人，年前逃犯1人。

【合成作战中心成立】5月5日，成立情报合成作战中心，中心建立情报合成案件专班和图侦专班，对情报信息、现行案件进行集中研判。投入80余万元建设情报合成作战平台，实现涉案图像源头信息的集中管理、共享和应用，为快速实现图像串并、深度研判提供基础支撑。投入90余万元，在公共场所无线上网管控系统建设管控前端182个点，实现视频与个人信息的同步获取，为侦查破案提供有力的技术支撑。

【治安管控】全年共受理各类治安案件932起，查处768起。共清缴收缴枪支26把，子弹145发，管制刀具46把，弩1把。共发现受理赌博行政案件95起，结案90起，查处违法人员259人；查处涉赌刑事案件2起，处罚8人。共发现受理涉黄案件3起，处罚6人。全年网安大队共立案自侦刑事案件9起，抓获犯罪嫌疑人26人；协助其他警种破获涉网刑事案件65起，抓获违法犯罪嫌疑人68人，CCIC人员40人。落地监控网民29人，上报互联网信息113条；完成市公安局舆情引导330条，有力引导全县舆论正能量。上报市公安局舆情信息113则，转交县委办、县政府办、信访局处置信息10条，为领导决策和正确引导舆情发挥了重要作用。扎实做好G20杭州峰会和“9·8”投洽会安保工作。安保期间，全县公安机关共出动警力2000余人次，查处各类违法、犯罪案件123起，抓获网上逃犯2人，收缴气枪2支、管制刀具6把、子弹39发，检查爆炸物品仓库2个、烟花爆竹经销店50余个、加油站8个、客运站2个、客运车辆1402辆次、寄递业30余家次，从中发现安全隐患85处，当场整改59处，责令限期整改26处，排查化解各类纠纷矛盾39起，全县没有发生危害国家安全案件，没有发生影响安定、稳定的大规模群体事件，没有发生重特大恶性案(事)件，没有发生重特大交通事故和有人员伤亡的火灾事故。加强交通整治。全年共查处各类重点交通违法10596起，其中酒后121起、醉酒52起、毒驾3起、营运客车超员13起、摩托车和超标电动车超员1149起、其他车辆超员231起，涉牌1928起、涉证2198起、其他4901起。一般以上道路交通事故43起，死亡12人，受伤44人，经济损失21418万元，同期相比，交通事故起数下降21.82%、死亡人数下降7.69%、受伤人数下降21.43%、经济损失下降0.01%，交通事故“四项指数”呈现全面下降的良好态势，未发生一次死亡2人以上的重特大道路交通事故。积极开展消防安全专项整治，大力整治火灾隐患。持续抓好“清缴火患”行动，共检查单位1182家(次)，督促整改火灾隐患1232处，下发整改通知书581份，临时查封3家，“三停”6家，罚款19.7万余元，全县火灾形势保持稳定，没有发生死亡事故。2016年，看守所共收押犯罪嫌疑人119人次，其中刑满释放27人次，取保候审25人次，投送监狱26人次；拘留所共收拘246人次，解除拘留人员241人次，确保了监管场所未发生安全事故。实现后进看守所摘牌脱帽，认真落实公安部监管局《关于做好2016年度拘留所收容教育所等级评定工作的通知》，申报三级拘留所顺利通过市局监管处考核评定。强化宣传服务。2011年1月在互联网开通“建宁公安公众服务网”、建宁公安官方微博、建宁公安QQ群、建宁公安官方微信、网上警局等宣传平台。“建宁公安”新浪官方微博拥有粉丝数57475人，发布博文18036条，

“建宁公安”腾讯官方微博拥有听众143603人,广播19970条,通过公安微博、网上警局等媒介为群众答疑解惑1700余件,受到广大网民的追捧。

【执法规范化建设】2016年共审核行政、刑事案件787起,强制戒毒9人,社区戒毒13人。未发生错案、错拘、错捕,无行政复议被撤销、行政诉讼败诉案件,未发生国家赔偿案件。实行以执法工作为牵引的考评办法,落实“每案必评”制度,对审核的每起行政刑事案件进行考评,对执法办案中容易出问题的环节进行重点考评。共发现问题1907个,整改率95.16%,发现问题率每案4.33个,下发执法监督建议书5份。出台《涉案财物管理场所设置工作方案》,规范《涉案财物管理中心工作制度》《公安机关代为保管涉案人员随身财物保管室管理制度》《涉案财物入管理中心流程图》等一系列工作制度。深入推行涉案财物和涉案人员随身财物条形码管理制度,共采购电脑70台,条形码打印机11台,随身财务管理袋3000个,为涉案财务管理工作提供良好的硬件基础。研究制定《民警单警装备使用管理制度》,规范民警的执法装备配备使用,切实保障民警执法安全,促进民警执法行为规范化。组织13名民警参加基本级执法资格考试、42名民警参加中级执法资格考试,6名民警参加高级执法资格考试。通过考试,有效提高广大民警的执法素养和执法能力。严格落实《建宁县公安局执法质量工作奖惩规定》《建宁县公安局关于办案能手、法制之星评选办法》等规定,共评选出办案能手11名、法制之星2名。根据《建宁县公安局执法质量工作奖惩规定》,因执法问题给予民警“三项制度”处理17人次,其中打招呼9人次、谈话7人次、告诫1人次。

【警务实战化】针对内设机构23个,实有民警144人,长期存在警力不足、资源分散、结构失衡、打防控主要指标处于全市落后局面等问题,紧紧抓住全面深化公安改革契机,按照“大部门、大警种”思路,主动调整优化警力配置,建立实战型警务机制,提升警务实战效能。一是构建“大侦查”模式。打破警种部门壁垒,将刑侦、经侦、禁毒、网安四大警种警力资源整合共享,实行主要侦查力量有机组合、集中运用,解决各侦查警种职能交叉、拳头分散、各自为阵的现象,将有限的打击警力集约化配置使用。二是构建“大治安”模式。针对城区(城关派出所辖区)治安警情占全县警情总数85%以上的状况,将治安、巡特警、城关派出所三大警种警力资源进行整合,治安大队与城关派出所捆绑,治安大队业务重心倾向城关派出所,加强点对点指导,联合勤务;巡特警大队与城关所捆绑,巡特警大队负责城区应急处突响应,进一步强化城区社会面治安巡控。实现警力资源高效协同使用,有效增强城区社会面治安管理能力。三是构建“大警区”模式。将全县分成四大警区,即中部警区(城关派出所);北部警区(黄坊、溪源派出所);西部警区(里心、客坊派出所、黄埠警务室);南部警区(均口、伊家派出所)。有效盘活警力资源,确保警力跟着警情走、工作围绕实战做,取得明显成效。

【公安队伍建设】全体党员民警坚定信仰信念、强化政治意识、树立清风正气、勇于担当作为,严守党的纪律规矩。建立“有为才有位”的选人用人机制,研究制定《建宁县局表彰奖励结果运用办法》,拓展民警职业发展空间。为进一步深化“暖警工程”建设,使硬件设施发挥最大作用,将警官之家招待所对民警亲朋好友开放使用,真正让民警体会到组织的温暖,将从优待警落到实处。投入经费30余万元建成“职工之家——心灵驿站”活动室，为民警、职工及家属开展 生日派对、交友派对、减压娱乐提供温馨而又舒适的场所，极大地丰富民警工作之余的生活，有力地缓解民警的工作压力。全年县公安局共有6篇调研文章被部级刊物采用（其中公安部《公安研究》3篇），7篇被省级刊物采用，2篇被市级刊物采用，10篇被市局调研专刊采用，调研文章刊用数在全市公安机关名列前茅。共有4个集体、31名民警立功受奖，其中9人被三明市公安局记三等功，2人被三明市公安局给予嘉奖。

（许永玲）

消　防

【概　况】2016年，县消防大队顺利完成灭火和应急救援任务。全年共接警70起，出动车辆141辆，出动警力728人，抢救被困人员61人，疏散被困人员21人，抢救财产价值2394.4万元，成功处置“2·6”好运来餐馆火灾、“5·8”均口南岭村山体滑坡事故、“5·8”黄平洞电站抢险、“5·8”溪口镇塔下、河东水灾，“5·13”黄坊仍田村工地救援，参与处置“3·3”宁化房屋火灾、“5·8”泰宁泥石流抢险等事故；先后完成了“两会”“G20”等重大安保活动。当年，县消防大队先后被评为2016年度县级文明单位、平安先进单位，被省消防总队评为2016年度安全工作先进单位，1人获评2016年度省安全生产先进个人，1名干部参加支队演讲比赛获得二等奖，大队成功争创“省级青年文明号”；在全市冬训考核中大队获得第一的好成绩；5人次在全市岗位练兵比武竞赛中获得单项前三名的好成绩。

【工作目标的落实】大队党委围绕“组织领导坚强、执法监督规范、灭火救援圆满、纪律作风严明、团队形象良好”的工作目标，坚持始终把握龙头谋全局，着眼打赢抓落实，围绕消防这个中心运筹帷幄，力量使用向提高消防战斗力聚焦，及时协调解决中心工作与其他工作的矛盾，确保中心工作圆满完成；坚持把业务训练作为提高部队战斗力的基本途径，把议教议训作为党委议事的重点内容，及时发现和解决制约训练质量的“瓶颈”，把党委的注意力和工作重心始终放在抓中心、打硬战上；坚持按纲施训，下大力打基础，正确统筹重大任务与经常性工作的关系，不断夯实战斗力基础，建强执法执勤队伍，带动大队各项工作的扎实开展。

【消防队伍建设】一是以抓教育促管理。通过会议研究讨论、集中教育和自主学习，细化工作举措，明确责任分工，找准问题症结，强化末端落实。坚持教育为先导，通过文件精神学习、规章法纪教育、安全教育等坚持把部队教育作为推进各项工作的保障，依法从严治警，抓好工作细节，提升队伍管理教育水平。二是以抓制度促稳定。大队以“正规化”“一体化”管理创建活动为依托，狠抓部队管理制度落实，依法从严治警，落实条令条例，建立和保持正规的执勤、训练、工作和生活秩序。三是以抓练兵促战斗力。大队紧紧围绕“练为战”指导思想，深化岗位练兵工作，以贴近实战出发，坚持以重点单位灭火演练、合成训练及班组训练为基础，以器材装备操作、消防抢险救援训练及灭火攻坚技能为根本，深入开展人员密集场所、政府重点部门、化工生产企业单位的灭火演练和战术研讨，全面推动了部队战斗力的提升。新建的建宁县应急救援指挥中心，顺利投入使用，同时作为全市正规化建设试点单位，完善了营区营貌和基础设施建设，并在大队召开了全市消防部队正规化建设试点会。

【服务地方经济建设】大队按照“现役为主、多种力量,多策并举、综合治理”的发展思路,本着“政府负责、形式多样、管理规范、一专多能、协调发展”的原则,逐步形成以公安消防力量为主体,以政府和企业专职消防队伍为重点,以乡(镇)专职(志愿)消防队伍等为补充,覆盖全县城乡的消防力量体系,推动多种形式消防队伍的快速、健康、可持续发展。开展“清剿火患”战役,全面推进各类消防安全专项整治工作。全年,全县完成7支政府专职(志愿)消防队伍创建,大队招聘县级政府专职消防员14人、消防文员6人,专职网格员4人,建成县重点单位41家微型消防站。全力推进“三合一”场所整治、劳动密集型企业消防安全专项整治、高层(地下)建筑消防安全、易燃易爆场所等多项消防专项整治活动。全年共检查单位1632家(次),发现火灾隐患1792处,督促整改火灾隐患1765处,下发《责令改正通知书》809份,临时查封3家,责令“三停”单位9家,下发行政处罚决定书32份,罚款28.74万元,拘留1人,督促整改重大火灾隐患3家。

【双拥共建工作】2016年,大队党委研究审议“双拥共建”的工作方案,与驻地企事业单位签订共建协议,开展共建联谊活动、公开述职述廉、走访帮扶孤寡老人等活动,广大官兵把驻地当故乡,视人民群众为亲人,加深人民群众与大队官兵之间的鱼水深情,进一步构建和谐警民关系,维护好警民“同呼吸、共命运、心连心”的大好局面。大队全年共开放消防站40余次,为共建单位消防培训30次,为社会单位开设消防专题讲堂30余次,开展社会面宣传活动60余次。

【加快灭火救援车辆装备升级】提升消防装备使用管理效能。2016年,大队车辆器材装备实现了全面更新换代和新跨越,先后投入70余万元,购置防汛救援器材及灭火抢险救援器材,进一步提高大队的灭火救援能力和整体作战水平,为更好地服务地方经济建设提供了强有力的保障。

(王汉华)

森林公安

【概　况】2016年,建宁县森林公安分局为打造“生态优美、文旅兴旺、城市靓丽”的“福源建宁”,开展各类涉林违法犯罪行为专项打击行动,全年共受理各类森林案件138起,查处(破)131起,处理违法犯罪人员131人次。其中,森林刑事案件立14起,破7起,提请逮捕1人,取保6人,起诉案件2起2人;受理并查处林业行政处罚案件124起,林政处罚124人次;收缴木材367余立方米,挽回经济损失80余万元。被省森林公安局记集体三等功。

【惩治占用林地等涉林违法犯罪专项行动】2016年9月1日至11月30日,森林公安分局共出动警力600余人次,出动车辆325台次,送法入户,讲解有关森林法律、法规知识,共发放宣传单600余份。在高速公路延边,保护区入口处,生态公益林集中区悬挂宣传横幅4条,查处各类林政案件81起,行政处罚81人,清理非法征占用林地项目3个,收缴林木树木166立方米,挽回经济损失17万元。立刑事案件14起,破刑事案件7起,抓获1名非法狩猎野生画眉鸟犯罪嫌疑人,检查野生动物活动区域8处,开展宣传教育15次。

【森林防火工作】加强森林防火宣传工作,积极管控野外火源。协同县林业局防火办宣法入户,共发放宣传材料500余份，悬挂森林防火横幅5条，在入山口、山头、林地边界设立固定森林防火警示牌2块。全年共受理森林火灾刑事案件2起，查破2起。

【林区治安防控机制建设】 继续深化赣闽跨区域警务协作，建立健全情报信息、应急处置、区域联防、专项整治、林区警务和跨区域协作等工作机制，真正做到整治联动、合作共赢。全年共开展林区专项整治行动10次，开展沿山巡逻300车次，出动人员600人次，整治林区治安热点5个，跨区域警务协作5次，与其他警种协作2次。积极排查化解矛盾纠纷，全年交办及自收信访件共1份，调查处理1份。

【执法规范化建设】 按照《建宁县公安局森林分局网上执法办案系统执法质量奖惩规定》，认真落实“三公开一监督”制度，严格执行林业行政处罚案件“四级”把关制，进一步规范执法规范化建设，提高执法办案水平。在省、市森林公安局组织的林业刑事案件半年交叉检查中，县森林公安分局案件质量名列前茅，分别荣获第五名、第三名。2016年，溪口森林派出所被列为省级执法示范单位。

【信息报送工作】 加强森林公安信息的收集，及时、准确、全面地反映森林公安工作开展情况及当前林区治安动态，为上级领导决策提供服务。全年共报送信息58条，其中市森林公安局信息网采用35条。

（陈金秀）

检　察

【概　况】 2016年，建宁县人民检察院全面贯彻落实全国、省、市检察长会议精神，以促进社会公平正义、增进人民福祉为出发点和落脚点，以执法办案为中心，以检察改革为动力，以过硬队伍建设为保证，全面履行法律监督职责，着力提升检察机关亲和力和执法公信力。全年受理公安机关提请批准逮捕案件37件43人，批准逮捕35件41人；受理侦查部门移送起诉案件125件157人，提起公诉118件127人；查办职务犯罪案件5件7人，为国家挽回经济损失105万余元。各项检察工作平稳发展，队伍建设成效明显，先后荣获“省级青年文明号”“市级文明行业示范点”、全市检察机关“工作业绩突出单位”、创“三优”先进单位等称号，工作业绩连续两年在市检察机关系统中位居中游，树立莲乡检察奋发有为的新风貌。

【各类刑事犯罪惩治】 始终把维护社会稳定作为首要任务，积极投入平安建宁建设，认真履行批捕、起诉等职能。2016年，受理公安机关提请批准逮捕案件37件43人，批准逮捕35件41人；受理侦查部门移送起诉案件125件157人，提起公诉118件127人。突出打击重点，共起诉聚众斗殴、故意伤害、非法拘禁等暴力犯罪案件9件10人；起诉盗窃、诈骗、抢夺等多发性侵财犯罪案件28件36人；起诉危险驾驶、非法持有枪支等危害公共安全的犯罪案件43件44人。维护市场经济秩序，起诉经济犯罪案件4件8人。积极参与治安突出问题重点整治，起诉了“黄赌毒”犯罪案件13件13人。强化指控犯罪能力，通过完善证据链成功办理拒不认罪的“零口供”案件6件，召开庭前会议3次，申请证人、鉴定人出庭4人次，使用多媒体示证5次，开庭审理的公诉案件均作有罪判决，起诉准确率达100%。办理的杨某某、廖某某、罗某某销售假药案，该案被推送参与全省检察机关公诉部门“百案评庭”暨“优秀公诉庭”

评选活动。

【矛盾纠纷化解】贯彻宽严相济政策，对涉罪但无逮捕必要的、无社会危险性的，不捕2人；对犯罪情节轻微、依照刑法规定不需要判处刑罚的，不起诉5人。切实做好检察环节化解社会矛盾工作，促成当事人达成刑事和解4件，民事和解5件。认真落实首办责任制和检察长接待制度，2016年，共受理群众信访32件，均已妥善处理。成功化解一起因扶贫资金使用引发的百名村民上访事件，并从中查处扶贫领域通过虚增工程量虚报冒领等手段贪贿案1件3人。积极推进远程视频接访系统建设，按照上级院的安排部署，已开通视频接访系统并投入使用，完善"信、访、网、电"四位一体的信访体系。

【社会管理创新】贯彻教育、感化、挽救方针，对符合条件的涉罪未成年人作不起诉处理，并依托县志愿者联谊会等帮教基地对其实行帮助教育。努力构建未成年人犯罪预防社会化体系，致力于青少年法制教育基地建设，联合县教育局、司法局共同制订《关于开展"法治进校园"巡讲活动的方案》，确定了开展为期三年的"法治进校园"巡讲活动，推动检司校合作机制长效化。全年共面向全县各中小学进行法制授课6次，受教育人数800余人，被评为市"学雷锋活动示范基地"。开展"未成年人零犯罪村"创建、农村进城就读学生关爱工程等工作，与县教育局、关工委等部门联合会签了《关于发挥检察职能实施农村进城就读学生关爱工程的意见》。

【职务犯罪的查办和预防】保持反腐高压态势。全年共查办职务犯罪案件5件7人，渎职侵权案件1件1人，贪污贿赂案件5件6人，共为国家挽回经济损失105万余元。查办科级干部2人。突出查办重点。围绕国家惠民政策，重点查办专项补贴资金管理领域职务犯罪。2016年，反渎局被市检察院授予"集体三等功"荣誉称号。深化职务犯罪预防。结合办案实际，撰写《2015年建宁县人民检察院惩治和预防职务犯罪年度报告》，为县委、县政府献计献策。扎实开展职务犯罪预防六项基础工作，共开展预防调查10次，案例剖析5次，在县税务局、卫计局、农村基层组织等部门和组织开展警示教育宣传活动23次，预防咨询31次，向有关单位发出预防检察建议4份，受理行贿犯罪档案查询211次。加强重点行业和领域专项预防，为有效监督和规范管理扶贫资金，深入溪源乡等乡(镇)，召开扶贫领域职务犯罪预防工作座谈会和预防讲座，提出加强风险防控等建议措施，实行精细化预防。拓宽举报宣传渠道。全年共开展举报宣传48次，收到举报线索11件。其中，分流至反贪5件，分流至反渎4件，分流至案管办1件，分流至其他县院1件。开展"加强举报人保护，惩治群众身边腐败"为主题的举报宣传周活动，通过微信平台、电子显示屏和宣传专栏，对外公布举报信息；送法进乡村、社区、机关、企业、学校，利用农村圩天开展法制宣传、检察长接待日活动，发放宣传图册及其他材料800余份，接受宣传人数800余人；与县移动、联通通讯公司合作，向全县手机用户群发举报宣传短信10万余条；通过建宁电视台每天5次滚动播放预防职务犯罪宣传片。

【法律监督】强化刑事诉讼活动监督。依托"行政执法与刑事司法衔接"信息共享平台，开展电子巡查，防止有案不移、降格处理等情况，对应当立案而不立案的，监督公安机关立案2件。根据上级院部署，继续开展破坏环境资源犯罪、危害食品药品安全犯罪两个专项立案监督活动。充分发挥诉前主导和审前过滤功能，全年共提前介入公安机关侦查活动5次，出席案发现场引导侦查取证2次,参与重大疑难复杂案件讨论3件。加强侦查活动监督,对应当移送审查起诉而未移送的,依法纠正漏罪1件,改变公安机关定性1件,对侦查活动中的违法及不规范行为提出纠正违法通知书5份,检察建议书10份。加强对刑事审判活动的监督,对刑事审判活动中的违法行为提出纠正违法通知书3份。强化民事审判、行政诉讼活动监督。扎实开展检察院部署的“基层民事行政检察工作推进年”专项活动,共向县法院发出4份民事执行检察建议书,均获采纳。加大公益诉讼线索摸排力度,对检察长交办的用制种父本稻谷加工米粉一事,深入有关制种大户、县农业局等地进行调查,并委托县农业局将样本送往漳州市农业检验监测中心检验,检测出稻谷农药残留含量超标,从而排除了有毒有害粉干。共向行政执法机关发出检察建议8件。针对濉溪镇、溪口镇部分河道及岸边存在垃圾随意倾倒、生活污水直排等问题,依法向县住建局、溪口镇、濉溪镇政府等单位发出检察建议3份,督促相关部门加强行政执法,落实“河长制”管理责任。根据上级部署,开展了对国有土地出让金、人防建筑易地建设费领域国有资产流失的专项监督工作,向行政机关发出检察建议书3份,督促县防空办、国土部门分别催缴了防空地下室易地建设费和矿山生态环境恢复治理保证金。强化刑罚执行和监管活动监督。强化对案件诉讼期限的跟踪监督,实行个案跟踪监督制度、监督办案部门执行换押制度,对发现的超期羁押现象向看守所发出纠正违法通知书1份;针对社区服刑人员脱漏管、在押人员缓刑期间重新犯罪等情况,向县司法局发出检察建议书2份。结合实践中发现的个别司法所未按时提供社会调查评估意见书、认定结果缺乏相关事 实证据支持等问题,会同县法院、公安局、司法局共同制定了《关于共同做好社区矫正工作中社会调查评估、限制出境通报备案等相关工作意见》。保障在押人员权益,开展羁押必要性审查,建议法院对3名在押人员取保候审并获采纳。对社区服刑人员脱管漏管专项检察中发现的2名脱逃社区矫正人员,在公安机关和原判决法院的大力协助下,成功将其抓捕归案并收监执行。积极开展集中清理判处实刑罪犯(审前未羁押)未执行刑罚专项活动,对2006年以来的235名羁押人员进行清查,经核对均已执行交付。

【从严治检】加强“活力检察”建设。2016年,围绕“严纪律、激活力、破平均、促业绩”工作思路,积极引导干警“严谨工作,快乐生活”,推动各项检察业务工作健康发展,内外监督立公信。强化内部监督制约,在2015年规范司法行为专项整治工作的基础上,开展“回头看”活动,确保司法不规范问题整改到位,制定出台《建宁县人民检察院刑事诉讼涉案财物管理办法(试行)》,进一步规范涉案财物管理。听取辩护人或诉讼代理人意见11次,推行电子卷宗应用系统,落实律师执业权利保障机制,构建良性检律关系。主动接受人大监督,坚持全面工作定期报告、重大部署主动报告、紧急事项及时报告等制度,定期向人大代表赠阅检察刊物和工作资料。做好人大对生态检察的调研工作,邀请人大代表、政协委员到检察院视察工作,虚心听取意见和建议,并认真研究落实。深化检务公开,依托统一业务系统,共在网上公开发布88份法律文书、251条案件信息和2条重要信息。加强“两微一端”等新媒体平台建设,及时宣传和发布检察工作信息175条,促进阳光司法。强化管理提素质。依托“闽江源检察读书社”、《金铙松涛》和电子书屋等平台,经常性开展读书沙龙、征文、摄影、演讲、全员健身等活动,组建各项体育运动兴趣小组,推送的调研文章被市级以上刊物采用17篇,在全市检察机关全员健身运动会中取得良好成绩，在全县“综治平安杯”乒乓球比赛中荣获第二名，在县文明办主办的“为文明点赞”合唱比赛中荣获三等奖。通过举办青年论坛、岗位练兵等形式，营造以学促干的氛围，共选送干警参加上级院组织的业务培训10次，组织业务骨干授课6次。稳步推进司法体制改革，对符合任职条件的检察官已全部完成检察官职务套改。在检察官入额遴选考核中，严格执行上级院制定的统一标准进行民主测评和绩效考核，选出员额制检察官候选人17名。严明纪律强作风。落实“两个责任”，制定《落实党风廉政建设主体责任清单》和《落实党风廉政建设监督责任清单》，层层签订《党风廉政建设主体责任书》，层层压实责任。深入开展“两学一做”学习教育，开展三级联创党建活动3次，开展为期一个月的“严明纪律、干净担当”专项作风纪律整顿活动，进行提醒谈话10人次。持之以恒落实中央八项规定精神，制定完善纠治“四风”相关制度10项。严格执行办案质量终身负责制和错案责任倒查问责制，建立检察机关内外部人员干预、插手具体案件处理记录“零报告”制度，确保队伍清正廉洁。抓好制度落实，针对执行制度不严等情况，院纪检监察部门向有关科室发出《检务督察建议书》6份，进行检务督察通报、内部监督执纪督察通报各1次，真正让纪律立起来、落下去。

（纪福利）

法 院

【概 况】2016年，建宁县人民法院在建宁县委正确领导、县人大及其常委会的监督和上级法院的指导、县政府大力支持、县政协民主监督下，认真履行审判职能，切实履行宪法和法律赋予的职责，各项工作取得新进展。全年共受理案件4088件，结案3609件。被评为“全市先进法院”。少年与家事庭被福建省青年维权活动组委会授予“青少年维权岗”荣誉称号，里心法庭被省高院评为“全省党建工作先进集体”、被共青团福建省委和省高院共同授予“青年文明号”，全院共有10个集体、23名干警受到最高院、省、市、县有关部门表彰。许爱珠被最高人民法院评为“全国党建工作先进个人”。

【审判工作】刑事审判工作。严惩抢劫、故意杀害等严重暴力犯罪，审结各类刑事案件141件，判处各类罪犯162人，判处被告人三年以上有期徒刑15人，重点打击涉毒品犯罪10件。审结食品药品犯罪案件2件，危险驾驶案件50件，职务犯罪案5件7人。集中开展打击拒不执行判决、裁定罪案件，审结4件4人，其中1件系首例拒不执行判决、裁定自诉案件。

民商事审判工作。2016年审结民商事案件1841件。加强案件调撤工作，2016年调撤案件1148件，调撤率达62.4%。加强涉民生案件审判工作，审结涉民生方面的案件238件。依法保护实体经济和小微企业发展，妥善审理合同、涉企等纠纷案件222件。加强交通事故纠纷化解，审结142件，调撤率达80.55%，经济损失赔偿到位率达98.56%。

行政审判工作。认真贯彻执行新行政诉讼法，审结行政诉讼案件20件。加强行政审判跨区域集中管辖案件审理力度，确保行政诉讼公正裁判，审结20件。深化依法行政与行政审判良性互动机制，加强行政诉讼与行政复议、行政调解等纠纷解决方式的有机衔接，通过协调方式化解行政争议14件。大力推动行政首长出庭应诉案件，行政机关负责人出庭应诉率达100%。积极做好非诉行政案件审查和执行工作，审查非诉案件84件，执结非诉案件83件，执结标的230.3万元。积极促进司法建议办理反馈，发出司法建议6件，反馈率达100%，推动政府规范执法。一件司法建议被省法院评为二等奖。

少年与家事审判工作。审结婚姻家庭和继承家事等案件108件，注重婚姻案件调撤工作，调撤率达73.1%，促进家庭和睦和社会安定。建立少年与家事微信服务号，加强沟通和宣传。充分利用博客、微博、微信、网站、微电影等新兴媒体开展法制宣传，傅某某故意杀人一案被省院评为全省典型案例发布。加强创先争优，少年与家事庭被授予省级"青少年维权岗"。

审判质效工作。强化审判管理和案件质量，认真开展好审判绩效"四位一体"考评管理工作，审判质效综合考评名列全市前列，2016年无超审限案件，审限内结案率达99.9%。全年生效裁判文书上互联网1775件，上网率达100%，利用科技法庭实行庭审网络直播188场，加强司法统计分析和案件信息录入工作，4081件案件信息准确录入。

【信访和执行工作】围绕"两清积"工作部署，扎实开展好信访工作。信访评估439件，判后答疑515件，信访排查2560件，约期接谈364件，办结3件信访件。加大立案调解力度，共立案调解229件，推进调解工作的前移。加大执行清积力度，清理2015年前历年积案1890件，执结1607件，同时对六类重点案件进行清理。加大执行曝光，将失信人员名单及时上网以及在高清LED大屏幕曝光。全年已将1815名失信被执行人信息纳入全国联网的数据库公开曝光。加强拒不执行人民法院生效判决、裁定罪打击力度，移送公安机关3件3人，提起自诉1件1人。大力推行"阳光执行"工作，主动公开执行环节和信息，邀请申请执行人、社会各界代表亲自参与、见证执行活动，提高执行工作透明度。全年共执结各类案件1423件，有效地维护了当事人的胜诉权益。执行工作在全市法院综合考评中位居前列，并在建宁县党政领导综治工作(平安建设)责任书考评中，涉执行工作总分3分获得2.9分高分。

【为大局发展服务】保障经济良性发展。民二庭妥善调解县重点企业福建铙山纸业系列债务纠纷案件，进一步保障建宁县产业结构调整优化和企业项目转型发展。妥善执结光辉物流系列债权分配案件，保障当事人权益和社会稳定。积极应对房地产调控政策的新变化，化解尚和国际、南方国际、福城等楼盘的债务纠纷18件，促进房地产市场健康发展。促进金融健康发展。审执结涉金融案件512件，标的4329万元。对金融案件开辟"绿色通道"，化解不良贷款5016万元，确保建宁县不良贷款化解率全市最优质。强化民生司法保障。审结涉民生方面的案件238件。开展巡回审判，审结案件434件，为贫困当事人缓、减、免诉讼费14.67万元，司法救助2万元。精准帮扶"挂钩村"，走访慰问困难户27户，发放困难慰问金5万余元。致力生态环境保护。严惩污染环境、森林等破坏生态环境犯罪，注重保护生态资源，审结林业刑事案件3件3人。联合县环保局、闽江源自然保护区设立"闽江源生态示范保护基地"，进一步加强林业资源的保护，促进生态文明建设。

【司法改革】以司法体制改革试点单位为契机，积极推进主审法官责任制和法院内设机构改革工作，建立了以审判工作为中心的机构设置模式和人员配置方式。全面实施法官员额制，经过考核，36名法官中有21名入额。推进人民陪审员制度改革试点。探索实行人民陪审员只参与审理案件事实认定问题的具体办法，保障其参与司法、监督司法的权利。建立内设机构扁平化管理，原有的14个内设机构精简为10

个。领导班子成员重回审判一线,主审或担任审判长审理案件385件。

【司法宣传】以践行社会主义核心价值观为载体，抓好全国文明单位创建工作，结合苏区精神,注重创建特色,丰富创建内容,文明创建测评位列全市省级文明单位前列，顺利通过届中考评。扩大网络文明传播志愿者队伍,利用互联网、手机网络等媒介,以“建宁法院”微信客户端、门户网站为平台,及时传播文明新风,传递司法正能量。连续三年荣获三明市网络文明传播工作先进单位。

(陈建新)

司法行政

【概　况】2016年，建宁县司法局落实中央、省、市、县政法和司法行政工作会议精神,以平安建宁、法治建宁、基层基础和队伍建设为重点,扎实做好人民调解、社区矫正、普法依法治理、法律援助、公证等工作,全面提升司法行政工作能力和水平,为建宁的政治、经济、文化和社会的发展提供法律保障。全年共调解矛盾纠纷671件,调解成功662件,履行662件,调解率100%,成功率98%,协议履行率100%,一案一补录入率96.9%；接收社区矫正人员85人,解除社区矫正人员74人;办理各类公证事项307件，义务提供法律咨询2600余次。2016年建宁县被评为全国法治宣传教育先进县；县司法局被中华全国人民调解员协会评为人民调解工作先进单位;建宁县依法治县领导小组办公室被评为2011—2015年全市法治宣传教育先进集体。

【普法宣传】2016年是“七五”普法的开局之年，全县普法依法治理工作始终坚持以弘扬法治精神、培育法治信仰、推动法治实践为主要任务,以领导干部和青少年为重点对象,以落实国家机关“谁执法谁普法”的普法责任制为机制保障,切实增强普法依法治理工作的针对性、实效性。精心启动“七五”普法。印发《2016年建宁县普法依法治理工作要点》，进一步细化工作，量化目标,落实责任。以县委、县政府名义转发《县委宣传部、县司法局关于在全县公民中开展法治宣传教育的第七个五年规划(2016-2020年)》。召开“六五”普法总结表彰暨“七五”普法动员部署会,全面启动和落实“七五”普法。拓展提升法治宣传教育阵地。以获评全国法治宣传教育先进县为契机,深化普法宣传“五巩固五拓展五创建”工程,全县已建有村(居)法治宣传教育中心105个,设法治副校长23名、普法依法治理刊物9个、普法网站1个、官方微博微信2个。新增城乡法治公园3个、法治文化广场4个、法治文化长廊5个、法治宣传电子显示屏12个、法治宣传户外广告牌18个、法治宣传栏29个，实现干群法律知识知晓率达94%以上,民主法治村(社区)创建面达到80%以上。围绕中心开展载体丰富的普法宣传教育活动。开展闽赣边界平安建设法治宣传服务、金融法律服务进乡村、城区交通拥堵专项治理普法宣传活动及法律“六进”活动60余次,张贴悬挂法制宣传标语35幅,出墙报(板)60期,发放法制宣传资料2万余份,受教育群众5万余人次,开展法律咨询9场(次),咨询人数1400余人次,上法治课33余次,组织学生学习参观法治主题公园、法治教育基地36余次。

【人民调解工作】积极做好矛盾纠纷、风险隐患的排查预警和调处稳控工作，全面提升人民调解工作。做好矛盾纠纷排查预防工作,做到每月例会排查和不定期排查相结合。全年共排查纠纷285次,预防纠纷471起,防止民间纠纷转化为刑事案件6件14人,防止群体性上访6件200余人,防止群体性械斗3件60余人,防止民间纠纷引起自杀3人次。做好矛盾纠纷的调解工作。全年共调解矛盾纠纷671件,调解成功662件,履行662件,调解率100%,成功率98%,协议履行率100%,一案一补录入率96.9%。2016年3月15日,新华社以《最后一道防线如何筑牢——福建基层"两所"司法探索见闻》为题刊发通稿,之后《三明日报》《福建法治报》等多个媒体也报道了建宁县人民调解工作,通过新闻媒体对人民调解、人民调解员模范事迹以及调解案例的宣传,增强群众对人民调解工作的知晓率、关注率,让更多的群众自愿选择人民调解处理纠纷。通过网络、微博、微信等新媒体的宣传和报道,建宁县人民调解工作经验得到广泛关注及认可,人民调解影响力不断扩大。2016年中华全国人民调解协会授予建宁县司法局全国人民调解工作先进单位荣誉称号。

【社区矫正与安置帮教工作】为进一步加强社区矫正工作,抓好对社区服刑人员的日常监管,积极推进社区矫正信息化建设,实现工作质效双提升。新购定位手机30部,手机定位率在95%以上,每月的学习教育和社区服务使用考勤机进行记录,加强对社区服刑人员的管控。每个司法所配备了一台执法记录仪,用于信息采集和固定证据。全年共开展审前社会调查81件,法院采纳74件,采纳率90%。入矫85人,解矫74人,在册社区服刑人员112人,重新犯罪0人,重新犯罪率为0%,控制在省司法厅规定的1%以内。

【法律服务工作】认真做好公证服务。2016年,建宁县公证处共办理各类公证事项307件,其中,国内公证204件,涉外56件,涉台7件。义务提供法律咨询2600余次。围绕服务地方党委政府中心工作、调处化解矛盾纠纷、服务民生发展,挖掘案源,提供公证服务。公证工作在政府征地拆迁、土地挂牌出让、保障住房分配、住房按揭贷款、招投标等工作中都发挥了重要的服务保障作用。严格规范执业行为,公证质量自2010年起,经省、市检查组检查,县公证处未发现一例错、假证。切实做好法律援助。县法律援助中心进一步扩大法律援助范围和途径,放宽经济困难标准,使法律援助覆盖人群逐步拓展至低收入人群。与县财政局联合下发《建宁县法律援助办案补贴标准》,提高法律援助办案补贴,规范补贴的发放,调动了社会律师办理援助案件的积极性。全年法律援助中心共办理法律援助案33件,接待群众来访咨询289人次,"12348"专用电话接待咨询270余次。

【基层司法建设】扎实推进基层司法所建设,9个司法所全部被省司法厅认定为省级规范化司法所。司法所内部上墙制度按照规范化司法所要求进行布置,办公设施和电脑一应俱全,副科级所长基本配备到位。配备乡(镇)司法助理员20人(编制22人),专职调解员3人,司法协理员2人。各个司法所社区矫正安置帮教信息、调解案件和法律援助案件等都按要求录入相应的信息管理系统,录入率达100%,各种报表均通过网络上报,达到信息规范化要求。社区矫正定位手机配备率达91%,9个司法所考勤机已全部连接到位,考勤系统已经启用并正常使用。

(吴肖婧)

国土资源·环境保护

编辑:肖建泰

综 述

2016年,建宁县国土资源局主动适应经济发展新常态,不断创新国土资源管理,各项工作取得新成效。全县基本农田保护率稳定在86%,耕地质量平均利用等别为7等;出让国有地块18宗56.87公顷,收购储备国有土地13宗18.68公顷,征收集体土地3宗0.80公顷;催缴矿山生态恢复治理保证金182.81万元,征收矿产资源补偿费7.57万元,完成2015年度采矿权年检4个;出动巡查人员500余人次,开展手机移动执法移动终端巡查450余次,立案查处国土资源违法案件10件,收缴罚款20.10万元;抓好国家土地督察上海局发现问题的整改落实,顺利通过上级验收;开展农村集体建设用地和宅基地确权登记发证调查31个行政村,完成调查10个行政村;落实地灾搬迁点101户,完成搬迁任务95.05%;办理不动产权证书1187本、不动产登记证明894份。在全市国土资源各项监测指标综合评比中,总指标分值71.11分,居全市第6位。进一步完善"部门包村、干部帮户"扶贫攻坚工作机制,为所挂包的均口镇半寨村安排和争取资金347.37万元,对该村26户贫困户实行分类指导、因户施策,帮助12户贫困户顺利脱贫。

2016年,建宁县环境保护局以推进生态文明建设为统领,以提高环境质量为核心,以创建国家级生态县为动力,认真履行职责,奋力攻坚前行,全面完成各项工作任务。年内,牵头举办了以"属于每个人的绿色建宁——闽江源环保 我们在行动"为主题的大型环保宣传教育活动;受理审批环评项目27件,完成建设项目工程环保验收47个;划定生态保护红线,突出环境综合整治,全面完成市里下达的化学需氧量、氨氮、二氧化硫、氮氧化物四项主要污染物总量减排任务,顺利通过创建国家级生态县上级考核验收;完成投资370余万元,加强环境监测和监管能力建设;受理群众环保投诉28件,征收入库排污费35万元,整顿规范环保违规建设项目48家,淘汰"黄标车"169辆,查处环境违法案件11件。全县环境质量不断改善,没有发生重大环境污染和人为生态破坏事件。探索建立环境保护网格化管理模式,省环保厅、省综治办在建宁县召开了全省网格化环保监管工作现场推进会。被评为2016年度三明市精神文明建设先进单位。

耕地开发与保护

【概 况】 2016年,建宁县共有耕地面积19646公顷、基本农田面积16840公顷,基本农田保护率稳定在86%;全县耕地质量平均 利用等别为7等;全县在建土地整理项目8个,项目总规模694.9公顷,总投资3335.3万元,新增耕地58.47公顷;交易耕地增减挂钩指标34.6公顷,交易金额2.06亿元;交易补充耕地指标100.13公顷,交易金额0.54亿元。

【耕地保护】层层签订责任书,落实保护责任。把耕地保护纳入各乡(镇)政府领导任期目标责任和年度考核内容,建立以政府为主导的耕地保护责任体系。2016年,县与乡(镇)签订耕地保护责任书9份,乡(镇)与行政村签订耕地保护责任书93份。完善考核机制,加强开发保护。2016年,全县共有耕地面积19646公顷、基本农田面积16840公顷,分别超出上级下达任务指标2926公顷和650公顷,基本农田保护率稳定在86%。实施高标准基本农田建设项目,提升耕地质量等级。2016年,全县耕地质量平均利用等别为7等,比上年增加0.0078等,高于全市平均水平0.0023等,居全市第3位。

【土地整治】推进土地整理项目建设。明确土地整理项目建设的任务、时限、目标和要求,将土地整理工作任务层层分解落实到乡(镇)、村。2016年,全县在建土地整理项目8个,项目总规模694.9公顷,总投资3335.3万元,新增耕地58.47公顷。大力实施旧村复垦项目。由县政府下发文件,组织实施农村土地整治增减挂钩工作推进方案。年内,超额完成农村土地整治任务,新增耕地26.21公顷。抓好耕地增减挂钩工作。年内,全面完成县政府下达耕地增减交易指标任务数。2016年,全县共交易增减挂钩指标34.6公顷,交易金额2.06亿元;交易补充耕地指标100.13公顷,交易金额0.54亿元。

用地供应保障

【概　况】2016年,全县共出让国有地块18宗56.87公顷,土地成交总价4946万元,比上年增长326.9%;清理闲置土地4宗;收购储备国有土地13宗18.68公顷,征收集体土地3宗0.80公顷,总费用1643.56万元。

【用地保障】坚持最严格的节约集约用地制度,做好建设项目特别是"五个一批"重点建设项目的用地保障工作,提高土地的利用率和地产收益水平。2016年,通过"招拍挂",全县共出让国有地块18宗56.87公顷,土地成交总价4946万元,与上年同期1513万元相比,增长326.9%。其中,工业用地地均税收166.41万元/公顷,高于全市平均水平59.48万元/公顷,居全市第3位。此外,采取"腾笼换凤""切割瘦身"等多种途径,对排查出的4宗闲置土地进行清理。其中,批而未供土地面积128.25公顷,仅占全市总量3.66%,居全市第3位。

【土地收储】发挥土地收储"蓄水池"作用,为城市建设储备优质土地。年内,先后完成了濉溪镇塘里村1号和11号、里心镇油榨下、濉溪镇大源储树下、溪口镇桐元村彭坑(高速连接线东北侧)、建宁县经济开发区四期标准厂房(竹木加工)、黄埠乡黄埠村下街猪母坵、濉溪镇水南邹家A、B和原老干局等地块的收储工作,共收购储备国有土地13宗18.68公顷,征收集体土地3宗0.80公顷,总费用1643.56万元。

矿产资源监管

【概　况】2016年,建宁县国土资源局按照省、市的要求和部署,做好建宁县第三轮《矿产资源总体规划》的编制工作;坚持资源合理开发利用与生态环境保护相统一的原则,加强矿山生态保护，落实安全生产措施，严格矿业权管理。全年累计催缴矿山生态恢复治理保证金182.81万元，征收矿产资源补偿费7.57万元；办理县级发证采矿权延续2宗，审理上报市级发证2宗，正在办理省级发证1宗；完成2015年度采矿权年检4个。

【矿山生态保护】 完善矿山生态环境监管。采取“四不两直”方式，加强矿山巡查，督促矿山业主实施“边开采、边治理”。加强矿山生态恢复治理。扎实推进“三清两退一公开”(三清：采矿权价款缴交清理、矿山保证金缴存清理、征收的矿补费清理；两退：对不符合条件的探矿权和采矿权限时退出；一公开：实现矿业权出让公平、公正、公开)工作，累计催缴保证金182.81万元，征收矿产资源补偿费7.57万元。落实矿山安全生产措施。按照安全生产目标管理责任制要求，强化“党政同责、一岗双责”，开展“打非治违”专项行动，对露采矿山强化“双随机”监督检查，确保矿山安全生产。

【矿业权的管理】 按照省、市的要求和部署，做好建宁县第三轮《矿产资源总体规划》的编制工作。通过市场机制，合理配置资源，加强矿业权登记发证管理工作。年内，办理县级发证采矿权延续2宗，审理上报市级发证2宗，正在办理省级发证1宗；核实上报2个矿产卫片图斑；完成2015年度采矿权年检4个（其中合格1个，限期整改3个）。

执法监察工作

【概　况】 2016年，建宁县国土资源局强化执法监察巡查，坚决制止和查处国土资源违法违规行为，有效维护了国土资源管理秩序。全年，出动巡查人员500余人次，开展手机移动执法移动终端巡查450余次；立案查处国土资源违法案件10件，收缴罚款20.10万元；办理涉土信访件23件，限期办结率100%。同完成国家土地督察上海局在例行督察中发现的9个方面42个问题的整改落实工作，顺利通过上级验收。

【国土资源监管】 认真贯彻国土资源执法监察工作方针，强化执法监察巡查。结合手机移动执法工作，落实动态巡查制度，实现对区域内国土资源无缝隙巡查，做到一般区域每周巡查不少于一次，重点区域每周不少于两次，并结合其他业务工作开展经常性巡查。2016年，共出动巡查人员500余人次，开展手机移动执法移动终端巡查450余次。坚持依法行政，坚决制止和查处国土资源违法违规行为，维护国土资源管理秩序。全年，立案查处国土资源违法案件10件（其中2015年度卫片执法7宗），违法用地面积1.97公顷，收缴罚款20.10万元。加强信访工作，有效化解矛盾纠纷。全年，办理涉土信访件23件，限期办结率为100%。其中省级信访件1件。

【项目整改落实】 发挥国家土地督察上海局例行督察的带动作用，把“问责”作为执法检查的有力举措，加强土地例行督查整改工作。对需整改的项目，实行倒排时限，分类整改，严格执行周报告制度，要求在规定时间内全部完成整改任务。2016年，国家土地督察上海局在本次例行督察中，发现建宁县土地管理和利用工作存在9个方面42个问题，涉及土地面积241.21公顷，涉及金额7986.05万元。经全县上下共同努力，已全部按要求完成整改，顺利通过上级验收。

地籍测绘与灾害防治

【概　况】2016 年，建宁县国土资源局着眼全县经济社会发展大局，围绕保障和改善民生，发挥部门职能作用，着力抓好地籍测绘管理、地质灾害防治和不动产登记等工作。全年，开展农村集体建设用地和宅基地确权登记发证调查 31 个行政村，完成调查 10 个行政村；落实地灾搬迁点 101 户，完成搬迁任务 95.05%；办理不动产权证书 1187 本，不动产登记证明 894 份。

【地籍管理】 根据上级部署，加强地籍测绘管理，扎实推进农村集体建设用地和宅基地确权登记发证工作。全年，开展调查 31 个行政村，完成调查 10 个行政村，超额完成省上要求辖区调查行政村比例不低于 30%的进度要求。

【不动产登记】 成立不动产登记中心，建立不动产登记联席会议制度，坚持"分步解决、分类处置、业主权益优先"原则，全面推进土地、房产、林业"三证合一"不动产登记工作。全年，办理不动产权证书 1187 本，不动产登记证明 894 份。

【地质灾害防治】 调整充实地质灾害防治领导小组，组织编制地质灾害防治方案，认真落实地质灾害防治宣传、巡查、预警、治理等制度，切实加强地质灾害防治工作。年内，全县发放防灾工作明白卡、防灾避险明白卡 1200 余份，补设警示牌 15 块；根据地质灾害隐患点的潜在危险等级，将全县 117 个地质灾害隐患点从高到低依次划分为红、橙、黄、蓝四个级别，其中，红色暂无，橙色 15 处，黄色 18 处，蓝色 84 处。，坚持地灾搬迁项目资金优先安排贫困村、贫困户原则，认真做好地质灾害隐患点的居民搬迁工作。全县落实地灾搬迁点 101 户，每户补助资金 1 万元；完成搬迁任务 95.05%，进度居全市第 3 位。

(江　瑶)

环境质量状况

【概　况】2016 年，全县环境质量总体较好。地表水水质、集中式饮用水源地水质一直保持良好状态，环境空气质量、声环境质量总体状况良好。12 月，《森林与人类》杂志授予福建闽江源国家级自然保护区"中国森林氧吧"称号。

【水环境质量状况】 2016 年，建宁县地表水省控交接断面(金 1)水质达标率保持 100%，地表水水质环境功能区达标率 100%，集中式饮用水源地水质达标率 100%。

【大气环境质量状况】 2016 年，建宁县空气环境质量按功能区划保持在国家Ⅱ级标准以上；城区大气环境质量达到国家 II 级标准，全年空气质量排名居福建省第 6 名，其中 4 月和 11 月排名为全省第一名。

【声环境质量状况】 2016 年，建宁县声环境质量较好，城区以及交通干线噪声达到功能区标准要求。

创建国家级生态县

【概　况】2016 年，建宁县以创建国家级生态县为目标，严格环境保护，努力保护好、建设好建宁的生态环境与人居环境。环境监测扎实开展,环境监察不断加强,环境保护取得成效。

【国家生态县创建工作】 2012 年,建宁县通过省级生态县检查验收并获命名。2015 年,创建国家级生态县通过环保部的技术评估，全县 9 个乡(镇)镇全部通过国家级生态乡(镇)考核验收(已有 8 个乡(镇)获得命名),80 个村获市级以上生态村命名,6 个学校获评省、市环境友好型学校(其中省级 1 个),闽江源自然保护区获省级环境教育基地命名。同时,选取高峰村、修竹村、枫源村、武调村开展生态文明示范村创建活动。2016 年,围绕考核验收,加大整改力度,深化创建工作。

【建宁县通过国家生态县考核验收】 2016 年,根据环保部生态司《关于福建省建宁县国家生态县建设工作技术评估整改意见的函》的要求,针对存在的问题，开展综合整治，抓好整改落实。7 月 8 日,福建省环保厅专家组一行 2 人,深入建宁县对国家级生态县创建技术评估整改工作进行复核。10 月 18 日—20 日,福建省环保厅生态处处长陈维辉带领国家生态县考核专家组，深入建宁县考核验收国家生态县创建工作。经专家组实地考核,确定建宁县通过国家生态县建设考核验收,并按程序报环保部审批。

环境综合整治

【概　况】 2016 年，建宁县环境保护局以创建国家级生态县为动力,突出污染治理,加强减排工作,切实抓好闽江流域综合治理、餐饮业油烟污染整治、环保违规建设项目清理整顿、淘汰黄标车等项工作,环境综合整治取得明显成效,全面完成了市里下达的化学需氧量、氨氮、二氧化硫、氮氧化物等四项主要污染物总量减排目标任务。年内，上报闽江流域综合治理项目 11 个，整顿规范环保违规建设项目 48 家，淘汰“黄标车”169 辆。

【减排工作】 根据省、市下达的主要污染物总量减排年度目标任务，加强对已建成的县污水处理厂、饶山纸业有限公司废水深度治理和锅炉脱硫设施的运行管理，以及对新建成的伊家乡、客坊乡、溪源乡的集镇污水处理设施的减排项目管理,做好减排档案工作;会同县经信局等 6 部门,出动专项执法人员 430 余人次,对 59 家排污单位进行检查,立案查处 11 家,共计罚款 31.53 万元。通过努力,全面完成市里下达的化学需氧量、氨氮、二氧化硫、氮氧化物等四项主要污染物总量减排任务。

【流域治理】 2016 年,按照省、市要求,结合县情实际,县环保局筛选了乡镇集中式饮用水源、工业污染、养殖污染等 11 个流域治理项目,上报省、市列入闽江流域综合治理任务,积极开展综合整治,确保闽江流域水环境水质达标。

【餐饮业油烟污染整治】 2016 年,建宁县把解决餐饮业油烟污染问题作为一项重要工作,列入建设美丽建宁和为民办实事项目的重要内容。按照县委、县政府的要求,由县环保局牵头,联合县市场监督管理局、卫计局等部门,开展城区餐饮业摸底排查,制定《建宁县餐饮业油烟污染专项整治工作方案》,开展专项整治,取得初步成效。

【违规建设项目清理整顿】 按照省、市的要求，由县环保局牵头，组织开展了环保违规建设项目清理整顿工作。通过现场核查,全县共排查出未办理环评审批手续的工业类项目 28 家、非工业类项目54家，未进行环保竣工验收的项目57家。7月20日上午，召开了环保违规建设项目清理整顿工作推进会议，进行全面部署。通过清理整顿，完善备案22家，整顿规范48家（其中20家属于不实行排污许可管理的项目免于环保竣工验收），淘汰关闭15家，基本完成了违规建设项目清理整顿任务。

【旧"黄标车"淘汰工作】 根据省、市的统一部署，采取有力措施，加快"黄标车"淘汰工作。2016年，全县淘汰"黄标车"169辆，超额完成省、市下达142辆的任务。自2015年开展淘汰"黄标车"工作以来，全县共已淘汰"黄标车"209辆。

环境监督管理

【概 况】 2016年，建宁县环境保护局举办了以"属于每个人的绿色建宁——闽江源环保 我们在行动"为主题的大型环保宣传教育活动；完成投资370余万元，加强环境监测和监管能力建设；发放排污许可证10本，征收入库排污费35万元，受理群众环保投诉28件；受理审批环评项目27件，完成建设项目工程环保验收47个；划定生态保护红线，开展环保专项行动，依法查处环境违法案件11件。同时，探索建立环境保护网格化管理模式，全省网格化环境监管工作现场会在建宁召开。

【环保宣传】 在抓好环保宣传教育日常工作的同时，6月4日，以纪念"6·5世界环境日"为契机，由县环保局主办，闽江公社环保志愿者联盟承办，县检察院、法院、市场监督管理局、妇联等部门共同参与，在莲兴广场举办以"属于每个人的绿色建宁——闽江源环保 我们在行动"为主题的大型环保宣传教育活动，大力宣传建宁县创建国家级生态县工作开展情况及取得的成效，以及餐饮油烟污染的危害及防治措施，教育市民增强环保意识、参与环保行动、改善城市人居环境，积极倡导全社会努力形成人人、事事、时时崇尚生态文明的社会新风尚，为创建国家级生态县奠定坚实的社会和群众基础，共有近300名环保志愿者及环保骑行车队成员参加此次活动。

【环境监管】 加强能力建设。投资160万元，完成水质自动监测站建设和设备安装，准备试运行；投资105万元，完成空气自动监测站建设；投资108万元，完成监测站标准化建设的仪器采购。严格环境监测。按照有关规定，认真做好水、大气、噪声环境质量监测；抓好乡（镇）饮用水源地日常监测，国控企业福建铙山纸业集团有限公司和县污水处理厂污染源监督性监测；高考期间，加强对建筑工地、"三厅"等娱乐场所的监测和检查；编写全县环境质量报告，做好建设项目环评监测工作。强化环境监察。划定生态保护红线，强化对污染源的日常监管；严格执行排污申报登记制度，年内发放排污许可证10本；依照《排污费征收使用管理条例》，全年征收入库排污费35万元；保障"12369"环保投诉专线畅通，全年共受理群众环保投诉28件，及时协调处理27件，转办1件，办结率100%，没有发生重大环境污染和人为生态破坏事件。严肃项目管理。认真贯彻执行《中华人民共和国环境影响评价法》《建设项目环境保护管理条例》等法律法规，严把建设项目环保审批关，充分发挥环保"第一审批权"作用。全年，受理审批环评项目27件，行政受理办结率100%；严格项目竣工验收监测，完成建设项目工程环保验收47个。创新监管方式。按照省环保厅《福建省建立网格化环保监管体系指导意见》要求，借鉴建宁县综治、计生等网格化管理工作经验，运用县综治网格运行平台，探索建立环境保护网格化管理模式，得到上级部门的肯定。10月13日，省环保厅、省综治办联合在建宁县召开了全省网格化环保监管工作现场推进会。

【专项行动】 2016年，县环保局认真学习贯彻新修订的环保法，全面加强环境监管能力建设，大力推进环境监察执法检查工作。按照省、市的安排部署，组织开展了重点环境安全隐患排查、“清水蓝天”“环保大练兵”、危险废物规范化管理专项检查、环保违规建设项目清理整顿等环保专项行动，取得明显成效。全年，依法查处环境违法案件11件，其中，涉及《中华人民共和国水污染防治法》案件6件，涉及《中华人民共和国固体废物污染环境防治法》案件2件，涉及《中华人民共和国环境保护法》和“四个配套办法”2件，涉及《中华人民共和国水污染防治法》1件；办结案件11件，其中，查封4件，移送司法机关2件，停产1件，罚款总金额31.5323万元。

（余慧萍）

2016年治理后的均口镇修竹半岭饰面用花岗岩矿矿山 （县国土局提供）

城乡建设管理

编辑：肖建泰

综 述

2016年，建宁县城乡建设管理部门认真贯彻落实中央、省、市城市工作会议精神，围绕打造“清新花香、福源建宁”目标，秉持创新、协调、绿色、开放、共享发展理念，全面加强城乡建设管理。年内，组织开展城市绿线划定、县域乡村建设规划、“十三五”城市基础设施、城市排水防涝等专项规划编制，以及水南、滩城、溪口、斗埕、助驾井、曲滩、高速出口等片区控制性详细规划编制；安排市政设施重点建设项目41个，当年项目总投资1.65亿元；向上争取国家专项建设基金项目4个，基金总额8800万元；新开工保障性安居工程建设棚改房77套，基本建成公共租赁住房160套；新增4家在本地注册的建筑企业，完成建筑业产值66.36亿元；新建商品房销售494套，二手商品房交易397套；实施美丽乡村建设项目14个，完成投资1.27亿元；实施宜居环境建设项目89个，完成投资5.6亿元；完成农村危房改造220户。认真落实安全生产责任制，有效防范、遏制各类安全事故的发生。全县城乡建设管理取得新成效。县城黄舟坊南路至河南路“白改黑”改造等市政路网建设全面完成，城区雨、污水管网建设和改造力度加大，物流园生态停车场和政府旁生态停车场交付使用，建宁县数字城市管理监督指挥中心成为全市综合性城市管理的精品、样品，国网福建建宁县供电有限公司被省公司评为C类县公司“管理标杆单位”。

城乡规划

【概　况】2016年，建宁县住房和城乡规划建设局坚持“留白、留绿、留旧、留文、留魂”的规划理念，围绕建宁县“十三五”规划和县城总体规划，实施全域规划，加强规划管理。年内，开展城市绿线划定、县域乡村建设规划、“十三五”城市基础设施、城市排水防涝等专项规划编制，以及水南、滩城、溪口、斗埕、助驾井、曲滩、高速出口等片区控制性详细规划编制。

【城乡规划编制】聘请3位城市建设专家顾问到县“会诊把脉”，指导城乡规划建设，完善县城各项专项规划和控制性详细规划。委托相关设计院，在新一轮城市总体规划框架内，加快重要专项规划和控制性详细规划编制。年内，开展城市绿线划定、县域乡村建设规划、“十三五”城市基础设施、城市排水防涝等专项规划编制，以及水南、滩城、溪口、斗埕、助驾井、曲滩、高速出口等片区控制性详细规划编制，并已基本形成初步设计方案。做好城关至金铙山景观带规划设计、中山北路交通运输局至原公路局地段建筑立面整治规划设计等工作。

【城乡规划管理】一方面，加强城市规划宣传工作。在县住建局公示宣传栏展示规划成果，并利用网络平台加大宣传力度。另一方面，认真贯彻落实国家和省、市关于新型城镇化的规划要求，积极推进经济社会发展规划、城乡规划、土地利用规划、生态环境保护规划等“多规合一”。同时，加强建设项目“一书两证”（建设项目选址意见书、建设用地规划许可证和建设工程规划许可证）审批后的跟踪管理，确保项目建设按照规划实施。

市政建设

【概　况】2016年，建宁县住房和城乡规划建设局持续实施“2111”行动计划，加强市政设施项目建设。全县安排重点建设项目41个，其中续建项目6个、新建项目35个，当年项目总投资1.65亿元。同时，向上争取国家专项建设基金项目4个，争取项目建设专项基金8800万元，已开工建设项目2个。

【重点项目建设】2016年的总体目标是：围绕打造美丽特色生态城，构建“全域赏花地”和“国内知名乡村旅游目的地”，整治提升城区绿化景观；围绕弥补城市基础设施、环保设施短板问题，实施市政道路及管网建设提升、县污水处理厂扩容提升、垃圾填埋场渗滤液处理提标改造；围绕落实海绵城市理念，开展海绵城市建设试点工作。为此，持续实施“2111”行动计划，加强城市市政重点项目建设。全县安排建设项目41个，其中续建项目6个、新建项目35个，年度计划投资1.65亿元。工作重点是：加大进城路口绿化、花化、彩化力度，做靓“第一眼、第一感”景观，提升城市魅力和活力；持续推进城区路网和公共停车场建设，完成城区主干道“白改黑”；完善县城排水系统，加快城区污水管网建设。年内，县城黄舟坊南路至河南路“白改黑”改造、闽江源路至文庭雅苑、保障性住房小区及周边道路市政路网建设全面完成，并已启动建莲南路、荷塘北路市政路网建设；“一河两岸”步道景观带和夜景工程提升已完成设计方案，荷花路、闽江源路、河南路、水南街、东山公园一期、西门红军莲塘等重要节点以及三个入城地段的绿化、花化、彩花已基本完成；新建水南新区雨水管道工程二期、水南片区污水管道工程二期，完成西门片区、下坊片区等旧城区污水管网改造和老城区排水系统雨污分流改造；物流园生态停车场和政府旁生态停车场已全面投产并使用，并已启动河南西路停车场建设项目。其中，县城投公司完成市政建设项目10个，完成投资8200万元。

【基金项目建设】2016年，建宁县城投公司在主管局和有关部门的支持下，向上争取国家专项建设基金项目4个，争取项目建设专项基金8800万元，其中农发行2个，即建宁县闽江源流域水环境综合治理项目3900万元，建宁县北部新区供排水设施建设项目1800万元；国开行2个，已开工建设。(1)建宁县城区供排水系统改造扩建项目，国家专项基金安排金额2100万元，已完成龙堡路及镫钵路供排水管网改造，西门莲塘和国土局至宣传文化中心供排水管网改造及闽江源路、高家窠、后山村、南街弄、青源巷等老城区供排水管网改造建设，有效缓解城区内涝问题；(2)建宁县城区公共停车场建设，国家专项基金安排金额1000万元，已完成物流园大车停车场和县政府旁公共停车场建设(完成投资约760万元)，正在建设水南老化工厂地段停车场和荷苑幼儿园北侧停车场，有效缓解城区停车难问题。

园林绿化

【概 况】2016年，建宁县住房和城乡规划建设局按照“生态立县”要求，围绕打造“清新花香·福源建宁”、巩固提升“省级园林县城”创建成果、建设美丽特色生态城的目标，扎实做好城市园林绿化美化工作，积极营造城市最佳人居环境。

【城市绿化美化】2016年，县城各公园新(补)植红叶石楠19600株、红花继木15200株、八角金盘800株、杜鹃8500株、金森女贞8000株、金禾8500株、丰花月季1000株、十大功劳1800株、茶梅1000株、金叶女贞3000株、小叶栀子4000株、大叶栀子1500株、金边黄杨2000株、南天竹600株、海桐600株、茶花50株、草皮850平方米，共计新(补)植76150株。城区道路行道树补植29株，溪口街新植广玉兰26株、红玉兰87株，武警中队围墙边新植红花栾树52株、香樟8株，河南西路新(补)植合欢81株、茶花9株、桂花9株、红花继木453株，荷花路行道树新(补)植香樟244株（胸径14厘米）、樱花360株(高1.8米、冠幅1.2米)、红花继木22914株、金森女贞28692株。在沿河两岸播种混合草花面积10000平方米。

【绿地养护管理】2016年，县住建局园林所负责养护的绿地面积为195294.29平方米，占城区绿地管护面积的71%。具体管护范围:1.中山南北路绿化带（包括溪口桥头、下坊绿化带、桂园公园、儿童公园、水南桥头绿地)、莲花公园、城市之光广场、零星种植绿地、江滨中路绿化带、体育馆北门口绿地、莲花公园步道延伸绿地、杭青西路、演艺中心围墙边绿地等，共计面积99879.34平方米;2.体育公园绿地面积33000平方米;3.2016年新增绿地，主要包括旅游大厦旁市政零星绿地、亿兴大厦宁化路口城幼等绿地、江源水都小公园、万安桥头、荷花西路周边绿地、容驷河景观绿地、205省道高速路口绿地、水南大道绿化隔离带等，共计面积34309.95平方米，以及东山森林公园15公顷、城区行道树2424株、沿河柳树600多株。

（杨 敏）

公用事业

【概 况】2016年，建宁县闽江源水业有限公司新增用水户737户，全年完成供水量332万立方米、售水量269万立方米，分别比上年增长7.1%和11.1%，供水漏损率、产销差率分别比上年下降1.85%和2.94%，水质合格率达99.6%，实现安全供水。国网福建建宁县供电有限公司担负着建宁县城区及9个乡(镇)、92个行政村的供电任务，辖有变电站9座，共有高低压用电客户60664户，全年完成售电量3.2亿千瓦时，同比增长1.2%，电费回收率100%，未发生重大安全生产事故和具有社会影响的供电服务质量事件，荣获省公司C类县公司“管理标杆单位”荣誉称号。

【供 水】2016年，建宁县闽江源水业有限公司围绕“优化管理、开源节流、服务优先、保障安全”目标，加强王坪栋水源地水资源保护、安全隐患排查和城区供水管网建设，严格饮用水安全报告制度，完善各项应急预案和应急备用水源建设，确保安全供水。年内，投入资金150余万元，完成王坪栋水源地水资源保护项目建设，实现水源水水质必检指标的在线监测；投入资金200万元，完成水质检测中心建设，实现水质42项常规指标的自检。全年，城区新装供水管道16.4千米，新增用水户737户；供水量332万立方米，比上年增加22万立方米，增长7.1%，日均供水0.9万立方米；售水量269万立方米，比上年增加27万立方米，增长11.1%，日均售水0.74万立方米（比上年增加0.08万立方米）；供水漏损率17.5%，较上年下降1.85%；产销差率19%，较上年下降2.94%；出厂水水质检测共计1041次，合格率达99.6%。

建宁县闽江源水业有限公司水质检测合格率年份统计表

表8　　(2016年1月至12月)　　单位：次、%

项目	名称	出厂	管网	累计
浑浊度 NTU	总检次数	366	675	1041
	合格次数	360	661	1021
	合格率%	98.4%	97.9%	98.1%
游离余氯 mg/l	总检次数	366	675	1041
	合格次数	366	675	1041
	合格率%	100%	100%	100%
细菌总数 CFU/ml	总检次数	366	675	1041
	合格次数	366	675	1041
	合格率%	100%	100%	100%
总大肠菌群数 CFU/100ml	总检次数	366	675	1041
	合格次数	364	670	1034
	合格率%	99.5%	99.3%	99.3%
pH值	总检次数	366	675	1041
	合格次数	366	675	1041
	合格率%	100%	100%	100%
色度	总检次数	366	675	1041
	合格次数	366	675	1041
	合格率%	100%	100%	100%
臭和味	总检次数	366	675	1041
	合格次数	366	675	1041
	合格率%	100%	100%	100%
肉眼可见物	总检次数	366	675	1041
	合格次数	364	671	1035
	合格率%	99.5%	99.4%	99.4%
氨氮 mg/l	总检次数	366	675	1041
	合格次数	366	675	1041
	合格率%	100%	100%	100%
耐热大肠菌群 CFU/100ml	总检次数	366	675	1041
	合格次数	364	673	1037
	合格率%	99.4%	99.7%	99.6%

续表 8

项目 \ 名称		出厂	管网	累计
耗氧量 ml	总检次数	366	675	1041
	合格次数	365	673	1038
	合格率%	99.7%	99.7%	99.7%
当年水质合格率%		99.7%	99.6%	99.6%
当年水质综合合格率%		99.6%		
备注				

【供　电】 2016年,国网福建建宁县供电有限公司下辖办公室、党群部、财务部、人资部、安监部、发展部、调控中心7个职能部门和营销部、运检部、农电管理中心(下辖7个供电所、2个营业所)3个生产部门,拥有员工231人(公司员工123人,乡(镇)农电工108人);公司党委下设9个党支部,共有中共党员101人。近年来,公司全面加快主网基建和改造工程、农网升级改造工程、配电网改造工程"三大工程"建设步伐,形成以110千伏为骨干、35千伏为主体的电网网架。截至2016年年底,辖有变电站9座(110千伏变电站3座、主变4台,总容量114.5兆伏安;35千伏变电站6座、主变9台,总容量44.6兆伏安);110千伏输电线路79.41千米,35千伏输电线路172.849千米;10千伏配电线路1054.55千米;10千伏配变1187台,总容量294.766兆伏安(公用变861台,容量为174.91兆伏安;用户专变321台,容量为119.856兆伏安);0.4千伏线路总长1053.77公里。公司担负着建宁县城区及9个乡(镇)、92个行政村的供电任务,共有高低压用电客户60664户。年内,完成抗击建宁"5·8"洪涝灾害,驰援厦门、宁德抗台保电,以及建宁县"为荷而来"等一系列重大活动和节日保供电任务,实现企业和地方经济社会的利益双赢和共同发展。全年,共受理杂项及低压新增业务5050户,新增容量47531千伏安;完成高压专变送电16户,新增容量10800千伏安;完成售电量3.2亿千瓦时,同比增长1.2%,电费回收率100%。公司荣获省公司C类县公司"管理标杆单位"荣誉称号,实现"十三五"良好开局。

(陈　钧)

房屋征收

【概　况】 2016年,建宁县国有土地房屋征收办公室坚持"依法征收、和谐征收、阳光征收"原则,按照房屋征收法律法规要求,扎实推进城区房屋征收工作。年内,着力解决了行政服务中心地块征收扫尾、荷苑幼儿园建设项目房屋拆除、河东村毛栗坑廉租房建设和河东村王家组危旧房改造地块扫尾等历年遗留问题,并认真落实西门莲原生境保护项目地块、水南邹家及吴家地块、第二实验幼儿园项目地块征收等年度新增任务。

【遗留难题得到妥善解决】 1.行政服务中心地块征收扫尾全面完成。该地块征收工作于2006年启动,共涉及被征收户61户,仅剩1户已签订协议但未腾房的房屋已于3月份完成拆除。2.荷苑幼儿园建设项目房屋拆除工作全面完成。该项目于2015年3月初启动,仅剩1户(五星粮食加工厂,因新厂房正在建设尚未搬迁)已于5月份完成腾房并拆除。3.河东村毛栗坑廉租房建设和河东村王家组危旧房改造地块扫尾基本完成。该项目于2014年启动,共涉及私宅8户,仅剩1户产权人已签订协议,但居住人尚未达成协议。4.爱心宾馆综合楼地块完成过半。该项目于2015年5月启动,剩余私宅7户、私人店面7间未签订协议。年内,已有私宅3户、店面3间签协议并腾房,爱心宾馆综合楼北侧4空房屋已拆除。5.闽江源道路扩建项目进展不大。该地块共涉及私宅3户。年内,有1户已签订协议。6.马房村地块征收暂无明显进展。该地块2011年征收时剩余私宅6栋房屋未达成征收协议。其中:2栋房屋因不影响项目实施,经县政府同意放弃征收;4栋房屋尚未达成协议。7.建宁安置管理站(原塔下安置农场)地块尚未全面完成。该地块于2014年启动征收,共涉及单位公房住户34户、厂房租赁企业5家、个人自建房4户。已完成所有公房住户和租赁厂房的征收腾房拆除工作,剩余4户个人自建房尚未达成协议。此外,涉及安置小区配套建设及安置房办证等工作,正在按序时进度推进。

【新增项目用地征收】 1.西门莲原生境保护项目地块征收已基本完成。该项目于6月份启动,共涉及被征收人3户,3幢私宅房屋,征收总建筑面积约988平方米。已完成2户协议签订及腾房拆除工作,剩余1户正在协商之中。2.水南邹家、吴家地块(云深国际附近)征收完成过半。该项目于5月启动,共涉及被征收人46户,48幢私宅、2幢村集体用房和2幢祠堂,征收总建筑面积约8850平方米。年内,已签订协议33户,其中27户已腾房并拆除,其余正在协谈之中。3.第二实验幼儿园项目地块征收。该项目于9月份启动,共涉及自来水厂店面2间、私人店面2间、原酒厂职工宿舍住户10户、原疾控中心砖木结构的厨房1栋、6户居民临时搭盖物以及周边民房2栋,征收总建筑面积1221平方米。年内,已完成前期入户调查摸底工作。

(吴婷婷)

住房保障

【概　况】 2016年,建宁县住房和城乡规划建设局认真贯彻落实保障性安居工程建设相关政策,加大资金投入,狠抓建设进度,全面完成市政府下达的住房保障工作目标任务。年内,新开工保障性安居工程建设棚改房77套,基本建成公共租赁住房160套。三明市住房公积金管理中心建宁管理部按照《住房公积金管理条例》等有关规定,加强对住房公积金归集、提取、贷款的监管,确保资金安全运行,实现增值增效。全年,归集住房公积金11216.46万元,比上年增收1248.98万元,增长12.53%;审批3364名职工支取住房公积金6802.57万元;发放住房公积金贷款242户7786.1万元,比上年增加833.6万元,增长11.99%;实现增值收益377.66万元,提取城市廉租住房建设补充资金144.39万元,提取贷款风险准备金178.12万元。从8月1日起,开办"逐年冲还贷"还本金业务,方便购房职工。

【保障性住房建设】 2016年,建宁县住房和城乡规划建设局认真贯彻落实省、市关于保障性安居工程建设的相关政策,加大资金投入,狠抓建设进度,切实抓好保障性住房建设,全面完成市政府下达的住房保障工作目标任务。年内,新开工保障性安居工程建设棚改房77套,完成投资5025万元,占年度计划的100%;基本完成棚户区改造,建成公共租赁住房160套,占年度计划的100%。与此同时,为促进房地产市场健康发展，不断完善购买存量普通商品住房用作保障房和安置房的政策措施。

【住房公积金管理】 2016年,三明市住房公积金管理中心建宁管理部按照《住房公积金管理条例》等有关规定,加强对住房公积金归集、提取、贷款的监管,确保住房公积金安全运行,实现增值增效。1.住房公积金归集:2016年,建宁县住房公积金缴存比例为单位和个人各12%;全年新开户25个单位225人，年末全县建立住房公积金制度单位374个，比上年同期增加15个单位;期末正常缴交职工8037人,比年初递减589人；期末缴交职工10348人（含封存),比上年同期增加264人,增长2.62%;全年共归集住房公积金11216.46万元，比上年同期增收1248.98万元,增长12.53%;年末归集总额为64545.93万元，归集余额32888.95万元，比年初净增4413.88万元。2.住房公积金提取:全年共审批3364名职工支取住房公积金6802.57万元,其中:购建房支取404人2201.67万元,占32.37%;离退休支取118人789.16万元,占11.6%;解除劳动关系支取490人441.33万元,占6.49%;还贷支取1923人2987.82万元,占43.92%;其他支取（含死亡、内部转移)429人382.59万元,占5.62%。3.住房公积金贷款:全年共发放住房公积金贷款242户7786.1万元，比上年增加833.6万元，增长11.99%；年末个贷率90.87%,比年初上升1.56个百分点;当年回收贷款3333.02万元；当年贷款逾期率为0.36‰;历年累计贷款2335户44581.4万元,贷款余额1452户29885.52万元。4.住房公积金增值收益：全年实现增值收益377.66万元，提取城市廉租住房建设补充资金144.39万元,提取贷款风险准备金178.12万元;历年累计提取城市廉租住房建设补充资金993.04万元，累计提取住房公积金贷款风险准备金1195.42万元。

（何茂华）

建筑业与房地产业

【概　况】2016年，全县新增4家在本地注册的建筑企业,总数达10家,其中:一级企业2家,二级企业2家,三级6家;全县资质建筑业企业全年完成产值66.36亿元,其中省内完成产值32.60亿元。全年,新建商品房销售494套，面积5.37万平方米，销售金额3.86亿元;二手商品房交易397套,面积4.89万平方米,交易金额1.46亿元。县住建局认真落实安全生产责任制，进一步深化建设领域安全生产专项整治,加强安全生产监管监察工作,对建筑施工企业和建筑工地的质量安全实行动态化管理,有效防范、遏制各类安全事故的发生。

【建筑业】 继续加大扶持力度。指导企业调增、晋升资质,提升建筑企业竞争力;依托政府投融资平台,优化产业结构,解决融资难题,县市政公司与福建建工集团总公司共同投资成立一家二级建筑施工企业，县城投公司对光辉物流城相关资产进行收购，并为闽赣汽车城建设项目提供担保贷款;制定出台《建宁县调整规范政府投资项目招投标有关规定》,支持本县建筑企业参加招投标活动。强化安全生产监管。健全“一岗双责”工作制度，强化对安全生产工作的领导;加强安全生产监管监察工作,进一步深化建设领域安全生产专项整治,全年检查建筑施工、燃气公司等企业12家,在建工地29个,发现隐患78起,发出整改通知书46份、停工通知书3份，整改率达100%，拆除规划区内危房23幢,维修危旧公房25套,排查整改农村危旧房133户；按照《福建省建筑工程质量安全动态管理办法》要求，对建筑施工企业和建筑工地的质量安全实行动态化管理，全面落实建设项目各方主体责任人的责任，全年未发生安全生产事故。

【房地产业】 促进房地产市场健康发展。认真贯彻省、市有关文件精神和相关政策，进一步落实县政府出台的《关于进一步促进房地产市场健康发展的意见》，以及县住建局、财政局、国土资源局、金融办等部门联合制定的《关于建宁县统购商品房用于保障房和安置房的实施意见》等文件，积极搞活房地产市场。全年，新建商品房销售494套，面积5.37万平方米，销售金额3.86亿元；二手商品房交易397套，面积4.89万平方米，交易金额1.46亿元。努力化解“烂尾楼盘”。由县城投公司牵头负责，聘请专门的法律顾问，依法依规完善各方合作协议文本，并通过银行委贷的方式，筹措资金2480万元，做好尚和国际A区项目扫尾复工建设工作。该工程于9月14日复工，争取在春节前交房给126户购房户。加强保障性住房建设。年内，新开工77套棚改房建设，完成投资5025万元，占年度计划的100%；基本建成棚户区改造和公共租赁住房160套，占年度计划的100%。

（杨　敏）

城市管理

【概　况】 2016年，建宁县城管、住建、城监等城市管理部门，坚持以建设生态优美、农业精致、产业发达、文化兴旺、城市靓丽的福源建宁为目标，以创建省级文明县城、卫生县城迎检验收为动力，牢固树立“生态、开放、富裕、包容、和谐”的城市发展理念，进一步量化任务，细化分工，明确责任，积极探索数字城管、智慧城管等城市综合管理系统，着力解决城市管理工作中存在的热点难点问题，扎实推进责任城管、数字城管、品质城管、和谐城管建设，努力提高城市管理和公共服务水平。

【城管工作宣传】 拓展宣传平台。在县电视台开设“关注城管”“城监在线”栏目，在全县路牌、主干道候车亭上张贴图案鲜明、通俗明了的彩色喷绘城管标语口号，大力开展城管工作宣传，营造“全民参与”的浓厚氛围。丰富宣传形式。邀请县关工委老领导，在城区5所中小学校，举办城管知识进校园讲座；组织老年腰鼓队踩街，发放城管宣传传单；开展城管知识进商铺活动，给沿街各个门店商铺发放《致广大经营业主的一封信》。全年，印发城市管理法规宣传单2万多份。畅通监督渠道。在县电视台公布举报电话，在城区设置11个征求意见箱，并设立曝光平台，及时受理市民投诉，接受市民举报监督。

【城区环境不断改善】 抓好保洁长效机制建设。按照环卫工作“五无、一净、三不准、日产日清、车走地净”的要求，建立健全城区道路“一日两扫全天保洁”长效机制，实现城区主次干道清扫保洁全覆盖、无缝隙；成立卫生巡查督导组，加强巡查督导，提高清扫保洁质量。编制环卫专项规划。委托华北城市规划设计院，编制县域环卫专项规划，现已进入评审阶段。完善环卫设施建设。结合“创城”工作，改善城区环卫设施，对县城区13座公厕按照“创城”标准进行达标升级改造，并新增地埋式垃圾箱3个，新设和更新果皮箱250个、塑料垃圾桶300个；投入100多万元，新购置环卫车辆设备3台；投入300多万元，完成斗埕生活垃圾填埋场二期建设工程，库容达41万立方米；投入400多万元，完成垃圾场渗滤液处理工艺提标改造；启动了垃圾中转站建设，正在着手招投标。开展环境卫生综合整治。落实“门前三包、门内达标”责任制，与城区主次干道店主签定“门前三包”承诺书；会同濉溪镇、溪口镇及社区居委会，采取宣传引导、整治现场、分类治理方式，对城乡结合部垃圾死角进行治理；在各垃圾点上树立劝导牌，引导居民群众养成良好倾倒垃圾习惯。

【综合整治取得成效】 整治占道经营。坚持“主干道严禁、次干道严控、背街小巷严管”的方针，开展专项整治，加强日常管理，全年共处罚沿街店面35户，罚金5万余元。整治交通秩序。加强交通法规知识宣传教育，抓好学生上下学高峰时段的交通管理；投入40余万元，在城区增设标志牌50多块、停车泊位40多个，重新施划斑马线901.5条、停车泊位501个、道路边线6700米、中线3500米、菱形减速标志319个、震荡线60米，铲除各类不合理标线1400多米、停车泊位6个、减速带3条；积极推进城区主干路网和停车场建设，先后完成水南圆盘至溪口桥“白改黑”、汽车城北侧道路建设，以及物流园大车停车场、县政府旁公共停车场建设。整治渣土运输。要求建设工地文明施工，与运输企业签定管理责任书，全年查处渣土沙石运输车辆6起，处罚金3.5万元。整治违法建设。强化日常巡查，开展专项行动，创新执法管理，实行部门联管，坚持多管齐下，制止违法建设。整治户外广告。严格商铺店招审批管理、户外广告监管，开展城市“牛皮癣”清理工作，取缔附着在城区路灯上的商业广告，拆除各类破损、老旧广告，严禁占道摆放商业广告。

【城市管理创新】 建立联席会议制度。由县城管办牵头，定期研究部署城市管理工作，协调解决城市管理遇到的重大、疑难、复杂问题。提升指挥中心功能。完善数字城管顶层设计，拓展和延伸数字城管功能，加强GPS定位技术等现代科技手段在城市管理工作中的应用，稳步推进网格拓面，推动数字城管与“街长制”“河长制”、城乡网格化等系统的有机融合，打造“273333”城管热线一流服务平台，努力把建宁县数字城市管理监督指挥中心建成全市综合性城市管理的精品、样品。全年，中心共受理各类案件3259件，处理完结案件3163件。市政管养精准到位。针对市政设施建设与管护的脱节问题，明确项目质保期管护责任，积极探索市政管护市场化运作机制，委托第三方中介——县城投公司按国家零星维修单价进行审核结算。创新路灯、夜景管护方式。通过公开招标方式向社会购买服务，推进城区路灯、夜景的科学化、规范化、市场化管理，做到监管分离，减少中间环节，节约财政资金，提升监管实效。在路灯、夜景总量增加的前提下，节约电费30余万元。抓好园林绿化。加大城区绿化建设、管理力度，全面拓展县城绿色空间，努力把建宁打造成“一年常绿、三季有花”“城在景中、景在城中”的山水宜居生态园林城市。

【城管队伍建设】 严格内部管理。进一步修订完善内部管理制度，健全考核监督机制，坚持日常考核、民主评议与年终工作目标责任制考核相结合，实行绩效管理。强化依法行政理念。加强教育管理，增强城管队员“奉献于城管、服务于人民”的理念，坚持依法行政、文明行政，杜绝野蛮执法、暴力执法。提升队伍能力素质。加强对执法一线队员的学习培训，提高执法队员管理社会事务，协调利益关系，开展群众工作，处理人民内部矛盾，维护社会稳定，解决实际问题的本领。强化党建工作。扎实开展“创先争优”“两学一做”等系列活动，实行承诺、履诺、领导点评制度，加强作风建设，严肃查处违纪违规行为。

（罗　潘）

村镇建设

【概　况】2016 年，建宁县住房和城乡规划建设局围绕推进新型城镇化，加强指导、严格管理，重视抓好美丽乡村建设、宜居环境建设和农村危房改造、传统村落保护等工作。年内，全县实施美丽乡村建设项目 14 个，完成投资 1.27 亿元；实施宜居环境建设项目 89 个，完成投资 5.60 亿元；完成农村危房改造 220 户；重点抓好溪源乡上坪村的传统村落保护工作。

【乡村建设管理】 全县辖 4 镇 5 乡，92 个行政村。至 2012 年，全县 9 个乡(镇)、92 个行政村已全部完成乡(镇)总体规划及村庄规划的编制工作，实现了乡村规划全覆盖。在日常管理中，均能按照相关规划严格项目审批。2016 年，共办理选址意见书 10 件，占地面积 37998 平方米；用地规划许可证 7 件，用地面积 10167 平方米；建筑工程规划许可证 11 件，建筑面积 36487 平方米；竣工核实意见书 2 件，建筑面积 3082.49 平方米。

【美丽乡村建设】 2016 年，全县安排实施美丽乡村建设项目 14 个，即均口镇焦坑村、官常村，濉溪镇水南村，客坊乡客坊村，里心镇岩上村、滩角村，溪源乡上坪村、东溪村，伊家乡沙洲村，黄埠乡罗源村，溪口镇溪口村、马源村，黄坊乡毛坊村、黄坊村，其中溪口镇溪口村为示范村。全年，完成投资 1.27 亿元，占年度投资计划的 121.8%。着力打造“动车站—水南—溪口”清新花乡特色景观带。

【宜居环境建设】 2016 年，建宁县按照省政府的部署和省政府办公厅《关于印发 2016 年全省宜居环境建设行动计划的通知》(闽政办〔2016〕73 号)要求，结合县情实际，积极把握机遇，协调推进宜居环境建设。在实际工作中，坚持把抓好宜居环境建设与实施全域旅游发展战略和建设闽赣省际生态产业发展集聚区战略结合起来，形成政府主导、部门推动、乡(镇)村负责、群众参与的工作机制，确保宜居环境建设有效推进。年内，全县实施宜居环境建设项目 89 个，年度计划投资 5.8 亿元；实际完成投资 5.6 亿元，占年度计划的 96.26%。

【农村危房改造】 根据省、市的安排，及时召开各乡(镇)分管领导及村建站长会议，就做好农村人居环境信息系统和危房改造信息系统的填报工作进行部署；各乡(镇)成立调查小组，指定专人负责信息填报；落实上级有关政策，抓好农村危房改造工作。2016 年，全县完成国家下达的农村危房改造 200 户，完成列入省委、省政府为民办实事项目的农村危房改造 20 户；中央、省、县财政合计给予每户 10390 元的建房补助资金。

【传统村落保护】 截至 2016 年，建宁县被列入中国传统村落的有溪源乡上坪村（2007 年被确定为福建省历史文化名村，2012 年被确定为中国传统村落，2015 年被列入重点扶持历史文化名镇名村）。2015 年，已向上申报中国传统村落的有里心镇岩上村、伊家乡笔架村、黄埠乡罗源村三个村落。客坊乡水尾村计划作为第五批中国传统村落申报对象。至 2016 年年底，上坪村已开展环境整治、基础设施改造提升以及古村全面修缮等相关工作。

（杨　敏）

旅 游

编辑:肖建泰

综 述

2016年,建宁县旅游局突出"清新花乡·福源建宁"旅游主题形象,围绕打造全域赏花地和全国知名乡村旅游目的地目标,着力推进全域旅游示范区创建工作。年内,向上争取补助资金425万元,组织实施"五个一批"旅游重点项目29个,完成投资4.52亿元;创建国家级旅游品牌9个、省级旅游品牌6个、市级旅游品牌4个,建宁县入选2016全国"百佳深呼吸小城榜",荣获"全国森林旅游示范县"称号,修竹荷苑被评为国家AAA级旅游景区;坚持以花为媒,先后举办了"悠然三明四季行"建宁花海跑及"为荷而来"中国建莲文化旅游嘉年华等系列主题活动和"清新花乡·福源建宁"导游大赛;组织相关企业参加了2016广州国际旅游产业博览会、2016中国旅游交易会、厦门旅游博览会等大型旅游推介活动;行业管理得到加强,旅游扶贫扎实推进。全县旅游产业实现较快发展。全年,接待游客102万人次,同比增长26.7%;实现旅游收入9.1亿元,同比增24.6%。

项目建设

【概　况】2016年,建宁县旅游局积极向上争取资金,抓好旅游项目建设,加快旅游资源开发,提升景区质量档次。全年,向上争取各类补助资金425万元,其中,省级旅游富民建设资金120万元,全域旅游试点县建设资金100万元,省旅游局救灾补助资金100万元,乡村旅游特色村市级双创配套资金60万元,智慧闸机建设项目补助30万元,旅游厕所建设补助资金15万元;组织实施"五个一批"旅游重点项目29个(其中:谋划项目12个,签约项目3个,开工项目14个),项目总投资62.97亿元,年度计划投资4.64亿元,实际完成投资4.523亿元。

【闽江源生态旅游区提升改造工程】完成投资3000万元,重点修复了金铙山白石顶附近的龙王庙、五谷神庙2座寺庙,建成了白石顶至小火车起点站700米木栈道,完成了索道下站游客候车厅及蛇行通道的提升改造,修复了景区安防工程3处,完成了索道下站修理机房、坪岗到下站广场路灯等工程建设和坪岗度假小别墅室内装修及验收工作。完成了闽江源生态旅游区(金铙山)旅游基础设施建设PPP项目招投标工作,该项目包括闽江源山地休闲运动基地、生态停车场、闽江源生态景区旅游步道及配套设施、铺前至坪岗上公路安保工程及报国寺至景区道路连接线改造工程等多个建设项目,正在组织开展PPP项目闽江源头拜水溯源项目的招投标工作。

【西门莲塘建设项目】完成投资2520万元,主要完成了项目所在地电力电信杆线迁移和部分民房立面改造,莲塘原生境保护核心区的路、沟、渠及绿化、环境整治等工程建设,开工建设荷塘北路公路。完成项目区内青云阁和九人铜像制作,红军无线电总台红色遗址遗迹复建工程的规划设计等前期工作,完成中央苏区反"围剿"纪念园陈列馆电梯安装、建宁县历史文物展厅布展和广场军事装备陈列工作。

【枫源乡村主题公园项目】 完成投资 5000 万元,先后完成了景区大门、2 公里休闲步道、观光果园、顺泽宫、观景台、观景亭、供水管网及旅游公厕等配套设施建设和欧洲风情园停车场平整、枫林大道枫树种植、田园风光及庭院化改造等项目建设,枫源村美丽乡村建设,种植名优果蔬品种 6.67 公顷。3 月 27 日,成功举办了"悠然三明四季行,建宁花海跑"活动。

【香溪花谷·乐动高峰建设项目】 完成投资 3480 万元,完成旅客服务中心土地收储和旧房搬迁、田园花海种植、欢乐水世界地面硬化,以及 5000 米赏花步道、2000 米自行车道、面积 5800 平方的生态停车场和花田台、花间亭、花心亭、观景台、景区门楼等旅游设施建设。

【"里心田园·心里家园" 旅游项目】 完成投资 2000 万元,重点实施"十里梅花、百亩花草、千亩莲田、万亩梨园"赏花基地建设,完善果园、莲田、马鞭草观赏园等观光步道及观光亭,并完成景点河岸生态护岸建设。7 月 24 日,成功举办"建宁采摘季之梨王派对"活动。

【客坊乡红色生态旅游项目】 完成投资 2100 万元,重点抓客坊红色生态旅游规划、红军医院的保护性抢修、环境整治提升,现已启动红军兵工厂修复、红色教育基地建设,复原闽赣游击队司令部学员楼改造等工程。7 月 21 日,成功举办"好客客坊,客迎中畲"民俗活动,吸引知名媒体及近 3600 名游客参与活动。

【上坪古村保护、开发项目】 完成投资 500 万元,重点建设古村雨污分离工程、村部整治工程、旅游标识牌、导览图制作安装、廊桥改造主体工程、房屋立面改造、社祖庙、得水园等古民居整修等项目,种植桃花 1.33 公顷,樱花林 0.67 公顷。

【修竹荷苑建设项目】 全面完成了外围亭台楼榭、旅游公厕等基础设施建设,被评为国家 AAA 级旅游景区。

品牌创建

【概 况】 2016 年,建宁县旅游局加强指导、优化服务,积极帮助有关部门和企业争创国家级和省、市级旅游品牌,取得新成效。年内,建宁县共创建国家级旅游品牌 9 个、省级旅游品牌 6 个、市级旅游品牌 4 个,被列为国家全域旅游示范区创建单位,入选 2016 全国"百佳深呼吸小城榜",荣获"全国森林旅游示范县"称号,修竹荷苑被评为国家 AAA 级旅游景区。

【争创国家级旅游品牌】 2016 年,建宁县创建国家级旅游品牌 9 个:被列为国家全域旅游示范区创建单位,入选 2016 全国"百佳深呼吸小城榜",荣获 2016 "全国森林旅游示范县"称号;修竹荷苑被评为国家 AAA 级旅游景区;中央苏区反"围剿"纪念园荣获全国"十一"旅游安全保障最佳景区;金铙山入选中国百佳四季春游好地方口碑榜;闽江源国家级自然保护区获评"中国森林体验基地""中国森林氧吧";建宁旅游产业基础设施项目入选 2016 全国优选旅游项目名录。

【省、市级旅游品牌创建】 2016年，建宁县创建福建省旅游品牌6个：修竹村、高峰村入选福建2016新版最美乡村大全；上坪、枫源、黄岭3个村成功创建省级乡村旅游特色村；闽江源绿田有限公司被评为福建旅游龙头企业。创建三明市旅游品牌4个，修竹大树下农家乐、高峰鑫源农家乐、林家福园农家乐、长贵农家乐4家企业被评为三明市级“绿野乡居”民宿。11月，建宁大饭店顺利通过省星评委4星级复评。

市场营销

【概 况】 2016年，建宁县旅游局加大宣传力度，强化政企合作，在“清新福建”大品牌的引领下，充分发挥报刊、广播电视、网络新媒体的优势，通过举办“悠然三明四季行”建宁花海跑和“为荷而来”中国建莲文化旅游嘉年华等系列主题活动，积极深化“清新花乡·福源建宁”旅游主题形象宣传，并组织相关企业先后参加了2016广州国际旅游产业博览会、2016中国旅游交易会、厦门旅游博览会等大型旅游推介活动，打响旅游品牌，拓展旅游市场，做旺旅游经济。全年，建宁县共接待游客102万人次，同比增长26.7%；实现旅游收入9.1亿元，比增长24.6%。

【媒体大力宣传】 与新浪福建开展合作，借助新浪福建微信、微博、网站进行旅游形象宣传和网络营销；与《时代列车》《时代三明》《7周刊》等杂志进行合作，刊登建宁赏花旅游专版；与三明市旅游局合作，在东南卫视《福建卫视新闻》栏目播放旅游形象宣传广告；与三明市旅游局、福建新闻频道合作，制作播放旅游真人秀节目——《三明深呼吸——周末就出发》，建宁站节目收视率超过《快乐大本营》等著名节目；与三明鱼网合作，通过三明鱼网微信公众平台、网站论坛，推送建宁旅游信息；与“今日头条”合作，实现“今日头条”APP同步推送建宁县旅游局官方微信文章；与福广传媒开展合作，借助动车宣传县整体旅游形象；办好“建宁县旅游局”官方微信平台，经福建旅游官方微信影响力排行榜评定，在县(市、区)级管理机构中WCI综合指数774.22，居全省第一，所推送的《“为荷而来”中国建莲文化旅游嘉年华开幕式暨世瑜会启动仪式圆满成功》单篇微信阅读数近3.5万，点赞数超360。联合三明市摄影家协会举办“清新花乡·福源建宁”摄影大赛；在高速公路上，更换大型户外广告牌、亮角传媒画布，投放广播广告；在福州旅游集散中心、五区八县汽车站，投放了旅游宣传册、赏花地图等宣传品。

【旅游营销主题活动】 3月，举办“悠然三明四季行”建宁花海跑活动，吸引央视2套《经济信息联播》、央视13套《朝闻天下》、福建电视台、东南卫视、福建日报、香港商报等百余家媒体进行报道；4月，联合均口镇，举办“祈福闽江源·耕读鸳鸯湖——农耕之旅”活动；5月，与溪源乡、闽江公社合作，共同举办插秧季活动；7月，举办“为荷而来”中国建莲文化旅游嘉年华系列活动，吸引央视综合频道、央视新闻频道、福建东南卫视、海峡卫视、新华网等百余家媒体进行宣传报道，同时积极运用“互联网+旅游新媒体”、自媒体开展整合传播，活动硬广投放累计曝光量达2.76亿次，累计点击量114万余人次，网页专题访问量超1000万人次，话题阅读量达384.4万人次，微博阅读量达213.7万人次，微信端软文+H5累计阅读量达26万人次，网红现场直播“建宁梨王派对”活动，通过网络观看直播的观众超过17万人次，品牌传播引起广泛关注；9月，举办稻花香“鲤”说丰年——打造生态食材·传承美食文化活动；11

月，举办“蟹蟹你来”——闽江源荷蟹丰收季全民嗨活动；12月，举办了“喜羊羊”农庄会。

【旅游推介合作】 8月18—22日，邀请宁波国旅、浙江飞扬国际旅游集团有限公司有关人员到建宁考察、踩线，达成组团意向；与凤凰旅游汽车公司签订合作协议，开通周末福州-建宁往返旅游大巴直通车，并在大巴车座椅利用椅套印制旅游宣传广告；与福广传媒合作，开展“清新福建”建宁“闽江源”号动车专列冠名工作；与电信、移动等企业开展合作，通过旅游彩漫、小区短信进行手机宣传，利用县公交车站台发布建宁风光和赏花地图，开展旅游宣传。年内，组织相关企业参加了江西旅行社旅游推介会、省旅游局主办的2016广州国际旅游产业博览会、2016中国旅游交易会、厦门旅游博览会，以及由福州海丝国际旅游局、第二十届(中国)国际投资贸易洽谈会组委会及三明市旅游局主办的宁波推介会、唐山推介会、三明机场首航(上海)推介会等旅游推介活动，宣传建宁旅游，拓展旅游市场。

行业管理

【概　况】 2016年，建宁县旅游局认真履行行业管理职能职责，加强人员培训、培育旅游业态、强化市场监管，努力为广大游客提供一个舒适、便捷、安全、有序的旅游环境。年内，举办“清新花乡·福源建宁”导游大赛，选送选手参加三明市“导游之星”大赛分别获得一等奖和三等奖；推动黄岭、上坪、枫源等村创建省级乡村旅游特色村，引导高峰、修竹等村打造乡村民宿示范村；开展综合执法监督检查10次，检查企业70家次。

【旅游从业人员培训】 为促进旅游产业健康发展，县旅游局重视加强旅游从业人员业务培训。年内，组织开展全县景区从业人员、乡村旅游从业人员培训；8月22日，举办建宁县“清新花乡·福源建宁”导游大赛；选送选手参加了三明市“导游之星”大赛，两名选手分别获得一等奖和三等奖。

【特色旅游的发展】 坚持规划先行，加强统筹协调，着力推动黄岭、上坪、枫源等村创建省级乡村旅游特色村，引导帮助高峰、修竹等村打造乡村民宿示范村；发挥高峰清华民宿和修竹人家“绿野乡居”民宿的示范带动作用，指导农户积极发展民宿产业，重点建设修竹村大树下农家乐、高峰鑫源农家乐、林家福园农家乐、高峰森林人家等4家特色民宿。

【旅游市场监管】 发挥职能作用，加强旅游市场综合监管；认真履职尽责，强化旅游行业精神文明建设和安全生产标准化建设；围绕落实“放心游福建·满意在三明”旅游服务承诺要求，建立健全快处先赔工作机制。全年，出动执法检查人员80人次，开展检查10次，其中联合检查2次，检查企业70家次，努力为广大游客提供一个舒适、便捷、安全、有序的旅游环境。

旅游扶贫

【概　况】 2016年，建宁县旅游局认真贯彻落实国家旅游局、福建省旅游局关于开展旅游扶贫工作的方针政策，出台扶持政策，开展就业培训，助推乡村旅游，大力做好旅游扶贫工作，积极支持贫困村和农村贫困户加快脱贫致富步伐。

【旅游扶贫政策】 为做好扶贫工作，县旅游局根据国家旅游局、福建省旅游局关于开展旅游扶贫工作的方针政策，结合建宁实际，制定出台帮助农村贫困户就业创业的帮扶政策，规定凡民宿、农家乐、采摘园等企业，在年度内取得证照并吸纳 2 户以上贫困户入股，以“股东+员工”双重身份收益分红的，一次性补助扶持资金 1 万元；符合上述条件，并通过市“绿野乡居”验收的民宿，再给予扶持资金 1 万元奖励。

【旅游就业培训】 2016 年，县旅游局举办“乡村旅游发展与经营”培训，邀请台湾上趣智业老师来县授课，对乡村旅游经营业主和有意愿开展乡村旅游经营的贫困户进行培训。与此同时，积极引导 A 级景区、观光工厂等涉旅企业优先录用贫困户，提高贫困户的就业率。

【乡村旅游发展】 把高峰、修竹、上坪等贫困村纳入乡村旅游推广线路，通过举办花海跑、插秧季、采摘季、“为荷而来”“稻花香鲤说丰年”等活动，加大宣传力度，做旺旅游人气；组织贫困户参与旅游务工、产品销售，促进脱贫致富。中秋节前夕，组织 A 级景区、观光工厂、旅行社等旅游企业深入上坪村，开展“走进古村慰问贫困户”活动，慰问建档立卡贫困户，借助涉旅企业，带动上坪村加快发展乡村旅游。

（宁　涛）

2016 年建宁县鸳鸯湖　（刘玲 摄）

农业·农村工作

编辑：黄日辉

综 述

2016年，建宁县农业局认真贯彻落实中共中央、国务院《关于落实发展新理念加快农业现代化实现全面小康目标的若干意见》的文件精神，按照中央、省、市农业农村工作会议的部署，积极适应经济发展新常态，围绕推进农业供给侧结构性改革，以创新发展激发农业农村发展活力，以协调发展补上农业农村发展短板，以绿色发展引领农业农村发展方向，以开放发展拓展农业农村发展空间，以共享发展增进农民福祉，扎实推进农业农村各项工作，取得良好成效。全年农牧渔业总产值30.39亿元，增幅5.08%，农村居民人均可支配收入12849元，增幅9.6%。2016年“建宁水稻种子”国家地理标志证明商标获得国家工商总局审核通过，“建宁种子”成为全国唯一的地理证明商标。国家级杂交水稻种子产业园、均口镇隆下村扶贫改革示范点、闽赣省际农机植保综合服务中心、溪口镇枫源村百花主题公园、西门莲塘等“三个一”重点项目完成良好，完成投资23160万元，争取上级补助资金1.9亿元，在全市开展的千亿现代农业产业竞赛活动中获评第一名。绿田实业2016年12月在“新三板”挂牌上市。2016年，建宁县在福建农民创业园(示范基地)建设绩效考评综合排名全市第一、全省第六名；制定《建宁县农业可持续发展试验示范区建设方案》，2016年建宁县被列为全国农业可持续发展试验示范区创建单位。农业“五新”推广，测土配方施肥，农业实用技术培训水平不断提高；农田基础设施建设不断改善，土地确权登记、土地流转、农村新型经营主体培育等工作扎实推进。扶贫开发取得实效，2016年共有2561人脱贫，落实造福工程扶贫搬迁人数545户2326人。建宁县农产品质量安全三明市年终考评获第二名，成功入选省级第二批农产品质量安全县试点单位。

种植业

【概 况】2016年，建宁县着力做强特色农业，调整优化种植结构，推进农业产业发展。全县稳定粮食播种面积1.68万公顷，实现粮食总产10.7万吨，同比增长1.1%；种植莲子0.33万公顷，实现莲子总产3628吨，同比增长2.5%；稳定水果面积0.8万公顷，实现水果总产12.3万吨，同比下降8.5%；落实杂交水稻制种生产0.91万公顷，总产2.93万吨，同比增长8.5%；食用菌生产面积40万平方米，种植食用菌4272万袋，总产8533吨。

【粮食生产强农惠农政策的落实】农业“三项”(粮种、农资、农业综合直补)补贴：本年度协助县财政局落实农业“三项”补贴面积1.39万公顷，补贴标准为80元/亩，发放粮食综合补贴资金1664.93万元。种粮大户补贴。本年度落实种粮大户补贴面积279.87公顷(粮食种植面积需2公顷以上),补贴标准为60元/亩,发放种粮大户补贴资金25.19万元。

【粮食产能区建设项目】省财政厅、农业厅下达建宁县粮食产能区建设资金353万元。其中:120万元项目资金,用于建设工厂化育秧示范点2个(经营主体为:里心镇精准扶贫农机专业合作社);200万项目资金,用于创建500亩以上连片水稻高产示范片9片,示范面积0.33万公顷;33万项目资金,用于扶持粮食生产规模经营主体培育(土地流转补贴资金)。当年,工厂化育秧示范点建设顺利通过专家组验收,并投入使用,粮食产能水稻高产示范片“五新“技术推广成效显著,较好地完成了省农业厅下达的粮食产能区建设各项工作任务。

【水稻种植(含制种)保险】本年度建宁县水稻种植(含制种)保险承保面积0.73万公顷(其中:水稻种植保险面积0.24万公顷,杂交水稻制种承保面积0.69万公顷),承保金额960万元。经过灾后查勘定损,水稻(制种)种植受灾损失面积0.11万公顷,涉及受灾农户1.3万多户,理赔金额达1170万元。

【水稻良种示范】本年度引进中稻、烟后稻(种后稻)优质高产新品种15个,分别在溪口镇杨林、均口镇岭腰、溪源乡蒋坊、伊家乡笔架进行示范种植。经过生长情况观察,产地实测产量以及米质签评,筛选出适合建宁县气候条件及栽培特点的中稻新品种2个(泰丰优656和C两优华占)以及烟后稻新品种2个(泰丰优3301-“翠碧”烟后稻和夷优266-“K326”烟后稻),以上4个新品种做为主栽品种,在全县推广。

【烟后地里套种紫薯】采取“烤烟—紫薯”轮作模式,在种烟田块烤烟采收第三批后直接在烟系中套种紫薯,紫薯可以充分利用前季烟叶剩余的肥料生长,既节省土地,又增加收入。当年,均口镇扩大套种规模,种植面积发展到100多公顷。这一种植模式也受到了周边乡镇不少农民的欢迎,当年有3个乡镇的70多名农户利用烟地套种越南紫薯,面积达150多公顷。仅均口镇焦坑村张金发家就种植0.4公顷,全部实行订单生产,收入可以达到2.8万元至3万元。

【食用菌智能栽培】2016年,全县生产食用菌面积40万平方米,种植食用菌4272万袋,总产量8533吨,产值8697万元。其中珍稀食用菌1639万袋,产量2889吨,产值2847万元。食用菌标准化示范区5个,核心示范1100万袋。建宁县食用菌智能化栽培主要有两家,一是建宁县大川食用菌农民专业合作,2016年完成园艺作物标准化创建项目,新建强冷室制冷设备(30匹)一套,出菇房雾化设备38台,出菇房通风排气设备38套及出菇房LED灯光设备。二是福建建宁日鑫菌业科技有限公司,2016年完成现代农业食用菌产业生产发展项目,新建成一条日产能力达到3万袋以上的自动化菌包生产线,包括2台自动拌料机、2台自动装袋机、2台自动提包机、2台原料自动提升机,1套自动化灭菌器,建设净化接种车间200平方米。

【以农林废弃物培育食用菌】建宁县高度重视食用菌产业的提升发展,通过充分利用建宁县特有的梨树枝条、莲子壳等农林废弃物,成功培育了一批规模化、标准化的食用菌生产企业,全县食用菌产业呈现出良好的发展势头。建宁县兴农食用菌专业合作社的黑木耳培育基地,利用丰富的梨树枝条、莲籽壳作为原料,把加工好的菌袋放入冬闲田进行培育，既实现了变废为宝，又增加了土地收益。这家合作社已经流转了冬闲田26.7公顷，辐射带动周边农户70多户，可实现年产值500多万元。

建莲产业

【概 况】2016年，全县建莲种植面积3314公顷，主要分布在均口、黄埠、客坊、濉溪、伊家等乡镇，实现莲子总产3628吨，同比增长2.5%；建立56个百亩以上集中连片的标准化示范片793.1公顷。发放种莲财政补贴194.13万元(百亩片非贫困户每亩补助150元、百亩片贫困户及非百亩片3亩以上贫困户每亩补助300元)。2016年6月7日（福建省农业厅〔2016〕12号），建宁县莲子科学研究所选育的“建选31号”子莲新品种通过福建省农作物品种审定委员会认定（闽认菜2016029)；2016年12月22日，建莲“水生蔬菜产业技术体系研究与应用”获湖北省科技进步奖一等奖(鄂政发〔2016〕71号)。科技成果转化为“五新”技术在全县示范推广，推广建莲新品种“建选31号”73.3公顷，全面推广建莲无公害标准化栽培技术、建莲割壳去膜烘烤加工新技术、莲—烟轮作技术、莲—油轮作技术、莲—鱼(蟹)立体种养技术。

【项目推动产业持续发展】实施并完成国家科技支撑计划《水生蔬菜高效生产技术研究与示范》的子课题“子莲新品种选育与良种繁育体系建立”项目。实施并完成“国家农业综合标准化示范县(建宁)”项目，建莲为主导产业之一。继续建设中国建莲文化主题公园，修竹荷苑获三明市科普教育基地称号，同时被评为AAA旅游景区。继续建设西门莲塘保护工程，完成征地和莲塘景观建设。“建宁县创建莲子产业双创示范基地”被三明市双创办列为重点示范基地立项建设。以资源优先、市场导向、规模适度、科技创新和绿色发展为原则，依托科技进步，创新发展理念，编制《中国建莲产业“十三五”发展规划》，提出了建设建莲种业、高优系统、加工提升、观光体验、流通创新5大重点工程，全面推进建莲产业科学发展，促进农民增收。

【“建宁县优良莲子新品种繁育与推广”项目通过验收】1月29日，由县莲科所承担实施的福建省财政厅财政支持农业科技推广示范项目——“建宁县优良莲子新品种繁育与推广”项目正式通过验收。该项目实施时间为2014年10月至2015年12月，项目总投资146万元，共建设良种繁育和试验田13.3公顷，建立优良品种标准化生产示范基地140.4公顷，同时，在基地和示范片开展“五新”示范和技术培训。项目的实施，为选育莲子新品种、推广建莲新品牌、培养种莲能手、推动建宁莲子产业发展起到了积极的促进作用。

【建莲入选闽产药食两用“福九味”】2月1日，福建省中药材产业协会召开闽产药食两用暨“福九味”品种遴选研讨会。通过广泛征集各界意见，大会研讨甄选出建莲、太子参、金线莲、铁皮石斛、薏苡仁、黄栀子、黄精、灵芝、巴戟天9种闽产药食两用产品为“福九味”选材。建宁县栽培莲子始于五代梁龙德初(公元921年)，至今已有1000多年的历史。建莲的品质、药性兼优，自古以来，建宁县城西门外出产的“莲子岁产约4千斤，为吾国第一”(载民国八年《建宁县志卷三》)。

【“正宗建宁通心白莲”出口马来西亚】2月6日，绿田“正宗建宁通心白莲”经三明出入境检验检疫局检验合格后从马尾港出口至马来西亚，强势进军东南亚市场。此次，绿田“正宗建宁通心白莲”成功获得马来西亚出入境检验检疫合格证书并顺利出口，是继绿田“建宁通心白莲”出口美国、日本、荷兰后，又一次出口海外，也是绿田对马来西亚的首次出口。随着绿田产品相继出口，莲子在海外的口碑愈来愈好、影响愈来愈大，系列产品也受到越来越多消费者的认可和喜爱。

【福建文鑫莲业在“新三板”上市交易】2月25日，中国莲业首家上市企业——福建文鑫莲业于“新三板”成功做市交易，挂牌价每股4元，股票总股数5960万股，企业市值近2.4亿元。福建文鑫莲业是一家以莲业为核心的全产业链综合集约型的莲行业领军企业。公司于2015年6月26日在全国中小企业股份转让系统挂牌上市，系中国莲业首家上市企业(股票简称:文鑫莲业，股票代码:832692)，有“中国莲业第一股”之称。2016年1月13日，完成上市后首次股票增发，发行股票960万股，募集资金2400万元，增发后总股本为5960万股。

种子产业

【概　况】建宁县是全国最大的杂交水稻制种基地县。2016年全县创建杂交水稻制种基地20个，建立杂交水稻制种种子标准化核心基地面积666.67公顷、示范片面积0.23万公顷;全县落实制种面积0.91万公顷（其中早制组合面积0.13万公顷、中制组合面积0.53万公顷、秋制或烟后制种组合面积0.25万公顷)，比2015年的0.87万公顷增加0.04万公顷。县委、县政府紧紧围绕将建宁县建成全国杂交水稻种子生产示范基地和产业基地的目标，重点推进基地建设标准化、种子生产产业化、生产过程机械化、管理手段信息化、制种农民职业化建设，推动种子产业加快转型发展。当年的种子单产和质量好于2015年，收购价高于往年，平均单价15元/公斤，与2015年相比每公斤增加1元;2016年总产商品种子2980万公斤(比2015年增产363万公斤)，直接经济产值4.47亿元，种子产业可为农民直接增收7875万元。

【制种基地标准化建设】2016年，整合粮食产能、标准农田建设、农业综合开发等项目资金9000万元，用于推进制种基地标准化建设。提高设计标准，全面推进制种区的土地平整、地力培肥、农田水利、田间道路等工程建设，做到种子生产基地“路相连、沟相通、旱能灌、涝能排”，稳步提高基地防灾抗灾减灾能力，实现高产稳产，统筹规划，建设高标准制种基地3000公顷。制定《国家级农业综合标准化示范县——种子标准化示范基地建设方案》，落实新品种繁育制种丰产和标准化栽培技术，广泛推行旱育秧、抛秧栽培、测土配方施肥、病虫草鼠害综合防治、机耕、机插、机收等技术，国家级农业综合标准化示范县——种子产业项目通过省质监局初步验收并达到优秀级别。全县建立杂交水稻制种种子标准化核心基地666.67公顷、示范片面积2333.33公顷，其中春制建设核心区133.33公顷、示范片面积400公顷，中制建设核心区333.33公顷、示范片面积1333.33公顷，秋制(含烟后制种)建设核心区200公顷、示范片面积600公顷，通过核心区和示范片辐射带动，全县落实制种面积0.91万公顷。核心示范片平均亩产种子245公斤，平均亩增优质种子27公斤，全县示范片面积2333.33公顷，增收种子94.5万公斤，制种户增收1400万元。种子标准化的实施规范了制种户的行为,提高了制种产量、质量。抓好整村推进集约化试验示范点建设,对10个制种面积在千亩以上的村,实行整村推进开展集成配套技术推广应用。推广母本授粉后适时割除父本技术,在母本授粉结束后割除父本,增加田间通风透光、减轻病虫害发生,减少父本种子混杂,提高种子产量和质量,全县推广母本授粉后适时割除父本面积1466.67公顷。加强制种基地农田生态环境保护,制种田严格禁止使用省锄类残留期长且影响后作烟叶生长的除草剂,改善农田生态环境,实现种子生产与其他大田作物协调发展。

【种子产业化形成】2016年,围绕建设国家级杂交水稻种子生产示范基地目标,推动"一园一站四个示范基地"系列建设项目的实施,形成了生产、科研、培训、品种展示、仓储加工、信息物流和社会化服务等领域相配套的完整的种子产业链,有效带动县域经济发展。一是启动建设国家级杂交水稻种子产业园。产业园占地面积20公顷,至年底产业园"五通一平"工作基本结束,投资3500万元的建宁县种业科技中心大楼2月份动工建设,9月底封顶,现进行外墙装修。产业园招商工作也同步启动,已有禾丰种业、华安种业、天力等企业入驻,种业仓储设施建设用地土地已摘牌,正在进行环评、规划设计等前期工作。二是编制产业发展规划。县政府于2014年委托农业部规划设计院编制了《建宁县国家级杂交水稻种子生产基地发展规划(2015—2020年)》,是全国第一个国家级杂交水稻种子生产基地发展规划。该规划确定了建宁县国家级杂交水稻种子生产基地发展的总体思路、目标和转型提升方向,明确2015—2020年建宁县种子产业发展的重点项目和建设内容。三是着手编制国家级种子产业园后续建设规划。12月,农业部北京规划设计院就国家级种子产业园区总体规划、建宁县种子质量检测中心项目可行性研究报告签订了技术咨询合同。四是建立育种科研基地。已建立建宁水稻品种区域试验站、华安种业建宁育种站、禾丰种业原种繁育基地、农嘉种业育种基地等育种科研基地30公顷;禾丰种业、华安种业正式设立了院士专家工作站,在"6·18"项目成果交易会上正式授牌为"省级工作站";科研、育种及品种展示等各项工作有序开展。同时集中力量培育扶持谢华安种业、福建禾丰种业等现代化育繁推一体化企业发展,大大提升建宁县种业育种科研能力。五是打造"建宁水稻种子"品牌。"建宁水稻种子"国家地理标志证明商标已获国家工商总局审核通过,同时带动种子企业创建自主品牌,形成"企业品牌+区域品牌"的品牌一体化发展,提高企业品牌和区域品牌信任度、知名度和美誉度。

【制种全程机械化】一是种子产业机械装备升级。依托建宁县是全国农业机械化示范县的优势,加速制种关键环节农机装备推广应用,重点推进从田地耕整、播种移栽、机械插秧、施肥喷药、授粉、收割、脱粒、干燥、加工等环节的制种全程机械化。2016年全县综合农机化率达73.3%,比2015年提升了2.1个百分点。水稻(制种)耕整、机耕、机插、排灌、田间管理、机收等机械10724千瓦,15290台(套),拥有较完备的种子晒场、贮藏仓库、加工机械、烘干厂房、质量检验检测及配套设备。二是培育制种、农机、植保专业化服务组织,提高种业生产组织化程度。对2015年建设的闽赣省际农机植保综合服务中心继续完善,充分发挥其集农机展示、销售、培训、维修、作业及农资配送服务为一体的功能,2016年为建宁及周边地区农业生产提供机耕、机插、机防、机收、机烘等综合服务6666.67公顷次以上;2016年新建里心镇芦田村农机植保服务中心，并投入使用，效果良好。2016年新增机耕、机插、机防、机收等其他制种作业机械50台套。三是示范推广“植保无人机”应用于制种田病虫害防治。全县已成立病虫害专业化防治组织7个，其中4个专业化防治组织拥有“植保无人机”，水稻病虫害专业化统防统治面积10万亩次、比2015年增加防治面积1.55万亩次，防治服务涉及全县28个行政村；专业化统防统治作业90%以上由植保无人机完成，是全省“植保无人机”应用最好的县。四是推广烤烟房烘烤种子技术，2016年全县推广977座烤烟房用于种子烘干，解决因气候原因无法及时收割晾晒的问题，利用烤烟房烘干种子效果非常理想。制种户利用烤烟房烘干种子，给予每座烤烟房技术改造补助1000元。12月9—12日县农业局组织验收并做好公示，已发放烤烟房烘烤种子补助资金130万元。

【种业管理体系信息化建设】 一是着手建设种子信息管理服务中心。多次邀请省农业厅、省农科院、农业部北京设计院专家就基地监管信息化平台建设进行调研、座谈，对涉及制种基地物联网、种子质量监督检测、气象服务、乡(镇)村管理信息体系和涵盖种子生产、加工、包装、运输到销售各个环节的质量追溯系统，委托专业机构进行规划设计。二是强化制度建设。制定《建宁县杂交水稻种子生产基地管理办法》《杂交水稻种子生产矛盾纠纷调查排处办法》《杂交水稻制种田间质量监控检验程序》《杂交水稻种子质量监督检验管理试行办法》等规范化管理文件，为基地健康发展提供政策和法规保障。三是严格执行种子生产许可准入制度。建立并实施种子生产合同规范化管理制度和生产质量监管制度，严厉惩治无证生产、品种套牌、侵权、套购倒卖、撬抢基地等违法行为，形成诚实守信、公平竞争的发展环境。2016年有13家种业公司来建宁县新申报(变更)种子生产许可证，累计有63家种业公司获得省种子总站核发的生产许可证，依法在建宁县进行种子生产。

【制种农民职业化】 一是通过春秋农业“12316”巡回培训、科技下乡、农业基层体系建设等多种形式，培育了一批综合素质高、生产能力强、主体作用发挥明显的制种职业农民，当年全县参与制种农户有2.35万户，占农户总户数的70%。二是积极引导扶持制种农户组建种子生产专业合作社，全县已组建种子专业合作社40家。通过培训及考试，全县培育制种经纪人153人，严格实行制种经纪人诚信管理制度。三是开展村级保险员选聘。2016年5月13日通过以会代训方式，培训并选配了93名村级保险员，负责制种基点信息调查及制种投保、查勘、定损等工作，通过一年的运作，达到预期目的和效果。四是做好制种职业农民评选，2016年10—12月，举办了制种科技示范户、制种大户、种子专业合作社负责人和制种经纪人参加的集中脱产培训班，受训人员达270名，其中130名文化程度较高、实践经验丰富、年制种面积在2公顷以上、年龄在55周岁以下的优秀制种产业农民认定为新型制种职业农民，上报县人民政府审核批准。逐步建立稳定规范的村级保险员和职业化制种农民队伍，实现种子生产走规范化和集约化的道路。

【福建禾丰种业股份有限公司召开创立大会】 2016年7月25日，建宁县第一家入住种子产业园的“本土”种子企业——福建禾丰种业有限公司召开创立大会，县委副书记许家源、副县长沙陈龙、省水稻研究所所长占志雄、市农业局局长郑加录出席会议。会议宣读了福建禾丰种业股份有限公司成立大会决议，许家源在会上致辞。福建禾丰种业股份有限公司是集研发、生产、加工、销售为一体的现代科技型企业，主要从事水稻等农作物种子的选育与开发经营，公司注册的“金铙山”商标，获福建省“著名商标”、三明市“知名商标”称号。公司注册资金3000万元，先后获评为农业产业化省级、市级重点龙头企业、省农牧业产业化龙头企业、福建省重点种子企业、福建省科技型企业。

水果产业

【概　况】建宁县是“中国黄花梨之乡”，2016年建宁县水果种植面积0.8万公顷，其中梨0.68万公顷，桃1200公顷，猕猴桃基地233公顷，实现水果总产12.3万吨，直接经济产值4.2亿元。

【标准果园建设】为改善果园生态环境，按照山、水、园、林、路综合治理要求，进一步完善道路、水利基础设施建设，梯台整修前埂后沟。建宁县绿嘉源生态果蔬专业合作社在溪口镇高圳村社院下示范基地新建水泥硬化道路1843.5米，水泥硬化排水沟960米，蓄水池125立方米；购置太阳能杀虫灯17台，采购有机肥20吨。

【设施农业】设施农业是集成现代生物技术、农业工程和农用新材料等高新技术应用为一体的现代农业，也是具有高附加值、高效益和高科技含量的现代农业。它通过满足生物体对光、温、水、肥、气及营养物质需求，使农业生产减少或完全摆脱不利的自然条件的影响，提高对农业生产的人为控制程度，达到稳产、高产、优质、高效的目的。托斯卡纳（福建）葡萄庄园有限公司申报建设2公顷温室大棚1个，2016年8月16日对设施温室大棚进行现场验收，实际建设面积2.05公顷；福建省新康源农业科技有限公司申报建设3.33公顷温室大棚1个，年底建成通过验收；建宁县兴农食用菌专业合作社申报建设0.8公顷智能温控大棚2个，年底建成通过验收。2013—2016年建宁县建设各类设施农业面积40.02公顷，获省财政厅、农业厅设施农业温室大棚专项补贴资金707.08万元。

【引智项目】2014—2016年，福建省外国专家局安排了“服务省级扶贫开发工作重点县引智专项计划——南方早熟梨新品种引进与选育”项目，建宁县经济作物技术推广站作为项目的承担单位，申请引进日本专家千叶县农林综合研究中心果树研究室室长加藤修先生来建宁技术指导，加藤修先生在建宁县绿源果业有限公司、建宁县石燕果业有限公司基地，现场指导梨整形修剪技术、棚架栽培技术、休眠期管理技术等。

【猕猴桃基地建设】县委办公室印发《建宁县猕猴桃基地建设工作方案》，计划用3年时间（2016—2018年）建立666.67公顷高标准猕猴桃基地，2016年采取改造、改植、新植等相结合的方式建立猕猴桃基地233公顷，在福建省福源恒大生态农业开发有限公司、福建省聚晟源现代农业有限公司建立示范基地20公顷。

【果品营销】果业为建宁县的一大支柱产业。为做好2016年果品营销工作，一是加强组织领导，落实责任。县、乡成立梨生产营销工作领导小组，各乡镇按照属地管理原则，指派专人负责，各职能部门积极配合，共同维护生产经营秩序，为抓好梨生产营销工作提供组织上的保证。

二是规范果品包装。在全县广为宣传适期采摘、分批采收的重要性，积极引导果农改果品大箱包装为精美小包装，实地指导果农进行选果、分级、网套包装等采后商品化处理，全面提高果品的商品性能。三是拓宽销售渠道。多措并举，把直销、经销、电子商务等多种销售渠道结合起来，提高市场流通能力，据统计，建宁县从事果品网络营销的电商、微商人数已超两千人，销售量占总量30%以上，拓宽了销售渠道。四是三产融合发展，带动市场消费。围绕清新花乡·福源建宁目标，2016年成功举行"悠然三明四季行"建宁花海跑暨"万紫千红看花海"赏花季启动仪式、建莲嘉年华(梨王争霸赛)、水果采摘等系列活动，进一步提高建宁县水果的知名度和美誉度；当年，参与果园观光采摘活动人数达2.8万人次，直购果品2300吨，销售收入超千万元。

【技术培训】为加大科技普及力度，一是以实用、实际、实效为原则，以村农技员、种果大户为主要对象，协助乡、村多渠道、多层次举办果树技术培训班10期，受训人数达1000人次；二是利用农业155、农事广角、村会协作等开展技术咨询、技术指导，拓宽服务"三农"的新路子；三是结合农事季节一事一传，编写"标准果园生产技术""梨主要病虫害综合防治历""2016年果品产销情况分析及对策"等技术材料印刷1万多份发至乡、村及重点户手中，全方位为果农提供技术服务。四是聘请专家学者到县讲课，年初，应县公务员局、农业局邀请，台湾国立屏东科技大学副校长颜昌瑞教授到县作梨生产技术专题讲座，福建省梨产区技术干部、县果树技术干部、生产企业及种植大户等70余人参加。讲座上，颜昌瑞教授就"台湾梨之栽培现况""设施果树栽培技术""梨高接方法""梨产后处理及贮藏"等方面进行了深入浅出的讲解，同时针对建宁县梨产业发展情况，提出了切合实际的指导意见。

养殖业

【概　况】2016年，县畜牧水产工作紧紧围绕生态养殖和养殖污染治理的中心工作，加大畜牧"五新"技术推广，畜牧水产部门各项工作取得了新的成绩。2016年全县生猪存栏4.46万头、出栏5.7万头，牛存栏0.81万头、出栏0.28万头，羊存栏0.66万只、出栏0.35万只，家禽存栏59.9万羽、出栏53万羽，全县肉蛋奶总产量7243吨，比增3.4%；水产品生产量7100吨，比增5%。全年农牧渔业总产值30.39亿元，增幅5.08%。

【畜禽产业】大力发展畜禽生态养殖。一是发展肉羊、肉牛和优质鸡规模化生产。充分利用建宁县果山多、山(林)地多、牧草资源比较丰富的生态优势，重点发展肉羊、肉牛和优质鸡生产。2016年，全县有养羊专业户76家，存栏羊共6600只，其中存栏500只以上的舍饲养羊户3户；存栏30头以上的肉牛养殖户3户；山地放养优质鸡年出栏5万羽以上2户，其中建宁县溪源"山泉"养殖专业合作社当年出栏优质鸡11万多羽。二是认真做好畜禽养殖污染治理工作。根据省、市、县政府对畜禽养殖污染治理的工作要求，拆除禁养区内规模畜禽养殖场；2016年拆除禁养区养猪场11家，拆除面积9860平方米，削减生猪存栏3600头。全县存栏生猪1000头以上的养殖场已完成了污染治理工作，可养区存栏生猪250~999头的养殖场标准化升级改造完成5家，存栏250头以下的生猪场自行改造9家。三是认真做好畜牧"五新"技术推广工，共引进推广畜禽新品种5

个，推广肉羊圈养技术、饲料青贮技术 2 项 。引进新品种主要有京红、京粉两个蛋鸡品种，河南固始鸡、朗德鹅、乌鬃鹅 3 个品种。

【水产养殖】稻莲田养殖是建宁县渔业生产的传统项目，也是建宁县国家生态农业示范县实施的主要项目之一，2016 年在均口镇修竹村和黄埠乡贤河村，客坊乡里元村建立示范片 80 公顷，推广“稻莲田养殖名优品种”“一稻一鱼养殖技术”“莲田养殖泥鳅 ”“莲田生态养殖”等养殖模式，加快稻莲田养殖结构调整步伐，提高养殖产量和效益。2014—2016 年度，建宁县水产技术推广站参与的“大宗淡水鱼繁育工艺创新及生态养殖模式示范推广”项目，获得全国农牧渔业丰收二等奖。抓好建鲤、彭泽鲫、史氏鲟、荷包红鲤等品种示范养殖推广的同时，引进黄金鲫 3.5 万尾、黄颡鱼 10 万尾，养殖泥鳅 604 公顷，6 月引进泥鳅 3250 公顷、台湾泥鳅 5 万尾、引进福瑞鲤 50 万尾，做好均口镇官常莲乡大闸蟹示范基地的指导工作，示范面积 3.33 公顷。

农业科技

【概　况】2016 年，建宁县农业局大力实施科技兴农战略，加快推广农作物新品种，加强测土配方、土地用养管理，抓好基层农技推广补助项目建设和农村实用技术培训工作。推广优质高产品种 5913 公顷；推广测土配方施肥 26267 公顷次，其中配方肥施用面积 11000 公顷；全年在耕地推广施用商品有机肥 467 公顷，辐射带动 800 公顷；在果园示范推广商品有机肥 1400 公顷；稻草还田面积 8200 公顷。农业实用技术培训 1200 余人，首次培育具备新型职业农民资格人员 440 人。

【农业五新推广】1.调优品种结构。为提高农产品品质，促进农业增产增效、农民增收，大力推广优质高产品种。2016 年在粮食生产上，重点推广泰丰优 656、泰丰优 3301、天优华占等超级稻品种，全县推广面积 4533 公顷；在莲子生产上，重点推广“建选 35”，平均亩产 75 公斤，深受广大莲农的欢迎，全县推广面积 750 公顷；在水果生产上，重点推广优质早熟梨“翠玉”，全县推广面积 630 公顷；在食用菌生产上，重点推广以“茶树菇”等为主的珍稀食用菌，全县生产 1650 万袋。2.加强“五新”技术推广应用。加大农业先进适用技术的推广，深入开展“一师一项目”活动，促进农业科技成果的转化。在粮食生产上，重点推广工厂化育秧、机插机防技术，全县创建 12 个 38.3 公顷以上示范片，示范面积 1452 公顷，培养示范户 3500 户；在水果生产上，大力推广高接换种、矮化修剪、果实套袋、平衡施肥等技术，促进精品果园、生态果园和无公害基地建设，全县推广面积 2450 公顷；在莲子生产上，重点推广莲田冬种紫云英、立体种养、配方施肥、无公害生产等技术措施，促进种莲整体效益的提高，全县推广面积 2866 公顷；在食用菌生产上，重点推广熟料袋栽草菇、梨枝条、莲子壳代料生产茶树菇等，全县推广 4552 万袋，总产 1.54 万吨；在病虫害防治上，示范推广阿维菌素、阿维·毒、爱苗、乐斯本等高效低毒生物农药，推广植保无人机防治等新技术，推广面积 15600 公顷；在种子生产上，重点推广制种母本机插示范，示范片面积 806 公顷。

【测土配方施肥】2016 年，全县推广测土配方施肥 26267 公顷次，其中配方肥施用面积 11000 公顷次，推广配方肥 3 个品牌共 8750 吨，发放施肥建议卡 2.07 万份；完成“3414”试验 2 个，肥料校正试验 2 个，果树“2+X”(2

是指常规施肥和优化施肥;X是指针对氮肥或磷肥或钾肥的施肥量控制处理）肥效试验3个;建立水稻、蔬菜、莲子、果树测土配方施肥示范片110个773.3公顷；举办测土配方施肥技术培训20期1606人次，印发培训资料3656份;科技赶集4次,组织召开现场观摩会3次;完成耕地土样采集305个,化验分析土壤样品303个1515项次;开展农户施肥调查100户。

【土地用养管理】在土地用养管理上,建宁县通过推广科学施肥技术,稳步提高肥料利用率,集成推广种植绿肥、稻草还田、增施商品有机肥等措施,保护与提升耕地质量,落实藏粮于地,藏粮于技战略,走绿色发展、可持续发展之路。推进建宁县到2020年化肥使用量“零增长行动”,精准施肥,合理制定各作物单位面积施肥限量标准,减少盲目施肥行为,发放施肥建议卡2.07万份。推广测土配方施肥26267公顷次,应用智能终端配肥,提高农民科学施肥意识和技能,减少盲目施肥。实施地力提升“1112”工程,2016年,建宁县农业局在全县大面积推广冬种紫云英，全年累计完成示范推广冬种紫云英面积4513公顷，建立连片种植百亩以上的示范片10片;冬种油菜140公顷,果园套种经济绿肥1900公顷。推广施用商品有机肥,全年在耕地推广施用商品有机肥467公顷,辐射带动800公顷，在果园示范推广商品有机肥1400公顷。

【基层农技推广体系补助项目】2016年，建立健全基层农业技术推广机构，充分发挥好在农业技术推广中的主导作用，基层农技推广体系补助项目取得明显成效。一是遴选增加主导产业。根据建宁县农业产业实际,2016年将食用菌产业新列为本县主导产业,形成“三子一菌一畜”（莲子、果子、种子、食用菌、和畜禽养殖）五个产业作为本县主导产业,主导品种30个,实施主推技术26项。主导品种和主推技术入户率和到位率达到95%以上。二是遴选增加技术指导员。从在编在岗的县乡两级农技人员中择优选聘14名农技专家(含畜牧兽医专家3人)和48名骨干农业技术指导员，比2015年增加11人。三是遴选增加科技示范户。围绕五个主导产业,在全县范围内遴选培育340户作为科技示范户,比2015年增加40户。四是遴选和认定农科教集成示范基地。建立农业科技试验示范基地7个(其中:种植业示范基地4个,畜牧业示范基地3个)，比2015年增加1个(即建宁县汇奇食用菌产业示范基地),其中,福建禾丰种业种子示范基地、福建海宏达山羊养殖示范基地认定为农科教集成示范基地。五是加强防疫示范乡镇建设。2016年,溪口镇、濉溪镇、均口镇、黄坊乡4个乡镇为动物防疫示范乡镇。防疫示范乡镇春防和秋防强制免疫密度达到100%，常年免疫密度达到动态100%,做到应免尽免,不留空档。

【农业实用技术培训】2016年，县农业局开展农村农业实用技术培训,取得成效。全县参训人数1200余人,发放《2016年建宁农业技术培训资料汇编》1500余份,其他技术和宣传资料2000余份。2016年,建宁县首次开展新型职业农民培育工作，经县新型职业农民领导小组评审核定,建宁县政府发布《建宁县人民政府办公室关于公布2016年建宁县新型职业农民资格认定人员的通知》,建宁县首次公布具备新型职业农民资格人员440人,其中,种植业300人,农机化140人。

质量安全

【概 况】2016 年，建宁县实现农产品质量安全溯源管理，全县 50 家市级以上涉农龙头企业、省级规范专业合作社纳入可追溯体系建设平台。全年农残检测样品 6155 个，合格率 98.9%,试验室检测 45 个,合格率 100%。农产品质量安全三明市年终考评获第二名，成功入选省级第二批农产品质量安全县试点单位。全县 4 家企业 5 个产品通过农业“三品一标”认证,“建宁种子”成为全国唯一的地理证明商标。建宁县被列为第二批省级农产品质量安全县创建试点单位。

【农业“三品一标”认证】2016 年,全县 4 家企业 5 个产品通过农业“三品一标”认证,至 12 月,全县累计通过“三品一标”认证的企业和产品有:无公害农产品 8 家企业 9 个产品、绿色食品 11 家企业 17 个产品、有机食品 2 家企业 4 个产品、国家地理标志保护产品 3 个。

【动物产品安全】重点督促牲畜屠宰场严格执行“查证验物”制度,严格规范检疫操作程序,有效保证了上市肉品的质量安全。屠宰环节严格落实“病害肉”“注水肉”“瘦肉精”的检测制度,做到检测率达 100%，牲畜产品出厂合格率达 100%,病害猪及其产品无害化处理率达 100%;完成“瘦肉精”检测 4562 头份、牲畜检疫检验 40632 万头,全年 1863 头病死生猪进行了无害化处理。做好兽药、饲料等投入品监管工作,检查兽药经营店 2 家、使用兽药的乡村兽医 6 户、规模养殖场 8 个,抽取并送省级检验兽药样品 2 个,兽药标签抽检 55 张,没收过期兽药 70 盒;检查饲料经营户 8 家,自配料养殖场 5 家,抽样送检 3 个。抓好违法案件的查处工作,组织开展监督执法 40 余场次，下达责令改正通知书 3 份,获省级案卷评选优秀奖 1 个。

(杜宏宝)

农业机械

【概 况】截至 2016 年年底，建宁县农机总动力达到 16 万千瓦,其中拖拉机 4876 台、收割机 360 台、粮食烘干机 48 台、插秧机 204 台、农用航空器 27 架。完成机耕面积 23340 公顷、机插面积 5340 公顷、机收面积 15000 公顷，主要农作物耕种收综合机械化水平达到 73.3%,在福建省处于领先地位。

【新机具新技术推广】将水稻生产全程机械化工作作为农机推广的重要抓手，通过国家级制种基地建设、粮食产能区高产示范项目以及福建省水稻全程机械化示范项目实施，以农机专业合作社为实施主体，以点带面带动建宁县水稻生产机械化发展，特别是水稻制种母本机械化插秧和谷物机械化烘干的技术推广。为突破水稻制种母本机插瓶颈，县政府给予水稻制种母本机插每亩 30 元的补助政策,2016 年共示范推广水稻制种母本机插 200 公顷。同时加大对高效适用新型机具的推广,2016 年推广履带式拖拉机 11 台,母本插秧机 29 台,粮食烘干机 18 台,果蔬烘干机 41 台,电烤笋烘干机 34 台;改造 1000 座密集式烤烟房,利用烟叶和水稻收获的时间差使烤烟房既可烘烤烟叶又能烘干谷物。

【农机购置补贴政策的落实】一是严格按照操作程序,做好建宁县购机补贴工作,把国家强农惠农政策落到实处。2016 年全县共落实各类农机具购置补贴资金952.27万元，共有2433台套农机具享受到购机补贴，受益农户达1631户，带动农户自行投入2700多万元，促进了建宁县农业机械化快速发展。二是积极配合国家财政部预算评审中心调研组对建宁县农机购补政策实施情况进行实地调研和重点绩效评价，经绩效评价，调研组认为，建宁县实施国家购机补贴政策10年来，措施有力，服务周到，成效明显。三是组织开展农机购置补贴机具质量满意度调查。建宁县农机中心对包括喷杆喷雾机、农用航空器、果蔬烘干机在内的补贴机具开展质量满意度调查，共调查各类机具57台套，为省市管理部门对农机具的质量调查提供详翔的实地调查材料。

【农机安全监理工作】贯彻落实国务院免征农机牌证和安全检验等行政事业性收费的决定，协调抓好政策宣传、制度完善等工作，创新安全监管机制，进一步提升农机安全监管效果。2016年全县注册登记联合收割机92台，年检拖拉机102台，年检联合收割机65台，核发拖拉机驾驶证10本。

【农机专业合作社的发展】借鉴莲乡农机专业合作社组建联合社的经验，整合财政扶贫专项资金100万元作为里心镇所有贫困户(148户)入社股金，将贫困户组合起来，作为农机专业合作社的主要成员，选拔农机服务经营能手为合作社理事长，组建集农机服务、农机操作培训、农机维修保养、农机展示为一体的里心农机专业合作社，实行贫困户入股保底分红模式，取得了农机合作社建设、推动机械化水平和精准扶贫工作三位一体、相得益彰的效果。

【农机操作手培训】一是立足农机培训面向社会、面向全体农机手。建宁县农机中心引导建宁县农机培训公司开展以农机驾驶操作人员为主的各项农机技术培训，2016年共培训大中型拖拉机驾驶员10人，收割机驾驶员29人，农机教练员继续教育培训23人。二是认真组织开展新型职业农民(农机化专业人才)培训，采取集中授课、现场观摩和实机操作相结合的培训方式，全年分三期共培训新型职业农民(农机化专业人才)201人，其中140人通过建宁县2016年新型职业农民（农机化）资格审核认定，培养造就了一支有文化、懂技术、会操作的农机专业人才队伍。

(潘云青)

农村工作

【概　况】2016年，建宁县农业农村工作按照县委、县政府的统一部署，围绕“再上新台阶、建设新建宁”主题，落实发展新理念、适应发展新常态，狠抓落实、发力攻坚，着力推进农业供给侧结构性改革，取得了良好成效。全年农牧渔业总产值30.39亿元，增幅5.08%，农民人均纯收入12849元，增幅9.6%。围绕美丽乡村建设，深化农村改革，加快土地确权登记和土地流转，实施精准扶贫，整治农村环境，加强农业农村基础设施建设。全县工商登记注册成立的农民专业合作社393家，注册资金11亿元，拥有合作社员1.2万人，带动农户6100户。截至2016年12月31日，全县在县工商局注册成立的家庭农场193家。完成土地流转面积0.57万公顷，占全县农村土地承包面积1.45万公顷的39.5%。完成高标准农田建设项目5个，累计投资4226.17万元，建设高标准农田1877.33公顷。2016年，建宁县在福建农民创业园(示范基地)建设绩效考评综合排名全市第一、全省第六名。累计投入资金3000余万元，用于农村环境综合整治，2016年有枫源村、上坪村、水尾村和滩角村4个村庄通过了市级美丽乡村考评验收，截至2016年，建宁县共有高峰村、修竹村、大源村、高圳村、龙溪村、枫源村、上坪村、水尾村和滩角村9个村庄(全市100个)获得“三明市市级美丽乡村示范村”命名。

【全县农业农村工作会议】 3月29日下午，召开全县农业农村工作会议。县委副书记、组织部部长赵圣宏主持会议并讲话。他指出，县委、县政府历年来高度重视“三农”工作，当前全县的农业农村和脱贫攻坚工作进入了一个新的阶段，县农业产业转型升级的任务更加凸显，脱贫攻坚的任务更为艰巨，全县各级各部门要切实深化认识、坚持以创新、协调、绿色、开放、共享五大发展理念为引领，破解发展难题、增强创新动力、厚植发展优势，全力推动建宁县农业农村工作和扶贫攻坚工作迈上新台阶。副县长沙陈龙回顾总结了建宁县2015年农业农村工作，就建宁县2016年农业农村工作进行安排部署。会议还通报表彰了2015年度建莲种植、清洁小河流行动、农村环境整治、驻村帮扶等工作中取得优异成绩的先进乡(镇)、部门和行政村。

【农业行政执法】 2016年，农资打假出动执法人员208人(次)，检查企业102个(次)，整顿农资市场7个(次)，检查农资482吨，货值92.2万元。完成农药标签抽查76个，合格率94.7%；完成肥料标签抽查32个，合格率100%；完成种子标签抽查17个，合格率100%；完成农药、肥料质量抽检23个，合格率91.3%。立案7起，结案7起。当年，建宁县新增20家农药经营企业和2家兽药企业，完成了三明市农资质量安全监管平台(县级平台)软件的安装调试及农资经营单位门店经营场所改造(制度上墙，统一货架)和购置监管平台硬件设备。福建省2016年放心农资下乡进村宣传周活动在建宁县里心镇举行。

【农业产业化】 2016年，省市县各级开展新一轮(2016—2018年度)农业产业化龙头企业评审认定，建宁县9家企业通过省级认定，新增5家；29家企业通过市级认定，新增2家；40家企业通过县级认定，新增4家。继文鑫莲业在“新三板”挂牌上市，绿田实业于2016年12月在“新三板”挂牌上市。2016年，建宁县在福建农民创业园(示范基地)建设绩效考评综合排名全市第一、全省第六名。

【农民专业合作社】 2016年共培育了19家县级以上示范社，其中1家合作社被评为国家级示范社，4家合作社被评为省级示范社，4家合作社被评为市级示范社。截至2016年11月20日止，全县工商登记注册成立的农民专业合作社393家，注册资金11亿元，拥有合作社员1.2万人，带动农户6100户。全县合作社共有各级示范社109家，其中：部级示范社3家，省级示范社12家，市级示范社8家，县级示范社86家。21家合作社列入省级规范化合作社名录。

【家庭农场】 截至2016年12月31日，建宁县在县工商局注册成立的家庭农场193家，其中省级示范家庭农场7家（2016年新增4家），市级示范家庭农场7家(2016年新增4家)，县级示范家庭农场26家。193家家庭农场中，水稻种植23家、果蔬种植85家、水产养殖15家、休闲观光5家、莲子种植10家、花卉8家、林业15家、茶叶2家、食用菌种植5家、综合类25家。家庭农场流转土地533.33公顷，其中建宁县闽之源家庭农场流转土地面积最大达 26.67 公顷。

【土地流转】截至 2016 年 12 月 31 日，全县土地流转面积 0.57 万公顷，占全县农村土地承包面积 1.45 万公顷的 39.5%。其中：种植大户流转面积 0.21 万公顷，龙头企业流转面积 246.67 公顷，农民合作社流转面积 1220 公顷，家庭农场流转面积 500 公顷，其他流转面积 1620 公顷。连片 50~100 亩的流转面积 373.33 公顷，连片 100 亩以上的流转面积 300 公顷。流转的土地用于粮食生产(含制种)3406.67 公顷、种植烤烟 1466.67 公顷、种植蔬菜 220 公顷、其他作物 533.33 公顷。

【土地确权】继续开展宣传动员，2016 年印制 3.2 万册《建宁县农村土地经营权承包确权登记颁证宣传册》发致农户。8 个乡(镇)悬挂固定土地确权登记颁证工作宣传标语 90 幅，各村建立固定宣传栏 92 个。进一步明确、细化考评考核办法，各乡(镇)签订了《建宁县农村土地承包经营权确权登记颁证工作责任书》。落实保障措施，完善县乡领导机构，充实领导小组和办事机构、人员，加强经费保障、技术服务保障，建立督查通报、问责机制，确保土地确权工作进度。截至 2016 年年底，建宁县 92 个行政村已全面开展土地确权登记颁证工作，入户调查完成 88 个行政村，占 95.6%；权属调查完成 88 个行政村，占 95.6%；合同签订 56 个村，占 60.8%。

【项目建设】全年实施“五个一”现代农业项目 41 个，累计完成投资 79686 万元，占计划 75092 万元的 106.12%。推进全市千亿现代农业产业跨越发展行动计划和开展农业农村“三个一”重点项目建设，2016 年实施的“三个一”重点项目有：国家级杂交水稻种子产业园、均口镇隆下村扶贫改革示范点、鑫锦宏农业生态科技示范园、万吨莲系列产品开发(二期)、闽赣省际农机植保综合服务中心、溪口镇枫元村百花主题公园、西门莲塘，以上重点项目完成投资 23160 万元，占计划的 100.26%。全年实施上级下达项目 35 个，争取上级补助资金 1.9 亿元；完成招商引资 5800 万元，完成任务数 116%。

【农田基础设施建设】2016 年，完成新增千亿斤粮食生产能力的农田规划。完成 2015 年未竣工的工程项目：濉溪小流域治理项目、里心小流域治理项目等高标准农田建设项目，累计投资 4226.17 万元，建设高标准农田 1877.33 公顷。2016 年新开工的高标准农田建设项目有 5 个，累计投资 4775.48 万元，建设高标准农田 2020 公顷。2016 年通过县财政担保，向中国农发重点建设基金有限公司申请第二批国家专项建设基金 4800 万元，用于建宁县 5 万亩高标准农田建设项目，建设高标准农田 1533.33 公顷。

【农村环境综合整治】至 2016 年年末，全县拥有垃圾清运车辆 13 部(其中乡镇 7 部)，各乡镇拥有垃圾清运板车 285 辆，船形垃圾斗 261 个，垃圾桶 6085 个，垃圾中转站 9 个，垃圾焚烧炉(池)204 个，聘请卫生保洁员 150 名。“户分类、村收集、乡镇转运、县处理”垃圾处理模式覆盖全县 45 个行政村，占总行政村数的 48.9%，当年由县环卫所集中处理垃圾 24900 吨，累计投入资金 260 余万元。

【扶贫开发】2016 年年初，全县确认市级扶贫开发工作重点乡 3 个、建档立卡贫困村 42 个、市级自有村财零收入村(空壳村)22 个，建档立卡贫困对象 1913 户 5454 人。截至 2016 年

12月,根据省贫困退出机制,经过入户调查、民主评议、公示公告等程序,实现脱贫806户2561人;落实造福工程扶贫搬迁418户1605人,其中国定标准对象238户853人,省定标准对象43户166人;完成“雨露计划”培训9期,培训贫困对象839人。2016年,全市精准扶贫工作业务培训会在建宁召开,省、市新闻媒体报道建宁脱贫攻坚典型经验30余次。省长于伟国、省军区司令员熊安东、省人大常委会副主任陈伦、彭锦清、市委书记杜源生、市长余红胜等省市领导先后到建宁调研指导精准扶贫工作,对建宁精准扶贫工作给予充分肯定。11月15日,全县美丽乡村建设现场推进会在溪口镇召开。

【扶贫开发五条主要措施】 1.建宁县实施精准扶贫挂图作战“六个一”的要求:制定一份脱贫计划,选准一项主导产业,解决一笔发展资金,确定一个帮扶主体,落实一套优惠政策,安排一类技能培训。2.五抓五送:一抓增收送项目,二抓就业送岗位,三抓兜底送保障,四抓扶智送技术,五抓挂钩送温暖。3.村财增收“六促三保”措施:“六促”,一是盘活存量资产促增收,二是整合项目资金促增收,三是倾斜土地政策促增收,四是用好林业资产促增收,五是深入开发旅游促增收,六是参与争先创优促增收;“三保”,一是基金资金支持保增收,二是财税返还定标保增收,三是目标考核激励保增收。4.建宁“七大扶贫工程”:莲业扶贫工程、种业扶贫工程、果蔬扶贫工程、林业扶贫工程、烟叶扶贫工程、旅游扶贫工程、电商扶贫工程。5.建宁县精准扶贫“1+N”系列扶持政策:建宁精准扶贫“1+N”系列扶持政策,即一个总纲——《建宁县推进精准扶贫打赢脱贫攻坚战2016—2020年实施方案》,“N”个配套扶持政策——《产业扶贫实施办法》《金融扶贫实施办法》《社会力量扶贫实施办法》《新型农业经营主体扶贫实施办法》《农村低保兜底和医疗救助工作实施办法》《易地扶贫搬迁实施办法》《贫困(空壳)村脱贫攻坚实施办法》等。

【美丽乡村示范村建设】 按照“规划优、建筑美,卫生优、环境美,生态优、风光美,产业优、生活美,设施优、面貌美,管理优、乡风美”的美丽乡村“六优六美”建设要求与示范村创建标准,着力打造天蓝、地绿、水净、安居、乐业、增收的“美丽新莲乡”。2016年,枫源村、上坪村、水尾村和滩角村4个村庄通过了市级美丽乡村考评验收。截至2016年,建宁县共有高峰村、修竹村、大源村、高圳村、龙溪村、枫源村、上坪村、水尾村和滩角村共9个村庄(全市100个)获得“三明市市级美丽乡村示范村”命名。

【农村六大员队伍建设】 2016年,建宁县对农村“六大员”(农民技术员、综治协管员、计生社保协管员、国土规划环保协管员、文化与食品安全协管员、乡村医生)队伍采取了“条块结合、上下联动、双重管理、动态聘用”的管理办法,按照“谁牵头、谁负责”的原则,实行业务归口管理为主、村两委管理为辅的管理模式,建立了工作例会制度、联席会议制度、工作情况登记制度等一系列规范化管理制度,切实加强对农村“六大员”的管理。全县有农村“六大员”692人,其中,农民技术员207人(种植业92人,动物防疫60人,林业、水利、农机等55人),综治协管员100人,计生社保协管员100人,国土规划环保协管员94人,文化与食安协管员99人,乡村医生92人。

(杜宏宝)

水利建设

【概　况】建宁县水利局内设办公室、水利建设管理股、主任工程师室、质监站。下辖水利工作站、电力工作站、水利工程管理站、水土保持办(加挂水土监督站)、水政监察大队和城区防洪堤管理站。2016年在编在职干部33人,其中领导干部8人(副处职级1人,正科4人,副科3人);8名领导干部为局长1名,党组书记1名,副局长3名,享受副处职级1人,主任科员2名;一般干部27人,其中事业编制实有18人,事业参公编制实有9人。2016年县水利局获全市水利综合考评第一名、县年度创“三优”工作先进单位、安全生产工作先进单位、市级文明单位。全年完成水利工程建设投资2.7亿元。

【农田水利基础设施建设】一是水库除险加固工程。2016年计划投资120万元对长池坑小(二)型水库进行常态化除险加固,工程于12月份开工,至年底完成投资20万元。二是九华山水库工程(烟基水源),2016年计划投资1300万元,完成水库大坝基础建设,工程完成投资2000万元。三是黄坊乡毛坊溪安全生态水系建设项目(一期),工程概算投资1250万元,综合治理河长10公里,主体工程已完成,完成投资850万元。四是新一轮小农水建设项目,2016年实施濉溪镇和均口镇小农水建设,计划投资2650万元,工程正在建设中,完成投资1850万元。五是里心镇农业综合开发中型灌区节水配套改造项目,工程计划总投资1819万元,实施方案已批复,已完成招投标工作,刚刚开工。六是濉溪镇长吉村排灌渠项目,项目总长1200多米,总投资是150多万元,目前完成60%,预计2017年4月全面竣工完成,完成后可以保护当地113.33公顷农田,700多人受益。

【闽江上游金溪流域建宁防洪工程】一是金溪流域防洪三期工程:2016年计划投资7873万元完成防洪堤5公里,截止年底完成投资7200万元。二是闽江防洪工程三明段(二期)建宁段防洪工程:计划总投资20259万元,至年底可研报告通过审查,等待批复。

水土保持

【概　况】建宁县是福建省水土流失综合治理22个重点县之一。2016—2020年规划综合治理水土流失面积0.79万公顷,力争通过5年的综合治理,减少水土流失面积0.26万公顷,水土流失区域流失强度明显下降面积0.53万公顷,治理区林草覆盖率增加10%以上,土壤侵蚀量减少50%以上,综合防治措施保存率达80%以上。2016年,全县完成治理水土流失面积0.38万公顷,其中水利部门完成0.26万公顷,完成投资1435.6万元,林业等部门完成0.12万公顷。

【国家级水土保持重点建设工程】2016年,国家级水土保持重点建设工程——封头、渠村小流域治理工程。1.项目前期工作:根据闽水水保〔2015〕200号文件批复,该项目建设内容主要有:综合治理水土流失面积2026公顷,其中封禁1930公顷,水保林46.27公顷,坡改梯48.96公顷,安全生态水系10.16千米,其中生态护岸4.96千米,项目总投资1000.39万元,其中中央补助700万元,地方配套300.39万元。建宁县委托福州冷山水土保持工程技术咨询有限公司编制实施方案。2016年8月15日在建宁县公共资源交易中心进行公开招投标，工程措施分为4个合同标段,林草措施及坡改梯工程由项目所在的溪口镇、黄埠乡人民政府实施。监理单位为福建省明兴工程建设有限公司。2.项目实施情况:该工程于2016年9月13日开工。截至年底,已完成生态护岸5.03千米,占任务的101.4%,完成坡改梯49.12公顷占任务的100.3%;完成蓄水池15口，占任务的115.4%；完成机耕道3250米，占任务的106.9%；完成排水沟3568米，占任务的104.2%；完成封禁1930.77公顷，占任务100%；完成造林46.27公顷,占任务100%;完成投资986.17万元,占任务98.69%。3.资金到位及拨付情况:中央财政补助700万元,该资金已全部拨付到县水利局水保专户，县级配套50万元也已拨付到专户,群众投劳承若到位。截至年底,按合同约定已拨付林草措施资金97.96万元,其中：溪口镇51.47万元，黄埠乡46.49万元。拨付工程进度款294万元其中:A标段92万元,B标段81万元,C标段59万元,D标段62万元。拨付设计费15万元，标前审核费2.40万元。

【省级水土保持重点工程】2016年度省级水土保持重点工程——溪口镇溪枫小流域水土流失治理工程。1.项目前期工作:根据明水水保〔2016〕94号文件批复，该项目建设内容主要有:综合治理水土流失面积250公顷,项目总投资187.52万元，其中省级财政150万元，地方配套37.52万元。建宁县委托三明市永绿生态科技服务有限公司编制实施方案。2016年8月12日在本县公共资源交易中心进行公开招投标，工程措施分为1个合同标段,林草措施由项目所在的溪口镇人民政府实施。监理单位为三明市联盛工程咨询监理有限公司。2.项目实施情况:该工程于2016年9月11日开工,截至年底:完成封禁250公顷,占任务100%;完成生态护岸1.40千米,占任务的102.3%；完成投资145.75万元，占总投资100.1%。3.资金到位及拨付情况:省级财政150万元，该资金已全部拨付到县水利局水保专户,县级配套拨付到专户12.5万元,群众投劳承诺到位。截止年底,按合同约定已拨付工程进度款45万元，拨付林草措施资金31.4万元，标前审核费0.2万元，合计拨付76.6万元。

【市级重点乡镇水土保持重点工程】根据明水水保〔2016〕446号文件批复,建宁县市级重点乡镇水土保持重点建设工程内容主要有：综合治理水土流失面积125公顷，其中封禁125公顷(含补植30公顷),建设生态清洁型小流域(安全生态水系)0.778千米,其中:生态石笼护岸0.51千米,河岸绿化0.32千米。项目总投资100.05万元(市级财政补助80万元，地方配套20.05万元),其中用于建设生态清洁型小流域(安全生态水系)60.96万元。建宁县委托三明市永绿生态科技服务有限公司编制实施方案。2016年12月13日在县公共资源交易中心进行公开招投标,工程措施分为1个合同标段，林草措施由项目所在的里心镇人民政府实施，监理单位为三明市联盛工程咨询监理有限公司。至2016年年底,该项目林草措施已完成,工程措施已开工,按照项目管理办法,县水利局已将补助资金80万元全部拨付到里心镇财政所。

【水土保持监督执法】建宁县在水保行政执法工作中,紧紧围绕“一案三同时”制度。一是划定“红线”,严格方案审批。对在25°以上陡坡地实施的农林开发项目，不批其水土保持方案；对建设过程中施工强度大，植被破坏率高，可能造成严重水土流失危害的开发建设项目，不批其水土保持方案。二是加强监督，提高水土保持“三同时”制度的执行率。建立水土保持行政执法工作责任制，并纳入单位年度目标考核，推动水土保持行政执法工作经常化、规范化；同时，加大对生产建设单位的定期监督和检查力度，突破重点和难点，对检查中发现的问题严格处理，对未办理水土保持方案或水土保持方案未落实的项目，一经检查立即发出补办和整改通知书。三是水土保持设施全面验收，把好最后一道“关口”。通过严格水土保持设施的验收，促进水土保持方案的全面落实，改变过去重立项，轻验收的状况。

防汛抗旱

【概　况】2016年，建宁县发生了两次超警戒水位洪水，最严重的是5月8日，建宁县发生特大洪水，水位294.87米，超警戒3.37米，洪峰流量2180立方米/秒。县防洪抗旱指挥部强化责任，落实各项防汛预案和工作机制，加强防汛物质的准备和抢险队伍的建设，努力完成全年的防汛防台抗旱工作任务；抓紧抓实汛前水利工程安全大检查，3月1日至3月11日，由局领导带队，相关水利技术人员为成员组成3支汛前水利工程安全检查组，对重点堤防、水库大坝、在建工程防洪安全进行了全面排查；成功做好“5·8”“6·18”二次暴雨洪灾的指挥调度工作。

【“河长制”工作落到实处】一是制定《建宁县农村河道整治工作实施方案》《建宁县“河长制”督查考评工作意见》，并由县政府下发各乡(镇)及相关部门，明确责任，落实工作考核机制。二是加强水行政执法。重点加强对非法采砂和乱弃土弃渣、侵占河道行为的打击。修订了各乡(镇)河道采砂规划和2016年度采砂实施方案，加强对可(限)采区的监管，并与公安、海事等部门联合执法加大对乱采砂的打击力度。三是积极争取项目，开展河道工程整治。当年向上争取流域水土保持项目有里沙溪、黄坊溪、楚溪和伊家溪中小河流治理项目，黄坊溪安全生态水系建设和桂阳溪山洪沟治理项目，同时开展河道清淤、岸坡整治。四是以村为单位开展综合治理试点。确定了均口镇台田村、芰坑村、黄埠乡罗源村、封头村等做为综合治理试点村，并着手指导试点村结合本村实际情况，从制度、设施和人员等方面将综合治理工作落到实地。五是对城区四桥内水面垃圾打捞由一周一次，增加到一周二次。

【防洪工程项目】黄埠乡桂阳溪重点山洪沟治理项目。2015年，福建省防汛抗旱指挥部将建宁县桂阳溪山洪沟列入《福建省2016年度山洪灾害项目实施方案》建设任务。要求山洪沟治理以保护农民的生命财产为首要目标，工程实施方面要考虑整条流域推进，点、面结合，要注重工程措施与非工程措施相结合，形成一个综合的山洪灾害防治体系，并在全省形成示范作用。根据省市安排，建宁县黄埠乡桂阳溪重点山洪沟治理项目列入2016年项目实施，工程综合治理河道总长度2.16千米。工程任务为通过对桂阳溪桂阳村、大余村和贤河村河段进行防洪治理(其中新建护岸3.36千米、清淤疏浚2.16千米、新建排水涵管8处)，使河道水流平顺，并满足设计防洪标准，保障沿河两岸人民及财产安全。设计防洪标准为10年一遇，保护范围是黄埠乡桂阳村、大余村及贤河村3个行政村，保护人口4485人，保护农田584.47公顷,工程静态总投资1399.35万元。县乡两级政府高度重视项目建设,以保护人民生命财产安全为首要目标,结合美丽乡村规划,积极整合县、乡、村三级行政资源和工作力量,精心组织、周密部署,确保了桂阳溪山洪沟防洪治理工程建设稳步推进。项目于2016年9月开工,年底竣工。

【水利部到建宁稽查】3月13日,水利部特派员翟强带领专家组,到建宁县稽查闽江上游金溪流域防洪三期工程建宁段项目建设情况。通过看现场、查资料、听汇报,稽查组充分肯定了建宁项目建设所取得的成绩,认为县委、县政府高度重视,相关部门精心组织,项目整体推进有序,取得了阶段性成效。并指出要加快推进项目建设进度,确保2016年年底前保质保量全面完成金溪流域防洪三期建宁段建设任务。副县长沙陈龙汇报了建宁县情概况和水利事业基本情况。闽江上游金溪流域防洪三期工程初步设计批复,项目任务为建宁、将乐和泰宁新建防洪堤总长20.4公里,工程概算总投资2.95亿元,其中,建宁县新建防洪提8.65公里、水闸4座,概算总投资11991.81万元,建设地点位于黄坊乡武调和滩溪镇斗埕。截至2月底,已建设防洪堤2.49公里,完成工程投资6212万元。

(黄健豪)

2016年溪口镇枫源村插秧机示范 (溪口镇提供)

林业与闽江源自然保护区

编辑:黄日辉

综 述

2016年,全县有林地面积13.14万公顷,其中生态公益林面积4.47万公顷,重点生态区位内商品林2.29万公顷,森林覆盖率76.56%。现有活立木蓄积量1007.51万立方米。全县共完成造林绿化面积1478公顷,完成森林抚育1万公顷,封山育林面积0.27万公顷。完成商品材产量23278立方米,商品材销售量22048立方米,生产毛竹403万根,锯材产量5106立方米,人造板产量3528立方米,纸及纸板产量12.2万吨,全县完成规模以上林业工业总产值50.3亿元,占任务46亿元的109.3%。组织林业企业参与"11·6"林博会,共签约项目7个,总投资8.3亿元。办结林业行政案件135起,全年申报国家、省级项目4个,到位项目资金3300万元。县林业部门共有干部职工118人(其中森林公安27人),所属行政单位1个(县公安局森林分局);参公单位1个(县森林防火指挥部办公室);事业单位27个,包括9个基层林业站,1个林业执法大队。建宁国有林场在职干部职工33人,其中:专业技术人员16人;林场内设综合科、计划财务科、营林科技科、生产经营科、资源管理科、安全办公室6个科室,辖将上工区、陶家工区。2016年,闽江源自然保护区下辖四个管理站,内设6个科室,共有工作人员37人。2016年9月10日,中国林业产业联合会评定福建省建宁县为2016年度全国森林旅游示范县(由闽江源自然保护区组织申报);评定福建闽江源国家级自然保护区为2016年"中国森林体验基地";2016年10月,中国林业产业联合会《森林与人类》编辑部授予福建闽江源国家级自然保护区"中国森林氧吧"称号。

森林资源培育与保护

【概 况】2016年,全县共完成造林绿化面积1478公顷,完成森林抚育1万公顷,封山育林面积0.27万公顷,占任务的100.8%;全县森林覆盖率显著提高,由2015年的73.74%到2016年的76.56%。全县共查处各类案件135起,行政处罚135人。

【造林绿化】年内,省、市下达建宁县营造林任务1.35万公顷,其中植树造林0.15万公顷,森林抚育0.93万公顷,封山育林0.27万公顷。全县共完成植树造林面积0.15万公顷,占任务的100%;完成森林抚育1万公顷,占任务的107%;封山育林0.27万公顷,占任务的100.8%。通过抓好林分修复、低产林改造、生态景观提升等措施,全县林分结构趋于合理,森林覆盖率、城区绿化率、人均绿化面积逐步提升。根据最新数据统计,全县森林覆盖率达76.56%、城区绿化率40%、人均绿化面积14平方米。

【林业执法专项行动】全年共出动人员 483 人次，车辆 238 台次；查处各类林业行政案件 135 起，行政处罚 135 人；清理非法征占用林地项目 3 个，清理生态公益林林地上种植的黄花梨果树、油茶山 19 片，清理面积 9.2 公顷；收缴木材 244 立方米，挽回经济损失 29 万元；立刑事案件 1 起，破刑事案件 3 起，抓获 1 名非法狩猎野生画眉鸟犯罪嫌疑人；检查野生动物活动区域 8 处，开展宣传教育 15 次。

【森林防火和病虫害防治】 全县森林防火，完成生物防火林带建设 208.53 公顷，占任务的 104.3%，积极开展森林防火宣传，抓好扑火队伍建设和强化火源监管，全年共发生森林火灾 3 起，受害面积 30.2 公顷。病虫害防治，春秋季共开展普查面积 3.22 万公顷，发现枯死和濒临枯死的松木 26 株，经检测，未发现松材线虫病；积极开展植物检疫执法专项行动，投入资金 6.7 万元，发放宣传材料 130 份，出动执法人员 36 人次，组织检查 6 次；病虫害得到有效防治，全县共监测调查面积 13.44 万公顷，监测率 97.79%，测报准确率 97.1%，全年共发生病虫害面积 116.67 公顷，发生率 0.09%，防治率 100%。

林业管理制度改革和产业发展

【概　况】2016 年，建宁县林业管理制度改革持续深化。共培育新型经营主体 13 家，经营面积 0.96 万公顷；联营林产体制机制改革不断推进，林业产业发展提质增效，全县完成规模以上林业工业总产值 50.3 亿元，占任务 46 亿元的 109.3%；共向上争取项目到位资金 3300 万元。

【集体林权制度改革】积极培育新型经营主体。新增家庭林场、股份制林场、林业专业合作社等新型经营组织 13 家，经营面积 0.96 万公顷；全县累计家庭林场、股份林场、林业专业合作社等 148 家，经营面积 4.49 万公顷，全县新型林业经营组织覆盖面占集体林地面积的 50%。抓好林权抵押贷款工作，全县共完成林权抵押贷款 283 宗地，面积 5017.87 公顷，贷款总额 8013 万元，占任务 8000 万元的 100.2%，有效解决了林农和林业企业融资难、发展资金不足的问题。抓好森林资源流转，完成林权流转面积 966.67 公顷，占任务的 103.5%。推进整乡(镇)推进林改，确定了溪口、溪源为林改示范乡(镇)，林改任务全面完成。

【联营林业体制改革】针对不同森林类型，采取“责任管护、村级股权承包管护、林权转让、租赁承包经营”4 种不同的经营管护模式，并确定了大南、竹薮、沙洲村为改革试点村，其中大南县村联营林场由“林场山林整体转让”改革模式转为“责任管护”改革模式，面积 544.27 公顷；沙洲县村联营林场改革模式为“林权转让”和“租赁承包经营”，竹薮村联营林场改革模式为“村级股权承包管护”和“租赁承包经营”，相关改革工作正在进一步推进。

【特色产业发展】一是林下经济产业。2016 年林下种植、养殖面积 2046.66 公顷，做好林产品采集加工和森林景观利用经营，全年林下经济产值 5.3 亿元，占任务 5 亿元的 106%。其中发展林下种植经营面积 913.33 公顷，产值 0.2 亿元；林下养殖经营面积 1133.33 公顷，产值 0.4 亿元；林产品采集加工经营面积 0.67 万公顷，产值 4.6 亿元；森林景观利用面积 0.43 万公顷，产值 0.1 亿元；2016 年新增林下种植面积 140 公顷，向上争取林下经济项目资金250万元。二是笋竹产业。建设“两高一优”丰产竹林基地666.67公顷，完成毛竹低改1753.33公顷，竹林抚育5400公顷，完成竹业总产值5.6亿元。三是油茶产业。新植油茶林面积88公顷，改造低产油茶林面积123.33公顷，全县共成立油茶专业合作社15家，带动农户1120户。四是森林旅游业。接待森林旅游人数8万人，增加森林旅游收入1400万元。五是花卉苗木产业，完成育苗10.07公顷，其中2016年新育2.6公顷，培育造林、“四旁”绿化苗300多万株；共发展花卉苗木总面积422.2公顷，其中食用、药用花卉及鲜切花卉面积294.67公顷，盆栽、绿化苗木花卉面积127.53公顷，产苗282万株，新增产值3430万元，实现销售收入3391万元，带动企业、专业户10家，农户1000余人。

【涉林重点项目】森林抚育项目，完成中幼林抚育0.3万公顷，投资594万元，占年度计划的114%。林分修复项目，栽植0.07万公顷，投资750万元，占年度计划的104%。现代竹业建设项目，完成竹山施肥306.67公顷、垦复竹林96.67公顷、竹山道路建设94公里，蓄水池建设330立方米，完成总投资620.9万元，占年度计划的103.5%。城区至火车站快速路景观廊道建设项目，完成快速通道一重山2个重要节点花化、彩化，面积24.33公顷，完成投资100万元，占年度计划的100%。在抓好项目建设的同时，积极向上争取项目资金，2016年共向上争取项目已到位资金3300万元。

【征占用林地审批】开展征占用林地审批工作。全年共审核、审批占用林地项目7起，面积144.85公顷，其中浦城至梅州铁路建宁至冠豸山（建宁段）建设项目使用林地101公顷，省道纵八线建宁福新至长吉公路工程建设项目使用林地34.5公顷。

（郑振岳）

国有林场

【概　况】建宁国有林场所属林地位于建宁县西北部，与江西省黎川县接壤，境内山峦连绵起伏，溪流纵横交错，属闽江支流金溪河的发源地之一。林场经营地面积3838.47公顷，其中林业地经营面积3674.13公顷（林业地经营中有林地面积3276.4公顷），非林业地面积164.33公顷，海拔多在400~850米之间，坡度一般在25~35°，地势较为复杂，属武夷山东坡地亚区，Ⅰ、Ⅱ类地占78%。森林覆盖率达85.36%，林木总蓄积量约26.01万立方米。2016年，国有林场在职干部职工33人，其中：专业技术人员16人（高级职称3人，中级职称4人）；林场内设综合科、计划财务科、营林科技科、生产经营科、资源管理科、安全办公室，辖将上工区、陶家工区。

【资源保护】加强资源保护，坚持依法治林。本场始终把森林资源保护摆在首要位置，严格落实各项保护管理措施，加强林地管理，严厉打击人为破坏森林资源行为，积极配合森林派出所，切实履行保护职责，做到严厉打击，处置到位，使资源保护得到了进一步加强。做好森林防火，贯彻执行“预防为主、积极消灭”的方针，严格落实森林防火责任；成立森林防火领导小组，层层签订责任状，进一步将责任细化，实行严格的百分制目标管理考核制度，职工工资待遇与工作实绩挂钩，并成立督查组，对各工区进行森林防火工作常态性检查，发现问题及时纠正，确保安全；在节假日和防火戒严期，要求护林员实行24小时监督，坚决杜绝空档和死角，将护林员安排到重点地段值班，严控野外用火行为的发生；完善应急处置措施，随时做好扑火的各项准备工作，抽调专人负责后勤保障，一旦发现火情，能够以最快速度组织扑救，确保“打早、打小、打了”。加大森林资源保护宣传力度，2016年共发放宣传单200余份，张贴宣传通告50余份，悬挂宣传横幅8条，出动宣传车5次，走村入户宣传20余次。

【营林绿化】为改善生态环境，确保森林资源的可持续利用，林场狠抓营林生产和绿化工作。2016年完成大田育苗0.67公顷（其中杉木0.47公顷，阔叶树0.2公顷），占计划的100%；完成造林更新72.27公顷(其中珍贵树种种植34.13公顷)，占计划53.33公顷的135.5%，主要造林树种为杉木、木荷、福建柏等树种；完成中幼林抚育面积1564.6公顷(其中：中央财政森林抚育800.47公顷，省级财政森林抚育433.33公顷)，占全年计划1333.33公顷的117.3%。

【木材产销】围绕“公开、公平、公正”的原则，2016年定产定销招投标全部委托浙江舟山大宗商品交易所来完成。全年完成木材生产6072立方米(含上年度伐区库存数2288立方米及本年度护林回收40立方米)。木材销售6044立方米，占年度计划2500立方米的242%。完成抚育间伐709.67公顷，占年计划53.33公顷的1331%。

【资产管理】一是实现销售收入689.07万元，占年度计划273万元的152.41%，平均木材销售单价1136元/立方米，比年度计划单价1092元/立方米提高了44元/立方米。二是实现木材销售利润439.38万元，利润率64%，比年度计划40%提高了24个百分点，取得了较好的经济效益。管理费支出443.75万元（其中：业务招待费4.98万元，小车费用4.07万元,公用经费19.37万元)。三是不断完善财务管理和内控制度建设，建立严格的资金审批制度,确保资金的安全；把经济计划合理分解,做到目标明确、分类把关、跟踪考核、兑现奖惩；抓好增收节支工作,加强资金和资产的管理。为全面摸清家底,完善资产监管制度,林场成立资产清查小组对本场资产、存货、往来帐等进行全面清查，并聘请福建中正恒瑞会计师事务所有限责任公司对本场资产清查进行专项审计,出具资产清查专项审计报告(中正恒瑞专审报B字(2016)第021号)。

【项目建设】一是完成了经营管理中心大楼的消防验收和招租工作，于2016年2月4日在建宁县公共资源交易中心进行二次公开对外招租，并招租成功，出租总面积为9809平方米，租赁期限为18年（2016年12月1日至2034年11月30日)，租金标准12元/平方米·月，租金每四年为一个周期递增一次，每次递增标准按2元/平方米·月；装修期及前三年为免租期（即2016年12月1日至2020年11月30日）。二是将上管护站修缮即将完成，共投资46.48万元。三是完成老虎窠林区道路维修项目，共投资26.39万元；完成将上六队林区道路维修项目，共投资12.66万元；完成陶家林区道路维修项目，共投资6.67万元。

【国有林场改革调查摸底】根据《中共中央、国务院关于印发〈国有林场改革方案〉和〈国有林区改革指导意见〉的通知》(中发〔2015〕6号)、《中共福建省委 福建省人民政府关于印发〈福建省属国有林场改革实施方案〉和〈福建省县属国有林场改革指导意见〉的通知》(闽委发〔2016〕7号)文件精神，开展国有林场改革前期调查摸底工作，在调查摸底过程中充分征询广大干部职工的意见和建议，于2016年12月19日形成《建宁国有林场改革实施方案意见》报上级部门决策。

（廖朝晖）

福建闽江源国家级自然保护区

【概 况】福建闽江源国家级自然保护区总面积13022公顷，属森林生态类型的自然保护区。主要保护对象是：武夷山脉中段重要的生物区系组份、大面积的钟萼木和南方红豆杉原生种群、独特的生物群落类型和福建闽江正源头森林植被。经国家林业局批准(林函护字〔2014〕114号)，福建闽江源国家级自然保护区三区面积为：核心区面积4902公顷，缓冲区面积3447公顷,实验区面积4673公顷。2016年，闽江源自然保护区内设办公室、资源保护科、计划财务科、科技宣教科、经济发展科和综合执法科6个科室,辖金铙山管理站、均口管理站、黄岭管理站和高峰管理站局4个管理站,共有工作人员37人。

【资源管护】完善护林员考评机制,认真做好资源日常巡护管理，确保自然保护区内生物的多样性和其他自然资源不受破坏；完成生态监测站集水区测流堰和地表径流场的建设工程并通过验收;与三明市中级人民法院、县环保局在黄岭管理站共同设立“闽江源”生态司法保护示范基地。“闽江源”生态司法保护示范基地主要以建宁县境内河流域与福建闽江源国家自然保护区为保护对象,以诉与非诉衔接为主线,加强案前介入、案中释法、案后回访,实现案前、案中、案后立体化,形成第三方监督的司法保护机制。落实闽江源森林派出所办公场所和人员到位工作,派出所设有所长和干警各1名,协警3名,办公地点设在管理局。依法查处区内各种破坏野生动物资源的违法行为，形成保护野生动物资源安全的整体合力。通过政府采购方式,投资11.5万元购买一艘巡逻艇，用于鸳鸯湖的日常巡护工具,提升管护效果。

【宣教教育】2016年,分别在管理局、黄岭、均口管理站三处设置LED屏幕,滚动展示宣传内容;不断维护和更新宣教馆、科普走廊、综合展厅的设施设备,丰富展示内容;利用“世界野生动植物日”、爱鸟周、“世界生物多样性日”开展宣传活动,向群众宣传保护生态、爱护生物的重要意义，增强人们对生态保护的自觉性和责任感。履行海峡两岸自然保护区(台湾金门国家公园)管理机构签定的交流合作协议,举办“第三届海峡两岸生态保育暨自然保护区建设管理交流会”,共同探讨自然保护区与“国家公园”的生物多样性保护与生态旅游保护，交流资源管理经验和课题研究成果。

【项目建设】一是完成闽江源国家级自然保护区总体规划(2016年—2025年)的申报工作,9月初国家林业局安排专家到建宁县现场调研评审,并提出修改补充意见,现已完成文本修改报送评审专家审定。二是根据批复的功能区划调整方案，完成89个界碑界桩的设置和落界工作,投入资资6万元。三是实施林业补助资金项目建设，不断完善保护区基础设施的更新维护，完成黄岭和高峰管理站办公场所的维修改造工程。四是根据相关通知文件,先后组织申报“中国森林氧吧”“中国森林体验基地”“全国森林旅游示范县”评审。在2016年全国森林旅游节上,建宁县荣获“全国森林旅游示范县”称号；中国林业产业联合会授予福建闽江源自然保护区“中国森林体验基地”称号;在中国绿色时报

《森林与人类》杂志寻找“中国森林氧吧”活动中，福建闽江源自然保护区成功入围第二届“中国森林氧吧”。

【区域管护方式的创新】创新保护区资源管护方式，承租高峰村位于铺前至坪岗公路13-17km两边约86.67公顷毛竹山，由保护区统一管理，避免竹山随意扩鞭，消除景区旅游安全隐患，确保林区秩序和社会安定稳定；将合水口小组村民所有的鸳鸯湖区域11.33公顷耕地通过租赁划入保护区核心区域，解决区内村民耕作和资源保护相矛盾的问题；完成保护区周边11个行政村的12个自然小组农村饮水安全工程项目，项目总投资194万元，解决周边居民4000人饮水问题。同时积极做好驻村、挂包村精准扶贫工作。

【国家生态县创建通过考核验收】10月20日，受环保部委托，省环保厅生态处处长陈维辉带领国家生态县考核专家组深入建宁县，验收考核国家生态县创建工作。专家组一行分成三组，先后深入网格化环境监管中心、源溶生物科技公司、汇能环保科技有限公司、鸳鸯湖、闽江源绿田公司、溪口镇枫元村、铙山纸业集团、濉溪镇高峰村、县环保局等地，通过看现场、听介绍、审材料等方式，对建宁县创建国家生态县进行考核验收。反馈会上，陈维辉宣读了验收组反馈技术评估意见，意见认为：建宁县委、县政府牢固树立“绿水青山就是金山银山”发展理念，把创建国家生态县作为推进生态文明建设的重要载体，突出自然资源优势，加强生态环境保护，生态经济不断发展壮大，生态环境质量保持良好，生态县创建工作取得很好的成效；在实际创建过程中，组织得力、措施到位、工作扎实、成效显著；技术评估中提出的整改意见落实到位，国家生态县创建5项基本条件和22项建设指标达到考核要求。考核验收组同意建宁县通过国家生态县建设考核验收，并按程序报环境保护部审批。

（郑志英）

2016年，城关至火车站公路景观 （县发改局提供）

工 业

编辑:肖建泰

综 述

2016年,建宁县经济与信息化局等部门,认真贯彻落实省、市关于促进工业稳增长政策,主动应对经济下行和转型升级双重压力,积极推进供给侧结构性改革,加大帮扶力度,强化动能培育,推动全县工业经济平稳健康发展。全年,新增规模以上工业企业11家,总数达120家。工业占GDP的比重为24.7%,拉动GDP增长1.7个百分点,工业对GDP的贡献率达21.2%。建宁县二轻联社立足行业实际,调整产业结构,加快发展工艺美术产业。选送根雕、奇石作品先后参加第十一届中国(莆田)海峡工艺品博览会和第九届海峡两岸(厦门)文化产业博览会,喜获二银四铜,并成功举办建宁县首届中国建莲文化嘉年华活动——工艺美术精品展。

工业经济运行

【概 况】2016年,全县工业经济平稳运行。完成规模以上工业产值125.39亿元,现价增幅12.15%;完成规模工业增加值30.79亿元,可比增长6.8%;规模以上工业产销率100.20%,与上年持平;实现出口交货值42828.03万元,比增5.41%;全县规模工业经济效益综合指数为339.06%,较上年提升15.23个百分点;完成工业固定资产投资51.14亿元(其中工业技改投资43.41亿元),比增-3.25%;工业用电量累计完成1.67亿千瓦时h,比增-17.31%;全县规模以上工业企业完成税金总额20445万元,比增0.63%。

【工业投资】2016年,全县工业投资有所回落。全年,完成工业固定资产投资51.14亿元,比增-3.25%,完成全年目标任务60亿元的85.23%,其中工业技改投资43.41亿元,比增-11.9%,完成年度目标任务48亿元的90.43%。其中:列入省重点技改项目11项,总投资15.66亿元,年度计划投资4.13亿元,实际完成投资2.57亿元,占年度计划的62.32%;列入市级投资千万元以上工业项目50项,总投资49.17亿元,年度计划投资18.68亿元,实际完成投资15.48亿元,占年度计划的82.86%,其中亿元以上在建项目13项,总投资31.8亿元,年度计划投资7.6亿元,实际完成投资4.98亿元,占年度计划的65.53%。

【工业用电】2016年,全县工业用电降幅较大。年内,由于晶科硅业、饶山纸业、鑫晟矿业等用电大户的用电量大幅下降,导致全县工业用电量出现明显下降。全年,工业用电量累计完成1.67亿千瓦时,比上年增长-17.31%,其中规模以上工业用电量累计完成1.43亿千瓦时,同比增长-17.62%。

产业转型升级

【概　况】2016 年，建宁县经济与信息化局通过抓项目、促合作、强支持，积极推进供给侧结构性改革，加快产业转型升级，促进工业健康发展。年内，全县实施“产业转型升级”项目 50 个，完成投资 20.4 亿元；落实省企对接项目 12 个，总投资 35.31 亿元；帮助饶纸、三泉铝塑等企业开展产融合作解决资金困难，支持绿田公司在“新三板”上市；推动企业“机器换工”32 套(台)，帮助 1 家企业成功申报省级智能制造示范企业。

【项目建设】 2016 年，全县实施“产业转型升级”项目 50 个，累计完成投资 20.4 亿元，占年度计划的 106.38%。其中：14 个开工项目累计完成投资 7.52 亿元，占年度计划的 117.15%；3 个增资项目累计完成投资 2.86 亿元，占年度计划的 75.26%；12 个谋划项目有 1 个转开工项目，其他谋划项目正在积极推进中，力争项目尽快落地。年内，共有 22 个项目竣工投产，累计完成投资 10.02 亿元，16 个项目完成本年度投资目标任务。

【省企对接】 2016 年，省企对接取得阶段性进展。全年，对接项目 12 个，总投资 35.31 亿元。其中，合同项目 1 个，总投资 11.3 亿元；协议项目 1 个，总投资 2 亿元；意向项目 8 个，总投资 20.56 亿元。其中：(1)与省建工集团合作的“城乡基础设施建设项目”，总投资 11.3 亿元，已正式签约，并设立了 1 家二级施工企业，项目已进入开工准备阶段。(2)与省医药集团有限公司合作的“中药材基地项目”，总投资 2 亿元，合作框架协议已拟定，正在推进基地对接与企业对接。(3)与省轻纺集团洽谈对接“饶纸战略重组项目”，双方已达成重组意向，明确合作方式为国有资本相对控股，重组工作时间安排已明确，青山纸业已展开对饶山纸业的尽职调查。

【产融合作】 2016 年，县经信局认真贯彻落实省、市经信委有关文件精神，积极推进产融合作。10 月 26 日，组织饶纸、三泉、泓鑫 3 家企业参加在福州举办的 2016 年福建省产融合作政银企对接会；组织人员深入饶纸、源容、泓鑫、元盛等 15 家重点融资困难企业，征集融资需求累计 2.44 亿元；加强与金融机构合作，帮助饶纸集团协调解决资金 4100 万元，帮助三泉铝塑协调解决资金 480 万元；推动 4 家小微企业对接“小微企业成长贷”业务，已对接成功 1 家，融资额度 450 万元。

【企业上市】 2016 年，建宁县力推禾丰种业、华新食品、绿田公司、源华林业四家企业“新三板”上市。年内，绿田公司已完成上市；禾丰种业已完成股改并召开创立大会，正在办理股份有限公司的工商登记，力争 2017 年 4 月挂牌上市；华新食品已完成审计及律师净调工作，7—12 月梳理财务，计划于 2017 年 4 月挂牌上市；源华林业已由中介机构初步完成财务、法律尽职调查，公司正按要求进行整改，争取 2017 年 6 月挂牌上市。

【政策支持】 2016 年，建宁县认真落实省、市促进工业稳增长政策，深化“四转四争”(转机制争进度、转方式争效益、转作风争突破、转态势争贡献)“三挂三帮”(领导挂点企业，帮助企业排忧解难；部门挂钩企业，帮助企业谋发展；干部挂职企业，帮助企业提供全程服务)活动，加大企业帮扶力度，支持企业健康发展。县政府出台《建宁县产业发展专项资金管理暂行办法》，推动园区企业资产按揭贷款，安排企业应急转贷专项资金4000万元、工业用电奖励金100万元，发放应急转贷资金2.37亿元，帮助45家企业解决资金难题。同时，实施新一轮技术改造专项行动计划，推动企业“机器换工”32套(台)，支持1家企业成功申报省级智能制造示范企业。

特色主导产业

【概　况】2016年，全县新增规模以上工业企业12家，总数达120家，其中新材料产业4家，食品加工产业36家，林产加工产业30家，非金属矿产业13家，劳动密集型及其他产业37家，以“新材料、食品、林产、非金属矿”四大行业为主导的县域特色工业产业不断壮大。年内，冠瑞吊瓜子产品深加工、三泉复合包装材料生产等一批项目建成投产，兴辉食品果汁饮料、新生竹制品加工等项目加快推进，铙纸集团与省轻纺集团对接重组迈出实质性步伐，闽江源绿田公司在“新三板”成功上市。

【新材料产业】2016年，全县共有造纸及纸制品等新材料企业4家，龙头企业为铙山纸业集团有限公司，年产机制纸及纸制品15万吨，完成产值10.85亿元，品牌价值达74.71亿元。全年，新材料产业累计完成产值13.33亿元，比增1.58%，占规模以上工业产值的10.63%。

【食品加工产业】2016年，全县共有食品加工企业36家，以闽江源绿田、文鑫莲业、华新食品、孟宗笋业等为龙头企业，主要分为建莲加工、果蔬加工、笋制品加工和粮食加工等行业，年产值超过5000万元的企业有20家。全年，食品加工产业累计完成产值33.24亿元，比增12.27%，占规模以上工业产值的26.51%。

【林产加工产业】2016年，全县共有家具制作、木材及林产加工企业30家，龙头企业为爱心木业、鹏程竹业等企业。全年，林产加工产业累计完成产值25.4亿元，比增7.65%，占规模以上工业产值的20.26%。

【非金属矿建材加工产业】2016年，全县共有非金属矿采选和建材加工企业13家，龙头企业为富强石材、鑫晟矿业等企业。全年，非金属矿建材加工产业累计完成产值20.81亿元，比增14.85%，占规模以上工业产值的16.60%。

城镇集体工业

【概　况】2016年，建宁县二轻联社立足行业实际，调整产业结构，积极支持工艺美术产业加快发展。年内，选送根雕、奇石作品先后参加了第十一届中国(莆田)海峡工艺品博览会和第九届海峡两岸(厦门)文化产业博览会，喜获二银四铜，并成功举办了建宁县首届中国建莲文化嘉年华活动—工艺美术精品展。与此同时，加强企业管理，关心职工生活。

【工艺作品参赛参展】年内，县二轻联社选送6件根雕作品、2件奇石作品参加了第十一届中国(莆田)海峡工艺品博览会。徐兴发的根雕作品《团圆》荣获2016年中国工艺美术“百花奖”银奖，邓荣的根雕作品《回头》荣获第十一届中国(莆田)海峡工艺品博览会银奖，徐兴发的根雕作品《鹤》和丁学友的奇石作品《君子如兰》获得铜奖。11月4日，组织3家工艺美术企业参加了第九届海峡两岸(厦门)文化产业博览会，黄昭希的奇石作品《花开富贵》和郑明忠的作品《清廉》获得铜奖。

【精美工艺品展】 7月15日—7月19日，县二轻联社在县体育馆成功举办了建宁县首届中国建莲文化嘉年华活动——工艺美术精品展。活动布设展馆8个，其中本地根木雕展馆4个、剪纸、书法展馆2个、奇石展馆2个，展出400多件精美工艺品，吸引了大量游客前来观赏购买。

【集体企业管理】 盘活存量资产。为确保集体资产保值增效，建立健全集体资产管理台账，组织3家下属企业(机修厂、二印厂、宏跃木制品厂)利用厂房设施对外招租，每年创收10万元以上，既改善了企业的生存困难状况，又为职工解决了大病统筹社保缴费资金困难的后顾之忧。落实安全生产。组织企业领导认真学习安全生产有关法律法规和文件，召开店主和承包商座谈会，加强安全生产教育，并与下属3家企业签订安全责任书，组织人员定期检查企业厂房、出租店面、贮存仓库，全面落实安全防范措施，确保不发生重大安全事故。加强统计工作。按照有关规定，健全管理制度，加强月报、季报、年报工作，按时上报工艺美术文化产业统计报表，确保数据准确无误。

【职工生活保障】 做好社保缴费和未参保职工社会保障工作。加强沟通协调，做好服务工作，及时做好下属企业职工社保缴费和未参保人员享受国家有关政策等工作，努力解决企业职工的生活困难和后顾之忧。关心退休干部职工的精神文化生活。重阳节前夕，组织开展了“三个一”活动，即召开一场座谈会，进行一次上门走访慰问，举办一场文体活动，受到退休干部职工的欢迎，营造了老有所乐的节日气氛。

(张海平)

2016年2月，建宁县莲蓉现代物流有限公司一、二期主体工程及附属工程建设全面完工，引进恒润食品和春韵茶业生产线试运行成功　(县供销社提供)

非公经济·建宁经济开发区

编辑:肖建泰

综 述

2016年,面对经济下行压力,中共建宁县委统战部、建宁县工商业联合会加大企业帮扶力度,促进非公经济健康发展。年内,依托工商联银联担保有限公司,为中小微企业累计担保37笔,在保余额6100余万元;引导绿田公司成功登陆“新三板”。同时,做好招商引资、鼓励民营企业参与精准扶贫和换届选举等工作。建宁经济开发区坚持一手抓建设,一手抓发展,努力做大做强园区经济。

非公经济

【概 况】2016年,中共建宁县委统战部、建宁县工商业联合在非公经济领域持续开展了非公有制经济人士理想信念教育实践活动和“亲清润明商、促进两健康”等系列宣传教育活动,引导广大非公有制经济人士认清形势、提振信心;依托工商联银联担保有限公司,为中小微企业累计担保37笔,在保余额6100余万元,帮助困难企业摆脱困境、健康发展。同时,做好招商引资、鼓励民营企业参与精准扶贫和换届选举等工作。

【非公经济的宣传引导】把学习贯彻中共十八届六中全会精神作为重要政治任务,举行专题学习辅导报告会,邀请省委统战部副部长陈飞作宣讲报告;深入学习贯彻习近平总书记在全国政协十二届四次会议民建、工商联界委员联组讨论会上的重要讲话精神,引导广大非公有制经济人士认清形势、提振信心,积极投身经济建设主战场,成为新技术、新产业、新业态、新模式的试行者;发挥工商联(总商会)联系非公经济人士最密切、最广泛、最直接的优势,持续开展以“守法诚信、增强发展信心”为重点的非公有制经济人士理想信念教育实践活动;积极开展“亲清润明商、促进两健康”等系列宣传教育活动,加大诚信文化宣传,加深对于“两个毫不动摇”“三个没有变”,以及“亲”“清”新型政商关系的理解和认识;举办“民商合同法律知识”“商标在企业管理中的运用”知识讲座,为会员企业订阅《中华工商时报》《闽商报》等刊物,帮助企业家提高自身素质和管理水平。

【招商引资】深化与各阶层人士和海外乡亲的团结联谊。会同县委宣传部、县公安局、教育局等有关部门,开展调查摸底,建立包括新的社会阶层、出国留学人员、新媒体从业人员和网络代表人士数据库,实现滚动管理,做到底子清、情况明。服务经济建设,助推招商引资。加强组织协调,引导非公企业积极参加“9·8”厦门投洽会、“11·6”三明林博会等重大招商引资活动;加强对外交流,主动走出去,赴北京、福州、厦门、泉州、深圳等地开展招商活动,引进东山御景豪庭项目,总投资4000万元,年内完成投资2100万元,并为兴辉食品与外方合作新上矿泉水生产项目牵线搭桥，同时积极推动建宁县自驾游协会与泉州市自驾游协会就开展两地自驾全域旅游实行全面合作。加强与关心、支持建宁发展的社会各界人士和乡贤的联系。年内，先后走访了厦门建宁商会、福州建宁商会和在北京、深圳、泉州创业的乡贤，积极宣传推介建宁，做好对外联谊工作。

【为非公经济服务】 关心非公经济人士健康成长。通过非公经济人士综合评价体系，做好工商界代表的甄选和评价工作，推荐思想政治素质好、参政议政能力强和有一定社会影响力的非公经济人士参选人大代表和政协委员，积极参政议政，发挥监督作用。打造沟通、维权服务平台。充分发挥自媒体的作用，有效利用微信群、微信公众号，做好信息宣传服务；认真落实由建宁县工商联创立的服务非公经济两项制度——“非公企业评议现职部门制度”与“非公企业反映问题每季专报制度”，全年召开非公经济人士座谈会和评议会 2 场，走访非公企业 80 多家，收集意见建议 30 多条，帮助企业协调解决所反映问题 15 个；充分运用县领导联系工商联的联系机制和工商联系统的上下联动机制，发挥“非公有制经济维权服务中心”作用，维护会员和企业的合法权益，全年接待和受理来信来访 30 余次。帮助非公企业解决实际困难。应对经济下行压力，持续开展“四转四增”“三挂三帮”等活动，积极营造有利于非公经济发展的良好环境。年内，依托工商联银联担保有限公司，为中小微企业累计担保 37 笔，在保余额 6100 余万元。同时，引导非公企业瞄准“新三板”，进行资本运作，解决融资难题。2016 年 12 月 27 日，福建绿田股份有限公司在全国中小企业股份转让系统挂牌公开转让，成为全县继文鑫莲业之后又一家成功登陆“新三板”的非公企业。

【脱贫攻坚行动】 坚持把扶贫工作作为履职重点，认真贯彻落实县委、县政府的决策部署，为打赢脱贫攻坚战凝聚力量。年内，县委统战部、县工商联召开了“民营企业参与精准扶贫行动”工作会，发放《非公企业参与精准扶贫行动倡议书》70 多份，共有 30 多家企业签订了《参与精准扶贫——企业认领书》，采取就业帮扶、产业帮扶等方式参与扶贫攻坚，带动 400 多户贫困户增收致富；引导民营企业将“扶贫济困”与“自身发展”结合起来，组织开展了“百企帮百村”精准扶贫行动，落实 7 家企业（专业合作社）对接 7 个贫困村，开展结对帮扶活动；下发“脱贫攻坚同心行”活动倡议书，号召社会各界人士通过智力帮扶、技术帮扶和结对帮扶等形式参与脱贫攻坚，全年开展“三下乡”活动 4 场次，服务群众 1000 多人；持续开展“同心圆 3+1 助学”活动，落实助学帮扶对象 26 名，发放助学金 2.4 万元；开展“宗教慈善周”活动，筹集善款 8000 元。同时，做好科级干部挂包帮扶贫困户工作，统战系统所帮扶的 9 户贫困户，已实现脱贫 7 户。

【换届工作】 换届前，根据换届工作要求，县委统战部联合县纪委、组织部、公检法等 14 个部门开展综合评价，把好非公有制经济人士作为各级人大代表、政协委员和县工商联领导班子人选的入口关。根据有关章程规定，认真做好县工商联（总商会）换届选举工作。2016 年 12 月 5 日，召开建宁县工商联（总商会）第十二次会员代表大会，选举产生了新一届县工商联（总商会）领导班子及常执委会组成人员。本届县工商联（总商会）领导班子、常执委会组成人员共有 83 名（其中非公经济代表人士 81 名），总人数较上届增长 7 个百分点。

（孙琳美）

建宁经济开发区

【概　况】2016年，建宁经济开发区管委会坚持一手抓建设，一手抓发展，有效应对经济下行压力，努力做大做强园区经济。年内完成基础设施建设投资1.15亿元，新建标准厂房15000平方米。全年，引进项目6个，总投资11.9亿元；新增入园企业3家，总数达41家，其中规模以上企业34家；完成工业固定资产投资7.86亿元，比增13.91%；完成工业总产值42.05亿元，比增6.97%。

【和谐征迁】为确保征地拆迁工作顺利进行，有效维护社会稳定，开发区管委会始终坚持以人为本的指导思想，加强沟通协调，做好群众工作，依法依规推进。年内，会同濉溪镇、溪口镇，共同做好斗埕村、桐元村土地征收和房屋拆迁工作。全年，完成征地30公顷，拆除房屋13幢，安置农户20户；接待征地拆迁群众来信来访10余批次，处理历史遗留问题10多个，未发生群体性上访事件。同时，加强与国土、林业、建设等县直部门的联系，做好项目建设征收土地林地报批工作，完成土地报批33.33公顷，林地报批50公顷。

【基础设施】继续抓好开发区路网、路灯、管网、信息化平台和标准化厂房等基础设施项目建设，做好"筑巢引凤"文章。2016年，重点实施以下项目建设：(1)道路工程建设。推进助驾井省道205线东侧道路工程、馨悦电子南侧道路工程、斗埕大桥至快速通道连接线道路工程建设，完成投资2600万元，完成总投资额的93%。(2)雨、污水设施建设。实施斗埕大桥头的污水管网续建、助驾井省道205线两侧雨污水管道工程建设，完成投资1100万元，完成总投资额的100%。(3)场地平整工程。启动种子产业园、高速公路收费站东南侧明一地块场地平整工程，完成投资2000万元，完成总投资额的96%。

【招商引资】着眼培育新的经济增长点，紧扣开发区产业发展规划，充分发掘区位、产业和资源优势，抓紧抓实招商引资工作。全年，引进项目6个，即大中石油装备、海航燃气、明一生态营养品、绿森环保、网能气柜、滨湖科技，总投资11.9亿元。同时，抓好落实跟踪项目3个：30兆瓦分布式太阳能光伏发电站建设项目，总投资4.5亿元；物理法竹纤维及延伸下游产业链产品生产建设项目，总投资3.5亿元；中药材及生物医药中间提取物生产建设项目，总投资5亿元。

【项目建设】坚持建设生态工业园区的发展理念，按照"园区抓项目、产业抓集群"的工作思路，围绕打造绿色食品、特种纸、生物质能源、现代物流等新兴产业的功能定位，抓服务、搞协调、促落实，全力推进项目建设，推动园区经济又好又快发展。2016年，项目建设的工作重点：一是着力推进新落地项目。即同越管件、大中石油装备2个项目，总投资1.45亿元；二是加快在建项目建设步伐。即冠瑞生物科技、泓鑫食品、禾丰种业、六三种业4个项目，总投资1.23亿元；三是力促新建项目尽快投产。即三泉铝塑复合包装、兴辉食品2个企业，总投资1.25亿元；四是确保投产项目实现达产目标。即源容生物、馨悦电子、鑫晟矿业3个企业，力争完成新增工业产值2.6亿元。

【帮扶工作】面对经济下行压力，加大企业帮扶力度。一是在县协调小组的帮助协调下，支持饶山纸业采取部分生产线出租和资产抵押解决短期应急贷款的方式，恢复正常生产；二是通过开发区的积极协调，帮助三泉复合包装材料公司采取资产抵押的方式，解决资金短缺问题，采购生产设备，实现正常开工，并积极提升智能化、信息化上水平；三是帮助兴辉食品解决企业搬迁入园施工中遇到的实际问题，确保项目按期建成投产。

【安全园区的创建】 按照创建省级安全园区实施方案要求，严格落实相关措施，加强安全生产管理，确保年内按期完成创建目标任务。同时，围绕创建生态园区目标，严把项目环评准入关，落实环保与项目设计、建设、投产“三同时”制度；抓实节能降耗，引导企业大力发展循环低碳经济；强化对企业环保设施运行情况监督检查，加强生态环境保护，实现可持续发展。

（邓毅楠）

2016 年 7 月 8 日，三泉复合包装材料生产项目　（县发改局提供）

交通·运输

编辑：肖建泰

综 述

2016年，建宁县交通运输局围绕实施“十三五”规划，加快公路建设，完善公路养护，发展客货运输，加强交通管理，落实安全生产，推动交通运输业加快发展。公路建设顺利推进，全县公路里程达1383.68公里；农村公路平均好路率91.8%，位居全市第二；全年完成公路客运量82.48万人，客运周转量6720.06万人/公里，分别增长3.59%和1.42%；完成公路货运量198万吨，货运周转量19208.02万吨/公里，分别增长9.48%和6.69%；依法查处各类交通运输违法、违规行为105起，全年未发生重大道路交通安全事故。年内，被省人社厅、交通运输厅评为“2012至2015年度交通运输系统先进集体”，成为三明市唯一被表彰的县级局。三明市公路局建宁分局全年完成公路养护管理总投资3250万元，实现干线公路PQI值91%，PCI值94.9%，干线优良率达100%，继续保持“省级文明单位”和“省级模范职工之家”荣誉称号。建宁县铁路工程建设指挥部办公室在积极配合南昌铁路局建宁县北站抓好铁路运行管理的同时，认真做好浦梅铁路建设各项前期工作。年内，争取增加向莆铁路经停建宁县北站列车11趟；1月15日，国家发改委正式批复新建浦城至梅州铁路（建宁至冠豸山段）可行性研究报告；11月底，施工单位入驻建宁，浦梅铁路（建宁段）工程建设正式启动。

公路建设

【概　况】2016年，建宁县交通运输局围绕实施交通“十三五”规划，全力推进公路建设。莆炎高速公路（建宁段）、建宁至宁化高速公路项目前期工作取得重大进展；建宁城关至武调火车站公路二期附属工程的景观绿化工程全面完工，省道横六线建宁均口至伊家公路新建工程完成主体工程，建宁城关至报国寺公路已完成路面施工；完成农村公路建设改造24.95公里，农村公路危桥改造4座，完成安全生命防护工程164.7公里。截至2016年年底，全县公路里程1383.676公里，其中，高速公路1条43公里，国道1条64.3公里，省道2条109.4公里，县道8条98.2公里，乡道69条415.10公里，村道576条653.67公里。

【前期工作进展顺利】1. 莆炎高速公路（建宁段）：起于明溪枫溪，经建宁均口芰坑、台田、修竹、伊家兰溪、溪口艾阳、枧头、高圳，终于与建泰高速公路相交的里心董家坊枢纽互通，是福建沿海大通道沈海高速的横向联络线。线路全长39.68公里，估算总投资36.42亿元（0.91787亿/公里），建设工期4年，设计速度100公里/小时，双向四车道，路基宽度26米。互通连接线7公里。沿线设建宁西（排背）、南互通（均口）、董家坊互通立体交叉工程3处，服务区1处，收费站2处，养护工区1处。1

月21—22日，交通部公路院在建宁勘察工程主要的弃土场、渣场等水源保护工作;2月29日，省地质测绘院三明分院三明山水勘测规划有限公司到建宁做莆炎高速公路社会稳定风险调查;3月2日,省环保设计院到县做新线的环保;4月1日,省环保设计院到县做莆炎高速公路尤溪至建宁建设项目环境公众参与调查,收集建宁生态功能区划及闽江源意见函;7月5—9日,工可行业审查咨询评估工作现场踏勘调研会在建宁召开;7月27—29日，省环保厅、省发改委、省交通厅、省高指等相关单位派人参加《莆炎高速公路三明境尤溪中仙至建宁里心段工程环境影响报告书》技术审查会。目前,县高指正全力以赴做好项目审批、审查、踏勘设计等项目前期工作，争取莆炎高速公路早日开工。2.建宁至宁化高速公路:已列入海西高速公路“十三五”规划。

(揭贵福)

【项目建设有序进行】 1.建宁城关至武调火车站公路二期附属工程：景观绿化工程已全面完工,完成投资1000余万元。2.省道横六线建宁均口至伊家公路新建工程：该项目全长约8公里(含隧道一座655米),按二级公路标准建设，设计速度60公里/小时，路基宽度8.5米,路面宽8.0米,项目概算总投资10400万元。2016年计划完成投资5400万元,完成主体工程。截至2016年末,路基清表全部完成,桥梁、涵洞、隧道全面完工,完成路面1公里,完成年度投资计划5400万元。3.建宁城关至报国寺公路:该项目路线全长约8公里,项目概算总投资10202万元。2016年计划完成投资4202万元。截至年底,该项目路面施工已全部完成,正在进行路肩、水沟、安保等附属设施建设和绿化景观编制。4.农村公路建设项目:2016年,全县计划完成农村公路“单改双”10公里，通组公路10公里，完成投资2000万元。截至2016年年末,实际完成农村公路建设改造24.95公里,完成投资2000万元。5.农村危桥改造项目:年内,完成农村公路危桥改造4座，其中中桥1座55.04延米，小桥3座81.08延米,完成投资553万元。6.安全生命防护工程。年内，完成安全生命防护工程164.7公里,完成投资2546.3万元。

(柯朝周)

公路养护

【概　况】 2016年，三明市公路局建宁分局下辖武调、朱家、城关、均口4个公路站,现有在职职工60人，负责专养公路里程153.99公里,全年公路养护管理总投资3250万元,实现干线公路PQI值91%,PCI值94.9%,干线优良率达100%,继续保持“省级文明单位”和“省级模范职工之家”荣誉称号,被三明市公路局评为“应急单项先进单位”,均口、武调公路站分别被福建省总工会、福建省公路管理局授予“工人先锋号”和“平安班站”荣誉称号。建宁县交通运输局通过完善家庭承包养护模式，推进四好公路建设,提升养护管理水平,全县农村公路平均好路率达91.8%,在全市评比中获得第二名好成绩。

【专养公路养护】 2016年,三明市公路局建宁分局所负责的专养公路养护总里程153.99公里(其中省道117.04公里,县道(X771线)26.2公里，乡道上桂线（Y013线)10.75公里)，全年公路养护管理总投资3250万元,通过实施路面改造、公路绿化、公路景观提升、灾害防治、安保、水毁修复等工程,全面推进公路养护规范化管理,公路养护质量、通行能力、综合服务水平稳步提升，实现干线公路PQI值91%,PCI值94.9%，干线优良率达100%。年内，主要实施了以下项目:1.S205线(G528)K343+167—K363+568示范路排水系统整 治工程,总投资90万元,12月底完工。2.国、省道路面修复工程(后期增加),总投资120万元,完成路面置换板6841平方米。3.S306线路面改造工程（黄舟坊段二期“白改黑”),全 长2.45千米,累计完成投资1900万元。4.2014年预防性灾毁重建工程,总投资141万元,消除公路安全隐患。5.三明市公路局“5·8”水毁修复工程第一期建宁段,总投资95万元,实施水毁修复6处。6.2016年为民办实事隐患整治工程和生命防护工程，总投资9.99万元。7.S205线K343+200—K363+600示范路绿化工程,工程预算70万元,年内已完成部分红叶石楠、红花继木球补植补种。

【农村公路养护】 2016年,建宁县交通运输局在乡(镇)、村两级的支持下,进一步完善以家庭承包养护为主的农村公路养护管理机制，加大养护资金投入，推进四好公路建设，全力修复“5·8”洪灾水毁乡村道路,提升养护管理水平,全县农村公路平均好路率达91.8%,在全市农村公路养护评比中获得第二名好成绩。年内,投资41万元，完成火车站至横口公路绿化3公里;投资1300万元,完成城关至武调火车站公路边坡防护及绿化7.5公里;投资900万元,修复“5·8”洪灾中断的38条农村公路(其中,投资120万元，修复水毁县道；投资780万元,修复水毁乡村道路);投资300万元,抓好农村公路指路系统建设。

【“5·8”抗洪救灾】 5月8日,持续强降雨引发山洪暴发,导致境内公路路基坍塌、边坡塌方、山体滑坡、涵洞淤堵,部分路段交通中断。据统计,建宁公路分局负责的专养公路冲毁路基21处4059立方米,路面下沉2340平方米,冲毁桥梁锥坡20处,冲毁涵洞120道,造成公路沿线滑坡、溜方20处41190立方米,损毁公路沿线滑坡、溜方处植草19550平方米,损毁公路沿线滑坡、溜方锚喷4800平方米,损毁公路沿线绿化带18000平方米,造成直接经济损失1300万元；县交通运输局负责的农村公路普遍受灾,因灾中断38条。灾情发生后,公路、交通部门及时投入抗洪救灾。建宁公路分局当即投入应急抢险资金58.6万元，灾后投入救灾资金95万元,实施水毁修复6处;县交通运输局完成投资900万元，修复水毁农村公路,确保交通畅通。

(黎秋艳)

公路运输

【概 况】 2016年，建宁县公路运输业实现较快发展,运输服务能力不断提高。客运方面,新增公交车2台,农村客运车辆14辆,小车租赁业1家、小汽车10辆,新建农村客运候车亭5个,全年完成公路客运量82.48万人,客运周转量6720.06万人/公里，比上年分别增长3.59%和1.42%;货运方面,新增货运车辆19辆,增加吨位83.48吨,全年完成公路货运量198万吨,货运周转量19208.02万吨/公里,比上年分别增长9.48%和6.69%。此外,还有5家二类维修企业,2家驾培企业。

【客 运】 2016年，全县新增投放公交车2台,新增更新农村客运运营车辆14辆,新增小车租赁业1家、小汽车10辆,新建农村客运候车亭5个。截至2016年年末,全县已开通客运线路44条,其中省际线路9条,市际线路10

条,县际线路9条,县境内线路16条;拥有客运企业2家,公交企业1家,出租车企业2家,旅游客运企业1家;共有二级客运站1个,三级客运站1个,四级客运站1个,五级客运站3个;全县投入营运客车51辆1235座次,公交汽车20辆336座次,出租汽车40辆200座次,旅游客车5辆182座次,客运总座位1953座;农村客运班车通村率达97.9%。全年完成公路客运量82.48万人,客运周转量6720.06万人/公里,比上年分别增长3.59%和1.42%。年内,县交通运输局切实加强交通管理,科学合理调配运力,抓好“春运”“中秋”“国庆”等节假日期间的旅客运输安全工作,圆满完成旅客运输任务,全年未发生重特大道路运输事故。

【货运】 2016年,全县新增货运车辆19辆,增加吨位83.48吨;全县现有和兴、承辉、莲乡、光辉、乘龙等5家物流企业,拥有货车135辆,总吨位1641.5吨。年内,县交通运输局认真落实县委、县政府扶持物流业发展相关政策,不断提高运输服务管理水平,开通办证、年审绿色通道,配合县域电商发展,完善城乡物流配送,指导企业加强管理,鼓励企业规模经营,做大做强物流产业。全年完成公路货运量198万吨,货运周转量19208.02万吨/公里,比上年分别增长9.48%和6.69%。

交通安全

【概况】 2016年,建宁县交通运输局始终坚持“安全第一、预防为主、综合治理”的方针,严格行政执法,落实安全生产,确保全年未发生重特大道路交通安全事故。全年,共出动执法人员1261人次,执法车辆263辆次,依法查处各类交通运输违法、违规行为105起,罚款21.96万元;签订安全生产责任书39份,召开安全生产会议33次,组织开展交通安全生产各项检查1118人次,及时发现和整治了一批安全生产隐患。

【交通行政执法】 2016年,建宁县交通运输局认真贯彻落实道路交通安全法律法规,坚持依法行政,加大执法力度,严厉打击非法营运,维护正常营运秩序,确保道路交通安全。全年,共出动执法人员1261人次,执法车辆263辆次,依法查处各类交通运输违法、违规行为105起,其中,超限运输67起,非法营运17起,其它违法违规行为21起,罚款21.96万元。

【安全生产的落实】 2016年,建宁县交通运输局高度重视交通安全生产工作,始终坚持“安全第一、预防为主、综合治理”的方针,全面落实“三把关一监督”“五整顿三加强”“三品”查堵和客运站“三不进站、六不出站”等管理制度,持续开展“平安交通”“道路运输平安年”活动、安全生产标准化建设提升工程三年行动和企业安全生产标准化建设巩固提升活动,严格道路交通管理,确保实现安全生产。年内,县交通运输局与相关企业和部门签订安全生产责任书39份,召开安全生产会议33次,组织开展交通安全生产各项检查1118人次,及时发现和整治了公路建设、道路运输等方面的安全隐患,全县交通安全生产保持良好稳定态势,全年未发生重特大道路交通安全事故。

（柯朝周）

铁路运输

【概况】 2016年,建宁县铁路工程建设指挥部办公室通过努力，争取增加向莆铁路经停建宁县北站列车11趟，并积极配合建宁县北站加强列车运行管理,有序应对突发汛期,完善广场承包管理,确保铁路正常运行。截至2016年年末，经停建宁县北站动车安全运营已达1389天,运送旅客108.9万人。

【经停列车趟次增加】 2013年9月26日向莆铁路正式开通运行时，经停建宁县北站的列车仅12趟。在县领导的关心支持和县铁办的努力下,经过多次铁路大调图,2017年1月起经停建宁县北站列车共有43趟,较2016年5月开行图定列车时又增加11趟。增加经停建宁县北站列车的具体情况为：增加开往福州列车4趟（建宁县北—福州D9951次、建宁县北—福州D9609次、九江—福州D9593次、南昌西—福州D9977)；加开福州到建宁县北站2趟(福州—建宁县北D9952次、福州—建宁县北D9610次);增加开往厦门列车2趟(南昌西—厦门D9613次、南昌西—厦门D9981次)；增加开往南昌西列车3趟（福州—九江D9594次,厦门—南昌西D9982次，福州—南昌西D9978次)。截至2016年年末,经停建宁县北站动车安全运营1389天，运送旅客108.9万人。

【突发汛情应对】 进入5月份，受汛期强降雨影响,向莆铁路时有发生列车晚点情况。为确保列车安全运行、客流组织有序,县铁办积极配合建宁县北站及时启动应急预案，有效应对汛期险情。一是加强信息宣传。安排干部驻点北站，掌握列车运行动态，通过车站广播和网络等媒体，将列车晚点的原因和列车运行信息及时向社会和广大旅客通报,并向县委办、县政府办反馈。二是加强安全巡查。会同北站值班干部和技术人员深入现场,紧盯关键部位和重要设备,加强线路动态巡查。同时,加强与邻站联系,为现场指挥提供实时信息。三是加强旅客疏导。耐心做好解释工作，动员有条件的旅客办理改签或退票。仅5月8日当天,建宁县北站发送旅客374人,办理改签23人。四是加强雨水清理。及时组织保洁人员对站台积水进行清理，确保旅客乘车安全。由于县铁办和建宁县北站的密切配合、积极应对,确保了汛期建宁县北站未出现旅客大面积滞留及其他安全事故的发生。

【广场管理有序】 为加强建宁县北站站前广场管理，树立良好对外窗口形象,9月6日-18日,县铁办通过公开招投标方式,对建宁县北站站前广场管理进行新一轮承包。经9家投标单位公平竞标,由建宁县和谐物业管理公司中标,成为建宁县北站站前广场管理新的承包单位,管理承包期限为3年。招投标结束后,县铁办及时做好承包单位的业务移接交工作，并加强对新中标承包单位的管理，确保站前广场管理的平稳、有序。

铁路建设

【概　况】 2016年1月15日,国家发改委正式批复了新建浦城至梅州铁路(建宁至冠豸山段)可行性研究报告。建宁县铁路工程建设指挥部办公室充分发挥职能作用，积极配合有关乡(镇)和县直部门做好浦梅铁路建设各项前期工作。11月底,施工单位入驻建宁,浦梅铁路(建宁段)工程建设正式启动。

【浦梅铁路项目获批】 2016年1月15日,国家发改委正式批复了新建浦城至梅州铁路（建宁至冠豸山段)可行性研究报告。“批复”明确建设内容:浦梅铁路(建宁至冠豸山段)起自向莆铁路建宁县北站,经三明市建宁县、宁化县、清流县和龙岩市连城县,终至赣龙铁路冠豸山站,正线长约162公里(不含宁化至清流与兴国至泉州铁路共线段约12.1公里),同时修建建宁县北站疏解线4.3公里,冠豸山站联络线7.1公里,以及接轨站站改工程。同时,确定主要技术标准:该线为国铁Ⅰ级,单线,设计行车速度为160公里/小时,电力牵引,规划运输能力为客车16对/日、货运1400万吨/年;项目总投资110.96亿元,其中工程投资108.56亿元,机车车辆购置费2.4亿元;福建省承担征地拆迁费用13亿元,负责征地拆迁工作;南昌铁路局作为项目法人,负责工程建设和运营管理;建设工期4.5年。

【征地补偿方案的制度】 3月10日,县铁办在前期多方论证的基础上,研究制定了《浦梅铁路(建宁段)征地补偿安置方案》(初稿)。方案内容主要包括:适用范围、征收集体土地年产值及补偿倍数计算、征收集体土地的具体补偿补助标准、征占用林地各种林木补偿标准、坟墓迁移补偿标准、被征地农民社会保障及解释部门等七个部分。10月25日上午,代县长陈显卿主持召开县政府常务会议,审议通过了县铁办提交会议研究的《浦梅铁路(建宁段)房屋征收补偿安置方案(送审稿)》,要求县铁办根据会议讨论意见进一步修改完善后组织实施。同时,要求濉溪镇、均口镇、黄坊乡等有关乡(镇)和县直部门要落实责任、注重衔接、把握原则,确保年内完成铁路建设用地征迁任务。

【土地开发协议签订】 5月27日,副县长谢忠喜代表建宁县人民政府与南昌铁路局浦梅铁路工程指挥部指挥长郭海满签订了浦梅铁路建宁站区土地综合开发框架协议。协议规定,按照国家新型城镇化要求,在保障铁路运输功能和运营安全的前提下,对铁路站场及毗邻地区特定范围内的土地实施综合开发利用;协议内容,主要包括开发目的、用地规模及位置、功能定位、出让方式和价格、规划控制和预留、用地指标取得、用地支持政策以及协调机制等;协议要求,双方本着“合作开发、互惠共赢、共同发展”的原则,共同做好建宁站区附近土地的合作开发工作,以此促进浦梅铁路与建宁经济快速发展。

【铁路专家现场检查】 6月16—18日,由中国铁路总公司工管中心、南昌铁路局及浦梅铁路指挥部、武汉铁四院工程咨询有限公司、铁道第三勘察设计院集团有限公司、中铁二院工程集团有限责任公司等单位50位专家、领导组成的专家组,从连城经宁化至建宁,沿线开展了浦梅铁路现场检查。在建宁境内,专家组沿线检查了浦梅铁路(建宁段)的莲花山隧道、黄坊溪2号大桥、武调1号隧道、武调隧道及建宁县北站,对初步设计的铁路线路走向、站场设置以及用地情况等细节问题进行了实地踏勘,并全面评估了铁路贯通后将产生的经济和社会效益。之后,在建宁召开了工程推进会。会上,专家组听取了建设单位赣龙铁路公司关于项目概况、建设意义、先期段开工情况、全线开工进度计划以及请求解决的问题等方面的情况汇报,设计单位铁三院、铁二院关于线路走向、站场、桥隧设计参数等出图情况汇报,以及铁四院关于咨图审核情况的汇报,并分为站场、桥梁、隧洞、线路等若干专业技术小组,对设计单位的初步设计方案进行了讨论和论证,之后汇总上报铁路总公司工管中心。

【征迁动员大会】 11月3日,县政府召开浦梅铁路(建宁段)征迁动员大会,要求全县上下进一步统一思想、明确任务、落实责任,为浦梅铁路工程全面开工建设创造良好条件。会上,代县长、县铁路工程建设指挥部总指挥陈显卿作了重要讲话，要求各级各有关部门思想认识上要再深化、再提升，责任要再明确、再具体，组织要再细化、再加力，务必高度重视、倍加珍惜、全力以赴抓好征迁工作；濉溪镇、均口镇垅源村领导代表沿线乡(镇)和村在大会上作了表态发言；陈显卿向濉溪、黄坊、均口 3 个乡(镇)和国土局、林业局、住建局颁发了征地拆迁责任状；县人大党组成员、县铁路工程建设指挥部常务副总指挥谢忠喜具体布置了浦梅铁路(建宁段)征地拆迁有关工作。副县长黄立辉主持会议，并就贯彻落实会议精神进行了安排部署。

【用地线路放样完成】 11 月 1 日，龙岩星际空间地理信息工程有限公司 18 位专业技术人员进驻建宁，开始筹备浦梅铁路(建宁段)建设用地放样作业。11 月 11 日，从均口镇隆下村开始进行主线用地放样作业。放样作业队坚持"急用先放、先田后山、双线同放"原则，与县铁办及铁路沿线乡(镇)、村、组一道，对铁路沿线的 15 个村、场的 47.29 公里的主线用地开展了施工用地图放样、挖沟及界桩埋设。截至 12 月 21 日，放样作业全部完成。在放样过程中，县、乡、村工作人员主动放弃休息日，克服自然、天气等不利因素，与放样作业队深入田间地头和深山野墺开展线路放样取证和实物调查摸底，完成了"浦梅铁路征迁红线放样、挖沟(标识)移交记录表"的登记和现场现状的取证工作。在此期间，均口镇等沿线乡(镇)给予了大力支持。

【工程建设正式启动】 按照省铁办和南昌铁路局 11 月 25 日在龙岩召开的浦梅铁路全线开工暨共建规范廉洁铁路建设工程动员大会的要求，施工单位中铁十一局浦梅铁路 PM—2 标工程指挥部和中铁十七局浦梅铁路 PM-3 标四分部于 11 月底入驻建宁，开展浦梅铁路（建宁段)工程建设。县铁办与铁路沿线乡(镇)、村、组工作人员密切配合，共同做好红线放样、铁路工程建设用地(主线用地和临时用地)的征(租)用和与征迁户签订征迁协议等工作。截至 2016 年年末，已全面完成红线放样交桩工作，交付施工单位临时用地 11.32 公顷；斗埕、水西、隆下三个拌和站投入使用，已有部分施工便道开始施工；施工单位清理土石方 6.45 万立方米，完成项目投资 6755.15 万元。

(谢良济)

2016 年，均伊公路 (县发改委提供)

邮政·通信

编辑:肖建泰

综 述

2016 年,建宁县邮政、通信企业按照上级的部署,加快业务发展,强化企业管理,较好地完成了年度目标任务。中国邮政建宁分公司全年实现业务总收入 1623.4 万元, 同比增长 2.6%; 实现收支差 277.2 万元, 完成预算 100%。获得全区 2016 年度“平安邮政创建工作”先进单位荣誉称号。中国电信建宁分公司全年收入完成预算进度的 101.86%,全业务收入同比增幅居全市第一位;收入份额和移动、宽带用户份额在本行业内位居全市前列。获得全省经营进步奖和全市效绩考核二等奖。中国移动建宁分公司全年实现通信服务收入 4778 万元,累计新增份额 51.4%,日均通信客户份额到达 73.87%, 各项主要经营指标完成情况排名均居全区前列。中国联通建宁分公司充分发挥 3G+4G 组网优势, 加快 4G 精品网建设,加大网络建设力度,加强宽带运行服务,努力扩大市场份额,推动公司主营业务实现较快发展。

中国邮政建宁分公司

【概 况】2016 年, 中国邮政建宁分公司紧紧围绕实现收入、收支差“双收”目标,深化改革、强化管理,加快邮政行业转型升级,推进建宁邮政快速发展。获得全区 2016 年度“平安邮政创建工作”先进单位荣誉称号。

【经营情况】 2016 年,中国邮政建宁分公司实现业务总收入 1623.4 万元, 比上年增长 2.6%; 完成有效收入 1284.1 万元, 比增 4.1%,其中代理金融完成 1214.09 万元,完成预算进度的 93.4%,比增 2%;完成邮务类收入 305.96 万元, 比增 22.3%; 实现收支差 277.2 万元,完成预算 100%。

【业务发展】 2016 年,中国邮政建宁分公司报刊、函件、集邮、代缴费、房租收入等全面完成市公司下达预算指标,其中:报刊专业收入完成预算 109.63%, 函件专业收入完成预算 101.75%,集邮专业收入完成预算 100.23%,代缴费业务收入完成预算 101.9%, 其他业务收入完成预算 111%(其中房租收入完成预算 112.17%)。截至 12 月 20 日,2017 年度报刊收订任务全面完成, 其中重点热畅销报刊收订 28.2 万元,完成计划 112.9%,进度列全区第一; 实现流转额 321.4 万元, 完成计划 100.1%;净增流转额 28.1 万元,增长 9.6%,全区第二。此外,封片收入完成 51.5 万元,比增 35.5%,完成计划 103%。

【基础设施】 2016 年,中国邮政建宁分公司完成了均口网点的搬迁和建设,客坊网点、伊家代办所灾后重建,里心营业场所整治(店招),以及包裹快递中心和旧楼、会议室改造。获得全区 2016 年度“平安邮政创建工作”先进单位荣誉称号。

（杨 新）

中国电信建宁分公司

【概 况】 2016年，中国电信建宁分公司围绕中心，聚焦重点，全面完成经营发展任务。全年收入完成预算进度的101.86%，全市排名第一；全业务收入同比增幅比上年前进三位，居全市第一位；收入份额和移动、宽带用户份额在本行业内位居全市前列。获得全省经营进步奖和全市效绩考核二等奖。

【经营情况】 年内，中国电信建宁分公司主要经营指标完成情况良好。1.收入指标。全年收入完成预算进度的101.86%，全市排名第一；全业务收入同比增幅比2015年前进三位，居全市第一位。2.份额指标。全业务累计收入份额提升0.6%，达36.34%，全市排名第一；移动用户出账份额提升0.5%，达28.6%，全市排名第一；宽带用户出账份额下滑2.3%，为70.6%，全市排名第二；宽带净增份额50%，下降3.6%。3.业务指标。宽带计费用户完成进度全市排名第三，其中光宽用户占比（集团）91.2%，全市排名第九；天翼出账用户累计净增88户，完成进度全市排名第十一，其中4G用户占比为77.2%，全市排名第十；高清ITV完成4417户，完成进度全市排名第四。4.财务指标。完成收支差1220万元，应收账款占收入比5.82%。

【业务发展】 年内，中国电信建宁分公司各项主要经营指标保持健康、良性。收入指标预算完成名列全市第一，收入份额和移动、宽带用户份额位列全市前列，012客户年净增2927户，4G机卡匹配占比46.3%，光宽占比比上年提升26%，百兆光宽占比64.2%，流量规模翻番90.2%，户均流量翻番85.1%，移动、宽带基本业务月均离网率良好。两大渠道持续规模发展。社会渠道，全年新增7家门店，引进苏宁易购入驻，促进OPPO\VIVO两大品牌厂商与城乡专营店、外包厅全面合作；自有渠道，对分支局渠道由简单划小向深度运营转变，实现网格营销与维护一体化，同时增强政企渠道销售力量，政企部行业、商客个中心在全市排名前列，农村二支局进入全市前5%，城区二分局名列全市第七。做优网络和服务，强化支撑保障。优网络强支撑，为经营发展提供能力。全年投入建设资金965万元，推进光网、LTE网建设，9月份实现全光县，FTTH端口较上年增加2万余个，光覆盖行政村占比98%，光端口占比97%?，新建LTE基站43个，3G+4G基站数达300个，同时加强网络运营，实现网络互联网化转型，全年完成传统低效DLSAM设备退网32台；优服务强保障，为经营发展赢得市场。重点聚焦4G产品销售服务、宽带装维触点服务，全面推进4G“五优服务”和宽带“五心服务”工作。

【企业管理】 2016年，中国电信建宁分公司夯实基础，加强企业精确管理。一是深化改革，划小承包，完善“倒三角”体系建设。前端重点做实政企、分支局、渠道三大承包，推进农村支局长下沉；后端在退网完成后进行重组，增强面向客户的客调、政支两个模块的力量。二是强化执行，发扬钉钉子精神，狠抓各项工作的执行和落实。通过定期周例会、清单督办，管控重点工作，执行PDCA循环，把各项工作做细做实，进一步提升管理效率和执行力。三是优化管理，完善措施，提高企业管理水平。结合工作实际，认真开展“两学一做”学习教育，加强企业思想政治工作、党风廉政建设和安全生产工作，配合集团公司抓好四个专项巡视自查及整改工作，确保全年安全生产无事故。

（林南芳）

中国移动建宁分公司

【概 况】2016年，中国移动建宁分公司紧紧围绕持续增强企业自身能力、积极服务地方信息化建设、不断缩小城乡通信服务差异的工作理念，积极、稳妥地开展各项生产经营工作。全年，实现通信服务收入4778万元，同比提升3.34PP；累计新增份额51.4%，全区排名第四；日均通信客户份额到达73.87%，环比提升0.57pp，全区排名第四；缴纳各项税费90万元。

【经营情况】2016年，中国移动建宁分公司积极、稳妥地开展各项生产经营工作。全年，实现通信服务收入4778万元，同比提升3.34PP；累计新增份额51.4%，全区排名第四；日均通信客户份额到达73.87%，环比提升0.57pp，全区排名第四；缴纳各项税费90万元，为央企"提质增效"、国有资产保值增值、促进地方经济发展发挥了积极的作用。

【业务发展】2016年，中国移动建宁分公司网络基础设施建设再上新台阶。4G网络建设步伐加快，全年投入4G网络新建资金3000多万元，全县4G基站从年初的129个增加到225个，实现了全县行政村4G网络信号全覆盖，让城乡居民共同享受4G无线高速上网体验；2G网络覆盖进一步加强，全年新建21个2G基站，全县2G基站数量达到246个，较好满足了全县居民语音通信需求；同时，采取引进先进的基站RRU设备拉远、无线直放站等方式，做好偏远区域、难施工区域的快速信号补点工作，较好地解决了快速通道、城区地下室、主要自然村等信号弱覆盖区域的信号补强工作。有线宽带服务能力持续提升。年内，完成投资2000万元，建设传输线路，新增光缆长度360公里，并对全县移动有线宽带的出口带宽进行全面扩容工作，把各乡镇的移动有线出口带宽从年初的10GE容量全面升级到40GE容量；同时，全力推进移动有线宽带基础建设，全年新增15710个家庭用户宽带接入端口，截至2016年年底，全县行政村移动有线宽带覆盖面达75%，移动家庭有线宽带业务带宽从12M、20M升级到20M、50M和100M，集团客户的最高带宽提升到1000M，有效满足了全县居民对有线宽带的使用需求。

【企业管理】2016年，中国移动建宁分公司结合自身实际，把开展"比学习、看觉悟，比守纪、看作风，比业绩、看贡献"活动嵌入到"两学一做"学习教育全过程，细化学习内容，丰富教育形式，强化"学、做"考核，通过建立党员积分管理制度，选树"两学一做"党员先锋队和标兵，培养"学、做"标杆，有效提升党员队伍思想觉悟，焕发党员队伍活力。同时，以"做优秀企业公民，促和谐社会构建"为主线，深化志愿服务主题活动，先后组织志愿者进学校、进社区、进农村、进社会福利院，开展文明交通督导、无偿献血、义务植树、金秋助学、见义勇为募捐、关注留守儿童、"城乡结对 共建共享"帮扶、手机免费清洗、移动业务义务咨询等志愿者活动共计80余人次。

（陈爱珠）

中国联通建宁分公司

【概　况】2016年，中国联通建宁分公司充分发挥3G+4G组网优势，加快4G精品网建设；加大网络建设力度，现已建成600公里长通信光缆，2G基站90个，3G基站60个，4G基站30个；深入开展“满意在联通”“诚信服务，放心消费——好服务在联通”等系列活动，加强企业管理，提升服务水平。

【业务发展】2016年，中国联通建宁分公司充分发挥3G+4G的组网优势，采用国际上非常成熟、广泛采用、技术领先的LTE FDD组网技术，把握发展机遇，加快4G精品网建设，尽快形成4G时代的网络竞争实力。利用宽带已覆盖建宁城区93%以上区域的技术基础，通过开展“宽带新选择，提速更实惠”系列活动，树立“新联通”宽带品牌形象，积极拓展宽带业务，努力扩大市场份额。加大网络建设力度，加强网络维护工作。截至2016年年末，建宁联通已投资建设了约600公里长通信光缆；建设2G基站90个，覆盖了所有乡镇和90%以上行政村；建设3G基站60个，4G基站30个，覆盖了建宁城区和部分省道沿线地区。

【企业管理】2016年，中国联通建宁分公司牢固树立客户满意是我们第一追求的经营理念，深入开展“满意在联通”“诚信服务，放心消费——好服务在联通”等系列活动，把为客户提供优质服务视为企业的“生命线”，将其贯穿整个工作的始终。坚持党的领导，不断加强企业党建工作，充分发挥党员队伍的作用。同时，聚焦重点区域，聚焦流量经营，聚焦存量经营，聚焦4G发展，加强经营管理，着力解决发展这个首要问题。

（聂丽冰）

2016年12月，上坪古村村口　（溪源乡提供）

商贸流通·对外经贸

编辑:肖建泰

综 述

2016年,建宁县商务、供销、粮食、烟草等部门,加大改革和发展力度,推动商贸流通和对外经贸取得新进展。年内,县商务局策划内贸项目15个,制定县域电子商务“十三五”发展规划,率先建成区域性网货中心,全县发展电商企业97家,实现电商交易额9.94亿元,同比增长97.9%,完成网络零售额5.98亿元,同比增长131.6%。主办了“建宁县首届美食嘉年华”活动和“三明首届微商大会”。全县完成社会消费品零售总额21.58亿元,比增15.9%,增幅名列全市第一;引进项目80个,确认到资6.2亿元;实际利用外资1018万美元,同比增长8.9%;完成外贸出口总值8.18亿元,同比增长13.7%。全县供销社系统完成商品购进总额65804万元,比增12.09%;商品销售总额72406万元,比增34.85%。在全市供销社系统年终综合考评中荣获特等奖。县粮食局全面完成12500吨各级储备粮收购订单任务,以及4200吨地方粮食储备和1000吨县级储备粮轮换任务,并建立了粮食应急供应体系。县烟草局(分公司)克服严重自然灾害,全年落实烟叶种植面积2348.27公顷,收购烟叶7.32万担;完成卷烟销售4667箱,销售额达1.27亿元;查处卷烟案件17起,罚款1.84万元。全县第三产业增加值25.35亿元,增长16%。

商业贸易

【概 况】2016年,建宁县商务局围绕促进商业贸易健康发展,加强市场体系建设,大力发展电商产业,强化商务行政执法。年内,策划内贸项目15个;制定了县域电子商务“十三五”发展规划,率先建成区域性网货中心,发展电商企业97家;主办了“建宁县首届美食嘉年华”活动和“三明首届微商大会”;开展商务行政执法检查23次。县商务局被县委、县政府评为创“三优”工作先进单位和“综治平安建设”先进单位。

【市场体系完善】2016年,策划内贸项目15个,其中申请国家专项建设基金项目2个,申报“双创”项目2个;积极推进闽赣省际水果批发市场、闽赣省际建莲批发市场、闽赣省际农产品交易中心等三个大型批发交易市场建设项目申报工作;加快西门老菜市场改造升级,完成里心镇边贸市场、黄埠乡农贸市场扩(改)建、客坊乡农贸市场工程建设;大力扶持铙纸、龙威、源容、托斯卡纳、绿田等出口龙头企业,帮助企业积极参加国内外知名会展,积极开拓国际市场,促进商贸流通。全年,完成社会消费品零售总额21.58亿元,比上年增长15.9%,增幅全市第一。其中:限上企业零售额增长22.7%(增幅全市第一),限上批发业销售额增长25.3%,限上零售业销售额增长24.1%,限上住宿业营业额增长 13.5%,限上餐饮业营业额增长 10.6%。

【电商产业园建设】 促进多种产业融合发展。邀请专家到县实地调研,制定了县域电子商务“十三五”发展规划,将电子商务全面融入农业、工业、外贸、文化、旅游、金融等各个领域;抓好“互联网+建莲”区域化链条化试点、“互联网+特色水果”等重点项目建设,推动“互联网+”产业全面发展。加强电商产业园建设。现已建成数据中心、众创中心、培训中心、O2O 展示销售中心、网货中心等功能区并投入运营;在做好县域农特产品归集的基础上,完成 34 款农特产品文创、包装,打造 9 款“一乡一品”伴手礼,并注册了“福源建宁”农产品公共品牌;由县电商协会牵头,采取企业化运作模式,率先建成县域网货中心,为全县乃至全市网商提供统一包装、统一文创、统一标准的农产品网货;加快京东“建宁特色馆”“高铁建宁馆”建设,建成苏宁易购“建宁特色馆”、千县农汇“建宁商城”,促进传统企业转型升级,打造县域电子商务销售平台。目前,已有 65 家电商企业入驻电商产业园,重点培育了建宁公主、文鑫莲缘、明一宏业 3 家年电商交易额超 1000 万元企业,全县注册电商企业总计达 136 家。持续推进电子商务进农村示范县建设。围绕“一个中心、五大体系”建设目标,建成县级电商公共服务中心 1 个、村级电商服务点 47 个,依托顺通速递等县域内快递企业在乡(镇)设立物流分拨中心,支持福瑞贸易、邮政、供销社等传统商贸企业在乡(镇)、村设立站点,完善三级物流体系,解决物流最后一公里问题。年内,全县发展电商企业 97 家(其中限额以上企业 6 家),电商从业人员 5031 人;实现电商交易额 9.94 亿元,同比增长 97.9%;完成网络零售额 5.98 亿元,同比增长 131.6%,居全省电子商务进农村综合示范县考评第二名。

【商贸活动】 7 月 15 日,县商务局主办了“建宁县首届美食嘉年华活动”。编印了建宁县首本名菜、名小吃汇编,并由市烹饪协会组织国家级高级评委评审出三明市名小吃 10 个、三明市名菜 10 个。7 月 25 日,主办了“三明首届微商大会”,吸引了来自全国 10 个省的微商从业人员和商务系统工作人员共计 500 余人参加。通过举办商贸活动,宣传了“中国建宁”县域名片,推广了“清新花香.福源建宁”公共品牌,为推动建宁本地农特产品走向全国市场搭建了桥梁。

【商务执法】 2016 年,县商务局围绕促进商业贸易健康发展,规范商务执法。开展商务领域安全生产执法检查各类培训,组织相关人员参加了执法资格考试;对全县 18 个加油站的经营活动 9 大内容项目逐项检查,坚决打击非正规渠道进油现象;组织开展集贸市场、商场(超市)、餐饮住宿企业安全生产检查活动,落实安全生产标准化工作机制,保障安全生产;对具备酒类经营条件的批发、零售、餐饮企业开展备案工作,加强酒类随附单申领及使用管理工作。全年,共组织开展各类商务行政执法检查 23 次。

(宁金忠)

供销合作

【概　况】 2016 年,建宁县供销社认真贯彻落实《中共中央、国务院关于深化供销合作社改革的决定》(中发〔2015〕11 号)精神,坚持为农服务方向,创新为农服务举措,加快供销社综合改革步伐,促进供销合作事业健康发展。全年,完成商品购进总额 65804 万元,同比增长 12.09%;商品销售总额 72406 万元,同比增长 34.85%。在全市供销系统年终综合考评中荣获特等奖。11 月 28 日,全省供销社系统农资管理服务工作现场会在建宁召开。

【供销合作社改革】 2016年,县供销社认真贯彻落实《中共中央、国务院关于深化供销合作社改革的决定》(中发〔2015〕11号)精神,结合建宁实际,全面加快供销合作社综合改革步伐:一是实施农业社会化服务惠农工程,开展土地托管1067.67公顷。二是在坚持传统连锁经营的基础上,大胆创新农资经营服务方式,成立了集农资配送中心、农机植保合作社、庄稼医院“三位一体”的新型庄稼医院,辐射全县9个乡(镇)。同时,申报省级示范庄稼医院1个,提升改造乡级庄稼医院1个。2016年11月28日,全省供销社系统农资管理服务工作现场会在建宁召开。三是按照“党委政府主导、供销合作社主办、涉农组织参与、社村合作共建”的思路,深化基层供销社改革,广泛吸纳广大农民和各类新型农业经营主体加入基层供销社。同时,对照“五有”标准,完成了城关、均口、溪源、里心、溪口5个基层社恢复组织管理机构工作。2016年年底,全县达到省社标准标杆基层供销社1个,吸纳农村大户、能人加入的基层社4个。四是以经营设施、场地、资金、技术等要素入股,领办新办农民专业合作社10个。五是加快莲蓉集团股份制改革,建立现代企业制度。六是强化县级联合社职能,发挥龙头带动作用。落实县社对成员社的资产监管职责,将基层社改制后剩余资产由县社代为行使所有权和管理权;设立供销合作社合作发展基金,提取当年度税后净利润的10%作为基层社组织建设发展专项资金,将当年度社有资产收益的30%注入县社合作发展基金,统筹用于基层社建设和为农服务;成立社有资产管理委员会,对全县供销系统资产进行营运管理。

【商品流通】 发挥莲蓉绿色食品(集团)有限公司等农业产业化龙头企业的作用,与建宁县恒润食品有限公司和福建省春韵茶叶发展有限公司开展合作,引进建宁通心白莲、食用菌、山茶油、茶叶等生产线,大力发展特色农产品深加工产业,并直接对接建宁县富源笋业专业合作社、建宁县里心兴农猕猴桃专业合作社、建宁县莲乡大闸蟹专业合作社、建宁元丰食用菌专业合作社进行农产品直销,加快形成产供销一条龙综合服务流通体系。引导莲蓉福珍电商平台对接全国供销合作总社“供销e家”电商平台及三明市供销社“掌上供销社”平台,改造提升3个贫困乡电商服务站,完成网点信息化改造9个,加快发展农村电子商务,推动传统企业、农民合作社名特优农产品上线交易。全年,完成商品购进总额65804万元,同比增长12.09%;农副产品收购额16270万元,同比增长26.51%;再生资源购进额2045万元,同比增长48.43%;完成商品销售总额72406万元,同比增长34.85%;日用消费品零售额36395万元,同比增长28.72%;农业生产资料销售额10160万元,同比增长13.52%;网上交易额3207万元,同比增长60.59%。

【服务水平提升】 结合开展“清新花香·福源建宁”美丽乡村建设,利用社有资产、资金与村“两委”、社会力量等共建城乡社区综合服务社(中心),为广大群众提供日用品、农资供应、农产品收购业务,以及文体娱乐、养老幼教、就业培训、代理代办、电子商务、便民金融、生态养生、休闲观光、生态旅游等便民实用的一站式综合服务,完善社会化服务体系。全年,新建综合服务中心1个、乡(镇)综合服务站3个、村级综合服务社4个,提升改造农民服务社4个,并完善农村社区综合维修服务网络,努力提升综合服务能力和水平。同时,积极开展精准扶贫结对帮扶活动,为7户贫困户免费提供菌种棒6.22万棒。

【项目兴社】 按照“超前谋划、精心组织、加强管理、统筹安排、协调推进”的思路，切实抓好项目建设。年内，筹划省级重点项目1个，录入省级项目库储备项目3个，其中“新网工程”项目2个，“农综开发供销总社新型合作示范项目”1个。通过招商引资，莲蓉集团与湖南万象集团就油酸提纯等山茶油精深加工项目初步达成了合作意向，并与福建春韵茶业有限公司达成了资本运作合作意向。同时，加强项目建设管理，进一步完善项目法人责任制、招投标制、工程监理制、竣工验收制，确保项目建设的程序化、规范化、科学化。2016年2月，建宁县莲蓉现代物流有限公司一、二期主体工程及附属工程建设全面完工，引进项目恒润食品和春韵茶业生产线试运行获得成功。

【防汛救灾】 5月7—9日，因受低层切变和西南急流影响，全县各乡(镇)遭受大暴雨和特大暴雨袭击，濉溪镇、均口镇、客坊乡、伊家乡出现超警戒水位洪水，导致部分基层供销社和公司遭受洪涝灾害袭击，造成直接经济102.82万元。灾情发生后，县社迅速动员部署，启动防汛工作预案，组织人员深入基层，对所属经营场所加强检查、消除隐患，进行除险加固，做好防汛救灾工作，争取把损失降到最低程度。同时，组织驻村工作队及时赶赴所挂包的均口镇洋坑村，配合村两委落实防汛救灾措施，加强隐患排查工作，确保村民生命财产安全。

(邹立忠)

粮食流通

【概　况】2016年，建宁县粮食局按照“守住管好天下粮仓，做好‘广积粮、积好粮、好积粮’三篇文章”总要求，以落实粮食安全省长责任制考核为抓手，统筹推进粮食工作，圆满完成各项任务。年内，全面完成了12500吨各级储备粮收购订单任务，以及4200吨地方粮食储备(含增储)和1000吨县级储备粮轮换任务；确定10家粮食应急供应网点、1家应急粮食加工厂和1个粮食应急配送中心，建立健全粮食应急供应体系；投入资金521万元，抓好“粮安工程”建设；做好粮食流通统计和粮食供需平衡调查工作，确定15户城乡居民为粮食固定调查户。

【宣传活动】 以纪念“世界粮食日”和开展“全国爱粮节粮宣传周”活动为契机，加强爱粮节粮宣传工作。通过建宁移动公司向全县移动手机用户发送短信8万多条，号召广大干部群众“爱粮节粮，从我做起”；在“世界粮食日”当天，组织局机关各股室人员在县城繁华的十字街开展宣传活动，现场发放《珍惜粮食，从我做起》《米、面、油如何储藏》《食品安全知识宣传常识》等宣传资料500余份，并接受了部分粮食经营者和消费者的咨询。同时，采取悬挂横幅、张贴宣传画等形式，广泛开展宣传活动，激发广大干部群众爱粮节粮的积极性。

【粮食收购工作】 2016年，省、市下达建宁县各级储备粮收购订单任务为12500吨。为了做好订单粮食收购工作，县粮食局在县粮食购销公司召开了粮食收购工作会议，要求粮食收购企业正确处理好政策性和市场化收购的关系，确保完成各级储备粮收购任务。同时，大力宣传国家粮食收购政策和粮食直补等惠农政策，在各乡(镇)、村张榜公布储备订单粮食收购指标，将粮食订单落实到乡(镇)、村、组、户，并与4250户粮农签订了订单粮食销售合同，发放了售粮卡。粮食收购期间，一方面在各粮食收购网点广泛开展“创优”活动，坚持做到优质服务；一方面严格执行粮食直补的各项政策，健全财务公开制度，规范补贴款发放程序，将农户售粮款通过一卡通、一折通的方法全部及时兑付给售粮农民，坚决杜绝截留、挤占、挪用补贴资金等违法违规行为的发生，切实保护农民利益。年内，全面完成上级下达的12500吨各级储备粮订单收购任务。

【粮食储备管理】 2016年初，上级下达建宁县地方粮食储备任务为3800吨，县级储备粮轮换任务为1000吨。3月，三明市人民政府下发《关于增加地方储备粮规模的通知》，要求建宁县增加县级储备粮规模400吨。为了完成储备任务，县粮食局与财政局加强协作，解决粮食收购资金，做好粮食收购工作，按时完成地方粮食储备（含增储）任务。同时，采取错锋轮换和包干轮换两种方式，按时完成了1000吨县储粮的轮换，以及400吨新增县储粮轮入的任务，确保储备粮“轮的出、换的进”。为确保库存粮食的安全储存，县粮食局投入资金521万元，对全县5个粮食购销站、点粮库的仓储设施、电气设备和电气线路等进行了更新改造维修；按照粮食仓储“一符四无”的要求，严格执行查仓保粮制度，积极探索储粮新技术、新方法的运用，全面开展机械通风、习性诱杀、环流熏蒸等科学保粮工作，推进粮食仓储标准化管理，高标准保管好各级储备粮食。8月14日，省粮食局局长林锡能一行来县，对“粮安工程”危仓老库维修改造及拆旧建新项目建设工作进行调研。

【供应体系完善】 粮食应急供应。2016年，县粮食局经测算，全县应急供应大米应储备102吨（按全县城镇人口约5.1万人，每人每天消费0.4公斤，必须保证连续供应5天以上的标准测算）。县粮食局制定工作预案，选择境内10家超市或农村粮油食杂店为粮食应急供应网点，与其签订粮食应急供应保障承诺书，挂上由省局统一制作的“粮食应急供应网点”的牌匾，并确定了1家应急粮食加工厂和1个粮食应急配送中心，积极做好应急成品粮油储备，建立应急体系，确保粮食安全。军粮供应工作。牢固树立“军粮质量第一”“军供工作无小事”的思想，坚持科学管理、规范服务，严格遵守军供政策、程序和规定，按照驻军部队需求，全力做好军供工作。同时，严格执行军供“三专一严”（即专帐、专户、专人管理和严肃军供财务纪律）财务制度，做好安全保密工作。

【粮食流通监管】 2016年，县粮食局严格执行《粮食流通管理条例》《福建省粮食流通管理办法》等法律、法规和规范性文件，强化粮食流通监管。一是严格粮食收购资格证的行政审批，做好全县粮食收购企业资格认定和年审工作。二是严格事中事后监管，推进随机抽查制度化、规范化。在粮食收购之前，组织人员到各乡（镇）随机抽取20份稻谷样品，送省粮油质检所进行质量检测鉴定，查验稻谷是否达到国家食品卫生标准、是否存在污染物、农药及重金属污染，确保粮食质量安全；对粮食加工企业的粮源，每季度抽检一次，并督促企业将加工好的大米分批次送省粮油质检所进行质量检测，查验大米的质量是否达到国家食品卫生标准、是否存在霉变、黄粒米等情况，保障消费者利益。三是加强对粮食收购、节日粮食市场供应、政策性粮油经营情况的监督检查，维护市场秩序，确保粮食安全。四是做好粮食流通统计和粮食供需平衡调查工作，督促粮食经营者按时上报社会粮食流通统计报表，确定15户城乡居民为粮食固定调查户。

【考核任务全面完成】 对照《福建省粮食安全省长责任制考核办法》及2016年度粮食安全省长责任制考核内容和要求，积极协助县政府做好落实粮食安全省长责任制考核的组织协调工作。年内,召开了有关会议,进行安排部署;制定下发了《建宁县落实粮食安全省长责任制考核工作实施方案》及《关于印发建宁县粮食安全省长责任制考核六个工作机制的通知》等文件,落实考核任务,推动工作开展;积极组织有关部门加强耕地保护、稳定粮食播种面积、抓好粮食风险基金管理、落实粮食订单收购等政策措施,全面完成了粮食安全省长责任制考核工作的各项任务。

(谢晓华)

烟草专卖

【概　况】2016年,建宁县烟草专卖局、三明市烟草公司建宁分公司按照"树立五大理念、打好五大战役"要求,突出"提结构、稳效益、强管理、促规范"四个重点,切实抓好烟叶生产、卷烟销售、专卖管理、烟基项目等重点工作,克服严重自然灾害,实现平稳较快发展。全县落实烟叶种植面积2348.27公顷,收购烟叶7.32万担;完成卷烟销售4667箱,销售额达1.27亿元;查处卷烟案件17起,罚款1.84万元。被县委、县政府授予"2016年度服务建宁发展先进单位""平安企业""平安单位"等荣誉称号。5月12—13日,中国烟叶公司副总经理刘建利一行深入建宁调研,了解烟叶受灾情况,指导抗灾救灾工作。

【加强烟叶生产】2016年,县烟草局(分公司)积极推广烟叶生产新技术,抓好烟叶生产计划的落实。全年,推广"集中育苗、统一管理"育苗面积472.97公顷、"统一剪叶"面积617.05公顷,稻草溶田面积1300公顷,施用菜籽饼肥680吨、生石灰和白云石粉1592吨,实施揭膜高培土1733.33公顷。全县签订烟叶生产收购合同1987份,落实合同面积2348.27公顷,合同收购量9.05万担。因受年初冰冻灾害和"5·8"暴雨洪灾影响,烟叶总产明显下降,烟叶质量基本稳定。全县实际收购烟叶7.32万担,完成年度计划的80.88%;烟叶上等烟比例62.75%,"4C"烟比例16.33%,上等烟比例位列全市第二;烟农售烟总收入1.16亿元(含补贴),户均收入5.84万元;烟叶担均价1490元(不含补贴);实现烟叶税2399万元。

【卷烟销售】2016年,县烟草局(分公司)采取坚持市场导向、提振客户信心、加快新品培育、强化专销协同等措施,做好卷烟销售工作。年内,开展了"消费者在哪里,我们就到哪里"主题营销活动,组织零售客户培训10场,培训客户500多人次;组建了19个价格自律小组,加强对低价竞争等不规范行为的自律和约束,零售客户盈利水平稳步提升,保持在8.4%左右。全年销售卷烟4667箱,销售额达1.27亿元,超额完成年度任务指标;销售结构稳步提升,条均价108.8元,位居全区第二;单箱销售额27211元,同比增加231元,全区排名第二。

【专卖管理】2016年,县烟草局(分公司)认真履行监管职能,强化专卖管理,维护市场秩序。全年,分发各类宣传单740余份,受理咨询22起,处理投诉1起,发送手机短信1100余条;出动执法人员837人次,接受举报电话11起,查处卷烟案件17起,查获卷烟18.61万支,涉案金额18.70万余元,罚款1.84万元。年内,成功侦破了"6·22"真烟非法流通大案,查获涉案卷烟849条,案值16.64万元;查处1起非法收购烟叶和无证运输烟草专卖品案件,查获烟叶840公斤;与工商部门合作,查处立案无证经营案件8起。

【烟基项目】 2016年,县烟草局(分公司)继续实施烟基项目,有序推进现代农业。全年,投入烟基项目建设资金618万元,建成项目28个,涉及5个乡(镇)、17个村,受益基本烟田493.33公顷,受益农户820户;投入补贴资金219.01万元,新建密集烤房24座,完成密集烤房技术改造775座。7月29日,烟基重点项目——九华山水源工程正式动工,项目建设进展顺利,年内已完成总体工程12%的工程量。

【防灾救灾】 1月22日晚,受南方强寒潮天气影响,建宁县普降大雪和冻雨,各乡镇最低温度均在0℃~2℃之间,部分高山村出现雾凇和道路结冰现象,给烟苗生长带来严重不利影响。为了做好保苗工作,县烟草局(分公司)及时组织技术人员深入基层,指导烟农采取措施,做好烟苗防寒防冻工作。5月7—9日,建宁县遭受特大暴雨和洪涝灾害袭击,给烟叶生产造成重大损失。灾情发生后,县烟草局(分公司)一方面全力投入抗灾救灾,一方面积极指导广大烟农及时抓好生产自救。同时,做好灾情统计,免费发放灾后防病农药5.46万包,为烟农申请保险理赔款590.3万元。5月12—13日,中国烟叶公司副总经理刘建利一行到县调研,了解烟叶受灾情况,指导抗灾救灾工作。为做好防灾减灾工作,县烟草局(分公司)全年发布病虫情报4期,实施防雹作业30次,发射防雹炮弹228枚。

(赖李振)

对外经贸

【概　况】 2016年,建宁县商务局围绕建设闽赣省际生态产业集聚区的发展定位,充分发挥职能作用,强化招商引资服务,促进外贸健康发展。年内,全县引进项目80个,确认到资6.2亿元;实际利用外资(验资口径)1018万美元,同比增长8.9%;完成外贸出口总值8.18亿元,同比增长13.7%。

【招商引资】 2016年,县商务局围绕建设闽赣省际生态产业集聚区的发展定位,强化招商服务。完善《建宁县招商引资服务手册》,健全海内外客商数据库,进一步明确全县招商引资导向,策划一批特色明显的招商项目;发挥厦门建宁商会、泉州建宁商会的桥梁纽带作用,积极寻找客商资源,主动联络,多渠道引荐客商,开展项目对接;实行招商项目全程跟踪代办制、项目现场办公制,及时解决招商对接中的困难和问题,进一步提高洽谈项目的落地率。全年,引进项目80个,确认到资6.2亿元。其中6个招商组引进项目28个,确认到资1.8亿元;9个乡(镇)引进项目52个,确认到资4.4亿元。全县实际利用外资(验资口径)1018万美元,比上年增长8.9%,全市排名第八。

【对外贸易进一步拓展】 2016年,面对经济下行压力,县商务局积极培育扶持铙纸、龙威、源容、托斯卡纳、绿田等出口龙头企业,加快承接产业转移,大力发展加工贸易,并努力帮助企业积极参加国内知名会展及各种境外会展,积极开拓国际市场,促进外贸健康发展。全年,外贸出口总值累计完成8.18亿元,比上年增长13.7%,呈现企稳回升态势。

(宁金忠)

财政·税务

编辑：肖建泰

综 述

2016 年，建宁县财政局、建宁县国家(地方)税务局面对经济下行压力较大、结构性减税增加和重点税源大幅下滑的严峻形势，牢牢把握中央支持海峡西岸经济区建设、关心老区苏区发展等政策机遇，努力加强财政管理、抓好税收收入工作。全县公共财政总收入完成 3.93 亿元，比上年增长 3.1%，其中地方级一般预算收入完成 3 亿元，比上年增收 1706 万元，增长 6%，增幅居全市第二；公共财政总支出 14.63 亿，比上年增支 9524 万元，增长 6.7%。全年组织各项税费收入 3.77 亿元，同比减收 0.15 亿元，其中：国税税收收入 1.24 亿元，同比增收 0.11 亿元；地税税收收入 1.58 亿元，同比减收 0.31 亿元；各种规费收入 0.95 亿元，同比增收 0.14 亿元。

财 政

【概 况】2016 年，建宁县财政局牢牢把握中央支持海峡西岸经济区建设、关心老区苏区发展等政策机遇，围绕打造闽赣省际生态产业集聚区的发展定位，落实积极财政政策，深化财税体制改革，加强财政收支管理，努力为促进全县经济社会健康发展提供财力保障。全县公共财政总收入完成 39146 万元，比上年增长 2.73%，其中地方级一般预算收入完成 29985 万元，比上年增收 1706 万元，增长 6.03%，增幅居全市第二；公共财政总支出 14667 万元，比上年增支 9524 万元，增长 6.94%。年内，甘传斌同志被授予“福建省财政系统先进工作者”荣誉称号。

【抓好财政收入】 2016 年，县财政局牢牢把握中央支持海峡西岸经济区建设、关心老区苏区发展等政策机遇，围绕全年财政收入预算目标任务，认真分析经济形势，研究“营改增”政策带来的影响，剖析财政收入结构，努力挖掘财政收入新增长点，强化收入征管，抓好组织收入工作，加强财税库沟通联系，为确保全县经济 社会发展提供财力保障。全县公共财政总收入完成 39146 万元，比上年增长 2. 73%，其中地方级一般预算收入完成 29985 万元，比上年增收 1706 万元，增长 6.03%，增幅居全市第二；基金收入完成 13763 万元，比上年增长 158.36%。

【服务经济发展】 实施积极财政政策，发挥财政资金作用，促进经济结构调整和增长方式转变，支持经济平稳健康发展。一是服务产业转型升级。充分发挥财政资金引导作用，创新投入机制，放大政策效应。大力支持实施“2111 行动计划”，支持龙头企业科技成果转化和先进产能技术改造项目建设；拨付资金 5000 多万元，支持经济开发区完善基础设施建设，为大项目大产业落户和产业集聚发展提供良好环境；继续落实支持小微企业各项财税优惠政策，做好涉企收费清理规范工作。二是支持重点项目建设。加大重点领域有效投资，保障旅游、交通、城市和农村基础设施、电子商务等重点项目建设资金需要。投入资金4000多万元，用于闽江源生态旅游区、闽江源头拜水溯源等旅游产业项目建设；争取地方政府债券2.07亿元，重点投向公路、教育、医疗、产业园、旅游和城市基础设施建设等方面项目。三是争取上级资金补助。用好用足中央支持海峡西岸经济区建设、关心老区苏区发展和省级扶贫开发重点县等政策，把握中央和省上投资导向，找准县域经济与国家政策的契合点，协助相关部门做好项目谋划、筛选、申报工作，积极争取上级资金支持。全年共争取到位上级各类补助资金10.2亿元。

【民生保障投入】 一是保障精准扶贫开发。筹集资金400万元，设立农业扶贫担保基金，为建档立卡贫困户及能够带动贫困户发展的农业生产贷款提供担保；安排农村扶贫专项资金600万元，用于贫困户临时救助、村财增收等项目；争取上级专项资金2276万元，用于贫困村易地扶贫搬迁和农村危房改造；拨付债券扶贫资金1100万元，用于贫困村基础设施建设；落实扶贫贷款贴息政策，安排扶贫小额信贷贴息以及巾帼扶贫小额信贷贴息资金157.94万元。二是落实惠农强农政策。发放农业支持保护补贴资金1776万元，发放农机购置补贴资金358万元；及时核对发放个人首次购买商品住宅财政补贴，累计发放380户，补贴金额519万元。三是加大农业投入力度。投入资金23351万元，支持农业基础设施和生态建设；实施79个村级公益事业一事一议财政奖补项目，改善农村生产生活条件。四是支持义务教育均衡发展。投入资金1321万元，用于“两免一补”(免学杂费、免书本费、补助寄宿生生活费)，惠及学生11568人；筹措资金2780万元，新建公办幼儿园2所；争取债券资金2400万元，用于第二实验幼儿园建设；投入资金1860万元，实施中小学“全面改薄”项目5个。五是支持公共文化服务体系建设。实施文体惠民工程，投入资金1204万元，为农村免费电影放映、纪念馆和图书馆免费开放和农家书屋、省级重大赛事等项目提供资金扶持。六是保证社会保障和就业支出。筹集城乡居民养老资金2380万元、机关事业单位养老金6860万元，解决机关事业单位离退休人员工资和城乡居民老有所养的问题；筹集再就业资金147万元，用于发放创业补贴、社会保险补贴、公益性岗位补贴；筹集城乡低保资金1035万元，保障城市困难居民和农村贫困人口的基本生活。七是加大对医疗卫生事业的投入。筹措新型农村合作医疗资金1300万元、城乡医疗救助资金99.3万元，实现农民参保人数12万人，参保率99%；落实基层医疗卫生民生工程项目资金870万元、基本公共卫生服务经费98.4万元，推动公共卫生体系建设。八是支持城乡环境综合整治。筹措资金10224万元，支持污水垃圾处理、城乡环境综合整治、水源地保护、污染治理、美丽乡村建设等项目。

【财政监督管理】 积极深化财政改革，不断完善财政管理体制机制。一是完善预算管理体制。做好全口径预算编制工作，编制2016年公共财政预算、基金预算、国有资本经营预算和社会保险基金预算，试编2016年县直行政事业单位非税(专户)经费预算；加大政府性基金预算与一般公共预算的统筹力度，逐步提高年初预算到位率，适时依法进行预算调整，从严控制预算追加。二是强化国库管理改革。完善资金支付合规性审核制度，健全预算执行动态监控机制，规范财政专户和银行账户的管理，严格账户审批程序,加强财政借款的清理与回收,建立健全借款回收保障机制。三是盘活存量资金。开展财政结余结转资金清理工作,盘活财政存量资金,提高财政资金使用效益。2016年,清理收回财政性存量资金2064万元。四是加强政府采购管理。进一步完善政府采购管理办法及操作规程,提高政府采购工作制度化、规范化水平,拓展政府采购范围和规模,提高采购资金效益。全年,政府公开招标采购资金达1135.15万元,节省支出52.16万元,节约率4.59%。五是强化支出管理。认真落实厉行节约的各项规定,落实新修订的县直单位差旅费、会议费、培训费等管理办法,以刚性制度约束公务支出。六是稳步推进预决算信息公开。深入推进政府和部门预决算和"三公"(公务用车购置及运行费、因公出国(境)费、公务接待费)经费公开,细化预决算和"三公"经费公开内容;扩大部门预决算和"三公"经费公开范围,切实增强财政预决算透明度。七是完善财政监督机制。积极开展财政政策、惠民政策落实情况专项检查,加强预算收支、专项资金等财政内部监督,健全"小金库"治理长效机制,加强会计信息质量检查,确保财政政策有效落实和财政资金安全规范运行。八是规范政府性债务管理,防范财政风险。按照上级财政部门确定的政府债务规模限额,规范举债融资,开展对拖欠工程款类债务清理核实工作,清理归还逾期债务23813万元。九是探索PPP项目新模式。按照省、市工作部署,配合相关单位做好项目策划工作,确定闽江源头拜水溯源旅游景区基础设施建设和闽江源生态旅游区(金铙山)旅游基础设施建设项目为今年首批启动实施的旅游产业基础设施PPP项目。

【财政队伍建设】 积极开展"两学一做"宣传教育,进一步增强为政府、为人民管好财、理好财的责任感和使命感。落实"说办就办、办就办好",开展财政系统民主评议政风行风活动,积极创建市级文明单位,加强机关作风建设和机关效能建设,树立良好的财政形象。加强业务学习,熟练掌握财税、金融以及相关法律法规和计算机应用等方面的知识,增强依法行政、依法理财、依法管理的能力,致力提高理财水平。加强会计从业人员继续教育。坚持"两手抓、两手都要硬",抓好精神文明建设、计划生育、综治、驻村等项工作的落实。

(宁发明)

税 务

【概 况】 2016年,面对经济下行压力较大、结构性减税增加和重点税源大幅下滑的严峻形势,建宁县国家(地方)税务局采取有效措施,加强税收征管,基本完成税收收入任务。全年共组织各项税费收入3.77亿元,同比减收0.15亿元,其中:国税税收收入1.24亿元,同比增收0.11亿元;地税税收收入1.58亿元,同比减收0.31亿元;各种规费收入0.95亿元,同比增收0.14亿元。年内,县国(地)税局被中共建宁县委、建宁县人民政府评为"服务建宁发展先进单位",被县文明委授予"学雷锋志愿服务示范岗"称号;局党支部被县委评为"先进基层党组织";局办公室被三明市总工会授予"工人先锋号"荣誉称号。推行重大税务案件陪审员制度的做法得到上级充分肯定。

【税收收入】 面对经济下行压力较大、结构性减税增加和重点税源大幅下滑的严峻形势,县国(地)税局明确工作任务,加大督导力度,多次召开税收收入分析会,组织开展"全员全力奋战60天、收入绩效共提升"活动,采取应对措施,抓好组织收入。全年,组织国税税收收入1.24亿元,同比增长9.67%,完成年度收入计划1.20亿元的103.1%;组织地税税收收入1.58亿元,同比下降16.6%,完成年度收入计划2.02亿元的78.3%。在国、地税中,县级收入1.75亿元,同比下降7.3%,基本完成县政府最后确定的收入目标任务。

【税务改革】 全面推行营改增。四大行业试点纳税人入库营改增税收0.24亿元,减税560万元,税制实现平稳转换,税负实现只减不增。顺利上线金税三期系统。全年累计开展申报测试555户次,发票领用测试3万份,发票代开测试600余份,其他涉税事项测试322户次,清理静态和动态异常数据3990条,确认会统数据234条,确保金税三期工程成功上线。深化税收征管改革。对三个税源管理分局的职能、行业和管户重新划分,理顺部门职能分工,优化人力资源配置,完善纳税人分级分类管理,进一步提升税收管理和服务质量。落实《国税地税合作规范》。依托国地税未分设优势,深度融合服务项目,实现国、地税合作高效规范,让纳税人真正体验"进一家门,办两家事"的便利。落实税收优惠政策。全年为纳税人办理税收优惠560万元,同比增长20.4%,为出口企业审核应退税额5.53万元、免抵税额12.79万,持续提升纳税人获得感,有效助力地方经济发展。

【税收征管】 2016年,面对税收工作的严峻形势,为确保完成全年税收收入任务,县国(地)税局在加强税源调查、摸清税源底数的基础上,坚持多措并举,强化税收征管,有效提升税收征管质效:坚持依法征收,加强各税种管理;抓大不放小,清理小税种税收;落实出口退税政策,加强出口退税管理;强化纳税评估和税务稽查,加大欠税清理力度;继续推进"三证合一、一照一码"登记制度改革,做好实名制办税推行工作。年内,企业所得税入库占全税种入库比例超过全省同期水平;成为全市国税系统中唯一一个增值税税负管理实现100%达标的单位;清理欠税92.33万元,欠税清理进度位居全市前列。

【依法治税】 年内,为促进社会的税法遵从度与税务机关的执法水平共同提高,县国(地)税局试点并推行了重大税务案件陪审员制度。这一税收执法创新做法,得到省、市局的充分肯定,引起了总局的高度关注。2016年5月24日和6月7日,《中国税务报》和《福建日报》先后分别刊登了建宁县国(地)税局推行重大税务案件陪审员制度的报道。同时,在《三明国税专报》(第4期)、《省局国税要讯》《海峡税务(第10期)》上刊发,并得到了省局局长林京华圈阅、总审计师陈艳批示。

【优化纳税服务】 以咨询辅导为抓手、以合理需求为导向、以信用评价为依托,深入推进"便民办税春风行动"。年内,县国(地)税局开展纳税信用评价,落实纳税人满意度调查;实施办税厅扩容提效,推行办税事项二维码一次性告知;办好纳税人学堂,进一步巩固服务成果。一年来,办税窗口共接待纳税人2.25万人次,受理纳税申报2.1万笔,其中网上申报9683笔;代开发票6403户次,税务登记及相关业务1150户次;发票领用、验旧3624户次,办理发票数量达79万余份;自助办税终端业务总量132笔,其中专票代开132笔。单笔业务平均办理时长7分钟,纳税人平均等候时长8分钟,服务窗口满意度达100%,服务质量和水平明显提高,纳税人满意度和税法遵从度有效提升。

【税收队伍建设】 深入开展“两学一做”学习教育活动，全面提高党员的党性修养和能力素质。加强机关党建工作，抓好领导班子建设和党员干部队伍建设，充分发挥党组总揽全局、协调各方的核心作用，鼓励党员干部大胆改革创新，锐意开拓进取。从严落实“两个责任”，加强党风廉政建设，全年对7名违纪的党员干部给予行政处分，对1人给予通报批评。

（刘方雄）

2016年11月8日，建宁县政府代县长陈显卿到国税局调研税收工作

（县国税局提供）

银行·保险

编辑：肖建泰

综 述

2016 年,建宁县共有银行分支机构 7 家,保险公司分支机构 5 家,小额贷款公司 1 家和融资性担保公司 3 家。面对经济继续下行、风险持续暴露的严峻形势，中国人民银行建宁县支行积极贯彻落实稳健货币政策，为促进辖区经济持续健康发展提供积极支持，认真履行基层央行职责；中国银监会三明监管分局建宁办事处着力防风险、抓改革、促发展,确保辖区银行业安全稳健运行，切实维护辖区金融秩序稳定。辖内工行、农行、建行、中行、邮储银行、农村信用联社、刺桐红村镇银行等商业银行,坚持转型发展和风险防控并举,积极推进经营创新,有效提升管理水平。截至 12 月末,全县金融机构本外币存款余额 70.54 亿元，同比增长 10.6%；各项贷款余额 31.4 亿元，同比增长 2.2%,列全市第三;全县银行业机构不良贷款率 2.90%，比全市平均水平低 2.23 个百分点，不良贷款余额和不良贷款率在全市各县(市、区)从低到高均位列第二,继续保持零案件、零群体性事件、零负面舆情事件的良好态势。建宁人寿和财险公司适应市场需求,加强经营管理,各自保险业务实现良性发展,取得明显成效。年内,分别实现保费收入 6110.46 万元和 2404.98 万元，同比分别增长 26.95%和 31.81%。

中国人民银行建宁县支行

【概　况】2016 年，中国人民银行建宁县支行（一下简称县人行）认真贯彻落实稳健货币政策，指导金融机构优化信贷投放，防控金融风险,创新金融扶贫,拓展普惠金融,同时抓好金融普法、反洗钱和调查研究等工作,认真履行基层央行职责，为促进辖区经济持续健康发展提供积极支持。截至 12 月末,全县金融机构本外币存款余额 70.54 亿元,同比增长 10.6%;各项贷款余额 31.4 亿元,同比增长 2.2%,列全市第三。创建金融精准扶贫示范县,开展金融普法示范基地建设,连续 4 年被县委、县政府评为服务地方经济发展先进单位。

【优化金融服务】2016 年,县人行认真贯彻落实稳健货币政策,通过召开全县金融工作会、经济金融形势分析会、专题汇报会,编发金融参阅件等渠道,积极向县委、县政府和地方经济、金融部门宣传货币政策；指导金融机构微调经营决策,优化信贷投放,防控金融风险;以建宁特色农业为切入点和突破口，引导金融机构加大对小微企业、“三农”信贷支持力度,带动信贷规模适度均衡增长，为促进辖区经济持续健康发展提供积极支持。截至 11 月末,全县金融机构各项贷款余额 32.63 亿元,比年初增加 1.91 亿元(含核销),同比增长 1.71%,列全市第三。连续 4 年被县委、县政府评为服务地方经济发展先进单位。

【金融风险防控】 转变工作作风，增强服务意识，指导金融机构合理投放信贷，改进管理方式,有效防控风险。加强对房地产市场、融资担保行业等重点领域风险监测和排查，密切关注银行机构资产质量变化情况和流动性风险状况，及时向地方政府、有关部门和机构提示风险,积极参予处置工作,推动“不良贷款处置会商机制”顺利运转。截至11月末,全县不良贷款余额8532.27万元,不良率2.65%,比年初减少1946.59万元,下降0.76个百分点,不良率为全市最低。主动适应经济发展新常态,切实加强外汇管理工作,促进涉外经济健康发展。巩固基础,加强核算,实施财政国库集中支付联合监管办法，加大对集中支付中预算单位违规同名账户转账问题清理力度，实现国库资金无风险;与税务部门加强协调,解决好营改增改革税款入库出现的问题，确保营改增改革顺利进行。深化社会信用体系建设。截至2016年11月末,全县已创建“信用村”42个、“信用乡镇”2个,建立农户信用档案44438户;积极推动两类机构接入征信系统，辖内利农惠民融资担保有限公司已被批准接入征信系统。加大金融消费者教育力度。组织开展金融消费者素养调查,完成三明辖区金融消费者素养调查报告；在建宁县实验小学开设金融知识课程，逐步推广金融知识国民教育试点工作;联合县司法局、金融机构开展“金融法律进乡村——圩日行”系列宣传活动,面向农村全面普及金融知识。加强反洗钱工作和打击金融诈骗宣传工作。开展了纪念《中华人民共和国反洗钱法》颁布十周年宣传活动，认真落实反洗钱联动机制，强化与县公安局、法院等部门的沟通协作。

【创新金融扶贫】 按照年初人行三明中信支行的工作部署,县人行制定了《建宁县金融支持精准扶贫工作实施指导意见》,强化与政府扶贫部门的沟通协调,构建银政合作平台,积极推进创建金融精准扶贫示范县建设。一是开展扶贫再贷款示范点创建工作。年内,支行向市中支申请扶贫再贷款额度2000万元，成功发放了三明地区首笔扶贫再贷款,2016年年底余额1158万元,并在均口、溪源两个乡(镇)建立了扶贫再贷款示范点。二是创新信贷模式。发挥货币政策工具的引导作用，与产业扶贫工程实现精准对接。年内,农信社、邮储银行分别推出“扶贫担保金+扶贫贷”和“扶贫担保金+惠农易贷”两项“直贷”扶贫贷款模式,为扶贫对象农户提供免担保、免抵押贷款;实施“龙头企业(合作社)+贫困村+贫困户”、“企业+基地+贫困户”“担保基金+贷款+农户 (贫困户)”“特殊群体+征信”等信贷模式，为金融机构发放扶贫信贷找到切入点。截至11月末,全县涉农金融机构投放贷款5700多万元支持产业扶贫工程，共有100多家新型农业经营主体加入到产业扶贫工程,产业帮扶贫困户1376户；投放各类精准扶贫贷款余额1545万元,比年初增加1157万元,直接扶持建档贫困户433户。三是加大“金融扶智”力度。为阻断贫困代际传递,由扶贫部门予以贴息，金融机构将建档立卡贫困户纳入生源地助学贷款扶持范围，支持贫困户家庭学生就学。支行实施的金融精准扶贫工作得到上级行的认可,全市金融扶贫推进会9月在建宁召开,相关信息被福州中支《福建省金融精准扶贫专题》《福建金融调研与分析》《基层动态》等刊物采用。

【金融普法】 县人行结合辖区实际，创新工作机制,与县司法局签订了《金融普法宣传合作备忘录》,积极构建由人民银行主导、金融机构配合、联合司法局等部门共同参与的金融普法工作格局，深入开展金融普法示范基地建设试点工作，建立一批金融法治宣传示范点，发挥基地的典型示范引领作用，提高金融法治宣传教育的层次和实效。截至11月末，建宁县辖内已建立金融普法示范基地2个；联合县司法局、金融机构开展“金融法律进乡村——圩日行”等特色金融普法宣传活动8次，发放普法宣传资料2800多份，解答金融知识和法律咨询600多人次；邀请公安、司法及金融部门专家开设“莲乡金融法律讲堂”，举办讲座3期，对130人次提供了金融法律知识培训；妥善处理金融消费投诉案件一起。年内，支行被建宁县依法治县领导小组授予“全县法治宣传教育先进集体”荣誉称号，面向农村开展金融普法工作、抓好金融普法示范基地建设的信息被福州中支《基层情况反映》刊登。

【普惠金融的拓展】 一是推进农村助农取款便民点建设，使农民得到实惠。截至11月末，全县92个行政村共建立102家村级金融服务便民点(农信社97家、农行5家)，实现全覆盖；2016年以来已累计办理各类业务16.76万笔，金额3324万元，分别比上年同期增长30.58%和9%。二是积极推广新兴电子支付工具的运用，使无形网点与有形网点形成互补。截至11月末，全县共有POS机具1164台，存取款柜员机(ATM)72台，分别比上年同期增长14.12%和14.29%。三是全面推动商业汇票电子化，降低票据业务风险和成本，服务实体经济。2016年以来，全县银行机构已累计办理商业汇票46笔，金额11692万元，电子化率达100%，既方便了持有人使用和转让，也有效提升汇票的安全性。四是开通小面额人民币及残损币兑换“绿色通道”。各银行营业网点设立了小面额人民币和残损币兑换专柜；县农村信用社安装一台硬币兑换机，方便群众小面额人民币兑换；在全县银行网点推行冠字号码查询，有效防范和识别假币，保护群众利益。

【金融调研工作】 2016年，县人行将调研信息工作作为推动业务工作、提高工作层次的重要手段和重点工作。为提高员工调研能力、政策信息反馈能力、经济金融分析能力，修订完善了《信息调研考评办法》，使其更加科学合理；领导班子成员主动与股室员工开展课题讨论，带头调查研究，撰写调研文章；加强对新入行员工的培训指导，营造良好调研氛围。截至11月末，支行政务信息在全辖排名第四，调研文章被各级刊登19篇次，其中省级以上刊物刊登10篇，市级刊物刊登9篇，居各县之首。同时，承接了三明中支调统科任务，在规定的时间内，独立圆满地完成了对三明辖内8家村镇银行、16家小贷公司及各家金融机构《银行企业财务情况》年报的核对与汇总工作。

(伊毅青)

中国银监会建宁办事处

【概　况】 2016年，中国银监会三明监管分局建宁办事处面对经济继续下行、风险持续暴露的严峻形势，主动作为、研判形势、迎难而上、攻坚克难，着力防风险、抓改革、促发展，确保辖区银行业安全稳健运行，切实维护辖区金融秩序稳定。截至2016年年末，全县银行业机构不良贷款率2.90%，比全市平均水平低2.23个百分点，不良贷款余额和不良贷款率在全市各县(市、区)从低到高均位列第二。全年，辖内银行业机构继续保持零案件、零群体性事件、零负面舆情事件的良好态势。

【金融监管】 加强工作汇报。认真分析研判经济金融形势,主动向上级主管部门和县委、县政府汇报工作。全年,向县委、县政府报送呈阅件4期,通过银行业协会简报反映工作情况26条。强化非现场监测分析,积极配合现场检查。全年,审核上报或完成各类非现场监管报表800余张,报告40余份,基本实现零差错、零迟报;累计投入3人次130个工作日,参加3个现场项目检查,1人担任2个项目主查,发现各类问题50余个,提出监管意见20余条。同时,加强银行业协会建设。指导协会健全工作制度、完善工作程序、规范协会运作,开展"学法规、促合规"金融知识竞赛,重塑银行合规文化。注重信息调研。密切关注经济金融运行情况,及时向上级主管部门提出对策建议。全年,上报各类调研信息20余篇,被中国银监会采用1篇、省银监局采用5篇、三明银监分局采用16篇。同时,指导银行业协会编发工作简报7期,采用各类信息80余条。

【金融风险防控】 加强跟踪督导。综合运用监管约谈、调研走访、监管通报等手段,加大督导力度。全年,召开监管通报会2次,开展专项督查5次,监管走访50余次,约谈银行业机构负责人10人次,下发风险提示单12份。协调化解风险。加强沟通协调,做好增贷化险工作。推动成立福建铙山纸业集团有限公司债权人委员会,帮助企业协调解决3.14亿元贷款;指导成立福建省富强石材有限公司和建宁县铙山和兴物流有限公司债权人委员会,促成统一信贷方案。强化清收处置。督促各银行业机构向上争取不良贷款处置政策倾斜,支持信用联社加快自主核销。抓好存量缓释。加快推广无还款续贷模式,辖内各银行业机构全年办理无还款续贷68笔16597万元。优化信贷投放。增加"三农"信贷投放,确保法人机构涉农贷款同比增速指标顺利完成;加大小微企业信贷支持力度,推动法人机构小微企业"三个不低于"(贷款不低于去年同期、增速不低于同期贷款速度、申贷率不低于同期)目标顺利实现。通过努力,防控金融风险取得明显成效。截至2016年末,全县银行业机构不良贷款率2.90%,比全市平均水平低2.23个百分点,不良贷款余额和不良贷款率在全市各县(市、区)从低到高均位列第二。全年,辖内银行业机构继续保持零案件、零群体性事件、零负面舆情事件的良好态势。

【金融服务创新】 加快金融创新。引导银行业机构结合自身情况及建宁经济特色,加快金融产品创新,满足群众多元化金融需求。年内,县银监办推动成立全市首家县域企业银行债权人委员会,推动邮储银行建宁支行成功发放全市首笔保证保险贷款和首笔政府采购贷款,指导建宁县农村信用合作联社顺利开展企业资产按揭贷款试点。加强质量监管。年内,开展了提升银行业网点服务质量专项活动,采取"五步走"(机构自查、机构跳帧、监管抽查、下发监督意见、监督验收)的工作方式,对辖内银行业机构网点服务质量进行专项整治。同时,开展"双录"(录音和录像设备)专项督查,督促银行配齐"双录"设备,实现理财产品专柜销售、专区办理。认真处理群众信访举报,切实维护群众合法权益。

【金融扶贫】 一是完善工作机制。制定银行业金融扶贫工作指导意见,督促各机构成立工作小组,明确扶贫部门和人员,制定扶贫方案。联合召开金融扶贫工作推进会,建立金融扶贫分片包干、信息共享等工作机制。二是强化监管考核。坚持按月监测、通报金融扶贫进展情况,对发放进度慢、数额小的机构进行监管约谈。三是加强模式推广。2016年年底,建宁县农村信用合作联社文鑫莲业模式、党员示范带动模式等4个模式,被列入三明银行业金融扶贫推广模式。金融精准扶贫工作有序推进。截至2016年年末，全县金融精准扶贫户信用建档面达100%，建档立卡贫困户贷款较年初增长108.3%，各类精准扶贫贷款较年初增长389.6%；帮扶贫困户517户，占全县精准扶贫总数的27%。

【自身建设】 重视党建工作。坚持“一手抓党建、一手抓监管”，按照三明银监分局党委及第五党支部的部署，扎实开展“两学一做”学习教育活动，努力打造一支风清气正的监管队伍。强化工作落实。要求全体员工认真履行职责、做好日常工作，按时、保质、保量完成工作任务，确保分局各项工作部署落地实施。严格内部管理。加强办事处日常学习，理顺工作流程，强化财务、车辆、印章、保密等管理，确保全年安全运行无事故。

（支晓燕）

中国工商银行建宁县支行

【概　况】 2016年，中国工商银行股份有限公司建宁县支行下设客户部和业务部两个部门，共有员工20人，其中行长、副行长各1人名。一年来，县工行紧紧围绕“强个金，优结构，压不良，防风险，促合规，谋发展”工作主线，坚持转型发展和风险防控并举，稳步推进“三年规划”工作目标的落实，各项业务取得一定成效。截至2016年年末，各项存款余额16036万元，较年初减少1791万元；各项贷款时点余额12705万元，较年初减少3065万元；不良贷款余额357万元，较年初减少1766万元，不良贷款率2.81%，较年初下降10.65%。全年实现拨备前利润384万元，完成中间业务收入425万元，均居市分行考评第一名。

【经营情况】 2016年，在全行员工的共同努力下，各项业务取得一定成效。截至2016年年末，县工行各项存款余额16036万元，较年初减少1791万元（其中对公存款余额10045万元，减少2005万元；储蓄存款余额5991万元，增加214万元）；各项贷款时点余额12705万元，较年初减少3065万元（其中公司贷款余额6890万元，减少2120万元；个人贷款余额5815万元，减少945万元）；不良贷款余额357万元，较年初减少1766万元，不良贷款率2.81%，较年初下降10.65%。2016年，实现拨备前利润384万元，任务完成率142.2%，全市排名第一位；中间业务收入425万元，任务完成率95.6%，全市排名第一位。

【业务发展】 2016年，县工行进一步加大抓客户、抓市场工作力度，积极介入新市场、挖掘新客户，加快构建“大个金”发展格局，大力发展电子银行业务，稳步推进“三年规划”工作目标的落实。信用卡方面，全年累计发放信用卡609张，发展POS商户57户，发展二维码商户160户；电子银行方面，当年新增企业网银28户，新增融E行客户67户，新增融E联客户712户，新增工银信使1461户，新增工银E支付1129户；个金拓户方面，至年末个人客户数为11534户，较年初增加1384户，其中新增有效户1010户，全市排名第一；贵金属方面，成功销售大吉年红包100套，超额完成上级行下达的营销任务。

【企业管理】 2016年，县工行牢固树立“安全即是效益”观念，坚持转型发展和风险防控并举，将遵章守纪和履行规程贯穿一切业务活动始终。认真开展“强履职、防案件、保安全”“树道德、筑防线、保安全”“学规定、促发展”及“学制度规定，树合规意识”等主题教育活动，加强员工思想政治工作。以控制不良贷款率、强化信用卡不良透支额催收及核销等为重点，扎实开展内控和案防制度执行年活动，努力消除安全隐患，进一步提升内部管理水平，切实防范操作风险和道德风险。

（朱　婕）

中国农业银行建宁县支行

【概　况】2016年，中国农业银行股份有限公司建宁县支行内设综合管理部、公司业务部、个人金融部、信贷管理部、运营财会部5个部门，辖属支行营业室、濉城支行、人和支行3个营业网点，共有在职员工62人。年内，县农行致力于建设“面向‘三农’、城乡联动、服务多元”的国有商业银行，积极推进经营创新，有效提升管理水平。截至2016年年末，各项存款余额105647万元，比年初增加9380万元，在当地四大国有商业银行中存款存量排名第一；各项贷款余额37068万元，在当地四大国有商业银行中占比39.13％。支行已连续五届获得“省级文明单位”荣誉称号，连续多年被建宁县委、县政府评为综治平安建设工作先进单位、企业纳税贡献奖单位、服务建宁发展先进单位，支行营业室被省总工会授予2016年度“工人先锋号”荣誉称号。

【经营情况】2016年，县农行立足县域、服务城乡，以建设城乡一体化的全能型现代金融企业为目标，认真落实面向“三农”、商业运作的市场定位，倾力支持县域经济发展。截至2016年年末，县农行人民币各项存款余额105647万元，比年初增加9380万元（其中储蓄存款余额50804万元，比年初增加3504万元；对公存款余额54843万元，比年初增加5877万元），在当地四大国有商业银行中存款存量排名第一；各项贷款余额37068万元，在当地四大国有商业银行中占比39.13％。

【业务发展】2016年，县农行坚持以市场为导向、以客户为中心、以服务为主题，践行面向三农、服务城乡、回报股东、成就员工的企业使命，牢固树立诚信立业、稳健行远的核心价值观及客户至上、始终如一的服务理念，积极推进经营创新，努力为广大客户提供优质的金融产品和服务。在对公业务上，根据建宁县农业生产和资源优势，制定“一县一策”服务“三农”方案，以省级龙头企业、专业合作社为切入点，加大信贷投放力度；同时，拓宽对种子经纪人、果业专业户、种莲大户等专业合作成员的合作渠道，促进当地特色农业产业的发展。在对私业务上，根据客户需求，组建专业金融服务团队，依托品种齐全的金融产品，为客户量身定做综合金融方案，提供优质金融产品和服务，并为客户在证券、保险、基金、电力、通信、医疗等行业架设沟通桥梁；同时，利用“95599”电话银行、网上银行、自助银行、手机银行等现代化服务手段，以强大的服务网络和丰富的服务渠道为依托，将金融服务延伸到社会经济各个领域。

（葛建辉）

中国建设银行建宁县支行

【概　况】2016年，中国建设银行股份有限公司建宁县支行认真践行“诚实、公正、稳健、创造”核心价值观，坚持“以市场为导向，以客户为中心”经营理念，本着“与客户同发展，与社会共繁荣”精神，紧紧围绕省建行提出的“一进一提”（一进：同行业排名进位；一提：提高员工收入）目标，认真落实“两个极致”工作要求，一手抓转型发展，一手抓资产质量管控，努力实现“当地最好、系统领先”的目标。截至2016年年末，一般性存款余额97790万元，当年新增20639万元;贷款余额39369万元,比年初新增1878万元;五级分类不良贷款额61万元，不良率0.15%。全年实现中间业务收入764万元。

【经营情况】2016年,县建行认真践行“诚实、公正、稳健、创造”的核心价值观,努力实现总量规模、综合竞争能力、价值创造能力和持续发展能力稳步提升。截至2016年年末,一般性存款余额97790万元,当年新增20639万元(其中对公存款余额63422万元，当年新增18225万元；储蓄存款余额34338万元，当年新增2413万元),在当地同业四行中占比41.37%;贷款余额39369万元,比年初新增1878万元(其中公司贷款15853万元，当年新增-287万元;个人贷款23516万元,当年新增2165万元);五级分类不良贷款额61万元,比年初增加12万元，不良率0.15%，比年初增长0.02%，在当地同业四行中资产质量最优。全年,实现中间业务收入764万元,当地同业四行占比第一。

【业务发展】2016年,面对错综复杂的经济形势和异常激烈的市场竞争,县建行坚持“以市场为导向,以客户为中心”经营理念,本着“与客户同发展,与社会共繁荣”精神,全面优化客户服务渠道。一是继续完善网点“三综合”(综合性网点、综合柜员制、综合营销队伍)。改变原来对公和对私业务分窗口办理的旧模式，不分对公对私柜台,并设置了3个低柜,达到方便客户、提高效率的目的。二是增设智能银行,改造扩大支行本部自助功能区。在水南新区增设一个智能银行,面积60平方米,1月投入使用。同时,对支行本部大楼的自助区进行改造扩大，增加3台存取款一体机。三是增加智能机具。在服务网点增加2台自动填单机、1台在线视频、1台发卡机,方便客户办理业务。年内,县建行新增信用卡客户551户，新增手机银行客户2815户,新增个金主要产品有资产客户1177户,新增工资代发户数488户,新增对公有效账户客户36户。

【企业管理】全面落实主体责任和“一岗双责”，不断强化基层党建工作和党风廉政建设。扎实开展“两学一做”学习教育,严格执行中央八项规定、总行九条意见和省分行十项要求,不断强化行风建设、效能建设、精神文明建设和企业文化建设。根据当地实际情况及发展规划,明确业务发展、业务拓展目标和重点;强化高层营销，充分调动全行资源,做强做大基础业务;坚持以客户为中心，积极营销产品。坚持合规经营,维护平安运营环境。细化内部管理,加强制度约束和思想教育、案例教育,增强员工“爱行敬业、勤勉俭朴、客户至上、诚实守信、依法合规”的意识,强化风险防控,坚决遏制并积极化解不良资产。

(谢忠付)

中国银行三明建宁支行

【概　况】2016年，中国银行股份有限公司三明建宁支行内设客户经理和业务操作2个团队,设有1个自助银行,共有员工12人,其中行长、副行长、专职纪检监察员各1名。一年来,建宁中行紧紧围绕省行“四大导向”,大力弘扬“四种精神”，聚焦“稳中求进”这个核心,全力推进“一二三四”工程,促进业务加快发展,取得新成效。截至2016年年末,人民币各项存款余额15711万元，各项贷款余额5592万元。在2016年度中行系统综合绩效考核中，名列三明分行第2名，全省中行排名第14位。被县委、县政府评为“2016年度服务建宁发展先进单位”，并获得了“建宁县三八红旗集体”荣誉称号。

【经营情况】2016年，建宁中行依托建宁县域经济，以贸易融资、中小微企业贷款、个人贷款、结算等较有优势的金融产品为重点，积极拓展业务，提高经营效益。截至2016年年末，人民币各项存款余额15711万元，其中公司存款8472万元，储蓄存款7239万元；各项贷款余额5592万元，其中公司贷款4250万元，个人贷款1342万元。2016年度综合绩效考核，在三明分行排名第2名、全省中行排名第14位。

【业务发展】2016年，建宁中行在激烈的市场竞争中，坚持以市场为导向，以客户为中心，突出自身特色，加快业务发展，致力服务中小微企业，积极支持当地经济建设。年内，建宁中行内设客户经理和业务操作2个团队，设有1个自助银行，并完成了智能化网点建设，可以满足客户自助办卡等相关业务。

【企业管理】2016年，建宁中行紧紧围绕省行“四大导向”(优绩效、拼市场、控风险、重敬业)，大力弘扬“四种精神”(荣誉意识、虎狼气势、稳健态度、奉献精神)，始终践行“担当社会责任、做最好的银行”战略要求，聚焦“稳中求进”核心，突出党建引领主线，全力推进“一二三四”(一条底线：抓党建，带队伍；二个轮子：改革创新和市场拓展；三大攻坚：不良、存款和中收，四大重点：外汇业务、客户基础、代收代付、迁移比例)工程，推动市场竞争力、风险控制力和队伍凝聚力持续提升。被县委、县政府评为“2016年度服务建宁发展先进单位”，并获得了“建宁县三八红旗集体”荣誉称号。

(黄小英)

中国邮政储蓄银行建宁县支行

【概　况】2016年，中国邮政储蓄银行建宁县支行(以下简称邮储支行)认真贯彻落实省、市分行持续深入转型发展的战略布署，以“十三五”规划为纲要，紧紧围绕“转方式、控风险、补短板、强执行”的工作中心，进一步强化对标管理，切实提升转型发展的效果，实现建宁县支行均衡、稳健、可持续发展。

【经营情况】截至2016年末，县邮储支行各贷种余额27847万元，较年初净增2775万元。个人储蓄时点余额82943万元，较上年末增长7604万元，公司存款余额20327万元，较年初净增4392万元。县邮储支行完成收入2255万元，同比增长-0.67%。

【业务发展】县邮储银行以行业为导向，积极开拓“三农”(农业、农村、农民)市场，通过涉农贷款，“公司+农户”模式，银政合作平台，针对家庭农场的规模种植，积极发展家庭农场贷款121笔1919万元，年增74笔1065万，结余115笔1835.3万。2016年县邮储支行累计发放汽车消费贷款172笔，金额1125.6万元，年净增572.7万元，结余307笔金额1380万元。县邮储银行小额信贷业务紧紧围绕特色优势行业，精细化开发，有效利用银政、银保、银担、银企合作等平台，促成三个全区第一：全区首笔省农担贷款的发放、全区首笔政采贷业务的发放、全区首个支行落地的风电项目；同时积极与当地农商一号合作，成功发放小额贷款500万元;多措并举的服务三农、小微企业,服务地方经济。消费类贷款:积极与各中介、各车行密切合作,二手房、车贷发展强劲,同时,将信用消费贷作为一、二类客户沟通的利器,改善与各界合作关系。

【企业管理】规范业务经营行为,进一步完善“横向到边、纵向到底、上下贯通、条块结合、系统联动”的全面风险管理体系,加快不良资产处置与化解。一是加强员工教育,对客户经理、网点负责人等要害岗位人员定期组织参加法律知识讲座,观看警示教育影片等,有效防范员工道德风险;二是加强日常管理,对发现违规行为,严格按照《中国邮政储蓄银行员工行为十条禁令》规定进行处理,切实增强问责威慑力;三是充分发挥营业主管、风险经理两道防线作用,有效制衡支行柜面风险和整体风险;四是加强员工的排查和岗位轮换制度,关注员工八小时内外的风险事件和动态;五是充分发挥邮、银、监三方联席会议作用,协同解决、整改会议中提出的各种问题;六是加强外部经济形式的研究与预判,防控信贷风险、监控信贷资金的投放,确保信贷业务健康发展。同时加快风险客户的催收与处置,有效控制和降低信用卡风险。

(张美太)

建宁县农村信用合作联社

【概　况】2016年,建宁县农村信用合作联社内设综合、党办、人事教育、业务、财务会计、合规风险、稽核监察、保安、信息科技、电子银行、资产保全部等11个部(室),下设12个营业网点(1个营业部、11个信用社),从业人员135人。一年来,建宁联社始终秉承“信用为本,合作共赢”的核心价值理念,坚持“立足社区、服务三农、城乡互动、富民强社”的办社宗旨和市场定位,以打造“四好银行”为目标,按照省联社关于转型发展的相关要求和部署,进一步加强经营管理,努力实现主营业务稳中求进,确保全年安全经营无事故。截至2016年年末,全县农村信用社各项存款余额280619万元,比上年末增加14500万元,增长5.45%;各项贷款余额163820万元,比上年末增加4077万元,增长2.55%,其中涉农贷款年末余额153510万元,占各项贷款余额的93.7%;不良贷款占比3.04%,比年初上升1.11个百分点。全年实现营业收入17682万元,比上年减少1925万元;年末实现利润总额1629万元,比上年增加399万元,较上年同期增长32.75%。被建宁县委、县政府评为“服务建宁发展先进单位”,并被授予“企业纳税贡献奖”等荣誉称号。

【经营情况】2016年,县农信社主动适应新常态,加快业务转型创新,努力实现主营业务稳中求进、经营效益持续提高的目标。截至2016年年末,全县农村信用社各项存款余额280619万元,比上年末增加14500万元,增长5.45%,市场份额为41.15%(其中储蓄存款余额156129万元,比上年末增加23785万元,增长17.9%;对公存款余额124490万元,比上年末减少9285万元);各项贷款余额163820万元,比上年末增加4077万元,增长2.55%,市场份额为51.99%,其中涉农贷款年末余额为153510万元,占各项贷款余额的93.7%;不良贷款占比3.04%,比年初上升1.11个百分点。全年实现营业收入17682万元,实现利润总额1629万元,比上年增加399万元,较上年同期增长32.75%。

【业务发展】2016年,县农信社坚持“立足社区、服务三农、城乡互动、富民强社”的办社宗旨和市场定位，针对信贷有效需求不足，加快转型创新步伐，积极拓展各项业务。一是以开展“首季开门红”竞赛活动为契机，大力组织存款。通过高管重视、基层对接、上下联动等方式，大力推行联动营销、组合营销、精准营销，不断拓展优质黄金客户，吸收各类客户资金，存款市场份额稳居全县各金融机构首位。二是继续做实支农支小，不断创新信贷产品，实现全年贷款市场份额稳中有升。做好农户和城区个体工商户评信建档工作，提高小额贷款覆盖面，全年累计发放小额信用贷款15977万元；率先推出二手房按揭贷款，开办汽车按揭贷款，全年共发放二手房按揭贷款37笔、金额1112万元，汽车按揭贷款15笔、金额88万元；继续推广农村党员和青年信用示范户贷款、“巾帼扶贫”工程扶贫贷款、计生户财政贴息贷款、下岗职工再就业财政贴息贷款、生源地信用助学贷款，全年发放各类政策性贷款1889笔、金额6297.8万元。三是加大电子化建设的投资力度，有效提高电子替代率。截至2016年年末，全社累计布设取款机7台，存取款一体机26台，自助终端6台，布放POS机具232台，小额支付便民点93个；年内，新增离行式自助银行1个，新增硬币兑换机1台；当年增加手机银行客户7150户，新增个人网上银行用户411户、个人短信银行3625户及企业网银64户、企业短信用户229户，新增普惠卡3571张；电子交易占比86.07%，比上年增长7.45%。

【企业管理】 严格财务管理。制定财务费用管理办法，从严控制费用开支，全年业务招待费比上年下降10%。强化内控管理。层层签订综治、消防、防汛安全、合规经营责任书，强化员工安全教育；开展应急预案演练，切实加强安保工作；狠抓案件防控责任制的落实，杜绝各类案件的发生。年内，对12个网点开展各类稽核检查119次，发现问题256个，落实整改241条，实施各类经济处罚12个单位(含联社机关)57人次，处罚金额131127元，给予2人纪律处分，解除劳动合同处理1人。抓好队伍建设。目前，全社取得中级职称29人，一级柜员3人，二级柜员6人，三级柜员26人，四级柜员8人，五级柜员12人；初级客户经理20人，中级客户经理6人。加强党建工作。深入开展“两学一做”学习教育，加强党风廉政建设，改进工作作风，不断提高服务群众、服务基层和服务“三农”的水平。

(洪安立)

建宁刺桐红村镇银行

【概　况】 2016年，建宁刺桐红村镇银行有限公司坚持把发展作为第一要务，把服务作为第一抓手，把风险防控作为第一重点，充分发挥地方性新型中小型商业银行的优势，推动各项业务快速稳健发展。截至2016年年末，各项存款余额63977万元，当地市场占比达9.39%，在全省49家村镇银行中排名第5位；各项贷款余额29552万元，当地市场占比达9.41%，存贷款总量居三明市辖区各村镇银行首位；不良贷款额117万元，不良率0.396%，控制在低位。全年，实现利润总额1019.37万元，居全省村镇银行的前列；缴交税收506.69万元，进入建宁县地方税收入库企业前十名，荣获县委、县政府2016年税收贡献奖。

【经营情况】 2016年，建宁刺桐红村镇银行坚持把发展作为第一要务，坚守“支农支小”发展定位不动摇，推动各项业务快速稳健发展，取得良好的经营成效。一是市场占比进展快。截至2016年末，各项存款余额63977万元，当地市场占比达9.39%,当地排名第5位,在全省49家村镇银行中排名第5位;各项贷款余额29552万元,当地市场占比达9.41%,当地排名第4位;存贷款总量居三明市辖区各村镇银行首位。二是客户总量增长快。截至2016年末,个人开户7926户,较上年增加2284户,增长40.48%,个人储蓄存款10006万元,较上年增加2566万元,增长34.54%;对公开户276户,较上年增加46户,增长20%,对公存款53970.88万元,较上年增加4662.58万元,增长9.45%。三是支行网点建设快。2015年6月建宁刺桐红村镇银行里心支行正式对外营业,成为三明市辖区内首家下设支行网点的村镇银行。截至2016年年末,该支行网点各项存款3377万元,各项贷款2207万元。四是不良处置反应快。2016年,共处置不良贷款10户、11笔、金额1340.95万元。截至2016年年末,不良贷款额117万元,不良率0.396%,控制在低位。五是经营效益提升快。各项监管指标良好,首次参与监管评级获3A级;2016年实现利润总额1019.37万元,居全省村镇银行前列;2016年缴交税收506.69万元,进入建宁县地方税收入库企业前十名。

【业务发展】 建宁刺桐红村镇银行是一家存款在当地、贷款在当地、就业在当地、服务在当地、税收在当地的地方性新型中小型商业银行,2013年9月12正式开业。2016年,面对经济下行、总量有限、竞争激烈的大环境,该行坚持把服务作为第一抓手,制定"深耕本土、快速抢占市场"发展规划,坚守"支农支小"发展定位,以当地特色产业为着力点,坚持实施差异化、特色化发展道路,努力加快业务发展。一是坚持以"小额分散"为信贷投放原则。截至2016年年末,共计发放各类贷款1330笔、1224户、金额29552.07万元,户均贷款24.34万元,较上年下降16.57万元,降幅达40.50%。二是探索建立满足客户融资需求的新模式和新机制。积极构建"银村共建"金融服务体系,开展"送贷下乡、上门办贷"活动,创新推广"公司+农户""专业合作社+保证金+农户"贷款担保模式和"一村一品""一产业一特色"服务模式,为当地特色产业提供特色信贷。截至2016年年末,共发放种子类贷款144笔、金额1312.87万元,笋竹类贷款169笔、金额2582.5万元,果品类贷款350笔、金额2618.11万元。同时,积极参与金融精准扶贫,为符合贷款条件的建档立卡贫困户发放贷款。全年,累计发放扶贫贷款268万元,其中20户贫困户贷款53万元,5户精准扶贫带动户贷款215万元。三是出台便民利民新举措。简化信贷手续流程,实行小额信贷业务"一张表"制度;推行"阳光信贷",为客户提供公开、诚信、高效的信贷服务;开设微信银行公众号,开办微信网上申贷业务,建设e申贷平台和乡镇普惠金融服务站,建立村镇联络员机制。

【企业管理】 2016年,建宁刺桐红村镇银行本着"治已病、防未病"指导理念,坚持把风险防控作为第一重点,积极探索推进"信用风险、流动性风险、操作风险、非现场稽核、风险预警"五合一的风险防控体系建设,持续加强内部管理,确保经营合法合规。一是坚持制度先行。3年多来,共制定、修订各类管理制度300多项,为经营发展保驾护航。二是完善体制机制。建立和完善股东大会、执行董事会、执行监事会、经营班子会及各专门委员会的运行机制,不断健全涵盖战略规划、经营决策、内控管理、监督管控等内容的独立法人治理机制。三是严控金融风险。坚持业务发展、合规经营并举,做到预防为主、防治结合。严格落实制度要求,严把信贷准入关和内控关,在预防各类风险的同时,及时处置已出风险;营造合规文化,建设长效机制,完善授权审批,落实尽职追责,将风险管控工作严格化、制度化、日常化;严格落实贷款“三查”制度,严防“垒大户、傍大款”现象发生。通过严格的内控管理,实现了连续三年安全零事故、案件风险零发生。四是提升队伍素质。成立以来,重视员工队伍建设,持续开展业务、制度、法律知识培训,不断提升队伍素质。2016年,全行员工银行从业资格考试两科通过率达93%,客户经理等级考试通过率100%。年内,行团支部获得“2015年度三明市五四红旗团支部”“2016—2020三明市级青年文明号”荣誉称号。

(罗志勇)

中国人寿保险建宁支公司

【概　况】2016年,中国人寿保险股份有限公司建宁支公司下设经理室和综合管理部、团体业务部、个险销售部、银行保险部、客户服务部5个职能部门,共有5个营销服务部,从业人员347人(其中劳动合同人员17人,劳务派遣1人,代理合同人员329),当年有效增员102人,主要经营人寿保险、健康保险、人身意外伤害保险等各类人身保险业务,人身保险的再保险业务,各类人身保险服务咨询和代理业务。一年来,中国人寿建宁支公司牢固树立“预算是底线,发展无上限”的经营理念,紧紧围绕“重价值、强队伍、优结构、稳增长、防风险”的经营思路,发扬“团结奋进、积极向上、爱拼敢赢、争创一流”的精神,加强企业经营管理,努力在业务结构、质量、规模、效益等方面取得新突破,实现全面发展,在建宁保险领域处于市场领先地位。截至12月31日,公司总保费收入6110.46万元,比上年增长26.95%;全年退保支出1371.07万元,赔付1904.99万元。

【经营情况】2016年,中国人寿建宁支公司积极拓展业务,各项经营管理取得新成效,在业务结构、质量、规模、效益等方面实现新突破,保险业务得到全面发展,在建宁保险领域处于市场领先地位。截至12月31日,公司总保费收入6110.46万元,比上年增长26.95%;全年退保支出1371.07万元,赔付1904.99万元,其中:赔款支出216.71万元,死亡赔付44.22万元,伤残给付12.00万元,医疗给付53.00万元,满期给付1419.61万元,年金给付159.44万元,红利支出270.98万元。

【业务发展】2016年,中国人寿建宁支公司全面加强管理,加快业务发展。全年,新增从业人员102人,保费总收入6110.46万元,比上年增长26.95%。其中:长险标保完成520.22万元,完成年度预算的110.69%,比增42.49%;首年期交保费完成1111.81万元,完成预算的102.95%,比增59.84%;首年新单保费完成3121.21万元,比增39.97%。短险保费完成442.36万元,比增2.89%,其中:学平险97.47万元,计生险72.67万元,农村小额保险112.27万元,公务员保险34.29万元,信贷险18.31万元,其他9.41万元,女性安康险13.61万元。

(李碧岩)

中国财产保险建宁支公司

【概　况】2016年,中国人民财产保险股份有限公司建宁县支公司牢固树立“效益第一”的经营指导思想,紧紧围绕“促发展、增效益、防风险”的工作主基调,强化经营措施,促进业务发展。年内,公司积极调整险种结构,舍弃了一些业务经营较差的业务,大力发展效益好的非营业、家庭自用车辆承保业务和政策性业务,控制减少风险,提高经营效益。

【经营情况】 2016年,中国财险建宁支公司在全体员工的共同努力下,业务发展取得新进展。截至2016年12月底,公司保费收入2404.98万元,其中车辆保险保费收入1066万元,非车险保险保费收入208.69万元,农险水稻及水稻制种、林木保险保费收入1130.29万元;赔付1617.07万元,其中车辆保险赔款215.32万元,非车险赔款108.67万元,农险赔款1293.08万元。

【业务发展】 2016年,中国财险建宁支公司继续推行全员营销制度,实行个人业绩与工资挂钩,激励员工展业的积极性;在做好续保工作的同时,加大竟回业务与新车业务的考核力度,根据市场变化制定相应的奖罚措施;通过详细的分析与比对,调整险种结构,舍弃一些经营较差的业务,控制减少风险;加强与政府有关部门的密切合作联系,开展林木综合保险、公众责任险、农村住房保险、水稻制种、水稻保险、种植保险等政策性业务;加大与各协作单位及金融部门的沟通,加强渠道建设;拓展农村家庭自用车辆承保业务和竟回车辆业务,提高市场占有率。

(宋黎新)

2016年6月19日,溪源乡都团闽江公社插秧季第二季活动现场 (县旅游局提供)

综合经济管理

编辑:肖建泰

综　述

2016年,建宁县发展和改革局、统计局、物价局、审计局、安全生产监督管理局等县直综合经济管理部门，深入贯彻落实中共十八大和十八届三中、四中、五中、六中全会精神和习近平总书记系列重要讲话精神,紧紧围绕县委、县政府的决策部署,认真履行各自的职责,努力实现“十三五”良好开局。

年内,县发展和改革局组织编制了《建宁县加快现代服务业提速增效三年行动计划》等一批规划计划,受理、办理各类审批件87件,着力抓好“五个一批”项目、省行动计划和省、市重点项目、市大干150天项目的实施,向上争取中央和省预算内补助资金14040.18万元,争取国家专项基金资金2.57亿元，落实技术需求对接和项目成果对接60项。当年,建宁县被列为全国137个农村产业融合发展试点示范县之一和省“互联网+”建莲产业区域化链条化试点。县统计局主动适应经济发展新常态,以提高统计数据质量为中心，不断改进统计制度方法,组织开展了R&D、企业创新、“四众”(众创、众包、众扶、众筹)、人口抽样等专项调查,全面启动了第三次全国农业普查工作,充分发挥“数据库”和“参谋部”的作用。县物价局以清费治乱减负、优化经济环境为重点,实行“阳光价费”公示制度,组织开展了涉企收费、旅游景区门票价格和医疗服务收费等三大专项检查，充分履行价格监督管理职能，为促进全县经济持续快速健康发展努力创造良好的价费环境，确保全县市场价格秩序基本稳定。县审计局牢固树立科学审计理念,认真履行审计监督职责,全年完成审计项目16个,查出违规金额863万元,管理不规范金额8719万元,上交财政16万元;完成政府投资项目工程结算审核82个，送审工程总造价18672.49万元，核减工程造价738.24万元。县安全生产监督管理局坚持“安全第一、预防为主、综合治理”的方针,加强组织领导,严格监管执法,深入开展安全生产专项行动，将违反安全生产法律法规的2家企业和1户个体经营户列入“黑名单”依法依规进行惩戒,全县安全生产工作得到进一步加强。全年,共发生安全生产事故6起,死亡3人(其中道路交通1人),受伤4人(均为道路交通),没有发生较大及以上生产安全事故。

2016年，全县完成地区生产总值87.55亿元,增长8.2%;地方公共财政收入3亿元,增长6%；固定资产投资112.01亿元，增长17.4%;验资口径实际利用外资1018万美元,增长8.9%；社会消费品零售总额21.58亿元，增长15.9%；城镇居民人均可支配收入24283元,增长8.8%;农村居民人均可支配收入12849元,增长9.6%;居民消费价格指数(同比)为101.6%。

发展和改革

【概　况】2016年，建宁县发展和改革局认真贯彻落实中央、省、市经济工作会议和国家、省、市发改工作会议精神，紧紧围绕打造闽赣省际生态产业集聚区的发展定位，继续实施项目带动战略，切实按照“四转四争”“三比一看”(省里提出比落地、比促销、比服务、看实效)活动方案具体要求，全面推进发展和改革工作。年内，组织编制了《建宁县加快现代服务业提速增效三年行动计划》等一批规划计划；加强经济运行情况的监测分析，确保实现“十三五”开门红；受理、办理审批件87件，当日办结率达100%；抓好“五个一批”项目、省行动计划和省、市重点项目、市大干150天项目的实施，全年完成固定资产投资112.01亿元，比上年增长17.4%；向上争取中央和省预算内补助资金14040.18万元，争取国家专项基金资金2.57亿元；落实技术需求对接和项目成果对接60项，争取“6·18”扶持资金补助125万元；争取建宁县被列为全国137个农村产业融合发展试点示范县之一和省“互联网+”建莲产业区域化链条化试点，文鑫莲业、绿田公司成功在“新三板”上市。

【规划编制】 坚持规划先行，加强调查研究，围绕推进建宁县“十三五”规划的顺利实施，牵头编制了《建宁县2016年国民经济和社会发展计划》《建宁县加快现代服务业提速增效三年行动计划》等规划计划，参与编制了《建宁县“十三五”工业转型升级》《建宁县“十三五”现代农业发展》《建宁县“十三五”建莲产业发展》《建宁县“十三五”商贸服务业发展》《建宁县“十三五”科技发展和创新驱动》等专项规划。

【经济运行情况监测分析】 加强对全县经济运行情况的监测、分析和预警，做好每季度的经济运行分析监测工作，适应新常态下的经济发展要求，促进全县经济健康运行；全面跟踪监测国民经济和社会年度计划实施情况，按时向县人大常委会汇报国民经济和社会发展计划执行情况，提出对策建议；坚持每月跟踪、通报重点项目建设情况，加强对全社会固定资产投资情况的监测分析工作，及时提出应对措施建议，供县委、县政府决策参考。

【项目建设】(1)“五个一批”项目全面实施。全年，策划实施省、市“五个一批”项目131个，总投资291亿元(其中省级项目70个，总投资258.9亿元；市级项目61个，总投资32.1亿元)，其中开工项目计划投资27.43亿元，完成投资29.24亿元，占年度计划的106.59%；安排实施县级“五个一批”项目232个，总投资304.61亿元，年度计划投资54.77亿元，完成投资51.54亿元，占年度计划的94.11%，有82个项目建成投产或投入使用。(2)省行动计划和省、市重点项目快速推进。列入省行动计划项目24个，总投资159.25亿元，年度计划投资21.73亿元，完成投资28.85亿元，占年度计划的132.8%；列入省、市重点项目34个，总投资115.17亿元(其中省级重点项目9个，总投资36.35亿元；市级重点项目25个，总投资78.82亿元)，全年计划投资28.68亿元，完成投资31.85亿元，占年度计划的111.04%。(3)市大干150天项目进展顺利。策划实施大干150天重点推进项目20个(计划开工项目3个，开工项目10个，计划竣工或部分竣工项目7个)，总投资78.74亿元，年度计划投资6.56亿元，完成投资6.81亿元，占年度计划的104%。

【项目资金】 围绕全县经济社会发展大局，及时掌握国家、省、市的产业政策和投资导向，主动加强与上级发展改革部门的沟通联系，用好用足各项政策，选准选好并及时申报项目，积极争取国家和省上的项目资金支持。全年，获得上级发改委补助项目57个，争取补助资金14040.18万元，其中，中央预算内投资项目19个，补助资金10659.18万元；省预算内投资项目38个，补助资金3381万元。同时，获得国家专项建设基金项目10个，争取国家专项基金资金2.57亿元。年内，建宁县被列为全国137个农村产业融合发展试点示范县之一和省“互联网+”建莲产业区域化链条化试点。

【招商引资】 做好参加福建省第十四届“6·18”海峡项目成果交易会的组织协调工作，落实技术需求对接和项目成果对接60项，均为合同项目，总投资12.35亿元。年内，开工项目52个，完成投资5.33亿元，有8个项目竣工投产或投入使用。其中，典型对接项目3个，即集成应用皖萎8号良种繁育和示范种植技术推广、杂交水稻新品种广两优676繁育开发与产业化示范项目、猕猴桃提质增效示范推广，均已开工建设。争取“6·18”扶持资金补助125万元。

【项目审批】 深化行政审批制度改革。完成权力清单及责任清单梳理工作，保留行政许可项目5项（含5项子项），调整前置审批事项3项，并在县政府网站及本局门户网上发布，接受全社会监督。提高项目审批效率。落实“精简审批事项、网上并联审批、强化协同管理”的总体要求，全面实行一次性告知、专门股室预受理和限时办结等制度，简化办事流程，优化审批服务。端正工作态度。坚持耐心、细致、主动、热情服务准则，严格遵守各项工作纪律，坚持做到无违规、违纪审批，投诉率为零。2016年，受理、办理审批件87件（其中政府出资的审批项目37件，企业投资核准项目50件），承诺时间压缩至3个工作日内办结，其中当日办结率达100%，得到服务对象的一致认可。

【部门协调】 做好三产办的日常工作，持续优化产业结构，推进企业上市。文鑫莲业、绿田公司成功在“新三板”上市，禾丰种业、华新公司、源华林业等上市后备企业稳步推进上市前期工作。按照“下基层、解民忧、办实事、促发展”活动要求，做好驻村工作，促进新农村建设和精准扶贫。加强领导、明确职责，突出重点、强化措施，抓好经济动员、双拥、精神文明建设、计生、综治等工作。

（刘芳敏）

统计工作

【概　况】 2016年，建宁县统计局主动适应经济发展新常态，以提高统计数据质量为中心，不断改进统计方法，搞好统计服务，开展统计调查，深化统计改革，严格统计执法，充分发挥“数据库”和“参谋部”作用。年内，上报了4篇呈阅件，得到县委、县政府主要领导批示；在抓好常规统计调查的同时，开展了R&D、企业创新、“四众”、人口抽样等专项调查；认真做好“三新”（新产业、新业态、新商业模式）统计，加强固定资产投资统计，继续推进城乡住户调查一体化；立案查处统计违法违规案件2起，罚款1万元，给予警告并要求限期整改单位各2个；根据国务院的部署，全面启动第三次全国农业普查工作。各项工作取得新成效，被县委、县政府评为创“三优”工作先进单位、综治平安建设先进单位。

【统计服务】做好经济运行情况的研判和分析。对县政府工作报告中的年度指标，特别是省、市对县考核指标,做到逐月或逐季监测,认真解析指标完成情况,提出相关建议,做到提前预警。同时,加强与相关部门的沟通,及时收集发改、经信、金融、用电等方面的宏观数据,紧盯目标任务,开展月度经济运行情况分析,积极建言献策,当好参谋助手,为县委、县政府决策提供依据。深入调查研究,做好统计分析。紧扣反映全县经济社会难点、热点问题,或者倾向性、苗头性和潜在性的问题,及时开展专题调研,上报了《建宁县2015年度经济运行情况简析及2016年一季度应重点关注的问题》《2016年我县主要经济指标运行呈堪忧状态》等4篇呈阅件,得到县委、县政府主要领导的批示。拓展统计信息咨询服务。定期编印《统计摘要》《统计年鉴》等统计信息资料,全年接受公众电话咨询400余人次,积极为各级党委、政府和社会公众提供统计信息咨询服务。

【统计调查】坚持抓平时、抓细节,高标准、严要求,严格控制基层报表数据质量;强化统计业务培训,定期召开数据质量评估分析会;精心组织年定报工作,认真做好农业、工业、能源、贸易、价格、居民收支、服务业、劳动工资等各项常规统计调查工作;扎实推进城乡住户调查一体化改革,做好新一轮城乡住户调查样本轮换工作,开展R&D、企业创新、“四众”、人口抽样等专项调查,如实反映全县各领域经济发展状况。

【统计改革】认真做好现行统计制度中的“三新”统计。切实抓好工业战略新兴产业统计、电子商务统计等,继续实施好城市商业综合体调查、“四众”调查等统计调查,力争全面地反映以新产业、新业态、新商业模式为核心的新经济发展状况,为党委、政府决策提供有效保障。加强固定资产投资统计工作。2016年,国家固定资产投资统计报表制度新增加“投资项目在线审批监管平台统一代码”指标,要求每个投资项目要有该代码,没有代码的项目不能纳入统计。根据国家报表制度要求,加强对各乡镇、县直有关部门的业务指导,同时做好在库项目和新增入库项目的审核,做到应统尽统。继续推进城乡住户调查一体化。认真贯彻落实省、市精神,扎实推进城乡住户调查一体化改革,做好新一轮样本轮换工作,加强数据的审核和评估,确保统计数据的衔接和匹配。进一步扩大正统网的影响力。目前,全县入驻正统网企业已突破40家。继续加强与商务、经信等部门的协作,进一步强化正统网的宣传推介、运营维护工作,更好地满足入驻企业的服务需求,扩大正统网的影响力。

【统计执法】加强法制教育。充分利用执法检查、统计开放日及法制宣传日等契机,开展形式多样的宣传教育活动,积极宣传统计法律法规,努力营造法治统计的良好氛围。开展执法检查。2016年,对全县规模以上工业、劳动工资、限上贸易、固定资产投资项目共6个单位(项目)开展了统计执法检查,并通过随机抽取对濉溪镇、黄坊乡两个乡(镇)的政府统计站及劳动工资统计、4家规模以上工业企业、4个固定资产投资项目、1家限上贸易企业开展监督检查。加大查处力度。通过加强统计监督和开展执法检查,发现存在的问题,依法查处统计违法违规案件。全年,共立案查处2起,其中罚款2起,罚款金额1万元;给予警告并要求限期整改单位各2个。

【农业普查】2016年,按照《国务院关于开展第三次全国农业普查的通知》要求,全面启动第三次全国农业普查工作。为此,县政府成立了由分管副县长任组长、14个部门领导组成的农业普查领导小组及办公室,各乡(镇)、村也相应成立了农业普查领导机构和办事机构;落实县本级第三次全国农业普查总经费,抽调5名新招录的公务员到县农普办工作;细化职责分工,内设6个工作组(综合宣传组、业务组、数据处理组、遥感测量组、执法检查组、开发应用组),并制定了县农普办工作规则、农业普查工作计划、考评办法等;协助市农普办在溪口镇高圳村开展市级综合试点工作,圆满完成市农普办交办的试点工作任务;充分利用广播、电视、网络、微信、公众号等多种媒体,以及采取悬挂横幅、树立大型户外广告牌、开展农普宣传一条街、发放农普明白卡等形式,认真做好农业普查宣传工作。

(应道福)

物价管理

【概 况】2016年,建宁县物价局以清费治乱减负、优化经济环境为重点,充分履行价格监督管理职能,加强价格监测,严格价格监管,开展成本调查,规范价费管理,做好认证服务,为促进全县经济持续快速健康发展努力创造良好的价费环境。年内,投入财政补贴资金14.51万元,平抑春节期间的市场物价;立案查处价格违法违规案件1件,罚没收入6万元;受理各类价格认定(认证)45件,认定(认证)金额557.86万元。全县市场价格秩序基本稳定,居民消费价格指数(同比)为101.6%。荣获2016年度福建省价格系统信息工作优秀单位荣誉称号。

【价格监测与调控】跟踪市场主要商品价格动态,落实市场价格监测报告制度。重点做好31个品种的市场价格监测月报、26个品种的建宁县城镇化相关商品和服务价格监测月报,以及29个品种的闽赣边界主要商品价格监测报告工作,及时掌握市场价格动态。同时,做好建宁县"价比三家"信息发布工作。每周采集百家惠购物广场、家家乐超市、万福隆超市和农贸市场内20个主要农副食品价格,发布在政府网站、县电视台和手机微信平台上,方便群众比对选购。为加强价格调控、平抑市场物价,春节期间(从1月28日至2月26日),在百家惠购物广场、家家乐超市、万福隆超市等三家超市启动了为期30天的平价商店活动,投入财政补贴资金14.51万元,平价销售腿肉、条肉、排骨、鸡蛋、大米、食用油、花瓶菜、卷心菜、大白菜、土豆、白萝卜等共11个品种的粮油和农副食品(价差补贴幅度为:蔬菜30%,米、肉、蛋、油10%。),努力实现稳价格惠民生目标。

【价格检查与监管】加强市场价格检查巡查,发现问题及时处理,维护全县市场价格良好秩序。开展价格专项检查,及时查处价格违法违规案件。年内,组织开展了涉企收费、旅游景区门票价格和医疗服务收费等三大专项检查,立案查处价格违法违规案件1件,罚没收入6万元;办理群众电话咨询事项18件,处理12358价格举报系统投诉案件6件。加强收费事中事后监管,实行"阳光价费"公示制度。年内,通过清理整顿,在县政府网站公布了《2016年建宁县行政事业性收费〈涉企收费清单〉和〈优惠政策清单〉》《2016年建宁县行政事业性收费单位名单及项目》《建宁县2016年经营服务性收费目录清单》,接受全社会的监督;对有资质的收费单位,落实"阳光价费"公示,增加收费透明度;严格审核收费单位上报的收费情况报告单。

【成本调查与监审】开展涉农成本调查。根据上级部署,组织开展了农户种植意向、存售粮情况、农资购买情况等专项成本调查,烤烟和中籼稻的生产成本与收益情况调查,以及晚籼稻和白莲子的生产成本与收益情况调查,并将烤烟、中籼稻和晚籼稻的调查情况直报国家发改委,白莲子调查情况专报省物价局,为国家制定农产品相关价格政策提供原始调查数据。加强商品与服务收费成本监审。按照制定价格成本监审工作规程,根据制定价格成本监审文书格式要求,分别对县老年公寓综合服务费、县污水处理厂城区污水处理费、县殡仪馆殡仪服务费进行了成本监审,为制定价格和收费标准提供参考依据。通过对县殡仪馆殡葬服务收费成本进行监审,共剔除各项不合理费用 72.85 万元。

【价费管理与听证】 进一步加强和规范价格与收费管理。严格价费审议制度,坚持做到制定每项价格和收费标准都必须召开价审会议集体审议通过。2016 年,组织开展了县部分供电服务收费、县老年公寓综合服务费、县殡仪馆殡仪服务费、县城市污水处理费、县委党校培训班收费、县职业中学学生公寓住宿费、县公办幼儿园收费、县汽车站停车场收费的审核批复工作。同时,根据国家及省、市价格改革工作要求,为确保污水处理正常运营,促进水污染防治,提高闽江源头水质,合理调整污水处理收费标准,召开了城区污水处理费调整听证会。8 月 30 日下午,县物价局在县城乡规划建设局会议室召开了建宁县城区污水处理费调整听证会,邀请消费者代表、经营者代表、人大代表、政协委员等共 22 人参加听证会。会上,与会人员踊跃发言,一致通过了县物价局提出的城区污水处理费调整方案。

【价格认证与服务】 积极开展价格认定(认证)业务,为公检法办案及社会各界提供价格服务。全年,建宁县价格认证中心共受理各类价格认定(认证)45 件,认定(认证)金额 557.86 万元。其中:涉案价格认定 41 件,金额 158.21 万元;资产价格认证 3 件,金额 365.33 万元;涉税价格认证 1 件,金额 34.32 万元。价格认定(认证)工作主要有以下几个特色:一是涉案价格认定(认证)程序规范,结论合理,没有发生复合裁定的情况,得到司法机关的充分肯定;二是尝试介入二手房涉税价格认证,及时化解二手房涉税价格争议;三是积极介入公务用车拍卖底价的价格认定工作,有效防止国有资产流失。

(廖运东)

审计工作

【概 况】 2016 年,建宁县审计局按照全国、省、市审计工作会议要求,牢固树立科学审计理念,坚持"依法审计、服务大局、围绕中心、突出重点、求真务实"的审计工作方针,认真履行审计监督职责,充分发挥了审计部门经济卫士的作用。全年,完成审计项目 16 个,查出违规金额 863 万元,管理不规范金额 8719 万元,上交财政 16 万元;完成政府投资项目工程结算审核 82 个,送审工程总造价 18672.49 万元,核减工程造价 738.24 万元;提出审计建议 45 条,配合上级审计部门完成审计项目 3 个;上报审计信息 32 条(篇),被省、市审计媒体采用 21 条(篇)。组织实施的"建宁县闽江源电力有限公司 2014 年度预算执行情况审计项目"被省审计厅评为优秀审计项目,"建宁职业中学 2013 年度财务收支情况审计项目" 被市审计局评为优秀审计项目,"建宁一中 2013 年度财务收支情况审计项目"获市审计局表彰。年内,局党支部被县委评为先进基层党组织,县审计局被县委、县政府评为县级文明单位、创"三优"

工作先进单位和计划生育工作先进单位，被县委农办评为驻村工作先进单位。

【预算执行审计】 以政府性资金管理为主线，以部门预算执行审计为基础，紧扣本级政府加强财政预算管理，本级人大加强对财政预算执行情况监督检查和提高财政资金使用效益这一目标，改进审计方法，更新审计手段，抓好本级预算执行情况审计。年内，重点审计了财政局具体组织执行县本级预算情况，地税局税收征管情况，国家金库建宁支库履行国库监管职能情况，财政部门预算外资金筹集、管理、使用情况和闽江源水业有限公司、荷花酒店和供销合作社2015年度预算执行审计，查出违规资金386万元，管理不规范金额6677万元。同时，还跟踪检查了以前年度“同级审”审计决定和审计报告的整改落实情况。

【经济责任审计】 坚持“积极稳妥、量力而行、提高质量、防范风险”的工作方针，按照省厅提出的“重在规范，重在提高”的工作要求，积极探索经济责任审计工作新路子。通过经济责任审计，重点关注领导干部行使经济决策权、经济管理权、经济执行权和经济监督权情况，认真检查领导干部守法守纪守规尽责情况，促进领导干部主动作为、有效作为，切实履职尽责。年内，对5个单位6个主要领导进行了经济责任审计，查出违规金额468万元，管理不规范金额2013万元。

【专项审计监督】 坚持“服务发展、服务民生、服务和谐社会建设”的指导思想，以促进各项惠民富民政策措施的落实为目标，把维护群众利益作为审计工作的根本出发点和归宿，加强对民生项目、民生工程、专项资金和县委确定的“2111”工程的审计监督，重点监督政策执行、资金使用、项目实施等情况，先后对城镇保障性安居工程、社会保障和就业支出、涉农资金“最后一公里”扶贫资金等重点民生项目和民生资金进行审计。同时，围绕贯彻落实中央“八项规定”和《党政机关厉行节约反对浪费条例》，开展“三公经费”和会议费审计，重点关注经费预决算的合法、合规性，经费支出内容是否真实、合法，财务决算资料对“三公”经费及会议费用的反映是否与实际情况相符等。

【政府投资审计】 在实际工作中，坚持把加强政府投资审计作为审计服务县域经济发展、加快建设福源建宁的一项重要内容。以节约政府投资建设成本、维护政府投资建设资金安全、提高政府投资效益、促进投资建设管理为目标，以工程结算审核为重点，努力为政府投资建设提供有力的审计监督服务。全年，完成政府投资项目工程结算审核82个，送审工程总造价18672.49万元，核减工程造价738.24万元。

（郭　锐）

安全生产监管

【概　况】 2016年，建宁县安全生产监督管理局认真贯彻落实《安全生产法》和《三明市安全生产党政同责一岗双责规定》，坚持“安全第一、预防为主、综合治理”的方针，加强组织领导，严格监管执法，深入开展安全生产专项行动，全力遏制较大以上事故发生，全县安全生产工作得到进一步加强。年内，全县共发生安全生产事故6起，死亡3人(其中道路交通1人)，受伤4人(均为道路交通)，没有发生较大及以上生产安全事故。

【责任体系健全】 制定了《建宁县安全生产"党政同责、一岗双责"工作机制》,进一步理清基层党委、政府的安全生产工作职责和村(居)两委主要负责人及安全协管员的安全生产职责,全面落实"党政同责、一岗双责";坚持每季度召开一次全县安全生产工作会议,进行研究部署;县委书记、县长在县委常委会、经济工作会议、政法工作会议等重要会议上安排部署安全生产工作,对安全生产工作作出批示,并带领相关部门主要负责人深入一线,开展安全生产调研,现场解决安全生产重点、难点问题,参加重点时段、节假日的安全检查;县分管领导定期召开安全生产专题会议,协调解决安全生产领域存在的问题,并经常深入现场开展检查和督查,推动工作落实。

【安全投入加大】 加强安全生产监管能力建设。2016年1月,根据省、市政府关于烟花爆竹安全监管职能转化的相关要求,县委编办决定将烟花爆竹安全监管职能划转到县安监局,进一步理顺了烟花爆竹的安全监管职能,同时从其他部门调进1名工作人员,充实监管队伍。推进企业安全标准化建设。坚持全面覆盖、分类指导的原则,根据上级关于开展"安全标准化提升三年行动"的部署,以非煤矿山、危险化学品、交通运输、建筑施工、民用爆炸物品、冶金、烟草、商贸、烟花爆竹、电力、水利等行业领域为重点,对照"国标"要求,指导企业增加投入,深入开展安全标准化创建活动。截至2016年年末,全县已有40家企业完成了安全标准化建设工作,全面完成省、市下达的任务。

【安全教育培训】 开展"安全生产月"宣传活动。制定下发了《建宁县人民政府安委会办公室关于开展2016年"安全生产月"活动的通知》;6月16日,县安办组织13个部门和有关企业开展2016年"安全生产月"宣传咨询日活动,通过现场发放安全生产宣传资料,解答群众关心的安全生产热点、难点问题,播放道路交通安全警示宣传片,让群众进一步了解《中华人民共和国安全生产法》《中华人民共和国道路交通安全法》《中华人民共和国消防法》等安全生产法律、法规;本次活动共发放安全生产宣传资料1200余份,接待现场群众咨询320余人次。开展安全生产应急演练活动。在"安全生产月"活动期间,组织各行各业开展各类安全应急演练30余次,有效提升了企事业单位应急救援方面的技能。开展"守护生命"安全知识竞赛。按照省、市的安排部署,广泛发动各乡(镇)、各单位和企业,积极参加安全知识竞赛活动。在全市万余份答卷中,建宁县共有3人获得幸运奖,占全市获奖人数的1/10。开展"职业卫生周"宣传活动。活动期间,组织宣传队伍进社区、进园区、进企业,做好职业病危害防治宣传工作,发放宣传单2000余份,共有200余名群众接受咨询。

【监管职责落实】 1.非煤矿山:督促2家企业取得安全生产许可证,完成2家企业标准化建设提升和矿山专家会诊工作,对1家企业(尾矿库)实施关闭。2.危化品:对全县19家危险化学品经营企业按照"一企一档"要求,进行归档管理;指导企业完成标准化换证工作,换证合格率达100%;全年开展检查96次,其中专项检查4次,发现安全隐患121条,下发限期整改通知书9份。3.烟花爆竹:从1月起,承担了烟花爆竹的直接监管职能;对辖区内烟花爆竹零售点和批发企业进行"地毯式"检查,逐一排查整治安全隐患;全年共出动检查人员86人次,检查烟花爆竹零售点及批发企业192家次。4.职业卫生:开展"职业卫生周"宣传活动,对重点企业加强职业病防治法、《用人单位职业病危害防治八条规定》等法律法规的宣传;对全县存在职业危害的企业进行摸底登记，并确定福建省富强石材有限公司为示范达标单位，指导用人单位规范职业卫生基础管理工作；完成11家企业职业卫生基础建设，开展职业健康体检125人，对6家企业进行作业场所职业病危害检测。5.道路交通：围绕“农村防事故、城市保畅通、执法抓规范、服务创满意、队伍树形象”的总体要求，推进道路交通安全综合整治“三年提升工程”，强化道路安全隐患排查治理和道路交通秩序管理。全年，全县发生一般以上道路交通事故43起，死亡12人，受伤44人，经济损失2.1万元，立案起数、死亡人数、受伤人数和经济损失分别比上年下降21.82%、7.69%、21.43%、0.01%，未发生死亡2人以上的重特大道路交通事故。6.消防：持续开展消防安全大检查。全年，共检查社会单位1632家，发现各类隐患1792处，督促整改1765处，下发《责令改正通知书》809份，临时查封3家，责令“三停”9家，罚款28万元，拘留1人。全面推进消防“网格化”建设。全县共划分大网格9个、中网格109个、小网格553个，9个乡(镇)全面完成网格化建设任务。抓好“微型消防站”建设。全县新调整41家消防安全重点单位，建成重点单位微型消防站33家，9个乡（镇)、7个社区均已建成微型消防站。7.建筑施工：对建筑施工企业和建筑工地的质量安全实行动态化管理。年内，通过质量安全动态管理系统，上网发出责令整改通知书23份，停工通知书3份，对相关企业进行扣分21次，合计362分。加强建设行业安全生产标准化建设。共有7家建筑企业完成了标准化评级，完成率100%。加大对建筑工地、燃气安全知识的宣传力度。全年，发放宣传资料180余份，悬挂安全生产宣传横幅3条。8.汛期安全：开展汛前大检查。2月29日至3月4日，组织水利技术人员对全县9座小(一)库、15座小(二)库和部分重点山塘以及在建水利水电工程和堤防工程进行汛前安全生产大检查，出动人员108人次，检查工程总数35处。做好防汛抢险物资储备。共储备橡皮舟2艘，防汛抢险舟5艘，救生衣700件，救生圈12只，麻袋1万条，编织袋0.45万条，尼龙绳1千米，工作灯12个，手摇报警器6个。加强救援抢险队伍建设。全县建立了27支260人的防汛抢险应急队伍。9.特种设备：继续开展电梯安全攻坚战。督促6家维保单位开展电梯安全系统隐患排查，共排查在用电梯148台，查出安全系统安全隐患2个，经整改合格，同时邀请三明特检院对亿兴大厦使用的电梯进行监督检查。扎实开展安全生产专项检查。年内，开展了锅炉压力容器压力管道、大型娱乐设施、金铙山客运索道等安全生产专项检查。切实加强县级特种设备监管能力建设。抓好特安基层网格化示范所和安全监察队伍建设，共有19人参加并通过了省局组织的特安监察员资格取证培训，各基层所配足了2名安全监察员。10.旅游安全：认真落实安全生产“一岗双责”责任制，与6家旅游相关企业签订了《建宁县2016年旅游企业安全生产(综治、消防)目标责任书》；督促建宁大饭店、闽江源国际旅行社、山水国际旅行社等旅游企业，做好安全生产标准化建设的提升工作；抓好风景名胜区内道路交通安全、索道安全和栈道安全检查，全年共开展12次安全专项监察，发现突出隐患9处，整改9处，整改率100%。11.校园安全：坚持“谁主管，谁负责”原则，层层落实岗位责任；明确整治重点，及时发现并消除安全隐患；对全县各级各类学校交通安全、防汛安全、防溺水安全、食品卫生等进行拉网式检查，对校园周边安全隐患进行专项排查整治。

【奖惩考评严格】 年初，县政府制定下发了《建宁县2016年安全生产目标责任考核办法》；7

月份，县安委会组织开展了全县上半年安全生产目标责任落实情况检查考评；至12月底，对全县各乡（镇）、县直各有关部门和企业落实2016年度安全生产目标责任情况进行了全面检查总评。对黄坊、里心、溪源、溪口等4个乡（镇）人民政府和县水利局、农机管理中心、安全生产监督管理局、教育局、公安交警大队、市场监督管理局、供电公司等7个单位及32名个人进行了表彰。同时，制定了《建宁县生产经营单位安全生产不良记录“黑名单”管理实施细则》（建安委〔2016〕2号），将违反安全生产法律法规的2家企业和1户个体经营户列入“黑名单”，依法依规进行惩戒。

（刘鹭建）

2016年，东山公园建设项目 （县发改局提供）

市场监督管理

编辑:肖建泰

综 述

2016年,建宁县市场监督管理局以服务经济发展为主线,以强化市场监管为抓手,加强职能整合,认真履行职责,各项工作取得新成效。工商行政管理方面:全县新设企业317家,新增注册资本120587.6万元,新增雇工人数5773人;新增个体工商户633户,新增资金数额9912.1万元,新增从业人数1209人;新增注册商标70件,新增“建宁水稻种子”国家地理证明商标1件,新增省著名商标1个、市知名商标4家。立案查处违法违规案件36件,罚没入库25.95万元;受理消费者申诉73件,办结72件,为消费者挽回经济损失7.31万元。食品药品监管方面:全年受理核发新食品经营许可证132份,新核发“药品经营许可证”5份;查处食品流通环节违法案件13起,罚没13.98万元;发现假药1种,扣押标示为药品、食品、保健食品的产品67件,扣押物品27种,批捕犯罪嫌疑人3人。质量技术监督方面:全年,检定血压计、电子秤、压力表、加油机等949台件;新受理特种设备开工告知36台,办理特种设备使用注册登记55台;组织开展了电梯安全攻坚战、易燃易爆危险品大检查、金铙山客运索道安全等专项检查行动,立案查处特种设备违法违规案件3起,罚没入库4万元。年内,建宁县顺利通过了市对县2015年度质量工作考核和创建国家级农业标准化综合示范县项目考评验收,打击传销工作得到上级部门的充分肯定。

工商行政管理

【概 况】 2016年,建宁县市场监督管理局积极简政放权,严格执法稽查,有效地促进了县域经济健康发展,维护了消费者的合法权益。年内,全县新设企业317家,新增注册资本120587.6万元,新增雇工人数5773人;新增个体工商户633户,新增资金数额9912.1万元,新增从业人数1209人;新增注册商标70件,新增“建宁水稻种子”国家地理证明商标1件,新增省著名商标1个、市知名商标4家;帮助企业融资18838万元;立案查处违法违规案件36件,罚没入库25.95万元;受理消费者申诉73件,办结72件,为消费者挽回经济损失7.31万元。打击传销工作得到上级部门的充分肯定。

【深化商事改革】 围绕简政放权,积极推进“三证合一”“一照一码”、电子营业执照登记制度改革。2016年,办理变更(备案)登记908户,注销登记20户;发放含有社会统一信用代码执照1469份,发放电子营业执照1310户。年内,全县新设企业317家,新增注册资本120587.6万元,新增雇工人数5773人;新增个体工商户633户,新增资金数额9912.1万元,新增从业人数1209人。截至2016年12

月,全县共有企业 1759 家,注册资本 95.30 亿元,雇工人数 30179 人;共有个体工商户 6517 户,资金数额 67559.8 万元,从业人数 11506 人。

【企业年报工作】 采取专题会议部署、落实责任片区、强化上门指导、加大督查通报等措施,抓好企业年报公示工作,顺利完成市工商局下达的企业年报公示任务。截至 2016 年 12 月,全县内资企业 2014 年度年报率为 81.13%,2015 年度年报率为 86.15%;个体工商户 2014 年度年报率为 94.99%,2015 年度年报率为 96.88%;农民专业合作社 2014 年度年报率为 93.48%,2015 年度年报率为 95.86%。在全市考评中,农民专业合作社和外资企业年报率位居全市第一,个体工商户年报率位居全市第三。

【品牌战略实施】 加强商标品牌培育工作。年内,新增注册商标 70 件,新增“建宁水稻种子”国家地理证明商标 1 件,新增省著名商标 1 个、市知名商标 4 家,延续认定市知名商标 3 家,拟上报认定省著名商标 1 件,指导福建建宁日鑫菌业科技有限公司申报 2016 年省品牌产品通过审核。加大商标品牌保护力度。年内,发放建莲专用标志监控防伪标识 7.6 万枚,建宁县绿源果业有限公司、建宁县福胜果业有限公司分别制作黄花梨地理标志产品防伪标贴 3 万枚和 2 万枚,托斯卡纳葡萄庄园有限公司订制溯源标贴 10 万枚。截至 2016 年 12 月,全县共有有效注册商标 626 件,驰名商标 2 件,省著名商标 14 件,市知名商标 24 件,地理标志证明商标 3 件,马德里国际注册商标 5 件。

【为经济发展服务】 拓宽企业融资渠道。立足县情实际,发挥职能作用,做好股权出质登记、动产抵押登记、商标权质押登记等工作,帮助企业缓解信贷融资困难,扩大资本规模。2016 年,共指导企业办理股权出质登记 10 件,被担保债权额 1990 万元;办理动产抵押登记 19 件,注销 15 件,帮助企业融资 18838 万元;办理网上报备 5 场次,审查拍卖成交确认书 8 份,成交金额 2625 万元。促进电商产业发展。降低准入门槛,放宽经营范围限制,为加快电商产业发展开辟绿色通道。截至 2016 年 12 月,全县电商经营户达 66 户,注册资本 15060 万元。同时,引导电商企业提升品牌意识,创造自己的品牌。全县被国家商标局受理注册商标申请 129 件,涉及电商的达 70%以上。

【执法稽查严格】 充分履行市场监管各项职能。强化“属地监管”原则,落实辖区监管责任制;加强事中事后监管,引导市场主体合法经营;加大对食品药品、商业贿赂、限制竞争、假冒侵权、传销、商标、虚假广告、标准计量、产品质量和特种设备等各类违法违规行为的查处力度,提高执法办案效能,全力维护公平公正的市场秩序。2016 年,共立案 36 件,罚没入库 25.95 万元。扎实开展“无传销县”创建活动。7 月 17 日,省工商局处长沈萍带领省、市竞争执法人员到县检查工作,对建宁县打击传销的工作开展情况给予充分肯定。国家工商总局竞争执法局、省工商局竞争执法工作简报(第九期)均刊登建宁县打击传销的经验做法,市工商局将此作为全市工作范本。9 月 7—9 日,全省工商学会 2015 年调研课题成果研讨会在建宁召开。

【消费维权服务】 做好宣传工作。3 月 14 日,县市场监管局联合电力公司、烟草、移动、电信等单位在三优街开展了以“携手共治,畅享消费”为主题的“纪念 3·15 国际消费者权益日”

宣传活动,提高消费者的维权意识。强化群众监督。进一步畅通群众举报投诉渠道,规范处置流程,受理群众申诉,提升群众对举报投诉处理的满意度。抓好案件查办。充分发挥原工商局设立的153个消费维权服务点的作用,深入推进12315"诉转案"工作,及时查办消费者举报投诉案件,持续加强消费维权工作。2016年,共受理消费者申诉73件,办结72件,为消费者挽回经济损失7.31万元;受理消费者举报5件,办结率为100%,罚没款0.80万元;受理消费者咨询事项23件,均已办结答复。

【信用监管完善】 按照"宽进严管""信用监管"等新要求,进一步加强市场主体信用体系建设;根据各基层所开展年报抽查的情况,加强股所联动,推动企业信息公示工作顺利开展,完善信用监管。2016年,全县列入经营异常名录的市场主体共有373户,其中未按规定公示年报的347户,通过经营场所无法联系的14户,公示信息存在隐瞒真实情况的12户,尚无列入严重违法名单。同时,共有48家企业和2户农民专业合作社,通过改正违规行为或补报年报被移出经营异常名录。

食品药品监管

【概　况】 2016年,建宁县市场监督管理局规范行政审批,严格执法监管,把好食品药品市场准入关,加强食品生产、经营、餐饮服务环节和保健食品、药品、医疗器械市场监管。全年,受理核发新食品经营许可证132份,新核发"药品经营许可证"5份;开展食品生产环节监督抽检13批次,检查食品经营单位465家次,查处食品流通环节违法案件13起,罚没13.98万元,检查餐饮单位284家;检查医疗器械经营企业22家,发出责令改正书3份;发现假药1种,扣押标示为药品、食品、保健食品的产品67件,扣押物品27种,批捕犯罪嫌疑人3人。

【行政审批规范】 开展清权确权工作,制定行政权力清单;精简审批环节,压缩审批时限,优化服务环境;依法依规严格审批,把好食品、保健食品、药品、医疗器械经营市场准入关。年内,县市场监管局共受理核发新食品经营许可证132份,新核发《药品经营许可证》5份;全县新增食品生产加工获证企业3家,延续换证、变更9家,到期注销2家。截至2016年12月,全县共有食品生产许可获证企业29家;获证餐饮单位247家,其中单位(学校)食堂30家;药品经营许可单位47家。

【食品监管严格】 落实监管责任。年初,县政府给各乡(镇)、县直各有关部门下达了《食品安全责任书》,将食品安全工作纳入年度综合考评内容。加强巡查检查。按照省食品药品监督局的要求,县市场监管局采购了4台食品安全快速检测设备及配套的试剂,对基层监管人员开展了设备使用综合培训及演练,并制定了加强食用农产品快速检测的工作方案。同时,将婴幼儿辅助食品、乳制品、肉制品、酒类、食用植物油、瓶桶装饮用水、糕点、茶叶、食品添加剂等9类食品及6类问题、3类企业、食品安全问题易发多发区域纳入食品安全风险重点排查整治范围,进行严格监管。全年,开展食品生产环节监督抽检13批次,无不合格批次;并加强对进口食品、生湿面、食用农产品、茶业产品等食品流通环节的监管,组织开展打击销售病死猪肉等专项整治行动,检查经营单位465家次,发放责令整改通知书6份,查处食品流通环节违法案件13起,罚没13.98万元;继续强化餐饮服务环节监管,开展食品安全示范街示范单位创建、餐饮服务单位“明厨亮灶”建设和餐饮服务食品安全监督量化分级管理工作专项检查，摸清餐饮服务单位底数442家(不含季节性大排档)，检查餐饮单位284家。严格监督抽检。全年开展食品消毒餐具检查810批次，其中合格758批次，不合格52批次，合格率93.58%；完成生肉、熟食、蛋糕、饮品等品种检查7批次，合格率100%；对市抽检不合格食品，予以立案查处。

【医药市场整治】 采取日常监管、专项整治、联合执法、药检技术支撑、促进行业自律等措施，持续加强药品药械市场监管。年内，检查医疗器械经营企业22家(二类19家，三类3家)，抽查未取得医疗器械经营资质的药店3家、眼镜店2个；对未按要求执行进货查验制度、未建立第三类医疗器械销售记录、未经备案经营二类医疗器械的企业，责令限期整改，发出责令改正书3份。同时，组织开展注射用促肝细胞生长素、大活络丸、安宫牛黄丸药品核查等各类专项检查；先后两次联合县公安部门开展检查，发现假药1种，扣押标示为药品、食品、保健食品的产品67件，扣押物品27种，批捕犯罪嫌疑人3人。

质量技术监督

【概　况】 2016年，建宁县市场监督管理局加强质量监督，强化安全监察，认真做好标准计量服务和特种设备监管工作。年内，检定血压计、电子秤、压力表、加油机等949台件；“建莲地理标志产品专用标志防伪监控标识”得到普及应用，顺利通过了市对县2015年度质量工作考核和建宁县创建国家级农业标准化综合示范县项目考评验收；新受理特种设备开工告知36台，办理特种设备使用注册登记55台；组织开展了电梯安全攻坚战、易燃易爆危险品大检查、金铙山客运索道安全等专项检查行动，立案查处特种设备违法违规案件3起，罚没入库4万元。

【标准计量服务】 加强质量监督。7月25日，顺利通过了三明市质量强市工作领导小组办公室对建宁县2015年度质量工作考核。抓好国家级农业标准化综合示范县项目建设。10月20日，项目验收组专家深入建宁县，通过听取汇报、查阅资料、现场核查、询问农户、专家质询、考核评分等环节，对建宁县开展农业标准化工作实施情况进行评估，经综合评议，确定建宁国家级农业标准化综合示范县建设工作顺利通过验收。重视品牌保护。年内，“建莲地理标志产品专用标志防伪监控标识”得到普及应用，并有2家企业申请使用“建莲地理标志产品专用标志”。强化计量监管。开展计量惠民活动，加强瓶装液化石油气、加油站、定量包装商品计量监管，搞好计量检定工作。2016年，共检定血压计、电子秤、压力表、加油机等949台件。

【特种设备监管】 突出监管重点。强化重点使用单位、重点部位、重点企业的特种设备安全监察，做好日常检查和重大节假日前的专项检查。2016年，共出动安全监察人员160人次，检查使用单位20家，下达指令书5份，立案3起，罚没入库4万元；新受理特种设备开工告知36台，办理特种设备使用注册登记55台。突出隐患排查。积极开展电梯安全攻坚战、易燃易爆危险品大检查、金铙山客运索道安全等监管检查，做到发现一起，整治一起，不留后患。5月22日，根据举报，联合城关派出所在溪口镇高圳新村查处一起使用面的非法导罐液化气案件，并针对存在的问题提出对策建议。突出专项整治。

年内,组织开展了电梯安全监管大会战,发放宣传资料200余份,联合县安监局、市特检院等部门对全县在用电梯逐一开展检查,全面排查消除安全隐患,突击检查13家单位使用的28台电梯。

(聂 莹)

2016年3月15日,县农业局牵头开展放心农资下乡宣传活动 (李宏龙 摄)

教育·科技

编辑:黄日辉

综　述

2016 年,建宁教育以“实施高位均衡,关爱弱势群体;实施精细化管理,提升教育质量;密切家校配合,促进学生自信成长;充分利用地方资源,开展特色教育”这四大亮点,顺利通过县域义务教育发展基本均衡县国家评估验收。以此为新起点,提出以“新常态、新教育、新梦想”为引领的更加优质更高标准更加均衡的城乡教育发展目标,以适应高考改革和教育发展需要、夯实基础教育、保障教育公平为重点,扎实推进三大举措:一是围绕“三项建设”,即学校党的建设、教师作风建设、管理制度建设,抓实教师队伍思想政治工作;二是实施“三项工程”,即文明礼仪工程、阅读教育工程、汉字书写工程,提升中小学生综合素质;三是实现“三个目标”,即改善学校办学条件、浓厚校园文化氛围、优化校园安全环境。2016 年,建宁县科技工作的重点是推进优势传统产业升级、打造科技创新平台,加大科普宣传和科技培训的力度。当年,申报省市科技项目 4 项,申请专利 167 件;省星火计划立项 2 项,获扶持资金 70 万元;新增高新技术企业 2 家,省级创新型企业 4 家。

基础教育

【概　况】2016 年,全县有普通高中、职业中学、教师进修学校、特殊教育学校各 1 所;初级中学 7 所,完全小学 12 所,农村小学教学点 16 个,幼儿园 14 所(其中县直属幼儿园 2 所,乡镇幼儿园 8 所,民办园 4 所);青少年学生校外活动中心、中小学生社会实践基地、中小学生法治教育基地各 1 个;教职工 1459 人,其中,普通高中及职业高中教职工 202 人、初中教职工 376 人、小学教职工 689 人、特殊教育教职工 13 人、幼儿园教职工 150 人(含民办幼儿园教职工)、教师进修学校教职工 29 人;全县中小学、幼儿园在校生 19010 人,其中,普高在校生 1940 人,职中在校生 663 人,初中在校生 3257 人,小学在校生 8756 人,幼儿在校生 4322 人,特教在校生 72 人。初中学龄儿童入学率达 98.65%,小学学龄儿童入学率达 100%,幼儿园入学率达 94.55%。

【学前教育】2016 年,全县学前教育工作按照《国家中长期教育改革和发展规划纲要(2010—2020 年)》和《福建省人民政府关于加快学前教育发展的意见》要求,“推进学前教育改革发展”,深入实施第二期学前教育三年行动计划;坚持学前教育的公益性和普惠性,实行政府主导、社会参与、公办民办并举的办园体制;面向全体学前教育机构和学龄前幼儿,大力发展公办园,积极扶持民办园,优化配置学前教育资源;以提高保教质量为目标,统筹规划、整体推进、分类指导、逐步提升,高质量、高标准普及学龄前三年教育,有效缓解入园难问题。2016 年年底,有县直属幼儿园 2 所,乡镇公办中心幼儿园8所，民办园4所，已办幼儿班的村43个。2016年秋季全县共有适龄幼儿4571人，在园幼儿4322人，入园率94.55%，学前三年毛入园率96.57%，公办幼儿园与普惠性民办园覆盖率为100%。教师进修学校配专职幼教教研员，加强乡镇幼儿园教学管理的培训和指导，提高农村幼儿园的管理水平和教学质量。深化幼儿园达标创优工作，城关幼儿园申报“省级示范幼儿园”当年通过市级初评。认真学习教育部新修订颁布的《幼儿园工作规程》，落实《3~6岁儿童学习与发展指南》（简称《指南》），深入实施对口帮扶和片区联动机制，将《指南》贯彻与规范办园行为相结合，重点促进新建园和薄弱园办园质量的提升。贯彻落实《三明市普惠性民办幼儿园认定管理及政府购买服务实施办法》，鼓励民办园加大投入，改善办园条件，提高保教质量。深化农村学前教育巡回支教走教工作，全县设置了中央补助支教点26个，招募27名志愿者。2016秋，支教点共覆盖幼儿356人，进一步提高农村学前教育发展水平和适龄幼儿入园率。

【学前教育办出特色】2016年，建宁县学前教育特色明显。一是各园根据实际开展园本教研，开发了一批极具特色的园本课程。县实验幼儿园的“特色美工课程”、城关幼儿园的“特色体育活动”多次在三明日报、县电视台报道。二是夯实基本功，培育新生代。为使新教师较快适应教育教学工作，促进新教师可持续发展，由福建教育学院培训处与建宁县教师进修学校共同开展的“新教师三年岗位成长培养与考核办法”课题研究，对2016年新分配教师进行跟踪培养，并制定三年培养计划，以校本研修为实践引领的主平台、日常课堂为自主研修的主阵地，省教育学院培训处总体负责，县进校及教研员具体引领，所在学校有序指导与训练，多方形成合力，促使新教师尽快将理论融入日常教学实践，通过三年的努力，培养出一批爱岗敬业，具有较强的班级管理能力与课堂执教能力的教坛新秀。三是形成教育合力，关爱留守儿童。城关幼儿园积极开展关爱留守儿童，争做“爱心妈妈”的活动，充分发挥党员和青年志愿者服务作用，开展为留守儿童送温暖活动，让留守儿童关爱行动真正落到实处。“关爱留守儿童”专题新闻在《三明日报》报道。

【义务教育】2016年，全县义务教育阶段学校有36所，其中完全小学12所，小学教学点16个，初级中学8所。小学适龄儿童入学率100%，在校生年辍学率为零；初中适龄人口入学率98.65%，在校生年辍学率为0.61%，其中城区中学辍学率0.42%，农村中学辍学率0.64%；6~14周岁三类残疾人口入学率96.88%，其中视力100%，听力（语言）100%，智力97.03%。2016年，全县普通中小学校按照《建宁教育事业发展“十三五”规划》的要求，规范学校办学行为，继续开展义务教育阶段学校“减负行动”；以“梦想课程”为抓手，以“金太阳”导学案为切入点，深化课堂教学改革，推进素质教育，教育质量稳步提升；高标准通过创建“义务教育均衡发展县”国家评估验收工作。严格执行义务教育阶段学校按划片就近招生，改进完善招生办法，坚持随机派位和学校自主招生相结合的招生办法。依法保障进城务工人员随迁子女享有本地学生同等的入学机会和生活待遇，妥善解决符合条件的进城务工人员子女入学问题，进城务工人员子女就学公办接收率100%。

【特殊教育】建宁县特殊教育学校创办于1994年3月，原校址位于黄舟坊北路，是一所公办的寄宿制学校，肩负全县及周边县残疾儿童的教育任务。建宁县政府于2010年9月投资五百万元在健翔路建新校区。新校区占地面积5173平方米，建筑面积2132平方米，于2011年9月投入使用。县残联2014年4月将面积660平方米的福乐园三楼无偿送给学校使用，学校可用建筑面积增至2792平方米，教学用房充裕。教学仪器、康复器材、律动室、个训室、电脑室、多媒体教室、图书室、超市、室内活动室、技能操作室、蒙氏教具室、康复训练室等功能室齐全。教学设备先进，能满足现代特殊教育的需要。有适合残疾学生技能训练、康复游乐设施；班班有电视，高年级班级有多媒体设备。建宁特殊教育学校坚持“特殊教育全覆盖，残疾儿童有技能”的教育特色，紧密结合县域实际，实现了特殊教育工作持续健康发展。全县6-14周岁三类残疾儿童共119人（视残12人、听残8人、智残99人），在特殊教育学校就读35人，在中小学随班就读84人，分布在全县18所随班就读学校的63个班点。2016年，建宁特殊教育学校有教职工13人，在校生72人。

【第二实验小学成立】自建宁一中初中部从一中剥离，成立城关中学，搬往新校区后，原校区经过改建扩建，先后投入资金约400万元用于维修、装修和添置必要的设备。于2016年8月26日，正式成立建宁县第二实验小学。校园占地面积17253平方米，总建筑面积4225平方米，绿化用地面积650平方米，体育运动场面积10959平方米，学校拥有200米塑胶跑道、足球场、PU塑胶篮球场；多媒体教室、图书室、实验室、电脑室、舞蹈室、音乐室等功能室齐全，所有专业教室按规定配备了专职或兼职人员，制定了相关的管理制度；计算机室共有学生专用电脑60台，教师专用电脑45台；教室均安装了班班通，教育教学设施完善。学校现有在编教职工31人，小学一级教师7人，小学高级教师21人；省、市、县骨干教师7人，市学科带头人1人；大专学历30人，本科学历14人。现有16个教学班，在校学生数858人，其中一年级3个班168人；二年级4个班196人；三年级3个班163人；四年级2个班112人；五年级2个班110人；六年级2个班109人。

普高教育

【概　况】2016年，建宁一中坚持“以人为本”的办学宗旨，全面贯彻国家教育方针，积极打造以“红色”和“绿色”为主题的校园文化，积极推进新课程改革，全面实施素质教育。全校教职员工同心同德，团结拼搏，顶着压力，迎难而上，各项工作取得可喜的成绩，赢得了良好的社会声誉。正在为“创建省一级达标高级中学”而努力。

【教育教学成绩】2016年，建宁一中高考再创佳绩。“211”工程院校录取29人，“985”工程院校录取16人，本一录取率22%，本科录取率70.16%。2016年高一新生招生650人，在校生1940人，毕业生609人。

【2015年奖教奖学金发放】2月17日，建宁县举行2015年奖教奖学基金颁奖仪式暨2016年高考动员大会，县领导许家源、揭留耕、吴碧英、张萍娥出席颁奖仪式。副县长吴碧英宣读2015年奖教奖学获奖名单。对获得教学成绩优胜的学校和教师团队颁发奖状及奖金；对2015年高考中被“985”“211”工程院校及中央美术学院录取、中考前10名并被建宁一中录取的优秀学生进行了奖励。此次共发放奖教奖学金52.4万元，其中教师团队奖27.6万元，个人奖24.8万元。这是县2013年成立奖

教奖学基金以来的第三次颁奖。

职业教育

【概 况】2016年,建宁县职业中学在县委、县政府和社会各界的关心和支持下，学校办学条件得到极大改善,建好新实训楼,完成了田径场挡土墙和基础建设。学校育人环境、办学规模、育人质量、师生的精神面貌都有新的变化,社会声誉不断提升。2016年,开设的专业主要有旅游服务与管理、高星级饭店运营与管理、计算机应用、农学大类、会计电算化、工艺美术、美容美体等。

【职业教育】2016年,建宁县职业中学高考18人上本科线，参加2016福建省中等职业技能大赛4位同学获三等奖，参加2016三明市中等职业技能大赛7人获二等奖,7人获三等奖。重点做好四个方面工作:1. 开展校企合作,实施订单培养。与闽江源旅游发展有限公司、建宁大饭店、福建省西湖宾馆合作,拓展学生实训场所,与福建省西湖宾馆开展订单培养(2014级西湖宾馆班)。2.与三明林校开展结对子协作办学。主要在专业建设、师资队伍建设和教学资源共享建设等方面展开合作。3.优化学生技能培训环境加大培训力度。增加投入力度,改善办学条件,建设校内实训基地,增设计算机室、导游实训室、高星级酒店服务实训室、网络综合布线和动漫设计室，扎实有效开展学生专业技能实训。4.积极参与开展各种技能大赛。2016年,主要组织开展职业英语、客房铺床等技能竞赛，组织学生参加省市中等职业技术学校技能大赛,提升学生职业技能。

成人教育

【概 况】开展多样的成人继续教育活动。充分利用建宁电大工作站、教师进修学校、乡镇文技校等平台,以“终身学习、同建家园”为主题开展全民终身教育活动，初步形成以建宁电大为龙头,以建宁社区学院、乡(镇)社区学校为骨干,以社区内中小学、居民小区办学点、村民学校为基础的社区教育三级网络。

【县电大工作站】福建广播电视大学建宁县工作站(简称建宁电大),成立于1984年12月,2006年内设奥鹏远程教育学习中心,2014年经县委县政府批准，建宁电大升格为相当于正科级单位,编制7人。建宁电大肩负学历教育、非学历教育和终身教育三大办学职能，是建宁县现代远程教育和继续教育的重要基地。2016年,建宁电大开放教育开设专业有:法学、汉语言文学、会计、小学教育、学前教育、工商企业管理、劳动与社会保障等;奥鹏远程教育授权的院校有大连理工大学、东北师范大学、四川农业大学等,专业有土木工程、行政管理、农学、林学、环境工程、动物科学、水利水电工程、电气工程及自动化、计算机科学等三十多个专业。2016年，建宁电大（含奥鹏教育）在读本专科学生586人，当年招收本专科学员153人，毕业170人。

【家庭教育与心理辅导】2011年，经县政府批准,建宁电大增设“建宁县社区学院”,组织开展本县家庭教育工作。建宁社区学院内设“福源家长成长中心”“幸福种子学习中心”和“图书馆学习中心”。2016年,在社区学院统一指导管理下,又搭建3个家庭教育平台(县级、校级、班级家庭教育平台),举办“中华家庭教育高级讲师”培训,培养103名家庭教育高级讲师,156名家庭教育志愿者,分布于全县各中小学、幼儿园;开展家庭教育讲座及读书沙龙132场次,“香香姐姐讲绘本”80期,其他各类活动115期,共有家长34700多人次参加了家庭教育专业知识学习培训。2016年,从“标”“本”兼治两个方面,开展未成年人心理健康辅导工作,重点关注留守儿童,通过“留守儿童呼吁爱心爸爸”等活动,为留守儿童做团体及个案的辅导,培训“小丸子剧团”,并为13例特殊孩子及其家属开展辅导,取得良好效果。6月3日召开全县家庭教育讲师工作安排会,对6—12月的家庭教育工作作具体安排部署,制作了“福源家庭教育”简报。

教育管理

【概　况】2016年,建宁教育管理呈现新的发展态势。年初顺利通过“义务教育均衡发展县”国检,并针对国家教育督导检查组提出的6项整改要求逐项整改到位,顺利通过国家复检,城乡教育始终保持高位均衡;深入教育教学改革,课堂教学、教科研取得突破;德育教育有所创新,校园文化形成特色;教育惠民得到落实,办学条件进一步完善;一中、城中、实小、城小等学校被评为“福建省足球特色学校”“教育管理标准化学校”。

【召开2016年全县教育工作会议】4月17日召开全县教育工作会议,县委常委、统战部部长许家源,副县长吴碧英出席会议。许家源对近年来建宁县教育发展所取得的成绩给予充分肯定,同时对不足提出解决的意见和建议。他强调,要准确把握教育发展新理念、抓住教育质量中心、关注农村教育质量的提升;突出学校主阵地,校长带头引领、教师人人争先、氛围合力营造,凝心聚力提质量;要着力办好高中教育,努力实现达标创建、教育质量、办学特色三个“新突破”。希望全体教育工作者以开拓创新的胆识魄力、求真务实的工作作风,锐意进取,苦干实干,奋力拼搏,向着教育强县、教育现代化的目标而努力奋斗。吴碧英宣读了《关于表彰建宁县教育系统2015年度完成岗位责任目标先进单位的通报》,并就学校项目建设和安全工作提出了具体要求。会议还表彰了2015年完成岗位责任目标先进单位,颁发了2016年岗位目标责任书,进行了提升教育质量工作经验交流。各乡(镇)分管教育领导、全县校(园)长、教育局机关干部,进修学校教研员参加了会议。

【党建工作】2016年,为了深入贯彻落实“两学一做”主题活动教育,制定《建宁县教育局机关党委“两学一做”活动实施方案》和集中学习活动计划安排表,局班子成员轮流组织开展“两学一做”专题辅导。“七一”前夕,各支部组织党员到宁化谷文昌纪念馆、水尾红军医院等地开展学习教育活动,重温入党誓词,争做“四有”干部。11月份组队参加县“两学一做”学习教育暨纪念红军长征胜利80周年知识竞赛获二等奖,参赛选手包揽了初赛个人前三名。积极开展党建品牌亮点工程创建工作,以“做优秀党员,当师德标兵”活动为载体,各校(园)均建立了1~2个党员“110”服务联络和服务便民示范点,进一步提高了党员教师的服务意识和服务水平。

【教育督导】2016年教育督导继续保持高频率、高密度、全方位工作态势。根据2016年1月6日“义务教育均衡发展县”国家教育督导检查组发现的6项主要问题,精准落实整改:

"16.9%的班级人数在50人及以上的大班额问题，溪源中小生均占地面积不达标问题，音乐、体育、美术、信息技术等学科专业教师数量不足问题，55岁及以上年龄教师比例偏大问题，16.7%的学校教师周转房数量不足问题，追补教育经费1035万元的使用情况"。每项整改细化到具体措施、责任单位、责任人、完成时限、资金技术保障、预期效果目标，定期组织人员进行整改跟踪检查，实行动态管理，紧紧掌握主动权。于2016年8月按时向省政府教育督导办公室提交了迎国家复检的《申报表》《自评报告》《文件汇编》《整改情况报告》等资料，2016—2017学年县义务教育八项综合差异系数小学0.35，初中0.33，保持在高位均衡状态。同时还配合省市政府教育督导室开展学校信息化专项督导、全面改薄工程专项督导、校园欺凌专项治理督导、学校安全工作专项督导；完成了2014年省级教育督导课题结题，启动了新一轮学校素质教育和对乡镇教育督导，完成了建宁城关中学、建宁三中、建宁实验小学、建宁城关小学、建宁第二实验小学、溪口中心小学的素质教育督导评估验收，濉溪镇、溪口镇乡镇教育工作考评，配合中教、初教开展学校管理标准化建设和农村教学点素质教育督查指导。

【建宁县通过"义务教育均衡发展县"国检】 1月6日，由国家督学、安徽省教育厅总督学李明阳率领的国家督导检查组一行4人，对建宁县创建"全国义务教育发展基本均衡县"进行评估认定。省教育厅装备处调研员何光辉、三明市教育局副局长邱伟、市人民政府教育督导室主任洪水兰、建宁县人民政府县长潘闽生、县委统战部部长许家源、副县长吴碧英及县教育督导委员会成员单位负责人等参加了汇报会。汇报会上，县长潘闽生就建宁县创建"全国义务教育发展基本均衡县"工作情况进行汇报。国家督导检查组就建宁县义务教育均衡发展有关问题组织了答辩交流，现场查阅了相关档案材料。之后，检查组分组组织召开了人大代表和政协委员、义务教育学校校长、学生家长及教师座谈会，并通过发放调查问卷、询问交流等方式，全面了解各界人士对建宁县义务教育均衡发展的满意度。在抽样检查过程中，国家检查组上午分两组，下午分三组实地走访了城关中学、建宁三中、客坊中学、伊家中学、实验小学、城关小学、里心中小、溪源中小八所中小学和武调、修竹两个教学点。重点察看和了解了学校校容校貌及功能室、教学设施设备使用等情况，听取了学校负责人的情况介绍。督导检查组对建宁县推进义务教育均衡发展工作给予充分肯定，认为建宁县推进义务教育均衡发展工作具有"实施高位均衡，关爱弱势群体；实施精细化管理，提升教育质量；密切家校配合，促进学生自信成长；充分利用地方资源，开展特色教育"四大亮点。同时，对建宁县进一步推进义务教育向高水平均衡发展提出6项整改要求。

【教育改革】 2016年，建宁县继续在小学、初中各校推进课堂教学改革。初中课改高位对接江西金太阳教育集团课改成果。全县初中七年级(城关中学七、八年级)统一采用江西金太阳教育集团开发的导学案和导学测评案，9月28—29日江西金太阳教育集团课改专家到县开展课改教师培训；2016年10月12日—13日，县教师进修学校初中教研员一行9人前往江西金太阳教育集团参加课改培训，深入南昌市课改名校城东中学课堂学习观摩。2016年11月14日江西金太阳教育集团选派课改优秀教师到县开设课改示范课，并对建宁县课改教师进行课堂教学现场培训和指导。小学课改以"梦想课程"三大理念——问题比答案更重要，方法比知识更重要，信任比帮助更重要为抓手，将梦想课程理念融入到日常教学中。2016 年 12 月 2 日，在建宁县实验小学召开梦想课程教学推进会，聘请顺昌县教育局局长肖志华，顺昌县实验小学张曙光、黄甲男老师为建宁县“梦想课程”课改骨干进行培训。全县中小学普遍开展书法教育活动，2016 年 10 月 29 日上午，建宁县教育系统书法工作室成立大会在建宁县教师进修学校召开，县教育局局长丁升、副局长姜松南、工作室领导机构成员及工作室成员共 13 人参加了会议。建宁县教育系统书法工作室有 8 位成员，城关小学曾月娥老师为工作室主持人。

【队伍建设】2016 年，制定下发《建宁县乡村教师支持计划(2016—2020 年)实施办法》和《建宁县落实乡村教师生活补助制度实施方案》，决定对乡村教师生活补助从 2016 年 9 月 1 日开始执行。制定下发《建宁县教育局重申严禁中小学校和在职教师有偿补课的紧急通知》。在全县中小学教师中开展以“立师德，强师能，培名师，增活力”为主题的师德教育活动，继续实施教师成长培养工程。建宁一中徐祚寿老师被市委、市政府评为三明市首届杰出人民教师；配合县开展“福源建宁——最美人物”评选活动，实验小学黄小青、客坊中小刘桂娥分别获得最美教师称号和最美教师提名奖。2016 年获省实事杰出教师奖 4 人(黄小贤、李仁煌、徐国栋、姜景森)；获市优秀教育工作者、优秀教师 10 名：赵 霞、黄恩金、王名亮、朱继香、刘方万、王仕兰、刘荣贵、邓美芳、姜成发、李莲妹；三明市劳动模范 1 名(江竹贞)。2016 年聘用新教师 38 名(其中幼儿园 10 名)，按计划 29 名安排到农村中小学、乡镇幼儿园任教。

【教师培训】2016 年共举办各类教师培训 10 余期，培训中小学教师 2000 余人次。1.新招聘教师的培训与培养。进修学校联合省教育学院，制定了 2016 年新招聘教师的三年(2016.8—2019.7)成长培训培养计划，第一年为规范性培养，规范新教师的教育教学行为，解决新教师教育教学标准，备课、教学、班主任工作的操作性问题。第二年提升性培养。巩固教育教学规范行为，探究教育教学的有效性问题。第三年研究性培养。巩固教育教学规范行为，引领新教师开展教育教学研究，解决教育科研的方法问题。8 月 27—29 日举行第一年的第 1 期培训，12 月 1—3 日举行第 2 期培训。2.教研员的教研业务能力提升培训。7 月 13—18 日，组织 12 位教研员到闽南师大参加了为期 7 天的教研业务培训。3.教师成长“三项工程”培训。继续做好提升教师能力“三项工程”培训工作，即青年教师培训、骨干教师培训、骨干班主任培训。5 月 12—14 日，举办青年教师培训班，聘请省教育学院、三明学院教授专家为培训班授课。7 月 3—6 日，举办骨干教师、骨干班主任培训班。4. 举办全县中小学书法教育骨干教师培训班。8 月 21—23 日举办全县书法教师培训班，聘请福建省书法学协副秘书长余端照老师、三明市书法学协常务副主席兼秘书长连长生老师和中国教育学会书法教育委员会名师郑美凤老师为培训班授课，参加培训的中小学书法教师和书法爱好者 100 多人。5. 举办中小学校(园)阅读种子教师培训班。3 月 11 日，在建宁县城关中学综合楼六楼学术报告厅举行全县各校(园)阅读种子教师培训，中小学语文教师和负责课外阅读活动和书香校园创建的老师 240 多人参加了培训。关工委副秘书长吴选兴做《中小学课外阅读政策文件解读和形势报告》的讲座。书香网朱有杯、林颖讲师分别做《书香校园网站创建及书香网运用》《阅读指导活动的介绍与开展》的讲座。孔子第 75 世孙、儒学专家、福州大学人文学院孔海钦教授做

“孔子教育思想的当代价值”讲座，书香网林颖、郑海燕老师为听课老师进行精彩的观摩阅读指导活动——书香班级《西游记》阅读PK赛。6．举办建宁县中小学教务主任高端研修班。建宁县教师进修学校于3月18—20组织全县24位教导主任赴厦门双十中学参加全国中小学教研组文化建设与教研过程实施策略高端培训班培训。7.举办建宁县学前教育农村支教点及民办幼儿园教师跟岗培训。4月15日，各乡镇学前教育巡回支教点全体教师、各民办幼儿园教师在城关幼儿园进行为期一天的跟岗学习培训。8.全县中小学教师信息技术应用能力提升工程全员培训。8月24日,在县教师进修学校6楼阶梯教室举办中小学教师信息技术应用能力提升培训工程管理者和骨干教师培训班,在开班典礼上,县教育局局长丁升、全国中小学教师继续教育网执行总裁张晓明、省电大培训学院院长林永周、副院长江克英出席开班仪式并分别致辞。此次培训为期3天,参训人员有县教育局机关事业编制人员、县教师进修学校教研员、全县各类学校校(园)长、各级各类学校骨干教师共150余人参加培训。

【德育工作】全县各级各类学校建立培育和践行社会主义核心价值观“1335”长效机制。通过实施学生成长“三项工程”(即文明礼仪工程、阅读教育工程、汉字书写工程),发挥“三大”教育基地(即青少年学生校外活动中心、中小学生社会实践基地、中小学生法治教育基地)作用,提高学生的综合素质。“五四”青年节之际,组织“追寻拳拳五四情,放飞青春中国梦”活动；“六一”期间,开展“红领巾相约中国梦”主题队日活动；开展纪念中国共产党成立95周年和红军长征胜利80周年合唱比赛,开展“向国旗敬礼”“优秀童谣”征集传唱、“童心向党”歌咏比赛;组建关工委报告团,走进学校、走进社会实践基地,巡回报告25场次,参与学生达8000多人次。“三大”实践基地根据建宁区域特色和学生年龄特点,采取集中食宿的方式开展“研学旅行”活动,制定“1+N”实践活动模式:一是以中小学生社会实践基地为主，与35家单位签定合作协议，联系协作企业15家、合作单位20家,联合全县部分大中型企业、消防大队训练场、反“围剿”纪念园、法制教育基地、法治主题公园等为基地所用，让学生能够深入社会学习各种知识；设置具有浓郁地域特色的实践课程和教学活动,课程设计集中体现“新、特、红、专”四个鲜明特点;全年共组织学生社会实践基地活动23期,1942人，其中小学生691人、中学生1231人，成人拓展培训6期330人。二是充分发挥建宁县青少年法制教育基地作用，常态化的开展诸如“防电信诈骗”“珍爱生命、远离毒品”“不良恶习与犯罪的关系”“交通安全情系你我”等主题教育活动,开展“送法进校园”活动22次,参与学生达3000多人次,基地“模拟法庭”“送法进校园”等活动信息多次在省教育厅网、市教育局网、公安网等网站刊登，该基地是三明地区县域范围内占地面积最大、功能最为齐全、活动开展最为常态化、取得效果最佳的青少年法制教育基地。三是青少年学生校外活动中心开展阳光体育活动和体育艺术“2+1”活动,培养学生的体育、艺术特长,以足球特色学校为突破口，大力开展足球进校园活动，建宁一中参加省青少年足球联赛获三明赛区亚军，同时获得省级联赛三等奖。实验小学获得省青少年足球联赛三等奖。建宁一中被评为国家级青少年校园足球特色学校；城关中学、城关小学被评为国家级青少年校园足球特色学校;实验小学、里心中心小学、溪口中心小学、建宁三中被评为国家级青少年校园足球特色学校。

【平安建设】2016年，建宁县中小学幼儿园加大校园安全文化建设,规范校园安全管理,有力地保障了校园安全稳定。一是开展“平安校园”等级创建和学校安全标准化建设提升工程三年行动,至2016年年底,全县23所学校顺利通过“平安校园”等级创建考评,创建率达100%。二是强化安全宣传教育，积极开展以“珍爱生命,严防溺水”为主题的全省中小学生(幼儿)防溺水专题教育活动，开展学校防汛备汛工作和校园欺凌专项治理工作；组织开展第四届全国中小学生安全知识网络竞赛,参赛3.37万人，其中学生1.39万人，中小学生参赛率达到100%；发放《食品安全常识》宣传资料9000册、安全宣传挂图190余份,印发《致家长的一封信》3.6万份。三是认真做好学生上下学交通安全教育管理工作，全县共有2917名学生乘坐周末班车,参与运输班车46辆,财政补贴累计18.9万元;县教育局多次会同公安局、交通运输局、安监局等部门在全县范围内组织开展学生周末班车及学生交通安全隐患排查专项整治行动,累计开展交通安全讲座46次、班会课335节,制作专题板报、宣传栏216版。四是教育局联合建宁县人民检察院、建宁县司法所开展“法治进校园”巡讲活动,深入学校为学生、教师及学生家长进行法治知识宣讲。

【校外活动中心】建宁县青少年学生校外活动中心成立于2006年,通过开展培训、组织竞赛和文艺会演等活动，培养了大批文艺特长生。2016年活动中心开展了陶艺、电子阅览、心理咨询、科学工作室及户外采风等活动,分别举办了三期美术、书法、舞蹈、钢琴培训班。组织了全县中小学生书法大赛和文艺会演,初选出5个节目(实小1个,城小各1个,活动中心3个)参加三明市第六届中小学生艺术节现场展演活动，活动中心选送的大合唱《春晓》《太阳出来了》,越剧《天上掉下个林妹妹》,舞蹈《扎西德勒》均荣获二等奖,活动中心获得优秀组织奖。12月2日举办福建省中小学生校外教育艺术素质展演活动,声乐、弹拨、舞蹈、美术书法四项展演近500人参加，通过省专家评委的评定，330人分别获得一、二、三等奖。

办学条件

【概　况】2016年，建宁县紧紧围绕巩固义务教育基本均衡县发展为目标，不断促进教育事业全面协调可持续发展;新建或续建2个学前教育项目,即荷苑幼儿园项目、伊家中心幼儿园项目,5个全面改薄校园校舍建设项目,2个校安长效机制项目，新添或补充各类教学办公及生活设施设备。

【基础设施建设】1.学前教育项目。继续完成2015年下达的公办幼儿园项目2个,即:荷苑幼儿园项目，建筑面积5130平方米，总投资1730万元,其中,省级补助480万元,县配套1250万元,教学综合楼已竣工交付使用,附属工程开始施工建设。伊家中心幼儿园项目,建筑面积3350平方米,总投资1050万元,其中,省级补助资金480万元,县配套570万元,教学综合楼竣工交付使用，附属工程开始施工建设,计划2017年秋季交付投入使用。2.全面改善薄弱校园校舍项目。实施全面改薄项目5个,即:伊家中学教学综合楼改造项目,改建面积845平方米,总投资60万元,其中,中央补助60万元;新建伊家中学综合楼项目,建筑面积1700平方米,总投资438万元,其中,中央补助438万元;黄埠中学运动场项目,总投资56万元,其中,省级补助50万元,县配套6万元;客坊中学运动场项目,总投资56万元,其中，省级补助50万元，县配套6万元；新建溪源中心小学学生宿舍楼项目，建筑面积1400平方米，总投资300万元，其中，省级补助240万元，县配套60万元。截止年底，除溪源中心小学项目还在基础施工外，其他项目均已竣工。3.中小学校舍安全工程项目。实施校安长效机制项目2个，即：新建实验小学教学楼B幢项目，建筑面积1100平方米，总投资300万元，其中，省级补助280万元，县配套20万元；新建里心中心小学教学楼项目，建筑面积1500平方米，总投资375万元，其中，省级补助306万元，县配套69万元。截至年底，实验小学教学楼B幢已竣工验收交付使用，里心中心小学教学楼正在设计勘探及制图。4.城区扩容及初中工程项目。实施扩容工程项目1个，即：城关中学3号教学楼项目，建筑面积3200平方米，总投资450万元，其中，省级补助168万元，县配套282万元，至年底，该楼已竣工验收交付使用。

【教学设备提档升级】 2016年，建宁县在全县各中小学按省一类标准配足配齐各类教学仪器设备及教学办公、学生生活设施设备，全县共投入452.9万元。其中投资47万元，购置实验小学新建录播系统；投资30.6万元，新建中考监控系统一套；投资45.7万元，给农村中小学购置图书29700册；投资56万元，给城关中学、实验小学、城关小学购置图书4.2万册，其中，省级补助50万元，县配套6万元，已完成政府采购，交付使用；投资300余万元，改善各级各类学校教学办公及学生生活设施。

【教育惠民】 2016年，已办理高中生源地信用助学贷款284人，发放金额189.42万元；幼儿困难学生国家助学金补助90人，发放金额11.4万元；普通高中困难学生国家助学金补助189人，发放金额40.12万元。从2016年秋季学期开始，免除普通高中建档立卡等家庭经济困难学生学杂费，按每人每年1600元标准，2016年秋季免学费学生71人，补助金额5.68万元；中职困难学生国家助学金补助32人，发放金额6.6万元，免学费542人，免学费补助金额113.75万元。义务教育阶段免杂费11568人，免杂费及公用经费补助816.92万元；免费教科书春季学生11568人、秋季学生12013人，补助金额共131.63万元；免学生作业本春季学生11568人、秋季学生12013人，补助金额共37.91万元。义务教育阶段春季寄宿生2703人、秋季寄宿生2586人，共补助寄宿生生活费286.375万元；县财政拨出专款补助寄宿生营养汤37万元；接受社会捐助1161人次，捐赠金额152.14万元。确保全县经济困难学生能真正享受国家资助政策而安心学习，不因家庭经济困难而失学。

（阮承富）

科　技

【概　况】 2016年，建宁县科技工作紧紧围绕建设创新型建宁的目标，以科技项目为轴心，以提高科技创新能力为重点，健全科技管理工作机制，深入实施创新驱动发展战略，与时俱进，开拓进取，扎实开展好各项工作。努力推进优势传统产业升级、打造科技创新平台，加大科普宣传和科技培训的力度，科技管理工作取得了可喜成绩。当年，申报省市科技项目4项，省星火计划立项2项，申请专利167件；由建宁县承担的国家科技富民强县专项行动计划项目——“建莲产业关键技术集成与示范推广”通过省科技厅组织的专家验收。

【主体创新】鼓励企业积极申报高新技术企业，省级创新型企业，省级知识产权优势企业等资质，全县新增源容生物科技、汇利丰环保科技2家企业为高新技术企业，新增兴辉食品、孟宗笋业、华新食品、联丰造纸4家企业为省级创新型企业；积极打造企业创新平台，闽江源绿田实业公司组建的莲子精深加工企业工程技术研究中心获得省级企业工程技术研究中心认定，在此基础上，组织禾丰种业研究院有限公司、文鑫莲业建莲副产物深加工工程技术研究中心分别申报省级新型研究机构、省级企业工程技术研究中心等评估认定；积极培育科技小巨人企业，绿田实业、文鑫莲业、源容生物科技、汇利丰环保科技有限公司4家企业获批省首批科技小巨人领军企业。

【创新平台】以国家级小微企业创业创新基地和省级创业创新中心示范为载体，充分利用园区或闲置厂房、楼宇等资源建设众创空间、科技企业孵化器等创业基地，为处于初创期和成长期的企业提供低成本、便利化的创业载体。新建了闽域电子商务有限公司的莲荷众创中心、福建文鑫莲业的鑫众创客空间、福琳文化创意服务有限公司的文创天地3家众创空间，翔飞实业发展投资公司科技企业孵化中心、闽域电子商务“互联网+孵化器”、禾丰种业有限公司的闽赣边际种子产业科技园等孵化器3家，其中鑫众创客空间、闽域电子商务互联网+孵化器获得市级认定，翔飞实业发展投资公司科技企业孵化中心完成省级备案，鑫众创客空间获得科技部星创天地备案。

【项目工作】组织企业申报省市科技项目4项，完成专利产业化项目——炊蒸原纸技术产业化的验收工作。省星火计划立项2项，获扶持资金70万元。组织黄花梨保鲜技术研究与开发等7个项目参加省、市创新创业大赛，其中黄花梨保鲜技术在市赛中脱颖而出，获得市级大赛三等奖。

【专利成果】深入走访企业送政策、送服务，鼓励和引导企业提高自主创新能力，及时兑现上一年度授权专利奖励12.25万元以及小微企业专利发展资金6.35万元。同时，以此为契机，通过面对面讲解、下基层发动、发彩信宣传等方式，对企业和群众进行专利知识普及和政策宣讲。2016年，共申请专利167件，其中发明专利28件、实用新型专利85件、外观设计专利54件。专利授权95件，其中发明专利1件、实用新型专利25件、外观设计69件。

【实施国家科技富民强县项目通过验收】11月29日，由建宁县承担的2013年度国家科技富民强县专项行动计划项目“建莲产业关键技术集成与示范推广”通过省科技厅组织的专家验收。通过富民强县专项行动计划的实施，集成应用一系列建莲种植和精深加工技术成果，完善科技创新服务体系，建莲产业经济效益得到持续提升，有效促进了建莲产业的可持续发展和农民增收，使传统产业焕发新活力。项目实施期间，建立了12000平方米的莲种质资源圃，收集保存莲种质资源60份，并筛选出核心种质资源6份；选育出子莲新品种“建选31号”；建立“建选17号”种藕基地13.33公顷、“建选35号”种藕基地20公顷，绿色标准化栽培示范基地360公顷，辐射带动莲农1.8万人种植建莲3000公顷，莲农年人均收入达1.4万元；建成年产1000吨的鲜莲速冻生产线、年产12000吨莲籽露饮料生产线，累计实现产值2.15亿元；转化推广新品种、新产品、新技术11项，累计培训莲农1.51万人次。

防震减灾

【概　况】2016年建宁县防震减灾工作重点抓好地震知识宣传、地震基准站设备仪器安装、地震应急避难场所、地震测报站建设,地震应急预案制订。着力加强县防震减灾综合能力建设,推进县防震减灾工作。

【防震减灾宣传】建宁县组织人员充分利用“5·12”防灾减灾日、唐山大地震纪念日和科技人才活动周集中开展现场防震减灾宣传咨询,深入到乡镇和社区开展形式多样的宣传活动。通过县移动公司短信平台发送防震减灾宣传短信7万多条;通过广告字幕滚动播放宣传标语,滚动播出1000条次;制作防震减灾知识专栏9期,播放宣传片一周,发放宣传资料3000余份,摆放宣传展板6次,有效增强全社会防震减灾意识。

【地震监测预报】2016年,在2015年完成GPS基准站基础设施建设的基础上,完成仪器设备安装并投入试运行。配合省市地震局新建地震预警节点仪。这些项目的建成对提高建宁县地震监测能力起到积极的作用。同时,注重对应急避难场所、地震测报站的维护工作。

（陈嘉伟）

2016年建宁县文化馆文化志愿者第六套海派秧歌培训　（县文化馆提供）

文化·卫生·体育

编辑:黄日辉

综　述

2016 年是实现“十三五”的开局之年,建宁县委、县政府高度重视国家公共文化服务体系示范区创建工作,按照三明市总体部署和统一要求,制订建宁县创建工作方案,下发创建目标责任书。把公共文化服务体系示范区创建工作实行专项考评并纳入年度乡镇目标管理考核。县文化部门紧紧围绕县委、县政府中心工作,在创建国家级公共文化服务体系示范区建设、惠民工程、文化产业发展、文化遗产保护、广播电视等方面成效显著。当年,文化产业增加值 8.07 亿元,同比增长 4.1%。广播电视事业稳步发展,县级广播电视扎实开展农村数字电影放映工程和等比山升级改造工程。全县有 9 个乡镇文化站和 9 个乡镇广播台,各乡镇都单独设置了综合文化站办公楼;县图书馆新增馆藏图书 4768 多册,全年到馆人数达 6.46 万人次,流通册数 6.87 万册;县档案局被评为全省档案系统先进集体;县新华书店完成销售码洋 593.67 万元,较上年同期增加 102.92 万元,年末存书 1.9 万册;县地方志办公室在内部人员进修培训、年鉴、地情开发和方志馆建设工作方面取得较好成绩,全省地方综合年鉴编辑和主编培训班在建宁县举办。2016 年,建宁县卫生和计划生育局以深化医药卫生体制改革和实施全面两孩政策改革、完善计划生育服务管理为工作主线,主动作为,开拓进取,各项卫生计生工作取得新成效,实现了“十三五”良好开局。建宁县计划生育工作再次被评为“全省计划生育目标管理责任制考核先进县”、卫计局党委被三明市委评为“三明市先进基层党组织”。县体育事业着力全民健身,扎实开展各类体育活动。体育队伍不断壮大,新成立自行车协会、瑜珈协会;2016 年参加全国性竞技体育比赛获第一名 5 人次,第二名 4 人次,第三名 2 人次;参加省、市级竞技体育比赛获第一名 7 人次,第二名 6 人次,第三名 8 人次;连续 5 年引进省级赛事活动,营造竞技氛围;后备人才输送呈上升趋势,县少体校向省、市少体校输送体育苗子 7 名。

文　化

【概　况】2016 年,建宁县文化项目建设投入经费 11000 万元,其中:健身馆·图书馆项目 2016 年完成投资 1080 万元,占年度目标的 108%;万星影城项目 2016 年完成投资 9100 万元,完成计划投资 101%。争取上级资金 106 万元,对等比山高山台进行升级改造,实现定项微波传送 16 套节目,解决边远群众收看电视难问题。莲乡影剧院开展主旋律影片“电影三下乡”国产影片展播活动,展播了一批如《胜利大阅兵》《战狼》《诱狼》《百团大战》等优秀国产主旋律电影。按照新农村建设要求,为配合社会主义新农村建设,按照“生产发展、生活富裕、乡风文明、村容整洁、治理民主”二十字社会主义新农村总体要求，购买了《无公害蔬菜》《节水浇灌》《农村改厕》《迷信害人》《近亲结婚的危害》等20余部科教片，投入到“送电影下乡”活动中。2016年，共完成放映任务1125场，其中商业片564场，公益片559场，观众达34万多人，优质放映率达100%。

【公共文化】建宁县公共文化建设紧随时代步伐、加强组织领导，加强基础设施建设，加大经费投入，强化队伍建设，开展丰富多彩、形式多样的系列文化活动。全县9个乡镇都单独设置了综合文化站办公楼，并且面积达标，功能室设置齐全，设施设备基本配置到位。92个行政村、7个社区文体设施基本达标。2016年，根据创建工作实际需要，从教育系统公开选调2人到县图书馆、1人到局文化股、各乡镇文化站也根据要求配置了3名专职文化工作人员。同时，为充实每个行政村和社区文化阵地工作力量，全县每个行政村和社区都配备了专职文化管理人员，并有专项津贴，基本满足了现有文化工作的需要。创建服务新模式，重点培育与创立图书馆建设的“香香姐姐讲绘本”幼儿阅读推广、“我悦读·我担当”小小志愿者、建图·大讲堂、《莲乡信息》四个文化服务品牌，并通过品牌服务活动来增强图书馆社会知晓度，提升深化公共图书馆的服务能力和服务空间，发挥公共图书馆的社会职能，展现“清新花乡·书香建宁”风貌。截至2016年8月，开展各类农村文化活动、文艺演出共1260场次。还结合示范区创建工作，广泛开展各类具有建宁地方特色的文化、民俗、节庆、健身等系列文体活动，经常性开展文化进社区进校园、文艺巡演等活动，积极创新活动内容和形势。为更好的提供公共文化服务，满足群众的文化活动需求，文化馆进行免费培训和场地开放，常年坚持艺术培训。2016年共开办32期免费培训班。举办两期荷声少儿合唱团，五期少儿舞蹈，三期书画培训，四期越剧培训，三期吉他培训，三期二胡培训，四期成人瑜伽培训，四期肚皮舞培训，两期健康操培训，四期旗袍秀培训，参与人数达千余人。年内，文化馆开展“圩日快乐行”和“莲乡之夜”广场文艺晚会活动共21场。其中“圩日快乐行”活动9场，“莲乡之夜”广场文艺晚会12场，文艺演出共78场次。举办元宵灯谜、戏曲民间艺术采风、春节民俗踩街等民俗活动5次，“为三明点赞” 系列活动6场，纪念中国工农红军长征胜利80周年系列活动12次，“半台戏”公共文化配送32次，“身心瑜悦 美丽倍伽” 大型瑜伽户外展示活动2次。通过各类文艺活动，丰富人民群众精神文化生活，开阔群众的眼界，让老百姓成为舞台上的主角，提升宣传文化服务基层，服务群众，有效推动全县群众性宣传文化活动全面发展。当年共播出电视新闻130余条(其中省台26条、市台14条、县台90余条)，上报网络宣传平台信息90余条，其中在市创建工作简报和市公共文化微信平台刊登68条。同时，还利用手机信息、制作大型广告牌、开展形式多样的活动等加大示范区创建宣传力度。

【文化市场管理】开展行政权力事项清理审核工作。2016年，全县网吧存量共13家，仅3家再继续经营、娱乐场所10家、民营演出团体1家(木偶剧团)。年内，全县无新设立文化经营单位。全县印刷发行行业进一步繁荣，包装装潢印刷品印刷企业、其他印刷品印刷企业共8家(其中新增1家)、出版物发行单位4家。电影市场进一步发展繁荣，全县共有电影放映单位2家(含新增1家)，除原有的莲乡影剧院外，新增的华彩万星影城投资总额达1000万元，从业人员近20人，经营面积近2400平方米，拥有4个放映厅，座位数近2000个。强化日常监管，开展专项集中整治行动，始终保持打击文化市场违法违规经营行为的高压态势，保障和促进全县文化市场安全稳定，构筑监督举报受理网络。深化文化市场综合执法规范化工程建设，充分发挥“12318”举报受理电话功能，市场监管科学化水平不断提升。坚持在八小时工作时间外和消费高峰时间段错时巡查，制定文化市场“黑名单”，对被列入“黑名单”的经营单位和“12318”文化市场举报电话反复投诉、举报的经营单位重点巡查，做到有案必查、有查必果。2016 年，出动执法检查人员 158 人(次)，检查文化市场经营单位 79 家(次)，责令整改 2 家。查缴各类非法出版物 280 余册(盘)，关闭非法店档摊点 2 个。以发放宣传单的形式组织开展 12318 文化市场法制宣传教育，开展知识产权宣传周和艺术品市场法制宣传周活动，广泛宣传文化市场政策法规，切实增强广大人民群众知法、懂法、守法的自觉性。共出动宣传人员 30 余人次，印制发放法规宣传单 1000 余份，接受群众法律法规及办事流程咨询 26 人次。

【广播电视】年内，共播出《建宁新闻》253 期，《一周新闻纵横》52 期，播出各类消息 1200 余条。先后推出了《两会视点》《十三五规划纲要解读》《坚定信心 精准发力 坚决打赢脱贫攻坚战》《两学一做》《喜迎党代会 共谱新华章》《学习贯彻十八届六中全会精神》等专栏。按照“月月有活动、季季有高潮 ”旅游总体要求，完成《2016 年建宁花海跑》《溪源都团插秧季》《祈福闽江源 耕读鸳鸯湖”农耕之旅》《建莲文化嘉年华活动开幕式暨世瑜会启动仪式》《美食娱乐嘉年华》《里心桃梨采摘季活动》《三明市首届微商大会》《2016 中国·建宁国际自行车公开赛》《客坊中畲过半年》《伊家：稻花香“鲤”说丰年》《均口：蟹蟹你来》等活动的策划宣传报道工作。在做好新闻宣传的同时，专题部继续做好专题栏目，制作了《夕阳里的根艺时光》《5·8 洪灾纪实》《建宁脱贫攻坚纪实》等专题片 30 多个。通过走出去、请进来的方式，继续加大通联工作，建宁台选送的《福建建宁“花海跑”：做运动 赏美景》《福建建宁：插秧季热闹开场 农事体验欢乐多》《福建建宁：暴雨持续 100 多人被困》《福建三明：最低温 0℃以下，首现雾凇景观》等 11 条新闻在央视《新闻联播》《朝闻天下》《新闻直播间》《第一时间》等栏目播出，被省台用稿 200 多条，市台用稿 350 多条。在创优作品中，《谁来保护植保作业中农民的安全》获三明市广播电视新闻奖广播类一等奖，《建宁新闻》获三明市广播电视播音作品一等奖；此外，新闻专题《农产品上行 步步为“赢”》等 6 件作品分获二、三等奖；电视台被县委、县政府授予“为荷而来”中国建莲文化旅游嘉年华活动“先进单位”。

【图书馆】县图书馆以创建国家公共文化服务体系示范区为契机，按照公益性、均等性、基本性、便利性、共享性的要求开展工作。2016 年新增馆藏图书 4768 多册，全年到馆人数达 6.46 万人次，流通册数 6.87 万册；基层读者服务新增建宁一中 1 个分馆，县消防大队、县武警中队、县法院等 5 个流通点，通过集中统一采购、统一编目、统一配送、统一服务、统一管理等方式实现通借通还，有效实现县、乡、村三级图书馆网络服务体系。2016 年图书馆陆续开展各类阅读延伸活动，如《孔子教育思想的当代价值》公益讲座、“趣味灯谜”“小书童”阅读分享、“走近经典”阅读沙龙、“读吧·建宁”征文、与城关中学开展图书漂流、与县特殊学校开展“关爱与阅读同行”，与社科联、教育局联合开展“花香何如书香远——经典阅读与文化传承”大型全民阅读推广公益活动等。并开通了移动数字图书馆，图书馆公众微信等数字服务平台，新购 10 万册电子图书，突破了县图书馆电子资源缺乏的现状；同时通过专属VPN通道可访问国家图书馆网络书香120T和省36T的数字资源。开通全球第一中文报刊数据库“博看网”，通过下载终端可在线浏览3600多种期刊。为进一步推进文化的大繁荣、大发展，科学论证新馆建设，新馆建设占地面积2522平方米，总投资2240.5万元，预计2017年年底投入使用，设计中引入“以人为本”和绿色管理理念，通过大空间开放和大镂空天窗、多重灯光等别具一格的空间设计，设有文献借阅中心、专题文献中心、少儿文献借阅中心、幼儿娱教室和多功能厅等十个功能厅室，除普通文献借阅、工具书检索外，还增加了多媒体体验区、读者自修区、休闲书吧阅览区，以及电子图书手机借阅等服务项目，更好的满足了读者的阅读愿望，符合全体市民的需求。

【文物保护】5月18日，围绕“博物馆与文化景观”活动主题，以红色文化为中心，精心策划“红色历史文化进军营”系列活动。通过向县消大防队全体官兵介绍建宁红色历史文化、文物保护成果以及中国工农红军抗日先遣队进入建宁等相关历史知识，让广大官兵走进红色文化，了解红色知识，保护红色遗产。6月11日，根据《消防安全重点单位微型消防站建设指导意见（试行）》工作要求，成立“微型消防站”，并投入近3万元，购置干粉灭火器、水带、水枪、消防员灭火防护服、消防摩托车、消防安全绳、消防腰斧、防毒面具等各类消防器材，同时还聘请县消防队专业人员在现场就各类消防器材的使用进行培训，让每个队员全面、熟悉掌握各类消防器材的使用技能和操作能力，微型消防站的建立大大提升馆内消防灭火应急处置能力。8月，将中国人民解放军总装备部赠送的3件退役报废武器装备陆续运抵馆区，分别是66式152毫米加榴炮，65式37毫米双管高射炮各一门和62式轻型坦克一辆，并免费对外开放。这些退役报废武器的到来，为更好地进行爱国主义教育和国防教育提供“活教材”。2016年是中国工农红军长征胜利80周年，积极配合中央电视台第10套《社会与法》栏目拍摄大型纪录片《长征谍报战》。弘扬红军长征精神，9月—10月举办“纪念中国红军长征胜利80周年——湘江战役与红色苏区摄影图片展”；10月，又将红军长征精神带进校园和社区，分别在建宁城关小学、水南社区举办了“铁血长征——福建儿女长征史迹”图片展。10月9日，由福建省广播影视集团新闻中心、新闻频道、公共频道联合摄制的纪念红军长征胜利80周年大型特别节目《2016福建苏区行》建宁站的录制工作在纪念馆进行，积极配合摄制组完成毛泽东三封重要指示信、无线电台实物的现场录制工作。完成县全国第一次可移动文物普查总结验收工作并编制了建宁县第一次可移动文物普查验收报告。12月，公布第三批县级文物保护单位共20处，加大文物保护的力度。

【举办纪念红军长征胜利80周年文艺晚会】9月22日，为纪念红军长征胜利80周年，县文广局、老干局、老龄办等单位联办的《不忘初心丰碑永恒——纪念红军长征胜利80周年》文艺晚会在县宣传文化中心举行。晚会在民乐军歌联奏中拉开序幕，歌舞《十送红军》、独舞《母亲》、男女声小组唱《长征组歌》、舞蹈《南泥湾》、舞蹈《红军不怕远征难》等节目烘托出浓厚的红色氛围，鲜明地表现了时代特色。生动的场景、感人肺腑的红色故事，既为观众展示了那段硝烟弥漫的峥嵘岁月，也向人们讲述了红军义无反顾的英雄壮举。在激情雄壮的歌舞声中，大家重温红军长征的光辉历程，全场不时响起热烈掌声，晚会在歌伴舞《共筑中国梦》中落下帷幕。

（杨丽琴）

【“为荷而来”系列活动】7月15日上午，“为荷而来”2016中国建莲文化旅游嘉年华开幕式暨世瑜会启动仪式在修竹莲文化主题公园千亩莲田花海举行。省旅游局副局长郑维荣，副市长张元明，市政协副主席陈欣，县领导郑剑波、陈显卿、陈海涛、廖鲁言，世瑜会秘书长王瑞才，世界瑜伽大师莫汗、希瓦·帕萨德、王媛出席开幕式。县委副书记、县长候选人陈显卿在开幕式上致辞。他代表县委、县政府和建宁人民，向参加此次活动的各位领导、各位嘉宾表示诚挚的欢迎！向一直以来关心支持建宁发展的各位领导和各界友人表示衷心的感谢！世界瑜伽联合会秘书长王瑞才在世瑜会启动仪式上致辞。县委书记郑剑波代表建宁县授予莫汗大师为建宁瑜伽推广大使，授予希瓦.帕萨德大师为建宁瑜伽亲善大使，授予王媛大师为建宁瑜伽形象大使。世瑜会秘书长王瑞才授予建宁“瑜伽圣地”称号。随后，郑维荣、张元明、陈欣、郑剑波、王瑞才将手中的美酒灌注在“为荷而来”的字体里，正式启动了“为荷而来”2016中国建莲文化旅游嘉年华活动暨世界瑜伽大会。启动仪式后，进行了《舞韵瑜伽》和《千人瑜伽》表演。“为荷而来”2016中国建莲文化旅游嘉年华暨世瑜会由县人民政府、市旅游局、世界瑜伽联合会主办，由县旅游局、闽江源旅游集团有限公司、世瑜会组委会、厦门素然瑜伽以及厦门市铉博广告传媒有限公司承办。活动旨在持续唱响“清新花乡·福源建宁”品牌形象，挖掘建莲旅游资源，弘扬建宁“莲文化”，突显“建莲”品牌，做强赏花经济，做旺乡村旅游，做活生态养生，推进建宁县全域赏花地建设，打造全国知名乡村旅游目的地。

（李德庆　姜科信　王德辉）

【建宁县通过国家三类城市语言文字工作评估验收】12月13日，省新闻出版广电局调研员吴仁鉴带领评估组对建宁县创建国家三类城市语言文字工作进行评估验收。评估组通过听汇报、查材料、问卷测试，对党政机关、新闻媒体、学校、公共服务行业等12个受检点语言文字工作进行检查评估。评估组认为，建宁县高度重视语言文字工作，目标明确、措施得力、工作扎实，实现了“普通话初步普及，汉字的社会应用基本规范”的目标，达到国家规定标准。认定建宁县国家三类城市语言文字工作以“优秀”等次通过评估验收。

（仕忠　肖婷）

【《黄埠往事》演员海选在建宁举行】2016年，县文广局经过剧本创作、党史佐证，反映原中央苏区县建宁烽火岁月，再现苏区军民鱼水情的建宁县首部红色旅游电影《黄埠往事》进入了演员海选阶段。12月10日，《黄埠往事》的演员海选在中央苏区反“围剿”纪念园拉开帷幕，电影中的各个角色吸引了40多位群众报名参演。电影《黄埠往事》的导演高建华介绍，这次电影的大部分角色都由建宁海选的演员担任，剧中的红军战士和桂阳游击队队员角色也将从参与海选的演员中产生，目的就是让大家记住那段红色岁月，记住当年7000建宁儿女当红军的革命历史。这部电影取景地的拍摄均选在桂阳村，按照当时事发的实景进行拍摄。

（李德庆）

新华书店

【概　况】2016年，完成销售码洋593.67万元，较上年同期增加102.92万元，完成集团下达预算数的113.73%。其中：教材发行184.10万元，较上年同期增加0.46万元，占总销售码洋的31.01%；教辅发行204.75万元,较上年同期增加7.31万元,占总销售码洋的34%;一般图书发行129.51万元,较上年同期增加68.14万元,占总销售码洋的21.82%;非图书商品发行75.31万元,较上年同期增加27.01万元,占总销售码洋的12.69%(其中音像制品发行1.85万元,较上年同期减少0.60万元)。

【教材发行工作】年内,公司积极应对形势,主动出击,充分发挥全体员工的积极性,全面完成教材发行工作任务。做好教材发行和售后服务工作。2016年秋季部分教辅到货较迟,分公司为做好教材、教辅的发行工作,牢固树立客户至上的服务意识,由教材科科长与各校沟通交流,对相关情况耐心解释,取得各校的理解与支持,树立良好企业形象,赢得学校的认可。积极应对当前新形势新政策,加强对目录外教辅宣传征订工作。2016年征订目录外教辅6581册,码洋7.52万元。经由集团批准,分公司与建宁县乘龙物流运输有限公司签订教材仓库租赁合同。该仓库实际使用面积为125平方米,层高为5米,合同租赁期为60个月(自2016年12月1日起至2021年11月30日止)。

【图书发行工作】面对竞争日益激烈的图书和文化用品市场,分公司继续按照集团“五轮驱动、资源整合、管理升级”的战略,抓好一般图书这个“方向之轮”。集中突出一般图书和文化用品的销售,取得较好的成绩。年内图书发行科发行码洋共计157.36万,完成年初计划任务113万元的139.26%,其中一般书129.51万元,非图书商品27.43万元(其中包含音像制品0.42万元)。

【政治读物销售情况】公司充分利用“两学一做”学习活动的契机,在县委宣传部、县委组织部的支持下,通过下发文件,上门征订和电话跟踪等方式,扩大了政治读物及活动用书销售。全年总计销售政治读物15047册,码洋26.07万元。

2016年政治读物销售情况表

表9　　单位:元

书　名	版别	定价	册数	码洋
全面小康热点面对面——理论热点面对面·2016	学　习	8	617	11106
中国共产党廉洁自律准则中国共产党纪律处分条例	法　制	6	1309	7854
习近平总书记系列重要讲话读本	学　习	16	3508	56128
中国共产党章程	方　正	3.5	6128	21448
习近平谈治国理政	外　文	80	501	40080
摆脱贫困	人　民	36	2448	88128
习近平关于严明党的纪律和规矩论述摘编	方　正	13.6	33	448.8
中国共产党党员权利保障条例	人　民	3.5	93	325.5
胡锦涛文选(1—3)平装	人　民	139	219	30441
中国共产党第十八届中央委会会第六次全体会议公报	人　民	3.5	31	108.5
《〈关于新形势下党内政治生活的若干准则〉〈中国共产党党员监督条例〉》(合订本)	人　民	7	125	875
《〈关于新形势下党内政治生活的若干准则〉〈中国共产党党员监督条例〉》(辅导读本)	人　民	32	13	416
中国共产党的九十年(上中下)	中共党史	150	22	3300
合计			15047	260658.8

【系列营销活动】1.在元旦、春节期间，开展"书香八闽 阅迎新年"营销活动，不仅烘托了卖场的节日气氛，拉动了卖场人气，还在扩大一般图书销售的同时，进一步提升了书店品牌在读者心中的知名度和社会影响力。整个活动期间销售图书703册，码洋1.27万元。2.精心组织"世界读书日·海峡读者节"图书优惠促销活动。4月23日在建宁县城关工商所门口与图书馆联合开展以"阅读走进生活"为主题的阅读推广系列活动，并提前做好相关活动的宣传工作，当天销售码洋0.79万元。4月21日—5月20日整个活动期间共销售图书7199册，码洋8.57万元。3."六一"期间举办"梦想起航·童心飞扬"系列活动，不仅丰富了孩子们的节日生活，还引导了孩子们的阅读热情。活动期间销售少儿类图书216册，码洋3064元。年内公司各活动总计销售图书9275册，码洋12.83万元，丰富了读者文化生活的同时，也增加了公司的销售收入。

【拓展多元产品市场】全店员工积极走出店门，努力开拓文化悦读卡、办公用品市场。全年非图书商品销售43936.3件，码洋28.74万元，其中推销莫言复印纸468.3件，码洋9.37万元；簿籍销售41753册，码洋7.63万元；晨光文具销售1464件，码洋0.67万元。

（饶绍华）

档 案

【概 况】2016年，县档案馆接收各类档案资料4049卷/册；全年共接待档案利用者1068人次，提供利用档案资料5103余卷；全市"村档乡管"工作现场会在建宁县召开；2016年县档案局被评为全省档案系统先进集体。

【全市"村档乡管"工作现场会在建宁召开】11月1日，全市"村档乡管"工作现场会在建宁县召开，各县(市、区)分管领导、档案局(馆)长、试点乡(镇)主要领导及市直涉农部门分管领导共70多人参加会议。市委常委、秘书长王刚，省档案局副局长黄建峰，市政府副市长张文珍到会并分别作讲话，对建宁县"村档乡管"工作给予了高度评价，并决定在全市总结推广建宁"村档乡管"工作经验。与会人员现场观摩了濉溪镇、均口镇、修竹村档案室，听取了工作经验介绍。

【档案资源建设】2016年，依法开展到期档案的接收进馆工作。全年，县档案馆接收到期档案4049卷，同时加大民生档案的接收力度，接收了病历档案、婚姻档案等民生档案1500卷(册)。同时注重征集地方特色档案，重点征集反映重大历史进程、重要历史事件、文化和自然遗产等高价值的档案，征集了八十年代以来国家、省主要领导在建宁调研时的照片500余张；征集了反映建宁各时代生活照片247张、影像资料1份；征集了部分反映中央苏区时期建宁革命的照片。

【档案全文数字化建设】继续实施"存量数字化、增量电子化"战略，加快传统载体档案数字化步伐，继续开展全文数字化扫描工作。2016年，完成全文数据扫描70万页，累计完成馆藏档案全文数字化扫描13个全宗，200万页。10月，县档案局对全文数据挂接系统进行了全面升级，至年底已完成县委办、政府办、组织部等9个重要全宗的全文数据挂接。实现部分全宗通过软件搜索、预览、打印等功能即可完成查档工作，有效地提高了查档效率，同时无需再调阅原始档案，能较好地避免重复调档对档案的损坏，进一步提高档案安全保管。

【档案展厅建设】为加强爱国主义教育,充分利用馆藏档案资源,以展览图片、声像和实物的形式,综合展示建宁悠久的历史、优美的环境、丰富多彩的文化和改革开放以来的发展成就,完善档案馆“五位一体”功能,2016年县档案馆开展档案馆固定展厅建设。截至12月底,展厅已完成地板铺设、空调与灯光调试、展板与展柜制作,后期完成图片布展即可开馆迎展。同时,正积极筹划申报“全省青少年爱国主义教育基地”。

【档案保管与利用】县档案馆热情接待每一位查档群众,严格执行法定工作时间对外开放制度,同时采取节假日预约查档、电话咨询、对查阅档案免费复印等措施,方便群众查档。全年共接待档案利用1268人次,提供利用档案资料3000余卷。档案在机关日常管理、编史修志等工作中产生了较好的社会效益和经济效益,有效发挥了档案在服务民生、化解各种社会矛盾、突破重难点工作等方面不可替代的作用。

【档案法制宣传】开展以“档案与民生”为主题的“6·9国际档案日”街头宣传活动。县档案局通过摆放宣传展板、设立咨询台、免费发放各类档案知识宣传册、邀请县电视台进行专题报道等方式,宣传和普及档案知识,弘扬档案文化,增强社会各界群众对档案工作的认识,使更多的民众感受档案丰富的文化内涵和价值,进一步发挥档案工作“记录历史、传承文明、服务社会、造福人民”的重要作用。

【档案执法检查】6月,县档案局对全县机关单位和乡镇开展重大活动档案管理执法检查和档案安全保密专项督查。检查采取听取汇报、查阅资料、实地查看、现场反馈等方式,对受检单位重大活动档案立档工作和档案安全保密工作情况进行详细的检查,大多数单位重大活动档案规范建立,档案安全保密管理到位。

【档案业务培训】为进一步提升乡、村档案管理员对档案规范化管理的认识,提高档案队伍人员的业务素质,县档案局从9月开始,到每个乡(镇)举办了一期档案管理业务培训,培训以实践操作为主,理论讲解为辅,突出直观演示和动手操作。各乡(镇)(含所、站)、村(居)档案管理员近200人参加了培训,通过此次培训,每个人员都基本掌握了档案的收集、分类、立卷、保管等技能和知识。

(谢　晖)

地方志

【概　况】2016年,建宁县地方志在编人员3人,其中,主任1人、主任科员1人、股级科员1人,聘请编外编纂人员2人。县地方志坚持“县委领导、政府主持”的修志体制,贯彻《地方志工作条例》《全国地方志事业发展规划纲要(2015—2020年)》《福建省实施〈地方志工作条例〉办法》等有关条例规章,按照县委、县政府关于“清新花乡·福源建宁”的总体定位和《建宁县2016年度县、乡(镇)和部门工作考评办法的通知》要求,围绕“修名志佳志、创精品年鉴”的目标,科学调度,主动作为,统筹兼顾,创新工作思路,强化工作措施,落实工作责任,各项工作都有了新的进展,超额完成年初制定的地方志工作目标和任务。同时,积极配合省方志委做好6月在建宁县举办的“全省地方综合年鉴主编和编辑培训班”的各项会务事宜。

【《建宁年鉴(2015)》出版发行】《建宁年鉴(2015)》的编纂工作在前5卷的基础上,认真总结经验,集思广益,并借鉴兄弟县、市年鉴编辑的好经验、好做法,努力打造精品,突出建宁特色。一是明确任务、落实责任。年初按照年鉴条目和内容要求,建立年鉴编纂责任制,将年鉴的资料分解到各编辑,按委口负责收集与编辑,做到责任落实,任务落实,确保年鉴向精品目标迈进。二是突出重点,加强指导。为确保年鉴按时、按质完成编审工作,年鉴编辑人员按委口与撰稿单位联系,对年鉴撰稿人给以实时业务指导,督促各单位及时报送年鉴资料,反馈撰写情况。三是认真编审,反复修改。质量是年鉴的生命和价值所在,为确保年鉴出精品,县方志办在加强指导的同时,认真编审,反复修改,力求年鉴资料真实可靠。四是精心组织,顺利出版。为提高年鉴出版质量和档次,主动与方志出版社沟通联系,及时签订印刷出版合同,同时办理好县采购办和财政审核报批手续。9月,由方志出版社出版发行,全书共设栏目33个、分目224个、条目886个,字数约52.6万字,全面记述和反映2014年全县政治、经济、社会、文化等各方面发展的史实与变化。

【《建宁年鉴(2016)》出版发行】3月,以建委办〔2016〕16号文件,转发县志办《关于开展〈建宁年鉴(2016)〉编纂工作的意见》"的通知,同时启动《建宁年鉴(2016)》编纂工作。并对年鉴工作的指导思想、目标任务、时间要求、条目撰写、撰稿单位及责任编辑等提出明确要求。至10月底完成初稿总纂。同时聘请专业人士做好年鉴彩页的征集、设计、制作、编辑和校对等相关工作,在版面设计上进一步活跃版面形式,图片资料较往年更为丰富,能比较直观的反映出建宁各行各业、各个层面在推进"清新花乡·福源建宁"建设的新风采、新风貌、新成就,这不仅增加了年鉴的可读性,也体现年鉴的品质。该书于2017年1月由厦门大学出版社出版发行,全书共设栏目34个、分目220个、条目870个,字数约55万字,

【地情开发】充分发挥地方志资源的资政教化作用,主动为地方政治、经济、文化和社会建设提供地情信息资料。积极配合县民政局做好全县地名普查的资料收集、考证及审核工作,协助县客家联谊会做好有关姓氏家谱编辑工作,为客坊乡水尾村旅游开发项目提供红色革命历史资料。

【方志馆建设】采取购置、交换、征集等方式,收集全国各地志书、年鉴,丰富方志馆馆藏,全年新增各类志书、年鉴、文史资料等共计200余册。加强方志馆各项管理,完善方志馆内部设施,及时对馆藏书籍进行分类整理、登记,以便借阅。完善地情资料的查询、借阅制度。

【全省地方综合年鉴编辑和主编培训班在建宁举办】6月22—23日,全省地方综合年鉴编辑和主编培训班在建宁县举办。6月22日上午,培训班开班,建宁县副县长谢忠喜致辞,省方志委副主任余杰作讲话。为期3天的培训班,方志出版社教授冯松讲授《地方综合年鉴编辑应该掌握的基本知识与技能》,江苏省方志办主任年国义讲授《如何做好地方综合年鉴主编》,福建年鉴社副主任林忠玉讲授《年鉴编撰中如何做好组稿、编稿、审稿》,福建省方志委教授苏炎灶讲授《地方综合年鉴的质量控制》,福建省方志委副主任林浩作总结讲话。全省各市、县地方志系统及建宁县直各单位年鉴撰稿人员180多人参加培训。

(罗瑞忠)

卫生与计生

【概　况】截至2016年9月30日，全县总人口157838人，出生人口2066人（男1079人，女987人），出生政策符合率92.64%、出生性别比趋于平衡。全面完成了市下达的责任管理目标。全县有公立医疗卫生机构14个，其中县直医疗单位5个，乡镇卫生院8个（中心卫生院2个，一般卫生院6个），社区卫生服务中心1个；医养结合卫生服务站5个，村卫生所87个。全县卫生事业单位人员核编545人，在编人员共324人，其中卫技人员290人，卫技人员中本科学历42人（其中第一学历29人），大专学历84人，中专学历164人，高级职称28人（正高职称4人、副高职称24人），中级职称122人，初级职称115人。2016年，里心镇中心卫生院被国家卫生计生委评为"2015—2016年度群众满意的乡镇卫生院"。

【医药卫生体制改革】2016年，医疗卫生体制三级改革继续进行。一是公立医院综合改革向纵深发展，在药品零差率销售、全员年薪制、药品限价、使用基药、全病种定额付费等公立医院改革的基础上，继续做好分级诊疗，双向转诊，高值耗材限价销售等工作。二是基层医疗机构综合改革向前推进，进一步规范绩效考核和分配制度，健全和完善维护公益性、调动积极性、保障可持续的基层卫生长效机制；深入开展"建设群众满意乡镇卫生院"创建活动，进一步优化服务环境，提高服务质量，更好地为患者提供优质、便捷的服务。三是村卫生所改革全面完成。按照村卫生所统一规划建设、统一人事、统一业务、统一药械、统一绩效考核和财务的"六统一"管理要求，全县在74个行政村设立公立性质的村卫生所74家，聘任卫生所所长74名、聘用乡村医生146名，村卫生所改革工作任务全面完成。溪口马元村卫生所在全市尤溪工作现场会后率先开通居民医保门诊结算系统。同时，医养结合工作稳步推进，在县主城区设立3个医养结合卫生服务站，采取公办托管、购买服务的形式举办，建立健全相关工作制度，有效整合医疗资源；复兴社区和水南社区医养结合卫生服务站均整合完成并挂牌投入使用。医养结合卫生服务站极大地方便群众，实现了基本医疗、基本公共卫生服务的延续和养老服务的延伸发展。

【疾病预防与控制】年内，共报告甲乙类传染病337例，当年无重大疫情发生，各类免疫规划疫苗接种率均保持在95%以上。县防疫站及县、乡、村三级医疗机构广泛开展健康教育，充分利用宣传栏、电子屏、发放宣传单和宣传手册、健康知识讲座等健康教育形式，广泛宣传青春期生理卫生、健康素养66条、传染病疾病防治等健康知识。

【爱国卫生】创建省级卫生县城。深入开展以"清洁家园、防害防病、促进健康"为主题的第28个爱国卫生月活动，参与人数1.2万人次，集中开展环境卫生整治126次，清除垃圾102余吨，城乡市容市貌、环境卫生状况大为改观。积极推进全民控烟工作，在机关单位中形成了较好的控烟工作氛围。加大"除四害"工作力度，全县共投放鼠药2000公斤，使用敌敌畏等杀虫剂750公斤，"四害"密度监测结果均在全国爱卫办控制指标范围之内。

【卫生监督】加强卫生监督内部管理，完善各项规章制度，加强机关效能建设，重点加强卫生执法队伍业务培训，规范卫生监督执法活动，开展各项卫生监督执法工作,把好卫生许可准入关,加大公共场所监管力度,做好传染病防治及消毒产品监督工作,大力整顿个体医疗市场,开展职业病预防监督,全年未发生重大餐饮安全和重大突发公共卫生事故。

【妇幼保健】一是做好农村妇女宫颈癌检查。2016年农村35~64岁妇女宫颈癌免费筛查任务数为1000人,实际完成宫颈癌普查1016人,检出疾病共270人,其中宫颈细胞学检查异常40人,生殖道感染214人,生殖系统良性疾病16人。二是加强托幼园所儿童健康管理。全年为在园在托儿童进行健康体检2243人,完成眼保健1128人、口腔保健2550人次;3岁儿童系统管理率88.32%,高危儿筛查率3.61%、管理率100%;5岁以下儿童死亡13人,死亡率6.35‰;婴儿死亡9人,死亡率4.40‰。

【基本公共卫生】2016年,全县共建立居民健康档案113407份,建档率94%,其中电子档案112796份,电子档案建档率99.5%;应管理孕产妇2816人,规范管理孕产妇2420人,规范管理率85.9%;应管理0~6岁儿童13668人,规范管理12028人,规范管理率88%;65岁以上老年人建档12820份,规范管理65岁以上老年人8624人,规范管理率67%;辖区内登记的高血压患者8006人,规范管理数5446人,规范管理率68%;登记的糖尿病患者数2212人,规范管理数1495人,规范管理率67.5%;登记的重性精神病患者数524人,规范管理数449人,规范管理率85.6%。

【卫生人才建设】2016年,共招聘或签约大中专毕业生23名。其中通过招聘考试招录10人,医学定向委培生定向分配13人。继续做好2016年本土化定向委培生工作,县医院与4名全日制本科医学生、乡镇卫生院与8名全日制专科医学生签订了委培协议。选派了21名医生到上级医院培训,邀请上级医院专家到县讲座6次,指导手术56台;287人报名参加“华医网”医学远程教育学习,47人参加福建通讯继续教育;“传、帮、带”工作深入开展,专业技术人员的业务素质不断提升。

【计生目标管理】县委、县政府高度重视,多次召开会议,研究部署人口计生工作,制订下发2016年度人口计生工作意见、乡镇和县直部门2016年度人口计生工作责任书,出台建宁县2016年度计划生育目标管理责任制考评内容及评分标准,制定建宁县2016年度县直部门人口与计划生育工作考评细则。各乡(镇)党委、政府和村(居)结合实际,制定工作计划,下发责任书,进一步细化落实乡(镇)、村(居)干部包村、村干部包组包户责任,把工作责任落实到人,工作措施落实到村组,形成一级抓一级,人人抓落实的工作局面,及时解决工作中的实际困难和问题。同时,将工作任务落实情况与乡(镇)挂村领导、包村工作队、村主干的绩效工资和奖金相挂钩,年终严格兑现奖惩。

【计生优惠政策落实】建宁县实施以兑现各类计生奖励扶助政策、开展圆梦女孩活动和开展计生困难家庭慰问活动为主的精准关爱工程,让更多的家庭享受计生改革带来的福利。一是全面兑现各项优先优惠政策和奖励扶助政策,其中兑现农村奖励扶助476人,共69.72万元;兑现贡献奖励286人,共10.30万元;特别扶助24人,共21.24万元;二女扎奖励4862人,共17.70万元;城镇独生子女奖励扶助147人,共18.60万元;一次性补发独生子女伤残死亡家庭特别扶助补助资金共44万元，扩大独生子女伤残死亡特别扶助（45~48周岁）18人，共43200元。二是开展圆梦女孩活动。168名农村独女、二女享受中考加分待遇；减免了413名高中或职高学生学费，每人每学年800元，共减免学费33.04万元；计生独女户优先享受希望工程、金秋计划、春雷计划的帮扶。三是开展计生困难家庭慰问活动。贯彻执行《建宁县计划生育特殊家庭救助帮扶实施意见》《建宁县计划生育特殊家庭联谊会活动工作方案》和《建宁县计划生育特殊困难家庭再生育关怀行动实施方案》。开展建宁县计划生育特殊家庭联谊会和建宁县计划生育特殊困难家庭再生育关怀活动，积极做好计划生育困难家庭特别是独生子女伤残、死亡家庭扶助工作，建立健全特别扶助对象联系人制度，对全县19户计划生育特殊家庭实行县、乡、村结对子帮扶，妥善解决他们的生活照料、养老保障、大病治疗和精神慰藉等问题。

【计生宣传】在充分发挥宣传主阵地作用和原有的宣传教育阵地基础上，不断创新载体。建设了“健康生活·幸福家庭”主题公园，系统地宣传和展示了综合医改、生育政策、健康保健、婚育服务等相关内容，以建设“健康生活·幸福家庭”为宣传的主要内容，赋予了计划生育基本国策新的内涵。建设集生殖健康、药具展示、妇女保健、交流互动等六个功能区域于一体的妇幼健康教育基地展馆。以“妇幼健康教育基地”为依托，促进生殖健康保健教育，提升青少年和育龄妇女的生殖保健意识和优生优育意识。

【依法行政】提高依法行政水平，构建计划生育依法行政“135”工作模式。加快推进征信系统建设，充分利用市卫计委计划生育社会征信系统和县综治、法院征信系统，加强社会抚养费征收征信系统建设。投入运行社会抚养费征收系统和综治计生网格化系统。进一步发挥人口计生巡回法庭作用。人口计生巡回法庭建立了行政案件协调机制，强化诉前协调、诉讼协调、调判结合，依法采取查封财产、冻结银行账号等措施对当事人予以强制执行。

【流动人口服务管理】一是实行网格化服务。加强流动人口网格化服务，在水南社区建设“卫生计生综合服务室”，实现计生服务、政策宣传、健康管理、流动人口服务的有机整合。通过对流动人口网格化服务，实现了流动人口100%精准服务全覆盖。坚持流动人口计生信息平台应用情况通报制度，确保信息协查反馈率达100%，通报接收率达100%，及时率达98%以上。二是为流动人口提供便民服务。精心组织，提供各项免费服务，全面落实流动人口健康档案、健康教育、儿童预防接种、传染病防控、孕产妇和儿童保健、计划生育等6类基本公共服务，把流动人口纳入社区卫生计生服务体系，为流动人口提供基本公共卫生计生服务。

【医疗质控工作会议】11月25日，建宁县召开医疗质控工作会议。会上，县卫计局吴局长对做好医疗质控工作强调四点意见：一是要健全组织机构，进一步建立和完善相关组织领导体系，质量控制体系，确保做到体系健全、分工合理、职责明确、措施完善，努力形成医疗安全管理协同一致、齐抓共管的良好局面；二是要加强业务学习，继续认真学习卫生管理法律法规和诊疗护理规范，提高安全意识，避免发生重大失误，依法维护医患双方的合法权益；三是要经常性开展工作，狠抓核心制度落实、强化三基三严训练、改善医患沟通、抓好院感药事管理等工作；四是要强化责任落实，各单位的主要负责同志作为医疗质量安全管理的第一责任人，要切实负起责任，要将各项目标任务进行细化分解，落实到人并纳入目标绩效考核。会议学习《医疗质量管理办法》,通报2015年下半年至2016年上半年医疗质控检查情况,安排当前及今后医疗质控有关工作。县卫计局有关股室、各质控小组组长参加会议。

(刘 钰)

体 育

【概 况】2016年,建宁县群众体育事业稳步发展,团体队伍继续壮大;群体设施建设日趋完善,群体活动丰富多彩,群体工作管办分离取得新进展,形成以“花海跑”“花海骑行”等重大活动为主,以各单项协会举办各项活动为辅的群体活动新格局;连续5年引进省级赛事活动,营造竞技氛围;竞技体育后备人才输送呈上升趋势。

【群众体育】年内,新成立了自行车协会、瑜珈协会,单项体育协会已达10个;选派人员参加国家级、一级、二级社会体育指导员培训人数5人;培训县三级社会体育指导员20人。投入101万元完成里心社区多功能运动场、河东社区拆装式游泳池、水南社区室内健身房建设;投资2240万元的健身馆·图书馆项目完成主体建设和室内装修。按照2016年全民健身运动会方案,圆满举办花海跑、花海骑行、气排球赛、乒乓球赛、门球赛等活动;圆满承办省青少年篮球、气排球锦标赛;全县开展各项健身活动40余场,参赛人数达15000人次。

【全国性竞技体育比赛】年内,参加全国性竞技体育比赛屡获佳绩:2016年全国青年男子举重锦标赛上,黄自辉获得了52公斤级抓举第三名,挺举第二名,总成绩第二名。2016年全国女子举重冠军赛中,邱丽玲获得58公斤级抓举第八名,挺举第七名,总成绩第六名。艾鹏强获得69公斤级(14岁以下)抓举第一名,挺举第一名,总成绩第一名;傅瑞鹏获得62公斤级抓举第四名,挺举第四名,总成绩第四名;陈烈旺获得52公斤级(14岁以下)抓举第七名,挺举第六名,总成绩第六名。2016年全国青少女子举重分龄赛中,饶新燕获得44公斤级抓举第一名,挺举第四名,总成绩第二名;陈美玲获得48公斤级抓举第一名,挺举第一名,总成绩第一名;黄璨获得48公斤级抓举第二名,挺举第一名,总成绩第二名。2016年全国青少年田径锦标赛中,姜李韵喆获得400米跨栏第三名。2016年全国青少年跆拳道锦标赛上,李娜获得48公斤级第五名;张昊阳获得63公斤级第五名。

【省、市级竞技体育比赛】年内,参加省、市级竞技体育比赛成绩:2016年福建省青少年举重锦标赛中,黄自辉获得男子组52公斤级(15–17岁)抓举第一名,挺举第一名,总成绩第一名;陈烈旺获得男子组48公斤级丙抓举第一名,挺举第一名,总成绩第一名;张衍获得男子组69公斤级甲抓举第三名,挺举第二名,总成绩第二名;黄必才获得男子组56公斤级乙抓举第五名,挺举第五名,总成绩第五名;艾鹏强获得男子组62公斤级乙抓举第六名,挺举第六名,总成绩第六名;傅瑞鹏获得男子组62公斤级乙抓举第六名,挺举第五名,总成绩第六名;池文静获得女子组32公斤级丙抓举第一名,挺举第一名,总成绩第一名;吴晓薇获得女子组36公斤级丙抓举第一名,挺举第一名,总成绩第一名;陈美玲获得女子组53公斤级甲抓举第二名,挺举第三名,总成绩第二名;黄璨获得女子组48公斤级丙抓举第四名,挺举第三名,总成绩第三名;饶新燕获得女子组48公斤级甲抓举第四名，挺举第四名，总成绩第四名；雷晓洁获得女子组36公斤级丙抓举第一名，挺举第二名，总成绩第四名。在2016福建省青少年皮划艇激流回旋锦标赛上，肖庆鸿、余强获得双人划男子乙组第一名；张涛、吴令涛获得双人划男子乙组第二名；罗小平获得女子乙组第二名；谢嘉宏获得男子丙组无门竞速赛第三名。在2016年福建省青少年射击锦标赛上，李咏骞获得女子乙组10米气手枪第四名和女子乙组25米标准手枪慢射第七名。2016年福建省少年儿童网球锦标赛中，陈子龙获得乙组第三名。市级比赛中：县选派了55名运动员参加三明市中小学生运动会中的举重、田径、跆拳道、羽毛球比赛，获得了田径比赛小学甲组团体总成绩第四名；举重比赛团体总分第二名。在2016年三明市少年儿童足球锦标赛暨中学生足球联赛上，建宁一中获得高中男子组第二名；城关中学获得初中女子组第五名。

【花海骑行·追美建宁】7月31日上午8点30分，在建宁体育中心广场，由福建省体育局、福建省户外运动协会、建宁县人民政府主办，建宁县文体广电出版局承办，厦门智搏体育文化传播有限公司独家运营的“花海骑行·追美建宁”2016中国·建宁国际自行车公开赛正式拉开序幕。福建省体育局、福建省户外运动协会、三明市政府、建宁县政府等部门领导、嘉宾和近千名自行车爱好者参加开幕式活动。为弘扬建宁“莲文化”，打造全国知名乡村旅游目的地，建宁县举办首届中国建宁建莲文化旅游嘉年华系列活动，这场“花海骑行”是本次建莲文化旅游嘉年华的压轴大戏，本站赛道最大特征是在建宁生态旅游特色浓郁的莲花荷塘间穿行，单圈长27公里，男子精英组赛程是2圈。比赛总奖金近10万元。共吸引了来自世界各地共9个国家和地区的810名自行车运动爱好者报名参赛。本次赛事共设山地车男子精英组、山地车男子青年组、山地车男子中年组、山地车女子大众组和全民健身组五个组别。经过激烈角逐，来自志庆ESSEN复仇者车队的黄暖堂以1小时29分34秒获得山地车男子精英组冠军；吴春元以43分21秒获得山地车男子青年组冠军；金招伟、焦彦静、陈雁分获山地车男子中年组、山地车女子大众组和全民健身组的冠军。

【福建省中学生篮球锦标赛在建宁举行】福建省中学生（初中组）篮球锦标赛于2016年8月16—19日在建宁体育中心举行。本次比赛共有来自全省各设区市20支参赛队伍，运动员共240人参加了男子组和女子组两个组别的比赛。经过全体参赛队伍紧张激烈的角逐，晋江实验中学代表队获得了男子组冠军，泉州现代学校代表队获得了女子组冠军。总决赛于8月19日上午9时进行，省体育局青少处正处级调研员林东星，县委常委、宣传部部长阴晓萍到场观看。各运动员英姿勃发，配合非常默契，体现了“友谊第一，比赛第二”的体育精神。本次赛事的举办，全面展示了各参赛队伍学校体育教学取得的丰硕成果，对进一步培养篮球运动后备人才，促进学生全面健康成长具有重要的意义。

【人才输送】建宁县少体校输送情况：全年少体校向省、市少体校输送体育苗子7名，分别是市体校举重项目1人，游泳项目3人，射击项目1人；省体校网球项目1人，省体工队田径项目1人。

（杨丽琴）

机构编制与人事管理

编辑：肖建泰

综　述

2016年，中共建宁县委机构编制委员会办公室围绕转变政府职能、规范权力运行、提升服务水平，扎实推进“放管服”改革；坚持“总量控制、动态调整、严格管控”原则，加强机构编制管理；深化事业单位改革，抓好日常管理工作。年内，进一步调整完善行政审批事项目录，全面清理前置审批和中介服务事项，完成乡镇权责清单编制任务；新设立县委巡查办等7个行政及事业机构，整合机构11个，精简行政编制32名、事业编制200名；完成事业单位“三证合一”登记制度改革235家，开展机关、群团组织统一社会信用代码赋码61家。被三明市委编办评为全市机构编制工作先进单位。

建宁县公务员局坚持“服务发展、人才优先”工作主线，抓好人才队伍建设，加强公务员管理，深化人事制度改革，为推进建宁科学发展、跨越发展提供有力的人才支撑和智力保障。年内，招收定向委培生14人，录用紧缺急需专业技术人员3人，实现回县报到登记大中专毕业生就业率87.3%；录用公务员15人，安置军转干部2人、退役士官2人，完成2015年度绩效考核3161人，办理退休74人，落实政府系统公务员职务与职级并行科员级晋升为副科职级212人；基本完成事业单位岗位设置管理，招聘事业单位工作人员41名（不含教育系统），落实机关事业单位工作人员基本工资调整、乡镇工作补贴等政策，推进事业单位绩效工资改革和法官、检察官及人民警察工资制度改革方案的落实，共有57名专业技术人员取得初、中级专业技术职务任职资格，委托省、市评审中、高级专业技术职务63人。

“放管服”改革

【概　况】2016年，中共建宁县委机构编制委员会办公室紧紧围绕转变政府职能、规范权力运行、提升服务水平，扎实推进“放管服”改革，认真做好深化行政审批制度改革、编制乡镇权责清单、加强事中事后监管等工作，取得明显成效。截至2016年，全县保留县级行政许可事项213项，前置审批事项158项，行政审批中介服务事项49项，县级公共服务事项169项；全县乡镇权责事项合计1720项，县直部门派驻机构权责事项共计722项。全年，审核部门上报调整项目48项。

【审批项目优化】　减少审批事项。贯彻落实上级关于取消、下放和调整行政审批项目的相关要求，进一步调整完善行政审批事项目录，取消许可项目14项，部分取消2项，承接21项，调整47项，保留县级行政许可事项213项。全面清理前置审批和中介服务事项。清理后，保留前置审批事项158项，调整33项，精简17%；保留行政审批中介服务事项49项，调整19项，精简28%。进一步梳理公布与群众日常生产生活密切相关的公共服务事项。经2轮动态调整，取消服务项目33项，调整52项，保留县级公共服务事项169项。加强督促检查。组织开展2011—2015年国务院和省政府取消、下放行政审批落实情况“回头看”，对县直27个部门的审批、服务事项进行了自查自纠。

【权责清单编制】 2016年，按照省、市的要求和部署，县编办在抓好全市乡镇权责清单编制试点单位里心镇试点工作的基础上，组织全县各乡（镇）完成了乡镇权责清单的编制任务，实现了县、乡两级权责清单全覆盖。通过梳理权力清单、责任清单、公共服务事项清单，进一步明确政府与市场、政府与社会的权力和责任，把“法无授权不可为”“法定职责必须为”落到实处。经县编办审定公布，全县乡镇权责事项合计1720项，其中濉溪镇200项，溪口镇194项，均口镇、里心镇各193项，黄埠乡、黄坊乡、客坊乡、溪源乡、伊家乡各188项；县直部门派驻机构权责事项共计722项。为完善清单管理、规范权力运行，县编办制定了《建宁县行政审批事项清单动态调整管理办法（试行）》，报县政府审定后实施，从工作机制、分工协作、上报形式、调整内容、报批程序、时限要求、绩效考核等方面，进一步规范清单运行和调整，推进清单管理制度化建设。

【监督管理】 为加强“放管服”改革事中事后监管，县编办根据上级“双随机、一公开”要求，研究制定“双随机”抽查工作方案，报县政府批准后实施；指导全县28个部门制定“双随机”抽查实施方案，建立随机抽取被检查对象、随机选派检查人员的“双随机”抽查机制，加强对本行业重点领域的日常监督检查；结合省、市效能行动计划季度督查及市编办“放管服”改革督查活动，认真开展自查自纠；会同县效能办、行政服务中心管委会，对县公安局、卫计局、农业局等10个部门进行专项督查。全年，审核部门上报调整项目48项。

机构编制管理

【概　况】 2016年，中共建宁县委机构编制委员会办公室坚持“总量控制、动态调整、严格管控”原则，加强机构编制管理，严格把好机构设立、人员编制使用关。年内，坚持计划、科学用编，提出并实施了2017年年底招考用编计划；新设立县委巡查办等7个行政及事业机构，调剂7名行政编制、47名事业编制保障用编需求；做好控编减编工作，整合机构11个，精简行政编制32名、事业编制200名；开展在编不在岗等“吃空饷”人员清理工作，涉及清理对象51人，已整改到位32人。

【编制总量控制】 坚持计划用编。按照行政编制不突破中央和省核定的总额、事业编制不突破2012年年底总量、本届政府任期内财政供养人员只减不增的总量控制目标和“退一补一”的要求，提出并实施2017年年底招考用编计划。在编制使用上，针对全县机构编制实际，综合考量招考年度退休人数、“吃空饷”清退人数及委培计划、政策性安置人员数量和公立医院改革、教师队伍编制结构优化等因素，在严格控制机关和承担行政职能事业单位招考人数的基础上，坚持向基层一线、中心工作、重大民生事项倾斜，重点保证规划、土地、建设等专业人才的用编需求。坚持科学用编。拓宽编制使用思路，积极探索解决简单增编进人问题的对策办法。根据县医院实际用编需要，向县编委提出县医院提高评聘职称比例不增编制的用编方案和思路，以县医院用编需求数为基数，核定管理和专业技术人员，既解决了县医院引进人才、留住人才的问题，又实现了编制的有效控制。

【动态调整】 保障重点工作。落实省委关于设立党委巡察机构的有关精神，对接全县经济社会发展需要，围绕中心、服务大局，严格把好机构设立、人员编制使用关。年内，经批准设立了县委巡查工作领导小组办公室、建宁县人大代表服务中心、建宁县财政投资评审中心、建宁县电商服务中心、建宁县政协委员联络服务中心、建宁县人才服务中心等7个行政及事业机构，调剂7名行政编制用于巡察办，调剂47名事业编制用于保障中心工作、民生事项等用编需求。理顺部门职责。落实“三定（定机构、定编制、定职能）”规定，吃透上级政策，合理界定机构职能，确保新设立工作机构正常运行、有效履职；会同县纪检监察部门，研究提出县纪委、监察局机关内设机构设置和职能调整方案，进一步规范和明确岗位职能，保证内设机构调整改革意见的全面落实。服务体制改革。根据法院、检察院管理体制改革，环保监测执法垂直管理改革和综合行政执法体制改革需要，对涉改单位人员编制情况认真摸底，提供相关机构编制数据、资料，做好服务保障工作。

【编制管控】 优化编制结构。落实机构编制政策规定，做好非领导职务人员超职数配备摸底工作；针对结构性超编问题，提出将超编单位人员逐步调整到空编单位的建议；针对挂牌机构职务任免问题，提出一个机构两块牌子和挂牌机构任免方式建议；针对任职和编制不一致的问题，提出分别对待、分步解决的建议。净化编制环境。按照省、市控编减编工作要求，制定《空编使用计划年度申报制度》和《控编减编实施办法》，提出机关行政、参公单位进人等方面的控编减编意见，实施分类清理。全县整合机构11个；精简行政编制32名，精简比例5.2%；精简事业编制200名，精简比例5.1%。根据中央编办部署，会同纪检、组织、公务员局等部门，对在编不在岗等“吃空饷”人员进行清理。全县涉及清理对象51人，已整改到位32人，其中返回工作岗位17人，病退1人，辞职或解聘14人。同时，对全县借调人员进行了摸底清理。完善实名制度。规范机构编制“实名制”管理程序，完善机构编制信息管理平台，严格按照县委、县政府人事任命、调整及退休等文件，及时办理变动人员的入编减编手续；适时更新党政群机关、事业单位编制实名制信息库的内容，为县领导决策提供准确的机构编制信息。

事业单位管理

【概　况】 2016年，中共建宁县委机构编制委员会办公室开展了事业单位“三证合一”登记制度改革，加强事业单位管理，全县235家符合登记条件的事业单位完成了年度报告公示和换发新版事业单位法人证书工作。与此同时，做好机关、群团组织统一社会信用代码赋码、党政群机关和事业单位网上名称管理等工作。年内，61家机关、群团组织完成赋码工作。

【登记制度改革】 坚持“以人为本、快捷高效、优质服务”原则，按照《事业单位登记管理暂行条例》和《事业单位登记管理暂行条例实施细则》要求，严格程序、严格把关，推进事业单位“三证合一”登记制度改革。对申报材料分项审核，逐一核对；落实报告公示制度，做好新证换发工作。年内，完成了全县235家符合登记条件的事业单位年度报告公示和换发新版事业单位法人证书工作，占应完成任务总数的100%。

【代码赋码工作】 按照省、市的部署，组织开展了机关、群团组织统一社会信用代码赋码工作。在实际工作中，从服务县委、县政府中心工作出发，对一些特殊单位的赋码工作进行了个别处理。如对县铁办等临时机构，经本单位申请，县编办审核同意后予以赋码，当阶段性任务完成后及时办理撤销赋码手续；对没有独立机构编制的县粮食局、物价局、人防办等挂牌机构，经主体部门申请，县编办同意，予以赋码发证。年内，完成了61家机关、群团组织赋码工作，占应完成任务总数的88%。

【网上名称管理】 深入推进机关、事业单位、行政村(居委会)政务和公益中文域名注册工作，进一步提高中文域名注册覆盖率。加强党政群机关和事业单位网上名称管理，提高党政群机构和事业单位网上名称的规范性和权威性。

(张义华)

人才队伍建设

【概　况】 2016年，建宁县公务员局通过抓好人才智力引进、促进高校毕业生就业、做好人才服务工作，加强人才队伍建设。年内，招收定向委培生14人，录用紧缺急需专业技术人员3人，引进台湾果树专家来县指导黄花梨种植和管理，重视发挥铙山纸业集团、文鑫莲业博士后科研工作站、溪口“农村实用人才服务站”和县拔尖人才的示范推广作用；采取“五个一批”措施，促进大中专毕业生充分就业，全县回县报到登记毕业生就业率达87.3%；做好人才服务工作，加强专业技术人员和机关事业单位工勤人员岗位继续教育，申报2个单位为就业见习基地，申报2家企业为高校毕业生创业省级资助项目。

【人才智力引进】 拓宽人才引进渠道。以省内高校为平台，采用定向委培的方式，培养各类紧缺人才；对于紧缺急需专业技术人才，在事业单位工作人员公开招聘中，采取直接面试考核录用的方式予以引进。2016年，招收定向委培生14人(均为卫生医疗类)，录用紧缺急需专业技术人员3人。做好智力引进工作。2016年1月，引进台湾国立屏东科技大学副校长颜昌瑞教授和农园生产学系柯立祥教授，到县实地指导黄花梨树修剪、早期异常落叶防控、产期调节等技术，举办梨生产技术专题讲座，进行现场示范教学。发挥示范推广作用。2016年，加强了对铙山纸业集团、文鑫莲业博士后科研工作站和溪口“农村实用人才服务站”的服务、管理和指导，发挥引智成果的示范作用；利用县拔尖人才资源，发挥其“帮、带、传”作用。

【高校毕业生就业】 落实毕业生就业政策。加大就业政策宣传力度，认真落实毕业生创业扶持、就业见习、人才储备、就业援助等各项配套政策。2016年公务员招考，安排2个岗位，专门面向基层服务期满考核合格的毕业生招考。提升毕业生就业公共服务水平。加强毕业生就业信息服务，推进就业信息的联网共享；加强网上市场建设，完善人事代理服务；加强毕业生就业指导服务和就业援助服务，帮助高校毕业生就业。采取“五个一批”措施，促进毕业生充分就业。即公务员招考一批，录用公务员15名；事业单位招考一批，招聘事业单位工作人员79名(含教育系统38名)；为企业推荐一批，县内企业吸收了34名大中专毕业生就业；为基层提供一批，共有14名“三支一扶”(支农、支教、支医、扶贫)高校毕业生到基层服务；鼓励一批高校毕业生自主创业，全县约有30名毕业生自主创业。2016年，大中专毕业生回县报到进行就业登记共有71人，已就业62人，就业率达87.3%。

【人才服务工作】充分利用网络平台，通过网络授课、网络计时、网络考试等方法，开展专业技术人员继续教育培训，有效解决了工学矛盾，节约了参训人员的费用，提高了专业技术人员的业务水平和履职能力。根据工作需要，继续开展机关事业单位工勤人员岗位继续教育（网络培训），全年共有314人（次）参加了岗位学习培训。帮助高校毕业生就业创业，做好人才服务工作。年内，申报建宁县医院和建宁县商务局两家单位为就业见习基地，其中建宁县医院被三明市人社局确定为就业见习基地，为毕业生提供就业见习服务；申报建宁县乡里香亲电子商务有限公司和建宁县黄埠乡衍鑫野生山茶油加工厂为高校毕业生创业省级资助项目，开展毕业生创业扶持服务。

公务员管理

【概　况】2016年，建宁县公务员局认真落实国家和上级有关政策，明确要求、规范管理，加强公务员队伍建设。年内，通过考试录用公务员15人，安置军转干部2人、退役士官2人，完成2015年度绩效考核3161人，办理退休74人，落实政府系统公务员职务与职级并行科员级晋升为副科职级212人。

【公务员队伍建设】坚持“凡进必考”和“公开、平等、竞争、择优”的原则，做好公务员考试录用工作。2016年，全县共录用公务员15人，进一步充实了公务员队伍。按照《福建省政府系统公务员培训“十二五”规划》要求，规范公务员各类培训，配合市公务员局组织新录用公务员参加初任培训。贯彻《行政机关公务员处分条例》等文件精神，提高公务员队伍管理水平。同时，认真落实军转安置政策，根据国家有关规定，妥善安置2名军转干部、2名退役士官，均已到岗到位。

【年度绩效考核】完善机关、事业单位工作人员年度绩效考核机制，将机关与事业单位、领导与非领导分开考核，坚持做到年度考核与绩效考评相结合、定性与定量相结合、内部测评与群众评议相结合，严格优秀指标的审批，实行先批后用。2015年度，全县机关、事业单位共有3161人参加考核，确定优秀等次522人，占16.5%，称职（合格）2478人，不定等次108人。

【工资福利管理】根据有关规定，严格执行公务员休假制度和休假期间工资福利政策。严格执行退休制度，做好到龄干部、职工退休工作，全年办理退休74人（其中公务员11人，事业单位干部职工63人）。落实退休干部的两项待遇，依托退休干部协会和退休干部活动中心，做好退休干部服务管理工作。根据中央有关文件精神，认真落实县以下机关公务员职务与职级并行制度。按照工作分工，县公务员局负责做好政府系统科员级晋升为副科职级的申报工作，经过初审初核、测评考核、征求意见、公示、报批等程序，政府系统212名科员全部实现了职务与职级并行，晋升为副科职级，并兑现晋级工资。

人事制度改革

【概　况】2016年，建宁县公务员局根据上级的部署，基本完成事业单位岗位设置管理，公开招聘事业单位工作人员41名（不含教育系统)，积极落实机关事业单位基本工资调整、乡镇工作补贴等政策，进一步规范公务员津贴补贴，稳步推进事业单位绩效工资改革和法官、检察官及人民警察工资制度改革方案的落实，共有57名专业技术人员取得初、中级专业技术职务任职资格，委托省、市评审中、高级专业技术职务63人。

【用人制度改革】 按照《事业单位岗位设置管理试行办法》等有关文件规定，加大工作力度，基本完成事业单位岗位设置管理，实现事业单位人员由身份管理转变为岗位管理。截至2016年年末，全县已完成岗位设置管理事业单位254个，占应实施单位总数的99.31%；岗位聘用人员2398人，占应纳入岗位设置管理人员总数的94.96%。严格执行《事业单位公开招聘人员暂行规定》，不断完善事业单位人员公开招聘制度。2016年，全县公开招聘事业单位工作人员41名(不含教育系统)。

【分配制度改革】 根据中央和省、市的统一部署和要求，认真落实机关事业单位工作人员基本工资调整政策，调整中央工资结构比例，提高机关事业单位工作人员收入水平。稳慎实施乡镇机关事业单位工作人员实行乡镇工作补贴等制度。实施岗位绩效工资工作，在义务教育学校全面实施绩效工资，并积极推进其他事业单位奖励性绩效工资的实施。进一步规范公务员津贴补贴，稳步推进事业单位绩效工资改革。配合上级有关部门，抓好法官、检察官及人民警察工资制度改革方案的落实。

【职称制度改革】 落实有关政策，继续推行专业技术职务评聘分开、竞争上岗制度。加强组织领导，抓好专业技术人员职称评定工作。2016年，全县共有57名专业技术人员通过了全国资格考试，取得初、中级专业技术职务任职资格；委托省、市评审中、高级专业技术职务63人。同时，加强对专业技术人员的聘后管理，做好全县专业技术人员年度考核验收工作。

(杨伟强)

2016年客坊乡公园一角 (客坊乡提供)

人力资源和社会保障

编辑:肖建泰

综 述

2016年，建宁县人力资源和社会保障局紧紧围绕“民生为本,人才优先”的工作主线,主动适应经济发展新常态，做好支持就业创业各项服务工作;认真贯彻“广覆盖、保基本、多层次、可持续”的方针,不断健全完善覆盖城乡的社会保障体系；加大劳动保障监察执法工作力度,依法保护劳动者合法权益。全县城镇新增就业1224人，城镇下岗失业人员再就业890人,就业困难人员再就业202人,农村劳动力转移就业1792人，城镇登记失业率为2.32%。全县机关事业单位养老保险参保职工总人数4295人,基金收入7285.09万元,支出6631.46万元，滚存结余652.7万元;企业职工养老保险参保职工总人数10051人,基金征收4122.98万元，支出6736.97万元;城乡居民养老保险应参保总人数74005人,已参保总人数69923人，收缴保费985.96万元,发放金额1746.68万元;工伤保险参保职工总人数12677人,征收基金237.51万元,支出81.96万元；生育保险参保职工总人数8791人，基金收入178.94万元，支出104.18万元;失业保险参保职工总人数8438人,基金征收178.42万元,支出172.05万元。全年受理投诉欠薪案23起，涉及金额1240万元,涉及劳动者1348人次,追发劳动者工资817万元；受理劳动争议仲裁申请10件,其中调解处理7件,不予受理3件;受理工伤认定申请45件,其中作出工伤认定决定42件,作出不予工伤认定决定1件,撤回2件,办结率达100%。

三明市医管中心建宁管理部按照“树好形象、管好基金、廉洁办事”的要求,狠抓医改相关政策文件精神的落实，有效控制了医疗费用的不合理增长,维护了参保群众的合法权益。全县职工医保参保总人数11588人，赡养比为1.91:1，基金征收3925.48万元,比上年增加419.13万元;基金支出2825.48万元,比上年增加335.37万元，其中统筹基金支出1396.88万元，个人账户支出1428.60万元;基金当年结余1100.47万元。城乡居民医保参保总人数128118人，其中特殊人群18675人，筹集资金6790.25万元，支出4697.18万元,比2015年增加77.96万元;基金当年结余2093.07万元。

劳动就业

【概 况】2016年，全县城镇新增就业1224人,完成市下达指标1200人的102%;城镇登记失业率2.32%,低于4.0%的年度目标任务;城镇下岗失业人员再就业890人,完成市下达指标850人的104.7%;就业困难人员再就业202人,完成市下达指标200人的101%;农村劳动力转移就业1792人，完成市下达指标1800人的99.6%。全年为188名下岗失业人员发放“4050”养老保险补贴35.2万元。

【企业用工技能培训】 针对企业的用工需求，加强就业技能培训。全年开展旅游、中式烹饪、电商等职业技能培训781人，互联网创业从业人员培训650人，岗位提升培训263人，创业培训60人。以开设电子商务培训班，为入驻孵化基地的46家企业提供1100多名员工。

【助力精准扶贫】 坚持扶贫与扶智同步、输血与造血衔接，认真实施精准扶贫劳动力培训计划。年内，已建立可入库人员683人，实现一对一跟踪管理，结合县特色产业发展需求，开设了果树栽培、旅游、莲子深加工等培训班，扎实做好技术人才储备工作；同时，开展抓就业、送岗位系列活动，将企业用工信息编印成册发给贫困户，实现家门口就业，达到脱贫目的。

【智慧引领】 积极开展院士专家工作站、技能大师工作室的申报工作。年内，推荐福建禾丰种业有限公司申报设立福建院士专家工作站，同时组织国网福建建宁县供电有限公司、三明市莲树斋工艺品有限公司申报设立技能大师工作室，为促进企业健康发展提供智力引领支撑。2016年，三明市莲树斋工艺品有限公司设立技能大师工作室。

【就业服务】 制定创业担保贷款等相关文件，落实创业担保贷款等优惠政策，为法定年龄阶段内在建宁的创业者提供创业贷款资金支持，一般创业者可贷款10万元，大学生创业者可贷款30万元，贷款利息从“双创”资金中贴息，解决创业者资金短缺的困难。同时，开展“春风行动”招聘活动，做好就业服务工作，为企业和就业人员搭建劳动用工供需平台。

社会保障

【概　况】 2016年，全县机关事业单位养老保险参保单位数141家，在职参保总人数4295人，参保率达100%，基金收入7285.09万元，征缴率达100%；离退休人数1639人，基金支出6631.46万元；基金滚存结余652.7万元。企业职工养老保险参保单位数242家，参保职工人数10051人，基金征收4122.98万元；领取养老金待遇人数2678人，基金支出6736.97万元。城乡居民养老保险应参保人数74005人，已参保人数69923人，收缴保费985.96万元，参保率达94.48%，缴费率达94.01%；领取人数20469人，发放金额1746.68万元。失地农民待遇领取人数389人，发放金额63.27万元。老农保参保人数12248人，完成转保或退保9697人，新老农保衔接率达79.17%。工伤保险参保企业362家，参保职工人数12677人，征收工伤保险基金237.51万元；享受工伤保险待遇人数41人，基金支出81.96万元。生育保险参保企业359家，参保职工人数8791人，生育保险基金收入178.94万元；享受生育保险待遇人数132人，基金支出104.18万元。失业保险参保人数8438人，基金征收178.42万元，基金支出172.05万元。职工医保参保总人数11588人，赡养比为1.91:1，基金征收3925.48万元，比上年增加419.13万元；基金支出2825.48万元，比上年增加335.37万元，其中统筹基金支出1396.88万元，个人账户支出1428.60万元；基金当年结余1100.47万元。城乡居民医保参保总人数128118人，其中特殊人群18675人，筹集资金6790.25万元；全年新农合补偿支出

4697.18 万元,比 2015 年增加 77.96 万元;基金当年结余 2093.07 万元。

【机关社保改革】 实施机关事业单位养老保险制度改革。根据国家有关政策规定,协助县政府制定出台实施方案,建立联席会议制度,并完成了新政策缴费基数、缴费比例申报和数据采集、机关事业单位及企业退休人员的待遇调整工作。建立机关公务员和参照公务员法管理的事业单位、社会团体工作人员参加工伤保险制度。制定相关政策,以建政办〔2016〕9 号文下发实施,保障了机关事业单位工作人员因工作遭受事故伤害或者患职业病获得医疗救治、经济补偿和工伤康复的权利。

【社保相关制度落实】 抓好新老农保制度过渡衔接。5 月、6 月,在建宁电视台做电视走字广告 10 天,宣传解读新老农保衔接政策,努力实现顺利过渡。做好城乡居民养老保险参保缴费工作,9 月前已完成参保缴费任务。实施“全民参保登记计划”。11 月,以县政府办文件制定下发《建宁县全民参保登记计划实施方案》,正式启动全民参保登记工作。做好征地审批及失地农民养老保险工作。提高被征地保障金补助标准,从 136 元提高到 152 元,于 7 月 1 日起执行,及时收缴被征地农民保障金。开展离退休人员养老金领取资格认证。充分利用信息资源共享平台、异地退管系统,认真做好数据比对工作;依托乡(镇)人社所、社区,主动上门为年老体弱、行动不便的离退休人员进行待遇领取资格认证。开展“同舟计划”专项行动,将“工伤保险参保证明”作为办理“建筑工程施工许可证”的前置条件。

【社会保障卡制发工作】 按照县政府办公室《关于改进建宁县社会保障卡制发工作实施方案的通知》要求,加强社保卡制发服务网络建设,改进社会保障卡制发工作。城乡居民到县社保卡制发服务窗口申请制发社保卡,可以做到“立等可取”;到乡(镇)人社所、有条件的行政村社保卡代办网点申请制发社保卡,可在 15 个工作日内办结。全年,采集制卡信息 5218 人,制卡 5166 张,领卡 4984 张。

【医改工作】 成立驻县医院医保服务站。2016 年 6 月,成立了三明市医管中心驻建宁县医院服务站。成立以来,该站已办理门诊特殊病种登记 890 例,新生儿登记 156 例,转院转诊 283 人次,接受政策咨询 3800 余次,开展查房走访 76 次。将符合条件的村卫生所纳入医保结算。年内,三明市医管中心建宁管理部将符合条件的 74 个村卫生所纳入医保定点单位管理,并开展了为期一个月的村医业务知识集中培训,确保参保群众能在家门口就医购药,还实现了医保即时结算。开展县医院全病种付费工作。协调县医院完成系统改造,补完成 1—5 月病案首页的传送工作。全年出院 9397 人次,扣除精神卫生科 93 人次、自费病人 1057 人次,实际开展全病种付费 8247 人次。落实乡镇卫生院药品耗材由三明市医管中心统一限价采购政策。

【医疗稽核监管】 实行定点单位网格化管理,落实到岗到人,突出问题导向,强化重点单位、重大政策落实。年内,对分解住院和中药饮片专项稽核 2 次,对村卫生所日常巡查 18 次,对乡镇卫生院现场稽核 28 次,对县医院、中医院等重点单位每周进行专项稽核,全年处理涉及违规金额 80183.16 元(其中城镇职工医保 30800.56 元,城乡居民医保 49382.60 元)。通过强化医疗稽核,不仅维护了参保群众的合法权益,而且控制了医疗费用的不合理增长,确保医改重大政策顺利实施。

维权工作

【概 况】2016年，建宁县人力资源和社会保障局坚持依法行政，加强维权工作，着力构建和谐劳动关系，依法保护劳动者合法权益。全年，检查用人单位293户，涉及职工8100余人；受理投诉欠薪案23起，涉及金额1240万元，涉及劳动者1348人次，追发劳动者工资817万元，协助办理跨省跨地区劳动监察调查案件2起；受理劳动争议仲裁申请10件，其中调解处理7件，不予受理3件；受理工伤认定申请45件，其中作出工伤认定决定42件，作出不予工伤认定决定1件，撤回2件，办结率达100%。成立了建宁县协调劳动关系三方委员会，做好劳动力市场工资价位指导工作，筹建黄坊乡就业和社会保障服务站。

【执法监察】 全年举办“12333”现场咨询、宣传活动12场次，印发宣传资料5000多份。强化劳动监察。发挥劳动保障监察大队职能作用，加大日常巡视检查和书面审查等综合执法检查力度，对辖区内用人单位制定内部劳动保障规章制度、订立劳动合同、遵守禁止使用童工规定等情况进行监察，全年共检查用人单位293户，涉及职工8100余人。截至2016年年末，全县企业建立劳动合同制度覆盖面达95%，企业职工劳动合同签订率达96%，小企业劳动合同签订率达84%。开展联合行动。年内，联合县住建局、公安局、市场管理局等单位，在全县范围内组织开展了清理整顿人力资源市场秩序专项行动，对企业拖欠员工工资问题进行专项检查，对辖区内的建筑施工企业进行重点排查；元旦春节前后，又组织开展了全县企业工资支付大检查行动，坚决遏制企业特别是建筑施工企业欠薪案件的发生，维护劳动者合法权益，促进社会稳定。全年，受理投诉欠薪案23起，涉及金额1240万元，涉及劳动者1348人次，追发劳动者工资817万元；协助办理跨省跨地区劳动监察调查案件2起。

【劳动争议调解】 坚持“以防为先”“以调为主”“以裁为民”这条主线，做好劳动争议仲裁处理工作；坚持公开、公正、廉洁办案，进一步规范办案程序，不断提高对案件的仲裁效能及审理质量；对容易引发突发事件的案件，坚持积极稳妥、优先、从速从快处理的原则办理，有效预防不稳定因素的发生，没有发生一例因调解不公正或不及时而引发新的上访事件。2016年，受理劳动争议仲裁申请10件，其中调解处理7件，不予受理3件；受理工伤认定申请45件，其中作出工伤认定决定42件，作出不予工伤认定决定1件，撤回2件，办结率达100%。

【劳动关系协调】 年初，制定下发了《建宁县构建和谐劳动关系工作方案》，指导各乡(镇)、县直有关单位做好构建和谐劳动关系工作；成立了建宁县协调劳动关系三方委员会，推动构建和谐劳动关系工作的顺利开展；加强调查研究，做好劳动力市场工资价位指导工作，全年调查企业30家。

【服务平台建设】 年内，县级就业和社会保障服务中心已经完成内部装修，建筑面积约2000平方米；溪口镇、濉溪镇、里心镇、均口镇、黄埠乡、溪源乡、伊家乡、客坊乡就业和社会保障服务站已完成标准化建设，黄坊乡就业和社会保障服务站建设项目已报省，申请补助资金40万元。

(王 斌 赵希青)

民政工作

【概　况】 2016年，建宁县民政局坚持以中共十八大精神为指导,持续提高农村低保、五保标准,推进政策性农村住房保险工作,落实优抚对象抚恤定补自然增长机制,落实殡葬惠民政策,完成居家养老专业化服务组织落地服务工作,有序推进第二次全国地名普查，抓好民政项目建设。在保障和改善民生,加强和创新社会管理中更好地发挥作用，加快建设人民满意的现代服务型民政。

【救灾救助】 年内,建宁县遭遇了“5·8”洪涝自然灾害,全县9个乡镇受灾,受灾人口32512人,农作物、房屋均受损严重,全县直接经济损失38800万元，因灾死亡1人,6月份理赔因灾死亡1人10万元。全县共发放救灾资金270万元，发放救灾棉被420床，大衣200件。加强救灾款物管理和监督,严格审批程序,实行社会化发放。建立县、乡、村三级报灾体系,充分运用现代科学技术手段，认真做好灾情信息的收集、汇总、分析、评估、上报。继续实行农村住房统保和自然灾害救济救助公众责任保险。全县农房统保参保农村户数为30890户,保费为32.66万元,由省财政预算安排。加快推进政策性农村住房保险工作，做好政策宣传解读,协助财险公司做好保费收缴和承保工作,12月底前完成80%政策性住房保费收缴。协助财险公司开展灾情查勘理赔,2016年保险理赔68户15.91万元。自然灾害救济救助公众责任保险全县投保人数为129129人,保费总额为19.36万元,市财政补助20%,县财政承担80%。

【农村低保和“五保”供养标准提高】 2016年1月起，建宁县农村低保标准从原来的每人每月192元(年人均2304元)提高到每人每月221元(年人均2652元);农村“五保”分散供养标准从原来的每人每月402元（年人均4824元）提高到每人每月447元（年人均5364元),农村“五保”集中供养标准从原来的每人每月483元(年人均5796)提高到每人每月537元(年人均6444元)。截至12月底全县共有城市低保对象299户401人，累计发放城市低保资金207.1万元,人均补差377.14元;农村低保对象1831户3307人，累计发放低保资金790.44万元，人均补差184.92元;农村五保对象为210户220人,累计发放“五保”资金123.49万元,人均补差457.64元。做好申请救助家庭经济状况核对工作。开展经济状况核对工作,加强低保动态管理。2016年完成111户240人公共租赁住房申请家庭济状况核对工作。全年对新申请及在享受农村低保、“五保”对象2592户4981人、城市低保对象379户602人进行了家庭经济状况核对,并严格按照新增低保对象乡（镇)100%入户核查,县民政局按30%比例抽查,共退出不符合条件农村低保、“五保”517户1393人、城市低保对象24户95人。

【救助政策落实】2016年4月,县政府制定出台了《建宁县城乡居民医疗救助实施暂行办法》和《建宁县城乡困难家庭临时救助实施办法》,提高医疗救助基金筹资标准,将2016年医疗救助基金筹资标准提高到每人每年400元并列入县级财政预算,将建档立卡贫困人口全部纳入医疗救助对象范围,将县本级临时救助专项基金由每年每人2元提高到按每年每人7元筹集,救助金最高限额由5000元提高到8000元。2016年医疗救助共救助4052人次,发放救助金125.03万元。资助4908人58.9万元参加农保。临时救助共救助595人次,发放临时救助金61.6万元。做好残疾人两项补贴发放工作,截至2016年12月底,全县有1465名困难残疾人享受生活补贴,1415名重度残疾人享受护理补贴,累计发放两项补贴162.93万元。

【流浪乞讨救助管理】县救助站进一步加强规范化、标准化建设,健全救助网络。开展街头救助,共上街巡查救助14次,实施街头救助及引导来站救助38人次。加大困境未成年人助学帮扶力度,积极开展"流浪孩子回家、回校园"专项行动,共救助特困儿童48人,发放救助金2.61万元。配合公安部门做好肇事肇祸精神病人救助,本年度救助3人次,护送返乡2人。2016年共救助流浪乞讨人员412人次(其中困境未成年人48人次),支出救助专项经费38.2万元。

【双拥优抚安置】9月30日,县四套班子领导及双拥成员单位负责人共约100人到烈士陵园开展烈士公祭日活动。加强双拥宣传,举办"八一"双拥晚会。两节期间组织慰问重点优抚对象,发放慰问金6万元。县四套班子领导春节、八一期间慰问驻建部队,送去4.6万元慰问金和价值2.9万元的慰问品。对全县优抚对象进行核查,开展精准优抚。落实优抚对象自然增长机制制度,各类抚恤定补金及时、足额发放,2016年发放抚恤和生活补助388.7万元,其中,60周岁农村籍退役士兵516人,发放生活补助62.9万元;烈士子女6人,发放生活补助4.7万元。全县接收安置退役士兵57人,其中岗位安置2人,发放自主就业退役士兵地方经济补助金89.9万元。发放优秀士兵奖励金1.6万元。组织包括老复员军人、带病回乡人员、参战参试人员、残疾军人、"三属"在内的全县重点优抚对象进行免费体检,为他们建立健康档案。

【社会事务管理】区划地名工作。2016年对建宁县范围内需要新命名和更名的地名进行梳理汇总,召开专家座谈会,对72处地名进行命名和更名。完善地名标志设置,全年共整改错误和损坏的街路牌23块,新设路标4块。同时对省道上设置错误的3处桥名等标志进行了纠正。集中办理濉溪镇高峰村、万星首府小区等5处门楼牌编制,同时办理了各类地址证明18件,接受咨询和政策释疑50余起。继续开展第二次全国地名普查工作,全年对县5852余条地名信息进行内业收集和外业采集,完成村居审核、乡镇审核、职能部门审核和专家组审核,全面进入自查自检和准备验收阶段。共排查不规范地名2个,上报最美故事3个。完成国家标准地名词典的词目上报工作。界线管理工作。全年共安排界线联检三条(建宁—宁化、建宁—邵武、建宁—明溪),已与宁化、明溪、邵武各进行57.16公里、38.07公里和0.1公里的界线及6个界桩的实地踏勘。开展平安边界工作。4月,三明与南平市间县线2016年联合检查第一次联席会议在建宁召开，建宁县与邵武市签订了边界纠纷处置应急预案。对里心镇岩上村和南丰县傅坊乡田陀村林地纠纷进行处理。成功修复了因水毁造成移位的建宁至明溪1号界桩。殡葬管理工作。2016年全县累计死亡人数908人，火化908具（其中：僧尼火化18具）。免除困难群众基本殡葬服务费121具15.98万元。及时处理了伊家乡隘上村一起因骨灰楼水毁修复上访事件。婚姻和收养登记工作。全年共办理结婚登记手续1067对，离婚登记273对，补领证书293对。对2013年5月14日前私自收养的受理落户过渡3件。民间组织管理。全年新登记社会团体6家，民办非企业2家，非公募基金会3家，全面完成社会组织的年检工作。对全县16家行业商会协会进行督查，针对存在问题责令整改。

【福利慈善事业】 落实老年优待政策。及时发放80周岁以上高龄老人补贴，全年共发放105万元。为年满60周岁的老年人办理优待证416本。春节、重阳节开展走访慰问高龄老人、特困老人、空巢老人活动，共发放慰问金34万元。推进居家养老服务发展，积极落实建设智慧城市“互联网+医养”暨“一键通”呼叫服务信息平台，在濉溪、溪口两镇（含城区）开展线上呼叫信息服务和线下实体援助服务。抓好养老机构安全工作。为全县养老机构供养的老人办理责任保险，保费为每人每年180元，全年共投入1.35万元。做好孤儿助养工作。2016年新增孤儿5人，退出3人，共有助养孤儿53名，发放助养金32万元。春节期间，给每位孤儿发放500元慰问金。12月，县救助站为26名困境未成年人集中发放1.56万元的帮扶助学金。自2012年开展“流浪孩子回家、回校园”活动以来，建宁县救助站连续五年为困境儿童、困境未成年人提供救助帮扶，累计救助帮扶困境未成年人183人次。

【民政项目建设】 一是县社会福利中心（光荣院）附属楼项目。新建建宁县社会福利中心（光荣院）附属楼一幢，2016年4月动工，建设地点位于县社会福利中心规划区内，连接1号楼西北侧，建筑占地面积310平方米，建筑面积1390平方米，总投资420万元。项目建成后，将增加床位20张，增设医疗康复室、图书阅览室、健身室、物资储备仓库等，进一步完善社会福利中心配套设施，增强服务功能。二是县殡仪馆环保技改项目。实施了县殡仪馆环保技改项目，采购火化机尾气净化处理设备及遗物焚烧设备，省厅补助资金150万元。三是农村幸福院建设项目。2016年新建伊家乡东风村幸福院1所，已投入使用。

（付春芳）

老区工作

【概　况】 2016年，建宁县老区工作在省、市革命老区部门及县委、县政府正确领导下，认真学习、宣传、贯彻中共的十八大和十八届三中、四中、五中、六中全会精神，认真做好老区宣传、老区扶建和革命五老工作，全面完成县委、县政府和省、市老区办下达的各项任务。2016年建宁县老区办被评为全国老区宣传三等奖。

【老区宣传】 建宁县老区办紧紧抓住省、市打老区苏区品牌的机遇，加大宣传建宁老区的力度，营造建宁苏区新的宣传氛围。一是抓好对内宣传。主要是建好两个“平台”——电视台《苏区天地》栏目和老区办、老促会合办的《苏区简讯》。利用以上两个平台常年宣传建宁老区的变化发展。2016年，编辑《建宁苏区简讯》三期，印发

600余份。组织一台晚会,与县老干局、县老龄办、县公务员局等单位共同举办以“不忘初心·丰碑永恒”为主题的“纪念中国工农红军长征胜利80周年”文艺晚会。二是抓好对外宣传。组织稿源向《中国老区建设》《中国老区网》《福建省老区网》《三明革命老区网》和《红土地》杂志投稿,对外宣传建宁苏区、老区的历史贡献和当前社会经济发展的新面貌,积极宣传“清新花乡·福源建宁”的老区主题形象;2016年在国家、省、市级网站发表老区报道180篇。

【老区扶建民生项目】2016年,老区办完成老区扶建项目21个,争取上级补助资金72万元,项目主要集中在修路、建桥、人饮工程等事关老区人民生活的民生工程上。第一批扶建资金32万元,完成17个项目;第二批扶建资金40万元,完成濉溪镇圳头村村部维修、溪口镇枫源村小学校舍维修及附属工程建设、溪源乡楚尾村重建楚尾大桥项目、伊家乡笔架村至宁化县安远乡灵峰村新建道路4个项目,经验收,工程质量合格,社会效益明显,老区民生得到改善。

【老区革命遗址维修】2016年,革命遗址维护项目2个,省级补助资金30万元,客坊乡水尾村红军医院维修20万元、李家排闽赣基干游击队驻地旧址维修10万元。红军医院位于水尾村中心墩厚脑8号,由门楼、庭院、主房及南北两侧附厝组成。主房结构一进二折,由下厅、天井、上厅组成。北侧的附后厝为砖木结构的两层楼房,南侧附厝为木地结构房屋,旧址占地面积1040平方米,房间30多间。设有门诊部、住院部、药房、手术室、护理室、院长室等。1932年中国工农红军第二次进驻建宁时,这里是战地医院。1935年,主力红军作战略转移,中共建宁县委、建宁县苏维埃政府迁至水尾,这里仍然为红军医院。截止2016年底,红军医院完成修缮复原。闽赣基干游击队司令部,旧址位于客坊乡水尾村新屋里,是一幢一进二厅的民居,有房间十余间,大厅上厅作会议室,下厅作接待室,其余房间分别设有:司令部、参谋部、作战室、传达室及指挥员的卧室。在1932年中国工农红军第二次进驻建宁时,就是红军的指挥部,1934年11月,建宁县游击队在水村与广昌县独立团,广北游击队,宁化边区游击队合编为闽赣基干游击队后,成为闽赣基干游击队司令部。至年底,该旧址已基本完成修缮复原。

【老区科技示范基地建设】年内,老区科技示范项目2个,争取补助资金20万元。一是均口镇黄岭村香菇优良新品种“农香2号”栽培示范基地项目,实施时间为2015—2016年,总投资110万元,省老区办补助10万元。建立6.66公顷“农香2号”香菇新品种优质高产栽培示范基地配套设施,主要是扩建菇棚内部高棚层架菇棒支架,安装微喷设施(喷、滴两用),新建设施菇棚水泥硬化道路2.0千米,新建排水沟2千米;采用无公害栽培技术,集成“农香2号”香菇新品种优质高产栽培技术体系。二是均口镇官常村现代竹业丰产培育示范基地项目建设。项目实施时间为2015—2016年,总投资110万元,省老区办补助10万元。通过项目实施,106.6公顷示范基地,4年后进入盛产挖笋砍伐期,毛竹亩立竹量300株以上,按亩产125公斤冬笋、300公斤春笋、砍伐胸径8寸以上毛竹120根,亩产值达3200元以上。

【市委苏区调研项目】2016年市,委苏区调研办实事项目2个,补助资金30万元。一是均 口镇官常村人饮工程管网建设项目,建设清水池2个,管道12000米,项目总投资42.47万元,上级补助20万元。该项目完成,使10个小组受益,受益群众280余户,解决村里1200多人饮水困难问题。二是濉溪镇斗埕村韩家 园小组道路硬化项目。路面硬化2000米,路面宽3米。项目总投资43.04万元,上级补助10万元,使431人受益,受益耕地30公顷、果山41.33公顷、毛竹山20公顷、食用菌基地1个。

【革命“五老”工作】根据福建省财政厅、老区办闽财社指〔2016〕179号文件及明老区〔2015〕6号文件精神,2016年10月1日起, 将“五老”(老地下党员、老交通员、老接头户、老游击队员、老苏区干部)人员定期生活补助统一提高至980元/人/月,遗偶定期生活补助300元/人/月。组织“五老”人员至县医院体检,关注“五老”身体健康状况。

(陈 佩)

库区移民开发

【概 述】建宁县池潭和合水口2座水库核定移民总人数3161人, 移民搬迁安置涉及全县5个乡(镇),18个行政村。2016年,建宁县人民政府水电站库区移民开发局(简称县移民局)坚持以项目工作为牵引,以移民解困为重点,扎实推进库区移民开发工作, 促进库区经济持续发展,库区社会和谐稳定。全年共发放直补资金58.2万元; 完成后扶项目24个, 完成投资915万元(后扶资金749.7万元)。

【后扶项目建设】2016年, 县移民局共完成库区移民后期的扶持项目 (简称后扶项目)24个(后扶项目16个,结余项目6个,小库项目2个),完成投资915万元(其中后扶资金749.7万元)。其中:1.农村环境整治项目8个,投资资金191.18万元(后扶资金191.18万元),受益移民4527人;2.生产开发项目12个,投资资金518.52万元,(其中后扶资金518.52万元),受益移民2359人;3.社会事业项目4个, 投资资金40万元 (其中后扶资金40万元),受益移民3214人。

【项目资金管理】2016年, 县移民局加强了库区移民后期扶持项目资金管理。一是重视组织领导,促进项目落实。组织人员对全县移民安置区的社会经济状况, 生产生活中存在的突出问题进行认真调查分析, 在规划项目布局和安排上,优先解决移民群众最关心、最直接、最现实的困难和问题,做到项目建设与库区移民生产、生活,与新农村建设整体推进相结合,形成整体合力, 逐步解决关系到移民长远发展的基础问题。二是加强项目管理,促进规范运作。在项目实施过程中,首先,强化项目前期工作,建立县、乡、村三级负责的项目申报制度,做到项目申报前有公示,项目批复后有通告,切实提高项目的可行性和实效性;其次,强化项目实施工作,严格按照福建省大中型水库移民后期扶持项目管理机制,做到及时签订项目合同、及时下拨项目资金、及时督促项目实施、及时检查项目验收,确保工程的工期、质量和效益。三是强化资金管理,提高使用效益。严格执行福建省大中型水库移民后期扶持项目资金管理机制,认真做好预算管理、用款申请制及县级报帐制度,按照“资金安排到项目,支出核算到项目”的要求,及时下拨项目资金, 建立在建项目和竣工项目资金使用备查账户,及时掌握资金使用动态,确保资金发挥使用效益。

【“平安库区”创建】2016年,县移民局高度重视库区社会稳定工作,深入开展“平安库区”创建活动。一是明确要求。召开全县“平安库区”创建暨水库移民工作会议，由县政府向濉溪镇等5个大中型水库库区乡(镇)政府颁发创建“平安库区”责任书,将“平安库区”创建工作纳入全县综治考核体系,全面融入“平安建宁”建设大局。二是健全机制。以开展“基层综治信访维稳‘1+N’联动在库区”活动为抓手,使“平安库区”创建与当地综治、信访、司法等部门工作的有机衔接,形成工作合力。每季度召开一次“平安库区”创建专题工作会,定期研究创建工作;通过分发宣传材料、广播、电视、宣传专栏等方式宣传“平安创建”活动,使创建“平安库区”成为广大移民群众的自觉行动;采取走访座谈,入户调查等方式,加强库区社会治安排查,发现问题及时上报,加以研究认真解决。三是落实责任。坚持“谁主管、谁负责”和“条块结合、以块为主、属地管理”的原则,建立库区稳定情况信息报送和稳定形势分析会制度,及时了解库区动态,化解矛盾；建立健全移民信访工作制度，对移民来信、来访反映的问题实行“五定”责任制(即定责任单位、定责任领导、定责任人、定办理要求、定办理时限),确保库区社会安定稳定。2016年没有发生一起信访事件。

【移民民生工程】2016年，县移民局在推进库区移民开发中,着力实现三大移民民生工程。一是移民解困增收工程。以增加移民收入为目标,以维护和促进库区和移民安置区社会稳定和发展为主线,扎实推进“移民解困增收工程”,不断完善移民生产、生活条件,提高库区农业生产综合开发能力,积极引导移民用好后扶资金,增强自身造血功能。二是基础设施建设工程。扎实抓好库区和移民安置区基础设施建设，重点安排解决移民群众最关心、最急需解决的农村道路、饮水、水利、环境整治和社会事业等基础设施建设,尽量满足库区移民的业余文化需求,改善人居生活环境。三是培训就业工程。针对库区移民缺乏生产门路,劳动力就业不广等问题。联合有关职能部门,共同抓好移民培训、就业工作,创新劳动力转移机制,扩大移民的增收渠道。

(黄学昌)

民族工作

【概　况】2016年,建宁县共有畲族、雷族、壮族等少数民族283户、1027人,分布在全县8个乡镇45个行政村,1个民族行政村和3个少数民族自然村（分别是濉溪镇器村畲族少数民族行政村、濉溪镇长吉村向阳畲族小组、伊家乡伊家村雷家畲族小组、溪口镇半元村唐家湾壮族小组)。

【少数民族优惠政策落实】坚持县委、县政府对民族工作的领导，大力宣传党和国家对民族地区的各项优惠政策，坚持贯彻执行党的民族方针、政策和有关民族工作法律、法规,落实民族专项补助资金、民族文化发展专项资金、民族经济发展专项资金，推进少数民族和民族地区经济、社会、文化和教育的发展。做好民族服务工作。全年审核变更少数民族成份1人,为6名少数民族考生争取到中考加分优惠政策。年终看望慰问少数民族困难家庭及宗教界困难人士16户,每户送去了300元慰问金。

【少数民族文化建设】2016年9月,是福建省第九个民族团结进步宣传月，县民宗局紧紧围绕“同唱团结曲、共筑中国梦”的主题,全面开展丰富多彩、形式多样、扎实有效的民族团结进步宣传教育活动,积极开展宣传教育进社区、进机关、进学校活动,以悬挂横幅展版出墙报以及发放民族团结宣传品等形式宣传党的民族政策,进一步巩固和发展平等、团结、互助、和谐的社会主义民族关系。9月，濉溪镇器村村主干到永安参观学习少数民族特色村寨建设，积极为器村向省市争取少数民族民俗文化陈列馆项目建设资金，发扬和光大全县少数民族传统文化。

【民族地区项目建设】积极向上争取民族发展专项资金项目，全年申报省重点项目2个，一是濉溪镇器村向省市争取少数民族民俗文化陈列馆项目建设补助资金4万元；二是伊家乡伊家村防洪堤工程项目争取补助资金3万元。

宗教事务

【概　况】2016年，建宁县有佛教协会、道教协会、天主教协会、基督教协会4个宗教团体，登记的宗教活动场所86个，其中，佛教76个、道教6个、天主教1个基督教3个。

【宗教管理】年初，召开全县宗教工作会议，学习传达省市宗教工作会议精神，认真分析全县民族宗教工作情况。12月6日，县民宗局在县委常委会上汇报了全国、全省有关宗教工作的会议精神和本县当前宗教工作，县委常委会同意给县民宗局增加2个事业编制和增加相应的工作经费。积极推进《宗教活动场所财务监督管理办法》的落实，加强各宗教活动场所财务监督管理，完善财务制度，规范财务行为。开展创建"和谐寺观教堂"活动，组织人员深入全县宗教活动场所开展安全工作大检查，及时发现不安全隐患，对存在的安全隐患限期落实整改措施，增强宗教教职人员和信教群众的安全意识，有效遏制各类火灾事故发生，2016年宗教领域无安全事故发生。

【建宁县佛教协会第七届全体代表大会】11月25日，建宁县佛教协会在东山崇莲寺召开第七届全体代表大会，选举产生新一届县佛教协会领导班子，把政治上靠得住、宗教上有造诣、品行上能服众、关键时起作用的爱国爱教宗教界人士不断充实进宗教领导团体，建设政治可信、作风民主、工作高效的高素质宗教领导班子。

【市佛教协会会长释传一法师到县讲经弘法】10月1日，县民宗局邀请市佛教协会会长释传一法师到溪口高善寺讲经弘法，全县有300多位佛教界人士和信众参加，县民宗局对《宗教事务条例》进行宣传学习，用社会主义核心价值观来引领和教育宗教界人士和信教群众，积极引导宗教与社会主义社会相适应，提升宗教界人士综合素质，构建本县积极健康的宗教关系。

【宗教服务工作】县佛教协会于10月2日，利用市佛教协会在溪口高善寺讲经弘法机会，召开全县各寺院负责人宗教慈善周动员大会，共筹措善款6000元。基督教在慈善周期间发动教友举行了奉献仪式，共筹得善款3000余元，其他宗教团体结合自身实际，集中力量开展扶贫、济困、助残、救灾、养老、助学、支教、义诊等公益慈善活动，受到社会各界的高度关注和好评。

（詹钟坤）

乡镇·农场

编辑:罗瑞忠

濉溪镇

【概 况】濉溪镇成立于2007年11月，是由原濉城镇和金溪乡合并的新镇。位于建宁县东部,地处县城中心,为建宁县城和县人民政府驻地,是全县政治、经济、文化中心,工业、商贸重镇和农业、旅游的大镇。辖10个行政村(城关、河东、水南、长吉、水西、圳头、大源、高峰、斗埕、器村)、4个社区居委会(新生、复兴、河东、水南)和1个国有农场(综合农场),人口3.4万人,总面积231平方公里(耕地面积1467公顷;山地面积18067公顷;果园面积900公顷;毛竹1747公顷)。2016年,在全县乡镇综合考评中获评优秀乡镇,是国家级生态乡镇、省级文明乡镇、省级环境优美乡镇、三明市工业重点乡镇、市级平安镇、市级平安先行乡镇。

【经济建设】全年推广建莲523公顷，建立公路沿线、景区沿线两侧13个建莲种植示范片,种植早熟梨113公顷，全镇梨园达到733公顷。发展订单农业杂交水稻制种666.7公顷,新增无公害茶园1.33公顷，设施食用菌栽培2公顷。落实食用菌栽培200万袋,粮食生产153公顷,蔬菜种植400公顷,油菜种植53公顷,烟叶种植131公顷。建立坪上建莲良种繁育基地22公顷,大源、高峰烟莲轮作核心示范区33公顷，城关、河东绿色蔬菜核心示范区14.7公顷,斗埕无公害早熟梨核心示范区35公顷。2016年,全镇有规模以上企业23家、商贸物流企业35家、电商孵化基地1个,发展农村淘宝服务公司6家,培育新型农业经营主体76家。全镇地区生产总值27.47亿元,规模以上工业总值23.46亿元,全社会固定资产完成投资14.2亿元,财政总收入1049.1万元,城镇居民人均可支配收入27200元,农民人均纯收入14581元。

【项目建设】2016年镇列入县“五个一批”重点项目18个(其中:续建项目8个,新开工项目7个,前期项目3个),总投资4.43亿元,完成任务的112.23%。其中,谋划项目提前开工1个,即长吉村农民文化活动中心。推进项目储备转化,完成储备项目策划28个,其中重大项目2个,新上规模企业3家(其中工业企业2家，即建宁县天一沥青混凝土有限公司,福建省源农农业开发有限公司；贸易业1家,即建宁县金丽劳务有限公司),药材加工企业实现零突破(建宁县牛樟菌业有限公司)。全镇规模以上企业总数达到23家（含划入园区6家)。同时充分利用“6·18”项目洽谈会等平台,共引入7家企业,引进资金5.93亿元。其中,引进福建省一鼎旅游开发有限公司，在圳头铺前、大源等地进行温泉开发及游客集散中心等旅游项目建设，项目总投资3亿元。引进福源恒大旅游开发有限公司，在水西村建设集水上游乐场、赏花基地、生态农业及餐饮住宿为一体的水西大院等项目,总投资5000万元。实施大源、高峰、长吉、水西等村的农业综合开发小流域生态综合治理项目,完成长吉、大源、高峰的水土保持项目,河东、圳头、大源、器村的农业综合开发高标准农田建设治理项目已开工建设。

【城乡建设】 积极开展绿色社区建设和社区环境卫生、占道经营、交通秩序整治，主动融入国家生态县和省级文明城、卫生城、森林城创城工作,培育了万星首府、富贵世家B区等一批示范住宅小区。积极开展“两违”治理,打造“两违”综合治理新常态,组织拆除“两违”建设面积2.2万平方米,实现“两违”零增长,“两违”势头得到了有效遏制。完成水南村美丽乡村建设坡屋面改造，圳头埔前美丽乡村二期立面改造,大源村立面改造、平改坡、道路硬化。做好大源村、高峰村、圳头村、斗埕村新村规划建设和各村的危旧房改造,推进斗埕、水西、圳头旧村复垦,逐步改变有新房无新貌的现象,塑造农村新风貌。

【旅游建设】 以高峰、大源为核心,规划实施“香溪花谷·乐动高峰”项目,完成投资1200多万元,建成园路5000米、自行车道2000米、亭台廊9个,打造了高峰340亩田园花海和大源坪上300多亩梯田莲海,形成春夏秋三季赏花热潮。建设修复因灾受损花田、道路、水渠等旅游设施，投入100余万元修建完善大源机耕路、电瓶车道、观景亭、长廊等基础设施,扎实推进游泳池、欢乐水世界旅游公厕、用地报批和建设工作。配合完成“为荷而来”嘉年华瑜伽现场教学活动和“中国·建宁”国际自行车公开赛活动。2016年,以高峰古道、高峰漂流、“森林人家”“农家乐”、现代农业观光等为主题的乡村生态旅游共接待游客接近7万人次,实现旅游收入接近800万元。高峰村被评选为“中国乡村旅游模范村”,清华农家乐、林家福源、莲乡大观园被评选为“乡村旅游金牌农家乐”,清华民宿被授予三明市“绿野乡居”称号。

【民生事业】 全面落实各项强农惠农政策,不断健全完善社会保障体系，城乡居民基本养老 保险缴费率达98%以上,基本医疗保险缴费率达100%,全镇贫困户从185户、493人减少至108户、250人。计生政策符合率达93.29%,流动人口管理覆盖率达85%以上。及时下拨“5·8”“6·18”洪灾等各类自然灾害救助金近80万元。全镇通组道路硬化率达98%,器村通村道路全县最好。大力支持教育事业,初中适龄人口入学率达98%，高中入学率达90%以上。村（社区）文体活动室设置率达100%,公共文化服务设施免费开放,年均开展各类文化活动300余次。接待群众来信来访23起,调处各类矛盾纠纷108起(其中司法调处98起),未发生各类越级上访事件和重大群体性事件。

【征地拆迁工作】 2016年12月，水南邹家片房屋拆迁工作已完成50%，签订28户房屋拆迁协议,完成土地征用3.33公顷。西门莲塘、城关至报国寺公路等项目征地基本完成，有序开展浦建龙梅铁路、中国精品民宿、建宁经济开发区污水处理场、南北主干道、莆炎高速公路等项目征地前期工作，为重点项目和城市建设提供用地保障。坚持“两违”零容忍,全年组织拆除“两违”建设面积达2.2万平方米。

（曾梦莹）

溪口镇

【概　况】 溪口镇地处县城北郊，连接县城下坊街,位于北纬26°52′,东经116°47′。东南丘陵起伏,西北群山耸翠,属丘陵地带,地势西高东低,南北坦长,西北郊与江西省南丰县康都交界,北部与本县黄坊乡相连,东南与濉城镇接壤,西部与里心镇毗邻,西南与伊家乡相接。为晚清著名爱国诗人张际亮的故里。享誉东南亚地区宗教界,台湾历史上第一尊肉身妆金菩萨、慈航法师艾继荣的祖地。全镇总面积222平方公里,其中林地面积1848公顷,占总面积87.4%,森林覆盖率64%。2016年,溪口镇辖13个行政村、1个居委会、1个农场,143个村民小组,总户数5850户21384人(其中,农业人口19646人)。

【经济建设】 2016年,全镇共有粮食种植面积3533公顷,产值达2.3亿元;莲子种植面积3334公顷,产值可达3000万元;全镇水果总面积2400公顷,产值约1.4亿元,高标准建设生态精品果园200公顷;林下经济产业发展势头良好。新增大棚蔬菜种植面积20公顷;以生猪、肉羊和优质鸡为重点,规模养殖场30户;引进华安种业集团水稻育种站、63种业基地建设项目;新增农民专业合作社(家庭农场)17家,总数达到111家。在闽赣农机专业合作社的辐射带动下,全镇农机综合化水平达90%以上。完成中央小型农田水利、国家农业综合开发富田溪流域高标准农田、渠村小流域及杨林溪水土保持综合治理、枫元及艾阳土地整理、杨林及溪枫高标准农田建设项目和枫元、半元、高圳粮食产能等农田水利建设项目共11个,总投资约6000万元。同时加入闽赣边贸物流城建设,以电子商务引领商贸物流创新发展,加快种子产业和果子产业农业仓储物流中心项目建设。电子商务快速发展,开通5家阿里村淘服务点,开发水果、莲子、大米、食用菌等农副产品电销网点。2016年全镇完成农林牧渔业总产值4.975亿元,同比增长10.15%;规模以上工业总产值19.983亿元,同比增长13.78%;全镇财政收入648万元,比增6%;农民人均纯收入13335元,同比增长10%,城镇居民可支配收入24326元,同比增长9%;全社会固定资产投资18.8亿元,同比增长22%。

【项目建设】 溪口镇以"五个一批"为抓手,全力实施各类项目27个,其中列入三明市"五个一批"项目2个、建宁县"五个一批"项目11个,其中,续建项目9个、新建项目15个、前期项目3个,总投资16.31亿元,2016年计划投资3.9亿元,完成投资4.1亿元。通过以商招商、产业招商、资源招商、精准招商等新型招商渠道,对接县上产业,借助"5·18""6·18""9·8""11·6"等各类招商平台,完成招商引资任务6家,总投资3.3亿元。

【旅游建设】 围绕"清新花乡·福源建宁"旅游定位,在枫元村桃梨观赏园等旅游资源的基础上,推动枫元村百花乡村主题公园、欧洲风情园生态休闲旅游项目建设,完成高速路口沿306省道至枫元的十里荷乡长廊(荷花)及桐元高速路口田园花海(荷花、油菜花)建设,吸引游客3万余人。3月协办建宁花海跑活动暨"万紫千红看花海"赏花季活动。

【社会事业】 水稻(制种)保险、农资综合补贴、职工医疗保险、新型农村医保、城乡居民养老保险等均按要求完成;财政一事一议奖补项目、造福工程顺利开展。全镇13个村建立了农村环境卫生长效保洁机制,实施了溪口村、马元村2个村美丽乡村建设,全县美丽乡村工作现场会在溪口镇召开;通组道路硬化、农村危房改造、高速沿线景观提升等民生项目进展顺利。总投资800万元的溪口集镇自来水改扩建项目完成建设,建成溪口至枫元村、高速公路至桐元油岭背自来水管网。全镇实施了第五、第六、第七批土地增减挂钩项目，完成 7.6 公顷，第七批 4.81 公顷完成招投标，部分村已着手实施。“诚信计生·幸福家庭”创建工作持续深入开展；在马元村开展“七选择、二服务、六随访”试点活动；社会抚养费征收、流动人口管理、“两非”案件查处等重点、难点问题得到有效突破。2016 年全镇共出生人口 279 人，出生人口政策符合率达 93.9%，高出责任指标 2.9 个百分点。出生人口性别比 111.36，低于控制指标 114。全年未发生因民事纠纷调解不当或调解不及时转化的刑事案件、没发生群体性越级上访事件及影响社会稳定的突发事件。共排查化解矛盾纠纷 31 起，完成县级转办信访件 6 件；投入 27 万元建设综治网格化管理二级平台，并对综治信访维稳“1+N”联动中心进行了规范建设；镇域范围内未发生重大安全生产事故。精准扶贫全年脱贫 105 户 239 人。

【莲香农舍农民住宅小区建设项目】 2016 年，总投资 1.8 亿元的莲香农舍农民住宅小区建设项目开工建设，2016 年完成投资 5080 万元。该项目占地面积 5.6 万平方米，总建筑面积 34853.1 平方米，安排新住宅约 100 户，停车位 110 个。

【枫源百花乡村主题公园项目】 年内，总投资 5 亿元的枫源百花乡村主题公园开工建设，完成年度投资 800 万元，建设观光果园，配套建设停车场、观光路网、服务设施、游客集散中心等。年接待外来游客 3 万余人。

【华信科技微生物有机肥深加工项目】 年内，华信科技微生物有机肥深加工项目完成年度投资 2600 万元。该项目占地 2 万平方米，生产车间 8000 平方米，拥有生产线 3 条，年产有机肥 30000 吨、有机无机复混肥 18000 吨。

（王雪英）

里心镇

【概　况】 里心镇地处闽赣边界，与江西南丰、广昌两县毗邻，镇域面积 253 平方公里，其中耕地面积 4333.55 公顷，林地面积 20201 公顷，森林覆盖率 79.7%，辖 13 个行政村 1 个社区，189 个村民小组，183 个自然村，总人口 2.4 万人。里心镜内交通便利，306 省道、771 县道穿境而过，建泰高速公路在里心设有互通口，是周边两省三县十乡镇交通枢纽和往来中心。土地肥沃，地势平坦，气候温暖湿润，以莲子、种子、黄花梨和烟叶为主的“三子一叶”传统农业久负盛名。

【经济建设】 2016 年，里心镇种植 3333 公顷杂交水稻制种、4000 公顷黄花梨、333 公顷莲子、333 公顷黄桃、153.3 公顷烟叶、66.7 公顷茭白、6.7 公顷葡萄、千万袋食用菌；投资 4000 万元的九华山水库开工建设，投资 2600 万元、受益 147 公顷的高标准农田项目开工建设；投资 1820 万元的中型灌溉节水配套改造开工建设；第七批 12.9 公顷旧村复垦正在有序推进；全镇 3200 公顷农村土地确权工作基本完成。健全完善建莲、水果、种子、边贸农资等特色市场体系；全镇个体工商从业人员有 4000 余人，年贸易额达 30 亿元；全镇有综合超市 3 家、高级宾馆 4 家、快捷酒店 4 家、KTV 娱乐场所 2 家、各类银行网点 3 个、边贸市场 1 个；建成全县乡镇中唯一的闽赣(里心)电子商务公共服务中心，打造“互联网+智慧乡镇”，全年招募 13 家电商加盟入驻，全年公共服务中心交易额约 550 万元，其中上行约 120 万元。

2016年全镇完成农林牧渔业生产总值7.59亿元,同比增长10%;完成规模以上工业企业产值15.89亿元,同比增长18.56%;完成全社会固定资产投资22亿元,同比增长16%;实现农民人均纯收入14505元,同比增长10%。

【项目建设】 2016年,列入县“五个一批”重点项目23个,完成投资1.96亿元,占年度计划的110%;全县乡镇中面积最大的里心幼儿园建成投入使用,346名学生入学;堆火塅商住小区完成主体工程;编制实施里沙溪美丽乡村景观带专项规划,启动里沙溪美丽乡村景观带建设。

【乡村旅游】 编制完成《建宁县里心田园旅游总体规划(2016—2030年)》;以“花果山”为核心,突出“十百千万”建设,即打造十里梅花、百亩花海、千亩莲塘、万亩梨园;完善花果山主题餐厅、民宿、DIY室配套,以及游客步道3D彩绘,连片种植1.6公里1000棵红梅、4公顷马鞭草、13.3公顷油菜花;成功举办首届传统花朝节和2016年建宁采摘季等两个大型活动。实施滩角、岩上美丽乡村建设,按照“点上精彩、线上风景、面上美丽”的总体要求,突出一村一方案、一村一品味,在岩上围绕省级传统村落修缮保护、在滩角围绕村部聚居区改造提升;围绕《建宁县里心田园旅游发展总体规划》,在花排村大规模种植花草,重塑梅花成排、花里人家的历史风貌。

【社会事业】 2016年,全面兑现粮食直补、种子补贴、农机具补贴、新型农村合作医疗和农村低收入人口补助等惠民政策。建成里心幼儿园、二中田径运动场,启动中小教学楼项目建设,教育资源布局进一步优化,二中中考84人被一中录取,录取人数是全县中学第二。深入开展“诚信计生·幸福家庭”“梦想女孩”活动,稳妥推进“全面两孩”政策。推进农村医疗卫生改革,实现村级卫生所的财务、药品、耗材、业务、医事、药事等“六个统一管理”。投资210万元建设4.7公里通组路(芦田龙咀至农场1.9公里、芦田村街上至松林下2.4公里、靖安村毛坪桥至岩下0.4公里)。

【精准扶贫】 推行“周二下村工作日”制度,将每周二确定为全镇干部职工进村入户工作日,帮助贫困户协调解决生产生活困难,想方设法推动贫困户脱贫、贫困村脱帽。筹集100万元成立里心“贫困母亲”精准扶贫担保基金,切实解决贫困村、贫困户生产发展资金短缺问题,帮助建立稳定增收项目,加快脱贫步伐。创新精准扶贫机制,采取农机专业合作社量化折股、双溪“合作社+农户+科技”电商扶贫、“信龙公司+花排村”村企合作等方式扶贫,获省、市、县充分认可,被确定为可看、可学、可推广的先进典型。

【承办桃梨采摘季之建宁梨王派对活动】 7月24日,“2016建莲文化旅游嘉年华系列活动之建宁梨王派对”在里心镇花果山举行,该活动由建宁县旅游工作领导小组主办,建宁县旅游局、建宁县里心镇人民政府、新浪福建承办。“建宁梨王派对”以“梨王争霸赛+趣味计步游园会”内容为核心,运用互联网+旅游新媒体(自媒体)传播,在新浪网、新浪福建首页和新浪福建旅游频道通过焦点图、大通栏等黄金位置,高频次大范围进行网络宣传,硬广投放累计曝光量达2.76亿次,累计点击量达114万次。同时,微信、微博“双微并推”,先后策划了阅读量达384.4万次的“建宁梨王派对”微博话题运营、《果味飘香,潜藏着盛夏里的采摘大计》等7条原创微信递进宣传和游戏互动+美景展示+

报名的“建宁梨王派对”H5专题推广，活动当天吸引来自全国各地的400多名网友和周边超2000人次现场参与体验。活动还吸引人民网、中国网、凤凰网、搜狐网、福建电视台、《福建日报》等40余家媒体在各自媒体上刊发(播)活动新闻稿，以微信、微博等形式获得二次、三次传播，极大地延伸本次活动广度。仅一周时间，百度搜索“建宁花果山”“建宁梨王派对”词条分别出现10.8万、8160个相关新闻。

(黄兆兰)

黄埠乡

【概　况】黄埠乡地处建宁县西南部，距离县城40公里，位于北纬26°45′，东经116°39′，西北部与江西省广昌县毗邻，为闽赣两省三县(建宁、宁化、广昌)五乡(里心镇、客坊乡、伊家乡、宁化县安远乡、广昌县水南圩乡)结合部。乡境内地势平坦，四周山峦起伏，南北最大距离27.6公里，区域面积137平方公里，山地面积1.1万公顷，耕地面积1600公顷，森林覆盖率81%。全乡辖10个行政村、104个村民小组，有3215户、12434个人口。其中非农业人口370人。先后被授予市先进基层党组织、市级文明乡镇、市级平安乡镇、市级文化先进乡镇、市级平安先行乡镇、省级生态乡等荣誉称号。

【经济建设】2016年，全乡粮食种植面积1333公顷，其中水稻733公顷、制种333公顷；种植烟叶426.5公顷、优质建莲536.7公顷；种植紫云英266.7公顷；完成造林绿化任务15.3公顷。积极创建“国家森林文化小镇”；培育养鸡大户4户，养殖规模约4万头；山羊养殖大户2户，养殖规模达到300余头；生猪养殖大户5户，平均存栏100余头，年出栏1500余头。全乡成立农业专业合作组织22个，设立农村淘宝服务站5家，注册农业品牌商标13个，其中“葵阳”牌桂阳萝卜、“昊宁”牌建莲品牌商标在省内已有一定影响力。2016年农民人均纯收入13200元，实现工农业产值6.1亿元，增长29.8%，有规模以上工业企业3家，规模企业产值3.28亿元，增长38.9%；全社会固定资产投资4.28亿元，增长45.08%；完成公共财政收入876万元，增长25.1%。

【项目建设】投资509万元，实施粮食产能区项目；投资300万元，实施高标准农田建设项目(基金项目)，已完成项目招投标；投资320万元，实施黄埠等4个村74.5公顷土地整理项目，已完成项目进度的90%；投资400万元，实施黄埠、竹薮88公顷土地整理项目，已完成项目招投标；投资192万元，实施农田基本设施建设；完成第五、六批土地增减挂钩工作，已通过市级验收；第七批5公顷土地增减挂钩已完成测量设计工作。投资120万元，完成集镇自来水厂改造项目；完成黄埠乡总体规划，已完成专家评审。投资130万元，实施罗源村美丽乡村建设项目，已完成项目进度的70%。全年共完成招商引资项目2个，引资4000万元；围绕新项目引进和企业技改扩能，扎实推进金科矿业续证投产，黄埠水电站技改扩能等项目建设；提供优质服务推进鱼子寨风力发电、明一生态牧业等重点项目建设。

【社会事业】2016年，共发放各类补贴、扶持资金320余万元，其中：农业支持保护补贴146.8万元，农村低保金(含五保供养)74万余元，高龄补助8.26万元，优抚(含退役士兵、现役军人优待金)53万余元，困难残疾人生活补助11万元，自然灾害生活补助24万元，圆梦女孩救助金0.9万元，计生困难家庭慰问金0.9万元，“金秋助学”助学金1.6万元等。认真落实“348”精准扶贫工作机制，做到精准识别、动态管理。坚持因地因户制宜，对症下药，靶向治疗，精准施策。易地扶贫搬迁、产业扶贫、就业扶贫、金融扶贫、教育扶贫、兜底保障等方面均取得成效，全年共完成异地扶贫搬迁安置66户234人，发放扶贫小额信贷28户84万元，注册成立黄埠乡扶贫发展基金会。推进义务教育均衡发展，投入185万元，贤河幼儿园围墙硬化、新建黄埠中学校门、操场硬化，修缮桂阳小学。黄埠中学被建宁县第一中学录取高中生48名，入取率达到70.58%，综合教育质量在全县农村中学中位居首位。全年共排查矛盾纠纷34起，调处32起，调解成功率达94.1%，接待来信来访8批，均已得到妥善处理。

【培育新型农业经营主体】大力推进农民专业合作社、家庭农场等新型农业经营主体建设，从政策、资金、技术等方面予以大力支持。全乡共成立农业专业合作组织22个，注册农业品牌商标13个，其中衍鑫野生山茶油有限公司被评为农业产业化县级龙头企业。大力实施“互联网+”行动计划，大力培育黄埠村、友兰村、贤河村、桂阳村、山下村农村淘宝服务站，促进店主做好做优。充分利用生态资源优势，大力实施省级农民创业园黄埠乡桂阳小区莲子示范基地建设，构建以桂阳小区为主线的“千亩片、百亩点”的莲子种植布局，并在乡域境内公路沿线打造四季赏花地，推动休闲农业和乡村旅游的发展。

【举办首届桂阳萝卜文化旅游节暨电影《黄埠往事》开机仪式】 12月24日，黄埠乡成功举办首届桂阳萝卜文化旅游节暨红色旅游电影《黄埠往事》开机仪式。黄埠乡桂阳村是中央苏区红军向闽西北拓展的第一个驻扎地，“桂阳萝卜”名声远扬，萝卜不仅清脆，水分含量特别大，先后被国家有关部门认定为无公害蔬菜、中国地理标志证明商标产品。当年威震四方的桂阳游击队是闽西北第一支红色武装，红军四进建宁，三驻黄埠的桂阳村，桂阳也成为“红色建宁第一村”。而电影《黄埠往事》改编自真实的故事，影片再现当年建宁黄埠苏区的军民鱼水情，揭秘桂阳萝卜与红军的红色故事。电影由游道道影视策划摄制，青年导演高建华执导，拍摄主要场景全部在黄埠乡境内，拍摄除主要角色邀请专业演员担纲外，大部分角色邀请了建宁当地的群众参与拍摄。

（艾述富）

客坊乡

【概　况】客坊乡地处建宁西南部，距县城50公里，是闽赣两省三县六乡结合部，西南与江西广昌县毗邻，南与宁化县安远乡接壤，是建宁县与江西往来的主要门户之一。全乡辖8个行政村，116个村民小组，有居民3631户、13632人；乡域面积110.6平方公里，其中耕地面积1297.07公顷，园地1771.47公顷，林地面积9005.73公顷，是典型的农业乡镇。水尾村曾是红军重要的后方基地，较为完好地保存着苏维埃政府、闽赣基干游击队司令部、红军医院、红军银行、红军兵工厂等极具价值的革命旧址。全乡森林覆盖率80.4%，其中国家级生态公益林2733.33公顷，生态环境极为优越。境内有千年古刹白云寺、马尾寨风景区、“八闽第一寨”的五龙山古山寨，获评省级生态乡镇。宋代著名政治家、文学家王安石少年时曾云游此地寄读，并作《云山十奇》诗吟诵。北宋年间，客坊谢氏一家先后有谢询、谢黼、谢黻、谢皓四人考中进士，人称“一门四进士”，历代传为佳话。

南宋理学大师朱熹得意门生——理学名儒刘刚中为龙溪村人。

【经济建设】2016年，种植烟叶面积248公顷，实现产量6800担；种植莲子520公顷，建成中畲、水尾、龙溪核心示范片3个。吊瓜种植面积6.7公顷，牡丹籽油种植基地6.7公顷，太子参种植面积13.4公顷。完成圣上茶旧茶园改造开发33.3公顷。采取“企业+基地+农户”的方法，极探索“集中托养”和“分散托养”基地养殖方式，扩大特色养殖规模，现存栏黑山羊5000余头，黑山羊养殖规模居全县首位。水稻种植面积达1157公顷，政府补贴资金138.8万元。2016年，农林牧渔业总产值增长到2.72亿元，增幅13.3%；全社会固定资产投资增长到4.78亿元，增幅21.4%；财政收入增长到567万元，增幅9.3%；农民人均纯收入增长到12646元，增幅13.8%。

【项目建设】年内，向上争取灾后重建项目资金560万元，修复农田灌溉水渠约4千米，修复防洪堤、护岸11.2千米，修复小型水坝21座；通过工程复垦水毁耕地433公顷；清除道路塌方440处37600余立方米，修复损毁道路，修复加固水毁桥梁15座，重建湾坊村罗家桥1座，里源村陈田坑至际下桥1座。

【美丽乡村建设】全面实施宜居环境建设行动计划，以龙溪、水尾、张溪3个村美丽乡村建设为示范，围绕全乡“好客坊·红土地”主题，扎实推进客坊、严田2个村美丽乡村建设。客坊村已完成客缘广场主题建设，大洋坝廊桥建设，过境路沿线美化亮化，修建220米护岸、步道、花圃、观赏石及停车位。投入210万元，完成红色文化主题公园的建设。投入300余万元，聘请专职保洁人员14人，购置垃圾清运板车、垃圾桶，新建垃圾收集处理设施，实现垃圾村收集、乡转运、县处理。

【特色旅游】依托水尾村红色遗址群、千年古寺白云寺、马尾寨、中畲半年节庆游等旅游资源，聘请厦门、宁波两家设计公司，对全乡旅游资源和美丽乡村建设进行“多规合一”规划。以红军医院的修缮复原为示范，结合美丽乡村提升建设，投资1200万元，启动红军司令部修缮工作及配套基础设施建设。并挖掘梳理“水尾故事”，出版《苏区水尾》。2016年共接待游客3000余人次，参观红色文化遗址，接受红色教育。同时以传统文化作为发展契机，全力打造生态旅游，依托中畲半年节非物质文化遗产，举办以“好客客坊·客迎中畲”为主题的半年节庆游活动，体验闽江源原始生态环境的红色生态乡村旅游。

【社会事业】2016年，中考县一中录取率达66%，居全县农村中学第二名。强化乡、村、组三级计生工作队伍建设，深入推进“诚信计生·幸福家庭”创建，抓好全面二孩政策宣传，2016年度当年出生政策符合率94.38%，综合性别比为105，群众满意率和计生知识知晓率均达到95%，落实贴息贷款135万元。2016年累计发放城乡、农村低保95.3万元、残疾人补贴25.6万元、优抚对象51.2万元、高龄补贴7.2万元、自然灾害补助30.9万元。

【修缮复原水尾村红色遗址群】客坊乡加大投资力度，先后修缮复原水尾村红色遗址群。红军医院：1932年中国工农红军第二次进驻建宁时，在水尾村办起了战地医院，由门楼、庭院、主房及南北两侧附厝组成，旧址占地面积1040平方米，房间三十多间，设有门诊部、住院部、药房、手术室、护理室、院长室等。闽赣基干游击队司令部：在1932年中国工农红军第二次进驻建宁时，水尾村就是红军的指挥部。1934年11月,建宁县游击队在水尾村与广昌县独立团,广北游击队,宁化边区游击队合编为闽赣基干游击队后，成为闽赣基干游击队司令部。旧址位于新屋里,是一幢一进二厅的民居,有房间十余间,大厅上厅作会议室,下厅作接待室,其余房间分别设有司令部、参谋部、作战室、传达室等及指挥员的卧室。红军兵工厂:红军兵工厂位于水尾小学后面,由门楼、庭院,天井、上厅组成,旧址占地面积460平方米。厅两侧的房间分别作为兵工厂负责人和技术员的办公室和住房,前面一间为保卫战士的卧室。还有红军银行、红军被服厂、红军草鞋厂、红军食堂、红军监牢、红军屯马场等都保存较为完整。

（谢爱珠）

黄坊乡

【概 况】黄坊乡位于建宁县北部，东临溪源乡和泰宁县大田乡，西南面接本县溪口镇、濉溪镇，北与江西省黎川县毗邻。乡政府驻地于2016年12月9日由黄坊村搬迁至武调村,距县城10公里,总面积218平方公里。全乡辖8个行政村,93个村民小组,总户数2671户,总人口10181人,其中农业人口9990人。全乡党员总数421人,基层党组织10个。地处高山丘陵地带,境内三条溪流组成自然水系,全年平均气温15℃左右，雨量充沛。全乡山林面积16000公顷，其中速生丰产林8667公顷;竹林面积2800公顷,果山面积466.7公顷。森林覆盖率80%,山地资源丰富,年可产商品竹30万根,鲜笋4500余吨,笋干600余吨。全乡耕地面积1601公顷,其中水田1456公顷,安寅、将上、武调等村为粮食主产区。

【经济建设】2016年，落实水稻种植800公顷，粮食产量达7500吨；完成烟叶种植196公顷,收购烟叶6860担,实现产值1059.7万元,烟叶特产税216.2万元;落实订单制种面积333公顷,其中烟后制种160公顷,种子产量达345万公斤;落实建莲种植200公顷,莲子产量达195吨;订单对接种植吊瓜20公顷,种植玉米、甘蔗等10公顷;建立“两高一优”(高产、高效、优质)丰产竹林基地187公顷,低产毛竹改造14公顷7,扩鞭垦覆253公顷,全乡竹山规模达3000公顷;发展香菇、杏鲍菇等食用菌100万袋；猪出栏2万头，养羊2000只,淡水养殖15.33公顷,禽类10万羽。完成农林牧渔业总产值2.6亿元,增长8.3%;完成全社会固定资产投资8.2亿元，增长28.1%;乡财政总收入达到745万元，增长13.7%;农民人均纯收入达到13443元,增长12%。

【项目建设】全年在建项目17个,前期项目2个、续建项目3个、新开工项目12个,累积完成投资30310万元。其中:投资2800万元的旅游竹木根雕产品开发、加工项目于10月投入运营；投资2600万元的肉鹅养殖加工项目已完成一期建设,进入投产,并启动二期扩建;投资560万元的武调三桥建设项目已经完工并通车;投资600万元的黄坊中心小学综合楼建设项目已完成工程建设，进入内装修；投资1500万元的黄坊乡三农服务中心附属设施建设项目于10月底全面竣工；投资1000万元的安寅夏家湾“樱花谷”休闲山庄建设项目已完成百亩樱花观赏园及相关附属设施的建设;投资4800万元的建宁宝丰苗木、花卉种植及旅游观光建设项目已投入营运；投资3600万元黄坊乡黑山羊工厂化养殖基地建设项目已完工。投资1300万元的中央小农水项目和投资490万元的土地整理项目已基本完成；已完成第六批土地增减挂钩项目，第七批土地增减挂钩项目进入实施阶段。完成投资400万元的高标准农田建设项目；投资141万元的农村“一事一议”财政奖补项目全面完成。投资280万元,实施了黄坊、毛坊的美丽乡村项目建设,人居环境不断改善。同时积极配合县交通局完成火车站至县高速公路快速通道建设工作；完成投资78万元、工程量1.8公里的旱坑公路建设;完成投资13万元的黄坊至陈岭段“5·8”水毁道路溜方现浇混凝土挡墙建设项目；完成投资17万元的血陈线、武旱线安保防撞墙项目。

【集镇建设】 年内，投资1600万元的武调新集镇路网建设项目，已经完成一期建设；投资1200万元的武调新集镇自来水二期工程,已完成供水管网铺设；投资1200万元的武调新集镇农村公园建设项目已完成基础建设，正进行地面铺砖建设;投资800万元的集镇主干道已竣工验收;投资1000万元的武调小学、幼儿园、村级服务场所已交付使用;投资500万元的武调深溪后边坡地灾治理项目已竣工；投资560万元的武调三桥已竣工投入使用；投资600万元的安置房配套基础设施和集镇公共设施已建设完善。

【社会事业】 年内，全乡共55户168人收入超过省定标准贫困线,实现脱贫,目标任务完成率达129%。全乡共有41户贫困户享受“七项工程”扶贫补助金额总计11.6万元。精准扶贫易地搬迁任务数为40户117人，全乡累计完成31户114人，目标任务完成率达97.4%。落实水稻种植保险1.5万亩,农民因灾害获礼赔款20余万元;完成粮食直补1.53万亩,合计123万元;认真完成新农合和新农保,新农合参保率99%,新农保完成94%以上,实现老农保转退保86.56%；发放农村低保金71.5万元。全面推进二孩政策,打造“诚信计生、幸福家庭”,深化协会“四联创”活动。全年共出生123人,一孩出生53人,二孩出生63人,三孩8人，当年政策外出生9人，政策符合率为92.6%。落实“四术”88例(其中女扎2例,放环82例,取环77例)。继续深化综治“1+N”创建和“平安乡镇”创建活动,强化安全生产各项措施,做好群众来信来访工作,共排查调处各类矛盾纠纷47件、受理信访来件12件,全乡社会安定稳定,群众的安全感、满意率普遍提高。

【生态休闲旅游】 2016年,举办仍田村龙龟山自驾游活动，在武调动车站举办“喜羊羊农庄会”。着力打造武调旱坑自然村休闲度假观光农业、武调竹社水库夏令营地、仍田曹家地休闲农庄、仍田下村养鸽场、黄坊黄坊斜等休闲旅游阵地,稳步实施“生态休闲旅游乡”战略。

(廖文秀)

溪源乡

【概　况】 溪源乡地处县境东北部，距县城35公里，居北纬27°00′，东经117°03′，海拔400米,境域面积为142平方公里,东临泰宁县新桥乡,西与黄坊乡接壤,南与泰宁县大田乡相连,北与邵武市及江西黎川县毗邻。地势东西面高,为县高寒山区,是著名的“明笋”主产地。“明笋”加工工艺被列入三明市第三批市级非物质文化遗产名录,被三明市授予“十佳毛竹乡”。溪源历史悠久、文化厚重,始于后唐,古村上坪是全县唯一被列入福建省历史文化名村和中国首批传统村落名录，至今留下了20多幢明清时期的古建筑。大岭傩舞、楚尾花(龙)灯,上坪宴神、鲇坑梅林戏以及迎亲嫁娶坐花轿等民俗文化异彩纷呈。溪源乡是革命老区基点乡、明笋之乡、信用之乡,也是党员信誉管理的发源地。共辖9个行政村,86个村民小组,总户数2358户,总人口9763人。

【经济建设】 2016年,全乡粮食播种面积1017公顷,产量625.3万公斤;烟叶种植面积374.3公顷,产值1987.52万元,均价32.06元/公斤;建立楚尾、都团、桐荣等400公顷笋竹两用速生丰产基地,新开竹山路网28公里;莲子种植23.3公顷。建立闽江公社有机农产品的生产基地,成功举办闽江公社"插秧季"二季活动,受到中央、省、市媒体的关注。上坪、都团村列入国家乡村旅游扶贫工程行动村,上坪古村排水系统入选福建省首批水文化遗产。富源笋业合作社入选国家农民合作社示范社;新成立六逸、农友、源化3家笋业合作社和闽乐、钻石岭2家林(农)场。2016年实现农林牧渔业总产值3.38亿元,农民人均纯收入14008元,乡财政收入823万元,全乡固定资产投资增长25%达5亿元,规模企业产值7亿元。

【项目建设】 全年共实施"五个一批"项目21个,总投资1.64亿元。基础设施建设项目:完成楚尾大桥主体和附属设施建设,总投资360余万元,桥梁跨度55米,桥面宽8.5米,桥两侧护岸195米,成为楚尾村一道风景。产业转型项目:完成六逸食品二期扩建,新建污水处理池6个,钢构厂房1500平方米,新上1条生产线;溪源乡笋业协会新建4个笋产品冷冻保鲜仓库,落实9个笋制品企业污水处理环保设施。现代农业项目:实施第六批土地增减挂钩2.8公顷;完成楚尾、溪源、上坪等村农业综合开发项目。民生工程项目:完成农村客运站主体建设;建成财政奖补农村"一事一议"民生项目8个。文化旅游项目:实施上坪古村社祖庙、得水园等古民居整修和廊桥改造,建成旅游标识牌、导览图、池塘清淤和雨污分离工程及村部门楼。实施闽江公社提升项目:整片流转土地33.3公顷,种植金线莲2公顷、有机莲子6.7公顷、有机稻23.3公顷。

【美丽乡村建设】 聘请中央美院、省住建厅规划设计院专家编制上坪古村落再生计划规划和桐荣、东溪、都团美丽乡村的环境景观提升整治方案。按照规划,着力建成上坪书香水村、都团乡愁体验、桐荣旧村整治和东溪新村提升等各具特色的美丽乡村示范点。扎实推进"两违"综合治理,全年拆违1.8万平方米;突出公路沿线、集镇、村部所在地等重点部位,坚持拆迁与整治、改造与提升、景观与休闲相结合的原则,实施"绿化、净化、亮化"工程,农村环境不断改善。

【社会事业】 新农保参保率为97%,新农合参合率100%;农业支持保护补贴、林补、种粮保险等各类支农惠农政策资金全面兑付到位,举办竹业、烹饪技能培训班2期230人,组织新型职业农民、残疾人学习培训400人次;新一轮农村低保核查59户108人,年发放低保金37万余元,累计发放社会救灾救济、优抚、高龄补贴等民政资金50余万元。同时实行挂图作战,采取产业扶贫、金融扶贫、旅游扶贫和社会扶贫等"N+1"精准扶贫模式,打好扶贫"组合拳",64户贫困户204个贫困人口,年内脱贫25户96人。实施"全面两孩"生育政策,出生人口政策符合率94.7%;

【农村金融改革】 2016年,全乡完善金融基础设施,新增农信社自助存、取款机和便民服务窗口及业务室,在全乡9个行政村设立小额便民支付点,实现"转账汇款,缴纳支付、社保卡缴费、领取养老金”等金融业务不出村；溪源村级融资、合作社、村级扶贫及笋竹产业链四类担保基金。全年共发放贷款60笔1103万元，且担保基金到期贷款本息全部如期归还，不良贷款率为零。

【农业新型经营主体培育】 年内，新组建六逸、农友、源庄3家笋业合作社和钻石岭、闽乐2家林(农)场；富源笋业合作社获评国家农民合作社示范社、都团生态农业旅游专业合作社获评市级示范社；都团闽江公社成功举办了插秧季第二季活动，实现农业生产空间与田园休闲旅游空间融合发展。

【上坪古村保护开发项目】 年内，上坪古村完成杨氏学堂、大夫第片区节点景观建设规划设计及社祖庙、得水园等古民居整修和廊桥改造，建成旅游标识牌、导览图、池塘清淤和雨污分离工程及村部门楼。同年被列入三明市美丽乡村示范村及国家乡村旅游扶贫重点村，排水系统入选福建省首批“水文化”遗产名单。

（宁雪莲）

均口镇

【概 况】均口镇地处建宁县南部，位于建宁、泰宁、宁化、明溪四县交界处，与县内濉溪镇、伊家乡毗邻，距县城25公里，省道205线和306线穿境而过。集镇规划面积3.3平方公里，建成区1.1平方公里，集镇人口突破7200人，全境总面积306平方公里。2016年辖13个行政村、1个社区居委会，144个村民小组，215个自然村，总人口1.92万人，全镇耕地面积1833公顷，山地25933公顷。主要河流7条，全长124.3公里，全镇森林覆盖率达85%，居全县首位。属省级旅游休闲集镇、省级文明圩场，蝉联市级文化先进乡镇。获评首批国家级生态乡镇、省级“环境优美乡镇”和全省绿色乡镇。旅游资源优势丰富，修竹荷苑建设成为全市首个国家级农业旅游示范点、省级农民创业（莲子）示范基地和莲文化主题公园。

【经济建设】 2016年，烟叶种植位居全县首位，打造莲子种植1个“千亩片”、10个“百亩点”，培育了食用菌、紫薯、吊瓜、大闸蟹四大特色农业新兴产业。新增县级以上产业化龙头企业2家，各类农民专业合作社18家，新培育特色农业种植示范基地5个。完成土地流转面积867公顷，农业机械化率达到74.2%。工业企业加快转型，围绕做大总量和结构调整并重，企业转型步伐加快，东煌石材等公司完成二次招商，富强等工业企业完成千万以上大型技改提升项目6个，关停清退“五小企业”3家。至12月末，全镇有规模以上企业17家，完成规模以上工业总产值21.5亿元、工业固定资产投资9.8亿元。全年工农业生产总值26.7亿元，农林牧渔业总产值3.4亿元，规模以上工业总产值21.5亿元，固定资产投资22.4亿元，农民人均纯收入13700元。

【美丽乡村建设】 紧紧围绕“县域次中心”发展定位，参照市中心镇开展城镇建设，坚持规划、建设、管理并举，集镇更加秀美靓丽，农村更加整洁优美，先后被评为国家级生态乡镇、省级绿色乡镇、省级文明圩场和市级文明乡镇。累计拆违约6万平方米，环境卫生、占道经营、交通秩序等得到有效整治，“河长制”得到严格执行，黄标车、生猪养殖场得到有效清理。至2016年12月，全镇已建成4个美丽乡村，2个在实施，创建立面改造、庭院改造、景观改造三项硬件建设和卫生环境管理长效机制一项软件建设的

"三硬一软"建设模式。修竹村入选福建2016年新版最美美丽乡村大全。

【集镇建设】优化集镇布局,编制完善集镇建设总规和详规,确立城镇化"1+N"布局,建成区扩大至1.1平方公里,建设总投资超过3亿元,完成项目建筑面积约6万平方米,集镇人口达到7000余人。完成司法、供电、国土、幼儿园、劳动保障所等一批公建项目,建设了江堤水坊、丽景小区、宜家苑等一批住宅小区项目,实施防洪堤、绿化、管网、路、灯等一批配套设施项目,有序推进入镇口、省道沿线重要节点景观提升。

【旅游建设】全力推进莲艺慢镇·诗意修竹建设,闽江源拜水溯源建设,国家湿地公园、鸳鸯湖、九县石等开发建设项目已在对接中。创建了省级旅游休闲集镇,新增3家国家级"乡村旅游金牌农家乐"和1个"省级乡村旅游特色村",建成全省唯一以荷为主题的国家级农业旅游示范点——修竹(荷苑)莲文化主题公园,打造了新版山水花鸟画——鸳鸯湖(油菜赏花地),形成全域赏花模式。协助县里成功举办第十届"海峡诗会""为荷而来"是中国建莲嘉年华暨"世瑜会"启动地,被世瑜会授予"瑜伽圣地"称号,吸引全国上百家媒体、报刊、网站集中报道,年接待游客量达20万人次。

【社会事业】2016年先后投入教育事业经费1200余万元,建立全县首个教育奖励基金,实施幼儿园、中学综合楼、体育场、"班班通"等一批教育项目。成立"均口之家"公益事业基金会,新农合、新农保等惠民政策有效落实,发放困难群体救助金168万元,救济、救助力度不断加强,开展各类就业培训80余次,实施造危房改造、造福工程受益群众483户,先后共帮扶422户1323名贫困群众实现脱贫。全镇卫生服务室标准化建设持续推进,医疗卫生服务水平有效提升。不断完善提升镇文化站和广场建设,广泛开展广场舞大赛等系列活动,龙头古戏已申报省级非遗,创建全县首个省级农村宣传思想文化先进乡镇。完成32公里的通村、通组道路硬化及公路安保工程,解决剩余8750人的安全饮用水问题,实施833公顷的高标准农田改造和50.7公顷土地增减挂钩。

【推行党员固定活动日】依托"党员110服务",探索推行"党员固定活动日",即:每月1号作为固定的党员活动日,由各支部每个支委牵头,负责带领一个党小组轮流在每月活动日前策划拟定一个活动主题,例如党性教育、扶贫帮困、环境整治、服务奉献等,以党小组间的活动"PK"促进党员争先创优意识。通过"党员固定活动日"的开展,形成"两学一做"的有力抓手,统一时间、统一主题、统一内容,全面承接"两学一做"重点任务,有效解决党内生活不经常、不规范、随意化的问题,进一步拉近党群关系,推动载体创新融入日常教育。

(张　华)

伊家乡

【概　况】伊家乡位于县境南部,距县城27公里。居北纬26°41′,东经116°47′,北界里心、溪口镇,南靠宁化县安远乡,东与均口镇毗邻,西接黄埠乡。境域面积118平方公里,华夏古陆——地址结构形成于26亿年前的天井坪坐落与此。也是革命老区乡,第二次国内革命战争期间,红军曾四次进驻伊家,1934年5月红一方面军司令部迁兰溪,闽赣省委、省政府、省军区迁都上,黄埔军校首期学员、"沙基惨案"革命烈士陈纲出生于此。伊家乡是食材丰盛乡,著名的红菇、豆腐、田螺、熏鱼干、油茶盛产于此。全乡土地总面积11202公顷，其中耕地面积1247公顷，林地面积9335公顷，毛竹1466.67公顷，油茶1066.67公顷。森林覆盖率74%。2016年，辖8个行政村，98个村民小组，103个自然村，3488户14104人。

【经济建设】 2016年，落实烟叶面积323321.5公顷，收购5891担，贡献财税204万元。通过党员带创工程，以"合作社+基地(贫困户)"方式，推广"稻+鱼(螺)""莲+鱼(螺)"立体种养，在东风、笔架、沙洲和陈家等村建立生态食材示范基地6个，全乡引进种植"伊米"、红米、薏米、紫玉淮山等53.3公顷，发展田螺、稻花鱼等养殖67公顷。落实杂交水稻制种187公顷，完成建莲种植面积340公顷，建立百亩示范片4个，推广紫云英种植333公顷，开发基金项目260万，产能建设项目320万元。成功引进油茶、茶叶、新品种水稻种植基地及食品加工建设项目，总投资4760万元；引进建宁县天源食品有限公司10万吨即食笋系列生产项目，总投资5000万元；引进建宁县远航服饰有限公司服饰、窗帘、床上用品等制造项目，总投资2300万元，引进针织生擦线六条、梭织生产线两台、设备125台，其中针织设备95台，梭织设备30台。2016年全乡实现农林牧渔业总产值1.94亿元，同比增长9.1%；全社会固定资产投资4.3亿元，同比增长57.5%；财政收入706万元，同比增长11%；农民人均纯收入12313元，同比增长9.3%。

【基础设施建设】 省道均伊路建设完成主路基建设，完成投资约1500万元，实施伊家至宁化县安远乡道路建设2公里，投资约300万元；完成陈家至兰溪德星桥3公里通村路建设，投资约450万元。"5.8"洪灾水毁道路抢修恢复全乡投资约100万元。新街防洪堤工程，主体工程已基本完工，投资约2800万元，均伊万亩灌区项目已完成初步设计。投资1050多万元，中心幼儿园建设项目进入扫尾阶段；投资260余万元，中学综合楼建设中；投资100余万元，完成教职工周转房改造。全面完成集镇供水工程，新建集中式供水厂1座，对集镇所有供水管网进行了更新、水表进行了更换，彻底解决伊家集镇长期"喝水难"的问题。完成农贸市场改造升级，解决了"占道为市"问题。完善老年活动中心场所附属设施建设并投入使用，建设容纳乡机关、中小学、卫生院干部职工约140人的中转房，打造干部教师之家；新建建筑面积1500平方米医技大楼，改善医疗设施条件，整合卫计资源，做好卫计人员的合理安排。投资414万元，完成双坑、伊家村土地整理92公顷，新增耕地5.5公顷，灌排渠完成约1500米。投资约100万元完成取水坎3座，盖板涵洞完成5座。完成第六批旧宅基地复垦项目面积3.47公顷，第七批复垦项目面积5.7公顷已动工建设。

【集镇建设】 按照"小乡大集镇"建设思路，进一步修编伊家乡集镇总体规划，完成渔子塘小组"伊水家人"小区设计、规划农民自建房171户。实施集镇路面返修扩宽改造，投资完成集镇亮化工程；依托防洪二级堤及沿溪漫道建设，打造1.5万平方米集休闲、健身、游玩、文化传承等5大功能区为一体的农民公园项目，完善农民公园基础设施建设；以全域旅游赏花地建设为契机，实施公路沿线可视范围内的建莲种植及路边花化工程。同时加大对集镇违章搭盖、占道经营、车辆乱停乱放的整治力度，规范集镇秩序，优化人居环境，切实解决集镇脏、乱、差问题。

【美丽乡村建设】2016年，结合沙洲美丽乡村建设，完成沙洲“仙姑祖地”旅游规划评审，发挥东风村天井坪古陆的独特区位优势，建设好新一轮可复制的美丽乡村典型示范村。进一步提升陈家、双坑美丽乡村建设档次。以美丽乡村建设为契机，加强环境整治力度。将美丽乡村建设形成串点连线成片的景观带建设，并通过连片建设培育乡村休闲旅游产品，积极挖掘闽地之母、仙姑祖地、红色革命、传统村落、万人逃窠等历史文化，大力发展旅游事业，着力打造具有伊家特色的全域旅游乡。做好笔架高岭传统村落保护和沙洲、陈家传统村落申报工作，成功举办首届“稻花香‘鲤’说丰年”活动，为开发集寻根溯源、民俗体验、生态休闲为一体的乡愁游打下坚实基础。

【社会事业】年内，落实农村低保、医保、“五保”供养、粮食直补等各项政策。全年发放低保金81.7万元，五保生活费11.2万元，重度残疾人生活救助145人，发放资金8.7万元；新型农村医疗参保率100%；城乡居民社会养老保险参保6712人，缴费率93.61%，参保率93.66%。发放粮食直补128万元。着力打造“和谐、亲情计生”环境，全面实施两孩生育政策，政策符合率90.2%；改善医疗设施条件，投资140余万元，完成乡卫生院医技大楼主体建设工程。围绕稳定大局和平安建设，抓实社会管理综合治理各项措施，化解社会矛盾，及时调处和化解各类纠纷74起，全年未发生矛盾激化和民转刑案件，创新社会管理机制，消除社会不安定因素，着力实施重点整治，推进专项治理见成效。

【省道横六线均口至伊家公路建设】省道横六线均口至伊家公路是连接伊家乡与均口镇的交通枢纽，工程全线按部颁二级公路标准建设，路基宽度8.5米，路面宽度7.9米，采用全幅式水泥混凝土路面，设计速度60公里/小时。主要工程包含路基工程、路面工程和涵洞工程、桥梁工程、隧道工程、防护及排水、交通安全及绿化工程等。工程共设桥梁113.62米/2座，涵洞415米/29道，隧道665米/1座，交通标志26个。该路线起点桩号K0+000平交于原省道秀里线(S306)，之后由谢坊中桥(1×20米)，跨越现有河道，进入山岭及农田地段后接原省道富下线(S205)之后由均口中桥(3×20米)，跨越金溪接上原有停建三级路路基，经过苦竹山小组，进入山岭地段，经伊家隧道（长665米)到达农田地段，最后穿过伊家乡后山设置本项目终点桩号K7+750，接上通往江西、广昌方向的原县道黄均线（X775)，路线全长7.75k米。至12月，伊家段已完成投资金额2800万元。

（刘星伟）

综合农场

【概 况】建宁县国有综合农场地处建宁县城南郊，于1960年建场，场部位于水南新区，是以农林为主，第三产业、多种经营为铺的综合性农垦场。2016年，农场下辖5个果茶场，6个生产队，场属企业有农工商公司、精制茶厂、大东坑立体养殖场。农场地域总面积3.5平方公里，总户数228户，总人口821人，实有土地面积364公顷，其中：耕地面积44.53公顷，果园面积68公顷，茶园面积21公顷，水产养殖面积2公顷，林地面积13.33公顷，其他土地面积214.67公顷。全场资产总额522万元。

【农业生产】2016年，引进多个水稻新品种示范推广，制种、水稻种植面积各3.98公顷；种植莲子14.5公顷，其中优良品种“建选17号”占95%以上，通过高接换种等技术措施推广优质早熟梨品种“翠冠”10公顷；积极推广淡水养殖业，利用环境地域优势发展淡水养殖面积共4.7公顷；依靠城郊优势，科学发展特色种植业，蔬菜队利用塑料膜保温法，种植反季节大棚蔬菜6.7公顷。

【基础设施建设】年内，完成渠2条650米，排水沟4条1020米，排洪沟1条188米，机耕路（砼硬化）2条1400米，生产路2条600米及其配套设施等建设。

【社会事业】稳步推进养老保险和医疗保险，全场农工社会养老保险参保率97%，农村新型合作医疗保险参保率99.4%。落实最低生活保障制度，做到能保尽保，切实维护妇女、儿童、老年人、残疾人等弱势群体的合法权益。认真开展卫计宣传活动，加强卫计法律政策及基本医疗保健知识宣传。

（艾小倩）

2016年美丽乡村——汪家村 （里心镇提供）

人物·名录·荣誉榜

编辑：肖建泰

2016 年入选“福建好人榜”好人

林丽华：
弱女子 9 年照顾两代四老人

林丽华，女，1966 年出生，建宁县溪口镇杨林村的一位普通百姓。公公中风，母亲中风，父亲瘫痪……她 10 年如一日，给予他们无微不至的关怀与照顾，不怕苦、不怕累、无怨无悔。在公婆眼里是好媳妇，在丈夫心中是好妻子，在孩子们的心中是一位好妈妈。她凭着坚强、勇敢，照顾两代四位老人，用爱撑起了这个家。她用爱心温暖了亲人，用孝心感染了邻居，以实实在在的言行诠释着孝老爱亲的含义，谱写了一曲曲孝老爱亲的赞歌。

夫妻同心——可以同甘更能共苦

林丽华原本也是有一个幸福美满的家庭，她和丈夫一起种田、一起管理果园，一起经营着这个家。那时，公婆身体硬朗，孩子活泼可爱，生活平淡但也很甜蜜。在处理家庭的大小事时，夫妻能平等对待，互相通气，共同商量决定，勤劳致富，勤俭持家，合理安排收入，从不铺张浪费，一家人的日子过的其乐融融。

谁也不曾想过一向身体硬朗的丈夫姚忠良会患上骨关节疾病，不能干重活，上有老下有小，一家人的生活重担全部落在了林丽华身上。为维持全家生计，林丽华除了要做好家里的农活，闲暇时间还得打零工赚钱贴补家用，她当过建筑工地上的工人，去果园里帮别人挑选果子，什么能挣钱她就干什么，不怕苦不怕累。村里考虑到她的家庭情况，让她做村里的通讯员，负责搞卫生等事务，让她增加点收入。“执子之手，与子皆老”，她用真情呵护着丈夫，多年来陪着丈夫治病、鼓励丈夫战胜疾病痛苦，树立生活信念。经过林丽华十几年如一日的悉心照料下，姚忠良的骨关节疾病有了好转。她用她的行动告诉大家“夫妻本是同林鸟，大难临头比翼飞”的人间真情。这对平凡的夫妻，在遇到困难时他们依旧能够携手克服，不抛弃、不放弃，用最简单的方式相互守护。

孝顺父母——带三个老人回婆家

林丽华的父母是老实淳朴农民、厚道正直的。林丽华虽然文化水平不高，但在父母的教育下，自幼就是一个尊老爱幼、懂事乖巧、善解人意的女孩。小的时候就要帮忙带弟弟，还要帮忙做家务，生活让她学会承担责任，更知道父母的不易。虽说“嫁出去的女儿，泼出去的水”，可是林丽华从来没有把这句古话放在心中，她只要有空就会去看望年迈的父母，陪他们聊聊天，拉拉家常。

2007 年的一天，林丽华的母亲突然感觉头晕，送往医院，经诊断为脑血栓，半边身体没有了知觉。在此之前，她的父亲林宝来已经瘫痪在床，生活不能自理，全靠母亲照顾。家里还有一位 91 岁的老奶奶需要照顾。“我不能丢下他们不管！”回忆往事，林丽华情不自禁地流下了眼泪。她说，她虽然有两个弟弟，但是都在外地工厂里打工，生活境况比较差，没法抽身照顾。情急之下，林丽华经与丈夫和公婆商量，决定把三位老人接到家照顾。“丈夫很支持，公婆也同意。”很快，林丽华将父母和老奶奶接到婆家住，细心照顾。这么多老人生活在一起，每天都有许多邻居来串门，林丽华的家变得特别热闹，家门口时常都会有七八位老人围坐在一起有说有笑，他们中有的坐着轮椅，有的撑着拐杖。林丽华一会给老人端水，一会搀扶着老人做康复训练，随处可见她忙碌的身影。林丽华说这是她最开心的时刻，就是老人们的病情都比较稳定。但一下子多了几个老人要照顾，压力大了，负担重了。林丽华说，辛苦她不怕，就怕老人们一起生病。

2016年，父亲林宝来得肺炎，在县医院住院，林丽华和丈夫来回跑照顾三位老人，父亲出院后，母亲诸桂英又生病住院了。那段时间，夫妻俩尽管忙碌，但他们始终坦然面对。“如果没有她，我们都不知道怎么办。”说起女儿林丽华，今年80岁的林宝来眼眶湿润了。一波未平一波又起，2015年年底，林丽华的父亲出现胃出血，住院出院，出院又住院，反反复复，时好时坏，林丽华详细咨询医生该如何治疗才可以让她父亲更快的好起来，医生告诉她说老人年纪比较大，最好的方法就是饮食上更加注意，心情保持愉悦，再配合治疗。听了医生的话，夫妻俩每天更加悉心照顾老人，让老人心情愉悦起来，丈夫是最支持她的人，每天要帮助林丽华的父亲洗澡，还要轮流陪护。林丽华夫妻用实际行动诠释了作为子女的孝顺，她用她的孝心回报父母的养育之恩，用一颗善良的心温暖着老人，照顾着亲人，谁能算的清她付出了多少心血，多少汗水。

孝敬公婆——是好女儿更是好儿媳

从嫁进丈夫家那一天起，林丽华便把公公婆婆当作自己的亲生父母一样，跟公婆和睦相处，把两位老人及全家的饮食起居安排得妥妥帖帖。她把孝顺和贤惠深深地刻写在自己的人生字典里，不仅包揽家里大大小小的家务，而且种地收割等外活她也做，走进他们的家让人感到舒适，虽然简陋但是整洁干净，家里的物品收拾得井井有条。“我这个儿媳妇真好，比亲生闺女还亲。不但我们满意，就是乡亲四邻也人见人夸，人人羡慕。”说起儿媳妇，林丽华的公公婆婆一脸满足的样子。

就在2014年，林丽华家又出现了意想不到的变故。公公姚城玉患上了脑血栓，不能自由活动。困难面前，林丽华没有沮丧。她每天天未亮就起来，第一件事，就是到三位老人的房间看看，然后再去厨房里准备早餐。因为母亲，公公长期卧床，为避免瘫痪在床的老人们长褥疮，每隔两小时林丽华会给他们翻一次身、擦洗、换被褥……当问及擦洗会不会不方便时，林丽华坦然大方地说：“什么方不方便，你不给他们洗，他们会很难受啊。”在她精心护理下，老人从来没有患过褥疮。每当天气好的时候，她都把老人背到轮椅上，将轮椅推到院子里，让老人晒晒太阳。由于长期卧床，老人食欲不好，林丽华就给老人变着花样做一些水饺、肉丸等可口、易嚼、易消化而富有营养的食物。平日里，林丽华要做的事很多，她都是先把饭做好，确保老人们都吃好了，自己衣着打扮随便对付点，然后下地干活，顾不得休息，晚上要收拾家务活到深夜才入睡。

端水送饭，为老人梳头洗脚，剪指甲，揉肩捶背，清理大小便，多少个日日夜夜，那种滋味，不是一个“累”字可以概括，但她从不抱怨。天气冷了，林丽华还要半夜起来给老人们盖被子，为了不使老人吃凉饭，她经常用一个小盆倒半盆开水，将饭、菜放入盆内温着一口一口地喂老人。就这样，日复一日，年复一年，林丽华照顾老人体贴入微，从无半句怨言，当地村民是看在眼里，佩服在心里。邻居告诉笔者：“三五天照顾也许没什么，她的母亲、公公长期卧床，长年累月这样照顾，无论从哪些方面都悉心照顾得蛮好的，给我们邻居都是一种榜样，受到教育。

林丽华没日没夜地照顾老人，说起来都不容易，做起来更难，虽属人间常情，但却真的难能可贵。

一个普通的家庭，一个平凡的女子，她用她柔弱的身躯担负起了家庭的重任，演绎着一个个不平凡的故事感天动地。林丽华孝敬父母、公婆的举动，深受周边群众的好评，也深深感染了周边村民，她的事迹在周边村庄广为传颂，群众在传颂中受教育，在传颂中受感动。2016 年 6 月 21 日，三明日报百姓故事栏目报道了林丽华的事迹。正是像她这样，勤劳、善良、淳朴继承和发扬中华传统美德，正是他们无怨无悔的奉献，使得多少家庭充满了温馨和幸福。她用自己的真心和真情默默的付出，以女性特有的坚韧和执着为整个家撑起了一片崭新的天空。就是这么一个好妻子、好儿媳、好女儿，我们为她点赞。

2016 年 8 月，林丽华入选福建孝老爱亲好人榜。

(刘纪茗)

2016 年冬种紫云英 (县农业局提供)

2016年荣获市厅级以上表彰的先进集体和个人名录

先进集体

表10

授予单位	文　号	获奖集体	获奖名称
中宣部、司法部		建宁县	2011-2015年全国法治宣传教育先进县
中国科协、财政部	科协发普字〔2016〕62号	建宁县种业协会	基层科普行动计划奖
福建省委	闽委〔2016〕15号	均口镇隆下村党支部	省先进基层党组织
福建省总工会	闽工〔2016〕54号	建宁县华新食品有限公司清水车间	福建省工人先锋号
福建省委、省政府		建宁县	全省平安县
福建省科协、财政厅	闽科协发〔2016〕106号	福建源华林业生物科技有限公司	基层科普行动计划优秀项目奖
福建省科协	闽科协发〔2016〕139号	建宁县	全省首批2016-2020年度福建省科普示范县
福建省检察院	闽检发政字〔2016〕15号	县检察院控申科	2013-2015年度全省检察机关省级文明接待室
福建省高级人民法院		里心人民法庭	全省法院党建工作先进集体
福建省森林公安局	闽森公局〔2017〕34号	建宁县公安局森林分局	省森林公安局集体三等功
共青团福建省委、福建省高级人民法院		里心人民法庭	省青年文明号
福建省创建办	闽青号组〔2016〕2号	县检察院控申科	省级青年文明号
三明市委	明委〔2016〕44号	建宁县第一中学党总支、黄埠乡黄埠村党支部、建宁县卫计局机关党委、溪口镇枫元村党支部	市先进基层党组织
三明市委、市政府	明委〔2016〕8号	建宁县	社会管理综合治理第一名

先进个人

表 11

授予单位	文　号	获奖个人	获奖名称
最高人民法院		许爱珠	全国法院党建工作先进个人
福建省委	闽委〔2016〕15 号	陈丽萍	省优秀党务工作者
福建省高级人民法院		欧梓耀	全省法院党建工作先进个人
福建省高级人民法院		邹宗祥	离退休干部老有所为先进个人
福建省检察院	闽检发政字〔2016〕15 号	纪丹玲	2013—2015 年度全省检察机关优秀接待员
福建省总工会	闽工〔2016〕54 号	陈奕乾	省五一劳动奖章
福建省人力资源、社会保障厅、省信访局	闽人社〔2017〕50 号	黄雪娇	2012—2015 年度全省信访系统先进工作者
福建省人力资源和社会保障厅	闽人社〔2016〕411 号	徐明庚	2012—2015 年度福建省农业系统先进工作者
福建省财政厅	闽人社〔2016〕14 号	甘传斌	福建省财政系统先进工作者
团省委	团闽委联〔2016〕41 号	陈　健	福建省农村青年致富带头人农业社会化服务领域标兵
团省委	团闽委联〔2016〕41 号	杨桂兰	福建省农村青年致富带头人农业领域标兵
三明市委	明委〔2016〕44 号	余义先、朱菊媛	优秀党务工作者
三明市委	明委〔2016〕44 号	黄秀英、黄善辉	优秀共产党员
三明市委	明委〔2016〕21 号	徐祚寿	三明市首届杰出人民教师
三明市政府	明政文(2016)41 号	罗朝焰、江竹贞(女)、杨富贵、李腾明、艾美龄、傅兴安	三明市劳动模范

2016年建宁县副科级以上在职领导名录

中共建宁县委

书　记：郑剑波
副书记：潘闽生（1—7月）
　　陈显卿（4到任）
　　赵圣宏（1—4月）
　　许家源（7月到任）
常　委：吴江潮（1—7月）
　　吴国根（1—7月）
　　许家源
　　明　政（1—7月）
　　林文春（1—7月）
　　王德福（1—7月）
　　钱　超（7月到任）
　　王　楠（2月到任）
　　陈华伟（4月到任）
　　余传贵（7月到任）
　　邓军安（7月到任）
　　林大茂（7月到任）
　　阴晓萍（女）（7月到任）
　　林金明（7月到任）

建宁县人大常委会

主　任：陈海涛
　　吴国根（7月任党组书记、主任候选人，12月任主任）
副主任：谢冬林
　　揭留根（1—2月）
　　黄友台
　　谢忠喜（7月任副主任候选人，12月任副主任）
　　许银燕（女）（7月任副主任候选人，12月任副主任）
　　吴碧英（女）（7月任副主任候选人，12月任副主任）
　　何志高

建宁县人民政府

县　长：潘闽生（1—7月）
　　陈显卿(7月任代县长,12月任县长)
副县长：谢忠喜（1—7月）
　　余传贵（1—7月）
　　沙陈龙
　　吴碧英（女）（1—7月）
　　郭　颖（1—7月，挂职）
　　王和平（1—7月，挂职）
　　黄立辉（7月到任）
　　连云进（7月任副县长候选人，12月任副县长）
　　孙元玲（女）（7月任副县长候选人，12月任副县长）
　　牛　弋（10月任科技副县长）

政协建宁县委员会

主　席：廖鲁言
　　陈海涛（7月任党组书记、主席候选人，12月任主席）
副主席：张萍娥（女）

许银燕（女）（1—7月）
杨宗群
陈华秀（女）
陈朝利（7月任副主席候选人，12月任副主席）

中共建宁县纪律检查委员会（县监察局）

书　记：吴江潮（1—7月）
邓军安（7月到任）
副书记：何升高
曾进发（1—7月）
谢鸿福（7月到任）
常　委：黄先取（1—5月）
杨建明
夏金旺
陈建红（1—5月）
廖兆堃（5月到任）
林徐莲（女）（5月到任）
县监察局
局　长：何升高
副局长：施建英（女）（1—5月）
李到前（5月到任）
县纪委纪检监察室主任：夏金旺（1—9月）
县纪委组织和宣传部
部　长：李继祥
县纪委审理室
主　任：林徐莲（女）（1—5月）
县纪委信访室（监察局举报中心）
主　任：艾建斌
县纪委执法监察室
主　任：朱荣贵
县纪委纠风室
主　任：林圣龙（1—9月）
县纪委办公室
主　任：廖兆堃（1—5月）
林义相（9月到任）
县纪委党风政风监督室
主　任：谢春贵
县纪委第一纪检监察室
主　任：黄远征（9月到任）
县纪委第二纪检监察室
主　任：刘晓晨（9月到任）

建宁县武装部

部　长：林金明
政　委：林文春（1—7月）
副部长：龚述波
政工科科长：邱　欢
政工科干事：刘龙湘

建宁县人民法院

县法院党组
书　记：郑中飞（1—7月）
陈　晶（7月到任）
副书记：罗新荣
上官步岗
院　长：郑中飞（1—7月）
陈　晶（7月任代院长，12月任院长）
副院长：宁金德
谢华强
潘华东
纪检组组长：上官步岗
副组长：王益毅（9月到任）
执行局（庭）
局（庭）长：孔新光
副局长：汤延彬（9月到任）
教导员：郑玉平
政治处主任：尤佳丽（女）
审判委员会
专职委员：包东明
赵建敏（女）

立案庭
庭　长：包东明
副庭长：王益毅（1—9 月）
里心法庭
庭　长：刘云华（女）
副庭长：姚以跃
办公室主任：陈坤（1—9 月）
审判庭庭长：罗国栋
监察室主任：许爱珠（女）
刑事审判庭庭长：吴秀英（女）
司法警察大队
大队长：欧梓耀
政　委：吴凤鸣
审管中心主任：陈华粦（1—9 月）
审监庭副庭长：钟声圻
林业庭副庭长：陈　琳
民事审判第一庭庭长：赵建敏（女）
民事审判第二庭副庭长：谢建军
后勤装备科科长：汤延彬（9 到任）
司法管理办公室主任：陈华粦（9 月到任）
生态环境庭副庭长：陈　琳（9 月到任）

建宁县人民检察院

检察长：傅翔儒（1—7 月）
　　　　许秀婷（女）（7 月任党组书记、代检察长，12 月任检察长）
副检察长：温素成
　　　　　姚建辉
　　　　　应学军
纪检组组长：艾锟洲
党组成员：邱宁祥
　　　　　杨添福
政治处主任：谢文英
检察技术科科长：温永平
控告申诉检察科科长：邱建明
办公室主任：纪福利
反贪污贿赂局
局　长：杨哲平
教导员：宁绍荣
监察科科长：姚永雷（1—9 月）
　　　　　　王伟刚
生态环境检察科科长：钟声一（女）
民事行政检察科科长：夏志坚
公诉科科长：梁达潘
监所检察科科长：林国平
司法警察大队大队长：朱琼艳（女）
反渎职侵权局
局　长：代　云
教导员：朱国勤（9 月到任）
侦查监督科科长：廖兆健
法律政策研究室主任：朱国勤（1—9 月）
法律政策研究室主任：朱晓英（女）
案件管理办公室主任：姚永雷

闽江源国家级自然保护区管理局

局　长：陈炳云
书　记：余贵龙
副局长：陈雪华（女）
　　　　谢道松
纪委书记：杨　帆
办公室主任：郑志英（女）
计财科科长：李建文
资源保护科科长：陈良辰
经济发展科科长：江贵印
科技宣传科科长：黄建兰（女）
金铙山管理站站长：刘建平
黄岭管理站站长：张显兴

中共建宁县委综合部门

县委办公室

主　任：钟宏华

副主任：邱树青
冯国绍
刘方万
县委机要局（密码管理局）局长：郑建华
县委督查室主任：董黎斌（5月到任）

信访局

局　长：詹钟坤（1—5月）
周立华（5月到任）
副局长：黄碧英（女）
何金发（9月到任）

县委组织部

部　长：赵圣宏（1—4月）
陈华伟（4月到任）
副部长：严树勤
李仕鹤（1—6月）
陈建文
熊居财
张宇东
县委非公企工委常务副书记：池华金
干部科科长：余义先

县委编办

主　任：李　健

县委统战部

部　长：许家源（1—7月）
钱　超（7月到任）
副部长：龚其根
朱火根（兼县工商业联合会党组书记、常务副主席，1—9月）
谢建中（兼县工商业联合会党组书记、常务副主席，9月到任）
詹钟坤（5月到任）

老干局

局　长：陈建文
副局长：魏伙俤
陈长灿

档案局（馆）

局　长：张党恩
副局长：廖志英（女）
吴东文

县直机关党工委

书　记：赵圣宏（1—4月）
陈华伟（4月到任）
常务副书记：黄诚毅
副书记：吕诗强（1—5月）
邹学辉（兼纪工委书记，5月到任）
纪工委书记：全兰英（女）（1—2月）
人武部部长：邓茂祥

县委党校

校　长：赵圣宏（1—4月）
陈华伟（4月到任）
常务副校长：陈国钊
副校长：艾运龙
何小乔（女）

党史研究室

主　任：陈忠奋
副主任：肖华伟

群众团体

县总工会

主　席：许家源（1—7月）
钱　超（7月到任）
常务副主席：谢德光（1—5月）
杨建平（5月到任）

副主席：黄思潮
谢冬英（女）
党组成员：何平昌

团县委

书　记：江代文（1—5月）
副书记：张晓雁（女）
张　俊（1—5月）
余福旺（9月到任）

妇　联

主　席：虞美娥（女）
副主席：郭海燕（女）
黄燕华（女）

科　协

主　席：黄渊兴
副主席：吴琦梅（女）
陈　刚

侨　联

主　席：姚永峰

残　联

理事长：吴兴良（1—5月）
鄢泽良（5月到任）
副理事长：李建平（1—9月）
饶燕华
林国忠

社科联

主　席：温兆坚

工商联

党组书记：朱火根（1—9月）
谢建中（9月到任）

红十字会

常务副会长：胡润英（女）

计生协会

常务副会长：谢国福（1—9月）
丰永胜（9月到任兼秘书长）
副会长兼秘书长：丰永胜（1—9月）

文学艺术界联合会

主　席：肖方妙

关工委

主　任：谢冬林
常务副主任：钟琼奎
常务副主任兼秘书长：冯耀荣

老促会、扶贫开发协会

会　长：徐水泉
常务副会长兼秘书长：陈宝发

老年大学

校　长：李良臣
常务副校长：冯耀荣

客家联谊会

会　长：王登远
常务副会长：何绍贤

退休干部协会

会　长：廖光朗

老体协

主　席：陈凤生
常务副主席：钟琼奎

建宁县人大常委会工作部门

办公室

主　任：杨贵斌（1—11月）
黄文锋（11月到任）

副主任：池建芳（女）（1—9月）
廖兆祥（9月到任）
县人大常委会人事代表工作室
主　任：洪日升（1—11月）
杨贵斌（11月到任）
县人大常委会内务司法委员会
主　任：张旭明（1—11月）
县人大常委会教科文卫委
主　任：吴家勋
县人大常委会农村经济委员会
主　任：张金龙（1—11月）
黄必荣（11月到任）
县人大常委会环境与城乡建设委员会
主　任：陈闽江（1—6月）
黄呈伦（6—11月）
谢运仔（11月到任）
县人大常委会财政经济委员会
主　任：陈平华（1—11月）
黄立胜（11月到任）
县十七届人大常委会
委　员：黄镜辉（11月到任）
洪日升（11月到任）
陈平华（11月到任）
县人大常委会信访室
主　任：聂惠莲（女）

建宁县政府工作部门

县政府办

主　任：刘中宏（主持工作副主任，1—9月）
黄允健（主持工作副主任，9月到任）
副主任：郭忠双
詹钟坤（1—5月）
王泽云（兼法制办主任）
魏成伟
县政府办党组成员兼金融办
主　任：邓福根

机关工作效能办公室
副主任：聂洪亮（1—9月）
谢建平（9月到任）

行政服务中心

主　任：饶桂发（1—5月）
陈丽萍（女）（5月到任）
副主任：张光伟

公务员局

局　长：严树勤（1—9月）
陈克明（9月到任）
副局长：黄春林

发展和改革局

局　长：邱玖园
副局长：柯国华（1—5月）
柯兆荣
阮兆龙（聘任，1—5月）
刘元峰（5月到任）
江金荣（5月到任）

县铁办

主　任：谢　毅（兼）

财政局

局　长：郑　文
副局长：廖美琴（女）（1—3月）
吴建明
黄思彭

公积金管理中心

主　任：杨孝言

审计局

局　长：宁邦清
副局长：陈长星

曾水玲（女）

住房和城乡规划建设局

局　长：杨建平（1—5月）
　　　　邹晓英（女）（6月到任）

党组副书记、机关党委
书　记：杨进辉

党组成员、机关党委
委　员：杨荣华
　　　　黄银才
　　　　朱贤文

副局长：黄建强
　　　　杨　军
　　　　林其辉
　　　　何　良（1—11月）
　　　　张智林（10月到任）
　　　　林升文（5月到任）

纪检组组长：胡玉华（5月到任）

县城市建设投资有限公司

总经理：刘　晖
副总经理：黄　昀
　　　　　吴祖富

城建监察大队

大队长：魏志平

城市管理委员会办公室
主　任：黄银才

人民防空办公室

主　任：林任礼（1—5月）
　　　　林升文（5月到任）

国土资源局

局　长：黄呈伦（1—6月）
　　　　邱春祥（6月到任）

副局长：谢　毅
　　　　揭福清
　　　　谢世元
　　　　邹先进（兼不动产登记局局长，11月到任）

纪检组组长：陈国强

执法监察大队
大队长：吴国春

县不动产登记中心
主　任：周丽萍（女）（4月到任）

移民局

局　长：邓贵福（1—11月）
　　　　柯国华（11月到任）

人力资源和社会保障局

局　长：孔祥忠

副局长：付建建
　　　　周文祥
　　　　王　强（1—5月）
　　　　黄忠水
　　　　纪　霞（女）（5月到任）

县机关事业单位社会保险管理中心
主　任：王　斌

物价局

局　长：谢代安
副局长：肖建平（1—2月）

粮食局

局　长：李连锦（1—5月）
　　　　余道勇（5—10月）

副局长：阮承忠

旅游局

局　长：张美娥（女）
副局长：杨林珊（1—2月）
　　　　丁　斌（9月到任）

谢建安
孔　泽（1—9月）
官长春（10月到任）
党支部书记：陈常明（9月到任）

环境保护局

局　长：黄炜宇
副局长：黄贻进
李仕军
张武盛

统计局

局　长：艾炳隆
副局长：林治山
程建东（1—5月）
县农村社会经济调查队
队　长：程建东（5月到任）
县城市经济调查队
队　长：柯良贵

市场监督管理局

局　长：洪　浏
党组书记：曾进发（9月到任）
副局长：林建平
李长兴
帅细祥
付胜和
黄贵春
薛　军（1—5月）
纪检组组长：张昌煜
党组成员：曾启雄
城关市场监督管理所
所　长：李道智
里心市场监督管理所
所　长：陈　晓
均口市场监督管理所
所　长：胡　斌
溪口市场监督管理所
所　长：谢启富
食品药品监管执法大队
大队长：黄敬玮

县志办

主　任：肖建泰

民族与宗教事务局

局　长：吴美燕（女）（1—5月）
詹钟坤（5月到任）

县机关事务管理局

局　长：陈裕民

建宁县政协工作部门

县政协办公室

主　任：谢金龙
副主任：凌新平（1—11月）
肖　蓉（9月到任）
经济和港澳台侨委员会
主　任：邱锦辉
副主任：凌新平（11月到任）
提案和法制委员会
主　任：陈　奇（1—5月）
施建英（5月到任）
文史学习和民族宗教委员会
主　任：杨进龙
社会事业委员会
主　任：杨培先

武　装

县武警中队

中队长：谢泳斌
指导员：邱云海

消防大队

大队长：董高吉

教导员：温北尧

建宁县政法部门

政法委

书　记：吴国根（1—7 月）

　　　　余传贵（7 月到任）

副书记：范毓刚（兼综治办主任）

　　　　梅德生

政治处主任：王源文（9 月到任）

县城乡网格化服务中心

副主任：邹先明（9 月到任）

公安局

局　长：黄志敏（1—7 月）

　　　　江长青（7 月到任）

政　委：江新光（1—7 月）

党委副书记：邓润春

副政委：刘建忠

　　　　林成金

副局长：余跃文

　　　　廖京东

　　　　庄金斌

　　　　李新福

纪委书记：杜建兴

政工室主任：帅　彬

城关派出所所长：王东凯

教导员：戴伟民

指挥中心主任：叶　翔

教导员：傅明祥

纪检监察室主任：揭建国

法制大队大队长：陈　云

教导员：魏子良（1—2 月）

国内安全保卫大队大队长：曾鲁平

教导员：万雯辉

经济犯罪侦查大队大队长：林道斌

教导员：邱万荣

交通警察大队大队长：修国发

教导员：郭建勇

副大队长：廖永健

治安管理大队大队长：徐建文

教导员：廖华明

刑事侦查大队大队长：张居龙

教导员：谢善忠

警务保障室主任：杨庆华

出入境管理大队大队长：何志明

网络安全保卫大队大队长：林银斌

里心派出所所长：邓珍良

客坊派出所所长：李永雄

教导员：熊纬辉（9 月到任）

黄坊派出所所长：张景煌

教导员：刘小平（9 月到任）

溪源派出所所长：刘瑞巍

均口派出所所长：朱盛龙

伊家派出所长：刘帝顺

黄埠派出所所长：龚阳平（4 月到任）

县看守所所长：汪启文

县拘留所所长：杨思明

维稳办主任：杜建华

森林公安分局

局　长：艾贵成

教导员：冀庆平

闽江源森林派出所所长：吴光华

溪口森林派出所所长：刘全亮

教导员：胡信春

里心森林派出所所长：余传斌

均口森林派出所所长：翁金荣

武调森林派出所所长：林家新

司法局

局　长：吴登峰

副局长：彭茂潘
　　　　林成勇
濉溪司法所所长：刘中龙
溪口司法所所长：李艳虹（女）
客坊司法所所长：谢国武
溪源司法所所长：谢洪日
均口司法所所长：宁金根
伊家司法所所长：饶福才（1—9月）

民政局

局　长：陈可辉
副局长：刘道玄
　　　　艾章荣
　　　　黄文锋（1—11月）

老区办

主　任：林金昌

建宁县宣教部门

县委宣传部

部　长：阴晓萍（女）
副部长：陈克明
　　　　邹金良
　　　　王华耀（9月到任）

县委报道组

组　长：王华耀

精神文明办公室

主　任：孙世民
副主任：余福文
　　　　陈建明

教育局

局　长：曾福星（1—6月）
　　　　丁　升（6月到任）
副局长：丁　升（1—6月）
　　　　姜松南
　　　　廖海成
党组成员：温兆骈
党组成员、机关党委副书记：柯光荣(1—2月)

县电大工作站

副站长：鄢建明
　　　　朱鹏飞

城关中学

校　长：朱鹏飞

建宁一中

校　长：刘中立
副校长：黄福森
　　　　徐祚寿
　　　　曾春柏

进修学校

校　长：刘方钦

职业中学

校　长：杨永平

文体广电出版局

局　长：饶黎明（1—5月）
　　　　刘中宏（9月到任）
副局长：黄　翔
文化市场综合执法大队大队长：陈常明
广播电视台
台　长：李娟芳（女）（1—9月）
　　　　熊健华（9月到任）

福建广电网络集团建宁分公司

总经理：廖健鹰

纪念馆

馆　长：曹建新

卫生和计划生育局

党组书记局长：吴良森

党组副书记：谢惠明

纪检组组长：刘沐良（5月到任）

副局长：袁爱萍（女）（1—2月）
　　　　修炳厚
　　　　应道香（女）
　　　　冯　毅
　　　　陈明贵（1—5月）

县医院

院　长：郑世文

党支部书记：陈　林

疾控中心

主　任：黄卫胜

卫生监督所

所　长：李冬贵（9月到任）

妇幼保健院

院　长：刘时汉

卫生监督所

所　长：熊自彬

建宁县农林部门

县委农办、县农业局

局长、主任：揭重阳

农业局党组副书记、党委书记：徐德云

副局长、副主任：高　岱
　　　　　　　　谢建中（1—9月）
　　　　　　　　邹学辉（1—5月）
　　　　　　　　王　丰（女）

农业局（县委农办）党组成员、副局长：
　　　　胡国兴（5月到任）

农业局副局长：张华锋（1—10月）
　　　　　　　洪　渊（10月到任）

农业局党委副书记：谢顺昌

纪检组长：黄宗根（5月到任）

农技推广中心主任：黄得裕

建莲推广中心主任：魏英辉

林业局

局　长：黄镜辉（1—11月）

党组副书记、机关党委书记：吴跃盛

纪委书记：柯国豪

副局长：董德兴
　　　　刘云忠（1—9月）
　　　　罗志坚

林业科技推广中心主任：王福根

水利局

局　长：姜景魁

副局长：黄思华
　　　　张金星
　　　　陈芳洪

福建省建宁国有林场

场　长：叶远昌

书　记：蔡世锋

农业机械管理中心

主　任：徐明庚

副主任：何逵祥
　　　　吴家清

供销社

主　任：廖明东

副主任：刘时传

谢建平（1—9月）
余忠文

气象局
局　长：张东福
副局长：何　磊
气象台台长：李　江

水文局
局　长：刘荣岸

建宁县经贸部门

经济和信息化局
局　长：罗辉武
党委书记：刘火根
纪检组组长：付昔文
副局长：丁　斌（1—9月）
　　　　黄立胜

科技局
局　长：吴发明
副局长：江家勇

经济开发区管委会
主　任：钟贵明
党委书记：周新闻（5月到任）
副主任：苏建生
　　　　邱国东（1—5月）
　　　　谢辅钦
　　　　钟　健（1—11月）

安全生产监督局
局　长：鄢泽良（1—5月）
　　　　吴跃仁（6月到任）
副局长：吴聪明
　　　　廖立平
党组成员：邱闽华

交通运输局
局　长：吴建清
党委书记：陈明生
纪委书记：余贵彪
副局长：巫晓华
　　　　吴有华
　　　　王振利（9月到任）
运输管理所所长：饶建平（1—5月）
交通综合行政执法大队
大队长：陈建忠(9月开始兼运输管理所所长)

商务局
局　长：彭琴莲（女）（1—9月）
　　　　邱树青（9月到任）
副局长：黄允健（1—9月）
　　　　刘云忠（9月到任）
　　　　代文明
　　　　江　永（10月到任）
党组成员：陈子添

二轻联社
主　任：廖天忠
副主任：杜建安
　　　　揭恭民

供电公司
总经理：吴景德
书　记：黄子奎（1月）
　　　　林玉煌（1月到任）
副总经理：肖继华
　　　　　吴立斌
纪委书记兼工会主席：黄世堃

国税局
局　长：罗朝焰
副局长：刘赛香（女）
　　　　欧阳志英（女）（1—10月）

卞永民
纪检组组长：徐　可

烟草局（公司）
局　长：柯旗炎
副局长：张文安
副经理：阴长林
　　　　艾运来
纪检员：王克秋

公路分局
局　长：刘德进
副局长：谢有坤
　　　　王振礼

邮政集团建宁县分公司
局长（总经理）：郭阜宁
副经理：吴世福

电信局
局　长：黄家能
副总经理：魏克新

移动公司
总经理：刘少青
副总经理：兰其寿（3月到任）

联通公司
总经理：赖建华

金融保险部门

中国人民银行建宁县支行
行　长：谢家珍
副行长：王晓莉（女）
　　　　周金根（9月到任）

中国农业银行建宁县支行
行　长：张朝荃
副行长：冯　斌
　　　　池英銮（7月兼任纪委书记）
　　　　戴晓冬（7月到任）

中国建设银行建宁县支行
行　长：易赟峰
副行长：罗春贵

工商银行建宁县支行
行　长：姚　玮（1—2月）
　　　　刘协英（女）（2月到任）
副行长：洪文鹏

中国银行建宁支行
行　长：吴红荣
副行长：张友明（1—4月）
　　　　王　丽（女）（4月到任）

县农村信用合作联社
理事长：黄水波
主　任：黄长才
监事长：董淑华（女）
主任助理：黄盛安
督导员：江笔岫

县邮政储蓄银行
行　长：谢　嵩
行长助理：陈玉明

建宁刺桐红村镇银行
执行董事：杨哲明
行　长：吴晓宏
执行监事：吴明东
副行长：杨明光

中国人民财产保险股份有限公司建宁支公司

经　理：张晓强

经理助理：林　凯

中国人寿保险股份有限公司建宁支公司

经　理：张河川（1—7月）
　　　　张春华（7月到任）

经理助理：张烨斌

乡 镇

濉溪镇

党委书记：连云进（1—5月）
　　　　　柯良发（5月到任）

党委副书记、镇长：柯良发（1—5月）
　　　　　　　　　饶桂发（5月到任）

人大主席：邓万明

党委副书记：陈成权（挂职）
　　　　　　陈丽萍（女）（挂职，1—5月）
　　　　　　薛　军（挂职，5月到任）
　　　　　　徐　铨

纪委书记：黄宗祥（1—5月）
　　　　　余小青（女）（5月到任）

党委宣传、统战委员、政府副镇长：
　　　　　谢运仔（1—5月）
　　　　　林天生（5月到任）

党委委员、人武部部长：胡玉华（1—5月）
　　　　　　　　　　　王寒春（5月到任）

组织委员：徐建兴

副镇长：王福根
　　　　黄敬玮（挂职）
　　　　黄黎鑫（女）
　　　　刘元峰（1—5月）
　　　　曾海良（5月到任）

溪口镇

党委书记：姜炜根

党委副书记、镇长：周　斌

人大主席：黄克胜

党委副书记：谢明锋（5月开始挂职）
　　　　　　胡国兴（挂职，1—5月）
　　　　　　邱国东（5月到任）

纪委书记：黄宗根（1—5月）
　　　　　黄宗祥（5月到任）

党委宣传、统战委员、政府副镇长：
　　　　　余小青（女）（1—5月）
　　　　　谭民安（5月到任）

党委委员、人武部部长：黄荣光

组织委员：陈俊飞

副镇长：何方刚（1—5月）
　　　　柯建华（1—5月）
　　　　甘宝爱（女）（5月到任）
　　　　陈志斌（5月到任）

里心镇

党委书记：徐　冉

党委副书记、镇长：吴跃仁（1—5月）
　　　　　　　　　饶黎明（5月到任）

人大主席：曾明星（1—5月）
　　　　　谢金良（5月到任）

党委副书记：谢鸿福（1—5月）
　　　　　　龙森宝（挂职，1—5月）
　　　　　　郭　英（女）（5月到任）
　　　　　　黄　强（5月到任）

纪委书记：罗章贵

组织委员：郭　英（女）（1—5月）
　　　　　王银河（5月到任）

党委委员、人武部部长：黄立平

党委宣传、统战委员、政府副镇长：
　　　　　陈常明（挂职，1—5月）
　　　　　徐丽贞（女）（5月到任）

副镇长：熊昌盛
　　　　甘宝爱（女）（1—5月）
　　　　熊昌明

黄埠乡

党委书记：邹晓英（女）（1—5月）
胡宽华（5月到任）
党委副书记、乡长：胡宽华（1—5月）
柯国华（5—11月）
余道勇（11月到任）
人大主席：刘道庆（1—5月）
宁克功（5月到任）
党委副书记：宁克功（挂职，1—5月）
罗建斌（挂职，5月到任）
李明锋
纪委书记：刘云强
组织委员：李浩榕（1—5月）
夏安平（5月到任）
党委委员、人武部部长：黄央江
党委宣传、统战委员、副乡长：夏安平(1—5月)
周文兴(5月到任)
副乡长：罗贤珍（1—5月）
曾艳蓉（女）（5月到任）

客坊乡

党委书记：王永康（1—5月）
祝俊元（5月到任）
党委副书记、乡长：林　珊（女）
人大主席：谢金良（1—5月）
刘帝云（5月到任）
党委副书记：刘帝云（挂职，1—5月）
陈锦州（5月开始挂职）
李浩榕（5月到任）
纪委书记：刘懿华
组织委员：吴东文（挂职，1—5月）
刘荣权（5月到任）
党委委员、人武部部长：吴泉生（1—5月）
吴东文（5月到任）
党委宣传、统战委员，政府副乡长：
刘荣权（1—5月）
吴泉生（5月到任）

副乡长：罗清平

黄坊乡

党委书记：吴建辉（1—5月）
李仕鹤（5月到任）
党委副书记、乡长：余云山
人大主席：杨全良
党委副书记：黄允青
陈承国（挂职）
纪委书记：谢凤金（1—5月）
黄荣光（5月到任）
组织委员：王寒春（1—5月）
吕诗强（5月到任）
党委委员、人武部部长、县司法局黄坊司法所所长（兼）：黄运龙
党委宣传、统战委员，政府副乡长：
吴　燕（女）
副乡长：吴木兰（女）（1—5月）
刘兆贵（挂职，1—5月）

溪源乡

党委书记：吴淑贤（女）（1—5月）
陈俊铭（5月到任）
党委副书记、乡长：陈俊铭（1—5月）
刘　涵（5月到任）
人大主席：余道勇（1—5月）
陈建松（5月到任）
党委副书记：罗建斌（挂职、1—5月）
陈建松（1—5月）
邱仙才（5月到任）
杨麟祥（挂职，5月到任，兼人武部部长）
纪委书记：陈　宁
组织委员：黄靖文
党委委员、人武部部长：杨麟祥
党委宣传、统战委员，政府副乡长：刘元平
副乡长：曾海良（1—5月）

邱燕玲（女）（5月到任）

均口镇

党委书记：张骏鑫（1—5月）
吴建辉（5月到任）
党委副书记、镇长：祝俊元（1—5月）
江代文（5月到任）
人大主席：林升文（1—5月）
谢淑萍（女）（5月到任）
党委副书记：周立华（挂职，1—5月）
谢淑萍（女）（1—5月）
吴裕财（5月到任）
张　俊（挂职，5月到任）
纪委书记：邱仙才（1—5月）
柯建华（5月到任）
组织委员：吴裕财（1—5月）
罗　晨（女）（5月到任）
党委宣传、统战委员、政府副镇长：潘伟峰
党委委员、人武部部长：甘传学（挂职）
副镇长：罗　晨（女）（1—5月）
谢凤金（5月到任）
付延安（5月到任）
余友成

伊家乡

党委书记：邱春祥（1—5月）
黄国荣（5月到任）
党委副书记、乡长：黄国荣（1—5月）
曾明星（5月到任）
人大主席：周新闻（1—5月）
陈建红（5月到任）
党委副书记：王振利（挂职，1—5月）
熊开明
聂洪亮（挂职，5月到任）
纪委书记：黄　强（1—5月）
黄宝泉（5月到任）
宣传、统战委员，政府副乡长：肖伟华（5月到任）
组织委员：肖伟华（挂职、1—5月）
张圣源（5月到任）
党委委员、人武部部长：陈家仁
副乡长：付延安（挂职、1—5月）
李明珠（女）

（县委组织部供稿）

金铙山杜鹃花　（牛少刚 摄）

经济统计资料

2016年建宁县国民经济和社会发展情况表

表11

项　　目	单 位	2016年	增长(%)
一、综合			
建宁县生产总值(GDP)	亿元	87.55	8.2
其中:第一产业	亿元	19.12	4.8
第二产业	亿元	43.08	5.5
第三产业	亿元	25.35	16.0
三产占全县生产总值比重	%	21.8:49.2:29.0	
二、农业			
农林牧渔业总产值	亿元	30.39	5.08
其中:农业产值	亿元	18.85	3.3
林业产值	亿元	6.83	8.6
牧业产值	亿元	2.24	7.1
渔业产值	亿元	1.40	6.3
农林牧渔业服务业	亿元	1.07	7.2
三、工业			
规模以上工业增加值	亿元	125.39	12.2
规模以上工业总产值	亿元	30.79	6.8
四、固定资产投资(不含农户)	亿元	112.01	17.4
五、社会消费品零售总额	亿元	21.58	15.9
六、财政、金融			
1、公共财政收入	亿元	3.93	3.1
2、地方公共财政收入	亿元	3.00	6.0
3、公共财政支出	亿元	14.63	6.7
4、金融机构本外币存款余额	亿元	70.54	10.6
5、金融机构本外币贷款余额	亿元	31.40	2.2

续表 11

项　　目	单 位	2016 年	增长(%)
七、外径			
1、实际利用外资(验资口径)	万美元	1018	8.9
2、出口总值	亿元	8.18	13.7
八、居民收入			
1、全体居民人均可支配收入	元	17076	9.3
2、城镇居民人均可支配收入	元	24283	8.8
3、农村居民人均可支配收入	元	12849	9.6
九、居民消费价格指数	%	101.6	

2016 年各县(市、区)主要经济指标对比表(一)

表 12

	地区生产总值(GDP)(亿元)				农林牧渔业总产值(亿元)				规模以上工业增加值(亿元)			
	绝对值	位次	增幅(%)	位次	绝对值	位次	增幅(%)	位次	绝对值	位次	增幅(%)	位次
建宁县	87.55	11	8.2	5	30.39	7	5.08	4	30.79	10	6.8	10

2016 年各县(市、区)主要经济指标对比表(二)

表 13

	出口总值(亿元)				实际利用外资(验资口径、万美元)				地方公共财政收入(亿元)			
	绝对值	位次	增幅(%)	位次	绝对值	位次	增幅(%)	位次	绝对值	位次	增幅(%)	位次
建宁县	8.18	11	13.66	9	1018	11	8.9	8	3	10	6	2

2016年各县(市、区)主要经济指标对比表(三)

表14

建宁县	固定资产投资(不含农户、亿元)		社会消费品零售总额(亿元)				限上批发业销售额(亿元)			
	绝对值	增幅(%)	绝对值	位次	增幅(%)	位次	绝对值	位次	增幅(%)	位次
	112.01	17.4	21.58	10	15.87	1	16.45	7	25.27	1

2016年各县(市、区)主要经济指标对比表(四)

表15

建宁县	城镇居民人均可支配收入(元)				农村居民人均可支配收入(元)				居民消费价格指数(%)			
	绝对值	位次	增幅(%)	位次	绝对值	位次	增幅(%)	位次	本月	位次	本月止累计	位次
	24283	11	8.8	5	12849	11	9.6	2	101	9	101.6	4

(县统计局)

2016年度县(市、区)党委、政府绩效考评得分表

表16

单位	指标考核得分	公众评议得分	察访核验扣分	总得分	名次	等次
建宁县	50.49	35.82	-2.1	84.21	1	优秀
泰宁县	49.94	34.77	-1.4	83.31	2	优秀
大田县	48.34	35.70	-1.9	82.15	3	优秀
宁化县	48.24	35.56	-1.8	82.00	4	优秀
将乐县	48.46	34.73	-1.3	81.89	5	优秀
尤溪县	49.16	35.66	-2.0	82.82	6	良好(降档)
梅列区	47.88	34.61	-1.4	81.09	7	良好
沙县	48.55	35.21	-2.7	81.06	8	良好
三元区	48.35	34.96	-2.7	80.61	9	良好
永安市	49.14	35.11	-2.7	81.55	10	一般(降档)
明溪县	49.03	33.87	-2.4	80.50	11	一般(降档)
清流县	47.48	34.14	-1.6	80.02	12	一般(降档)

重要文件选编

建宁县人民政府关于印发《建宁县国民经济和社会发展第十三个五年规划纲要》的通知

各乡(镇)人民政府,县直各单位:

《建宁县国民经济和社会发展第十三个五年规划纲要》已于2016年1月21日经县十六届人大五次会议批准,现印发给你们,请认真抓好组织实施。

建宁县人民政府

2016年5月16日

建宁县国民经济和社会发展第十三个五年规划纲要

前 言

“十三五”时期,是建宁深入贯彻落实科学发展观,构建社会主义和谐社会,推动科学发展跨越发展的关键时期,是全面建成小康社会的决胜阶段。科学编制和有效实施“十三五”规划,对于积极适应新要求、认识新常态、明确新方向、应对新挑战、抢抓新机遇、找准新定位,动员、组织和指导全县人民奋力拼搏、激情创业,加快打造闽赣省际生态产业集聚区,凸显建宁在全省生态文明建设中的重要支撑作用,全面建成小康社会,具有重大意义。

本《纲要》是以党的十八届五中全会、省委九届十五次、市委八届十一次全会和县委十一届九次全会精神为指导,结合建宁实际,牢牢把握中央支持福建生态文明先行示范区建设的重大战略机遇,按照“三个必须”的要求编制的,主要阐明未来五年建宁经济社会发展的总体要求、目标任务和政策举措,是政府依法履行职责、制订实施各级各类规划和相关政策的重要依据,是全县人民为之共同奋斗的行动纲领。

第一章 立足县域特色优势 把握加快发展战略机遇

"十二五"期间,我县全面落实上级党委、政府重大战略决策,经济社会持续健康发展。"十三五"时期,我县面临的机遇和挑战前所未有,要紧紧抓住机遇,进一步发挥优势,挖掘潜力,拓展空间,走出一条符合建宁县情、具有建宁特色的发展路子。

一、"十二五"发展成就

"十二五"时期是极不寻常、极不平凡的五年,是我县综合实力提升最快、基础设施变化最大、发展活力最足、群众得实惠最多的五年。五年来,全县人民在县委的正确领导下,在县人大的监督支持下,全面贯彻落实科学发展观,积极应对复杂多变的国内外经济发展环境和艰巨繁重的发展任务,贯彻落实上级党委、政府的工作部署和要求,解放思想加压奋进,凝心聚力赶超发展,经济量质持续递升,特色产业转型升级,综合实力明显增强,人民生活不断改善,生态优势更加突显,开创了改革开放和现代化建设的新局面,为"十三五"经济社会发展奠定了坚实基础。

——国民经济发展增速。始终坚持发展第一要务,化解经济下行压力,加快经济发展方式转变,国民经济保持了持续发展的态势,国民经济发展的总量持续增加,城市综合经济实力快速提升。2015 年,全县生产总值预计(下同)达 80.52 亿元,五年年均增长 11%,2013 年再获全省县域经济发展"十佳"县。公共财政总收入达 38014 万元,年均增长 19.11%,高于计划 3.11 个百分点;地方级公共财政收入 26344 万元,年均增长 10.6%,经济效益不断提高。三次产业结构由 2010 年的 27:45:28 调整为 22.4:51.1:26.5。完成全社会固定资产投资总额达 328.51 亿元,年均增长 21.2%,高于预期目标 6.85 个百分点,发展后劲明显增强。

——现代农业有序推进。粮食生产实现"一稳两高"目标;实施农业部园艺作物标准园创建和省级种植业标准化示范区建设等优势特色农产品提升工程,结构进一步优化;大力建设育繁推一体化的现代种业体系,水稻制种面积全国县级最大、获评"国家级杂交水稻种子生产基地县"、成为"中国稻种基地"核心区;建宁通心白莲入选福建首届"十佳地理标志商标"和全国农业标准化示范区建设 20 年成果展;文鑫莲业在"新三板"上市,成为"中国莲业第一股"。按照"五新"单项示范与集成推广相结合的方式,加快推广农业"五新";养殖业朝着规模化、标准化方向发展;积极支持和引导农民专业合作社、家庭农场等新型经营主体的发展。推进农田基础设施建设;推广农村清洁能源,控制农药、化肥和农膜等面源污染,农村生产生活条件明显改善。大力开展村级农民技术员培训、农民职业技能培训,实施科普惠农工程;认真落实各级惠农补贴资金,落实惠农补贴政策;推进农村承包地经营权流转、扩大农业保险、完善农业综合信息网络与平台,农民收入稳步增长。

——工业发展势头趋好。坚持把做大工业经济作为"强县富民、振兴老区"的重要举措,依托纸品生产优势和丰富的农副产品资源优势,初步构建以"五子"产业为主导的县域特色工业体系,涌现出以铙山纸业、文鑫食品、绿田公司、福鑫莲业、禾丰种业、源容生物科技等为骨干的一批产业化龙头企业,取得了良好的示范成效。铙纸技改扩建不断推进,成为亚洲特种薄型纸领军企业。省级经济开发区、闽赣省际电商产业园、闽赣省际物流园、食品产业园等发展平台日益完善。2015 年规模以上工业总产值达 110.3 亿元,年均增长 24.2%,规模以上工业增加值累计完成 30.62 亿元,年均增长 13.3%,工业固定资产投资完成 48 亿元。

——第三产业发展提速。商贸流通、住宿餐饮等传统服务业快速发展,档次和水平不断提升,成功举办县域电商联盟峰会等重大活动;电子商务、金融服务、现代物流等新兴服务业蓬勃发展,规模不断扩大,对工业、农业的支撑作用越来越明显。2015 年,全县限额以上贸易企业共 39 家;全县社会消费品零售总额完成 19.25 亿元,年均增长 17.7%,限额以上批发业完成 12.36 亿元,增幅为 20.1%。商贸城(永辉超市)、汽车城、公路港、生产资料配送中心等项目均有效推进。被评为全国电子商务进农村综合示范县。建成闽赣省际物流园,入园企业 5 家,合计拥有运输车辆 84 台,运力达 1442 吨。随着永辉超市的成功落户,工商银行、刺桐红村镇银行、中国银行的成功引进,铙山和兴物流、光辉物流等一批本地服务业企业逐步做大做强,发展后劲明显增强。

——特色旅游发展迅猛。立足"生态立县,旅游富民"方针,树立了"清新花乡·福源建宁"主题形象,打造了"红色经典、绿色生态、田园风光"三大旅游品牌。成功创评中央苏区反"围剿"纪念园、闽江源生态旅游区两大 4A 级景区,实施了国家级农业旅游示范点·建宁均口莲艺慢镇、建宁香溪花谷·乐动高峰省级特色乡村旅游等一批乡村旅游景区景点建设项目,成功举办了第十届"海峡诗会",建成中国建莲文化馆;带动了修竹人家、清华民宿成为中国乡村旅游金牌农家乐。活动营销富有声色,重点开拓省内以福州、厦门、泉州为主,省外以江西南昌、抚州等向莆铁路沿线市场,并延伸到上海、长沙、广州等客源。宣传促销形式多样,实现了电视有形、电台有声、报纸有版、杂志有文、网络有信、动车有画、户外有牌、活动有势,有效提升了知名度。不断加强行业知识培训和服务管理,制定出台了《建宁县旅行社地接奖励办法》,积极引导各旅游企业主动参与,服务旅游产业发展,推动旅游产业市场化运作。"十二五"期间,全县游客接待量共计 202.05 万人次,同期增长 56%;旅游总收入累计 17.21 亿元,同期增长 7 倍。

——交通设施极大改善。按照"大港口、大通道、大物流"发展思路,全面加快推进交通基础设施建设,初步形成了网络化、全方位、多层次的发展格局。交通基础设施投资创新高,预计"十二五"期间,全县交通基础设施投资累计将突破 45 亿元,约为前五年交通投资的 3 倍,全县公路通车总里程将突破 1300 公里。公路交通发展格局变化明显,向莆铁路和建泰高速公路建成通车,全县逐步形成以高速铁路、高速公路为主线,省道、县道和农村路网为支线的便捷交通网络。运输服务水平显著提升,公路客、货运量持续快速增长,同比"十一五"末分别增长 42%、75.3%。运输平台建设成效显著,占地 500 亩的闽赣省际物流城投入使用。

——城市品位提升凸显。积极稳妥推进城镇化,城乡一体化进程不断加快,2015 年户籍人口城市化率提高到 40%。高标准完善城市规划:一是完成新一轮城市总体规划修编,将建宁经济开发区、建宁北站片区纳入城市规划区范围,不断拉大城市构架。二是基本完成城市道路系统、绿地系统、给排水、燃气、景观风貌等专项规划编制。三是基本完成濉城、水南、黄舟坊、塔下、闽江源等片区控制性详细规划编制,有效指导城市建设。提升城市建设层次:"十二五"以来,累计完成固定资产投资约 35.5 亿元,其中县财政对市政基础设施建设累计投入资金约 2.86 亿元。完成城区溪口街、黄舟坊南路、清源巷等道路改造总长度近 8.5 公里,新建河南西路、闽江源路、东山北路、容泗南北路、荷花西路等道路,累计长度约 10.08 公里;中央苏区反围剿纪念园、新建自来水厂、城区防洪堤工程、翔飞工业园区通用厂房、垃圾卫生填埋场、污水处理厂、闽赣省际物流园区等陆续竣工；县体育中心、城关幼儿园、新建农贸市场、城关中学、县医院门诊综合楼、特殊学校等一批重点公共服务设施、社会事业项目相继建成；一河两岸景观提升一期工程、建泰高速连接线绿化提升、容驷河沿河绿地、城关幼儿园北侧绿地、消防大队北侧绿地、林业新村、溪口街环境综合整治等城市绿化和环境整治项目相继完成；旧城改造和新区开发建设蒸蒸日上，住宅小区建设档次显著提升，近年来，房地产开发总建筑面积达 68 万平方米，有效满足了社会需求。强化保障性安居工程建设：将保障性住房建设列入为民办实事项目，累计建成保障性住房 1417 套，总建筑面积 8.75 万平方米。

——社会事业长足进步。坚持教育优先发展，人才培养体制日益完善，2015 年幼儿入园率达 94.53%；小学生入学率 99.79%、小学升入初中学龄人口入学率 98.37%、高中阶段升学率达 95.77%；人才战略深入实施，出台《建宁县人才工作实施意见》，2015 年全县人才总量为 5300 人，每万人口拥有人才量为 337 人。加大科技研发投入，大力推进科技人才和科技基础条件平台建设，加快科技成果转化。文化和体育事业日趋繁荣，农民健身工程、农家书屋工程建设实现全覆盖。成功举办了第十届“海峡诗会”、县域电商联盟峰会等重大活动，建成中国建莲文化馆，建宁通心白莲入选福建首届“十佳地理标志商标”和全国农业标准化示范区建设 20 年成果展，国家级生态县创建通过技术评估。建宁县中央苏区反“围剿”纪念馆被国家国防教育办公室命名为第二批国家国防教育示范基地，是三明市首个国家国防教育示范基地。将“明笋制作加工工艺”“宜黄戏”列入省级非物质文化遗产名录；将“傩舞”“木偶戏”“过半年”列入市非物质文化遗产名录的申报工作。近两年在国家、省级竞赛上，我县籍运动员共夺得各类奖牌 26 枚。健全公共服务体系，深化医疗体制改革，建设覆盖城乡居民的公共卫生服务体系、医疗服务体系、医疗保障体系、药品供应保障体系提高重大疾病防控和突发公共卫生应急处置能力，努力争创省级卫生城。紧紧抓住“创新、突破、抓实、争先”这一主线，深化“诚信计生·幸福家庭”创建工作，巩固“国优”成果，提高人口和计划生育服务水平、依法行政水平，促进人口长期均衡发展，2015 年全县总人口为 157250 人，自然增长率控制在 8‰以内。新型农村合作医疗制度建设扎实推进，2015 年全县参合率将达到 99.99%。

——城乡居民增收显著。坚持民生优先，更加注重包容性增长和共享式发展，努力提高人民群众的获得感和幸福指数。城镇居民人均可支配收入 2015 年达 22691 元，年均增长 9.1%；农民人均纯收入 2015 年达 11838 元，年均增长 13.4%。积极扩大就业、促进创业，推进更高质量就业水平。就业目标责任制更加完善，全县城镇登记失业率控制在 3%以内，城镇新增就业人数累计 9143 人，城镇下岗失业人员再就业累计 44440 人，累计新增农村富余劳动力转移就业 21813 人。进一步完善了自主创业、自谋职业的政策扶持体系，建立了创业实训平台和创业项目资源库，政策扶持、创业培训、创业服务三位一体的工作机制，基本形成我县创业型城市的创建体系。建立了覆盖城乡的人力资源市场招用工信息系统，落实了山海协作对口帮扶政策，基层就业服务平台建设取得突破。继续深化创建和谐劳动关系企业、工业园区系列活动，推行劳动用工备案制度，推行农民工简易劳动合同范本，企业劳动合同覆盖率达 98%，职工劳动合同签订率达 95%。全面开展企业薪酬调查工作，落实企业最低工资标准制度。

——干群发展意识提高。建立健全开展思想教育的新机制，不断推进群众性创建精神文明活动建设，全县干部群众的发展意识得到显著提高。落实党委“三巡三优三点”理论武装工作机制，

“党员110服务零距离”在全市唯一获评全国基层党建创新优秀案例，在全市率先推行党风廉政建设社会评价机制，城乡网格化服务管理。调整充实了创建省级文明县城指挥部，高标准高质量抓好日常管理和长效机制建设。建立了网络文明传播队伍，在广大网民中传播文明、引领风尚，扩大了思想教育工作在互联网上的影响。组织新闻媒体，及时宣传报道发展建设的举措成效，大力浓厚良好社会氛围。坚持统筹兼顾、协调发展、民主法治、文化发展、社会治理以及党的建设全面推进，为“十三五”发展积累了经验、奠定了基础。

专栏1：　建宁县“十二五”经济和社会发展主要指标完成情况

项　目	单位	2010年实际数	“十二五”规划		“十二五”完成情况	
			2015年目标数	年均递增%	2015年实际数	年均递增%
一、地区生产总值	亿元	42.81	100	15	80.52	11
三次产业比例	%	27:45:28	20:50:30		22.4:51.1:26.5	
二、农林牧渔业总产值	亿元	17.59	26.12	6	28.67	4.8
三、规模以上工业总产值	亿元	37.96	112	15.5	110.3	24.2
四、全社会固定资产投资	亿元	37.71	86.27	18		21.2
五、居民消费价格指数	%	103.4	104		101.5	
六、社会消费品零售总额	亿元	8.45	21.03	20	19.25	17.7
七、财政总收入	亿元	1.59	3.33	16	3.81	19.11
八、地方级财政一般预算收入	亿元	1.08	2.27	16	2.83	21.2
九、城镇居民人均可支配收入	元	14690	22602	9	22691	9.1
十、农民人均纯收入	元	6319	10177	10	11838	13.4
十一、就业						
1.城镇新增就业人数	人	1612	2368	8	1910	3.5
2.城镇登记失业率	%	3.3	3.6		2.17	
十二、人口自然增长率	‰	6	8以内	3.5	7.98	

“十二五”期间取得的成绩来之不易，积累的经验弥足珍贵。未来五年，纵观国内外发展环境，经济形势仍复杂多变，国内仍处于重要战略机遇期，改革进入全面攻坚阶段。建宁既具备加快发展的重大机遇和有利条件，也面临着各种严峻挑战和竞争考验。

二、“十三五”面临机遇

“十三五”时期国内外宏观环境将继续发生深刻变化，我国经济社会发展进入新常态，经济发展方式加快转变，新的经济增长动力正在孕育形成，经济向好态势仍将持续，我县与全国一样，仍处于大有作为的战略机遇期。

（一）生态文明建设有优势

党中央越来越重视生态文明建设，明确提出要把生态文明建设放在突出地位，强化江河源头和水源涵养区生态保护;市里正在推进国家生态保护与建设示范区试点等工作。我县是千里闽江正源头,还是国家级生态示范区,最大、最有竞争力的优势是生态优势,我县生态优势向经济优势的转化迎来了难得的重大机遇。

(二)后发赶超有条件

“十二五”期间,建宁境内建成昌福(向莆)快速铁路和建泰高速公路两大交通基础设施,长期以来制约建宁社会经济发展的对外交通“瓶颈”已得到有效缓解;省上更加重视出省通道建设,在向莆铁路和建泰高速已建成基础上,浦梅铁路建宁至冠豸山段和莆炎高速建宁段也即将动工,建宁经宁化至连城高速列入了省上修编规划,我县将成为闽赣边界区域性交通枢纽,交通上的互联互通为深化开放合作、承接产业转移提供了有利条件。完成 2 座 110 千伏变电站扩容改造,两条 110 千伏线路与省网联接,220 千伏变电站工程也已纳入建设计划,建宁能源环境条件将有本质的提升。“十三五”期间,随着基础设施的不断完善,沿海发达地区产业将加快转移,建宁的区位优势、资源优势、劳动力优势将更加凸显,建宁将从基础设施建设期加快向产业建设期发展,经济社会跨越发展的基础更加坚实。

(三)城镇化发展有空间

国家、省、市正大力实施新型城镇化发展战略,我县目前户籍人口城市化率比全省、全市平均水平分别低约 21 和 15 个百分点,城镇化发展的外部条件和内在动力将发生重大变化,进入质量与速度并重、以提升质量为主的发展新阶段,新型城镇化发展的空间和潜力极大。

(四)产业转型升级有前景

经过近年来的打造,我县金铙山、香溪花谷、修竹荷苑、反“围剿”纪念园等旅游景区设施日趋完善,“清新花乡·福源建宁”旅游品牌初步打响;国家级杂交水稻种子生产基地县的品牌效应逐步显现,六三种业、谢华安种业等知名企业正积极参与建宁国家级种子产业园建设,为我县种子产业的发展注入了新活力,将实现从“生产基地”向“研发基地、生产基地、营销基地”的转变。中央和省市提出的发展现代服务业、现代种业、打造“中国稻种基地”,发展新一代新能源、生物医药产业,实施加快产业转型升级、中国制造 2025 行动计划等举措,为我县培育特色产业新增长极带来了新的重大机遇。

(五)改革和政策上有助力

党的十八届三中全会对全面深化改革作出了总体部署,“十三五”时期将是政策落地、深化改革的攻坚时期,必将进一步激发经济社会发展的动力和活力。国家确立福建作为“一带一路”核心区,三明作为国家扶贫改革试验区和全国小微企业创业创新试点城市示范;中央明确提出了把革命老区作为脱贫攻坚重点,加大对农产品主产区和重点生态功能区转移支付力度,支持原中央苏区振兴发展等系列政策,省上延续扶贫开发工作重点县支持政策,市里正在推进国家扶贫改革试验区工作,这些政策相互叠加,形成建宁加快发展的强劲助力。

三、“十三五”应对挑战

(一)经济基础较为薄弱,产业结构不够合理

“十二五”期间,建宁经济增速有所放缓,三次产业结构仍不合理,第二、三产业比重低。农业不优,农林牧渔产品档次有待进一步提升;工业不强,工业经济增长主要依赖于基础资源性产业,规模小、产业单一,竞争力不强;三产发展不快,现代大型商贸物流企业缺乏,旅游产业总量小。同时,支撑发展的大项目、好项目少,高新技术产业项目几乎没有。

(二)财政增长后劲不足,城乡统筹任务繁重

建宁财政收入质量不高,主要存在税源结构单一的问题。税收没有形成稳定的来源,一产的税收来源只有烟叶税,烟叶税受耕地面积和自然条件等因素影响较大;二产的税收主要来自工业和建筑安装业,工业规模太小、产业单一,建筑安装业随着基础设施的不断完善,难有较大增长;三产的税收主要来自房地产业,旅游业提供的税收不多。税收来源对建筑业和房地产业的依赖程度较高,主要来自一次性收入,具有不确定性。财政收入增长后劲不足,收支平衡难度大,使得统筹城乡发展的任务依然繁重,城乡居民收入仍有较大差距。教育、卫生、计生、文化等社会事业领域的公共服务供给仍不能完全满足需要,城乡之间社会事业发展不均衡现象依然存在,社会事业领域的体制改革和创新任务依然十分艰巨。

(三)城镇体系等级较低,空间分布较为分散

建宁县域城镇体系发展具有山地城市特有的分散集聚的特点。由于城镇分布较为分散,布局比较稀疏,道路交通联系不便,导致各城镇相对独立发展,职能雷同,彼此之间缺乏协作,功能联系松散。外围乡镇与县城之间的联系以行政和商贸为主,尚未形成分工明确、功能互补的职能结构体系。总之,"十三五"时期,是建宁推动科学发展、实现跨越发展的重要时期,加快发展、赶超奋进仍然是建宁经济与社会发展的首要任务。必须抢抓机遇、迎难而上、后发赶超,以新的作为、新的提升,开创建宁经济社会发展新局面,实现绿色崛起。

第二章 奋力后发赶超 实现绿色崛起

我县未来五年的经济社会发展应跟上全市的步伐,围绕建设闽赣省际生态产业集聚区,突出转型升级的发展主线,落实大众创业、万众创新的基本方法,坚持改善民生的最终目标,全面建成小康社会。

一、指导思想

高举中国特色社会主义伟大旗帜,全面贯彻党的十八大和十八届三中、四中、五中全会精神,以马克思列宁主义、毛泽东思想、邓小平理论、"三个代表"重要思想、科学发展观为指导,深入贯彻落实习近平总书记系列重要讲话精神和对福建工作的重要指示,坚持"四个全面"战略布局,贯彻创新、协调、绿色、开放、共享发展理念,致力创优生态环境、创特生态产业、创造生态财富,围绕打造闽赣省际生态产业集聚区的发展定位,推动生态、农业、红色三大比较优势更好地转化为现实发展优势,加快后发赶超、绿色崛起,走出一条生产生活生态共赢的新路,统筹推进经济建设、政治建设、文化建设、社会建设、生态文明建设和党的建设,全面建成惠及全县人民的小康社会,推动经济社会发展再上一个新台阶。

二、基本原则

根据以上指导思想,"十三五"建宁经济社会发展必须把握以下原则:

——**注重转型升级、创新发展。**主动适应经济发展新常态,把发展基点放在创新创造上,把加快产业转型升级作为转变经济发展方式的重要抓手，推动大众创业、万众创新，做大存量、做优增量，加快推动产业向中高端迈进，打造建宁产业升级版。

——注重均衡融合、协调发展。把统筹城乡发展作为加快转变经济发展方式、推动加快发展的重要内容，促进城乡发展空间集约利用、公共资源均衡配置、公共服务均等覆盖，促进新型工业化、信息化、城镇化、农业现代化同步发展，不断增强发展的整体性和协调性。

——注重生态文明、绿色发展。深入实施生态立县战略，加快融入生态文明先行示范区建设，推行绿色循环低碳生产方式，积极倡导节约健康环保的生活方式，强化环境重点治理和生态资源保护，提高发展的全面性、协调性和可持续性，努力创造更多的“绿色福利”和“绿色经济”，加快构建资源节约型、环境友好型社会。

——注重改革驱动、开放发展。全面深化重点领域和关键环节改革，理顺发展的体制机制，进一步激发发展活力。加强招商引资和山海协作，坚持内外需协调、引进来与走出去并重、引资与引技引智并举，推动对内对外开放相互促进，全面提升开放型经济发展水平。

——注重以人为本、共享发展。坚持发展为了人民，发展依靠人民，发展成果由人民共享，营造人人参与、人人尽力、人人享有的浓厚氛围。着力保障和改善民生，推进基本公共服务均等化、普惠化，促进社会事业全面发展。加强和创新社会治理，促进社会公平正义，让人民群众有更多获得感。

三、发展目标

致力打造生态优美、农业精致、产业发达、文旅兴旺、城市靓丽的福源建宁，实现综合实力显著提高，人民幸福感明显增强，生态文明建设取得新成效，全县经济社会发展迈上新台阶，全面建成小康社会的主要目标基本实现。

——综合实力再上新台阶。到 2020 年，力争地区生产总值达到 128 亿元、年均增长 9%左右，保持略高于全省、全市平均水平的增长，提前实现地区生产总值和城乡居民人均收入比 2010 年翻一番。主要经济指标更加协调，经济结构更加优化，闽赣省际生态产业集聚区建设取得重大进展，全县经济综合实力、文化软实力和可持续发展能力显著增强。

——统筹发展取得新进展。统筹推进城区与乡镇均衡发展，加大美丽乡村建设投入力度，提升乡(镇)村教育、医疗等社会保障水平，农村与城镇发展差距逐步缩小，户籍人口城市化率加快提高，城乡区域一体化发展迈上新台阶。

——改革开放实现新突破。重点领域改革和关键环节改革取得明显成效，形成一批全省、全市，乃至全国的亮点典型。浦梅铁路、莆炎高速等对外大通道建成投入使用，区域性合作平台建设持续推进，对内对外开放广度深度不断拓展，企业产品国内国际市场占有率进一步提升，开放型经济发展水平进一步提高，广大群众享受到更多改革开放红利。

——创新创业迈出新步伐。有利于大众创业、万众创新的政策体系更加健全，创新创业氛围更加浓厚、平台更加完善，新产品、新业态、新商业模式蓬勃发展。企业自主创新能力明显提高，资源开发利用率不断提升，形成一批拥有自主知识产权的新技术。

——人民幸福感不断增强。住房、文化、体育、卫生等公共服务体系更加健全，基本公共均等化水平稳步提高。城乡居民收入保持较快增长，人民群众生活质量水平不断提高，现有标准下的贫困人口全部脱贫。人民群众受教育程度稳步提升，思想道德素质、科学文化素质和健康素质不断提高,法治建宁建设全面推进,社会大局保持和谐稳定。

——**生态文明建设取得新成效。**单位生产总值能耗、主要污染物排放总量控制在市下达指标内,土地、水等资源要素利用效率进一步提高,经济增长、人口布局和资源环境承载力更趋协调,大部分水体水质在二类标准以上,空气质量达到一级标准。生态文明制度体系更加完善,森林覆盖率达到80%以上,生态环境质量保持全省领先。

专栏2:　　　　建宁县"十三五"期间经济社会发展的主要目标

分类	序号	指标名称	"十二五"规划		"十三五"规划目标	
			2015年预计	年均增长(%)	2020年目标	年均增长(%)
经济发展	1	全县生产总值(亿元)	80.52	11	128	9
	2	农林牧渔业总产值(亿元)	28.67	4.8	48.3	4.2
	3	规模以上工业总产值(亿元)	110.3	24.2	190	11.5
	4	全县财政总收入(亿元)	3.81	19.1	5.1	6
	5	地方级财政一般预算收入(亿元)	2.83	19.2	3.79	6
	6	全社会固定资产投资(亿元)	98.58	21.2	230	18
	7	社会消费品零售总额(亿元)	19.25	17.7	40	15
创新驱动	1	三次产业比重(%)	22.4:51.1:26.5		16:45:39	
	2	户籍人口城市化率(%)	40		50	
	3	R&D投入占GDP比重(%)	0.98		1.5	
	4	外贸出口总额(万美元)	10300	31.7	16600	10
	5	实际利用外资(验资口径,万美元)	935	8.2	1400	9
	6	旅游总收入(亿元)	7.3	20	25	25
	7	农业机械总动力(万千瓦)	13.7	3.5		
生态建设	1	森林覆盖率(%)	73.77		80	
	2	耕地保有量(万亩)	29.23		30	
	3	单位GDP能源消耗降低(%)	完成市下达任务		完成市下达任务	
	4	单位GDP二氧化碳排放降低(%)	完成市下达任务		完成市下达任务	
	5	主要污染物排放减少(%)	完成市下达任务		完成市下达任务	
	6	城市垃圾无害化处理率(%)	100		100	
	7	城市污水集中处理率(%)	80		95以上	
民生保障	1	人口自然增长率(‰)	7.98		控制在14以内	
	2	城镇登记失业率(%)	2.17		控制在3.2以内	
	3	城镇居民人均可支配收入(元)	22691	9.1	34900	9
	4	农村居民人均纯收入(元)	11838	13.4	18210	9
	5	居民消费价格总指数(%)	101.5		控制在104以内	

续专栏 2:

分类	序号	指标名称	“十二五”规划		“十三五”规划目标	
			2015 年预计	年均增长(%)	2020 年目标	年均增长(%)
	6	新增城镇就业人数(人)	1910	3.4	累计 10000	
	7	新转移农村劳动力(人)	3850		累计 12500	
	8	高中阶段毛入学率(%	92.3		95	
	9	新型农村合作医疗参合率(%)	99.99		100	
	10	城镇职工养老保险覆盖率(%)	99		99 以上	
	11	农村养老保险覆盖率(%)	97		99 以上	

第三章 发展特色现代农业 稳固产业发展新基础

加快特色农业设施化、集约化,构建特色农业产业集群,提升农业产业集聚效应和装备水平,完善农业支撑保障体系,促进传统农业向现代特色农业转变,建设国家特色农业示范区,形成产业发展新基础。

一、巩固发展农业规模化经营

全面落实最严格的耕地保护制度,确保全县粮食产能区面积稳定,加强农业基础设施建设,稳固农业发展基础。巩固提升全国县级最大的无患子、杂交水稻种子、黄花梨、建莲种植基地,发展壮大黄桃、猕猴桃生产基地。加快推进全国高标准基本农田示范县、国土资源节约集约模范县、省级土地整理示范县和国家农业综合开发项目建设,持续改善农业耕作基础条件,推广使用有机肥料,提高耕地单位面积产出效益。发挥全国农业机械化示范区优势,重点支持水稻及杂交制种母本机插的推广普及。以闽赣省际农机植保综合服务中心为示范,带动我县水稻生产、水稻制种全程机械化和果山生产机械化,综合机械化水平保持全省领先水平。

二、打造特色农业种养基地

围绕“高效、绿色”的发展思路,推动农业优势资源向农业园区集中,提升农业产业规模效应,全面推进绿色农业资源标准化种养,加快农业“三品一标”申报、管理,加强产品检测、检疫,形成特色农业品牌,加强农产品标准体系、溯源体系建设,充分发挥行业协会作用,保护建宁农产品品牌,创建省级农产品质量安全示范县。

——**建莲种植基地。**推进福建莲子产业园建设,稳固建莲种植面积,保护西门莲原种,培育推广新莲种,继续实施“万亩带千亩片百亩点”基地建设,确保全县年种莲面积 5 万亩以上。以省级农民创业示范基地为核心,加快推进以黄埠、客坊为核心区并向均口、伊家、濉溪等地拓展的莲子种植基地布局,结合“第一眼”景观建设,把“两高” 沿线及重要节点列为莲子种植示范片,制定奖扶政策,辐射带动全县莲子种植面积扩大;大力推广建莲国家标准实施,结合发展建莲休闲观光产业,加快修竹千亩建莲生态观赏园、莲文化主题公园、大元莲田花海、西门红军莲塘休闲公园建设,力争到2020年，标准化莲田达50000亩，打造莲产业功能区5个，莲业总产值达10亿元。

——**水果种植基地。**以绿源果业农业科技示范为龙头，加强果园管理改造，推动设施果园和生态果园建设，将水果产业与休闲农业有机结合，提高水果产业的经济效益。构建现代果园产业技术体系，优化生产布局和调整品种结构，推广高接梨新品种翠冠、翠玉，抓好黄花梨质量控制、质量跟踪工作，做好早熟梨、猕猴桃等新品种的引进区试及后备品种的筛选，扩大黄桃、猕猴桃等特色水果种植面积，建设全省优质特色果业基地。至2020年全县面积早熟梨10万亩、黄桃1万亩、猕猴桃5000亩，果品产量12万吨，产值达5亿元以上，建设果树设施1000亩、早熟梨新品种示范基地2万亩，推进水果标准化示范基地建设。

——**种子生产基地。**以省政府支持三明"中国稻种基地"建设六条措施为契机，从"基地建设标准化、种子生产产业化、生产全程机械化、管理手段信息化、制种农民职业化"等"五化"推动种子产业转型发展，加快打造建宁"中国稻谷"。重点突出适应机械化作业需要的高标准基地建设，整合粮食产能、标准农田建设、农业综合开发等项目，统筹规划，到2020年建成高标准制种基地12万亩，实现制种面积15万亩；筑巢引凤、壮大主体、创新品牌，围绕"一园一站三中心"，加快国家级杂交水稻种子产业园建设，加快种业院士工作站建设，加快种业科技中心建设，加快禾丰新三板上市进程，构建起种子"育繁推"一体化体系，实现种子加工、物流、仓储一条龙发展，提升"建宁水稻种子"品牌的知名度、美誉度，到2020年实现种业产值12亿元以上。

——**绿色林业基地。**整合笋竹生产企业的技术和规模优势，提高广大笋农种植的积极性和技术水平，新建笋竹两用丰产竹林基地1万亩；推广高产油茶品种，实现种植面积2.57万亩；推进荒山、荒坡综合开发利用，扩大无患子种植面积，积极推广高产栽培技术，到2020年，完成无患子基地建设10万亩，无患子果产量5万吨生产。加快林下经济发展，借助林地良好的生态环境，积极发展林下畜禽养殖、花卉和药材种植，实现林牧、林药等资源共享、循环相生、共同发展的良好模式。到2020年实现林业产值11.5亿元以上。

——**食用菌生产基地。**推进食用菌工厂化栽培，打造食用菌专业化生产基地。重点发展香菇、茶薪菇、木耳等优势种类。示范推广利用梨枝条、莲子壳、谷壳、竹屑栽培各类食用菌。到2020年生产食用菌6000万袋，实现产值2亿元以上。

——**生态养殖基地。**稳定生猪生产，适度发展肉禽、禽蛋生产，鼓励发展草食动物生产，重点发展乳业。推进明一国际现代生态牧场建设，加强福建丰泽牧业种猪生产基地建设。重点发展世代牧业养殖，争取2020年，畜牧业总产值达7亿元，畜禽养殖标准化规模养殖场达20个以上，将奶牛生产打造成亮点和重要增长点。加大鲜鱼、鳗鳅、黄鳝等新兴特种水产养殖力度，到2020年，水产养殖产量达9000吨以上，产值3亿元以上。

三、突出农业产业链延伸

围绕一产接二连三的基本思路，推进农产品精深加工，延伸拓展产业链，发展壮大农业产业化龙头企业，持续提升农副产品价值和农业发展效益。以绿田、文鑫、泓鑫食品等公司为平台，加快助家井莲食品加工园区建设，挖掘莲子深加工及药用价值；加快禾丰种业服务平台和新三板上市进程，构建起种子"育繁推"一体化体系，实现种子加工、物流、仓储一条龙发展。拓展农业发展空间，推动由农业种植向农业观光旅游、农产品工厂化加工等领域延伸拓展。依托欧洲风情创意农业产业园、莲文化主题公园、高峰乡村旅游示范点、绿田建莲文化体验馆、文鑫福州“三坊七巷”旗舰店等项目建设，发展农业观光、休闲体验旅游，建设农业与旅游、生态工业、教育、文体、养生相互融合的莲、果、菌、渔、花休闲农业示范点10个以上。扶持发展特色产业，客坊、伊家、黄坊、溪源等高山乡镇培育发展一批无公害、绿色、有机农产品，形成“一村一品、一乡一业”的特色农业产业格局。推进农产品的现代化营销，鼓励企业“上网触电”，利用电商、物流等现代商业模式对农业生产经营方式进行改造，引导农民合作社、家庭农场规范发展。

四、构建农业服务保障体系

加强公益性农业技术服务体系建设，健全机构和队伍，健全县、乡、村三级农技推广网络建设，提高农业公共服务能力，有效连接农技推广“最后一公路”。开展农业良种繁育，实施资源保护工程，加强建莲、水果、食用菌等种质资源保护和开发利用。加强农业科技创新与应用，加速农业新技术成果快速转化，实施农业科技示范工程、农业物联网技术应用示范工程，促进农业技术集成化、劳动过程机械化、生产经营信息化。重视农业气象防灾减灾，完善气象综合观测站网建设，实现气象信息多部门共享，加快人工影响天气作业体系建设，做好气象精细化监测预报，为加快现代农业建设提供气象服务保障。强化农业基础建设，积极争取国家和省级项目资金，实施农业综合开发、高标准农田、土地整理、烟基建设、农田水利等建设项目，为现代农业发展奠定坚实的基础。加快农业行政执法体制改革，建立权责明确、行为规范、监督有效、保障有力的农业行政执法体制，为农业和农村经济发展保驾护航。加快以农机、植保为重点的农业社会化服务组织建设，在全县每个乡镇建立1支以上的农机、植保专业化服务队伍。加强规范化建设，新增县级以上合作社示范社和家庭农场示范场20家，其中市级以上10家，推进农民专业合作社规范化建设，将建宁莲子专业合作社建成全国农产品加工合作社示范社。

专栏3：　　农村农业重点建设项目

南方落叶果树产业化提升工程、国家级种子产业园建设项目、稻种“育繁推”一体化项目、建宁县种业科技信息服务中心、张溪肉牛养殖加工项目、毛竹丰产林示范基地、农村环境综合整治、建宁美丽乡村建设、生态公益与重点区位内人工林赎买、欧洲风情生态创意产业园建设项目、鑫锦宏农牧建设项目、溪口智慧农业园、溪口高家岭休闲农业项目、天一油茶精深加工项目、大田溪支流域流溪源整治工程、现代设施农业建设项目、伊家乡联营林场管理改制——“森林之家”建设项目、万亩油茶林低产改造项目、建宁莲子产业园建设项目、张溪古村农耕体验项目、都团有机农庄。

第四章　加快工业转型升级　构建产业发展新体系

把园区建设作为助推工业转型升级，推动产业集聚发展的主要平台，按照“基础配套、要素聚集、结构合理、产城联动”的思路，加快园区建设，提高园区承载能力。以更强力度推进产业集聚，实现特色产业集聚发展，提升生态工业产业规模和综合竞争力，建设国家生态工业示范基地。到2020年实现规模以上工业总产值190亿元，年均增长11.5%上，工业增加值实现70亿元，年均增长10%上。

一、改造提升传统产业,促进优势产业集聚发展

推进产业转型升级,做大做强"五子"、笋竹、食用菌等特色传统产业,构建特色产业体系。把园区建设作为助推工业转型升级、推动产业集聚发展的主要平台,按照"基础配套、要素聚集、结构合理、产城联动"的思路,加快园区建设,提高园区承载能力。以更强力度推进产业集聚,实现特色产业集聚发展,提升生态工业产业规模和综合竞争力,建设国家生态工业示范基地。

——集聚发展特色食品加工产业。完善助家井食品加工产业园配套设施建设,做大扶强园区现有企业,通过招商引入一批食品加工企业向园区集聚发展。全面推进建莲、笋制品、乳制品、食用菌、果蔬等绿色农业资源精深加工与延伸拓展。做大扶强闽江源绿田、泓鑫、兴辉、冠瑞、元盛等一批特色食品加工龙头企业,形成绿色食品加工产业集群。力争到2020年,全县培育和发展规模以上食品加工企业40家以上,实现产值100亿元以上。突出做大建莲精深加工,支持企业持续研发莲罐头、莲饮品、冻干莲等适应市场需求的产品,深度开发莲子蛋白粉、荷叶降脂保健茶、膳食纤维精粉等系列保健品,推动莲产品向生物医药领域延展。到2020年,实现莲产值20亿元以上。

——集聚发展特种薄型纸产业。充分发挥我县特种薄型纸的产业基础和品牌优势,以铙山纸业集团为龙头,围绕打造全球最大高档特种薄型纸生产基地目标,加快铙纸集团三期技改扩建项目建设,做大产能规模,推动上市融资。促进拷贝纸、薄页纸、半透明纸三大系列产品的转型升级,加大书法专用纸、棉纸、水果套袋纸等新产品的生产量,延伸开发奶面纸、高光打字纸、防油纸等新品种,促进特种薄型纸产业向文化产业、食品包装业和农产品包装业延伸,扩展特种薄型纸产业链,重点推进铙山纸业高档食品级特种纸技改项目,新增15条高档食品级包装用纸项目生产线,产能突破25万吨浆纸。到2020年,实现特种薄型纸产业产值30亿元以上。

——加快推进技术改造与创新。坚持把技术创新、产品创新、品牌创新、商业模式创新、装备创新作为促转型、增后劲的重要手段,实施龙头企业技改提升三年行动计划、"机器换工""数控一代"计划,按照"专业化、特色化、精品化、集群化、规模化"的思路,延伸产业链条,实现以存量的优化换取增量,以增量的扩张改造存量,实现传统产业转型升级。重点推进铙山纸业两化融合项目,力争实施ERP(企业资源计划)和EMS(制造执行系统)等信息管理系统,为生产提供全程自动化解决方案,实现信息技术和传统造纸产业的融合。到2020年,两化融合发展水平指数达到76以上。

二、强化新型产业支撑,培育形成新的经济增长极

发挥经济开发区优势,着力引进生物质能源、新能源、新材料、新装备、生物医药等新兴产业,大力延伸产业链,坚持内涵提升与外延扩张相结合,注重产业产品链整合发展,形成具有持续竞争力和支撑力的新兴产业体系。

——无患子产业。以福建源容生物科技有限公司为龙头,推动无患子的林业种植和后续加工向产业化、基地化、规模化方向发展,加快建立无患子采穗园,打造大型生物质能源产业基地。重点推进源容生物科技无患子精深加工项目,加快建设年提取3000吨无患子液态皂苷、年产天然洗涤日化产品2万吨生产线,配套建设年产10万吨生物柴油、7万吨皂干肽和20万吨有机肥的生物能源产业链。加快推进源容公司"新三板"上市工作。2020年,实现产业产值15亿元以上。

——新材料装备产业。加快推进三泉铝塑的铝塑复合包装材料生产线、环保装备气柜制造、同越管件制冷配件生产、大中石油装备减压燃气设备生产等新材料新装备项目。2020年,实现新兴产业产值25亿元以上。

——生物医药产业。重点推进文鑫莲业万吨莲系列药用健康产品开发、绿田公司中药材及生物医药中间体提取物生产、卓越工贸中草药深加工等生物医药项目建设。加大无患子生物保健、药用产品的开发。力争到2020年,实现产业产值10亿元以上。

三、聚力园区平台,提升承载功能

加快经济开发区建设,促进产业集聚、产城融合发展,加快构建和完善与工业发展相适应的城市功能体系。充分发挥日益凸显的交通区位优势,抢抓发展机遇,积极参与区域产业分工、承接产业转移,把开发区建设成特色鲜明的生态工业区。完善园区载体功能建设,创新园区运作机制,适当扩园,进一步拉开园区配套区框架、完善功能、延伸配套,优化环境、提升形象;加快推进天然气、集中供热、污水处理等重点基础设施建设,完善配套设施;健全园区内公共服务体系,建设公共服务平台,增强园区综合服务能力。按照产业集群要求,建设一批"园中园""产业小区",加快斗埕、助家井、塔下、曲滩4个组团开发建设,确保每年新增开发面积500亩以上,满足入园企业用地需求。深入实施产业梯队发展战略,围绕抓龙头、铸链条、建集群,加快实施特种纸、食品加工、无患子深加工和新材料、电子等产业发展项目。着力培育发展一批品牌亮、实力强、有特色、辐射带动面广、竞争优势明显的骨干企业。适当提高支持传统产业转型升级的地方财源建设基金的百分比,全面落实好国家、省、市出台的一系列扶持企业发展的税费减免政策。

专栏4:　　工业重点建设项目

建宁无患子生物质能源产业化加工项目、同越管件制冷配件建设项目、牛樟树种植及提取物深加工项目、坚果生产培育基地建设项目、旅游木雕产品开发加工项目、笋竹系列产品精深加工项目、中草药深加工生产线建设项目、竹木纤维生产深加工项目、微生物有机肥深加工项目、金针菇深加工项目、食用菌产业化栽培项目、铁皮石斛加工项目、笋制品加工建设项目、均口镇盛禾食用菌深加工建设项目、铙山纸业智能制造项目、年产10万吨闽江正源山泉水项目、中药材种植及健康养生产业建设项目、建宁猕猴桃和黄花梨系列产品生产项目、佳成蛇业建设项目、建宁汇利丰特种纤维板生产加工项目、建宁闽江源绿田莲产品深加工项目、建宁大中石油装备燃气设备生产建设项目、建宁冠瑞吊瓜子产品深加工项目、建宁世代奶牛养殖及奶制品加工项目、建宁环保装备气柜制造项目、建宁经济开发区基础设施建设项目、万吨莲系列药用健康产品综合利用开发项目、建宁沥青混凝土搅拌站建设项目。

第五章　提升现代服务业 拓展产业发展新业态

大力实施全域旅游战略,积极发展电子商务业,大力发展现代物流业,加快发展现代商贸业,拓展服务业新领域、新业态、新热点。

一、提升发展生态休闲旅游业

借势"清新福建"品牌影响力,整合"闽地之母、闽江之源、闽山之巅"旅游资源,推进"景县合一、全域建宁"的"全域旅游"发展战略,唱响"清新花乡·福源建宁"旅游主题形象,构建"一城三区三轴"旅游发展格局,建设全域赏花地,打造全国知名乡村旅游目的地。"十三五"期间,创建省级旅游全域化试点县,到2020年末接待省内外游客300万人次,旅游收入25亿元,年增幅达到25%

以上。

——优化旅游空间布局，构建“一城三区三轴”旅游发展格局。策应旅游发展现状并结合我县旅游资源分布特点，着力构建“一城三区三轴”旅游发展格局。“一城”就是沿濉溪整合城市空间，构建集旅游服务、滨水休闲、健康养生、红色创意体验于一体的旅游休闲城；“三区”就是整合“闽地之母、闽江之源、闽山之巅”垄断生态资源，以八闽福源文化为核心，打造闽源福地山水养生度假区、花乡田园农耕风情体验区、古韵山乡福寿文化休闲区；“三轴”就是打造山水莲乡生态轴、美丽花乡风情轴、福地原乡文化轴三大旅游景观通道，形成城是一个景、景是一座城、城乡一体的旅游发展空间。

——加快景区景点建设，培育旅游新业态。做优生态旅游。进一步将闽水之源、闽地之母、闽山之巅的八闽福源特征相融入，重点开发休闲度假、健康养生、高山滑雪等现代生态旅游产品。改造提升闽江源生态旅游区、香溪花谷、莲艺慢镇等已有景点景区，推进对台慈航文化交流基地建设，推动闽江源生态旅游区创建国家AAAAA级旅游景区、高峰香溪花谷和修竹荷苑创建国家AAAA级旅游景区。开发闽江源头拜水溯源生态旅游项目。做精文化旅游。深入挖掘红色历史文化内涵，保护开发红色文化遗址。提升改造中央苏区反“围剿”纪念园，打好“苏区牌”，积极争取上级支持，加快西门红军莲塘、青云阁无线电发祥地、客坊红色旧址等红色资源开发利用，推动红色文化和红色旅游融合发展。做特乡村旅游。打好“花闲乡村”为特色的乡村旅游牌，要在现有“五朵金花”基础上，增加花卉种植品种，建设观花、采摘为一体的旅游景点，推进全域赏花地建设，打响“清新花乡”品牌；做大建莲旅游产品，大力发展莲美食、莲保健、莲养生、莲创意等多样化的莲体验活动，举办中国建莲文化节、赏荷旅游节，推动建莲和旅游融合发展；大力发展乡村旅游和民宿，重点打造修竹、高峰、枫元、高圳、都团等乡村旅游和民宿示范村建设，发展200户乡居民宿，创建一批旅游休闲集镇和乡村旅游特色村。

——创新旅游营销，扩大旅游市场。借力“清新福建”大品牌效应，持续推进“清新花乡·福源建宁”形象宣传。做活网络营销，积极拓展微信、微博、微电影等新兴媒体营销，加强与知名网站合作，提高建宁旅游攻略在网上的曝光率，形成线上线下互动营销。做特活动营销，做好节庆营销、展会营销、网络营销、事件营销与专题促销，深入开展赏花季、采摘季、赏荷季等系列活动。加强与目标市场旅行商合作，围绕“赏花地”做文章，推动“最美赏花旅游目的地”营销，不断提升我县旅游人气。做优传统营销，深化区域旅游交流合作，强化与各地旅游产品的整合促销，对接大武夷旅游区，巩固省内客源市场，积极拓展省外市场，制定出台有针对性的宣传促销政策，找准共赢切入点，扩大旅游市场。

——加速旅游要素配套升级，营造良好发展“软环境”。借助“十三五”期间建宁形成“两高、两铁”交通格局的便捷优势，构建对外旅游大通道，加速旅游要素配套升级。推进县城至景区、景区与景区之间的公路改造提升，力争县城至主要景区全部通二级公路，景区与景区之间全部通三级以上公路，开通县城至各旅游景区运营专线。推动旅游公厕三年行动计划，加快旅游公厕建设。适应自助游、自驾游发展趋势，加快建设露营地、自驾车营地，在交通干线、主要交通节点设置旅游交通标识牌。力争新增2家四星级酒店，鼓励发展乡间民宿、特色客栈、连锁旅店、农家旅馆。加强地方特色菜肴、风味小吃、风味餐馆建设，构建旅游信息咨询服务平台，打造县城特色小吃一条街和旅游购物一条街，提高旅游接待水平。积极探索组建旅发委，深化旅游体制改革，全面放开旅游投资市场，支持物权入股参与旅游开发经营，出台旅游招商优惠政策、旅游产业发展扶持政策，吸引大型旅游集团和民间资本投资经营旅游景区、旅游休闲服务设施、旅游商品研发基地。

二、加速发展互联网经济

深入实施“互联网”行动计划，推进国家电子商务进农村综合示范县建设，打造闽赣省际电子商务要素集聚区，推进电子商务与实体经济整合发展，促进产业转型升级，培育形成经济发展新业态。加快实施电子商务“5585”(用三年时间培养5000名电商人才、培育5000家网店、微店、85%以上的企业应用电子商务)计划；大力支持阿里巴巴农村淘宝项目的实施，完善县域电子商务三级公共服务体系；扶持明一电商、文鑫莲缘、诚晔盛世、建宁公主等入园企业发展壮大，培育3家以上电子商务龙头企业；依托阿里巴巴、京东、苏宁等大型电商平台，建设县级地方特色馆，带动农产品上行；鼓励大中型企业、农业生产合作社、电子商务企业建设自有平台、网上商城，努力实现企业30%以上的产品生产、采购、批发、销售网络化。打造以电子商务办公区为核心的县域电子商务产业集聚区，完善基础设施建设，提升服务功能和服务水平，营造电子商务企业自我管理、自我服务、抱团发展的格局。到2020年，全县电子商务销售额突破10亿元，零销额突破5亿元。

三、加快发展物流商贸业

围绕“一个目标”(建成区域性商贸物流中心)，依托“两个优势”(交通区位优势、产业优势)，突出“三个重点”(市场主体、综合信息、仓储配送)，完善“四个体系”(农副产品销售、农业生产资料消费、工业品消费、工业品物流)，实现大流通、网络化、全覆盖的商贸物流新局面。

——**打造闽赣边贸物流城。**重点完善赣商贸物流园区板块内“一城(汽车城)一港(公路港)一中心(生产资料配送中心)”功能，积极推进闽赣冷链物流中心、和民冷链物流等项目建设，重点完善物流仓储设施建设，吸引物流企业入驻，扶持铙山和兴、乘龙物流等入园企业做大做强。建立立体物流设施网络。依托建宁不断完善的铁路、高速公路体系，重点推进火车站物流基地等物流基础设施建设，建立“物流节点—物流园区—物流配送中心”三级立体物流设施网络，进一步形成多式联运中转物流基地，不断提高物流转换和接驳运输能力，实现货运“无缝衔接”。加快形成现代物流体系，通过整合、联营等方式，鼓励发展集装箱和甩挂运输式大型运输专业物流，大力提升物流的供给能力和服务 水平，形成仓储、运输、装卸、配送一体，整车运输与零担快运相结合的现代化物流体系。积极培育第三方物流企业。健全物流企业政策体系，鼓励各类物流企业通过改造、改组、兼并等方式，整合、盘活现有物流资源，实现集约化经营、规模化发展。推进物流信息化和标准化。积极推进建宁物流行业的信息化和标准化建设，构筑高效、规范、低碳的现代物流体系，实现物流信息共享。支持流通企业利用互联网技术创新业态，推动快递产业有效集聚。完善农村物流体系建设，构建覆盖全县的配送网络，实现快递到乡镇，配送到村组，流通效率明显提高。

——**加快发展现代商贸业。**优化零售业态结构，引进大型商贸零售企业，做优做强一批连锁经营企业；大力发展批发业，培育一批限上批发企业；以“培育特色、完善功能、加强管理、创建品牌”为目标，按照“一街一特色”的要求重点发展体现建宁传统文化内涵的特色商业街区；加快水果等专业批发市场和闽赣商贸综合市场建设。

——**加快发展住宿餐饮业。**打造一批特色餐饮、大众餐饮街区，将特色餐饮街区建设作为促进餐饮业发展的重要载体,促进餐饮街区建设与旅游业的互动发展;推进餐饮服务业规范化建设,大力开展食品安全信用建设,完善食品卫生监管制度。

四、培育健康养老业和社区家庭服务业

充分利用建宁山好、水好、空气好、食材好的优势,积极培育健康养老、健康旅游和文化、体育健身、医疗和康复护理、中医药医疗保健等健康服务产业,实施县老年怡养中心、康复养生中心、市民休闲健身慢道提升工程等项目建设,鼓励结合旅游资源建设休闲养生、特色医疗等健康养老服务基地,发展健康养老地产。

拓展社区家庭服务,鼓励社会资本创办发展多种形式的社区和家庭服务机构,逐步构建以准员工制企业为主导、从业人员注册制为主体、公共信息服务平台为载体、服务规范标准化的社区和家庭服务体系,促进社区和家庭服务品牌化、规模化、连锁化发展。加快构建社区服务信息网络,实现辖区内社区服务信息交流与资源共享。推进"便利消费进社区、便利服务进家庭"建设,引进大型家庭服务企业设立社区便民站点,提供各类型便民生活服务,创新发展商品配送、实物租赁、家庭救助、教育培训等服务新市场,着力构建惠及全民、多形式的家庭和社区服务体系。

到 2020 年,全县商贸流通产业的生产服务、生活服务功能更加完善,社会消费品零售总额超过 40 亿元,年均增长 15%以上;三星级及以上酒店数达 10 家。

专栏 5:　　现代服务业重点建设项目

休闲旅游业:建宁金荷小镇旅游度假村项目、诗意修竹·御品荷苑、闽江源生态旅游区提升改造工程、香溪花谷·乐动高峰乡村度假项目、国际花香假日庄园、鸳鸯湖生态创意产业园、西门莲塘城市休闲公园、"一苑二山三水"旅游建设项目、打造"三大主题"乡愁体验游、闽江源生态旅游休闲园项目、高峰旅游休闲度假村建设项目、枫元乡村主题公园项目、黄坊乡文化生态旅游园项目、闽地之母地质文化园建设项目、渠村百姓村旅游项目、上坪书香水村、均口莲艺慢镇建设项目。

商贸物流业:武调火车北站农副产品交易市场建设项目、建宁县会展服务及重点展会建设项目、建宁县电子商务产业园建设项目、建宁县和民冷链物流建设项目、建宁县北站现代物流园建设项目、建宁县水果专业批发市场建设项目、均口镇星级宾馆建设项目、建宁金荷小镇商贸中心建设项目、客坊乡省际农产品交易市场建设项目。

健康养老业和社区家庭服务:建宁县老年怡养中心、建宁县康复养生中心、建宁县市民休闲健身慢道提升工程、濉溪镇老年人日间照料中心。

第六章　实施改革创新驱动战略　形成后发赶超新引擎

进一步解放思想,改革创新,对外开放,坚决破除体制机制弊端,以创新能力建设为抓手,最大限度激发全社会活力。

一、推进重点领域改革

全面落实上级部署的各项改革任务,加快推进 11 个专项重点改革,持续深化体制机制创新工作,切实以改革破解工作难题,激发发展活力。

加强农村新型组织再造,延伸拓展"党员 110、服务零距离"党建服务机制,将党建示范创新与闽赣省际农机植保综合服务中心相结合,争取在农村新型组织服务上创立品牌,解决以往有专业没合作、有合作没规模、有规模没品牌等问题，推进现代农业加快发展和党建工作水平提升。认真抓好新型农业经营主体和新型职业农民的培育工作，力争培育新型农村合作社 250 家以上、家庭农场 300 家以上、新型职业农民 3000 名以上。

加快社会治理创新，加快推进城乡网格化服务管理规范建设，确保 2016 年全县 9 个乡(镇)、99 个行政村(社区)全部完成网格化服务管理平台建设，实现网格全覆盖，实现智能服务到城乡、进万家，打造成在全省有影响力的平安建设品牌。

完善农村金融改革，以全市创建全国农村金融改革创新实验区为契机，推广溪源乡村级融资担保基金和合作社担保基金的试点经验，实现全县村级融资担保基金广覆盖、合作社担保基金多层次。

深化林业经营体制创新，着力在林业经营主体、林业管护模式、林业金融产品、林业服务体系、林权资本运作等方面强化创新举措，积极推广乡聘、站管、村监督、县统筹的管护模式，健全生态公益林管护机制。力争“十三五”完成林权流转交易面积 6 万亩以上，新增林权抵押贷款 2 亿元以上。深化行政审批制度改革，加大取消行政审批事项力度，最大限度地减少投资项目审批、生产经营活动审批、资质资格许可认定和行政事业性收费。加强电子政务建设，推进行政审批标准化、信息化，全面实行“一站受理”“一窗办理”，完善“一照一码”和不动产登记制度。深化网上办事大厅建设，落实行政服务“三集中”，加快行政服务中心标准化建设，落实网上审批体系建设。

二、加快对外开放步伐

提高招商引资水平。抢抓全球新一轮产业革命和产业转移的机遇，建立健全招商引资责任制和团队工作机制。积极拓宽利用县外资金渠道和寻找客商资源，实现招商引资工作常态化。创新招商引资方式，围绕做大“五子”和突出特色农产品加工、造纸、旅游、新能源等产业补短版，推出具有建宁特色、科技含量高的投资新项目，实施精准招商、以商招商、情感招商，引导乡贤回乡创业、实施“回归工程”。构建合作先行平台，拓展对台交流合作空间，争取更多的台资企业落户建宁。不断强化专业招商队伍建设，切实打造一支素质全面、精干高效的招商队伍。

全方位拓展对外开放。努力适应经济全球化和我国经济新常态的新形势，坚持国际、区际、区内三种开放同步推进，促进县域经济更快更好地发展。强化外向带动机制，支持具有比较优势的行业扩大出口，积极引导优势产业与大型外贸企业合作，拓展国内外市场。坚持走“引进来”与“走出去”相结合的路子，完善山海协作机制，加强与沿海发达地区的联络、交流与合作，积极创造条件推动沿海发达地区产业向我县拓展和延伸，形成与沿海发达地区分工协作、产品配套、原材料供应、技术服务完善的产业格局，提升合作水平和层次。进一步理顺政府与企业、市场、社会之间的关系，着力优化对外开放的综合环境。健全完善外商投资服务中心，为客商提供“一条龙”配套服务，设立外商投资企业和项目跟踪管理制度。

三、提升自主创新能力

加大科技投入比重，确立企业技术创新主体地位。强化与科研院所和高等院校合作，大力培育战略性新兴产业，以新能源、生物医药、新一代信息技术、新材料和节能环保产业以及互联网等作为主攻方向，争取突破并引进一批核心关键技术，推动一批成长性企业发展壮大。加大运用高新技术改造提升造纸、食品加工等传统产业力度，推进技术创新、工艺创新，提高科技含量和附加值。继续实施好建莲产业化、无患子产业化关键技术研究与项目实施，促进项目研发应用。继续引导相关企业，开展药用瓜蒌、铁皮石斛、金线莲、金银花、梅花鹿等一批新兴生物医药产业技术研发，形成新经济增长点。同时，引进先进栽培技术和病虫害防治技术，促进莲籽、果子、种子等产业可持续发展。启动县科技馆项目建设，加快完善县域科技创新平台，不断提升以科技促进内生增长和引领可持续发展能力。到2020年，高新技术产业增加值占地区生产总值比重达9%以上。

四、加强创新人才队伍建设

实施“高校+”的校地合作模式，与国内知名高校签订合作协议，深化政产学研合作。充分发挥县莲科所、种业院士工作站、铙纸博士后工作站等平台聚才育才作用，引进、培养和使用高层次人才，培育一批创业领军人才和创新团队。拓宽人才培养渠道，坚持党政干部县内培训与“走出去”相结合，坚持引进紧缺急需人才与用好本地人才并重，围绕我县电子商务、旅游等产业发展现状，采取联办、委培等方式，加快培养造就一支技艺精湛、素质优良的技能人才队伍。帮助人才解决好住房保障、医疗保障、绩效激励、薪酬福利等方面问题，用优惠政策吸引建宁籍大学生回乡工作，吸引建宁企业长期聘用的管理人员、技术工人落户建宁。创新人才工作体制机制，完善和落实人才培养、引进、使用、评价、激励等政策措施，营造充满活力、富有成效、更加开放的人才环境，促进优秀人才脱颖而出。继续实施选调生、大学生村官、“三支一扶”等服务基层计划，引导各类人才向农村基层、企业一线流动。

五、优化创新创业环境

完善创新平台，强化产学研合作，县财政设立科研创业基金，鼓励支持企业与高校、科研院所共建成果转化基地或技术研究中心，共同开展关键性技术攻关，促进更多优秀成果落地转化。探索设立创新驿站，加快推进科技企业孵化中心建设，整合提升一批企业技术中心和行业技术开发基地，积极挖掘企业技术创新需求，提供科技成果转化服务，构建开放、共享、互动的创新网络。用好小微企业“双创示范”政策，以电子商务产业园建设为切入点，推动创新与创业、线上与线下、孵化与投资相结合，构建低成本、便利化、全要素、开放式的工作空间、网络空间、交流空间和资源共享空间。落实好国务院“停薪留职”2.0版政策，鼓励国有企业事业单位科研人员自主创业。加强政策倾斜扶持，凝聚力量、注重特色，鼓励乡贤回归创业。支持举办创业沙龙、创业训练营、创新创业大赛等活动，挖掘优秀的创业项目及团队。营造众创氛围，完善和落实鼓励自主创业的税费减免、小额担保贷款、资金补贴、场地安排等扶持政策，形成政府激励创业、社会支持创业、劳动者勇于创业的有效机制。广泛开展媒体宣传，展示推介众创空间典型模式、创新创业典型人物和先进事迹，广泛传播创业文化，让大众创业、万众创新在全社会蔚然成风。

六、加快政府职能转变

坚持简政放权、放管结合、优化服务，全面推行权力清单、责任清单、行政审批项目清单、公共服务项目清单制度，进一步规范权力运行。理顺部门职责关系，稳步推进机构改革、事业单位分类改革。建立健全决策咨询制度，加强新型智库建设。创新绩效管理制度，推进绩效管理标准化建设，改革政绩考核评价机制。建立健全权力制约和监督机制，全面实行权力阳光运行机制，完善惩防腐败体系，从源头上预防和治理腐败。完善“马上就办”工作机制，深入推进机关效能建设。

第七章 深化生态文明建设 增强绿色崛起新优势

突出生态优势，统一规划，分类指导，分区推进，打造“美丽特色生态城”，把建宁县建设成“天蓝、地绿、水净、宜居的闽江源头生态县”。

一、加快生态主体功能区建设

坚持绿色、循环、低碳发展，着力构建生态产业集聚区、生态文明体制创新实验区、生态文明建设先导示范区，推进国家重点生态功能区建设，落实国家和省主体功能规划，争取国家提高对重点生态功能区的补偿，抓好闽江源头流域生态修复保护、生态公益林与重点区域内林权赎买，强力推动自然生态保护、城市人居环境改善、循环经济发展、污染物防控等，推动三大生态功能区发展。中部生态区，强化以县城为中心、溪口、里心为支点的生态城镇建设，通过城市功能、结构和产业的空间布局优化，形成与自然环境和谐交融的城市生态环境；积极推进以工业污染防治和清洁生产为重点的生态工业园区建设，按环保要求严控入驻企业，严格控制工业“三废”及城镇居民生活污染；积极推进以粮食、莲子、制种、茶果、畜牧水产业为主的无公害生态农业基地建设；强化城镇周边丘陵区域的生态和生物多样性保护。西南部生态区，位于客坊乡、黄埠乡、伊家乡、均口镇，以闽江源水源涵养和水质保护为首要目标，加强植树造林，加强生物多样性的保护与恢复，提高森林覆盖率，提升水土保持能力；严格禁止陡坡垦殖，控制建设规模和人口容量，保护大生态环境；发展以粮食、莲子、烟叶、茶果、畜牧水产养殖业等为主的生态农业，适度推动以均口镇为重点的生态工业、生态旅游业开发。东北部生态区，位于为溪源乡、黄坊乡，着重加强山地丘陵区域的生态和生物多样性保护，以生态公益林为重点，加强植树造林，提高森林覆盖率；加强农业面源污染治理，推动以用材林、毛竹和茶果为主的经济林基地建设，以粮食、制种、烟叶等为主的生态农业基地建设，以牛、羊等草食家畜养殖为重点的畜牧业基地建设；加强以溪源、黄坊乡政府所在地和中心村为重点的生态村镇建设。

二、严守生态环境保护底线

深入推进国家级生态县创建，开展生态乡镇、生态村、环境友好社区和友好学校等文明创建。实施山水林田湖生态保护和修复工程，加强水生态环境保护，严格落实“河长制”和饮用水源保护责任制，推进重点流域综合治理。着力推进节能减排，重点抓好节能降耗和工业污染、畜禽养殖污染、农业面源污染等防治工作。筑牢以江源、丘陵为重点的生态安全屏障，划定生态红线，抓好金溪流域、公路铁路沿线和乡（镇）、村所在地一重山治理，深入开展打击非法侵占国有集体林地、林木，清理整顿木材加工企业专项行动，打击破坏森林资源行为，全面禁止天然林采伐，规范人工商品林采伐，因地制宜开展退耕还林，注重扩大阔叶林、混交林种植面积，改善林分结构，提升林相景观，确保森林覆盖率保持全省前列。加大水土流失综合治理力度，控制毁林新开果园，重点抓好青山挂白、地质灾害点治理，完善防灾减灾体系，加强部门信息共享和联动，建立灾害风险预警机制。严格执行矿山环境恢复保证金制度，推进矿山环境治理和生态恢复。实行环境保护“党政同责”和“一岗双责”，实施领导干部任期生态文明建设责任制、问责制，严格实施责任追究。强化企业环保主体责任，落实环保机构监测监察执法垂直管理制度。加强环保能力建设，加快环境监测、监察标准化建设。

三、构建生态文明制度体系

配合全市推进国家生态保护与建设示范区试点工作，巩固国家级生态县创建成果，完善最严格的水资源管理制度、环境保护制度、生态公益林管护机制。完善生态补偿办法，进一步总结高峰、修竹、武调等生态重点村实行禁柴改燃经验，力争在更大范围推广。建立体现生态文明要求的目标体系、考核办法、奖惩机制，对乡镇实行差异化考核，增加绿色发展指标权重，实行自然资源资产离任审计，对重大生态责任事故一票否决，把干部考核的重点向生态领域延伸，把干部选拔的焦点向绿色政绩聚光。加强生态文化建设，做足江源地源生态文化，厚植生态理念，推动生态文明进企业、进机关、进家庭、进社区、进学校、进乡村，提高全县上下共同保护生态环境的意识。

四、确保闽江正源水源安全

以“护水、护江”为重点，加强水源保护地生态建设，进一步提高水源涵养能力。对闽江源国家级自然保护区进行深入排查，污染项目一律清理取缔，争取保护区纳入国家限制开发的重点功能区，创建闽江源国家公园。建立生态红线管控，组织实施闽江源水生态保护与修复、重点生态公益林赎买工程，加大以果山开发为重点的水土流失治理，完善森林“三防”体系。严格控制建宁老城区、闽江源(金铙山)生态旅游区等主要旅游景区，森林、水库、重要河塘和饮用水源地的开发。落实镇、村的属地责任和有关部门职责，实现“无缝隙管理”。严格规范源地保护区种植行为，严禁使用农药和化肥，防止农业面源污染。逐步退出源地保护区和上游河道两侧畜牧养殖，杜绝养殖污染。对濉溪、台田溪等13条河道进行生态治理，使防洪能力和河道生态环境明显改善。加快乡村污水垃圾处理设施建设，实现所有乡镇和70%以上村(居)污水垃圾无害化处理全覆盖，确保省控交界断面水质达Ⅱ类标准以上。

专栏6：　闽江源生态重点建设项目

闽江源国家森林公园建设项目、建宁闽江源特色优美生态城建设项目、闽江源头水源地保护项目、建宁闽江源国家重点生态功能区建设项目、闽江源国家森林公园双旻石景区的保护和开发项目。

五、加强城乡环境绿化美化

加强新城绿色景观建设。实施宜居环境行动计划，继续推进以“绿色城市、绿色村镇、绿色通道、绿色屏障”为主要内容的“四绿”工程建设，打造精品绿色景观，增加县城公共绿地面积，基本建成覆盖全县的绿道网络。营造新农村优美环境。以建设“亮、绿、净、美”村庄为目标，积极开展村庄绿化美化工程，建设景观优美、生态良好、人与自然和谐的农村环境。开展“家园清洁行动”，加快绿色村庄和农村沼气建设。建立和完善生态补偿制度，保护贫困山区的青山绿水。把建宁县建设成为闽江源“植物园”。

六、坚持绿色低碳发展模式

严格绿色生产。坚持绿色引进，发展循环经济，全面实施清洁生产，加强全过程绿色管理，形成以“三低三高”为特征、与绿色低碳发展定位相适应的绿色生产体系。培育以低碳排放为特征的新的经济增长点，建设一批循环经济型企业。推行清洁生产审核和ISO 14000认证；加快重点企业如铙纸、县污水处理厂排污管理;逐步淘汰落后的生产能力、资源浪费、污染严重、效益低下的工艺和产品。发展绿色交通系统。合理控制机动车保有量,优化步行和自行车道路系统,倡导绿色出行。加强美丽乡村建设。按照“绿色、循环、低碳”的要求,逐步转变农村群众生活方式,大力开展“改厨”行动,减少生活用材,保护森林资源。

第八章 加快城乡统筹建设 打造均衡发展新格局

统筹推进新型城镇化和城乡一体化,逐步缩小城乡区域发展差距,增强可持续发展能力。完善交通、能源、市政等基础设施建设,提升城乡综合承载能力。

一、做大城镇推动发展

按照“美丽特色生态城”城市建设定位,实施好新一轮县城总体规划和土地利用规划,围绕功能布局合理,配套设施齐全、风貌鲜明突出、宜居宜业宜游,加快县城建设步伐,实施“北连东进南拓”战略,拉大城市骨架,力争到2020年,县城建成区面积达到8平方公里,人口达到7万人。进一步完善各类专项规划和控制性详细规划,坚持规划引领,旧城改造和新区建设并举,推进西门、下坊、河东、猕猴桃厂等片区旧城改造,完善水南片区建设,加快闽江源路、荷花东路沿线、塔下板块、建宁北站片区开发,适时启动火车南站板块、高沙洲板块规划建设。持续推进城区路网和公共停车场建设,完成城区主干道“白改黑”,完善县城排水系统,加快雨污分流改造,实施管道燃气建设。加强社区服务配套设施建设,完善便民商业设施,建设河东购物、休闲一条街和江滨西路美食街。实施棚户区、老旧小区危旧房改造,改善市民生活条件。加快以公共租赁住房、限价商品房为重点的安居工程建设,鼓励引导长期进城经商务工的农业转移人口市民化,在城镇购买商品住房落户。注重县城“第一眼”“第一感”,改造提升高速路口至城区、动车站至城区、濉溪河两岸景观。建设沿河休闲慢线和连接“反围剿”纪念园、西门莲塘、东山公园、闽江源商务中心的山水慢行线,在水南新区商业中心建设慢行交通系统和沿溪、通山的慢行交通绿色廊道,加快东山公园、西门红军莲塘和城市片林、街头绿地建设,加强花化彩化,构建总量适宜、分布合理、特点鲜明、植物多样、景观优美的城市绿地系统,打造城在绿中、人在景中、富有建宁特色的城市风貌。创新城市管理方式,提升城市管理水平,促进城市管理向数字化、常态化、制度化、精细化管理转变。

提升集中的吸附力,加快要素、产业、人口集聚,推动企业向园区集中、资源向龙头集中、人口向城镇集中,重点推进三个方面:人口向县城和集镇集中,把完善城区功能、业态培育和产业平台建设有机结合起来,增强城区接纳人口集聚的吸引力和承载力。里心、均口等中心集镇要结合镇区开发、宜居环境建设,完善集镇基础设施,引导偏远山区农民向镇区集聚,形成以县城为支撑、中心镇为纽带的协调发展格局。力争2020年,全县城镇户籍人口达8.3万人,户籍城镇化率达50%。农业优势资源向农业园区集中,积极争创国家级现代农业示范区,引导农业龙头企业、重点项目向园区集聚,采取集中捆绑、重点补助等方式支持莲子产业园、种子产业园等重点项目建设,引导更多资源向特色农业园区集聚。土地经营权向新型农业经营主体集中,创新土地流转和规模经营方式,加快县土地流转服务中心建设,完善乡镇土地流转平台服务功能,积极发展土地股份合作、托管、信托流转等适度规模经营,促进土地经营权向家庭农场、农民合作社等新型农村经营主体集中，加快农业产业化、规模化发展。

二、做优环境保障发展

按照统筹城乡、适度超前、突出重点的要求，加快推进交通、能源、水利、信息等基础设施建设，做优发展环境，为经济社会发展提供强有力保障。

加强交通基础设施建设。以铁路、高速公路和普通公路网为骨架，建立有效衔接周边城市与小城镇的安全、便捷、舒适、经济、低碳的综合交通运输体系。全面建成浦梅铁路(建宁段)、莆炎高速公路(建宁段)，积极争取建宁经宁化至连城高速公路和吉安至建宁铁路建设。建成城关至报国寺公路、省道横六线均伊公路及纵八线福新至长吉公路，加快推进体育中心至长吉公路、汽车城北侧道路、生产资料配送中心二期道路、县供电公司至城关中学道路、荷花东路新增道路工程等市政道路建设；推进农村公路的升级改造，启动建宁县北站经黄坊乡到樟溪道路等出省道路建设工程，打造以高速公路和国省干线为主骨架，县、乡、村公路为补充的现代化公路网络，规范提升城乡公交运管服务水平，构建城区外环快速通道，实现城乡公共交通一体化。

推进能源基础设施建设。推进输变配电网建设，加强区域电网与主网联络。力争启动建设220千伏变电站项目，形成以1座220千伏变电站为支撑、以3座110千伏变电站为干网、以各乡镇全面建成35千伏变电站为环网的坚强电网。加快实施新一轮农网改造升级工程，保障贫困地区农村生产、生活用电需求。加快发展新型能源，扩大天然气应用，积极开展生物质能源发电研究，构建安全、稳定、经济、清洁的现代能源产业体系。

抓好重点水利基础设施建设。按照安全生态理念兴水治水，重点实施金溪流域防洪工程、中小河流治理、安全生态水系、中小型水库除险加固、小农水重点县建设等项目。加强信息化基础设施建设。加快宽带通信网、无线通信网、数字电视网建设，推进基础通讯网、互联网、广电网三网融合，建设智慧建宁，实现行政村4G信号全覆盖，5G信号进入重点区域，部分景区和主要街道实现免费公益Wifi，加快光纤进村到户，固定宽带家庭普及率80%以上。配合大数据战略落地，推进数据资源在不同领域、不同部门间的开放共享和社会化应用。

三、做美乡村共享发展

按照规划好建筑美、卫生好环境美、生态好山水美、产业好生活美、设施好功能美、管理好乡风美的“六好六美”要求，注重规划引领，突出本地特色，挖掘文化内涵，着力创建一批具有建宁特色的产业发展型、旅游休闲型、传统村落型、自然生态型、历史文化型等美丽乡村示范点，重点打造城区-修竹-龙头、城区-圳头-高峰、城区-枫源-上黎等三条美丽乡村景观带。提炼固化具有建宁特色的建筑风貌和色彩控制，突出乡村建设原生性、本土化特色，避免农村建设城市化。重点抓好上坪历史文化名村、高峰乡村旅游、修竹莲文化主题公园、枫元百花乡村主题公园、都团有机农业精种、渠村百姓民俗文化、水尾红色文化的打造提升。全力推进农村改水、改厕，加大绿化美化力度，抓好村容村貌整治，让改革发展成果惠及人民大众，力争“十三五”期间，平均每年整治重点村庄10个，使全县美丽乡村比例提高至70%以上。持续推进“两违”专项治理，继续实施农村环境综合整治、造福工程搬迁、农村危旧房改造等工程，加快农村污水收集、处理设施建设，提高垃圾收集转运处理能力，不断优化美化农村人居环境。加快富民步伐，提高农民职业技能和创收能力，增加农民就业岗位，不断增加农民收入。加强农村基础设施建设，推动城市基础设施向农村延伸、公共服务向农村覆盖、城市文明向农村辐射,满足群众生产生活需要。

专栏7: **基础设施重点建设项目**

交通:建宁县北站至江西西城乡县道建设、建宁县黄埠乡“石清”道路改造工程或及桥梁修建工程、客坊至江西广昌界(茱萸隘)公路改扩建工程、客坊中畲至宁化安远县际公路建设工程、建宁县城市快慢线交通设施建设、省道横六线建宁均口至伊家公路、省道纵八线建宁福新至长吉公路、莆炎高速公路建宁段、农村公路(含农村公路单改双)、枫元村至江西南丰太和镇公路建设、黄舟坊南路至东山北路(白改黑)、闽江源南路至火车南站道路工程、建宁县公共停车场建设项目。

能源:美宁燃气平库建设项目、建宁风力发电项目、建宁县县城规划区管道燃气工程。

水利:九华山水库工程建设项目、五江一溪里心段建设项目、都溪流域治理工程项目、坪障山水库建设、农村环境综合整治、建宁美丽乡村建设、杨林溪河道整治项目、开山溪河道整治项目、大田溪支流域流溪源整治工程、金溪流域(修竹段、河背段)防洪堤建设项目、建宁县城市供排水系统改造提升工程、里心镇污水处理厂及配套管网建设项目、污水处理厂扩建工程。

城建与美丽乡村建设:建宁火车南站城市综合体建设项目、堆火垴商住小区开发项目、中影万星影城建设项目、闽赣省际建材城(尚和国际)建设项目、东山御景豪庭建设项目、城市棚户区改造一期工程、东山公园提升改造工程、红军莲塘公园景观改造提升建设项目、城市休闲文化中心建设项目、红军街改造提升项目、船厂下棚户区改造项目、城郊休闲公园建设、溪口农民住宅小区建设、翠竹园住宅小区建设项目、均口小城镇建设项目、伊家乡集镇新区建设项目、“数字农村”建设。

第九章 提升文化软实力 构建文化繁荣新局面

加强文化名县建设,贴近实际、贴近生活、贴近群众,继承传统、鼓励创新,促进文化事业和文化产业全面繁荣,争创国家级公共文化服务体系示范区,为建设福源建宁提供坚强思想保证、强大精神动力、有力舆论支持和良好文化条件。

一、大力弘扬红色传统文化

传承发扬“艰苦奋斗、自强不息、锲而不舍、敢为人先”新时期苏区老区精神,加强中央苏区反“围剿”纪念园、周恩来旧居、西门红军莲塘、水尾村红色革命旧址等爱国主义教育基地建设,培育具有优良传统、时代精神的家风家训、校风校训、企业精神和乡土文化,在全社会形成共同价值追求。要牢牢把握正确舆论导向,健全社会舆情引导机制,加强思想文化阵地建设,持续开展“最美家庭”等主题评选活动,广泛开展“道德模范”和“身边好人”宣传教育,弘扬社会新风正气。完善群众性精神文明创建活动长效机制,深化文明县城、文明村镇(社区)、文明单位(学校、行业)创建,打响“保护闽江源·关爱母亲河”和同心圆“3+1”等志愿服务品牌,提升城市品位和人民文明素质。

二、繁荣发展文化事业和文化产业

加快发展造纸印刷、文化创意、文化旅游、休闲体验、演出娱乐、网络传媒、工艺美术等文化产业,推进规模化、专业化、集约化、品牌化发展,重点培育铙山纸业、汉伦文化等一批重点文化龙头企业,加快闽江源国家级生态旅游休闲园、铙纸高档特种文化纸生产一期、托斯卡纳农业旅游观光果园等文化项目建设,完善和依托对台(慈航)文化交流基地、慈航文化论坛等合作平台,积极参与对台合作交流活动,不断提升建宁的文化产业内涵。

三、打响建宁文化品牌

推进文化管理体制改革,不断强化政府部门政策调节、市场监督、社会管理、公共服务职能。深化文化市场综合执法改革,加强文化市场综合执法队伍建设,强化文化市场日常监管,维护文化市场政策秩序和文化安全。注重发挥市场机制作用,鼓励社会力量兴办公益性文化事业,促进公共文化服务多元化、社会化发展。加强文化遗产的保护和传承,挖掘、保护、培育以莲文化、红色文化、闽源文化、客家文化、闽越文化和慈航文化等文化品牌,抓好均口龙头古戏台的恢复及宜黄戏、傩舞等传统民俗文化的传承、保护和发展,推动"明笋加工工艺"和宜黄戏、"中畲半年节"申报省级非物质文化遗产。着力打造莲文化的精品佳作,加快推进福建建莲文化产业园建设,举办中国建莲文化节,打造一批莲文化休闲旅游示范点,精心策划莲文化旅游线路,打响建宁莲文化品牌。

四、建设"书香建宁""人文建宁"

深入推进重大文化惠民工程,加快图书馆暨全民健身馆,万星影城(二期)等一批重大公共文化基础设施项目建设,抓好新博物馆和科技馆、综合演艺中心选址,完善提升纪念馆、文化馆、体育馆、图书馆以及基层文化活动中心功能,建设"书香社区""书香村镇""书香农户",在全社会倡导爱读书、乐读书的良好风气。完善公共文化设施服务体系,大力实施文化阵地工程和新农村文化建设重点工程,以文化站、文化中心户、文体广场为阵地,大力开展电影进村、"圩日快乐行"等公益性文化活动和群众性文化活动。完善历史文化遗产保护体制机制,加大投入保护力度,加强历史文化建筑、历史文化名村、传统村落和各类文保单位、文保点、老房子、"老字号"的保护,加强对建宁历史名人的系统研究。

专栏 8:　　文化事业重点建设项目

福建省建宁县红色文化教育基地二期工程、福建省对台(慈航)文化交流基地、溪口镇渠村百姓药谷特色文化项目、上坪古村保护开发项目、闽赣省际工艺美术创意产业园、水尾红军村项目。

第十章　突出民生事业发展　展现社会治理新水平

加快健全就业、就学、就医、社保、公共安全等基本公共服务体系,全面推进基本公共服务均等化,构建机会公平、广泛参与、成果共享的均衡性、包容性发展新机制,提高人民群众幸福感。

一、优先发展教育事业

全面提高人才培养质量,调整优化教育结构,积极推进城乡教育均衡发展,全面推进素质教育。重视幼儿、特殊教育,均衡发展义务教育。落实城区"11244"教育调整布局,提升中心县城的学校承载力,优化教育资源配置,加强高中教育和中职教育的发展水平。

重视幼儿教育和特殊教育。实施新一轮学前教育三年规划,加大对幼师的招聘力度,以发展农村幼儿教育为重点,加强乡(镇)中心园规范化建设,在完成新建荷苑幼儿园和伊家中心幼儿园项目建设基础上,城区再新建一所公办幼儿园和一所民办幼儿园,逐步缓解城乡幼儿"入园难"问题。重视解决村级幼儿园场所、师资、经费问题,方便农村孩子就近入托入园。投入资金更新强化特殊教育学校设施设备条件,促进三类残疾儿童少年入学率和巩固率的提高。

推进义务教育均衡发展。巩固义务教育均衡发展成果,提升城乡义务教育学校标准化建设水平。积极争取项目资金,进一步完善城区中小学的基础设施建设,提升中心城区的学校承载力。实施城区小学扩容工程、农村义务教育薄弱学校改造,城区规划新建一所能容纳 2000 名学生的公办小学,进一步改善义务教育学校办学条件。解决农村进城务工和外来流动人口子女接受义务教育的突出问题,引导农村生源向城区学校转移,力争至 2020 年,基本满足农村学生进城就读需求。

加快发展高中教育和做大做强职业教育。推进普通高中特色化发展,建宁一中争创省一级达标学校,新建一中图书馆,逐步扩大高中阶段招生规模,普及高中阶段教育。进一步整合县职业教育资源,规划选址新建职业教育培训及活动中心。围绕现代农业、新兴产业和现代服务业优化专业设置,强化实践能力和职业技能的培养,建成一批高水平、有特色的学科,促进县职业中学转型发展。

加强教师队伍自身建设。加强教师队伍建设,注重加强教师的专业素养、人文素养的培训教育,提升综合素质;营造尊师重教的良好氛围,保障全县师资力量稳定。抓好农村教师周转房建设,解决农村教师住房紧张的问题,稳定农村教师队伍。充分发挥退休教师的独特作用,激发他们的热情,新建退休教师活动中心综合楼,为退休教师发挥余热创造机会、搭建平台。

二、完善社会保障体系

统筹城乡就业体系。实施促进就业的长期战略和政策,千方百计扩大就业。特别是将服务业作为扩大就业的主攻方向,力争实现服务业从业人员比例每年上升 1 个百分点。推进以创业带动就业,制定切实有效的鼓励创业政策,推动全民创业、自主创业、艰苦创业。加大对高校毕业生、失地农民、农村转移劳动力、城镇就业困难人员等群体的就业帮扶。基本建立起覆盖城乡广大劳动者的社会保障体系。实现资金来源多渠道、保障方式多层次、管理服务社会化、基础工作规范化,并随着经济增长逐步提高社会保障水平。逐步完善城乡居民社会养老保险、新型农村合作医疗、最低生活保障组成的农村社会保障体系。

促进劳动关系和谐稳定。完善企业职工工资决定和正常增长机制,稳步提高最低工资水平,企业工资收入分配秩序逐步规范。劳动关系调整机制进一步完善,协调劳动关系三方机制更加健全,逐步实现劳动关系调整的法制化。全面推行劳动合同制,继续推进集体合同制度。劳动争议处理体制改革取得明显进展,基本建立实体性的劳动争议仲裁机构。加大劳动执法力度,推进劳动用工备案制。加强劳动保障监察,全面建立用人单位劳动保障守法诚信制度。

加大对困难群体救助和帮扶。健全社会救助工作协调机制,建立和完善基层社会救助一门受理、协同办理机制。不断提高城乡最低生活保障标准,实现应保尽保,完善最低生活保障申请审核审批流程,打造“阳光低保”。健全救助标准与物价上涨挂钩的联动机制。不断提高五保供养水平,建立健全高龄老人补贴制度。加大城乡医疗救助工作力度以解决群众突发性、紧迫性、临时性基本生活困难问题为目标,不断规范完善临时救助制度,切实保障困难群众的基本生活。加快发展残疾人事业和社会福利、慈善事业,推进农村敬老院、幸福院、未成年人保护中心建设,建立健全农村留守儿童和妇女老人关爱服务体系。

三、提升全民健康水平

加快医药卫生事业发展,逐步构建现代医疗服务体系、公共卫生服务体系、医疗保障体系、药品供应保障体系和医疗卫生监管体系,努力实现人人享有基本医疗卫生服务的目标,满足人民群众日益增长的健康需求。

深化医疗卫生体制改革。加快医药卫生事业发展,全面开展国家基本公共卫生服务,持续推进公立医院和乡(镇)卫生院改革,破除"以药补医"机制,落实常见病单病种付费改革,实施"基层首诊、双向转诊、急慢分治、上下联动"的分级诊疗制度,进一步解决群众"看病贵"、"看病难"问题。夯实基层卫生基础。加快推进县医院基础设施和诊疗设备改造提升、乡(镇)卫生院和城区社区卫生服务中心改建扩建以及社区(村)医养卫生服务所(站)建设,鼓励社会资本以多种形式兴办医疗机构,促进民营医疗机构专业化、精细化、规范化发展。积极防治重大传染病、慢性病、职业病,提高疾控中心、妇幼保健所的服务能力。积极发展社会养老产业,加快养老服务体系建设,推动医疗卫生和养老服务产业的融合发展。坚持计划生育基本国策,全面实施一对夫妇可生育两个孩子政策,促进人口均衡发展。加强卫生队伍建设。加大人才培养力度,注重学科带头人和基层业务骨干的选拔培养。加大人才引进力度,继续实施医学高校生委培制度,落实优惠政策。培育壮大中医药队伍。实施全民健身工程,广泛开展全民健身活动,定期举办县级运动会,积极承办高级别体育赛事,打造1至2个国家级品牌赛事,不断提高广大群众健康水平。

四、打好脱贫攻坚战

按照三明国家扶贫改革试验区实施方案总体要求,全面深化扶贫工作机制、落实精准扶贫工作,确保如期脱贫脱帽。

完善扶贫工作机制。深化"348"精准扶贫工作法,探索建立扶贫工作路线导览图,实施扶贫计划精准到村、精准到户。采取科技扶贫、产业扶贫、结对扶贫、社会扶贫相结合的办法,加强资源整合,加大村级特别是贫困村的经费投入力度,通过入股分红等方式,培育村财造血功能,消除村财收入贫困村、空壳村,实现农村基本公共服务、综合金融服务和村财收入明显提升。持续深化干部驻村帮扶工作机制,推行"部门包村、干部帮户"活动,确保每个贫困户都有帮扶责任人。完善扶贫开发工作考核机制,对重点乡(镇)、村全面实行以脱贫实绩为主的扶贫开发工作考核,将考核结果作为领导班子评价、领导干部任用的重要依据,工作不达标、责任不落实的实行追责问责。推行贫困乡、村有序退出机制,继续做好整村推进扶贫开发,抓好造福工程危房改造等扶贫工作,至2018年,现有建档立卡的贫困户、贫困人口全面完成省定贫困线标准的精准脱贫任务。

创新扶贫攻坚模式。注重发挥市场配置资源的决定性作用和社会扶贫的生力军作用,充分调动各方力量,加快构建政府主导、产业支撑、新型经营主体带动、社会实施的扶贫格局,努力形成多方联动、齐抓共推的强大合力。建立扶贫资金稳步增长机制,逐步提高危房改造补助标准,扩大教育扶贫资助辐射范围。完善金融扶贫政策措施,建立到户贷款风险补偿机制。对有贷款意愿、就业创业潜质、技能素质和还贷能力的贫困户发放小额信贷贴息贷款,支持贫困户发展扶贫特色优势产业,增加经济收入。大力实施教育扶贫。推行科技与培训工程,继续推行基层农业系统紧缺人才补充计划,建立健全科技示范网络,着重抓好贫困乡、村专业技术人才的培养,促进贫困村群众整体素质提升。开办"教育扶贫班",对农村年轻一代着力加强素质教育和技能培训促进转移,对留守人员着力培育产业增强发展能力推动脱贫。全面改善贫困地区义务教育薄弱学校基本办学条件,关心贫困家庭学生和留守儿童学习生活。鼓励民营企业积极承担社会责任,充分激发市场活力,发挥资金、技术、市场、管理等优势,通过资源开发、产业培育、市场开拓、村企共建等多种形式到贫困乡村培训技能、吸纳就业、捐资助贫,参与扶贫开发,发挥辐射和带动作用。加大产业化扶贫力度,发挥重点龙头企业,特别是农业产业化龙头企业带动作用,依托建宁县莲子、种子、果子特色农产品优势,完善提升"公司+基地+农户""合作社+基地+农户"等运营模式,推进农产品标准化生产,促进产业增效、农民增收,实现扶贫从"输血型"向"造血型"转变。把扶贫开发同特色农业发展、城镇建设结合起来,大力发展贫困乡村优势特色产业和旅游业,着力打造集"产、加、销"为一体的特色产业扶贫体系。

争取扶贫政策支持。深入挖掘国务院支持福建生态文明示范区建设、省上支持原中央苏区、革命老区等欠发达地区加快发展等政策内涵,继续发挥好省挂钩帮扶工作平台优势,大力拓展挂钩帮扶面,加强帮扶项目的策划争取,积极寻求挂钩帮扶省直部门和台江区、福州文投集团的支持,不断提升挂钩帮扶工作实效。完善山海协作机制,加强与沿海发达地区的联络、交流与合作,主动研究其产业发展方向和产业需求,不断增强产业配套能力,并积极创造条件,推动沿海发达地区产业向我县拓展和延伸,形成与沿海发达地区分工协作、产品配套、原材料供应、技术服务完善的产业格局,提升合作水平和层次。

专栏 9:　　社会民生事业重点建设项目

闽江源生态养老中心建设项目、一中图书馆、将屯小学(第二城关小学)、全县相关中小学塑胶跑道、农村教师周转房建设、将屯或黄舟坊公办幼儿园、高圳中小学生科普实训基地。

第十一章　全面推进依法治县　加快建设法治建宁

全面推进依法治国精神,深入推进依法行政,保证公正司法,提高司法公信力,增强全民法治观念,推进法治社会建设,加快法治建宁建设。

一、推进依法行政

建立行政机关内部重大决策合法性审查机制、社会稳定风险评估体系,建立重大行政决策听取意见制度,健全决策跟踪评价制度,全面建立政府和行政机关法律顾问制度,确保决策制度科学、程序正当、过程公开、责任明确。深化行政执法体制改革,推进综合执法,重点加强食品药品、资源环境、安全生产、交通运输、劳动保障和项目招投标等重点领域监管执法。加强行政执法规范化建设,实现行政执法资源共享。全面落实行政执法责任制,推行责任清单,实行执法过错追究。着力提升行政服务,积极推行政务公开,自觉接受人大和社会监督。

二、保证公正司法

支持法院、检察院依法独立公正行使审判权和检察权,提升司法公信力和亲和力。建立领导干部干预司法活动、插手具体案件处理的记录、通报和责任追究制。落实省以下地方法院、检察院人财物统一管理等改革,完善司法人员分类管理和职业保障制度。实行办案质量终身负责制和错案责任追究制。完善审判委员会、检察委员会工作机制和主审法官、合议庭、主任检察官、主办侦查员办案责任制。改革法院案件受理制度,落实立案登记和跨域立案制度,推进行政案件集中管辖。加快以审判为中心的诉讼制度改革,建立健全以信息化为主的执行联动威慑机制。加强检察监督,探索建立检察机关提起公益诉讼制度。加强职务犯罪线索管理,依法严格查办职务犯罪案件。加强人权司法保障,保障律师各项诉讼权益。加强和改进党委政法委对政法机关执法活动的监督。

三、推进"平安建宁"建设

完善党委领导、政府主导、社会协同、公众参与、法制保障的社会治理体系,构建全面共建共享的社会治理格局,推进社会治理精细化,加强城乡网格化服务管理平台数字信息化建设,全面推进城乡"平安建宁"建设。完善立体化社会治安防控体系。以加强基层基础建设为根本,完善大调解体系,总结提升矛盾化解"1443"工作法,深入推进平安中心户长评聘管理,构建人民调解、行政调解、司法调解相互衔接配合的多元化矛盾化解机制;深化信访工作机制,积极引导群众依法信访,常态化开展"六定五包"活动,着力解决缠访闹访、以闹争利、法不责众等问题,营造良好的信访环境,化解社会矛盾;推进网格化"1+N"服务管理工作,加强精准大数据研判和运用,切实做到"人在格中走,事在网上办"。完善提升边界平安创建"六联"机制,推进多层次多领域依法治理,促使综治基层基础有力加强。加强社区矫正和预防青少年违法犯罪工作,积极有效开展社区戒毒。坚持经济发展与安全生产并重的原则,落实安全生产"党政同责、一岗双责、失职追责"制度。深入推进"平安先进县"和"无邪教县"创建工作,积极推进"八无"平安村(社区)、平安乡(镇)等基层系列平安创建活动。

四、健全普法教育机制

增强全社会法治意识。深入实施"七五"普法,强化法制宣传教育,引导全社会尊法、学法、守法、用法。把法制教育纳入国民教育体系,制定推进普法规划。实行国家机关"谁主管谁普法,谁执法谁普法"的普法责任制。深入开展法治宣传教育,在全社会形成守法光荣、违法可耻的社会氛围,通过执法实践树立法律权威。建立法官、检察官、行政执法人员、律师等以案释法制度,加强普法讲师团、普法志愿者队伍建设。健全完善社会信用体系建设。加强社会诚信和公民道德建设,建立健全守信激励、失信惩戒制度。培养公民的规则意识、诚信意识,自觉遵守各项规章制度。开展"重合同、守信用""千店万柜无假货"等主题活动,做到守法经营、诚信服务。通过政府推动,行业规范,行业自律,自我诚信管理来建立企业信用,通过市场培育和行业监管建立中介信用。建立健全社会诚信评价、失信惩戒和"黑名单"等制度,以推进信用宣传为支点,弘扬社会诚信文化,通过诚信宣传与自我教育建立个人信用。加强信用服务市场监管,积极培育和发展信用服务社会机构,建立中介机构"不良诚信名单"登记披露和不诚信中介机构退出制度。

第十二章 强化规划实施保障 为实现目标而奋斗

按照规划确定的全部任务,"十三五"时期,充分发挥党的领导核心作用,始终坚持在经济社会发展新常态下,以扩大内需为导向、投资增长为保证、重大项目为载体、制度建设为保障,确保"十三五"规划各项目标任务全面完成。

一、增强规划实施的动力保障

1.以实施项目带动推动投资增长。打好项目组合拳,精准扩大有效投资,保持固定资产投资稳定增长。抓好产业投资项目，优选存量、做大增量，实施工业强基工程、智能制造工程，重点推进特种薄型纸技改扩建、奶牛养殖和奶制品加工、无患子液态产品生产、建莲产品精深加工、果业深加工等一批重大项目建设。抓好基础设施项目，加快实施一批交通、水利、农田、电网等项目建设，增强发展保障能力。抓好生态和新型城镇化建设项目，推进生态环保、市政道路改造提升、管道燃气、污水管网扩建改造、绿道网等工程建设。抓好社会事业项目，重点推进教育、医疗、文化、体育、养老等涉及民生的重点项目建设。要抓好重大项目策划储备，加强政策对接，深入研究国家投资导向和重点投资领域，围绕产业转型升级、旅游休闲、生态文明、市政基础设施、健康养老策划实施一批重大项目。创新投融资体制，拓展投融资渠道，优化金融环境，发挥财政资金撬动功能，积极争取国家专项建设债券支持，推广 PPP 投资模式，支持企业通过上市、并购重组等方式直接融资。

2.**激活消费市场活力。**建立城乡居民收入稳定增长机制，着力提高城乡居民收入水平，提升城乡居民消费能力。充分挖掘消费增长潜力，引导热点消费，提升便利消费，加快培育发展“农家乐”、民宿、休闲观光、水果采摘等乡村旅游业态，促进旅游休闲消费持续增长；推进医养结合，加快布局一批社区居家养老服务中心，引进社会组织建设健康养老服务基地，培育健康养老消费市场。组建农产品销售网站，成立网销公司、培育网销队伍，加强与阿里巴巴等合作建立第三方平台，加强农产品电商网络营销，促进绿色消费。优化消费环境，合理布局消费网点，启动建设建莲、水果、种子、建材等专业批发市场项目，引进大型商贸企业，改造提升城乡流通体系，解决农村电商配送“最后一公里”问题。完善住房消费政策，打通商品房和周转房、安置房、人才房等保障房转换通道，加大存量房消化去库存力度，促进房地产健康发展。

3.**培育外贸市场潜力。**着眼于转变外贸增长方式，用足用好外贸政策，优化出口产品结构，提高特色农产品、高档薄型纸等产品出口质量、档次，形成外贸竞争新优势。引导和扶持有条件的企业赴境外设立贸易网点，加大对铙山纸业、信龙、绿田等重点出口企业的指导力度，保持出口平稳较快增长，提高经济外向度。巩固和深度开发传统市场，积极拓展新兴市场，鼓励莲子、水果、笋制品等农产品龙头企业开展会展营销和连锁直销。鼓励企业借助阿里巴巴“出口通”“速卖通”等平台，大力发展跨境电子商务，推动农产品销售市场多元化。

二、加强规划实施的要素保障

1.**建立多元投融资机制。**继续加大产业建设投入，提升财政促发展的能力，探索设立政府产业基金和创业投资引导基金，建立以财政资金为引导、以企业和社会投入为主体的多元化产业发展投入机制。着力推进银行体系和制度建设，提升银行业创新能力和服务水平，提高金融业运行效率和经营收益。纵深推进农村金融改革，推动村级融资担保基金广覆盖。引进更多的商业银行在我县设立网点和办事机构，加快发展小额贷款公司等新型金融组织，大力发展信用担保、典当、创业风险投资、小额贷款等多元化投融资机制。

2.**健全财税机制。**建立健全财政收入增长考核机制，加强乡镇财政建设，增强提供基本公共服务的能力。积极争取上级财政贷款贴息、投资补助等不同形式的支持，并带动社会资金和银行资金的投入；加强地方税源建设，提高地方税收对财力的贡献率。大力扶持发展农民合作社、家庭农场、专业大户、农业产业化龙头企业等新型农业经营主体，在财政补贴、金融支持、税收优惠、人员培训等方面，出台相关扶持政策，为新型主体成长营造良好的环境。

3.深化用地制度改革。推进工业用地弹性管理制度改革,建立存量土地盘活、土地产出效益和新增用地挂钩、低效利用土地市场化退出机制。

三、完善规划实施的机制保障

自觉加强规划实施的组织领导和政策统筹协调,强化规划执行力,提高规划管理水平和实施效率。

1.明确规划定位。本规划是政府在社会主义市场经济条件下全面履行职能、优化资源配置、实现战略目标的重要依据和手段,要以本规划为总领,建立包括重点专项规划、行业规划和区域规划在内的层次分明、功能清晰、统一完整的规划体系。

2.注重规划衔接。以"规划融合"为导向,做好经济社会发展规划与土地利用总体规划、城镇体系规划和其它重点专项规划的衔接,确保在本规划指导下,提高规划整体执行效率。科学分解落实五年规划目标任务,与年度计划制定密切结合,确保规划目标全面实现。

3.强化监督评估。加强对规划实施的年度监测和中期评估,建立健全重要目标任务实施跟踪监测机制,加强规划实施的动态管理。坚持人大、政协的监督与指导,充分发挥各方作用,调动方方面面积极性,形成共同推进规划实施的强大合力。

4.完善考核制度。根据各单位职能,逐项分解规划任务,并结合县委、政府对各部门、乡镇的工作考核,按照预期性、约束性指标的不同要求,对规划目标、重点任务、建设项目等实行分类评介考核,提高规划实施的约束性和实效性。

"三分规划、七分执行"。全县广大干部群众要更加紧密地团结在以习近平同志为总书记的党中央周围,在县委的正确领导下,同心同德,开拓进取,全力推进建宁后发赶超、绿色崛起,为建设生态优美、农业精致、产业发达、文旅兴旺、城市靓丽的福源建宁做出更大的贡献。

溪源乡上坪古村大夫第 (溪源乡提供)

建宁县财政局关于调整县直机关差旅住宿费标准等有关问题的通知

建财行〔2016〕6号

县直各单位：

为贯彻落实《党政机关厉行节约反对浪费条例》，提高差旅住宿费标准（简称住宿费标准）的科学性、有效性，根据财政部、省财政厅有关文件精神，决定自2016年10月1日起调整《建宁县县直机关差旅费管理办法》（建财行〔2014〕8号）规定的住宿费标准。现就有关事项通知如下：

一、调整三明市辖区内住宿费标准。将处级及其他人员各县（不含市本级和两区）住宿费限额标准由原来的260元调整至320元（见附件1）。

二、县直机关工作人员到三明市辖区外省内出差按照省财政厅调整发布的省内出差住宿费限额标准执行。将处级及其他人员在省内住宿费标准适当上调，其中：厦门由原来的340元调整至400元，福州、泉州、平潭综合实验区由原来的330元调整至380元，漳州、莆田、南平、龙岩、宁德、三明市本级和两区由原来的320元调整至350元（见附件2）。

三、县直机关工作人员到省外出差按照财政部发布的相关地区住宿费限额标准执行（见附件3）。

四、取消房型限制。原住宿费标准实行价格和房型双控，调整后的住宿费标准只是价格上限标准，不再限制房型。

五、取消其他人员两人住一个标准间的限制。调整后的住宿费标准是每人每天开支标准，出差人员可以根据职级对应的住宿费标准自主选择房间类型。

六、各单位应当严格按照差旅费制度和厉行节约反对浪费的有关规定，加强出差审批管理，从严控制出差人数和天数，严格差旅费预算管理和报销审核，控制差旅费支出规模。对违反差旅费管理规定的行为，有关部门应依法依规追究相关单位和人员的责任。

附件：1.建宁县县直机关市内差旅住宿费标准调整表
2.建宁县县直机关省内差旅住宿费标准调整表
3.建宁县县直机关省外差旅住宿费标准调整表

建宁县财政局
2016年9月30日

附件 1

建宁县县直机关市内差旅住宿费标准调整表

县(市)	住宿费标准(单位:元/人、天)
	处级及其他人员
三明市内各县(不含市和两区)	320

附件 2

建宁县县直机关省内差旅住宿费标准调整表

县(市)	住宿费标准(单位:元/人、天)
	处级及其他人员
厦门	400
福州、泉州、平潭综合实验区	380
漳州、莆田、南平、龙岩、宁德、三明	350

附件 3

建宁县县直机关省外差旅住宿费标准调整表

单位:元/人·天

序号	地区(城市)	处级及其他人员	淡旺季浮动标准		
			旺季期间	旺季上浮价 处级及其他人员	上浮比例
1	北京市	500			
2	天津市	380			
3	河北省(石家庄)	350			
4	山西省(太原)	350			
5	内蒙古(呼和浩特)	350			
6	辽宁省(沈阳)	350			
7	大连市	350	7-9月	420	20%
8	吉林省(长春)	350			
9	黑龙江省(哈尔滨)	350	7-9月	420	20%
10	上海市	500			
11	江苏省(南京)	380			
12	浙江省(杭州)	400			
13	宁波市	350			
14	安徽省(合肥)	350			
15	江西省(南昌)	350			
16	山东省(济南)	380			
17	青岛市	380	7-9月	450	20%
18	河南省(郑州)	380			

续附件 3

序号	地区(城市)	淡旺季浮动标准			
		处级及其他人员	旺季期间	旺季上浮价 处级及其他人员	上浮比例
19	湖北省(武汉)	350			
20	湖南省(长沙)	350			
21	广东省(广州)	450			
22	深圳市	450			
23	广西(南宁)	350			
24	海南省(海口)	350	11-2 月	450	30%
25	重庆市	370			
26	四川省(成都)	370			
27	贵州省(贵阳)	380			
28	云南省(昆明)	350			
29	西藏(拉萨)	350	6-9 月	530	50%
30	陕西省(西安)	350			
31	甘肃省(兰州)	350			
32	青海省(西宁)	350	6-9 月	530	50%
33	宁夏(银川)	350			
34	新疆(乌鲁木齐)	350			

建宁高峰瑜伽秀 (陈坤 摄)

红军歌谣集锦

建宁是一块红色的土地，是原中央苏区21个县之一。在革命战争年代，曾是红一方面军总司令部、总前委、总政治部所在地。毛泽东、周恩来、朱德等老一辈无产阶级革命家，四度带领红军进入建宁。建宁人民用朴素的阶级感情，生动的乡土语言，民歌山歌形式歌颂中国共产党，歌唱对红军的爱戴和拥护，充分反映了苏区人民翻身作主人的豪情壮志和时代精神。

建宁来了毛委员

天上太阳红艳艳，建宁来了毛委员。
穷人当家作了主，拨开乌云见青天。

紧跟委员毛泽东

大路迢迢象条龙，一家发财百家穷。
若要世道转个头，紧跟委员毛泽东。

当兵就要当红军

吃菜要吃白菜心，当兵就要当红军。
劳苦群众闹革命，打倒土豪和劣绅。

刈掉髻子当红军

韭菜开花一管心，刈掉髻子当红军。
保佑红军万万岁，刈掉髻子也甘心。

一心只想当红军

油菜开花黄金金，萝卜开花白似银。
黄金白银我不要，一心只想当红军。

哥哥出门当红军

桐树叶子叶连莲，哥哥出门当红军。
背起包袱和子弹，拿起枪杆打敌人。

农友成立苏维埃

白花谢了红花开，白匪散了红军来。
开天辟地头一回，农友成立苏维埃。

工农政权一枝花

工农政权一枝花,花根扎在穷人家。
穷苦农民有了党,红色政权遍天下。

红军好比韭菜蔸

革命不怕刀砍头,革命不怕把血流。
红军好比韭菜蔸,刈了一蔸发一丘。

封建势力连根铲

乌云盖了几千年,红军来了晴了天。
封建势力连根铲,工农翻身掌政权。

穷人跟党不变心

走路要走路中心,大树底下好躲阴。
穷人跟着共产党,千年万载不变心。

保佑红军打胜仗

高高嵊上一面旗,红红绿绿过江西。
保佑红军打胜仗,你家妹子等着你。

冲破敌人万道关

杜鹃花开三月三,一包食盐送上山。
群众心里红似火,冲破敌人万道关。

莲乡都是五角星

五月莲叶青又青,红军来了满天晴。
挖泥筑畔引泉水,莲乡都是五角星。

红军干部好作风

红军干部好作风,自带饭包去办公。
日穿草鞋干革命,夜走山路访贫农。

运粮歌

不怕高山把路挡,运粮队伍上山岗。
翻山越岭往前直,支援红军打胜仗。

做军鞋

做双布鞋送红军,十重鞋底九重新。
一针一线缝得密,鞋底打成鲤鱼鳞。
鞋垫绣颗红五星,表表妹子一片情。
红军哥哥打胜仗,再做十双也甘心。

参加红军最光荣

石榴花开心里红,青年同志当英雄。
坚决斗争是出路,参加红军最光荣。

(钟琼奎、黄家修收集整理)

索 引

说 明

一、本索引按主题首字汉语拼音字母顺序排列。

二、索引条目后的阿拉伯数字表示本书的页码。

三、本卷中“特载”“大事记”“专记”以及综述、概况，不列入本索引检索范围。

A

B

C

D

E

F

G

H

J

K

L

M

N

P

Q

R

S

T

W

X

Y

Z